CMMI 3.0

Interpreting the CMMI® V3.0

CMMI 3.0

가상환경, 개발, 공급자, 데이터, 보안, 서비스, 안전, 인력

이민재, 김성태, 허동은 함께 지음

좋은땅

머리말

국내 소프트웨어 산업계에서는 소프트웨어 개발 역량을 향상하기 위해 산업계 표준인 CMMI를 도입하여 적용해 왔다. 하지만 CMMI는 내용이 소프트웨어 개발 프로세스 개선을 위한 구체적인 접근방법을 제시하기보다는 개념적인 내용으로 구성돼 있다. 여기에 더해 사용하고 있는 용어 또한 국내 환경과는 다소 이질적인 경우가 있어 국내 기업에서 적용하는 데 어려움을 겪어 왔다. CMMI에 대한 이해가 충분하지 않은 다수 기업에서는 정작 필요한 활동은 등한시 여기고 불필요한 활동은 무리하게 요구함에 따라 오히려 소프트웨어 개발자의 반발을 사는 경우도 많았다.

이에 필자는 그동안 국내 다수 기업을 대상으로 CMMI 컨설팅과 심사를 수행하면서 얻은 경험과 지식을 통해, 여러분이 CMMI를 조금 더 쉽게 이해하고 더욱 효과적으로 적용할 수 있도록 도움을 주고자 했다. 이를 위해 지난 2013년 11월에 CMMI V1.3 개발 해설서를 출판했고, 2019년 6월에 개정증보판인 CMMI V2.0 개발 해설서를 다시 출판했다.

CMMI는 솔루션을 개발하는 조직의 성과와 핵심 역량을 개선하는 일련의 통합 모범 사례 외에도 서비스를 제공하거나 솔루션이나 서비스를 구매하는 조직 등 여러 분야에 관한 통합 모범 사례를 제시하고 있다. 하지만 국내에서는 주로 솔루션 개발 활동에 초점을 맞춰 CMMI를 적용하는 경향이 있어 그동안은 CMMI 해설서 또한 솔루션 개발과 관련한 내용 위주로 다뤘다. 2023년 4월에 CMMI가 3.0으로 개정되면서 이번에도 솔루션 개발에 초점을 맞춰 해설서를 써야 하나 생각하다가 이번에는 CMMI가 다루는 8개 전체 도메인에 대해 해설서를 쓰기로 했다. 솔루션 개발이 위주인 조직도 성과를 향상하기 위해서는 데이터, 보안, 안전, 인력 등 CMMI에서 다루는 다른 도메인에 대한 고려가 필요하기 때문이다.

이 책은 전체 4개의 장과 2개의 부록 그리고 1개의 이야기로 구성되어 있다. 제1장에서는 CMMI 3.0을 만든 배경과 CMMI 3.0의 구조, 구성, 활용 방법과 같은 일반적인 내용을 다룬다. CMMI 3.0에 대한 기본적인 내용을 이해하고 있는 독자라면 건너뛰어도 무방하다. 제2장은 CMMI 3.0 핵심 프랙티스 영역에 대한 설명으로 CMMI의 어떤 도메인이든 반드시 적용해야 하는 공통 프랙티스 영역이다. 총 17개 프랙티스 영역별 프랙티스에 대한 의미와 함께 적용하는 방법을 설명하고 있다. 제3장에서는 CMMI 3.0에서 다루고 있는 가상환경, 개발, 공급자, 데이터, 보안, 서비스, 안전, 인력의 8개 도메인별 특정 프랙티스 영역을 설명한다. 도메인별로 적게는 1개에서 많게는 4개까지 총 14개 프랙티스 영역으로 구성되어 있는데, 여러분 조직에서 중점을 두고 있는 활동에 초점을 맞춰 프랙티스 영역을 적용하면 된다. 제2장과 제3장을 통해 여러분은 CMMI 3.0의 각 프랙티스 영역과 프랙티스 영역 내의 프랙티스가 갖는 실질적인 의미를 이해하는 데 도움이 될 것이다. 마지막으로 제4장에서는 필자가 그동안 국내 여러 기업을 대상으로 프로세스 개선 컨설팅을 수행하면서 프로세스 개선 활동을 수행할 때 반드시 고려하기를 바라는 사항을 정리했다. 이 책을 읽는 독자가 경영진이나 관리자라면 꼭 읽어 보기를 권하고, 실무자라면 경영진과 관리자에게 꼭 읽어 보기를 권했으면 한다.

필자가 이 책에서 사용한 용어는 부록 1 용어 정의에 상세하게 기록했다. 이 책을 읽기 전 용어 정의부터 먼저 읽는다면 여러분이 그동안 사용해온 용어와 필자가 사용한 용어가 달라서 혹시라도 생길지 모르는 혼란을 다소 줄여 줄 수 있을 것이다. 부록 2는 이 책을 쓰는 데 참고한 문헌이다. 여러분이 CMMI 3.0이나 소프트웨어공학을 더 깊이 있게 이해하고자 할 때 도움을 얻을 수 있을 것이다.

프롤로그와 인터미션 그리고 에필로그는 하나의 연결된 이야기이다. 프로세스 개선에 관한 바람직한 사례와 바람직하지 않은 사례를 동화 형식을 빌려 설명했다. 여러분에게 친숙한 동화 속 캐릭터가 등장하니까 재미있게 읽어 보기 바란다.

CMMI 3.0 해설서를 쓰면서 가장 우려를 했던 부분은 혹시라도 CMMI 3.0에 대한 필자의 해설이 미흡하여 오히려 여러분에게 잘못된 방향을 제시하지는 않을까 하는 것이었다. 필자 또한 CMMI 3.0을 현장에 적용하며 배우는 중이기에 만약 책 내용상 잘못된 부분이 있다면 미리 사과드리며 추후 보완할 것을 약속드린다.

2024년 1월

대표 저자 이민재

감사의 글

CMMI는 모델이다. 모델은 여러 모범 사례를 모아 놓은 것이다. 그러나 이러한 모델은 대체로 모범 사례에서 제시하는 '어떻게 일을 수행하는가?'에 대한 내용보다는 '무슨 일을 수행하는가?'에 대한 내용 위주로 정의하고 있다. 이것이 모델과 모범 사례의 차이다.

그러다 보니 CMMI를 적용하는 조직에서는 CMMI에서 제시하고 있는 요건을 어떻게 그리고 어디까지 고려하는 것이 좋을지에 대해 많이 고민하게 된다. 그뿐만 아니라 정의된 내용 중 우리와 환경이 달라 이해가 어려운 부분도 있고, 영어권이 아닌 우리가 하나의 영어 단어가 가지는 실제 의미를 분명하게 파악하는 데에도 어려움이 따른다.

그래서 필자는 필자보다 늦게 CMMI를 접하게 되는 분이 조금이나마 쉽게 CMMI를 이해하고 적용할 수 있게 해 주자는 취지로 이 책을 쓰게 되었다.

하지만 회사 일을 병행하며 자투리 시간을 이용해 책을 쓰는 것이 생각처럼 쉽지만은 않았다. 아마도 주변의 격려와 도움이 없었다면 이 책은 출판하지 못했을 것이다. 또한 필자가 프로세스 개선 현장에서 컨설팅과 심사 수행을 경험하지 못했다면, 이 책을 쓰는 데 어려움이 많았을 것이다. 이런 소중한 경험을 하게 해 주신 고객사 관계자들에게 감사한다.

이번 CMMI 3.0 해설서는 여러 도메인에 관한 내용을 담아야 해서 해당 분야 전문가와 함께 책을 썼다. 김성태 님이 가상환경과 데이터 도메인 그리고 상위 성숙도 분야를 맡아주었고, 허동은 님이 서비스, 안전, 인력의 3개 도메인을 맡아 해설을 써 주었다. 이들 도움이 없었다면 책을 출판하는 데 시간이 더 걸렸을 것이다.

그리고 이 책이 더 나은 모습으로 세상에 나올 수 있도록 도와주신 도서출판 좋은땅 대표님과 임직원께도 감사한다.

끝으로 이 책을 읽어 주는 독자께 감사한다. 여러분이 없다면 이 책은 존재 의미가 없을 것이다. 모쪼록 이 책을 통해 CMMI를 더 잘 이해하게 되고, 그 결과로써 한층 더 우수하고, 안전하며, 철저하게 보안이 이뤄진 솔루션을 개발하고자 하는 여러분 노력이 성공으로 보상받게 되기를 바란다.

차례

머리말   004

감사의 글   006

프롤로그: 동화 나라의 CMMI   014

제1장 ──────────

CMMI 개요

1. 프로세스란 무엇인가?   038

   (1) 프로세스   038

   (2) 모델   043

   (3) 비즈니스 목적과 목표   045

   (4) 문제   047

2. CMMI 탄생   050

   (1) SEI와 CMMI   050

   (2) 역량 성숙도 모델 통합 필요성   051

   (3) CMMI 진화   052

   (4) CMMI 현재 상태   053

3. CMMI 구조와 구성   055

   (1) CMMI 성과 솔루션   056

   (2) 프로세스 습관과 지속   076

4. CMMI 단계   080

   (1) 성숙 단계와 역량 단계   080

   (2) CMMI 상위 성숙도   086

5. CMMI 활용   094

제2장 ―――――――――――――――――――――

CMMI 핵심 영역

1. 실행 범주 역량 영역과 프랙티스 영역　　　　　　　097
　(1) 요구사항 개발 및 관리　　　　　　　097
　(2) 프로세스 품질보증　　　　　　　106
　(3) 검증 및 확인　　　　　　　111
　(4) 동료검토　　　　　　　116

2. 관리 범주 역량 영역과 프랙티스 영역　　　　　　　122
　(1) 산정　　　　　　　122
　(2) 계획 수립　　　　　　　128
　(3) 모니터링 및 통제　　　　　　　143
　(4) 위험 및 기회 관리　　　　　　　154
　(5) 조직 교육훈련　　　　　　　161

3. 지원 범주 역량 영역과 프랙티스 영역　　　　　　　171
　(1) 원인 분석 및 해결　　　　　　　171
　(2) 의사결정 분석 및 해결　　　　　　　181
　(3) 형상 관리　　　　　　　188

4. 개선 범주 역량 영역과 프랙티스 영역　　　　　　　196
　(1) 거버넌스　　　　　　　196
　(2) 이행 인프라　　　　　　　207
　(3) 프로세스 관리　　　　　　　214
　(4) 프로세스 자산 개발　　　　　　　228
　(5) 성과 및 측정 관리　　　　　　　239

인터미션: 둘째 돼지의 후회　　　　　　　277

CMMI 특정 영역

1. 가상환경 도메인   309
    (1) 가상환경 작업 활성화   309

2. 개발 도메인   317
    (1) 기술 솔루션   317
    (2) 제품 통합   328

3. 공급자 도메인   338
    (1) 공급자 협약 관리   338

4. 데이터 도메인   354
    (1) 데이터 관리   354
    (2) 데이터 품질   363

5. 보안 도메인   370
    (1) 보안 활성화   370
    (2) 보안 위협 및 취약점 관리   383

6. 서비스 도메인   395
    (1) 서비스 제공 관리   395
    (2) 전략적 서비스 관리   405
    (3) 서비스 연속성   410
    (4) 사고 해결 및 예방   420

7. 안전 도메인   429
    (1) 안전 활성화   429

8. 인력 도메인   441
    (1) 인력 역량 강화   441

제4장

프로세스 개선 고려 사항

1. 소프트웨어 프로세스 개선, 어떻게 수행해 왔나?   453
   (1) 국내 소프트웨어 프로세스 개선 활동 현황   453
   (2) 국내 소프트웨어 프로세스 개선 활동의 문제점   455

2. 올바른 소프트웨어 프로세스 개선 방향   457
   (1) 사람 중심의 소프트웨어 프로세스 개선   457
   (2) 성과 중심의 소프트웨어 프로세스 개선   462

3. 프로세스 개선 활동 시, 명심해야 할 5가지   466
   (1) 첫 번째, 개선 목표는 SMART하게 수립하라   466
   (2) 두 번째, 빨리 가려면 혼자 가고 멀리 가려면 함께 가라   467
   (3) 세 번째, 잘못된 표준도 우선은 따라라   468
   (4) 네 번째, 물은 섭씨 100도에서 끓는다   469
   (5) 다섯 번째, CMMI 인증은 필요조건이지 충분조건은 아니다   471

에필로그: 토끼와 거북이 PM   476

부록 1 용어 정의   512

부록 2 참고 문헌   532

그림 차례

[그림 1—1] CMMI 변천사   054

[그림 1—2] CMMI 성과 솔루션 생태계   057

[그림 1—3] 통합 CMMI 제품   058

[그림 1—4] CMMI 모델 구조   059

[그림 1—5] 범주와 관련 역량 영역   068

[그림 1—6] 프랙티스 영역 구성   070

[그림 1—7] 범주별 역량과 프랙티스 영역   071

[그림 1—8] 프랙티스 그룹 단계 특징   072

[그림 1—9] 프로세스 습관과 지속을 위한 4가지 특성   077

[그림 1—10] 성숙 단계 요약   082

[그림 1—11] 프랙티스에서 프랙티스 그룹 단계의 진화적 관점   085

[그림 1—12] 형상 관리 프랙티스 영역에 대한 역량 단계 등급 결정 예   085

[그림 1—13] 상위 성숙도 기본 구성 요소   087

[그림 1—14] 상위 성숙도 품질과 프로세스 성과 목표 관계   088

[그림 1—15] 상위 성숙도 역량 영역과 프랙티스 영역   089

[그림 1—16] 상위 성숙도 조직에서 작업 수락 여부 결정   092

[그림 1—17] 개선을 위한 두 가지 접근방식   093

[그림 4—1] 프로세스 개선 목표 수립 요건   466

[그림 4—2] 변화 관리 대상   471

표 차례

[표 1—1]	CMMI V2.0 주요 개선 사항	053
[표 1—2]	CMMI 구성 요소 구조	059
[표 1—3]	도메인 설명	061
[표 1—4]	핵심 프랙티스 영역	083
[표 1—5]	도메인별 특정 프랙티스 영역	083
[표 1—6]	성숙도 2, 3단계 대비 4, 5단계	090
[표 2—1]	실행 범주 역량 영역과 프랙티스 영역	097
[표 2—2]	관리 범주 역량 영역과 프랙티스 영역	122
[표 2—3]	지원 범주 역량 영역과 프랙티스 영역	171
[표 2—4]	개선 범주 역량 영역과 프랙티스 영역	196
[표 2—5]	목표 진행 상황과 관계	260
[표 2—6]	기본 측정 지표와 파생 측정 지표 예시	264
[표 2—7]	측정 관계 예시	265
[표 2—8]	품질 및 프로세스 성과 목표 수립 시 활용 가능 기법	269
[표 3—1]	가상환경 도메인 프랙티스 영역	309
[표 3—2]	개발 도메인 프랙티스 영역	317
[표 3—3]	공급자 도메인 프랙티스 영역	338
[표 3—4]	데이터 도메인 프랙티스 영역	354
[표 3—5]	보안 도메인 프랙티스 영역	370
[표 3—6]	서비스 도메인 프랙티스 영역	395
[표 3—7]	안전 도메인 프랙티스 영역	429
[표 3—8]	인력 도메인 프랙티스 영역	441
[표 4—1]	7대 낭비 유형	461
[표 4—2]	변화 관리 방법	470

동화 나라의 CMMI

동화 나라의 한 도시에 돼지 삼 형제가 살았습니다. 삼 형제는 각자 소프트웨어 개발 회사를 하나씩 가지고 있었습니다. 삼 형제 회사의 소프트웨어 개발자는 실력이 정말 좋았고, 일을 엄청 열심히 했습니다. 날마다 야근에, 월화수목금금금. 그런데 이렇게 열심히 일하는 개발자에게 청천벽력 같은 일이 생겼습니다. 갑자기 고객이 소프트웨어를 개발하는 모든 협력사에 CMMI 인증을 받아 오라고 한 것입니다. 인증 하나 받아 오라고 하는 게 무슨 문제냐고요?

CMMI 인증을 받으려면 먼저 조직의 표준 프로세스를 갖춰야 합니다. 'CMMI V3.0 개발 뷰'를 기준으로 19개의 프랙티스 영역을 만족하는 표준 프로세스를 갖춰야 합니다. 표준 프로세스를 정의하면 이 표준 프로세스를 현장의 개발자가 쉽게 사용할 수 있도록 관련 절차, 지침, 체크리스트, 양식 등을 만들어야 합니다.

이러한 것을 통틀어서 프로세스 자산이라고 하며, 프로세스 자산을 개발하고 관리하는 조직을 프로세스 개선팀이라고 합니다.

그럼 프로세스 자산만 갖추면 끝날까요? 아닙니다. 프로세스 자산은 조직의 표준 프로세스에 따라 체계적으로 작업을 수행하기 위한 준비일 뿐입니다. 실제로 중요한 것은 개발자가 시스템을 개발할 때 조직이 정의한 표준 프로세스에 따라 작업을 수행하고 관련 작업산출물을 작성하는 것입니다. 그리고 정기적으로 조직의 품질보증 담당자로부터 품질감사를 받고 부적합한 사항은 시정조치 활동을 수행해야 합니다. 이런 일련의 활동과 작업을 반복해서 수행하여 안정화되면 CMMI 인증 심사를 통해 성숙도 단계에 대한 인증을 받을 수 있습니다.

어찌 보면 당연히 해야 할 일이고 그 결과로써 인증을 받는 것이지만, 정해진 규칙에 따라 작업을 수행하고 문서를 작성하는 걸 체질적으로 싫어하는 개발자를 대상으로 CMMI 인증을 받으라고 하니 돼지 삼 형제는 걱정이 이만저만이 아니었습니다.

표준 프로세스를 정의하고 이 프로세스에 따라 일을 하면 왠지 납기를 준수하기가 어려울 것 같았습니다. 소프트웨어의 품질이야 높아지면 당연히 좋은 거지만, 지금까지의 경험으로는 소프트웨어를 납품하고 문제가 발생하면 욕 한번 얻어먹고 고쳐 주면 되었기 때문입니다.

솔직히 고객은 우리가 작업산출물을 제출해도 잘 보지 않습니다. 그러면서도 소프트웨어 품질을 작업산출물로만 평가하려고 합니다. 왜냐고요? 납품한 소프트웨어 시스템에서 결함을 찾는 일은 쉬운 일이 아니기 때문입니다. 몇 가지 시험 사례로 시험을 하고 특별한 결함이나 오류가 없다고 판단하여 납품한 시스템은 사용자의 사용 빈도가 높지 않으면, 추가 결함이나 에러를 쉽게 발견할 수 없기 때문입니다. 그래서 품질보증 담당자는 작업산출물 작성을 잘했는지, 오탈자는 없는지 등 그냥 눈에 보이는 것들 위주로 평가합니다. 잠재하고 있는 문제가 더 큰데도 말이죠.

어쨌거나 하늘과 같은 고객의 요구인지라, 돼지 삼 형제는 CMMI 기반의 프로세스 개선 활동과 인증을 추진했습니다.

성질 급한 첫째 돼지는 CMMI 성숙도 2단계를 추진하기로 했습니다. 평가 프랙티스 영역은 성숙도 3단계와 같지만, 적용해야 하는 프랙티스 수가 상대적으로 적습니다. 실질적인 프로세스 개선보다는 인증서만 받으면 된다고 생각했기 때문입니다. 고객이 회사 프로세스가 정말로 개선되었는지 어떻게 알겠어요? CMMI 인증서만 받아서 제출하면 그냥 인정해 줄 거로 생각했습니다.

대충 프로세스 정의하고 개발자 닦달해서 작업산출물 만들게 하고, 심사 준비 열심히 해서 CMMI 성숙도 2단계 인증을 받았습니다. 과정이야 어찌 되었든 인증을 받아 기분이 좋았던 첫째 돼지는 CMMI 성숙도 2단계 인증을 받았다고 신문에 크게 광고를 했습니다. '국제 수준의 프로세스 구축과 CMMI 인증 달성!'

하지만 첫째 돼지가 간과한 게 있었습니다. CMMI 인증을 받는 순간, 그것이 프로세스 개선과 품질경영의 출발점이라는 것을. 프로세스를 구축한 후에 지속해서 개선하지 않는다면, 그건 프로세스가 없는 것이나 마찬가지이고 오히려 개발자를 더욱 힘들게 만들 뿐입니다.

둘째 돼지는 CMMI 성숙도 3단계 인증을 추진했습니다. 어차피 할 거라면 높은 성숙도 단계를 받는 게 좋겠다고 생각했기 때문입니다. 아예 최고 단계인 CMMI 성숙도 5단계 인증을 바로 받을까 싶었지만, 그건 안 된다고 하네요. CMMI 성숙도 5단계 인증을 받으려면 우선 성숙도 4단계에서의 정량적이고 통계적인 관리 활동이 선행돼야 하기 때문입니다. 일단 통계 얘기가 나오면 골치 아프죠. 그래서 그나마 도전해 볼 만한 성숙도 3단계를 추진하기로 했습니다.

둘째 돼지는 프로세스 개선 작업을 하기 전에 회사의 관리자와 개발자를 모아 놓고 이야기했습니다. "우리가 좀 더 나은 품질의 소프트웨어를 개발하기 위해서는 프로세스가 혁신돼야 합니다. 그래야 고객에게 신뢰를 얻을 수 있습니다. 프로세스 개선 활동과 이로 인한 작업이 힘들겠지만, 능동적으로 동참해 주시기 바랍니다. 우리가 프로세스를 개선하는 목적은 인증이 아니기에 너무 인증받는 것에 연연하지 말고 실질적인 개선 활동이 수행될 수 있도록 해 주시기를 바랍니다."

둘째 돼지는 말로는 인증이 목적이 아니라고 했지만, 내심 걱정이 많이 됐습니다. 인증을 꼭 받아야 했기 때문에 큰형처럼 '성숙도 2단계만 추진할걸…' 하고 후회도 했습니다.

어쨌든 둘째 돼지는 추진팀을 구성하고 컨설턴트의 도움을 받아 표준 프로세스를 구축했습니다. 하지만 급히 먹는 밥이 체한다고 했나요? 개발자의 불만이 터져 나오기 시작했습니다.

"누가 이딴 짓을 시작한 거야? 가뜩이나 바빠 죽겠는데 작업산출물 만들고 게다가 인터뷰 심사까지 받아야 하고, 그리고 내가 잘못한 게 뭔데 이래라저래라하는 거야! 그럼 자기가 와서 직접 해 보라지. 하여간 개발을 안 해 본 것들이 입만 살아서는…."

터져 나오는 개발자의 불만에 둘째 돼지는 걱정이 많이 되었지만, 빨리 인증을 받고 싶은 마음에 매주 점검 사항을 체크하고 말 안 듣는 개발자에게는 인사고과에 반영하겠다고 엄포도 놓고 해서 프로세스를 이행하도록 했습니다. 인증 심사 날짜가 다가오자 둘째 돼지는 개발자를 대상으로 회사의 표준 절차에 대한 시험을 보고, 심지어는 컨설턴트에게 부탁해서 인터뷰 질문서를 만들어 인터뷰 심사 예행 연습까지도 했습니다.

이런 노력 탓인지 둘째 돼지의 회사는 작업산출물도 잘 만들고 인터뷰 심사도 잘 받아서 CMMI 성숙도 3단계 인증을 획득했습니다. 인증받았으니 소기의 목적은 달성했다고 판단해서인지 인증 준비를 위해 참여했던 추진팀원과 품질보증 담당자는 모두 원래의 팀으로 돌려보냈습니다. 당연히 인증 이후에 프로세스에 관한 지속적인 개선과 보완은 이뤄지지 않았죠. 아마도 인증 유효기간이 만료되는 3년 후, 재인증 심사를 받아야 하는 시점이 임박해서야 또 부랴부랴 프로세스 개선 활동이 수행되지 않을까 싶습니다.

셋째 돼지도 CMMI 인증을 추진했습니다. 셋째 돼지는 인증을 추진하기 전에 CMMI 전문 컨설턴트를 만나 CMMI에 대한 전반적인 내용과 추진 방법에 관해 설명을 자세히 들었습니다. 컨설턴트는 CMMI 기반의 표준 프로세스를 구축하고 이것을 내재화하는 것은 쉬운 일이 아니며, 처음에는 조직 내부에 많은 불만과 반발이 있을 거라 말했습니다.

셋째 돼지는 의아했습니다. 프로세스 개선은 더 효율적이고 효과적으로 작업을 수행하려고 하는 것인데, 왜 조직 구성원이 불만을 품고 반발을 하는지 이해가 되지 않았습니다.

"표준 프로세스를 만드는 것은 기성복을 사서 입는 것과 같습니다. 기성복은 표준 체형을 기준으로 만들기에 본인 치수에 가장 적합한 옷을 사서 입었을 때 잘 맞기도 하지만, 때에 따라서는 짧거나 길거나 혹은 자태가 안 나기도 합니다. 프로세스를 표준화할 때도 각기 다른 작업 환경에서 공통으로 사용할 수 있도록 만들기 때문에 표준 프로세스를 현장에 적용할 때, 딱 들어맞을 수도 있고 아니면 현장이 가진 특성이나 환경으로 인해 내용을 일부 조정해야 하는 일도 있습니다. 개발자는 이것저것 신경 안 쓰고 하라는 대로만 하면 좋겠는데, 프로세스를 조정해야 한다거나 하는 경우 불만이 나오는 것입니다. 또한 개발 프로젝트를 조직적이고 가시적으로 관리하기 위해 관련 데이터를 모아야 하는데, 이러려면 어쩔 수 없이 현장 개발자의 노력이 필요합니다. 그리고 개발자는 작업산출물을 만드는 데에 익숙하지 않습니다. 기존에는 말로만 진행했던 일에 대해서도 문서로 된 작업산출물을 만들어야 하는 것이 귀찮습니다. 게다가 품질감사를 통해 누군가가 내가 한 일에 대해 잘못됐다고 지적하면 엔지니어로서 자존심이 상해, 기분 또한 좋지 않죠. 지금까지는 하지 않았던 이런 일련의 활동과 작업으로 인해 개발자는 반발하게 되는 것입니다. 하지만 결함을 조기에 발견하여 해결하고, 프로젝트의 위험을 완화해 궁극적으로 프로젝트를 성공시키기 위해서는 꼭 필요한 활동입니다."

셋째 돼지는 컨설턴트의 이야기에 귀를 기울이면서도 지금까지 그런 활동을 하지 않고도 개발을 하는 데 크게 문제가 되었던 것 같지는 않았습니다. 그러다 보니 컨설턴트의 말이 이해되면서도 한편으로는 CMMI를 도입해서 적용하는 것에 대한 명확한 확신이 서지 않았습니다.

"저희는 그동안 소프트웨어 개발 활동을 하면서 치명적인 결함 때문에 고객이 불만을 느끼거나 문제가 된 경우는 거의 없었습니다. 물론 소프트웨어 개발 일정 안에 모든 프로젝트는 완료했고요. 표준 프로세스 없이도 일은 잘 돌아갔습니다."

컨설턴트는 이미 알고 있다는 듯 미소를 지으며 고개를 살짝 끄덕였습니다.

"당연하지요. 우리 동화 나라에서 납기가 준수되지 않았던 사례는 거의 없습니다. 어떤 상황에서도 정해진 일자에 프로젝트는 완료가 됩니다. 하지만 여기에는 보이지 않는 노력과 비용이 있습니다. 혹시 개발한 시스템 납품 후에 재작업을 얼마나 많이 하는지 점검해 본 적이 있으신가요?"

셋째 돼지는 갑작스러운 질문에 살짝 당황하면서도 며칠 전 프로젝트 관리자에게서 보고받은 일이 생각났습니다. 프로젝트가 끝나서 그 프로젝트를 수행했던 개발자를 다른 프로젝트에 투입하려고 했는데, 프로젝트 관리자가 그 개발자는 유지보수를 위해 다른 프로젝트에 투입할 수 없다는 것이었습니다. 검수까지 이미 받았는데도 말이지요. 이유인즉슨 검수는 받았지만, 시험단계에서 나온 고객의 요구사항을 마무리하기 위해서라고 했습니다.

"재작업이라니요?"

셋째 돼지는 컨설턴트의 질문 의도를 확인하기 위해 되물었습니다.

"보통 프로젝트의 요구사항은 분석 단계에서 도출하고 정의해야 하지만, 의외로 시험단계에서도 많은 요구사항이 나옵니다. 결국 시험단계에 나온 요구사항은 일단 시스템은 오픈해야 하기에 유지보수하며 반영하는 조건을 달고 검수를 받는 경우가 많습니다. 이 유지보수에 대한 투입 인원과 비용은 회계상에는 거의 잡히지 않고, 개발자가 야근과 심지어는 주말 작업을 통해 해결하곤 합니다. 그야말로 '월화수목금금금' 생활을 하게 되는 원인이기도 합니다. 시험단계의 추가적인 요구사항과 기존 요구사항의 변경에 대해서는 시험도 잘 이뤄지지 않고 결국에는 시스템의 잠재적인 문제 요인이 됩니다."

셋째 돼지는 컨설턴트의 말에 입이 마르는 듯 침을 살짝 삼켰습니다.

"모든 활동은 기록하지 않으면 잊힙니다. 더구나 표준 프로세스 없이는 무엇이 잘못되었는지 알 수도 없고요. 처음에는 모든 활동이 귀찮고 하기가 싫습니다. 하지만 조직의 책임과 역할을 명확히 하고 활동에 문제가 있는 부분을 식별해서 개선해 나가다 보면, 생산성이 향상되고 그 결과를 조직원과 공유하면서 프로세스는 자연히 내재화됩니다."

"정말 그런 것이 가능할까요?"

셋째 돼지는 아직도 의심이 가시지 않는 듯 눈을 끔벅거리며 컨설턴트를 바라보았습니다.

"가능합니다. 조직원이 하나의 목표와 방향으로 노력한다면 2~3년 내에는 가능한 일이지요. 저희는 CMMI의 근본 철학인 합리적이고 인간 중심적인 프로세스를 구축해서 조직이 능동적으로 변화하는 모습을 보는 것이 큰 보람입니다. 일하는데 보람이 없다면 그것만큼 재미없는 것도 없으니까요."

나지막하지만 확신에 찬 컨설턴트의 말에 셋째 돼지는 지금까지의 망설임이 기우였다는 생각이 들었습니다.

"좋습니다. 많이 도와주세요. 개선 활동은 어떻게 진행하나요?"

셋째 돼지는 결심하고 나니 모든 것을 빨리 진행했으면 하는 마음에 급한 목소리로 컨설턴트에게 재촉하듯 말했습니다.

"개선 활동은 크게 네 개의 단계로 진행합니다. 먼저 조직의 현행 프로세스에 대해 진단을 하고 두 번째로 진단 결과에 따라 표준 프로세스 체계를 구축하며, 세 번째로는 표준 프로세스 이행과 내재화 그리고 마지막으로 CMMI 인증 심사입니다. 단계마다 쉬운 일이 없기에 대표님이나 조직원 모두 마음 단단히 먹어야 합니다."

"성숙도 단계 목표는 어떻게 정하지요?"

"성숙도 단계 목표는 단위 프로젝트 관리 중심의 성숙도 2단계를 먼저 구축하고 난 다음에 조직 차원에서 프로세스를 전개해 나가는 성숙도 3단계로 가시는 게 좋을 것 같습니다. 성숙도 3단계로 바로 가기도 하지만, 그러면 조직원이 감당해야 하는 부담이 커져서 많이 힘들어할 수 있습니다."

셋째 돼지는 다시 생각에 잠겼습니다. 빨리 목표를 달성하고 싶었기 때문입니다. 하지만 모든 일을 꼼꼼하고 정석대로 하기를 좋아하는 셋째 돼지는 컨설턴트가 제시하는 대로 하기로 했습니다. 이왕 믿고 맡기는 거, 경험이 많은 컨설턴트의 말을 따르는 것이 좋을 거로 생각했습니다.

이렇게 셋째 돼지 회사는 프로세스 개선 작업을 시작했습니다. 시간은 빨리 지나갔습니다. 어느새 프로세스 구축이 완료되고 중간 보고 날이 왔습니다.

셋째 돼지는 만들어진 프로세스와 양식을 보면서 감탄했습니다. 그동안 열심히 작업을 해 준 프로세스 개선팀과 지원을 아끼지 않았던 컨설턴트가 고마웠습니다. 드디어 중간 보고가 시작되고 구축된 표준 프로세스를 보자 셋째 돼지는 마음이 뿌듯했습니다. 그런데 이게 웬일인가요? 뿌듯한 마음의 셋째 돼지와는 달리 참석한 프로젝트 관리자와 개발자는 눈을 내리깔고 한숨을 쉬고 있는 것이었습니다.

중간 보고가 끝나고 화장실로 향한 셋째 돼지는 용변을 보고 있는데, 갑자기 개발자들이 웅성거리는 소리를 들었습니다.

"우리보고 어쩌란 말이야. 지금도 일이 많은데, 어떻게 저 많은 작업산출물을 만들면서 일을 해. 프로세스대로 하면 좋지. 하지만 그렇게 일을 하면 어떻게 일정을 맞춰. 이야기 들으니까 둘째 돼지 회사도 이걸 했는데 아주 죽어났다고 하던데."

셋째 돼지는 보고 있던 용변이 갑자기 몸속으로 다시 들어가는 것 같았습니다. 개발자 좋게 하자고 시작했던 일이었는데, 이런 불만이 쏟아지다니. 자신이 의사결정을 잘못했던 게 아닌가 하는 생각이 들었습니다. 밖이 조용해지길 기다렸다가 조심스럽게 밖으로 나온 셋째 돼지는 컨설턴트에게 면담을 요청했습니다.

"개발자가 불만이 많은가 봐요. 프로세스가 너무 복잡하게 구축된 건 아닌가요? 작업산출물 개수도 많은 것 같고."

셋째 돼지는 걱정이 되었습니다. 하지만 컨설턴트는 당연하다는 듯 고개만 끄덕였습니다.

"예상된 일입니다. 제가 미리 말씀드렸던 것처럼 처음 구축된 프로세스를 적용하는 것은 어렵습니다. 아무리 완벽하게 구축된 프로세스라 하더라도 몸에 익숙해질 때까지는 힘들고 불편합니다. 그래서 꾸준한 이행이 필요한 것이고요. 이제 겨우 첫걸음을 뗐습니다. 대표님께서는 조직원이 어떻게 변화하는지 그리고 그들의 불만이 어떻게 환호로 바뀌는지 지켜보시면 됩니다."

셋째 돼지는 이젠 다시 되돌릴 수 없다는 생각이 들어 조금 더 지켜보기로 했습니다. 프로세스에 대한 교육이 시작되고 프로세스에 대한 이행에 들어갔습니다. 프로젝트에서는 범위와 공수를 산정하고 비용을 견적하며 계획을 세우기 시작했습니다. 지금까지는 정해진 납기에 역순으로 대충 일정을 잡아 계획을 세웠었는데, 범위를 검토하고 계획을 세우다 보니 지금까지의 일정이 너무 터무니없었고 개발자의 참여 공수도 많이 부족하다는 것을 알게 됐습니다. 더구나 형상 관리는 제멋대로 이뤄져서 심지어는 최종 버전이 아닌 요구사항으로 설계가 되는 바람에 개발자가 불필요한 재작업을 하고 있다는 것도 알게 됐습니다.

셋째 돼지는 지금까지 뭔가를 잘못하고 있었다는 것을 느꼈습니다. 고객의 요구사항 관리도 마찬가지였습니다. 프로젝트 중간중간 바뀌는 요구사항으로 인해 프로젝트의 범위가 엄청나게 늘어남에도 불구하고 계획이나 인력 투입의 변경도 이뤄지지 않았기 때문입니다. 그리고 지금까지는 프로젝트에 대한 진척 사항도 주로 말로만 이뤄지거나 실적에 관한 정확한 분석 없이 보고서가 작성되었다는 사실도 알게 됐습니다. 이러한 문제를 프로젝트 완료가 가까워지는 시점에 발견하다 보니 시스템에 대한 시험도 제대로 못 하고 품질 점검도 대충 한 채로 고객에게 납품하여 고객의 불만이 쌓여 가고 있었다는 사실도 알게 되었습니다. 그렇다고 이 모든 것을 프로젝트 관리자나 개발자의 책임으로만 돌릴 수도 없었습니다. 사실 그러한 위험을 사전에 점검하고 관리할 수 있는 어떠한 체계도 없었기 때문이지요.

셋째 돼지는 앞이 캄캄했습니다. 무엇부터 해결해야 할지 도대체 감이 잡히질 않았습니다. 해결하고 개선해야 할 사항이 너무나 많았기 때문입니다. 셋째 돼지는 이렇게 하다가는 회사가 망해 버릴지도 모른다는 불안감에 휩싸였습니다.

셋째 돼지는 근심이 가득한 채 옥상으로 향했습니다. 그동안 끊었던 담배를 피워 물고는 연기를 깊게 들이마신 다음 허공으로 날려 보냈습니다. 이 모든 근심이 허공에서 흩어지는 연기와 같이 사라지길 바라면서요. 그때였습니다. 여느 때와 같이 활기찬 모습의 컨설턴트가 모닝커피를 손에 들고 옥상으로 올라왔습니다.

"안녕하세요. 대표님! 날씨가 아주 따뜻해졌습니다."

밝은 목소리로 인사를 건네는 컨설턴트와는 대조적으로 걱정을 한가득 안고 있는 셋째 돼지는 풀 죽은 목소리로 속내를 이야기하기 시작했습니다.

"제가 지금까지 회사를 어떻게 꾸려 왔는지 모르겠습니다. 그저 열심히만 하면 된다고 생각했는데, 지금 보니 우리 회사에 문제가 많았던 것 같습니다. 야근하는 직원을 보면 안쓰러운 생각이 들다가도 월급 받으면서 그 정도는 해야지 하고 생각했던 일이 부끄럽게만 느껴집니다. 그동안은 납품한 시스템에 결함이 발견되면 무조건 개발자 잘못이라고 생각했습니다. 그들 탓이 아닌데도 말이죠."

"프로젝트의 품질이 나빠지는 것이 모두 개발자 탓만은 아니지요. 품질이 좋아지지 않는 데는 여러 가지 이유가 있는데, 대개 그 책임을 개발자에게만 돌리려고 하지요. 개발자에게 적절한 교육과 환경을 제공해 준다면 품질은 좋아질 수 있습니다. 하지만 개발이라는 것이 사람의 능력에 따라 차이가 있어서 그 편차를 줄이기 위해 표준화된 프로세스가 필요한 것이고요. 제가 느끼기에 대표님 회사는 곧 좋아질 거로 생각합니다. 이미 대표님께서는 회사 내에서 개선해야 할 것이 무엇인지를 많이 알고 계신 것 같습니다. 컨설턴트 일을 오래 하다 보면 반 점쟁이가 되거든요. 대표님 얼굴에 다 나타납니다.”

컨설턴트의 말에 셋째 돼지는 살짝 놀랐습니다.

“제 얼굴에 다 나타나나요?”

“대표님 안색이 좋지 않아서 넘겨짚어 봤습니다. 개선 작업이 이쯤 진행되면 대개의 후원자는 비슷한 걱정을 많이 하시지요.”

“잘될까요?”

“대표님의 의지가 중요합니다. 한 가지 질문을 드려도 될까요? CMMI를 하다 보면 내재화란 용어가 자주 나옵니다. 내재화가 무엇이라고 생각하시나요?”

뜬금없는 컨설턴트의 질문에 셋째 돼지가 뭐라고 말해야 할지 몰라 우물쭈물하자, 컨설턴트가 먼저 말을 했습니다.

“일반적으로 내재화는 해야 할 일에 익숙해져서 누가 시키지 않아도 알아서 하는 것이라 설명할 수 있지만, 저는 다른 대답을 듣고 싶었습니다.”

“다른 대답이라면….”

“저는 내재화를 신뢰라는 단어로 요약하고 싶습니다. 회사의 모든 조직원이 프로세스를 신뢰하고 프로세스와 절차에 따라 일하면 적정한 품질을 보장할 수 있다는 확신, 뭐 이런 것을 모두 신뢰라는 단어로 요약할 수 있지 않을까요? 프로세스 개선이 회사를 위해서도 필요하지만, 개발자의 업무 환경이나 다른 여러 가지 경우에도 도움을 줘야 프로세스에 대한 신뢰가 생기고, 나아가 개발자에게 도움이 된다면 굳이 시키지 않아도 프로세스에 따라 일을 하지 않을까요?”

셋째 돼지는 마음속을 가득 메우고 있던 먹구름이 조금씩 걷히고 있는 것 같았습니다. 하지만 어떻게 해야 개발자와 신뢰를 쌓을 수 있을지는 알 수가 없었습니다.

“어떻게 하면 개발자와 그런 신뢰를 쌓을 수 있을까요?”

“먼저 많이 들으세요. 프로젝트를 수행하면서 어려운 점이 무엇인지, 프로세스를 이행하면서 어려운 점이 무엇인지, 그리고 나서 회사가 지켜 내야 할 가치가 무엇인지를 개발자와 자주 대화하시다 보면 해결점을 찾으실 수 있을 겁니다. 저는 중간중간 이행 상태를 점검하고, 객관적인 조언을 해 드리도록 하겠습니다."

컨설턴트와 짧게 차 마시는 시간을 통해서 셋째 돼지는 많은 것을 생각하게 되었습니다. 가만 돌이켜 보니 근래에 개발자와 대화를 별로 한 것 같지 않았습니다. 가끔 회식은 했지만 서로의 마음을 터놓고 진지하게 이야기해 본 적은 거의 없었던 것 같습니다.

셋째 돼지는 그날 이후로 많이 변했습니다. 프로세스 개선 활동을 진행하면서 개발자가 힘들어하는 사항이 무엇인지 회사가 영속성을 유지하기 위해 무엇을 어떻게 해야 하며, 그것을 뒷받침하는 프로세스는 무엇이고 개선해야 하는 프로세스는 무엇인지를 그들과 진지하게 대화하기 시작했습니다.

개발자는 서서히 회사의 표준 프로세스에 대해 이해하기 시작했고, 자신의 의견을 반영한 프로세스가 만들어지고 개선되어 가는 것을 보며 점차 능동적으로 프로세스 개선 활동에 참여하게 되었습니다. 회사의 공적인 회식 자리나 직원 간의 사적인 술자리에서도 CMMI에 관한 용어가 자연스럽게 흘러나왔고, 어떤 팀은 열심히 공부해 보겠다고 공부 모임까지 만들었습니다.

시간은 참 빠릅니다. 신나게 일하면 더 빠르게 지나갑니다. CMMI 성숙도 2단계를 달성하고 그로부터 약 1년 후, 드디어 CMMI 성숙도 3단계 인증 심사 결과 보고 날이 되었습니다.

셋째 돼지와 중간관리자 그리고 프로젝트 관리자와 개발자, 프로세스 개선팀원과 컨설턴트 모두 숨을 죽이고 선임심사원이 발표하는 결과 보고를 지켜보고 있었습니다. 드디어 CMMI 성숙도 3단계를 달성했다는 마지막 장표가 보이고, 화면 배경음으로 박수 소리가 울려 퍼지자 누가 먼저라고 할 것도 없이 박수가 터져 나왔습니다.

셋째 돼지가 소회를 밝혔습니다.

"감사합니다. 먼저 프로세스 개선 활동을 수행하는 데 지금까지 많은 도움을 주신 컨설턴트와 주도적으로 활동을 이끌어 주었던 프로세스 개선팀원 그리고 바쁘고 힘든 업무 중에도 회사를 위해 열심히 프로세스 개선 작업에 동참해 주신 프로젝트 관리자와 개발자 여러분께 진심으로 감사드립니다. 이번 인증 달성은 끝이 아니며 개선의 첫 출발점이라고 생각합니다. 앞으로도 우리 회사에 더욱 적합하고 안정된 프로세스를 갖춰 나갈 수 있도록 지금보다 더 열심히 노력해 주시기 바랍니다."

셋째 돼지 회사는 인증을 달성하고 난 후에도 기존의 추진팀원을 프로세스 개선 조직에 배속시키고 개발자 중에서 프로세스와 품질에 관심이 있는 직원으로 품질보증팀을 구성하여 지속해서 개선 작업을 수행하도록 했습니다. 프로젝트 일정도 합리적으로 계획할 수 있도록 하였고, 고객의 요청 때문에 어쩔 수 없는 경우를 대비하여 지원 조직도 풀(Pool) 형태로 구성하여 개발자가 더 나은 환경에서 일할 수 있도록 하였습니다.

이렇게 첫째 돼지, 둘째 돼지, 셋째 돼지 모두 CMMI 인증을 달성했습니다. 그런데 이 평화로운 동화 나라에 '리스키'란 이름을 가진 늑대 해커가 나타났습니다. 리스키는 오랜 개발 경험을 통해 시스템의 취약점을 잘 알고 있었습니다. 시스템에 조그마한 결함만 있어도 그것을 찾아내서 시스템을 다운시키곤 했습니다.

'이히히히, 내 실력을 봐라. 아무리 방화벽을 치고 보안을 강화해도 시스템에는 결함이 있기 마련이지. 발주자나 개발자는 잘 모른다. 요구사항을 똑바로 분석하지 않고 시험도 엉망으로 해서 오픈한 시스템은 모두 내 밥이다. 킬킬킬.'

리스키는 왜 이렇게 시스템을 망가뜨리는 것을 좋아할까요? 리스키에게는 아픈 추억이 있었습니다. 리스키도 예전에는 착한 개발자였습니다. 하지만 시도 때도 없는 요구사항 변경으로 인해 거의 매일 야근하며 개발을 하다 보니 몸도 마음도 지쳐 갔습니다. 그런데 어느 날 리스키가 개발해 납품한 시스템에 오류가 발생했습니다. 그것 때문에 리스키가 다니던 회사는 발주사에 엄청난 비용의 손해배상을 하고 거래도 끊기게 되었습니다. 리스키는 당연히 회사에서 해고됐고요. 리스키는 억울했습니다. 허구한 날 밤을 새우고 열심히 일했는데, 자신에게 돌아온 것은 해고였으니 말이죠. 리스키는 세상에 복수하고 싶었습니다. 하지만 힘없는 리스키가 할 수 있는 일은 아무것도 없었습니다.

이렇듯 좌절과 고통의 나날을 보내고 있던 리스키가 어느 날 우연히 인터넷을 검색하다가 자동화된 해킹 도구를 손에 넣게 되었습니다. 그 도구를 사용하니 많은 시스템을 쉽게 해킹할 수 있었습니다. 여기에 자신감을 얻은 리스키는 열심히 해킹을 공부했습니다. 자신이 예전에 일했던 것과 같은 환경에서 개발한 많은 시스템에 결함이 있을 거라는 생각이 들었습니다.

리스키는 첫째 돼지 회사가 CMMI 성숙도 2단계 인증을 받았다는 이야기를 들었습니다.

'쳇, CMMI 인증을 받았다고? 그러면 품질이 좋아질 것 같아? 인증이 아무 소용없다는 걸 보여 주겠어.'

리스키는 첫째 돼지가 개발한 시스템을 찾기 시작했습니다. 그리고는 해킹 방법 중에서도 손쉬운 디도스 공격을 하기로 했습니다. 야동에 악성코드를 심고 무작위로 배포해서 좀비 PC를 모았습니다. 마침내 D—Day. 어이쿠, 이게 웬일이래요. 너무나 허술하게 만들어진 첫째 돼지 회사의 시스템은 단번에 서비스가 중단되었습니다.

아마도 시스템을 개발할 때 보안이나 성능, 트래픽과 같은 비기능적 요구사항을 제대로 점검하지 않았던 것 같습니다. 나중에 들은 이야기지만 일정에 쫓기다 보니 품질보증 활동이나 시험을 형식적으로 했다고 합니다. 결국 첫째 돼지 회사는 이 일로 인해 고객사와의 거래도 끊기고 쫄딱 망하게 되었습니다.

한껏 재주를 뽐낸 리스키는 다음에는 어떤 시스템을 망가뜨릴지 검색하고 있었습니다. 그런데 둘째 돼지가 CMMI 성숙도 3단계 인증을 받았다는 신문 기사를 보았습니다.

'푸하하하, CMMI 인증이 유행인가, 다 따라 하는군. 인증받아서 시스템 품질이 좋아지면 내 손에 장을 지진다. 그래 여기도 쫄딱 망하게 해 주자.'

리스키는 첫째 돼지에게 했던 것처럼 디도스 공격을 했습니다. 그런데 둘째 돼지가 만든 시스템은 잘 버텨 내는 것이었습니다. 리스키는 고개를 갸우뚱했습니다.

'어라! 이럴 리가 없는데, 제법 품질관리 활동을 하는가 보군. 얼마나 잘하는지 한번 직접 가서 볼까?'

리스키는 둘째 돼지가 어떻게 품질관리를 하는지 궁금했습니다. 그래서 양 마을의 감리원으로 변장을 하고는 둘째 돼지 회사에서 프로젝트를 하는 곳에 감리를 빌미로 찾아갔습니다.

"프로젝트를 수행하면서 만든 작업산출물을 다 가지고 와 보세요. 아! 먼저 제안서와 프로젝트 수행 계획서를 보여 주십시오."

리스키는 정말 감리원 같았습니다. 변장을 해서 양처럼 온순해 보였지만, 늑대 본연의 걸걸한 목소리는 감출 수가 없어 조금 무섭게 들렸습니다. 제안서와 수행 계획서를 맞춰 보던 리스키는 수행 계획서가 제법 짜임새 있게 잘 정리되었다는 느낌을 받았습니다. CMMI 성숙도 3단계 인증을 받았다고 하니 프로젝트 관련 작업산출물이 조직적으로 잘 관리되고 품질보증 활동도 잘 이뤄지고 있나 보다 싶었습니다. 모든 문서를 깔끔하게 작성하여 형상 관리 라이브러리에 보관하고 관리하고 있었습니다. 그런데 리스키는 문서를 검토하고 프로젝트 관리자와 개발자를 인터뷰하면서 이상한 점을 발견했습니다.

"프로젝트 수행 계획서는 무엇을 근거로 작성하였나요? 혹시 중간에 요구사항의 변경이나 다른 이유로 인해 프로젝트 수행 계획이 변경된 적이 있었나요?"

프로젝트 관리자는 리스키의 질문을 다이어리에 받아 적으며 마음을 가다듬었습니다.

"수행 계획서와 프로젝트 진척 사항 보고서를 보시면 아시겠지만, 저희 프로젝트는 처음 계획했던 것과 별반 차이 없이 순조롭게 진행되고 있습니다. 개발자가 워낙 잘하고 있어서요. 요구사항도 바뀐 것이 별로 없고요. 아마 모든 작업산출물이 잘 만들어져 있을 겁니다. 아참! 계획에 변경이 있었냐고 물으셨죠? 계획의 변경은 없었습니다."

프로젝트 관리자는 여유롭게 대답했습니다. 리스키는 갑자기 반짝이는 송곳니를 살짝 드러내며, 알 듯 말 듯 한 미소를 지었습니다.

"아! 그래요, 고객이 좋은 분이시군요. 일반적으로 프로젝트는 요구사항 때문에 범위가 자꾸 늘어나서 힘들어지는데…."

사실 리스키는 문서를 검토하면서 몇 가지 중요한 사항을 발견하고 그 내용을 확인하는 중이었습니다.

"뭐, 고객이 좋다기보다는 저나 저희 프로젝트팀원이 워낙 실력이 뛰어나고 업무 경험이 많아서 고객이 요구사항을 제시하기도 전에 이미 그 내용을 잘 정리하기에 고객은 군이 요구사항을 제시할 필요를 못 느끼고 있습니다."

프로젝트 관리자는 자신감과 함께 조금씩 잘난 척을 하기 시작했습니다. 리스키는 프로젝트 관리자에게 수행 계획서를 펼쳐 보이며 변경 기록을 가리켰습니다.

"그런데 여기 수행 계획서에 변경 기록이 있는데요. 변경 사유도 고객 요구사항 증가로 인한 프로젝트 일정 조정이라고 쓰여 있네요."

"예? 그럴 리가요. 제가 어제도 수행 계획서를 봤는데, 작업산출물에는 변경 기록이 없었는데요."

그리고는 자신의 노트북 컴퓨터에 있는 수행 계획서를 리스키에게 보여 주었습니다. 그런데 재미있게도 수행 계획서의 형상 속성이 [Modified]라고 되어 있는 것 아니겠어요. 리스키는 터져 나오는 웃음을 참을 수가 없었습니다. 프로젝트 관리자는 자신이 가지고 있는 수행 계획서와 형상 라이브러리에 등록된 수행 계획서의 버전이 다르다는 것을 모르는 것 같았습니다. 리스키가 마우스로 클릭을 몇 번하자 수행 계획서의 형상 속성이 [Current]로 바뀌었습니다. 그리고 나서 수행 계획서를 열자 거기에는 분명히 변경 기록이 있는 것이 아니겠어요.

"어떻게 프로젝트 관리자도 모르게 수행 계획서가 바뀌죠? 범위 변경도 없다고 하지 않았나요? 요구 사항 관리 대장도 가져와 보시죠."

프로젝트 관리자는 기세등등하던 아까와는 달리 조금은 주눅이 들어 책꽂이에 꽂힌 요구사항 관리 대장 바인더를 가지고 왔습니다. 깨끗한 바인더 안에는 요구사항 관리 대장과 명세서가 두껍게 바인딩되어 있었습니다. 요구사항 관리 대장에는 많은 변경 사항을 기입하고 있었지만, 명세서는 처음에 만들어진 이후로는 한 번도 수정이 된 것 같지 않았습니다. 관리 대장의 내용과 명세가 일치하지 않는 부분도 많았고요. 더욱 놀라운 건 요구사항은 변경이 많이 된 것 같은데, 요구사항 추적표는 전혀 변경되지 않았다는 거죠.

리스키는 요구사항 추적표에 따라 설계 문서를 검증해 봤습니다. 아니나 다를까, 요구사항과 설계 내용은 일치하지 않았고, 프로그램 ID도 일치하지 않았습니다. 프로젝트 관리자나 개발자는 이 문서를 한 번도 보지 않은 것 같았습니다. 리스키는 혹시나 하는 마음에 품질보증 활동 보고서도 살펴봤습니다. 역시 품질보증 문서도 기대에 어긋나지 않았습니다. 품질보증 체크리스트에는 문서를 만들었는지 안 만들었는지에 대한 표시만 되어 있었습니다. 품질보증 활동을 제대로 했다면 문서의 존재 여부뿐만 아니라, 프로세스의 이행과 활용 부분도 점검했어야 하는데 둘째 돼지 회사의 품질보증 담당자는 그냥 형식적으로만 품질보증 활동을 한 것이었습니다.

리스키는 이 여세를 몰아 프로젝트 관리자와 함께 시험을 진행했습니다.

"시험 시나리오 가져와 보세요."

프로젝트 관리자는 공손하게 시험 시나리오를 리스키에게 전달했습니다. 리스키는 시험 시나리오를 쭉 훑어보고는 책상에 내던지듯 내려놓았습니다. 리스키는 그동안의 경험으로 여러 가지 경우의 시험을 시행했습니다. 시스템은 제대로 돌아가지 않았습니다.

"이 정도 에러나 버그는 금방 수정이 가능합니다. 아마도 내일까지는 다 해결할 수 있는 문제입니다."

프로젝트 관리자의 말이 조금 빨라지기 시작했습니다.

"아하, 그래요! 저는 그렇게 생각하지 않는데요. 시스템을 보니 요구사항을 전혀 반영하지 않은 것 같은데요."

"무슨 말씀입니까?"

프로젝트 관리자의 언성이 조금 높아졌습니다.

"저희는 고객의 요구사항이 접수되는 대로 바로 처리했어요. 요구사항은 모두 반영된 것입니다. 다만 일정이 촉박해서 조금의 문제가 있는 것뿐이라고요. 이 정도는 하루 이틀 밤새우면 다 해결되는 문제라니까요."

"그래서 요구사항 관리 대장만 변경하고 명세서와 설계서는 그대로였군요. 요구사항이 변경되어도 관련되는 영향에 관한 분석도 없이 바로바로 수정을 하고."

리스키는 프로젝트 관리자를 살살 약 올리며 소프트웨어 품질관리에 대한 이론적인 이야기를 했습니다.

"이봐 감리원, 당신 개발해 봤어? 문서, 그거 만들면 좋은 걸 누가 몰라! 하지만 프로젝트 일정상, 문서 다 만들고 어떻게 프로젝트를 진행해. 이론이야 그럴싸하지."

프로젝트 관리자는 더 이상 참을 수가 없었나 봅니다. 리스키는 속으로 쾌재를 불렀습니다. 그러고는 프로젝트 관리자가 뭐라고 하던 설교를 계속했습니다.

"프로세스는 지키라고 있는 것이고, 이행하기 어렵다면 회사 품질 부서에 개선 요청을 하셨어야죠. 이렇게 형식적으로 문서만 만들어 놓으면 뭐 합니까? 보지도 않는 문서를."

"나도 알고 있다고. 지난번 품질보증 담당자도 한 방 쥐어박고 싶은 걸 간신히 참았는데, 마침 너 잘 걸렸다. 바빠 죽겠는데, 프로젝트 감리라고 와서는 도와주지는 못할망정 쓸데없는 지적질만 하고, 도대체 당신이 하는 일이 뭐야!"

자신의 페이스에 점점 말려드는 프로젝트 관리자를 보며 리스키는 이제 모든 것을 마무리 지을 때가 되었다고 생각했습니다.

"자꾸 당신, 당신, 하지 마세요! 저는 엄연히 이 프로젝트의 감리원입니다."

"그래서 뭐 어쨌다고. 제대로 알지도 못하면서, 대충 하고 가라고."

프로젝트 관리자는 이 상황이 빨리 끝나기를 바랐습니다.

"이 프로젝트는 부적합입니다. 시스템 오픈 일자를 연기하고 프로젝트 계획을 보완해서 진행하세요."

리스키는 판사가 판결하듯 말하고는 유유히 자리를 떠났습니다. 물론 감리 보고서는 이미 고객의 손에 들어가 있었죠.

결국 프로젝트 일정은 지연되었고, 둘째 돼지 회사는 막대한 비용의 지체상금을 물게 되었습니다. 더구나 동화 나라의 소프트웨어 개발 시장이 너무 좁아 이 소문은 금방 퍼졌습니다. 둘째 돼지 회사에는 그 어떤 회사도 사업 기회를 주지 않게 되었고, 결국 둘째 돼지 회사도 쫄딱 망했습니다.

신이 난 리스키는 또 다른 먹잇감을 찾던 중에 셋째 돼지 회사 이야기를 들었습니다. 셋째 돼지 회사는 CMMI 추진 후에 프로세스에 의해 모든 일을 처리하고 지속해서 개선 활동을 수행해 소프트웨어 품질을 크게 향상했다는 소문이 업계에 쫙 퍼져 있었습니다.

'흥! 이번에도 나의 무서운 실력을 보여 주지.'

리스키는 셋째 돼지 회사도 망하게 하려고 작전을 짰습니다.

'첫째 돼지 회사보다는 소프트웨어 품질이 좋다고 하니 둘째 돼지에게 했던 방법을 사용해야 하겠군.'

리스키는 다시 감리원으로 변장을 하고 셋째 돼지 회사가 수행하는 프로젝트 사무실로 향했습니다.

땡동~, 리스키는 사무실 벨을 누르고 잠시 기다렸습니다.

"누구세요?"

"저는 이번 프로젝트의 종료 감리를 맡은 양 마을 감리원입니다."

"잠시만 기다리세요."

리스키는 지난번 둘째 돼지 회사의 프로젝트와는 다른 느낌을 받았습니다. 일단 프로젝트 사무실의 보안이 잘되어 있었기 때문입니다. 셋째 돼지 회사는 지난번에 프로세스 개선을 하면서 작업 환경을 위한 표준을 정했기 때문에 모든 프로젝트는 그 표준에 따라 작업 환경을 구축하고 운영하고 있습니다. 당연히 물리적인 보완 표준도 정의했고요.

잠시 밖에서 기다리자 안에서 밝은 표정을 한 돼지가 나와 리스키를 반갑게 맞아 주었습니다.

"저희 프로젝트의 감리원이신가요?"

"네, 그렇습니다."

"하지만 종료 감리까지는 시간이 조금 남았는데요. 혹시 일정을 잘못 알고 계신 것 아닌가요?"

리스키는 속으로 뜨끔했습니다. 하지만 여기 오기 전에 만약을 대비해 발주기관의 동료 늑대에게 미리 이야기해 놓았습니다. 발주기관의 동료 늑대도 실상은 종료 감리 전에 프로젝트가 어떻게 진행되는지 궁금했기에 리스키가 프로젝트를 미리 점검할 수 있도록 손을 써 놓았던 거죠.

"예, 실은 발주기관에서 종료 감리가 진행되기 전에 미리 품질 점검을 해 보라고 했어요. 저번 둘째 돼지 회사에서 수행한 프로젝트가 부적합 판정을 받으면서 발주기관도 조금 난처해져서 그런 일이 재발하지 않도록 저에게 사전에 점검해 보라 했거든요."

"그렇군요. 잠시 확인하는 동안 기다려 주시겠습니까?"

"그러죠."

마중 나온 돼지는 어디론가 전화를 걸어 무엇인가를 확인하는 것 같더니, 잠시 후 리스키를 사무실 안쪽에 있는 회의실로 안내해 주었습니다.

"발주기관에서 프로젝트에 대해 걱정이 많은가 보네요. 마침 잘 오셨습니다. 그렇지 않아도 감리 전에 미리 점검받아 보고 싶었습니다. 우리 회사 품질보증팀에서 점검했지만, 보는 관점에 따라 차이가 있을 수도 있기에 저희가 먼저 요청할 생각이었습니다. 제 소개를 깜박했네요. 저는 이 프로젝트를 맡은 PM입니다. 점검하시고 보완해야 할 사항이 있으면 말씀해 주세요. 그리고 필요한 것이 있으면 말씀해 주시고요."

리스키는 첫째와 둘째 돼지 회사의 프로젝트 관리자와는 전혀 다른 느낌을 받았습니다. 왠지 자신감이 넘친다고나 할까. 리스키는 작업산출물과 점검에 필요한 시스템 ID도 부여받았습니다.

작업산출물은 바인더로 항목마다 깔끔하게 정리되어 있었고, 시스템 ID도 리스키가 점검은 할 수 있지만, 임의로 사용할 수는 없도록 권한이 설정되어 있었습니다. 리스키는 작업산출물도 점검하고 시스템도 들여다봤지만, 약점을 찾을 수가 없었습니다. 그래도 꼬투리를 잡아 보려고 작업산출물을 더욱 꼼꼼히 보았지만 허사였습니다. 그런데 제안서와 시스템을 보니 처음에 정의한 범위와 구현한 시스템 일부가 일치하지 않는 것이 아니겠어요.

'흐흐, 그러면 그렇지. 이제 프로젝트 관리자를 골려 먹을 일만 남았군!'

리스키는 만면의 미소를 띠고 프로젝트 관리자를 불렀습니다.

"PM 님, 여기 제안서와 구현한 시스템상에 일치하지 않는 부분이 있는데, 요구사항 추적이 잘못된 것이 아닌가요?"

리스키는 일치하지 않는 부분을 가리키며 말했습니다. 프로젝트 관리자는 문서를 보더니 여느 사람 좋은 미소를 띠며, 리스키에게 요구사항 관리라고 적혀진 바인더를 펼쳐 보였습니다.

"여기 요구사항 관리 대장과 추적표를 보시면 아시겠지만, 제안서의 요구사항은 고객과 협의하여 변경하였습니다. 기능이 중복되었고 다른 요구사항과 충돌이 발생해서 해당 요구사항을 다른 기능으로 대체하였습니다. 요구사항 추적표를 보시면 해당 요구사항이 여기 설계 문서에 반영되었고 프로그램과 시험 사례도 이에 맞춰 수정한 걸 알 수 있으실 겁니다."

프로젝트 관리자가 보여 준 문서를 보니 모든 것이 일괄적으로 추적되어 변경이 이뤄졌음을 알 수 있었습니다. 리스키는 더는 할 말이 없었습니다.

"그렇군요. 제가 거기까지는 미처 점검하지 못했네요."

리스키는 멋쩍게 웃으며 대답했습니다. 보기 좋게 프로젝트 관리자에게 한 방 먹은 리스키는 다시 문서를 들여다봤습니다. 하지만 아무리 살펴봐도 문제점을 찾을 수가 없었습니다. 문서를 보다가 지친 리스키는 커피나 한잔 마시려고 휴게실로 갔습니다. 휴게실에는 여러 개발자가 휴식을 취하며 이런저런 이야기를 하고 있었습니다.

"우리 QA, 정말 대단하지 않아?"

"그러게. 아마 그 QA가 없었으면, 시험할 때 큰일 날 뻔했어."

"지난번에 QA가 오리엔테이션 하면서 개발 프로세스하고 작업산출물 설명해 줄 때는 저렇게 프로세스 지키면서 어떻게 개발을 할까 싶어 불만도 많았지만, 막상 시키는 대로 하니까 문서 만드는 것도 어렵지 않고 시험할 때도 훨씬 수월하더라고."

리스키는 개발자가 하는 이야기에 귀를 쫑긋 세웠습니다. 그리고는 넉살스럽게 개발자에게 말을 걸었습니다.

"품질보증 담당자가 도움이 많이 되었나요?"

"누구세요?"

"아! 저는 옆 사무실에서 프로젝트를 수행하는 외주 개발자인데요. 저희 품질보증 담당자는 알지도 못하면서 지적질만 하고 가서 지금 엄청나게 열받아 있거든요."

리스키는 개발자를 떠보려고 이전 경험을 가지고 거짓말을 했습니다.

"저희도 처음에는 QA가 지적만 할 거로 생각해서 거부감이 컸습니다. 그런데 우리 회사는 프로세스를 잘 구축해서인지는 몰라도 많은 도움이 되었어요."

품질보증 담당자에 대한 뜻밖의 대답에 리스키는 점점 궁금함이 더해졌습니다.

"품질보증 담당자가 어떻게 도움을 주었는데요?"

"분석/설계 단계에 QA가 작업산출물을 검토하더니 중요한 기능의 요구사항 부분에 추적 관리가 잘 못되어 있다고 했어요. 지적한 부분을 보니 그 요구사항에 대한 설계 문서하고 시험 시나리오가 잘못 되어 있는 거예요. 예전 같으면 개발 다 끝내고 나서 엄청나게 변경이 되었을 거예요. 덕분에 시간을 많 이 절감할 수 있었죠."

"여기 품질보증 담당자는 실력이 좋은가 보네요?"

"그렇죠. 사장님이 품질에 관심이 많으셔서 우리 회사 QA는 개발과 시스템에 경험이 많은 과장급 이 상으로만 선발하거든요. 그래서인지 웬만한 건, 문서만 보고도 어디에 문제가 있는지 금방 알아요. 그 래서 예전과는 달리 시험 기간 중에 재작업이 많이 줄었어요."

리스키는 깜짝 놀랐습니다. 다른 회사는 품질보증 담당자를 형식적으로 배치하는 경우가 많은데, 이 회사에서는 품질보증 활동에 많은 투자를 하는 것 같았기 때문입니다.

"게다가 그뿐만이 아니에요."

개발자는 아직도 자랑할 것이 많은 듯 이야기를 계속했습니다.

"프로젝트 착수 때, 품질 오리엔테이션을 하면서 QA가 그동안의 경험을 이야기해 주었습니다. 그때 PM에게 한 가지 조언을 해 주었는데, 사소하지만 그것 때문에 저희가 엄청 편해졌어요."

"그게 뭔데요?"

"그건, PM에게 오후 5시 이후에는 회의를 절대 하지 말라고 한 거죠. 회의를 5시에 하면 퇴근하지 말 라는 이야기하고 똑같잖아요. 회의 끝나면 추가 작업을 해야 하고 그러다 보면 밤늦게까지 야근하고, 실제로도 저하고는 상관없는 회의 때문에 야근을 한 적이 한두 번이 아니었거든요. 아무튼 그것 때문 에 프로젝트 할 때마다 항상 불만이었는데, QA가 그렇게 말해 주고 간 뒤로는 특별한 경우가 아니면 회의를 늦게 한 적이 별로 없었던 것 같아요."

리스키는 이 회사의 품질보증 담당자가 누군지 궁금했습니다. 작업산출물이나 시스템 점검뿐만이 아니라 프로젝트 성공을 위한 조언까지 해 주는 걸 보면 상당히 실력이 뛰어날 거로 생각했습니다.

"혹시 그 품질보증 담당자만 유별난 거 아닌가요?"

리스키는 의심이 되어서 물어봤습니다.

"아닌 것 같아요. 다른 프로젝트의 QA도 비슷한 이야기를 했다고 하더라고요. 아마도 프로세스 개선 활동을 하면서 조직의 전반적인 개선 사항으로 식별된 것 같아요."

리스키는 깜짝 놀랐습니다. 대다수 조직에서는 CMMI 인증을 따기 위해 형식적으로 개선 활동을 하는 줄로만 알고 있었는데, 셋째 돼지 회사는 그게 아닌 것 같았거든요.

"그럼 프로세스에 대한 개선 활동도 지속해서 하시나요?"

"물론이죠. 프로젝트 끝나고 교훈 사례를 수집하고 정리하는데, 처음에는 아주 귀찮았어요. 하지만 회사에서 저희가 제시한 의견을 받아 많은 부분을 개선하는 걸 보고는 지금은 나서서 교훈 사례를 정리하고 있어요. 개선한 것 중에는 '프로젝트 리프레시 휴가'라고 해서 프로젝트 끝나고 일정 기간 휴가를 다녀 올 수 있는 것도 있죠. 회사에서 권장하니까 예전처럼 휴가 가는 데 눈치 볼 필요가 없어 좋아요."

리스키는 개발자의 이야기에 점점 이 회사가 마음에 들었습니다. 모처럼 제대로 된 회사를 본 것 같 았거든요. 혼자 남아서 한참을 생각하다가 리스키는 프로젝트 관리자에게로 갔습니다. 그리고는 사실 대로 이야기했습니다.

"저는 감리원이 아니고 리스키라는 해커입니다. 개발하면서 너무 어려운 일을 많이 겪어서 저를 괴 롭히던 회사를 골려 주고 있었습니다. 그런데 여기 개발자는 좋은 대우를 받으며 즐겁게 일하는 것을 보았습니다. 저도 개발이라면 누구보다도 잘할 자신이 있습니다. 제가 여기에서 일해도 될까요?"

프로젝트 관리자는 깜짝 놀랐습니다. 앞에 있는 감리원이 그 악명 높은 리스키라니. 당장 경찰에 신 고하고 싶었지만, 진심 어린 리스키의 말에 한편으로는 그가 불쌍해 보였습니다. 프로젝트 관리자 자 신도 프로세스가 개선되기 전에 매우 힘들었던 지난날이 떠올랐기 때문이죠.

프로젝트 관리자는 리스키를 측은하게 바라보며 말했습니다.

"제가 저희 사장님께 한번 말씀드려 보겠습니다. 내일 다시 방문해 주실 수 있겠습니까?"

프로젝트 관리자는 셋째 돼지에게 이번 일을 보고했습니다. 이미 리스키의 실력을 알고 있었던 셋째 돼지는 개발보다는 그동안의 경험을 바탕으로 프로세스 개선팀에 있는 것이 좋겠다고 판단했습니다. 리스키는 그 소식을 듣고 기뻤지만, 걱정이 앞섰습니다. 개발은 자신이 있었지만, 프로세스를 어떻게 개선하고 운영할지는 잘 몰랐기 때문이죠. 하지만 그런 걱정은 오래가지 않았습니다. 프로세스 개선팀의 선배가 해 준 말 때문입니다.

"많은 개발자가 프로세스라고 하면 개발자를 힘들게 하는 작업산출물을 만들게 하는 것으로 생각하기 쉽지만 실제로는 그렇지 않아. 프로세스가 없다고 해도 개발자는 개발하기 위해서 프로젝트를 계획하고 관리하는 일련의 활동을 하고 있지. PM이 경험이 많다면 우리가 정의해 놓은 것보다도 더 많은 작업을 하지. 결국 프로세스와 프로젝트 관리 활동이 별반 다르지 않아. 우리가 하는 일은 그런 활동을 좀더 명확하게 규정하고 조직의 특성에 맞도록 조정하는 역할이야. 그리고 우리 회사는 이런 활동이 내재화되어 있어서 다른 조직보다는 훨씬 수월할 거야."

리스키는 내재화란 용어가 궁금했습니다.

"내재화가 무엇인가요?"

"내재화는 의지적인 활동이 본능적인 활동으로 변화한 상태를 말하는 거야. 누가 시키지 않아도 저절로 모든 활동을 수행하는 상태. 마치 우리가 아침에 누가 시키지 않아도 잠자리에서 일어나 양치질을 하는 것처럼."

리스키는 프로세스 개선 활동에 대해서 점점 흥미가 높아졌습니다. 조금 겁이 나기는 했지만 잘할 수 있을 것 같다는 생각도 들었습니다. 무엇보다도 나의 노력이 누군가에게 도움이 된다고 생각하니 큰 보람이 될 것 같았습니다.

제 1 장

CMMI 개요

여러분이 제목을 보고 이 책을 직접 골랐다면 CMMI에 대해 어느 정도 알고 있을 것이며, 다른 사람 권유로 이 책을 접한 사람도 한 번쯤은 CMMI에 대해 들어 본 적이 있을 것이다. 한 번도 CMMI라는 말을 들어 본 적이 없는 독자는 '그럼, 난 뭐야?'라고 생각할 수도 있겠지만 너무 걱정하지 않아도 된다. 여러분이 그동안 프로세스 개선 활동에 관심이 있었다면 CMMI는 결코 어려운 이야기가 아니기 때문이다. CMMI란 'Capability Maturity Model Integration, 역량 성숙도 모델 통합'을 줄인 말인데, 한마디로 조직이 주요 비즈니스 프로세스 성과를 개선할 수 있도록 지원하는 일련의 통합 모범 사례다.

국내에서 CMMI 적용은 1997년부터 시작했지만, IT 업계에서 본격적으로 관심을 두게 된 것은 2000년대 들어서면서부터라고 할 수 있다.

국내 IT 조직은 급변하는 내외부 환경 변화에 능동적으로 대응하고자 CMMI를 적용하기 시작했다. 대표적인 외부요인은 CMMI가 IT 조직의 능력을 인정해 주는 국제 인증 장치로서 입지를 강화한 점을 들 수 있다. 해외시장 진입에 있어 CMMI를 하나의 평가지표로 사용하면서 해외 진출을 고려하는 IT 조직은 CMMI에 따른 일정 수준의 역량 성숙도 확보가 필요하게 됐다. 국내시장도 국방이나 공공기관에서 솔루션 개발 프로젝트를 발주할 때, 일정 수준의 CMMI 역량 성숙도 인증을 취득한 조직에 대해서만 입찰에 참여할 수 있는 자격을 주거나 제안 평가 시에 가점을 부여하고 있다.

내부적인 요인으로는 제품에 내장되는 소프트웨어가 점점 복잡해지고 고도화하는 반면, 이를 개발하는 프로젝트를 여전히 체계적으로 관리하지 못하여 결과적으로 제품 품질 저하와 재작업을 과다하게 수행하는 점을 들 수 있다. 특히 개발을 완료한 후에도 막대한 유지관리 비용이 발생하는 문제 또한 내부적 요인 중 하나이다.

하지만 국내 여러 조직에서 CMMI를 적용해 본 결과, 대다수 조직이 CMMI를 적용하는 것을 매우 어렵게 여긴다는 사실을 알았다. CMMI를 처음 적용하는 조직이나 이미 적용하고 있는 조직도 CMMI를 충분히 이해하고 적용하는 조직은 많지 않았다.

이는 CMMI 내용이 국내 환경과는 다소 이질적인 용어를 사용하고 솔루션 개발 프로세스 개선을 위한 구체적인 접근방법을 제시하기보다는 개념적인 내용으로 구성돼 있어 해당 조직에서 적용하는 데 어려움을 겪기 때문이다. 그러다 보니 CMMI에 대한 이해가 충분하지 않은 다수 조직에서는 정작 필요한 활동은 등한시 여기고 불필요한 활동은 무리하게 요구함에 따라 오히려 솔루션 개발자의 반발을 초래하는 결과를 낳기도 했다.

이에 필자는 그동안 국내 70여 개 기업을 대상으로 CMMI 컨설팅과 심사를 수행한 경험을 통해 여러분이 CMMI를 조금 더 쉽게 이해하고 더욱 효과적으로 적용할 수 있도록 도움을 주고자 한다.

1. 프로세스란 무엇인가?

우선 프로세스 개선 활동을 처음 접하는 독자를 위해 프로세스가 무엇이며, 왜 중요한지를 이야기하려고 한다. 그뿐만 아니라 몇 가지 대표적인 프로세스 개선 모델을 간단히 비교하고 프로세스 개선 활동을 시작할 때 어디서부터, 어떻게 시작해야 하는지도 설명할 것이다. 그리고 프로세스 개선 활동 시 직면할 수 있는 문제점에 대한 몇 가지 해결책도 제시할 것이다. 그러나 여기서는 앞에 언급한 내용을 개요 수준 정도로만 설명할 것이기 때문에 실제로 프로세스 개선 활동을 하는 데 필요한 구체적인 방법은 나머지 다른 장을 참조해야 한다.

(1) 프로세스

프로세스는 문제해결을 도와주는 일련의 단계이다. 이들 단계는 애매모호하지 않은 방법으로 정의해야 한다. 즉, 쉽게 이해할 수 있으며 프로세스를 사용하는 어떤 사람이라도 일관된 방법으로 따를 수 있어야 한다. 왜 이러한 활동은 일관되게 수행해야 하는가? 직원을 로봇으로 만들도록 조직에서 부추기는 건 아닌가? 그렇지 않다. 프로세스에 중점을 두는 것은 대다수 조직에서 쓸데없이 반복하는 일을 줄이고자 하는 것이다.

우리는 왜 새로운 프로젝트를 시작할 때마다 매번 새로운 틀을 만들어야 하는가? 우리는 매번 프로젝트를 수행할 때마다 프로젝트 계획서를 제출하라는 요구를 받는데, 우리 조직은 왜 계획서를 작성하는 방법을 설명해 주는 절차서를 제공해 주지 않는가? 왜 샘플 문서로부터 필요한 내용을 복사해 쉽게 붙여 넣을 수 있도록 하지 않는가? 우리가 매번 프로젝트 계획서를 새로 만들기 위해 피땀을 흘리는 것보다는 훨씬 쉬운 일이 아닌가?

소프트웨어 프로그램을 개발할 때도 이런 상황은 비슷하다. 대다수 프로젝트 관리자는 어떤 특정한 프로그램을 구현하는 것이 얼마나 어려운지 물어보지 않는다. 각 프로그램을 코딩하는 데 시간이 얼마나 걸리는지는 물어보지 않고, 단지 배정한 프로그램 목록을 소프트웨어 개발자에게 전해 주고는 언제까지 가능한지 기한을 말하라고만 한다. 때로는 프로젝트 관리자가 규모와 범위 산정을 잘못하여 현실과 동떨어진 작업 일정 때문에 가슴앓이를 하고 매일 야근에 심지어는 주말 작업까지 해야 한다. 그렇다고 보상이 있는 것도 아니다.

만약 우리가 가지고 있는 정보를 입력해 일정을 예측하는 프로세스를 갖고 있다면, 좀 더 현실적인 일정을 도출해 내는 것이 가능할 것이다. 또한 이해되지 않거나 보이지 않는 무형의 절차를 충실히 따라야 하는 것에서 벗어날 수도 있을 것이다. 그렇다면 이 일정 수립 프로세스는 언제나 완벽한가? 물론 그렇지 않을 수 있다. 그러나 중요한 것은 이 프로세스가 최소한 우리에게 일정에 대한 협상 여지는 남겨 준다는 것이다.

프로세스는 음식을 요리할 때 사용하는 조리법과 같다. 이 조리법은 우리에게 재료를 알려주고 재료를 어떻게 배합할 것인지, 온도는 어느 정도에 맞출 것인지, 재료를 얼마나 오랫동안 요리해야 할지를 알려 준다. 그렇다고 해서 조리법이 우리에게 재료를 자르고 혼합하고 두들기고 거품 내고 굽고 삶고 튀기고 하는 스킬을 가르쳐 주진 않는다. 요리하고 보완하고 개선하는 건 우리 몫이다. 따라서 프로세스는 조리법을 담아 놓은 요리책처럼 다분히 상위 수준에서 작업을 정의하는 것이라고 할 수 있으며, 이를 수행하기 위한 구체적인 내용이나 스킬은 절차에서 다루는 것이 일반적이다.

다음 사례를 통해 조직에서 어떻게 프로세스와 절차를 만들어야 하는지 알아보자.

어떤 기업의 프로젝트 관리자가 프로젝트 납기에 영향을 미치는 이슈에 능동적으로 대응하게 하려고 위험관리 프로세스를 만들기로 했다. 그동안 이 회사에서는 프로젝트에 투입한 인원의 스킬 부족, 잦은 교체, 높은 이직률 등으로 프로젝트가 지연되곤 했다. 그래서 프로젝트 관리자들이 모여 그들이 직면하고 있는 모든 위험에 대응할 수 있는 다음과 같은 위험관리 프로세스를 개발했다.

- 위험파악
- 위험분석
- 위험 발생 가능성과 심각도 평가
- 위험 완화

필자는 이 프로세스가 너무 일반적이어서 정의한 작업을 프로젝트에 적용할 때 프로젝트 관리자가 자기 경험이나 프로젝트 상황에 따라 각기 다른 방법으로 수행할 수 있다고 판단했다. 그래서 이전 프로젝트에서 수행했던 위험관리 사례를 토대로 구체적인 작업 방법이 필요하다고 지적했다. 그리고 프로젝트 관리자에게 "여러분은 프로세스를 가지고 있다. 이제 좀 더 나아가 여러분이 작성한 프로세스 작업을 어떻게 수행해야 하는지를 고민해야 한다."라고 이야기했다. 아마 이 프로세스를 개발하는 데 참여한 프로젝트 관리자는 이미 개별 작업을 어떻게 수행할지를 머릿속에 그리면서 프로세스를 만들었을 것이다.

먼저 위험관리 프로세스 첫 단계인 '위험파악'을 예로 들면, 프로젝트 관리자는 위험을 어떻게 파악할지 고민해야 한다. 이를 위해서는 그동안 고객에게 제공한 최종 솔루션의 문제점이 무엇인지 찾아보고, 분석해 봐야 한다. 필자는 이러한 분석 결과로부터 프로젝트에서 가장 많이 발생하는 문제점을 파악할 수 있었다. 절차에서는 프로젝트에서 발생할 수 있는 위험을 파악하기 위해 사전에 파악한 이러한 문제점을 활용하는 방법을 정의하면 된다. 또한 여러분 조직에서는 이미 수행하고 있을지도 모르지만, '위험 발생 가능성과 심각도 평가'에 대해서도 프로젝트에 치명적인 영향을 미치면서 발생 가능성이 가장 큰 위험을 '유형 1'로 평가할 수 있다. 그리고 프로젝트에 영향을 미치지만, 프로젝트를 중단할 정도는 아닌 경우를 '유형 2', 프로젝트 진행에 많은 영향을 미치지 않으며 다음 단계나 배포하는 동안에 문제를 해결할 수 있는 위험을 '유형 3'으로 평가할 수 있다. 여러분은 이와 같은 평가 유형뿐만 아니라 평가 시 사용할 수 있는 명확한 기준을 절차에서 다루면 된다.

이제 사람이나 기술이 아닌 프로세스에 초점을 맞추는 것이 왜 중요한지 알아보자. 먼저 '요구사항 명세서' 예를 보면, 프로젝트에서 요구사항 명세서를 작성하는 일은 솔루션 중심 활동이다. 여러분은 프로젝트에서 모든 요구사항을 도출한 후, 요구사항 명세서를 작성하기 위해 개별 요구사항이 전체 시스템에 관한 내용인지, 소프트웨어나 하드웨어와 관련된 내용인지, 성능이나 보안과 관련된 내용인지 분류할 것이다. 더 나아가 이러한 요구사항 명세서와 이후에 작성한 설계서 그리고 시험 사례와 연결하려고 할 것이다. 만약 여러분이 이와 같은 방법을 활용해 프로젝트 초기에 성공적으로 요구사항 명세서를 작성했다고 해서, 여러분 조직에서 수행하는 모든 프로젝트가 요구사항 명세서를 체계적으로 작성한다고 할 수 있는가? 필자가 프로세스에 초점을 맞추는 이유가 바로 여기에 있다. 프로세스에 초점을 맞춘다고 해서 앞에 제시한 방법이나 다른 방법이 중요하지 않다는 것은 아니다. 다만 요구사항 명세서를 작성하는 모든 사람이 조직에서 인정한 하나의 방법으로 작업하고, 그 결과 거의 같은 수준의 요구사항 명세서를 작성할 수 있도록 지침을 제공하자는 것이다.

그럼 여러분은 '요구사항 명세서를 작성하는 사람에게 초점을 맞추면 되지 않을까?'라고 생각할지도 모른다. 여러분 조직에서 요구사항 엔지니어링 전문가를 많이 채용하여 모든 프로젝트에서 요구사항 명세서를 작성하게 하면 될 것이다. 그러나 그건 불가능한 일이다. 사람이 아닌 프로세스에 초점을 맞추라는 것은 프로젝트를 수행하는 데 사람이 중요하지 않다는 것이 아니다. 프로세스에 초점을 맞추는 것은 단지 뛰어난 사람을 고용하여 의존하려고 하는 대신 이들이 따를 수 있는 좋은 프로세스를 갖추라는 의미이다. 열심히만 일하는 사람을 고용하기보다는 직원이 더욱 현명하게 일할 수 있게 하자는 것이다. 이것이 프로세스가 여러분 조직에 필요한 이유라고 할 수 있다.

'새 술은 새 자루에'라는 말을 여러분은 들어 본 적이 있을 것이다. 기술이 아닌 프로세스에 초점을 맞추라는 이유를 이 말에서 찾을 수 있다. 여러분은 조직 전산시스템이나 데이터베이스의 문제점과 성능을 개선하기 위해 새로운 개발 언어나 데이터베이스 관리 시스템을 이용해 최신화한 경험이 있을 것이다. 만약 여러분 조직에서 기존 업무처리 방식을 고수한 채 인력 수준의 향상 없이 새로운 기술만 적용했다면, 큰 비용을 들여 새로운 전산시스템을 만들었어도 기존 문제점뿐만 아니라 새로운 기술이 가진 문제점을 모두 보유한 전산시스템을 사용하게 될 수도 있다.

2000년대 초에 있었던 닷컴 기업 파산을 예로 들면, 대부분 닷컴 기업은 고객이 직면한 문제에 대해 근본적인 분석에는 관심이 없었다. 사용하지도 않는 기능을 추가하거나 화려한 사용자 편의성을 강조한 신제품 개발에만 관심을 가졌다. 그러나 이러한 사업구조는 결국 고객에게 외면받았고, 이로 인해 대다수 닷컴 기업은 오래가지 못했다. 기술 그 자체가 문제를 근본적으로 해결해 주는 것이 아니라, 근본적인 문제를 해결하기 위해 선택한 방법을 쉽게 실행하게 해 주는 것이다.

그럼 처음으로 돌아가서 왜 프로세스에 초점을 맞추어야 하는지, 필자가 겪었던 다음 사례를 통해 그 이유를 제시하겠다.

• 형상 관리: 제품 대부분은 점점 복잡해지고 대형화하고 있다. 필자가 컨설팅한 자동차 구성품 제조

회사는 모델 하나를 개발하기 위해 이미 개발한 제품에 포함된 몇십만 개 소스 코드로 수많은 배포를 생성하고 있었다. 이런 이유로 개발지가 필요로 하는 소스 코드를 찾거나, 전체 소스 코드를 통합할 때 많은 시간 낭비와 문제가 발생했다. 그러나 필자가 제안한 변경 관리 절차를 적용한 후, 개발자는 어떤 소스 코드를 이번 제품에 적용해야 하는지 알 수 있게 되었으며, 더 이상 소스 코드를 찾기 위해 많은 시간을 소비할 필요가 없게 되었다.

- 시험: 이 회사에서는 앞에서 이야기한 대로 개발자가 몇십만 개 소스 코드를 개발하면서 직접 시험하는 것이 불가능해서 전문적인 시험담당자를 프로젝트에 투입하고 있었다. 그러나 개발자는 '여기 소스 코드랑 내가 변경한 내용이 있으니까 시험은 너희가 알아서 하라.'라는 식이었다. 그로 인해 시험을 시행하는 담당자는 시험을 하면서도 소스 코드가 얼마나 완전한지 확신할 수 없었고, 제품을 위한 실제 요구사항을 파악하는 데 수많은 시간을 투입해야 했다. 이제, 이 조직에서는 요구사항 명세서와 추적표에 대한 프로세스를 준수함으로써 시험담당자는 더 빠르게 어떤 일을 해야 할지 이해할 수 있게 되었고, 본연의 시험 활동에 더 많은 시간을 사용할 수 있게 되었다.

- 계획 수립: 프로젝트 계획 수립과 관련한 사례를 살펴보면, 어떤 회사에서는 고객과 추진하려는 전체 프로젝트 수나 그 특성을 파악하지 못해 프로젝트 우선순위에 따른 적절한 대응이나 향후 인력 수급에 많은 문제를 가지고 있었다. 그러나 작업 기술서나 프로젝트 계획 수립 프로세스를 이용하면서 고객과 추진하려는 프로젝트가 얼마나 되며, 각각의 최초 요구사항이 무엇이고, 이를 통한 프로젝트의 대략적인 규모와 난이도, 요구하는 인원 규모를 파악할 수 있게 되었다. 그리고 이들 데이터를 기반으로 프로젝트 우선순위를 결정할 수 있게 되어 준비 중인 프로젝트의 적절한 대응 전략 마련을 통해 쓸데없이 허비하는 시간을 최소화할 수 있었다.

- 의사소통: 의사소통을 통해 여러분 조직 프로세스에 생명력을 불어넣을 수 있다. 이러한 의사소통에는 서로 다른 팀 간 의사소통도 있을 수 있으며, 상하 간 의사소통도 있을 수 있다. 예를 들면, 개발 임원은 개발자에게 현행 개발 환경이나 작업 방법의 어려움에 관해 물어볼 수 있고, 개발자는 적극적으로 의견을 이야기할 수 있을 것이다. 또한 여러 프로젝트에서 해당 제품과 프로세스에 대해 검토하는 품질보증 담당자는 개별 프로젝트팀 업무 수행 방법의 차이점뿐만 아니라, 이로 인한 장단점을 알 수 있을 것이다. 품질보증 담당자는 이러한 생각을 적극적으로 프로세스 개선팀과 소

통해야 할 것이다. 지금 예로 든 두 가지 의사소통 모두 조직 프로세스를 지속해서 개선할 수 있을 것이다.

프로세스에 초점을 맞추는 것이 유일한 대안일 수는 없지만, 경영진의 관심, 충분한 자금 지원, 지속적인 교육을 결합하면 여러분의 문제를 더욱 근본적으로 해결할 수 있다.

(2) 모델

여러분은 모델을 무엇이라고 생각하는가? 모델은 여러 모범 사례의 모음 정도로 생각하면 된다. 그러나 이러한 모델은 모범 사례에서 제시하는 '어떻게 일을 수행하는가?How-to-do'에 관한 내용보다는 '무슨 일을 수행하는가?What-to-do'에 관한 내용 위주로 정의하고 있다. 이것이 모델과 모범 사례의 차이다. 예를 들면, 요구사항 관리와 관련하여 모델에서는 개별 요구사항에 대한 변경을 추적하기를 추천하고 있지만, 이를 어떻게 하라는 구체적인 방법까지 제시하지는 않는다.

그런데 왜 대부분 조직에서는 모델을 사용하는가? 필자가 그동안 컨설팅이나 심사를 수행한 조직 가운데에는 프로세스 개선을 위한 모델을 사용하지 않고 개선 활동을 수행하려는 조직이 있었다. 그러나 이들 조직은 프로세스 개선 활동에 관한 계획을 수립하거나, 그 결과를 예측하기가 쉽지 않았기 때문에 대부분 실패했다. 그리고 어떤 조직에서는 그들이 직접 모델을 만들어서 프로세스 개선 활동을 수행하려 한 적도 있다. 그러나 하나의 모델을 만드는 것은 많은 시간과 비용이 소요되는 굉장히 어려운 작업이기 때문에 그들 역시 실패하고 말았다.

앞에서 모델이란 성공적인 조직으로부터 수집한 모범 사례의 결정체라고 이야기했다. 이들 모델이 제시하는 내용 대부분은 충분히 따를 만한 가치가 있다. 그리고 대부분 모델에서는 이를 적용하려는 조직 환경과 맞지 않은 내용에 대해 다른 방법으로 대체하는 것을 인정하고 있다. 하지만 더 많은 대안을 선택하면 할수록 해당 모델이 지향하고자 하는 모범 사례로부터 더 멀어질 것이며, 여러분 조직의 문제점에 대한 개선 정도를 축소할 수 있다는 점을 명심해야 한다. 이것이 모델을 충실히 따라야 하는 이유이다.

지금부터는 국내에서 많이 사용하고 있는 모델인 ISO 국제표준과 이 책에서 주로 다루게 될 CMMI에 대해 간단히 설명하겠다.

ISO(International Standardization Organization)란 국제 표준화 기구를 의미한다. 이 책에서 설명하려고 하는 ISO 표준은 기본적인 품질경영시스템 프레임워크를 제공하는 ISO 9000 패밀리에 관한 표준이다. 지금은 'ISO 9000:2015 품질경영시스템 기본사항과 용어 정의'와 'ISO 9001:2015 품질경영시스템 요구사항'을 통합했지만, 이전에는 ISO 9000, ISO 9001, ISO 9002, ISO 9003, ISO 9004로 나뉘어 있었다. 이 중에서 인증 범위에 따라 구분했던 ISO 9001, 9002, 9003과 같은 인증 규격을 ISO 9001:2015로 통합했다고 보면 가장 이해가 빠르겠다. 그리고 지금은 모든 기업이 ISO 9001:2015 표준을 적용하고 있지만, 이전 표준에서는 소프트웨어를 개발하거나 유지관리하는 조직은 주로 ISO 9001과 이 표준을 소프트웨어 측면에서 구체화한 ISO 9000—3을 사용했다. ISO 9000—3은 소프트웨어 개발, 공급, 유지관리에 이르는 소프트웨어 수명주기 동안 ISO 9001에서 요구하는 품질경영시스템을 소프트웨어 측면에서 명세화했다.

반면에 CMMI는 역량 성숙도 모델을 의미한다. 뒤에서 다시 자세히 설명하겠지만, CMMI는 품질, 비용, 납기 측면에서 뛰어난 성과를 보이는 많은 조직에서 수행하는 활동을 분석하고 이러한 조직 활동 중에서 의미 있는 걸 모아 만들었다. 예를 들어, 요구사항과 이의 변경을 체계적으로 관리하거나, 품질 보증 활동이나 동료검토 활동을 내재화하거나, 직원이 그들 직무와 관련한 교육을 받을 수 있도록 하는 것 등이 해당한다. 이런 과정을 거쳐 CMMI가 탄생했다.

그럼 CMMI와 ISO의 유사점과 차이점은 무엇인가? ISO 국제표준은 제조업 분야에 초점을 맞춰 유럽에서 제정했고, CMMI는 소프트웨어를 포함한 제품 개발 활동을 관리하기 위해 미국에서 만들었다. 물론 두 모델 모두 제품 품질을 개선하기 위해 만들었고, 유럽이나 미국뿐만 아니라 전 세계에서 통용하고 있다.

ISO는 기본적으로 이를 적용하려는 모든 조직의 폭넓은 품질 이슈에 초점을 맞춘다. ISO를 적용하는 데 있어 가장 중요한 부분은 적용 조직에서 이행해야 하는 품질 활동을 담은 품질매뉴얼을 작성하는 것이다.

반면에 CMMI는 조직 전체 품질 문제를 다루기보다는, 조금 모호한 개념이지만 다수 프로젝트를 관리하는 '단위조직' 품질 문제를 다룬다고 할 수 있다. 그래서 CMMI 심사 시에는 심사 후원자를 포함한 한두 명 임원이 인터뷰에 참여하기도 하지만, 대부분은 프로젝트 관리자와 팀원을 중심으로 인터뷰가 이뤄진다. 물론 앞에서 설명한 것처럼 단위조직 범위를 회사 전체로 확장하거나, 프로젝트 하나로 축소하면 달라질 수도 있다.

어떤 사람은 그들 조직이 ISO 인증을 받았기 때문에 CMMI 2단계나 3단계에 해당한다고 주장하기도 한다. 그러나 이런 주장은 잘못되었다. 물론 그 반대 경우도 마찬가지이다. 이러한 비교는 사과와 오렌지를 비교하는 것과 같다. 이 둘은 같은 과일이지만 서로 맛과 향이 다르다. 마찬가지로 이 두 가지 표준은 비슷한 목적을 하고 있지만, 방법과 범위가 서로 다르기 때문이다.

마지막으로 필자가 이야기하려는 모델은 '6시그마(6σ)'이다. 6시그마는 해당 조직에서 수행하는 프로세스 결과 편차를 품질 지표로 사용한다. 즉 이 결과 편차가 적으면 적을수록 품질이 좋다고 할 수 있다. 그러므로 조직에서는 프로세스 편차를 줄이려고 측정과 개선 활동을 반복한다. 이러한 개선 활동을 위해 6시그마에서는 개선 목적과 목표를 명확하게 정의하는 '정의 단계', 잠재 원인을 도출하기 위한 측정과 기준을 설정하는 '측정 단계', 측정한 데이터로부터 편차 추세와 원인을 파악하는 '분석 단계', 파악한 원인을 바탕으로 프로세스를 개선하는 '개선 단계', 개선 결과를 확인하고 지속해서 관리하는 '관리 단계'로 구분하고 있다.

몇몇 조직에서는 6시그마와 CMMI를 하나의 프로세스 개선 활동으로 통합하려고 시도한 적이 있다. 6시그마는 해당 조직이 가지고 있는 가장 큰 문제점 위주로 개선 활동을 시도하려는 것이고, CMMI는 조직 전체 문화나 인프라를 변화시키기 위해 모범 사례를 수집하고 이를 확산시키려 하는 것이기에 상당한 시너지 효과를 거둘 수 있을 것이다. 그러나 이들 모델의 조건 없는 결합보다는 이들을 결합하여 상당한 효과를 거둘 수 있도록 해당 조직문화를 먼저 변화시키는 것이 더 중요하다. 즉 CMMI 4단계 이상 조직에서 6시그마를 도입하는 게 가장 효과적이다. 이것은 6시그마가 정량적인 목표 설정이나 측정과 같은 높은 수준의 활동을 요구하기 때문이다.

(3) 비즈니스 목적과 목표

조직의 비즈니스 목적에 부합하는 프로세스 개선 활동을 수행한다는 것은 말처럼 쉬운 일은 아니다.

대다수 조직은 비즈니스 목적을 명확하게 정의하지 않은 상태에서 프로세스 개선 활동을 먼저 시작하는 경우가 많다. 사실 비즈니스 목적을 정의하지 않는다는 표현보다는 정의할 수 없다는 표현이 더 적절할 수도 있다. 필자가 컨설팅하면서 만났던 경영진 대부분은 "프로세스 개선 활동을 통해 무엇을 달성하고자 합니까?"라고 물었을 때, 단지 "생산성을 높이기 위해!"라고 대답한다. 다시 말해, 프로세스 개선 활동을 해서 조직의 성숙도를 향상하면 생산성이 높아진다니까 한다는 식이다. 그러나 프로세스 개선 활동으로 인해 조직의 생산성이 급격하게 향상되지는 않는다. 특히, 프로세스 개선 활동 초기에는 실제 더 많은 인력이 필요할 수도 있다. 따라서 이러한 목적은 잘못된 것이다.

그리고 필자가 들었던 또 하나의 대답은 "우리 조직이 CMMI 성숙도 3단계 인증을 받아야만 고객과 계약을 할 수 있거든요!"이었다. 이런 대답을 하는 조직에서는 돈으로 CMMI 성숙도 3단계 인증을 살 수만 있다면 아마 그렇게 하려고 할 것이다.

한편, 필자가 "여러분의 비즈니스 목표는 무엇입니까?"라고 물었을 때 많은 경영진은 "그야 물론, 돈을 많이 벌기 위해서죠!"라고 이야기하기도 한다. 이렇게 말하는 대다수 조직은 그들의 비즈니스 목표를 명확하게 말할 수 있을 정도로 성숙하지 못했기 때문이다.

필자는 여러분 조직에서 비즈니스 목표를 정의하거나 프로세스 개선 영역을 결정하고자 할 때, 'GQM Goal—Question—Metric 기법'을 사용할 것을 추천한다. GQM 기법은 주로 워크숍을 통해 진행하며, 실제로는 Problem—Goal—Question—Metric이라고 하는 것이 더 정확하다. 먼저 여러분 조직이 가지고 있는 많은 문제를 나열한 후, 여러분 조직에 미치는 영향이나 문제해결의 시급성을 고려하여 문제를 정리한다. 정리한 문제에 대한 개선 목표를 명확히 한 후, 그 목표를 달성했는지 확인하기 위한 1개 이상 질문을 만든다. 그 질문에 대한 답이 바로 여러분 조직에서 관리해야 하는 지표가 된다. 마지막으로 이와 연관한 프랙티스 영역을 파악함으로써 프로세스 개선 노력에 집중할 수 있을 것이다.

- 문제점: 개발자는 요구사항 변경 내용을 몰라 최초 요구사항대로 코딩하는 경우가 많다.
- 목표: 고객이 원하는 제품을 제공해야 한다. (개발자는 요구사항을 충족하는 프로그램을 개발해야 한다.)
- 질문: 어떤 경우에 요구사항을 충족한다고 할 수 있는가?
- 지표: 전체 요구사항 대비 설계서나 프로그램에 반영한 요구사항 비율, 시험 적용 범위, 시험 성공

률 등

- 관련 프랙티스 영역: 요구사항 개발 및 관리, 프로세스 품질보증, 검증 및 확인

GQM 기법을 경험한 사람은 이 방법이 자신의 업무에 많은 도움을 주리라고 믿기 때문에 종종 이를 일상 업무에도 적용하고 있다.

비록 필자가 GQM 기법에 관해 설명하고 있지만, 성숙도가 낮은 조직에는 이 방법을 권장하고 싶지 않다. 프로세스 개선 활동을 처음 시작하는 조직에서는 비즈니스 목적과 목표를 명확하게 이해하지 못하는 경우가 많기 때문이다. 그리고 이러한 조직은 자기 조직에 문제가 있다는 사실을 쉽게 인정하려고 하지 않는다. 필자는 단지 요구사항과 관련한 부분에 대해 정성적인 예를 들었다. 반면에, 비즈니스 목표를 정량적으로 파악할 수 있는 조직이라면 그들의 비즈니스 목표를 '고객에게 전달되는 결함 수를 15% 감소하여 고객만족도를 10% 개선하는 것'이라고 정할 수 있을 것이다. 이처럼 설정한 비즈니스 목표가 더욱 효과가 있으려면 지표가 뒷받침되어야 한다. 그리고 이를 위해서는 조직의 문제를 완벽히 정의할 수 있어야 하며, 이 문제가 어떤 비즈니스 목적과 연관되어 있는지 파악할 수 있어야 한다. 현재 수준을 측정한 후 목표 수준을 결정하고, 이를 추적 관리할 수 있을 정도로 충분히 성숙해야 한다.

만약 여러분 조직에서 GQM 기법을 이용해 개선 목표와 개선 영역을 명확히 정의했다고 하자. 이런 경우에는 여러분이 수행하는 프로세스의 강약점을 분석하고 이를 바탕으로 개선 영역을 파악하기 위해 CMMI 심사 방법에 따른 공식적인 심사를 받을 필요가 없을까? 필자는 여러분 조직이 성숙하였거나 그렇지 못할 때도 가능하면 공식적으로 심사받을 것을 권한다. 이를 통해 조직은 강약점을 파악하고 조직에서 개선 노력을 어디에 집중할지 결정하는 데 도움을 받을 수 있다.

(4) 문제

프로세스에 중점을 두는 것은 매우 힘든 일이다. 그러나 필자는 앞에서 "프로세스에 중점을 두는 것이 경영진 관심, 충분한 자금 지원, 지속적인 교육과 결합하여 여러분의 문제를 더욱 근본적으로 해결해 줄 수 있을 것이다."라고 이야기했다. 여러분이 최소 1년 이상 조직의 프로세스를 개선하기 위해 고

민했다면, 위 이야기가 가슴에 와닿을 것이다. 그러나 여러분 중에는 "우리 조직은 전문가만 채용하기 때문에 지속적인 교육이 필요하지 않다."라고 말하는 사람도 있고, "우리에게 지금 당장 필요한 것은 불을 끌 수 있는 소방관이지, 불 끄는 방법을 가르치는 교관이 아니다."라고 말하는 사람도 있을 것이다.

여러분은 입맛에 꼭 맞는 인재를 구하는 것이 얼마나 힘든 일인지 알고 있다. 전문가만 채용한다는 말은 극히 제한된 자리에만 해당한다. 어떤 경우에는 프로젝트가 제대로 굴러가지 않는 이유를 찾기 위해서 대여섯 명의 전문가를 프로젝트에 추가 투입하는 때도 있을 수 있다. 그리고 프로세스 개선 활동을 위한 교육이 무엇보다 우선해야 한다는 걸 알지만, 여전히 부담되는 건 사실이다. 여러분 조직에서 프로세스 개선 교육을 무리해서 시행한 후에 프로세스 개선 업무에 투입했지만, 너무 힘들어서 원래 업무로 되돌아가려는 사람이 있을 수 있다. 아니면 더 대우가 좋은 다른 회사로 떠나는 사람도 있을 수 있다. 이러한 이유로 어떤 조직에서는 더욱 축약된 형태의 교육과정을 만들기도 하지만, 무엇을 어떻게 해야 하는지를 모르는 사람에게 일을 맡기는 건 더 큰 문제를 초래할 수 있다. 그리고 여러분 중에는 프로세스 개선 도구를 도입해 본 사람도 있을 것이다. 대다수 도구는 여러분의 조직을 단기간에 원하는 성숙도 수준까지 도달할 수 있도록 지원한다고 홍보하지만, 그렇게 되기 위해서는 하나에서 열까지 여러분의 손길이 닿아야만 한다. 아마 여러분은 위에서 언급한 문제점 중에 한두 가지 정도는 경험해 보았을 것이다.

그렇다면, 여기서 포기할 것인가? 필자의 대답은 "아니요!"이다. 그럼, 어떻게 할 것인가? 정답은 아니지만, 필자가 경험한 두 가지 방법을 제시하고자 한다. 먼저, 여러분의 경영진을 설득해야 한다. 여러분은 경영진에게 프로세스 개선 활동이 현재 조직에서 가장 필요한 활동이라는 것을 제시해야 한다. 또한 대부분의 개선 모델이 체계적인 관리를 통한 기업의 경영환경 개선에 중점을 두고 있다고 설명해야 한다. 만약 경영진이 회의적이라면 포기하는 편이 낫다. 그렇지 않다면 프로세스 개선 활동에 적극적으로 경영진을 참여시켜야 한다. 그들이 신뢰하는 사람이나 그들이 집행하는 예산, 그리고 그들의 업무 시간 중 일부분을 프로세스 개선 활동에 투입하게 하는 것이다.

두 번째 방법은 조직원을 참여시키는 것이다. 프로세스 개선은 여러분 조직을 진정으로 변화시키는 것이다. 그러나 대부분 사람은 자신이 수행하는 업무 방법이 너무나 불편하고 짜증이 나서 더 이상 참지 못할 정도가 아니라면 변화를 원하지 않는다. 아마 여러분 조직이 이 정도는 아닐 것이다. 대부분 사람은 업무를 수행하기 위한 나름의 업무 수행 방법을 가지고 있기 때문이다. 그렇기에 그들은 업무 방법을 바꾸려고 하지 않겠지만, 여러분은 그들에게 프로세스를 만들게 함으로써 프로세스 개선 활동에 그들을 참여시킬 수 있어야 한다. 이런 방법이 불가능하다면 최소한 회의라도 참석시켜 그들의 의견을 프로세스 개선 활동에 반영할 수 있어야 한다.

지금까지 프로세스 개신 활동을 처음 접하는 독사를 위해 일반석으로 사용하는 몇 가지 용어와 개념을 소개하고, 프로세스 개선 활동이 왜 중요한지를 설명했다. 그리고 프로세스 개선 활동은 여러분 조직을 진정으로 변화시키는 것이라고 했다. 조직을 변화시키기 위해서는 강력한 힘이 필요하며, 그에 따른 책임도 부여된다. 만약 여러분이 진정으로 조직을 변화시키고 싶다면, 프로세스 개선 활동에 열정적으로 참여하면 될 것이다.

우리는 흔히 '실수'란 좋지 않은 것으로 생각한다. 그러나 프로세스 개선 활동에서 실수는 여러분이 노력하고 있다는 증거이다. 프로세스 개선 활동에서 실수가 없다면, 아마도 그 프로세스는 사용하고 있지 않다는 뜻이다. 대체로 프로세스는 처음부터 완벽하게 작성하지 못하고, 실행을 통해 지속해서 보완하기 때문이다.

여러분은 조직 프로세스 개선 활동을 위해 목표 의식을 가진, 경험 많은 전문가로 팀을 구성하는 것도 중요하지만, 프로세스 개선팀 모든 사람이 프로세스 개선에 대한 엄청난 노력을 투자해야 한다는 사실을 명심해야 한다.

2. CMMI 탄생

이 책을 읽는 독자 대부분은 이미 CMMI가 왜 그리고 어떻게 만들어졌는지 알고 있겠지만, 처음 CMMI를 접하는 독자를 위해 CMMI 역사에 대해 간단히 설명하겠다.

대다수 조직은 경쟁적인 시장 환경에서 이익을 창출하기 위해 고군분투하고 있으며, 경영진은 이를 위한 보다 효과적인 방안을 모색하곤 한다. 그들은 경영과 전략 그리고 그들이 배운 원칙을 적용하는 데 도움이 될 만한 책을 읽어 보기도 하고, 때로는 그들 조직의 문제점을 진단해 개선안을 도출해 줄 수 있는 컨설턴트를 고용하기도 한다.

CMMI는 이러한 조직의 개선을 위한 접근법 중 하나로, 조직이 주요 비즈니스 프로세스 성과를 개선 할 수 있도록 지원하는 일련의 통합 모범 사례다.

(1) SEI와 CMMI

1991년 미국 SEI[1]는 소프트웨어를 위한 역량 성숙도 모델SW—CMM을 발표했는데, 이 모델은 소프트웨어 개발과 유지관리 역량을 향상하기 위한 핵심 프랙티스로 구성되어 있다. SW—CMM의 접근방식은 지 난 60년간 지속해서 관심을 기울여 왔던 제품 품질관리 원칙을 근거로 한다.

1930년대에 월터 쉬와트Walter Shewhart가 발표한 통계적 품질관리 개념은 이후 에드워즈 데밍W. Edwards Deming과 죠셉 쥬란Joseph M. Juran을 통해 체계화했다. 그리고 1980년대에 필립 크로스비Philip B. Crosby의 품질 철 학을 반영한 총체적(또는 전사적) 품질관리로 더욱 발전하고 성공적으로 증명했다. 이런 개념을 SEI가

---

1 SEI(Software Engineering Institute): 미국 국방부(Department of Defense) 자금을 지원받아 카네기멜론대학교 내에 설 립한 소프트웨어 공학 연구소로 CMMI를 개발하고 보급하는 활동을 수행했다. 2012년 12월에 CMMI 인스티튜트를 설립 하고 CMMI 업무를 이관하여 운영하다가 현재는 미국 정보시스템 감사 및 통제 협회인 ISACA가 관련 업무를 이관받아 운영하고 있다.

받아들여 소프트웨어 개발과 유지관리 프로세스를 지속해서 개선하기 위한 모델을 개발하는 데 기초로 삼았다.

SEI는 전 세계 소프트웨어 프로세스를 개선하는 데 지대한 영향을 끼친 SW—CMM 이외에도 시스템 엔지니어링 역량 성숙도 모델SE—CMM과 통합된 제품 개발 역량 성숙도 모델IPD—CMM 등 타 영역에 대한 모델도 추가로 개발하여 발표했다.

SW—CMM과 SE—CMM 그리고 IPD—CMM은 조직과 프로젝트 관리 프로세스를 보여 줄 뿐만 아니라 제품 개발과 유지관리에 있어 모든 적합한 원칙의 상호 보완에 초점을 맞추고 있다.

이렇듯 다른 영역 원칙을 위한 다양한 역량 성숙도 모델 개발은 긍정적으로 받아들여지고 있다. 프로세스 개선은 더욱 많은 원칙에 영향을 끼치고 있으며, 조직이 그들의 제품을 더 잘 개발하고 유지관리할 수 있게끔 도움을 준다. 그러나 이러한 확장은 한편으로는 도전을 불러일으키기도 한다.

다양한 역량 성숙도 모델은 제품 품질과 생산성 향상을 위해 하나 이상의 모델을 조화롭게 함께 사용할 때 더욱 큰 이익을 창출해 낼 수 있다. 그러나 조직의 많은 관리자는 SW—CMM과 SE—CMM 그리고 IPD—CMM에 대해 모델 상호 간 중첩한 부분과 다른 구조로 인해 현장에 적용하는 데 많은 어려움과 비용이 따른다고 불만을 토로하곤 했다. 교육훈련과 심사와 개선 활동은 이러한 원칙을 어떻게 통합하여 수행해야 하는지에 대한 지침 부족으로 종종 불필요하게 반복 수행되곤 했다. 따라서 조직은 CMM 관련 모델을 근간으로 개선 활동을 성공적이면서도 쉽게 통합하여 수행하는 방법이 필요했다. 다시 말해 모델 자체 통합이 필요했다.

(2) 역량 성숙도 모델 통합 필요성

CMM 관련 모델과 이의 교육과정과 심사 방법을 더욱 잘 활용하기 위한 통합 필요성을 각계각층에서 요구함에 따라 다양한 조직에서 다양한 경험을 가진 전문가가 현재와 미래에 사용할 더욱 나은 모델 개발을 위해 통합 작업에 참여하였다.

1998년 2월, 미국 산업계와 정부 그리고 SEI는 IT 산업에 있어서 가장 기본이 되는 소프트웨어 엔지니어링, 시스템 엔지니어링, 통합된 제품과 프로세스 개발의 세 가지 원칙을 포함하는 통합 모델인

CMMI 개발에 착수하였다.

(3) CMMI 진화

CMMI는 CMMI 모델과 프레임워크, 교육훈련 교재와 심사 방법으로 구성된다. CMMI 프레임워크는 각기 다른 원칙을 조화롭게 CMMI로 통합한 규칙과 개념을 보여 준다. 프레임워크는 CMMI로부터 각 조직에 가장 적합한 하나 또는 그 이상의 원칙을 선정해 사용하도록 도움을 준다.

CMMI는 모델과 심사 방법과 교육훈련 과정에 대해 몇 차례에 걸친 내부 전문가 검토, 외부 일반인 검토와 시범 적용을 수행했으며, 그 결과를 바탕으로 CMMI에 대한 보완과정을 거쳐 마침내 2002년 1월, CMMI—SE/SW V1.1을 발표하였다.

또한 CMMI—SE/SW 모델이 시스템과 소프트웨어 공학 분야만을 다루는 데 비해 통합 제품과 프로세스 개발 분야까지도 포괄적으로 다루는 CMMI—SE/SW/IPPD V1.1도 같은 시기에 발표했다. 여기에 공급자 선정 분야까지 포함한 CMMI—SE/SW/IPPD/SS V1.1 역시 같은 해인 2002년 3월에 발표했다. 이와 더불어 기존 SW—CMM을 적용하던 기업이 쉽게 CMMI로 전환할 수 있도록 소프트웨어 공학 분야만을 다루는 CMMI—SW V1.1을 2002년 8월에 발표하여 CMMI는 총 네 가지 원칙이 유용하게 됐다.

CMMI V1.1을 발표하고 산업계에 적용하면서 모델 개선에 관한 산업계 요구는 계속되었다. SEI는 이를 반영해 2006년 8월에 CMMI V1.2를 발표했다. CMMI V1.1과 비교했을 때 V1.2의 가장 큰 차이점은 기존 V1.1이 네 개 원칙으로 구성됐던 것을 솔루션 개발을 위한 CMMICMMI for Development, 솔루션 획득을 위한 CMMICMMI for Acquisition, 서비스를 위한 CMMICMMI for Service 세 가지 유형으로 구분했다는 것이다.

이는 제품 구매나 개발 또는 유지관리 서비스 등 업무에 사용하는 용어나 프로세스가 다른 부분이 있음에도 획일적으로 같은 모델을 사용함에 따른 불편함을 해소하기 위해서였다.

CMMI V1.2의 세 가지 유형인 CMMI 개발, CMMI 획득, CMMI 서비스는 각 모델 구조와 철학 그리고 일반적인 접근이 유사하여 세 가지 모델 간 일관성과 심사 방법의 무결성 확보를 위해 2010년 11월에 V1.3을 발표했다. CMMI V1.3의 가장 큰 특징이라면, 모델 전반에 걸쳐 이전에는 적용상 혼란을 초래할 수 있었던 용어를 더욱 명확히 정의하여 해당 조직 편의에 따라 모델 요구사항을 피해 가려는 시도를 최소화할 수 있도록 했다는 점이다. 아울러 CMMI 기반의 개선 활동을 수행하면서 조직의 비즈니스 성과관리를 통해 목표를 달성하고, 지속해서 목표를 향상해 나가는 방향으로 모델 내용을 강화했다.

미국 SEI는 2012년 12월에 'CMMI 연구소Institute'를 설립하고 CMMI 관련 모든 업무를 이관했다. CMMI 연구소는 국방산업 중심으로 개발한 CMMI 모델이 자동차, 통신, 의료, 금융 등과 같은 다양한 유형의 산업계에 적용되면서 제기된 해당 산업계의 다양한 요구를 반영하기 위해 개정 작업을 수행하고 2018년 3월에 CMMI V2.0을 발표했다.

산업계로부터 요구사항을 반영한 CMMI V2.0의 주요 개선내용은 [표 1—1]과 같다.

[표 1—1] CMMI V2.0 주요 개선 사항

산업계 주요 요구사항	주요 개선 내용
CMMI 적용 가치와 투자수익(ROI) 입증	• 조직에서 필요로 하는 성과관리를 지원하기 위해 모델 단계마다 성과 역량을 반영 　- 성과 요구 이해: 목표 추적, 측정과 달성, 성과 목표 수립
CMMI 심사에 들어가는 시간, 노력, 비용 절감을 통해 전반적인 CMMI 심사 가치 향상	• 심사 대상 조직의 심사 준비 노력을 줄여, 심사 총 수명주기 비용을 낮추면서도 심사 결과 신뢰도를 향상하는 새로운 심사 방법 • 조직은 간편한 유지 심사를 통해 벤치마크 심사의 유효성 확장이 가능
CMMI를 최신 상태로 유지하고 최신 동향 방법을 산업계에 활용	• 애자일(Agile) 개발 방법의 하나인 스크럼(Scrum)과 같은 추가적인 방법론 지침을 포함하는 확장 가능한 아키텍처 플랫폼 • 안전(Safety), 보안(Security)과 같은 새로운 콘텐츠 추가로 중요한 비즈니스 요구 해결
사용하기 쉽고 사용자 친화적인 CMMI 필요	• 일반인도 모델을 읽고 이해하기 쉽게 비기술적 언어를 사용 • 각 조직의 필요에 맞게 모델을 조정할 수 있도록 온라인 플랫폼 사용 • CMMI를 성공적으로 적용하고 V1.3에서 V2.0으로 전환하는 데, 필요한 지침을 제공 • 모델, 교육과정과 사용 지침을 여러 언어로 번역하여 제공

(4) CMMI 현재 상태

CMMI 연구소를 합병한 미국 정보시스템 감사 및 통제 협회인 'ISACA'는 2023년 4월에 CMMI V3.0을 발표했다. CMMI V3.0은 CMMI의 유연성과 적응성을 높이고, CMMI 파트너를 위한 확장성을 강화하려는 목적이 있다. 지역과 산업계 채택을 늘리고, CMMI 관련성을 유지하기 위해 기존 솔루션 개발, 서비스와 공급자 관리, 안전과 보안 도메인에 더해 인력과 데이터 그리고 가상환경 도메인의 새로운 내용을 추가했다.

　조직이 비즈니스 요구사항과 목표를 충족하지 못할 때, CMMI는 성과를 향상하고 최적화하기 위한 개선 방향을 제시한다. CMMI 모범 사례는 성과를 개선하는 방법이 아니라 성과를 개선하기 위해 무엇을 해야 하는지에 중점을 둔다. CMMI는 다양한 비즈니스와 업무 유형에서 이해할 수 있고, 접근 가능하며, 유연하게 적용할 수 있도록 명시적으로 설계되어 있으나, 특정 접근방식이 모든 상황에서 적절하지 않을 수도 있다. 따라서 CMMI를 성공적으로 도입하려면 조직의 특정 상황과 관련 영역을 고려해야 한다. [그림 1—1]은 CMMI의 변천사를 보여 준다.

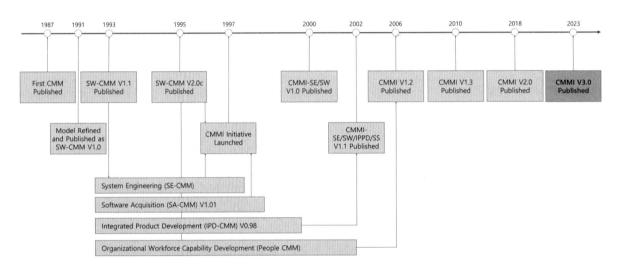

[그림 1—1] CMMI 변천사

3. CMMI 구조와 구성

여러분은 CMMI 구조와 구성을 공부하기 전에 다음 두 가지 개념을 이해해야 한다.

- **이행** Implementation
- **내재화** Institutionalization

'이행'이란, 말 그대로 CMMI 개별 프랙티스 영역에서 정의하고 있는 활동을 조직 내에서 수행하는 것을 말한다. CMMI 개별 프랙티스 영역은 '계획 수립 프랙티스 영역'이나 '형상 관리 프랙티스 영역'과 같이 프로세스 개선 활동을 수행하는 조직이라면 반드시 관심을 두는 프랙티스를 모델화한 것이다. 여기서 정의하고 있는 '이행'이란 하나의 프로세스를 수립한 후 그에 따라 업무를 수행하기만 하면 된다. 사실 이러한 시도조차도 굉장히 힘들 수 있다. 게다가 이 프로세스가 이와 연관한 조직의 다른 업무와 완전히 조화를 이뤄 조직문화로 정착하기 위해서는 훨씬 더 큰 노력을 요구한다. 그래서 다음에 언급할 '내재화' 개념이 나온 것이다.

'내재화'란 하나의 프로세스가 조직문화로 스며들어 모든 사람이 아주 당연하게 해당 활동을 수행하는 것을 말한다. 내재화가 이뤄진 업무는 다른 사람이 와서 그 업무를 수행하더라도 똑같은 방식으로 수행할 것이다. 이러한 이유는 내재화를 통해 해당 조직의 모든 업무 프로세스, 시스템, 다른 조직원과 같은 인프라를 체계적으로 정립하여 개인이 임의대로 업무를 처리할 수 없게 만들었기 때문이다.

그리고 프로세스 개선 활동 시 가장 많이 사용하지만, 한마디로 정의하기 힘든 용어인 조직에 대해서도 알아보자. 조직은 '프로세스 개선 활동을 수행하는 가변적인 단위'라고 정의했다. '가변적인 단위'란 그림 퍼즐에서의 조각처럼 더 이상 바꿀 수 없는 개념이 아니라, 레고 블록처럼 다양한 조합을 통해 여러 가지 모양을 만들 수 있는 개념을 말한다. 그러므로 조직이란 물리적인 공장이나 시설을 의미할 수도 있고, 부서나 프로젝트뿐만 아니라 그곳에서 근무하는 인원도 해당할 수 있다. 또한 위에서 언급한 주체의 다양한 조합으로 조직을 구성할 수도 있으며, 단 하나의 주체, 예를 들면 한 사람만으로도 조직을 구성할 수 있다.

개발자 한 명이 자동차보험 시스템의 한 개 서브시스템을 유지관리하면서, 보험 보상에 관한 고객 불만을 처리하는 웹사이트를 구축하고 있다고 하자. 여기에 추가로 이 개발자가 최근에 보험급여와 관련한 문서관리 시스템을 설계하는 업무도 함께 맡았다면, 이러한 상황에서 조직을 어떻게 구분해야 할까? 제일 먼저 이 개발자가 세 개의 다른 조직에서 근무하고 있다고 생각할 수 있다. 그렇지 않다면 이 기업의 IT 부서와 같은 한 개 조직에서 근무하고 있다고 생각할 수도 있으며, 또한 이 세 개 프로젝트만을 묶어 한 개 조직으로 정의할 수도 있을 것이다. 앞의 사례와 같이 우리는 한 가지 경우를 가지고 여러 가지 형태의 조직을 구성할 수 있음을 보았다. 그럼 프로세스 개선 활동을 수행하는 데 있어 어떻게 조직을 구분하는 것이 유리할까?

여러분이 프로세스 개선 활동을 수행하는 초기라면 조직을 최대한 세분화해서 프로세스 개선 범위를 줄여야 한다. 프로세스 개선 활동은 진행하면서 범위가 늘어나는 경향이 있어서, 초기에 대규모 조직을 대상으로 시작하면 아무리 노력해도 해결하기 힘든 상황에 부딪힐 수 있기 때문이다. 하지만 이미 프로세스 개선 경험이 충분한 조직이라면 조직을 구분하는 데 여러 가지 기준을 활용할 수 있다. 이러한 기준에는 고객 조직, 업무 수행 방법, 부서 간 접촉 빈도, 입출력 관계 등이 있으며, 무엇보다 중요한 것은 프로세스 개선 활동 효과를 극대화할 수 있도록 기준을 적용해서 조직을 구분하는 것이다.

(1) CMMI 성과 솔루션

CMMI의 핵심은 다양한 비즈니스와 관련한 다양한 도메인에 적용 가능한, 사전 정의되었거나 사용자 정의가 가능한 일련의 '뷰View' 모음이다. CMMI 성과 솔루션 생태계Performance Solutions Ecosystem는 [그림 1—2]에 표시한 대로 다섯 가지 구성 요소로 이뤄져 있다.

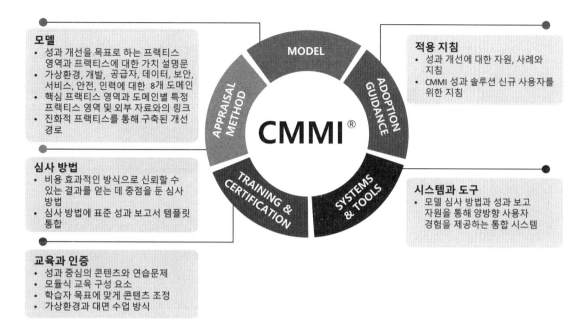

모델
- 성과 개선을 목표로 하는 프랙티스 영역과 프랙티스에 대한 가치 설명문
- 가상환경, 개발, 공급자, 데이터, 보안, 서비스, 안전, 인력에 대한 8개 도메인
- 핵심 프랙티스 영역과 도메인별 특정 프랙티스 영역 및 외부 자료와의 링크
- 진화적 프랙티스를 통해 구축된 개선 경로

적용 지침
- 성과 개선에 대한 자원, 사례와 지침
- CMMI 성과 솔루션 신규 사용자를 위한 지침

심사 방법
- 비용 효과적인 방식으로 신뢰할 수 있는 결과를 얻는 데 중점을 둔 심사 방법
- 심사 방법에 표준 성과 보고서 템플릿 통합

시스템과 도구
- 모델 심사 방법과 성과 보고 자원을 통해 양방향 사용자 경험을 제공하는 통합 시스템

교육과 인증
- 성과 중심의 콘텐츠와 연습문제
- 모듈식 교육 구성 요소
- 학습자 목표에 맞게 콘텐츠 조정
- 가상환경과 대면 수업 방식

[그림 1—2] CMMI 성과 솔루션 생태계

[그림 1—3] 통합 CMMI 제품은 CMMI 제품과 시스템 간 관계를 보여 준다. 이 통합 접근방식은 CMMI 성과 솔루션 구성 요소를 제한적으로 사용하는 것을 줄이기 위해 설계되었다.

CMMI 아키텍처는 단기와 장기 요구사항을 충족하도록 조정할 수 있는 유연한 성과 개선 모델과 구조를 제공한다. 아키텍처와 하위 구조는 기존 모델만이 아니라 미래의 모델과 콘텐츠 또한 수용할 수 있다.

CMMI 아키텍처는 모델 크기와 복잡성을 최소화하면서도 주제 영역에 대한 깊은 이해를 원하는 사용자를 위해 광범위한 설명 자료를 제공하는 기능을 갖도록 설계하였다. 외부 정보 자료에 관한 링크를 포함한 전자 형식을 제공하는데, 이를 통해 핵심 모델을 개정하지 않고도 기술 변화에 맞춰 설명 자료를 개정할 수 있다.

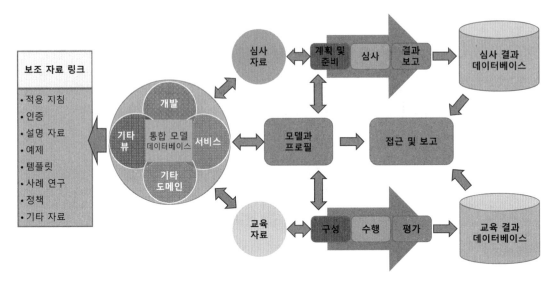

[그림 1—3] 통합 CMMI 제품

    이러한 접근방식을 통해 최종사용자는 조직성과 개선 요구사항을 충족하는 모델 뷰를 설계할 수 있다. 따라서 특정 공급자를 선정하는 데 모델 구성 요소 일부만 중요할 수 있는 공급자 선정 프로세스 일부분으로 모델을 사용하는 경우와 같이 광범위한 조직에서 CMMI를 효과적으로 활용할 수 있다. 조직은 이러한 우선순위에 맞는 사용자 지정 뷰를 구성할 수 있어 공급자와 잠재적 공급자가 기대하는 사항을 알 수 있다.

    지금까지 CMMI 모델은 솔루션 개발, 서비스, 공급자의 주요 프로세스 이슈에 개별적으로 초점을 맞추었다. 그러나 솔루션 개발 조직이 솔루션 개발 외에도 최종사용자에게 헬프 데스크 서비스를 제공할 수 있는 것처럼 한 분야에만 집중하는 조직은 드물다. CMMI는 적용 가능한 모든 분야와 뷰를 통합할 수 있는 플랫폼을 제공하며 조직과 시장 요구에 따라 확장할 수 있다. 성과 개선에 대한 이러한 통합적이고 총체적인 접근방식을 통해 조직은 가장 관련성이 높은 개선 영역에 집중할 수 있다.

    프랙티스 영역별 내용 형식은 일반적인 모듈식 구조를 따른다. [그림 1—4]는 CMMI의 개괄적인 모듈식 구조를 보여 준다. CMMI는 뷰, 프랙티스 영역, 프랙티스 그룹, 프랙티스와 정보 자료의 5개 구성 요소로 구조화되어 있다.

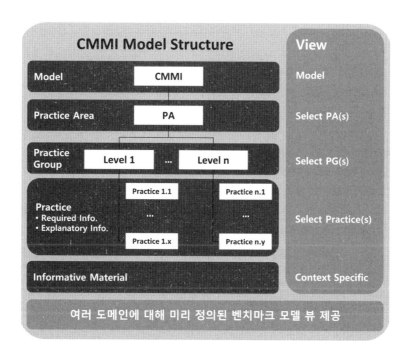

[그림 1—4] CMMI 모델 구조

[표 1—2]는 CMMI의 다섯 가지 주요 구성 요소에 관한 설명이다.

[표 1—2] CMMI 구성 요소 구조

구성 요소	설명
뷰	사용자가 중요하다고 판단하여 선정했거나, 그동안 조직에서 적용했던 결과 분석을 바탕으로 ISACA에서 미리 정의한 일련의 모델 구성 요소 **사전 정의 예:** • CMMI 개발 • CMMI 서비스 • CMMI 데이터 • CMMI 보안과 안전관리 역량 영역 • CMMI 작업 계획 수립과 관리 역량 영역 **사용자 선택 예:** • CMMI 개발과 CMMI 서비스 조합 • 프랙티스 영역, 역량 영역 또는 프랙티스 그룹의 조합

프랙티스 영역	해당 프랙티스 영역에서 설명한 정의된 의도, 가치와 필수 정보를 함께 달성하는 유사한 프랙티스 모음
프랙티스 그룹	프랙티스 영역 내의 프랙티스에 대한 구조(예: 진화 단계)를 다음과 같이 구성 • 이해하고 적용할 수 있도록 지원 • 성과 향상을 위한 경로 제공
프랙티스	프랙티스는 두 부분으로 구성 **1. 필수 정보:** 프랙티스 전체 의도와 가치를 이해하는 데 필요한 정보로 프랙티스 설명서, 가치 설명서, 프랙티스와 프랙티스 설명 정보 사이에 있는 모든 추가 필수 정보를 포함(모든 프랙티스 사례에 추가 필수 정보가 포함되어 있지 않을 수 있음) **2. 설명 정보:** 예시 활동과 작업산출물을 포함한 프랙티스 나머지 부분으로 필수 정보(프랙티스 설명서, 가치와 추가 필수 정보 포함)의 의미와 의도를 더 잘 이해하는 데 중요하고 유용함. 설명 정보는 아래 설명한 정보 자료 일부임
정보 자료	프랙티스에 필수적인 정보 외 나머지 모든 정보를 포함. 정보 자료에는 개요와 부록(예: 용어 정의, 참조)을 포함. 정보 자료에 다음과 같은 외부 자산 링크 추가 가능 • 추가 정보 자료 • 적용 지침과 사례와 전환 지침 • 템플릿 • 교육자료 프랙티스 설명 정보와 마찬가지로 모델을 올바르게 이해하고 적용하는 데 필요한 정보 자료도 무시해서는 안 됨

이 구조는 모든 상황에 적용하는 자료를 포함한 핵심 모델과 함께 모델을 이해하고 채택하거나 애자일 개발, 보안, 안전 등과 같은 특정 상황에서 사용하고자 하는 조직에 유용한 추가 정보를 제공한다. 이러한 모듈화를 통해 전체 모델을 개정하지 않고도 새로운 예제, 기술과 방법으로 모델을 확장하고 개정할 수 있다.

■ 뷰View

뷰는 시간이 지남에 따라 변경될 수 있다. 뷰는 모델에 대한 일종의 창Window으로, 조직이나 프로젝트가 자신이나 자기 조직에 중요한 업무 분야에 집중할 수 있게 해 준다. 조직의 선택을 돕기 위해 미리 정의한 뷰가 있으며, 만약 미리 정의한 뷰 중 조직 비즈니스 요구사항을 충족하는 뷰가 없으면 자체적으로 뷰를 구성할 수도 있다.

다음은 조직이 자체적으로 뷰를 구성하는 예이다.

- 조직은 소프트웨어 개발과 헬프 데스크 서비스라는 두 가지 다른 분야를 운영할 수 있다. 이때 조직은 미리 정의한 CMMI 개발CMMI-DEV과 CMMI 서비스CMMI-SVC 뷰를 선택할 수 있다. 또한 보안이 이 조직에 중요하다면, 앞서 선택한 두 모델 뷰에 CMMI 보안CMMI-SEC 뷰를 쉽게 포함할 수도 있다.
- 업무 계획 수립과 관리 역량을 개선하고자 하는 조직은 '업무 계획 수립과 관리 역량 영역'에 관한 뷰를 선택하여 업무 관리 성과를 개선하는 데 도움을 받을 수 있다.

■ 도메인Domains

도메인은 모델과 평가 방법을 모두 포함하는 CMMI 구성 원칙이다. 도메인은 시스템 엔지니어링이나 솔루션 개발과 같이 조직의 주요 역량에 적용할 수 있거나 이에 맞게 조정한 기능적으로 유사한 프랙티스 영역의 모음이다. 도메인은 CMMI 뷰의 한 유형으로 CMMI의 현재 도메인 목록은 [표 1—3]에서 설명하고 있다.

[표 1—3] 도메인 설명

도메인	역량 설명
가상환경(VRT)	원격 위치에서 제품, 서비스 또는 기타 솔루션을 제공
개발(DEV)	하드웨어, 소프트웨어와 관련 구성 요소를 포함한 제품이나 솔루션 제작
공급자(SPM)	제품, 서비스나 기타 솔루션을 공급 또는 제공하는 회사, 조직, 개인을 관리
데이터(Data)	데이터와 데이터 품질 통제와 관리
보안(SEC)	중요한 방어를 파악하고 강화하며 위협에 대한 복원력 향상
서비스(SVC)	활동이나 작업으로 구성한 무형의 솔루션 구축과 제공
안전(SAF)	안전한 제품, 서비스와 기타 솔루션을 제공하고 유지
인력(PPL)	목표 달성을 위해 인력을 개발하고 유지하며 활성화

세계는 점점 더 가상공간으로 이동하고 있다. 조직은 고객과 영향을 받는 이해관계자에게 특정 서비스, 프로세스, 활동, 작업 또는 솔루션을 제공하는 가상, 원격 혹은 복합적인 방법을 이해하고 계획할 수 있어야 한다. 가상환경 도메인은 조직이 가상 비즈니스 환경에 관한 모범 사례, 도구와 기법을 이해하여 효과와 효율성을 극대화하는 데 필요한 기술 개발에 도움을 주도록 일련의 통합 모범 사례를 제

공한다. 조직은 이를 통해 다음과 같은 이점을 얻을 수 있다.

- 취약성 감소: 솔루션을 가상환경에서 제공하거나 가상환경에서 작업하는 것과 관련한 취약성을 파악하고 노출을 감소
- 미리 계획하기: 글로벌 사건이나 환경적 영향으로 인한 운영 중단에 대비
- 효율성 향상: 가상환경에서 효과적으로 작업하는 인력을 확보하여 운영 효율성 개선

현재의 첨단 기술 비즈니스 환경에서는 거의 모든 조직이 더욱 복잡한 제품과 서비스를 구축한다. 이로 인해 제품 개발 수명주기 관리와 통제가 어렵고 비용 초과, 품질과 고객 기대에 영향을 미치는 결함 발생, 재작업으로 인한 납기 지연을 초래한다. 개발 도메인은 제품과 구성 요소와 서비스를 개발하는 조직의 성과와 핵심 역량을 개선하는 일련의 통합 모범 사례를 제공한다. 조직은 이를 통해 다음과 같은 이점을 얻을 수 있다.

- 출시 시기 준수: 재작업이 거의 없이 제품과 서비스를 빠르고 효율적으로 제공
- 품질 향상: 제품 개발 품질과 일관성 개선을 통한 결함 감소
- 비용 절감: 계획, 일정, 예산 수립 프로세스를 개선하여 비용 절감
- 제품 수명주기 관리 개선: 납품부터 유지관리와 운영에 이르는 전체 제품 수명주기에 걸쳐 고객 기대치 충족
- 조직 민첩성 확보: 수익 향상과 비용 절감 기회를 활용하여 제품과 서비스가 빠르고 효과적이며 일관되게 제공

성장 중인 조직은 비즈니스 목표를 달성하는 데 도움이 되는 제품과 서비스를 제공하기 위해 외부 공급자에 더 많이 의존한다. 공급자를 고용해서 활용한 후 계약관계가 끊어지면 고객이나 시장 기대치가 잘못 이해되고, 요구사항이나 기술 변경으로 인해 지연이 발생하며, 용량과 자원 부족이 발생하고, 고객 요구사항을 충족하지 못하는 등 전체 공급망에 걸쳐 위험이 증가한다. 공급자 도메인은 다른 회사로부터 구성 요소와 제품 또는 서비스를 구매하는 조직의 성과와 핵심 역량을 개선하는 일련의 통합 모범 사례를 제공한다. 조직은 이를 통해 다음과 같은 이점을 얻을 수 있다.

- 성장 요구 충족: 효과적인 역량과 자원 할당을 통해 성장 관리에 필요한 역량 구축
- 제품 수요에 발맞추기: 공급망 전반의 변화와 복잡성을 신속하고 효과적으로 관리
- 공급망 위험 감소: 반복 가능한 모범 사례를 활용하여 위험을 완화하고 공통 책임을 이해

데이터가 기하급수적으로 증가함에 따라 조직 경영자와 관리자는 그 어느 때보다 더 많은 성과 관련 원천 데이터에 접근이 가능해졌다. 하지만 데이터의 힘을 비즈니스에 활용하는 방법에 대해서는 많은 조직이 여전히 이해가 부족한 실정이다. 데이터 도메인은 조직의 데이터 관리 기능과 인력을 구축하고 개선하여 측정하는 데 도움이 되는 일련의 통합 모범 사례를 제공한다. 조직은 이를 통해 다음과 같은 이점을 얻을 수 있다.

- 의사결정 개선: 데이터를 활용하여 의사결정 개선과 위험 감소
- 비용 절감: 데이터 수명주기 관리와 아키텍처를 통해 운영 효율성 개선과 비용 절감
- 데이터 신뢰도 향상: 데이터 신뢰도를 향상하여 규제 처벌 위험 감소와 고객 신뢰 향상
- 효율성 증대: 데이터 거버넌스 프로그램 효율성 향상

사이버상에서 보안 위협이 날로 증가하며 보안 침해, 취약점과 위험은 제품 개발, 서비스 운영, 납품 또는 공급망의 거의 모든 단계에서 발생하고 있다. 따라서 비용, 일정, 품질 목표에 맞춰 안전한 제품을 제공하기 위한 사전 예방 조치 활동이 필요하다. 보안 도메인은 조직이 규정 준수를 넘어 보안에 대한 접근방식을 평가, 강화하고 개선할 수 있도록 성과와 핵심 역량을 개선할 수 있는 일련의 통합 모범 사례를 제공한다. 조직은 이를 통해 다음과 같은 이점을 얻을 수 있다.

- 고객 신뢰도 향상: 안전한 제품 솔루션으로 고객 신뢰 확보
- 복원력 개발: 잠재적 사고를 파악하고 해결하며 재발을 방지하는 프로세스를 통해 위협으로 인한 중단 영향 감소
- 직원 사기 진작과 이직률 개선: 신규 직원을 쉽게 적응시키고 최고 인재를 유지하기 위한 노력 전반에 보안을 일관되게 적용할 수 있는 기반 조성
- 손쉬운 통합: CMMC Cybersecurity Maturity Model Certification (사이버보안 성숙도 모델 인증), ISO 등과 같이 널리

사용하는 보안 표준과 요구사항을 조직 보안 프로세스에 전체적으로 통합

전 세계 비즈니스의 80%가 서비스 기반일 정도로 서비스 산업은 전 세계 경제 성장의 중요한 원동력이다. 하지만 강력한 서비스 제공 전략이 부족하면 고객과의 약속을 이행하지 못하게 된다. 많은 조직이 서비스 제공에 영향을 미치는 사고에 신속하게 대응할 수 있는 역량 부족으로 납품 기일을 지연하거나 비용을 초과하거나 고객 기대치를 충족하지 못한다. 서비스 도메인은 B2B, B2C, 독립형 서비스와 제품 제공의 일부인 서비스를 포함하여, 서비스를 제공하는 조직의 성과와 핵심 역량을 개선하는 일련의 통합 모범 사례를 제공한다. 조직은 이를 통해 다음과 같은 이점을 얻을 수 있다.

- 고객 충성도 확보: 고객의 기대와 경험을 뛰어넘고, 취약한 고객 접점을 강화
- 복원력 개발: 잠재적 사고를 파악하고 해결하며 재발을 방지하는 프로세스를 통해 서비스 중단 영향 감소
- 시장 출시 기간 개선: 정해진 계약에 따라 신속하고 효율적으로 서비스 제공
- 품질 향상: 가능한 최고 수준의 서비스 품질 제공
- 비용 절감: 계획을 개선하고 재작업 감소를 통해 비용 절감

제품과 서비스 안전은 직원과 고용주뿐만 아니라 고객에게도 중요하다. 안전사고를 완화하기 위한 사전 예방적 접근방식은 조직이 장애를 적절히 해결하고 대응할 수 있는 최고 입지 확보와 조직에 대한 높은 브랜드 유지에 도움이 된다. 안전 도메인은 조직이 안전 전략을 평가하고 강화하고 개선할 수 있도록 성과와 핵심 역량을 향상하는 일련의 통합 모범 사례를 제공한다. 조직은 이를 통해 다음과 같은 이점을 얻을 수 있다.

- 품질 향상: 가능한 최고 수준의 제품 안전성을 제공하여 고객 충성도와 신뢰 확보
- 위험 감소: 제품 수명주기 전반에 걸쳐 모범 사례를 준수하여 안전 위험을 보호하고 방어
- 직원 사기 진작과 이직률 개선: 안전한 작업 환경을 제공하면 직원 건강이 증진되어 근무 의욕 향상
- 복원력 개발: 안전사고를 예방하고 대응하는 프로세스를 통해 장애로 인한 영향 감소

경쟁이 치열한 비즈니스 환경에서 조직이 전략적 목표를 달성하려면 인력을 최대한 활용해야 한다. 인력 관리 역량을 개발하기 위해 조직은 팀을 구성하고, 기술을 개발하고, 성과를 관리하여 조직 성장을 촉진해야 한다. 인력 관리와 전문성 개발에 집중하지 않으면 조직은 성과와 관련한 장애를 겪고 성장 전략에 차질을 빚게 된다. 인력 도메인은 기술 격차를 파악하고, 작업흐름상 병목현상을 해소하며, 팀원이 조직 성공에 도움이 되는 기술을 개발할 수 있도록 지원하는 일련의 통합 모범 사례를 제공한다. 조직은 이를 통해 다음과 같은 이점을 얻을 수 있다.

- 성장 촉진: 기술 개발과 성과를 관리하여 조직 성장을 촉진
- 효율성 향상: 병목현상을 파악하고 완화하여 효율성 개선
- 인재 유지: 효과적으로 인재를 개발하고 동기를 부여하며 조직화하여 최고 인재를 확보하고 유지
- 민첩성 보장: 기술과 비즈니스 환경의 지속적인 변화에 대응할 수 있는 민첩성 확보

■ 역량 영역 Capability Area

역량 영역은 조직이나 프로젝트의 기술과 활동에서 향상된 성과를 제공할 수 있는 관련 프랙티스 영역의 모음이다. 역량 영역은 하나의 뷰 유형으로 특정 역량 영역을 구성하는 사전에 정의한 일련의 프랙티스 영역을 설명하는 CMMI의 하위집합이다.

■ 역량 영역 범주 Categories for Capability Areas

범주는 솔루션을 제작하거나 제공할 때, 비즈니스에서 직면하는 일반적인 문제를 해결하기 위한 관련 역량 영역의 논리적 그룹 또는 뷰이다. 산업계 경험에서 얻은 교훈 중 하나는 유사한 주제를 작은 그룹으로 묶어 목록으로 만들면 이해하고 기억하기 쉽다는 것이다. 이러한 접근방식을 CMMI 성과 솔루션 생태계에 반영하면 CMMI를 교육하고 적용하는 것이 더욱더 효과적이다. 또한 이 범주는 전형적인 성과 향상 경로와 일치하며, 단순한 작업 수행에서 더 효율적으로 관리하고, 더 효과적으로 수행할 수 있도록 하며, 마지막으로 더 나은 성과를 달성하기 위해 지속적인 개선이 이뤄진다. 범주 또한 뷰의 유형이다.

범주는 다음과 같이 4가지로 구성한다.

- 실행Doing: 고품질 솔루션을 생산하고 제공하는 역량 영역
- 관리Managing: 솔루션 구현을 계획하고 관리하는 역량 영역
- 지원Enabling: 솔루션 구현과 제공을 지원하는 역량 영역
- 개선Improving: 성과를 유지하고 개선하는 역량 영역

이러한 범주는 비즈니스가 직면한 가장 중요한 이슈에 주의를 집중하면서 자원 우선순위를 정하고, 정리하고, 계획하는 데 도움을 준다. 다음은 그 예이다.

고객 만족은 대부분 조직에서 주요 목표이자 도전 과제이다. '실행 범주'에서는 고객을 만족시키는 솔루션을 지속해서 생산하고 제공하기 위한 몇 가지 모범 사례를 제공한다.

계획 수립 역량 향상을 원하거나 지속해서 작업을 수행하기 위한 계획을 수립하고 관리하는 데 문제가 있는 조직에 대해 '관리 범주'는 이러한 이슈 해결에 도움이 되는 몇 가지 모범 사례를 제공한다.

조직은 일반적으로 복잡성을 해결하고 변화를 관리하는 데 어려움을 겪는다. '지원 범주'는 복잡성과 변화를 해결하기 위해 어떻게 통제하고 결정하며 의사소통할 것인지에 관한 명확한 접근방식을 제공한다.

많은 조직이 성과 개선 필요성을 인식하고 있지만, 성과를 소폭 달성한 후에는 추진력과 집중력을 잃는다. '개선 범주'는 효과적이고 지속 가능한 성과 개선을 가능하게 한다.

CMMI 4개 범주별 12개 역량 영역은 다음과 같다.

실행 범주는 고품질 솔루션을 생산하고 구매하며 제공하는 역량 영역을 포함한다.

- 공급자 선정 및 관리Selecting and Managing Suppliers: 구매자와 공급자 간 파트너십을 구축하여 고객과 최종 사용자에게 고품질 솔루션을 제공하도록 보장한다.
- 서비스 제공 및 관리Delivering and Managing Services: 합의한 서비스를 제공할 수 있는 역량을 개발하고 신규 또는 수정한 서비스를 배포하며 서비스 포트폴리오 구축에 중점을 둔다.
- 제품 엔지니어링 및 개발Engineering and Developing Products: 제품과 제품 구성 요소 엔지니어링과 개발과 제공에 중점을 둔다.

- 품질 보장Ensuring Quality: 품질보증과 품질관리 모두에 중요한 프랙티스 영역을 포함한다.

관리 범주는 업무와 인력을 계획하고 관리하기 위한 역량 영역을 포함한다.
- 비즈니스 복원력 관리Managing Business Resilience: 운영을 계속하기 위해 중단을 예측하고 대비하며 대응할 수 있는 역량 영역이다. 여기에는 위험을 파악하고 평가하고 우선순위를 지정하며 처리하는 것을 포함한다. 비즈니스 운영에 미치는 영향을 최소화하기 위해 중단을 적시에 효과적으로 해결하고 예방하며 가능한 최상의 서비스 품질 수준을 확인한다. 정상 운영을 심각하게 중단할 때도 계속 유지해야 하는 최소한의 중요 기능을 정의한다.
- 업무 계획 수립 및 관리Planning and Managing Work: 수행해야 하는 업무량을 결정하고 업무 계획을 수립하며 일정을 정한 다음에 계획과 일정에 따라 업무를 수행하고 있는지 확인한다. 또한 자원이 계획과 일정을 충족하기에 적절한지 확인한다.
- 인력 관리Managing the Workforce: 조직이 현재와 미래 업무를 수행하는 데 필요한 인력을 개발하고 유지하고 조정하며 권한을 부여하는 방식을 다룬다.

지원 범주는 원인 분석, 의사결정, 작업산출물과 데이터 무결성 유지, 이해관계자와 의사소통에 중점을 둔다.
- 데이터 관리Managing Data: 목표하는 성과 결과를 달성하기 위한 효과적인 의사결정과 일관성 있는 의사소통을 위해 비즈니스 요구사항 범위 내에서 데이터를 구성하고 사용하며 무결성 검증에 대한 중요성을 다룬다.
- 보안 및 안전 관리Managing Security and Safety: 인력, 자원과 정보를 포함하여 조직 전체 생태계를 보호하는 데 필요한 보안과 안전 전략, 접근방식, 활동과 기능을 전체적으로 정의하기 위한 모범 사례를 설명한다. 여기에는 보안과 안전 요구사항과 제약사항을 파악하고 평가하는 것을 포함한다. 또한 이러한 요구사항과 제약사항을 해결하기 위한 관련 접근방식의 우선순위를 정하고 계획하며, 해로운 사건과 사고에 대응하고 예방하며, 안전사고와 보안 위협과 취약점을 보호하고 방어하는 것을 포함한다.

- 이행 지원Supporting Implementation: 선택한 결과의 원인을 파악하고 해결하며, 의사결정 접근방식과 구조를 만들고 작업산출물 무결성을 유지하며, 이해관계자 간 소통과 조정을 촉진하는 것을 포함한다.

개선 범주는 조직성과 개선에 중점을 두고 프로세스와 관련 자산을 개발하고 관리하며 개선하는 작업을 포함한다.

- 성과 개선Improving Performance: 프로세스 개선 우선순위와 인프라 요구사항과 함께 조직이나 프로젝트 역량과 성과를 측정하고 분석하며 이해하는 데 중점을 둔다. 이를 이해한 조직이나 프로젝트는 역량과 성과를 지속해서 개선하는 데 필요한 성과와 프로세스 개선 조치와 자산을 파악할 수 있다.
- 습관 및 지속성 유지Sustaining Habit and Persistence: 프로세스를 조직 전체에서 습관적으로 지속해서 수행하고 유지하며 비즈니스 성과 목표를 달성하는 데 효과적으로 사용하는지 확인한다.

[그림 1—5]는 역량 영역이 범주로 구성되는 방식을 보여 준다.

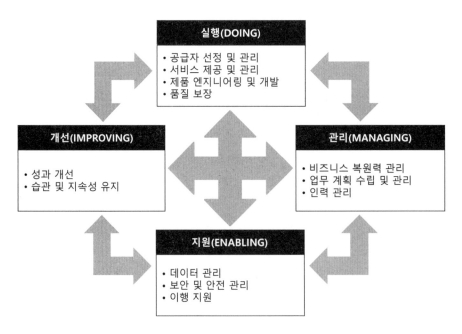

[그림 1—5] 범주와 관련 역량 영역

■ 프랙티스 영역_{Practice Area}

프랙티스 영역은 정의한 의도와 가치를 달성하는 데 필요한 중요한 활동을 종합적으로 설명하는 일련의 프랙티스이다. 프랙티스 영역은 다음과 같이 구성한다.

- 프랙티스 영역 이름

- 프랙티스 영역 필수 정보
  - 의도: 프랙티스 영역의 결과로써, 기대하는 결과와 성과를 설명
  - 가치: 프랙티스 영역의 프랙티스를 채택하여 달성할 수 있는 비즈니스 가치
  - 추가 필수 정보: 프랙티스 영역의 의도와 필수 정보의 의미를 더 잘 이해하도록 프랙티스 영역에 관한 중요하고 유용한 나머지 설명으로 모든 프랙티스 영역이 다루지는 않는다. 때에 따라 이 부분에는 선택한 뷰와 관련한 필수 정보를 포함할 수 있다.

- 프랙티스 영역 설명 정보
  - 프랙티스 요약
  - 추가 정보
  - 관련 프랙티스 영역: 이 부분에 반영한 프랙티스 영역은 일반적인 관계를 나타내지만 모든 가능한 관계를 반영하기 위한 것은 아니다.
  - 상황별 정보(해당하면)

- 프랙티스 그룹
  - 이해하고 실행하는 것을 지원하기 위한 프랙티스 영역 내 프랙티스 구조의 구성
  - 프랙티스 그룹을 통해 유사한 정보와 프랙티스를 다양한 방식으로 구성할 수 있다. 예를 들어, 프랙티스 그룹 단계는 성과와 조직 표준화를 위한 역량 향상을 보여 주는 데 사용할 수 있다. 다른 예로, 프랙티스는 논리적 기능, 주제 또는 항목별로 그룹화할 수 있다(예: ISO에서는 프랙티

스 그룹과 유사한 구성 개념인 절과 하위 절을 사용한다).

[그림 1—6]은 CMMI 프랙티스 영역을 어떻게 구성하는지 보여 준다.

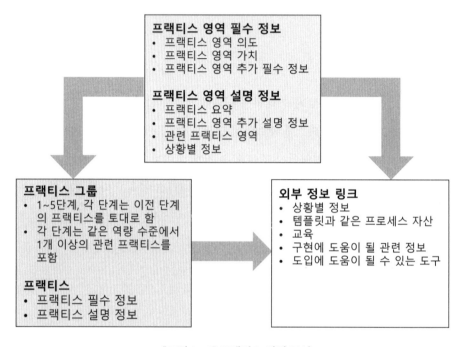

프랙티스 영역 필수 정보
- 프랙티스 영역 의도
- 프랙티스 영역 가치
- 프랙티스 영역 추가 필수 정보

프랙티스 영역 설명 정보
- 프랙티스 요약
- 프랙티스 영역 추가 설명 정보
- 관련 프랙티스 영역
- 상황별 정보

프랙티스 그룹
- 1~5단계, 각 단계는 이전 단계의 프랙티스를 토대로 함
- 각 단계는 같은 역량 수준에서 1개 이상의 관련 프랙티스를 포함

프랙티스
- 프랙티스 필수 정보
- 프랙티스 설명 정보

외부 정보 링크
- 상황별 정보
- 템플릿과 같은 프로세스 자산
- 교육
- 구현에 도움이 될 관련 정보
- 도입에 도움이 될 수 있는 도구

[그림 1—6] 프랙티스 영역 구성

지금까지 설명한 범주와 역량 영역과 프랙티스 영역은 조직의 비즈니스 목적과 목표를 달성하는 데 필요한 활동과 작업 간 유사성을 고려하여 구분하고 있다.

[그림 1—7]은 CMMI 4개 범주, 12개 역량 영역, 31개 프랙티스 영역 간 연관성을 보여 준다.

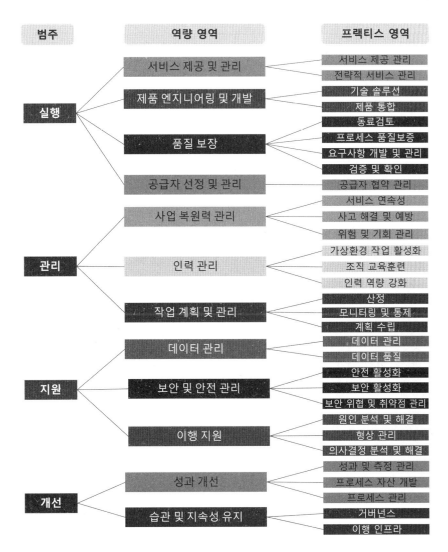

범주	역량 영역	프랙티스 영역

[그림 1—7] 범주별 역량과 프랙티스 영역

■ 프랙티스 그룹Practice Group

프랙티스 영역 내에서, 프랙티스는 성과 향상을 위한 경로를 제공하는 1단계, 2단계 등으로 표시한 일련의 프랙티스 그룹 단계로 구성된다.

각 프랙티스 그룹 단계는 이전 단계를 기반으로 새로운 기능이나 정교함을 추가하여 역량을 향상한다.

각 프랙티스 그룹 단계는 다음과 같다.

- 하위 단계 프랙티스를 기반으로 구축

- 기능과 역량 증가를 표현

- 새로운 기능 추가 가능

[그림 1—8]은 프랙티스 그룹 단계에 관한 간략한 특징을 보여 준다.

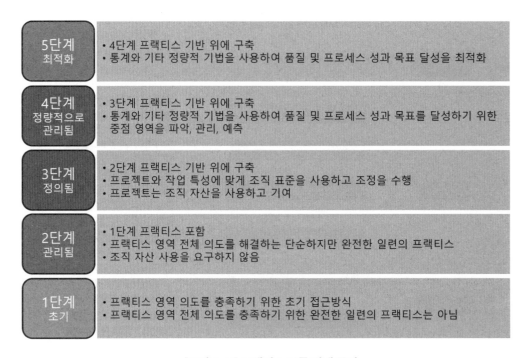

[그림 1—8] 프랙티스 그룹 단계 특징

프랙티스 그룹 단계에는 다음과 같은 특징이 있다.

- 1단계 프랙티스 그룹
  — 프로세스를 수행하지만, 프로세스 설명서에 기록하지 않을 수 있음

— 프랙티스 영역 의도를 해결하기 위한 초기 접근방식을 설명하는 기본 프랙티스

— 프랙티스 영역 전체 의도를 충족하기 위한 완전한 일련의 프랙티스는 아님

— 개선을 위한 여정을 막 시작한 조직이나 프로젝트에서 기대할 수 있는 사항

— 성과 문제에 집중하기 시작

• 2단계 프랙티스 그룹

— 프로젝트나 업무 수준 프로세스 설명서에 따라 프로세스 수행

— 프랙티스 영역 전체 의도를 다루는 단순하지만 완전한 일련의 프랙티스

— 조직 자산이나 표준 사용을 요구하지 않음

— 프로젝트에 따라 다양한 방식으로 프랙티스 의도를 충족할 수 있음

— 프로젝트 성과 목표 파악과 모니터링

• 3단계 프랙티스 그룹

— 조직 수준 프로세스 설명서에 따라 프로세스를 수행하고 관리

— 조직 표준을 사용하며 고유한 프로젝트와 업무 특성에 맞게 프로세스를 조정

— 조직 자산을 사용하고 조직 자산에 기여

— 프로젝트와 조직성과 모두 관리

• 4단계 프랙티스 그룹

— 프로세스를 조직 수준 프로세스 설명서에 따라 통계적, 정량적으로 수행, 관리하고 분석

— 통계와 기타 정량적 기법을 사용하여 품질 및 프로세스 성과 목표 달성 여부를 예측

— 특별한 변동 원인을 통계적으로 파악하고 품질 및 프로세스 성과 목표 대비 진척을 관리

• 5단계 프랙티스 그룹

— 조직 수준 프로세스 설명서에 따라 프로세스를 통계적, 정량적으로 최적화

— 통계와 기타 정량적 기법을 사용하여 성과를 최적화하고 비즈니스, 측정 및 성과, 품질 및 프로세스 성과 목표를 포함한 목표 달성을 향상

— 품질 및 프로세스 성과 목표에 대한 일반적인 변동 원인을 통계적으로 파악하고 개선 사항을 관리

각 프랙티스 영역과 프랙티스 그룹의 프랙티스 순서는 프로세스에서 수행하는 순차적 순서를 의미하거나 요구하는 것은 아니다. 프랙티스 영역과 프랙티스 의도에 부합하는 프로세스는 반복적으로, 병렬로 또는 조직 비즈니스 요구에 가장 적합한 다른 순서로 수행할 수 있다.

■ 프랙티스Practices

프랙티스 영역 구조와 유사하게 각 프랙티스는 다음과 같이 구성한다.

- 프랙티스 필수 정보Required Practice Information
  — 프랙티스 설명서
  — 가치 설명서: 이 구성 요소 사용의 비즈니스 가치
  — 프랙티스 범위와 의도를 자세히 설명하고 명확하고 일관적인 이해와 해석을 지원하는 추가 필수 자료

- 프랙티스 설명 정보Explanatory Practice Information
  — 추가 설명 정보
  — 활동 예시
  — 작업산출물 예시
  — 관련 프랙티스 영역
  — 상황별 정보

CMMI는 특정 방법론, 제품 유형 또는 구현을 의미하지 않으며, 조리법이나 '모든 것에 들어맞는' 점

검표가 아니다. 이 모델은 구현 가능한 일련의 프로세스가 아니다. 즉, 각 프로젝트나 조직은 고유한 상황에 맞게 프로세스를 구현하는 방법을 이해해야 한다. 분야가 다르고 비즈니스 활동이 다르며 구조나 규모가 다른 조직은 각자 상황에 맞게 모델 프랙티스를 적용해야 한다. 프랙티스 설명서는 명확하고 모호하지 않으며 모든 상황에 적용할 수 있도록 설계하고 작성하였다. 상황별 내용을 포함한 정보 자료는 이러한 이해를 돕고 있어 무시해서는 안 된다.

CMMI에는 '설명 정보'와 '상황별 정보', 두 가지 유형의 정보 자료가 있다.

설명 정보는 모델 구성 요소를 설명하는 정보를 포함하고 있으며 모든 상황에 적용한다. 설명 정보 자료는 사용자가 의도와 비즈니스 가치를 이해하는 데 도움을 준다. 활동과 작업산출물 예시는 규범적이거나 완전한 것은 아니다. 프로세스를 구현할 때 프랙티스 의도에 부합하는 다른 작업산출물과 활동을 고려할 필요도 있다. 설명 정보는 다음과 같은 6가지 영역 정보를 포함할 수 있다.

- 추가 설명 정보
- 활동 예시
- 작업산출물 예시
- 관련 프랙티스 영역
- 외부 링크 또는 정보(예: 교육, 템플릿, 자산 예시)
- 상황별 정보

상황별 정보는 특정 산업, 방법론 또는 분야와 관련한 정보를 포함하고 있다. 상황별 정보는 업계 방법론이나 해당 분야에 관한 설명을 제공한다.

(2) 프로세스 습관과 지속

CMMI에서 '습관과 지속'이라는 표현은 조직이 기업 문화 일부로써 사용하는 일상적인 비즈니스 수행과 프로세스를 따르고 개선하는 방식을 설명한다.

- 습관: 포기하기 어려운 성향이나 행동
- 지속: 어려움이나 반대에도 불구하고 행동 방침을 확고하거나 완강하게 계속 유지

프로세스를 무시하거나, 압박받아 포기하거나, 시간이 지남에 따라 규율로 정해진 프로세스 실행을 약화한다면 이는 습관적이지도 않고 지속적이지도 않다. CMMI는 심사를 통과하기 위한 목적으로만 적용하는 것이 아니다. 성과와 프로세스를 개선하기 위해 CMMI를 도입하는 조직은 명확한 성과 목표와 개선한 비즈니스 결과를 주요 최종 결과로 삼아 이를 조직에 대한 투자로 간주해야 한다. 조직이나 팀이 예산, 시간, 노력과 인력을 투자하여 역량과 성과를 개선하는 조처를 하려는 경우, 이러한 개선이 지속적이고 계속하여 비즈니스에 도움을 주어야 한다.

조직이 성과 개선 활동을 시작할 때, 개선 활동의 마지막 목적은 '우리가 비즈니스를 하는 방식'이 되도록 하는 것이다. 즉, 조직은 새로운 습관을 형성하고 있다. 만약 조직원이 의식적으로 그 프로세스를 몇 번 반복하다 보면, 그들은 결국에는 무의식적으로 그 프로세스를 따르고 있게 된다. 그들은 더 이상 그것에 대해 생각할 필요가 없다. 그것은 조직 내에서 비즈니스가 행해지는 방식이 된 것이다. 이 시점에서 그 프로세스는 습관화되었고 지속적이 되었다고 말할 수 있다. 즉, 프로세스가 내재화된 것이다. 조직에 새로 합류한 조직원이 그 프로세스를 습관적으로 따를 때까지 도와주어야 한다. 더 높은 수준의 성숙도 단계 조직에서 개선 활동을 수행할 때도 조직은 퇴보할 수 있기에 새로운 습관이나 변형된 습관을 의식적으로 확립하여 성과를 달성하고 능력을 향상해야 한다.

[그림 1—9]는 조직 내에서 습관적이고 지속적인 실천 방식을 이해하고 만드는 데 필요한 4가지 주요 특성을 설명한다.

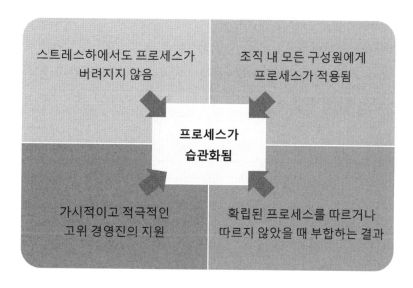

[그림 1—9] 프로세스 습관과 지속을 위한 4가지 특성

위의 4가지 특성에는 'CMMI 프랙티스' 또는 '프랙티스'라는 표현이 없다. 이는 CMMI 프랙티스가 아니라 그 조직의 비즈니스 프로세스를 지속적이며 꾸준히 개선하는 데 초점을 맞추고 있기 때문이다. 이는 CMMI 성과 솔루션에서 중요한 차이점이다.

■ 습관과 지속성 유지

CMMI에서 '습관 및 지속성 유지' 역량 영역의 프랙티스 영역은 일관적이고 영속적인 조직문화를 활성화한다.

습관 및 지속성 유지 프랙티스는 CMMI 프랙티스가 아닌 조직이 개발하고 사용하는 프로세스에 적용한다. 습관 및 지속성 유지 프랙티스는 다음과 같은 두 가지 다른 관점에서 조직의 지속성과 습관을 다룬다.

- 거버넌스
- 이행 인프라

■ 거버넌스_{Governance}

거버넌스는 조직과 관련하여 중요한 업무 수행 방식을 지원하는 고위 경영진을 위한 프랙티스를 명시한다. 경영진의 가시적이고 적극적인 참여는 조직성과 개선과 프로세스 구현 성공에 매우 중요하다. 경영진은 다음과 같은 역할을 한다.

- 성과 개선을 위한 전략, 방향과 기대치 설정
- 프로세스와 성과 개선을 위한 적절한 자원 제공
- 프로세스가 비즈니스 요구와 목표에 부합하는지 확인
- 프로세스 성과와 달성 여부 모니터링
- 프로세스의 지속적인 사용과 개선을 위해 프로세스 개발과 사용을 강화하고 보상 제공

거버넌스 프랙티스는 CMMI 프랙티스가 아니라 조직 프로세스와 프로세스 구현과 개선에 적용한다.

■ 이행 인프라_{Implementation Infrastructure}

이행 인프라는 시간이 지남에 따라 프로세스를 구축, 준수, 유지하고 개선하는 데 필요한 인프라를 설명한다. 이 프랙티스 영역에서 '인프라'라는 용어는 일련의 조직 프로세스를 구현하고 수행하며 유지하는 데 필요한 모든 것을 의미한다. 인프라는 다음을 포함한다.

- 프로세스 설명서
- 필요에 부합하는 자원 가용성(예: 사람, 도구, 소모품, 설비, 작업시간)
- 프로세스 수행을 위한 자금
- 배정한 책임과 관련한 프로세스 활동을 수행하기 위한 교육
- 업무를 의도한 대로 수행하는지 확인하기 위한 객관적인 프로세스 평가

인프라가 없으면 시간이 지나도 프로세스를 따르거나 유지하거나 개선하지 못할 수 있다. 프로세스

설명서는 명확하고 간결해야 하며 부담스러울 정도로 많은 양의 관리가 필요하지 않아야 한다. 프로세스 설명서에는 일반적으로 다음과 같은 기본 정보를 포함한다.

- 목적: 가치
- 착수 기준: 시작 시점
- 활동: 해야 할 작업
- 입출력물: 활동을 수행하기 위해 사용하고, 활동 결과로써 생산하는 것
- 완료 기준: 프로세스가 끝나는 시점과 결과로써 달성해야 하는 가치

이행 인프라 프랙티스는 CMMI 프랙티스가 아니라 조직 프로세스와 프로세스 구현과 개선에 적용한다.

4. CMMI 단계

지금까지 CMMI 구조와 구성에 대해 살펴봤다. 이제 각 구성 요소가 어떻게 결합하여 프로세스 개선 요구를 충족할 수 있는지 알아보자. 여기서는 '단계Level' 개념을 소개하고, 여러 프랙티스 영역을 어떻게 구성하여 사용하는지 살펴보려고 한다.

CMMI에서는 조직이나 프로젝트가 반드시 따라야 하는 특정 프로세스 흐름이나 매일 개발해야 하는 제품 수 또는 달성하고자 하는 구체적인 성과 목표를 명시하지는 않는다. 대신 CMMI는 조직이나 프로젝트가 솔루션 개발 관련 프랙티스를 구현하는 여러 프로세스를 갖추라고 명시하고 있다. 이러한 프로세스를 마련하고 있는지 판단하려면, 조직이나 프로젝트는 보유하고 있는 프로세스를 CMMI 각 프랙티스 영역에 대응해 보면 된다.

조직은 프랙티스 영역에 대한 프로세스 대응을 통해 프로세스를 개정하거나 새로 구축할 때, CMMI 와 비교해 어느 정도 진도가 나가 있는지 추적해 볼 수 있다. 그렇다고 해서 CMMI 프랙티스 영역 모두 가 조직이나 프로젝트 프로세스에 1대 1로 대응할 것이라 기대해서는 안 된다.

(1) 성숙 단계와 역량 단계

CMMI에서 '단계'는 솔루션이나 서비스를 개발하는데, 사용하는 프로세스를 개선하고자 하는 조직에 대해 권장하는 진화 경로를 나타낼 때 사용한다. 또한, 단계는 CMMI 심사에서 등급 결정 활동 결과물이 될 수도 있다. CMMI 심사는 조직 전체나 사업부 또는 프로젝트나 그보다 작은 그룹에 적용할 수 있다.

CMMI에서 단계를 사용해 지원하는 개선 경로는 두 가지이다. 하나는 ISACA가 사전에 정한 프랙티스 영역 모음으로 구성한 뷰에 해당하는 모든 프랙티스를 함께 개선하는 경로이다. 다른 하나는 조직이 자체적으로 선택한 개별 프랙티스 영역(또는 여러 프랙티스 영역의 모음)으로 구성한 뷰에 해당하는 프랙티스를 점증적으로 개선하는 경로이다.

이러한 두 가지 개선 경로는 성숙 단계와 역량 단계, 두 가지 유형의 단계와 연결된다.

어떤 단계에 도달하려면 조직은 자기 역량이나 성숙 단계와 상관없이 개선 대상으로 지정한 프랙티스 영역(또는 프랙티스 영역 모음) 의도를 모두 달성해야 한다.

두 가지 경로 모두 프로세스를 개선해 비즈니스 목표를 달성하는 방법을 제시하고, 두 가지 모두 같은 필수 내용을 제공하며 같은 모델 구성 요소를 사용한다.

■ 성숙 단계_{Maturity Levels}

CMMI를 더욱 잘 이해하기 위해서는 프로세스 역량과 프로세스 성과 그리고 프로세스 성숙 개념과 관계를 먼저 이해할 필요가 있다.

프로세스 역량은 프로세스를 따름으로써 성취하는 기대 결과를 말한다. 따라서 프로젝트 기대 결과를 예측하는 수단이 된다. 이는 '비용, 일정, 납기, 고객 만족, 생산성 등 여러 목표를 달성할 확률'로 쉽게 이해할 수 있다. 역량 수준이 높을수록 비용, 일정, 품질 등 목표를 쉽게 달성하고 여러 프로젝트 사이의 목표 달성 결과 폭도 그만큼 줄어든다.

프로세스 성과는 실제로 수행한 결괏값을 의미하며 이렇게 수집한 자료를 바탕으로 조직 역량을 평가한다. 그러나 역량이 반드시 성과로 연결되는 것은 아니다. 바람직한 것은 역량을 성과에 반영하고, 나아가 더 나은 수행 성과를 발현하여 역량을 더욱 향상하는 것이다. 하지만 역량이 있어도 꾸준히 노력하지 않으면 수행 성과는 역량과는 달리 나빠질 수도 있다.

프로세스 성숙은 조직 역량을 성과에 반영할 뿐만 아니라 프로세스 역량을 성장할 수 있는 조직 잠재력을 의미한다. 조직 프로세스가 성숙하게 되면 성능도 향상하고 수행 성과가 좋아지는 방식으로 조직은 발전한다. 그러므로 조직은 성숙 수준을 높이기 위한 노력을 해야 하는데, CMMI가 바로 이러한 성숙 수준을 높이기 위한 이정표를 제시한다. CMMI는 조직 프로세스가 미성숙한 상태에서 성숙한 상태의 프로세스로 가는 점진적인 개선의 5가지 단계를 제시하고 점증적으로 발전해 가도록 유도하고 있다.

성숙 단계는 핵심 프랙티스 영역과 하나 이상 도메인을 포괄하는 사전에 정의한 일련의 프랙티스 영역에서 조직성과와 프로세스 개선 성취 결과에 적용한다. 각 성숙 단계에서 사전에 정의한 일련의 프랙티스 영역은 성과 향상을 위한 경로도 제공한다.

각 성숙 단계에는 조직이 성과 향상 요구사항을 쉽게 파악한 후에 모델 프랙티스를 사용하여 개선할 수 있도록 지향하는 성과를 포함하고 있다. 성숙 단계는 이전 단계를 토대로 하기에 건너뛸 수 없다. CMMI 심사는 성숙 단계와 역량 단계를 결정하기 위해 CMMI 프랙티스 그룹 수준의 성취도를 검증한다.

[그림 1—10]은 각 성숙 단계 명칭과 함께 그 특성과 성과를 위한 진화적 경로를 보여 준다.

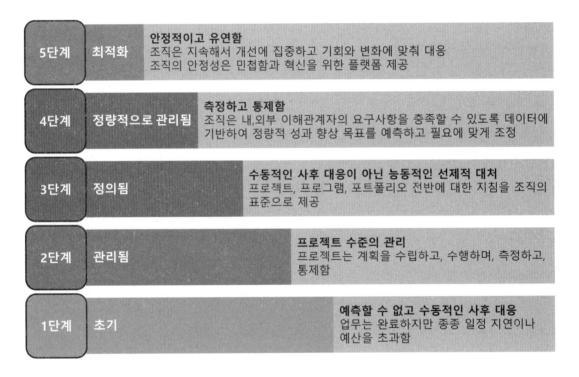

[그림 1—10] 성숙 단계 요약

[표 1—4]는 도메인에 상관없이 공통으로 적용하는 핵심 프랙티스 영역을 [표 1—5]는 도메인별로 적용하는 특정 프랙티스 영역을 보여 준다.

[표 1—4] 핵심 프랙티스 영역

프랙티스 영역	1단계	2단계	3단계	4단계	5단계
원인 분석 및 해결	1	2	3	4	5
형상 관리	1	2			
의사결정 분석 및 해결	1	2	3		
산정	1	2	3		
거버넌스	1	2	3	4	
이행 인프라	1	2	3	4	
모니터링 및 통제	1	2	3		
조직 교육훈련	1	2	3		
동료검토	1	2	3		
계획 수립	1	2	3	4	
프로세스 자산 개발	1	2	3		
프로세스 관리	1	2	3	4	
프로세스 품질보증	1	2	3		
성과 및 측정 관리	1	2	3	4	5
요구사항 개발 및 관리	1	2	3		
위험 및 기회 관리	1	2	3		
검증 및 확인	1	2	3		

[표 1—5] 도메인별 특정 프랙티스 영역

도메인	프랙티스 영역	1단계	2단계	3단계	4단계	5단계
데이터	데이터 관리	1	2	3		
	데이터 품질	1	2	3		
개발	제품 통합	1	2	3		
	기술 솔루션	1	2	3		
인력	인력 역량 강화	1	2	3		
안전	안전 활성화	1	2	3		
보안	보안 활성화	1	2	3		
	보안 위협 및 취약점 관리	1	2	3	4	

구분	프랙티스 영역					
서비스	서비스 연속성	1	2	3		
	사고 해결 및 예방	1	2	3		
	서비스 제공 관리	1	2	3		
	전략적 서비스 관리	1	2	3		
공급자	공급자 협약 관리	1	2	3	4	
가상환경	가상환경 작업 활성화	1	2	3		

■ 역량 단계 Capability Levels

역량 단계는 개별 프랙티스 영역에서 조직성과와 프로세스 개선 결과에 적용한다. 프랙티스 영역 내에서 프랙티스는 성과 향상을 위한 경로를 제공하는 1단계에서 5단계로 표시한 일련의 프랙티스 그룹 단계를 구성한다. 각 프랙티스 그룹 단계는 이전 단계 기반으로 새로운 기능이나 정교함을 추가하며 역량을 강화한다. [그림 1—11]은 프랙티스 역량 단계의 진화적 특성을 보여 준다.

모든 역량 단계 등급을 결정하기 위해서는 이행 인프라와 거버넌스를 포함해야 한다. 프랙티스 영역이 달성할 수 있는 최고 역량 단계는 3단계이다. 이행 인프라와 거버넌스를 포함하면 하나의 프랙티스 영역에 대해서도 역량 단계 등급을 부여할 수 있다. 예를 들어, 계획 수립과 이행 인프라 그리고 거버넌스 프랙티스 영역에 대한 프랙티스 그룹 수준이 3단계인 프랙티스 그룹까지 달성하면 해당 조직의 계획 수립 프랙티스 영역은 역량 수준 3단계라 판정한다.

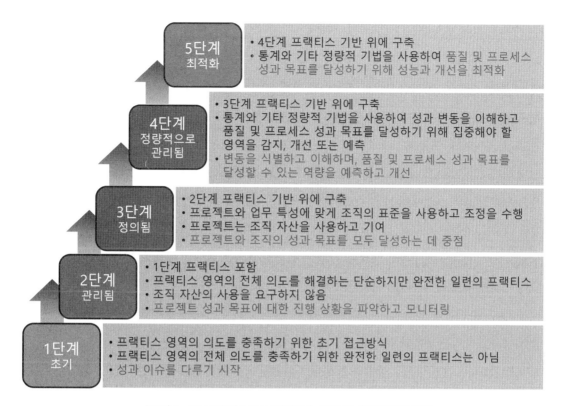

[그림 1-11] 프랙티스에서 프랙티스 그룹 단계의 진화적 관점

[그림 1-12]는 형상 관리 프랙티스 영역을 예로 들어, 역량 수준 3단계를 달성하는 데 필요한 프랙티스 그룹을 설명한다. 형상 관리 프랙티스 영역은 2단계 프랙티스 그룹까지만 요구된다.

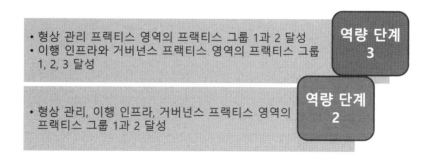

[그림 1-12] 형상 관리 프랙티스 영역에 대한 역량 단계 등급 결정 예

(2) CMMI 상위 성숙도 _{High Maturity}

CMMI 성과 솔루션 생태계에서 "상위 성숙도"라는 용어는 선택한 프로세스에 통계와 기타 정량적 기법을 적용하는 것을 포함한다. 상위 성숙도는 프로세스를 이해하고 관리하고 개선하는 데 있어 근본적인 변화를 의미한다. 프로세스 성숙도가 높아질수록 조직은 프로세스를 어떻게 사용하고 상호작용하는지에 대해 깊이 이해할 수 있으며, 이를 통해 확실한 경쟁 우위를 확보할 수 있다. 성숙도가 높은 조직은 지속적인 성과 개선에 중점을 두고 역량을 개선하기 위해 더욱 많이 노력하는 모습을 보여 준다.

상위 성숙도 조직은 솔루션 품질을 높이면서 위험을 일관적이고 예측할 수 있게 낮출 수 있다. 조직 성숙도 수준이 높을수록 성과가 향상된다. 상위 성숙도 조직은 변화를 예상하고 예측하며 끊임없이 진화하여 기회에 빠르게 적응하고 대응할 수 있다.

상위 성숙도 조직은 다음과 같은 특징을 가지고 있다.
- 비즈니스 목표를 바탕으로 품질과 프로세스 성과에 대한 정량적 목표 설정
- 성과와 프로세스 개선을 위한 투자 대비 수익에 대해 명확하고 정량적인 이해
- 데이터 기반 의사결정
- 변동을 체계적으로 분석하고 품질과 성과에 미치는 영향을 이해하여 위험에 대한 정량적 통찰력 제공
- 핵심 성과 목표를 더욱 효과적으로 달성
- 프로세스 안정성과 역량을 명확히 이해하고 이를 적절히 사용하여 프로젝트를 관리하고 프로세스 성과를 향상
- 일관성 있게 성과를 예측하고 달성할 수 있는 역량 구현
- 일정과 비용 성과 향상
- 재작업 감소
- 혁신에 집중하고 경쟁력 강화
- 측정 지표에 대한 신뢰도 향상

[그림 1—13]은 상위 성숙도를 달성하기 위한 전제 조건인 모든 2단계 프랙티스 그룹과 3단계 프랙티스 그룹의 프랙티스에 대한 요약 설명이다.

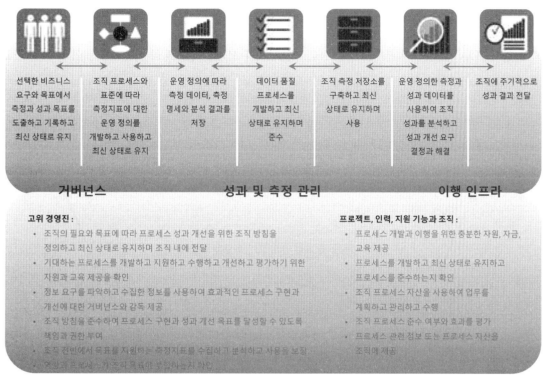

[그림 1—13] 상위 성숙도 기본 구성 요소

위 그림에서 3개 프랙티스 영역이 중요한 이유는 조직 내에 일관성 있는 프로세스 이행과 데이터 수집이 상위 성숙도 조직으로 올라가기 위한 핵심 요소이기 때문이다. 상위 성숙도로 올라가려는 조직 중 일부는 성숙도 4단계부터 데이터 수집 활동을 시작한다고 생각하기도 한다. 이런 경우에는 상위 성숙도로 올라가기 위한 노력과 시간이 더욱 많이 필요하다. 성숙도 2단계와 3단계부터 충분한 데이터와 경험을 쌓아야 효과적인 상위 성숙도 진입이 가능하다.

[그림 1—14]는 상위 성숙도를 달성하기 위한 경로의 출발점을 보여 준다. 모든 조직에는 조직이 역량을 구축하고 성과 개선 목표를 달성하는 데 가장 의미 있는 것이 무엇인지 측정하는 비즈니스 목표가 있다. 품질 및 프로세스 성과 목표는 이러한 비즈니스와 성과 목표를 추적할 수 있으며, 상위 성숙도를 적용하기 위해 목표를 좁히는 시작점이다.

비즈니스 목표를 달성할 수 있도록 품질 및 프로세스 성과 목표를 수립하고 목표 달성과 연관성이 높은 프로세스나 하위 프로세스를 선택한다. 선택한 프로세스나 하위 프로세스를 고려하여 프로세스 성과 측정 지표를 정한다. 이 관계를 근간으로 프로세스와 성과관리를 통해 비즈니스 목표와 품질 및 프로세스 성과 목표 달성을 기대할 수 있다.

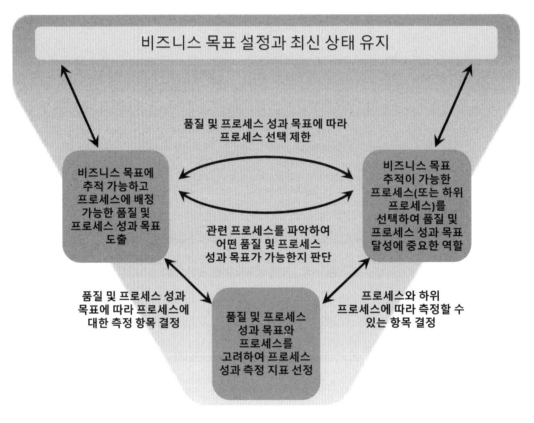

[그림 1—14] 상위 성숙도 품질과 프로세스 성과 목표 관계

[그림 1—15]는 CMMI 내 모든 프랙티스 그룹 4단계와 5단계 프랙티스 간 관계를 묘사한다. 이러한 관계는 상호 연관되어 있지만, 모두 조직 프로세스를 중심으로 하는 일대다관계이다.

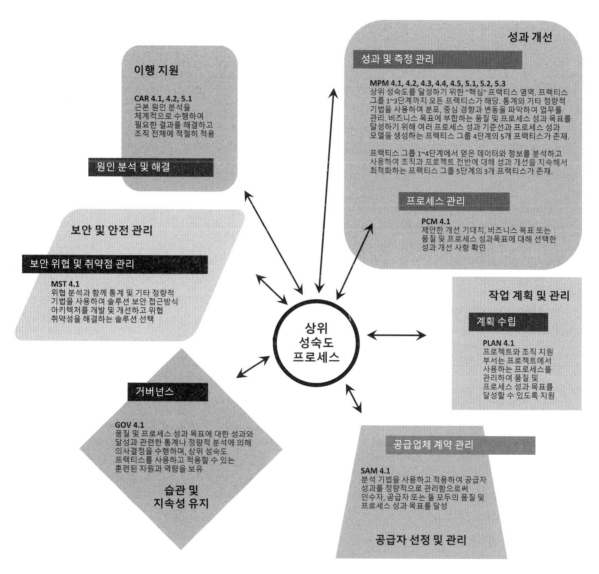

프랙틱스 영역에 관계없이 상위 성숙도 프랙티스는 조직, 프로젝트, 조직 지원 기능 전반에 적용

[그림 1—15] 상위 성숙도 역량 영역과 프랙티스 영역

[표 1—6]은 성숙도 2단계와 3단계, 성숙도 4단계와 5단계에서 프로세스와 목표를 이해하고 관리하는 방식에 있어 몇 가지 주요 차이점을 보여 준다.

[표 1—6] 성숙도 2, 3단계 대비 4, 5단계

성숙도 2, 3단계	성숙도 4, 5단계
데이터 품질을 명시적인 우선순위로 인식하지 않으며, 체계적으로 이해하거나 관리하지 않는다.	데이터 품질은 프로세스를 이해하고 예측하며 개선하는 데 가장 중요한 요소이며, 상위 성숙도 조직은 강력한 데이터 품질 프로그램을 갖추고 있다.
추세 분석과 간단한 시각적 통계를 사용하여 작업을 예측하고 계획하고 관리할 수 있다.	프로세스 성과 기준선은 프로세스 변동을 이해하는 데 사용하며, 예측 프로세스 성과 모델과 함께 사용하여 목표 달성 능력과 시정조치의 예상 결과를 판단한다.
일련의 표준 프로세스가 존재하며 고유한 프로젝트 요구사항을 충족하도록 프로세스를 조정한다.	프로세스 성과에 대한 정량적, 통계적 이해를 통해 조직은 목표를 달성할 것이라는 높은 확신을 바탕으로 프로세스를 구성, 조정, 구현할 수 있다.
프로젝트 진행 상황과 품질은 정성적이고 초보적 수준의 정량적 용어로 이해한다.	프로세스 성과 변화를 정량적이거나 통계적으로 파악할 수 있어 결과를 일관적으로 예측할 수 있다.
프로세스 준수는 임시적이고 광범위한 방식으로 평가하고 처리한다.	프로세스 준수 문제는 정량적이거나 통계적 기법을 사용하여 체계적으로 목표를 설정하고 품질 및 프로세스 성과 목표를 달성하기 위해 해결한다.
임곗값과 선행 지표를 사용하여 프로젝트와 품질을 관리할 수 있다.	프로세스 성과 모델 예측과 규격 범위는 성과가 목표를 달성하지 못할 때를 예측하는 데 사용한다.
개선에 대한 투자는 직관적 판단이나 정치적 고려 또는 특정 문제해결이나 불확실한 가정에 기반하여 이루어진다.	프로세스 개선 조치에 대한 투자는 투자수익률과 비용 편익 상호 충돌 측면에서 정량적이고 명확하게 판단한다.
프로젝트 상태의 이해는 프로젝트를 완료한 후 어떻게 수행했는지에 기반한다.	프로젝트 상태를 이해하는 것은 목적과 목표 달성을 자신 있게 예측하는 것을 바탕으로 한다.

데이터 품질은 상위 성숙도 활동을 가능하게 하는 중요한 속성이다. 데이터 품질 저하가 미치는 영향의 예는 다음과 같다.

- 가설 검증과 예측 모델링 수행이 어려움
- 품질과 성과를 관리할 수 없음
- 예산과 일정을 준수할 수 없음

- 비효율적인 프로세스 변경이 이뤄짐
- 부적절한 아키텍처와 설계를 결정함
- 잘못된 정보는 잘못된 의사결정으로 이어짐

상위 성숙도 조직 특징은 다음과 같다.
- 조직 전체에서 높은 품질과 무결성을 갖춘 데이터를 수집하고 확인하고 사용
- 통계와 정량적 방법을 사용하여 목표 대비 진행 상황을 계획하고 관리
- 데이터와 통계 분석을 바탕으로 조직과 프로세스 운영에 대한 통찰력 제공
- 측정 시스템을 사용하여 프로세스 성과와 변동 이해
  — 프로세스 성과 기준선을 구축하여 작업을 관리
  — 개선 대상 영역 선정
  — 제안한 개선이 품질 및 프로세스 성과 목표 달성에 미치는 영향 평가
  — 프로세스와 하위 프로세스 간 관계와 그 성과를 이해하기 위해 프로세스 성과 기준선과 프로세스 성과 모델 개발
- 상호 충돌에 대한 정량적 이해를 통해 품질, 일정, 비용 성과를 체계적이고 동시에 개선

상위 성숙도 조직은 과거 데이터 분포를 사용하여 자기 작업 역량을 알고 있어 고객 요구에 적절하게 대응할 수 있다. 고객이 기존 제품에 새로운 기능을 10주 이내에 추가해 달라고 요청했을 때를 가정해 보자. 만약 이 조직이 유사한 기능을 과거에 9~11주 걸려 제공했다면, [그림 1—16]에 표시한 데이터 분포에 따라 작업 수락 여부를 결정할 수 있다. 분포가 왼쪽 도표와 같으면, 작업 기간은 10주 이상이 필요하다. 반면, 분포가 오른쪽 도표와 같으면 작업은 10주 이내 가능하다고 예측할 수 있다.

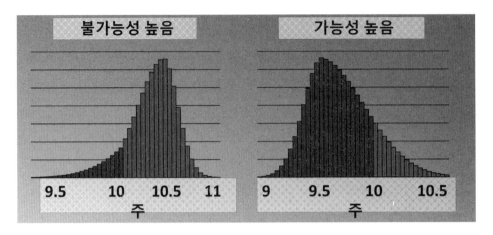

[그림 1—16] 상위 성숙도 조직에서 작업 수락 여부 결정

상위 성숙도에서는 통계적 변동 측정값에 다음을 포함한다.

- 분포 요약 또는 특성(예: 일련의 숫자)
- 중심 경향 특성(예: 평균, 중위수, 최빈수)
- 분산 특성(예: 분산, 표준편차와 범위)

상위 성숙도 조직은 안정과 변화 간 균형을 이해하고, 변경이 성과에 미치는 영향과 변경에 대한 투입 비용 대비 이득을 예측하고 변화 효과를 측정하고 결정하는 역량을 갖추고 있다.

[그림 1—17]은 개선을 통해 평균을 변화시키거나 편차를 줄이거나 둘 다에 영향을 줄 수 있음을 보여 준다. 평균과 변동을 이해하면 프로세스 성과에 대한 두 가지 다른 통찰력을 얻을 수 있다.

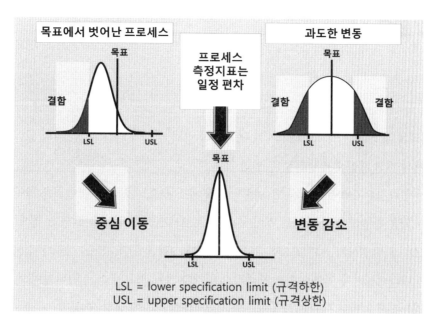

[그림 1―17] 개선을 위한 두 가지 접근방식

5. CMMI 활용

CMMI를 어떻게 활용할 것인가에 대해서는 조직마다 방법이 각기 다를 수 있으나, 일반적으로 프로세스 심사 관점과 개선 관점에서 살펴볼 수 있다.

프로세스 심사 관점은 CMMI 요건을 만족하기 위해 최소 필요 사항이 무엇인지를 파악하고 심사를 통과하기 위한 활용 방법에 중점을 두는 것이다. 반면 프로세스 개선 관점은 해당 조직에 가장 잘 맞는 건 무엇이고 조직을 발전시키는 데 필요한 건 무엇인지에 중점을 둔다. 이 두 가지 관점이 CMMI 활용 상태를 어떻게 나타내는지에 대한 차이는 프랙티스 영역의 계획, 프로세스, 절차와 방법을 조직이 충실하게 따르고 있는지를 얼마나 객관적으로 평가하느냐에 대한 부분에서 알 수 있다.

심사 관점에서 볼 때 조직은 개발자가 서로의 작업에 대한 검토를 수행하도록 결정할 수 있다. 이 접근법은 개발자가 검토를 위한 방법에 관해 훈련받아야 하고 검토를 수행하기 위해 추가 비용과 일정이 필요하다는 사실을 깨닫기 전까지는 독립적으로 검토 활동을 수행할 수 있는 가장 빠른 방법인 것처럼 보인다. 심사 관점의 역기능은 규모가 매우 큰 프로젝트에서 생성하는 작업산출물 전체를 단 한 사람이 검토하는 활동을 수행하는 것만으로도 심사를 통과할 수 있다는 점이다. 그러나 프로세스 개선 관점에서 볼 때 조직은 품질 관련 활동을 정의한 명백한 책임이 필요하다는 걸 인식할 수 있다. 훈련받고 경험 많은 전문가로 이뤄진 독립적인 품질보증 그룹을 만드는 건 조직이 구축한 프로세스를 지속해서 수행하는 걸 보증하기 위해 많은 시간을 들여야 하는 장기적인 방법이 될 것이다. 이 그룹은 충분히 효과적인 수준에 있는 사람으로 구성해야 한다. 대부분 이 그룹은 실무진의 3~5% 이상으로 구성함을 의미한다. 따라서 단지 심사 관점에만 중점을 둘 때는 비록 한 사람이 검토하는 활동으로 심사는 통과하더라도 실질적인 측면에서는 실패하게 되는데, 궁극적으로는 내재화 부족 때문에 CMMI 요구 조건을 진정으로 만족하지 못한다. 또한 비용 투자에 대한 효과 측면에서도 해당 조직에 진정한 비즈니스 가치를 제시하는 데도 실패하게 된다. 프로세스 개선 관점을 가진 조직은 비즈니스 가치를 제시하는 데 성공할 것이며 심사에서도 좀 더 나은 성과를 얻을 것이다. 물론 이러한 접근방법은 큰 노력이 필요하지만 그런 만큼 진정으로 성공하는 유일한 길인 것이다.

제 2 장

CMMI 핵심 영역

CMMI는 모델이다. 모델은 여러 모범 사례를 모아 놓은 것이다. 그러나 이러한 모델은 일반적으로 모범 사례에서 제시하는 '어떻게 일을 수행하는가?How-to-do'에 관한 내용보다는 '무슨 일을 수행하는가?What-to-do'에 관한 내용 위주로 정의하고 있다. 이것이 모델과 모범 사례의 차이다. 예를 들면 요구사항 관리와 관련하여 모델에서는 개별 요구사항에 대한 변경 사항 추적을 요구하지만, 이를 어떤 식으로 수행하라는 구체적인 방법까지 제시하지는 않는다. 그러다 보니 CMMI를 적용하는 조직은 CMMI가 제시하는 요건을 어떻게, 어느 수준까지 적용하는 것이 좋은지를 많이 고민하게 된다. 그뿐만 아니라 정의하고 있는 내용 중에는 우리와 환경이 달라 이해하는 데 어려움이 있는 부분도 있고, 영어권이 아닌 우리가 영어 단어 하나가 가지는 실제 의미를 분명하게 파악하는 데에도 어려움이 따른다.

CMMI는 가상환경, 개발, 공급자, 데이터, 보안, 서비스, 안전, 인력의 8개 도메인에 공통으로 적용하는 17개 핵심 프랙티스 영역과 도메인별로 적게는 1개에서 많게는 4개까지 적용하는 14개 특정 프랙티스 영역이 있다.

이 장에서는 CMMI에서 제시하는 핵심 프랙티스 영역에서 반드시 알아 두어야 하는 내용 위주로 설명하여, 여러분이 핵심 프랙티스 영역을 쉽게 이해할 수 있도록 했다.

1. 실행 범주 역량 영역과 프랙티스 영역

핵심 영역과 관련한 실행 범주는 [표 2—1]과 같이 고품질 솔루션을 보장하는 1개 역량 영역과 4개 프랙티스 영역으로 구성된다.

[표 2—1] 실행 범주 역량 영역과 프랙티스 영역

범주	역량 영역	프랙티스 영역
실행	품질 보장	요구사항 개발 및 관리
		프로세스 품질보증
		검증 및 확인
		동료검토

(1) 요구사항 개발 및 관리 Requirements Development and Management, RDM

요구사항 개발 및 관리는 요구사항을 도출하고 이해관계자와 공통된 이해를 확인하며 요구사항과 계획과 작업산출물을 조정한다.

조직과 프로젝트는 이 활동을 통해 솔루션이 고객의 기대와 요구를 충족하거나 초과할 가능성을 높인다.

Elicits requirements, confirms common understanding by stakeholders, and aligns requirements, plans, and work products.
Increases likelihood that the solution meets or exceeds customer expectations and needs.

■ 1단계 프랙티스 그룹

RDM 1.1	요구사항을 기록하다. (Record requirements.)
가치	고객 요구와 기대에 부합한다. (Addresses customer needs and expectations.)
활동 예시	요구사항을 기록한다.
산출물 예시	• 기록한 요구사항 — 요구사항 목록, 작업 기술서, 유즈케이스

■ 2단계 프랙티스 그룹

RDM 2.1	이해관계자 요구, 기대, 제약조건과 인터페이스 또는 연결 요구사항을 도출하고 요구사항에 대한 이해를 확인한다. (Elicit stakeholder needs, expectations, constraints, and interfaces or connections, and confirm understanding of the requirements.)
가치	요구사항에 대한 상호이해가 깊어지고 고객이 만족할 가능성을 높인다. (Ensures a deeper mutual understanding of the requirements and increases the likelihood that the customer will be satisfied.)
활동 예시	• 적절한 요구사항 제공자를 파악하기 위한 기준을 개발한다. • 요구사항 평가와 수용 기준을 개발한다. • 이해관계자 요구, 기대, 제약조건과 인터페이스 또는 연결 요구사항을 도출한다. • 이해관계자 요구사항을 기록하고 분석하여 정해진 기준을 충족하는지 확인하고 최신 상태로 유지한다. • 요구사항 제공자와 프로젝트 참여자와 요구사항에 대한 이해와 합의를 얻는다.
산출물 예시	• 합의하고 승인한 요구사항 제공자 목록 • 요구사항 평가와 수용 기준 • 기준에 따른 분석 결과 • 이해관계자 요구, 기대, 제약조건 목록 • 인터페이스 또는 연결 목록 — 링크, 시스템, 사람, 관계, 상호작용, 상호 의존성 • 요구사항 변경 기록 • 일련의 승인된 요구사항(프로젝트와 고객 간 공유한 이해를 반영)
RDM 2.2	이해관계자 요구, 기대, 제약조건과 인터페이스 또는 연결 요구사항을 우선순위를 지정한 고객 요구사항으로 변환한다. (Transform stakeholder needs, expectations, constraints, and interfaces or connections into prioritized customer requirements.)

가치	고객 우선순위를 파악하여 요구사항 수용 과정에서 재작업 비용을 최소화하고 고객 만족을 극대화한다. (Ensures customer priorities are addressed to minimize the cost of rework during acceptance, and maximize customer satisfaction.)
활동 예시	• 이해관계자 요구, 기대, 제약조건과 인터페이스 또는 연결 요구사항을 기록한 고객 요구사항으로 변환한다. • 고객 요구사항 우선순위를 개발하고 기록하며 최신 상태로 유지한다.
산출물 예시	• 우선순위를 지정한 고객 요구사항 • 고객 제약조건
RDM 2.3	프로젝트 참여자로부터 요구사항을 구현할 수 있다는 합의를 얻는다. (Obtain commitment from project participants that they can implement the requirements.)
가치	지연과 재작업을 최소화하기 위해 합의 사항을 잘 이해하고 있는지 확인한다. (Ensures commitments are well understood to minimize delays and rework.)
활동 예시	• 요구사항이 기존 합의 사항에 미치는 영향을 평가한다. • 합의 사항을 협의하고 기록한다.
산출물 예시	• 영향 평가 　— 비용과 품질, 위험과 일정에 미치는 영향 추정 • 요구사항을 충족할 수 있는 기록한 합의 사항 　— 자원과 일정을 다루는 회의록, 결재 문서, 이메일 승인
RDM 2.4	요구사항과 활동 또는 작업산출물 간 양방향 추적성을 확보하고 기록하며 최신 상태로 유지한다. (Develop, record, and keep updated bidirectional traceability among requirements and activities or work products.)
가치	요구사항과 솔루션 간 일관성을 보장하여 고객 만족 가능성을 높인다. (Ensures consistency between requirements and the solution which increases the likelihood of customer satisfaction.)
활동 예시	• 양방향 요구사항 추적성을 확보하고 기록하며 최신 상태로 유지한다. 　— 요구사항 출처부터 연관한 작업산출물을 거쳐 고객 인도물까지 추적한다.
산출물 예시	• 양방향 요구사항 추적 기록
RDM 2.5	계획과 활동 또는 작업산출물이 요구사항과 일관성을 유지하도록 한다. (Ensure that plans and activities or work products remain consistent with requirements.)
가치	요구사항과 관련 결과물 간 불일치를 제거하여 재작업을 최소화한다. (Minimizes rework by eliminating inconsistencies between requirements and related artifacts.)
활동 예시	• 계획, 활동과 작업산출물이 요구사항과 변경 사항과 일관성이 있는지 검토한다. • 불일치 사항과 그 원인을 기록한다. • 필요한 경우 시정조치하고 기록하여 영향받는 이해관계자에게 결과를 전달한다.

산출물 예시	• 요구사항, 계획, 작업산출물 간 불일치 기록 • 시정조치 결과

■ 3단계 프랙티스 그룹

RDM 3.1	솔루션과 구성 요소에 대한 요구사항을 개발하고 최신 상태로 유지한다. (Develop and keep requirements updated for the solution and its components.)
가치	구축한 솔루션이 조직 전체에서 일관된 방식으로 고객 요구와 기대를 충족하도록 보장한다. (Ensures the built solutions meet the customers' needs and expectations in a consistent way across the organization.)
활동 예시	• 솔루션과 솔루션 구성 요소 설계에 필요한 기술 용어로 요구사항을 개발하고 기록하며 최신 상태로 유지한다. • 솔루션 선택과 설계 결정에 따른 요구사항을 추출하고 기록하며 최신 상태로 유지한다. • 양방향 추적성을 기록하고 최신 상태로 유지한다. • 아키텍처와 설계에 미칠 수 있는 잠재적 영향에 대한 요구사항을 검토한다. • 요구사항 우선순위를 기록하고 최신 상태로 유지한다. • 비기술적 요구사항을 기록하고 최신 상태로 유지한다. • 내외부 인터페이스나 연결 요구사항을 식별하고 기록하며 최신 상태로 유지한다.
산출물 예시	• 요구사항 — 솔루션 요구사항, 아키텍처 요구사항(구성 요소 간 관계를 지정하거나 제한), 솔루션 구성 요소 요구사항, 파생된 요구사항(요구사항 출처로부터 양방향 추적 기능 제공), 요구사항 할당(양방향 추적 가능), 내부와 외부 인터페이스나 연결 요구사항
RDM 3.2	운영 개념과 시나리오를 개발한다. (Develop operational concepts and scenarios.)
가치	고객이 그들의 요구사항을 어떻게 충족하는지 이해하고, 확인하고, 합의할 수 있도록 지원한다. (Enables customers to understand, confirm, and commit to how their requirements will be met.)
활동 예시	• 운영 개념과 시나리오를 개발하고 기록하며 최신 상태로 유지한다. • 영향받는 이해관계자와 함께 운영 개념과 시나리오를 검토하여 요구사항을 다듬고 구체화한다.
산출물 예시	• 운영 개념과 시나리오
RDM 3.3	구현할 요구사항을 할당한다. (Allocate the requirements to be implemented.)
가치	요구사항을 충족하는 완전한 솔루션을 제공하여 고객 만족을 높인다. (Increases customer satisfaction by delivering a complete solution that meets requirements.)

활동 예시	• 요구사항을 할당하고 기록하며 최신 상태로 유지한다. • 할당한 요구사항 간 관계를 기록하고 최신 상태로 유지한다. • 요구사항 할당과 관계를 영향받는 이해관계자와 검토한다.
산출물 예시	• 요구사항 할당
RDM 3.4	인터페이스 또는 연결 요구사항을 식별하고 개발하며 최신 상태로 유지한다. (Identify, develop, and keep updated interface or connection requirements.)
가치	호환되지 않는 내외부 인터페이스나 연결 요구사항으로 인한 재작업과 위험을 줄인다. (Reduces rework and risk due to incompatible internal and external interfaces or connections.)
활동 예시	• 내외부 인터페이스나 연결 요구사항을 식별하고 기록하며 최신 상태로 유지한다. • 영향받는 이해관계자와 함께 인터페이스나 연결 요구사항 대상 범위와 완성도를 검토하고 결과를 기록한다.
산출물 예시	• 인터페이스나 연결 요구사항 • 인터페이스나 연결 요구사항 검토 결과 • 인터페이스나 연결 요구사항을 최신화하기 위한 작업 항목 • 최신화한 인터페이스나 연결 요구사항
RDM 3.5	요구사항이 필요하고 충분한지 확인한다. (Ensure that requirements are necessary and sufficient.)
가치	필요한 솔루션만 제공하여 재작업을 방지한다. (Avoids rework by only delivering necessary solutions.)
활동 예시	• 요구사항 분석을 수행하여 요구사항이 필요하고 충분한지 결정한다. • 이해관계자와 함께 분석 결과를 검토한다. • 검토 결과에 따라 요구사항을 최신화한다.
산출물 예시	• 요구사항 분석 결과 　— 요구사항 결함, 액티비티 다이어그램과 유즈케이스, 요구사항을 할당한 논리적 또는 기능적 설계, 요구사항 변경 • 최신화한 요구사항
RDM 3.6	이해관계자 요구와 제약조건 간 균형을 유지한다. (Balance stakeholder needs and constraints.)
가치	상충하는 요구사항과 제약조건을 해결하면서 이해관계자 만족을 높인다. (Increases stakeholder satisfaction while addressing conflicting requirements and constraints.)
활동 예시	• 필수 기능과 품질 속성에 대한 정의를 개발하고 최신 상태로 유지한다. • 요구사항을 분석하여 이해관계자 요구사항과 제약조건 간 균형을 맞춘다. • 고객과 이해관계자와 요구사항 절충점을 검토하고 분석하며 협상한다. • 요구사항 변경 내용을 기록하고 최신화하여 영향받는 이해관계자와 소통한다. • 최종사용자 환경에서 서비스 시스템이 의도한 대로 작동할 수 있도록 요구사항을 확인한다.

산출물 예시	• 운영 개념과 시나리오, 유즈케이스, 액티비티 다이어그램, 사용자 스토리 　— 필수 기능과 품질 속성, 아키텍처 개념, 운영과 유지관리 개념(예: 설치, 교육, 폐기) • 분석 방법과 결과 　— 비용, 일정, 성능, 품질과 기타 요인이 제약조건을 초과하는 부분 식별 　— 요구사항과 관련한 위험 평가 • 요구사항 변경 사항
RDM 3.7	최종 솔루션이 대상 환경에서 의도한 대로 작동하는지 보장하기 위해 요구사항을 확인한다. (Validate requirements to ensure the resulting solution will perform as intended in the target environment.)
가치	고객 기대와 요구를 충족하는 솔루션을 제공하여 재작업 비용을 절감하고 만족을 높인다. (Avoids rework cost and increases satisfaction by delivering a solution that meets customer expectations and needs.)
활동 예시	• 확인 기법을 파악하고 선택한다. • 선택한 기법을 사용하여 요구사항을 확인하고 결과를 기록한다. • 확인 결과를 검토하고 이해관계자와 소통한다. • 요구사항을 최신화한다.
산출물 예시	• 선택한 확인 기법 • 확인 결과 기록 • 최신화한 요구사항

요구사항 개발 및 관리 프랙티스 영역은 1단계부터 3단계까지 3개 프랙티스 그룹으로 구성된다.

1단계 프랙티스 그룹은 이미 파악한 요구사항을 기록하는 활동을 말한다. 여기에서 '이미 파악한 요구사항'이란 고객으로부터 파악하여 문서로 만든 요구사항을 말하며, 프로젝트에 이미 반영하여 작업 중이거나 작업 준비 중인 요구사항이라고 할 수 있다. 또한 이 프랙티스 그룹에서 요구사항은 프로젝트 범위 설정과 관련한 요구사항을 말한다. 만약 여러분이 프로젝트 범위를 설정할 수 없다면 프로젝트에서 얼마나 많은 일을 수행해야 하는지 파악할 수 없을 것이며, 이는 효과적인 프로젝트 관리를 불가능하게 만든다.

2단계 프랙티스 그룹은 고객 요구사항을 명세화하고 프로젝트 수행 인원이 해당 요구사항을 명확히 이해하는 활동에 초점을 맞추고 있다. 이를 위해 프로젝트는 수명주기 전 기간 모든 이해관계자의 요구,

기대, 제약조건과 인터페이스 또는 연결 요구사항을 도출한다. 여기서 도출이란 단순히 고객이 명시적으로 제시한 요구사항만을 수집하라는 의미는 아니다. 기술 시연, 프로토타입, 브레인스토밍, 유즈케이스, 품질기능전개 그리고 사용자 대상 설문조사나 심층 인터뷰와 같이 더욱 능동적인 활동을 통해 고객이 명시적으로 제시하지는 않았으나 추가해야 하는 요구사항 또한 능동적으로 파악하는 것을 의미한다. 이렇게 프로젝트 이해관계자로부터 도출한 요구사항을 '상위 수준 요구사항High Level Requirements' 또는 '고객 희망 사항Customer's Wish List'이라고 한다. 이러한 요구사항에는 솔루션으로 구현 가능한 부분도 있지만, 프로젝트 개발기간이나 비용 또는 기술 문제로 인해 구현이 어려운 사항도 다수 포함할 수 있다.

따라서 상위 수준 요구사항은 솔루션으로 구현 가능한 요구사항으로 정제할 필요가 있는데, 이렇게 정제한 요구사항을 '고객 요구사항Customer Requirements'이라 한다. 고객 요구사항은 중요도에 따라 우선순위를 정하는 것이 바람직하다. 우선순위가 낮은 요구사항은 유사시 솔루션에 반영하지 않겠다는 의미가 아니라 우선순위에 따라 개발 순서나 투입 노력 정도를 달리 가져갈 기준으로 삼기 위해서이다. 고객이 프로젝트에 요구사항 목록을 제공하는 때도 있고 요구사항이 이전 프로젝트 활동 결과물로 이미 존재하는 때도 있다. 이러면 관련 이해관계자의 요구, 기대, 제약조건과 인터페이스 또는 연결 요구사항과 상충할 수 있는데, 만약 상충하는 점이 있다면 적절하게 해결한 후에 고객 요구사항 목록으로 정의해야 한다.

명세화한 고객 요구사항에 관해서는 개별 요구사항 의미에 대해 요구사항 제공자와 함께 이해를 높이고, 개발자가 요구사항을 구현할 수 있다는 합의를 얻는다. 여기서 말하는 '요구사항 제공자'란 보통 요구사항을 제시하는 고객이나 최종사용자만을 의미하는 것은 아니다. 만약 프로젝트팀 내에서 개발할 솔루션에 관한 요구사항을 자체적으로 제시했다면, 이들 역시도 요구사항 제공자 범주에 들어가게 된다. '이해를 높인다'라는 의미는 정의한 요구사항을 단순히 요구사항 제공자와 합의한다는 뜻이 아니라 정의한 요구사항에 대해 합의하기 위한 평가와 수락 기준을 설정하고 활용하라는 의미이다. 대체로 요구사항은 일상적인 언어로 작성하기 때문에 작성자에 따라 간략하게 작성하거나, 장황하게 설명을 덧붙이거나 하는 각기 다른 형태로 작성할 수 있다. 따라서 요구사항을 간결하면서도 명확하게 작성했는지, 다른 요구사항과 일관성을 유지하고 있는지, 유사한 내용의 요구사항을 반복적으로 작성하지는 않았는지, 정의한 요구사항을 검증할 수 있고 추적 가능하며 달성 가능한지를 파악하기 위한 기준을 수립하는 것이 필요하다. 이러한 기준은 점검표로 만들어 정의한 요구사항의 적절성을 검토할 때 활용한다.

2단계 프랙티스 그룹에서 요구하는 또 하나 중요한 활동은 요구사항과 작업산출물 간 양방향 추적성 확보다. 양방향(순방향/역방향) 추적성이란 요구사항부터 시작하여 최종 솔루션이 만들어지는 순서뿐만 아니라 그 역으로도 추적성을 확보하는 걸 의미한다. 요구사항의 추적성을 확보하지 않으면, 요구사항 변경에 관한 관리와 요구사항에 부합하는 프로젝트 계획서와 작업산출물 개발에 대한 보장 또한 어렵기 때문이다.

물론 요구사항과 작업산출물 간 추적성을 확보하는 것이 쉬운 작업은 아니다. 특히 요구사항 관리 도구를 사용하지 않고 요구사항 추적표와 같이 문서 형태로 추적성을 확보하는 경우는 더욱 어렵다. 따라서 처음부터 요구사항 추적성을 너무 상세하게 확보하려고 하는 것은 바람직하지 못하다. 시험에서 발견한 문제를 수정하거나 변경 요구사항이 들어왔을 때, 해당 프로젝트에서 수정해야 하는 범위를 빨리 파악하고 구체적으로 어디를 어떻게 수정해야 하는지를 정확하게 파악할 수 있는 정도에서 추적성을 확보하는 것이 좋다.

요구사항에 대한 추적은 프로젝트 계획서, 활동과 작업산출물을 검토하여 요구사항과 요구사항 변경과 일관성을 확인하는 데에도 도움을 준다. 검토 활동을 통해 요구사항과 계획 그리고 작업산출물 간 일치하지 않는 점이 있으면 출처를 식별한다. 요구사항 기준선 변경에 따라 계획서와 작업산출물에 대한 변경 사항을 식별하고 필요하면 시정조치 활동을 수행한다.

3단계 프랙티스 그룹은 명세화한 고객 요구사항을 좀 더 세분화하거나 시험 가능한 수준까지 분해하는 것에 중점을 둔다. 고객 요구사항은 솔루션과 해당 구성 요소에 관한 요구사항으로 변환하고 구현을 위해 배정한다. 고객 요구사항을 솔루션이나 구성 요소에 배정하기 위해서는 요구사항을 세분화할 필요가 있다. 일반적으로 고객 요구사항은 기술적 요구사항과 비기술적 요구사항으로 구분하며 기술적 요구사항은 기능 요구사항과 비기능 요구사항으로 구분할 수 있다. 일정, 비용, 환경, 제도와 같이 기술적 요소는 아니나 프로젝트 수행에 영향을 줄 수 있는 사항이 전형적인 비기술적 요구사항이다. 솔루션이나 구성 요소를 동작하는 데 필요한 요구사항을 기능 요구사항이라 한다. 반면, 하나의 솔루션을 구성하는 구성 요소 간 인터페이스 요구사항, 응답속도와 같은 성능 요구사항이나 보안과 안전 관련 사항 그리고 신뢰성이나 사용성과 같이 설계 시의 고려 사항을 비기능 요구사항이라고 하는데 솔루션이나 솔루션 아키텍처 구성에 많은 영향을 주게 된다.

3단계 프랙티스 그룹에는 운영 개념과 운영 시나리오라는 용어가 나온다. 이전 솔루션(즉 진행하려고 하는 프로젝트 솔루션에 의해 대체할 현재 솔루션) 개선 방안이나 현재 진행 중인 프로젝트에서 개발하고자 하는 솔루션의 최종 모습(예: 솔루션 아키텍처)을 정리한 것으로 이해하면 된다. CMMI에서는 이러한 운영 개념이나 운영 시나리오를 이용하여 프로젝트 계획을 수립하거나, 요구사항을 도출할 것을 요구하고 있다.

솔루션 아키텍처는 솔루션 요구사항을 솔루션 구성 요소에 배정하는 근거를 제공한다. 솔루션 요구사항을 충족하고 생산을 원활하게 하도록 솔루션을 정의하는 솔루션 구성 요소에 관한 요구사항에는 솔루션 성능, 설계 제약사항, 형태와 기능 배정을 포함한다. 상위 수준 요구사항이 두 가지 이상의 솔루션 구성 요소가 책임져야 하는 품질 속성을 규정하는 경우, 그 품질 속성은 파생 요구사항으로 나누어 해당하는 솔루션 구성 요소에 각각 배정할 수 있다. 그 이외 경우에는 공유한 요구사항을 아키텍처에 직접 배정해야 한다. 예를 들어, 아키텍처에 관한 요구사항 배정에 있어 특정 성능 요구사항(예: 응답 시간)이 어떻게 여러 구성 요소 사이에 성능 부담을 배정하고 있는지 서술함으로써 시나리오 방식으로 해당 요구사항 구현 과정을 보여 준다. 이렇게 공유한 요구사항 개념은 다른 아키텍처 중, 중요한 품질 속성(예: 보안성, 신뢰성)에도 확대 적용할 수 있다.

솔루션 아키텍처에서 파악한 솔루션이나 솔루션 구성 요소 간 인터페이스 요구사항 또한 정의해야 한다. 이러한 요구사항은 솔루션이나 솔루션 구성 요소 통합 작업의 하나로 통제하며, 아키텍처 정의에 필수적인 부분이다.

정의한 요구사항은 검증하고 확인해야 한다. 검증이란 정의한 요구사항에 대해 프로젝트팀 내에서 자체적으로 검토하는 것으로 정의한 요구사항이 모두 필요한 것인지, 혹시 빠뜨린 요구사항은 없는지를 파악하는 활동이다. 대체로 요구사항은 매우 광범위하게 제시하는 경우가 많다. 물론 이해관계자가 요청하는 모든 요구사항을 다 수용하면 좋겠지만, 현실적으로는 어려움이 많다. 기술력이 부족하여 수용할 수 없는 요구사항도 있겠지만, 해당 요구사항을 반영하면 추가 비용이 많이 들고 개발기간도 길어져 수용하기 어려운 때도 있다. 또는 비용 대비 효과 측면에서 수용하지 않는 것이 더 좋은 요구사항도 있다. 즉 절충 관계에 있는 요구사항은 그 중요성 정도에 따라 선별해서 수용할 필요가 있는데, 이런 이해관계자 요구와 제약조건 간 균형을 맞추기 위한 검증 활동을 수행해야 한다. 정의한 요구사항을 검증하는 것이 프로젝트팀 내부적으로 수행하는 활동이라면, 해당 요구사항을 제시한 이해관계자가 의도한 것과 일치하는지를 검토하는 활동이 확인이다. 따라서 가능하면 요구사항을 제시한 이해관계자로부터 확인을 받는 것이 좋다. 일반적으로 시연, 프로토타입, 시뮬레이션, 스토리보드 방법을 사용한다.

(2) 프로세스 품질보증_{Process Quality Assurance, PQA}

프로세스 품질보증은 수행한 프로세스와 그 결과물인 작업산출물의 품질을 검증하고 개선할 수 있도록 한다.

조직과 프로젝트는 프로세스의 일관적인 사용과 개선을 통해 비즈니스 이익과 고객 만족을 극대화한다.

Verifies and enables improvement of the quality of the processes performed and resulting work products.
Increases the consistent use and improvement of the processes to maximize business benefit and customer satisfaction.

■ 1단계 프랙티스 그룹

PQA 1.1	프로세스와 작업산출물 이슈를 파악하고 해결한다. (Identify and address process and work product issues.)
가치	향상된 품질과 성능을 통해 고객 만족을 높인다. (Increases customer satisfaction through improved quality and performance.)
활동 예시	• 이슈 식별 • 이슈 기록 • 이슈 해결
산출물 예시	• 기록한 이슈 • 해결한 이슈 — 즉시 해결하거나 향후 변경 가능

■ 2단계 프랙티스 그룹

PQA 2.1	과거 품질 데이터를 바탕으로 품질보증 접근방식과 계획을 개발하고 최신 상태로 유지하며 이를 준수한다. (Develop, keep updated, and follow a quality assurance approach and plan based on historical quality data.)
가치	반복하는 문제 영역에 집중하여 비용을 절감하고 품질을 높인다. (Reduces cost and increases quality by focusing on recurring problem areas.)
활동 예시	• 품질 접근방식과 계획을 수립하고 기록하며 최신 상태를 유지한다. • 평가할 영역을 파악한다. • 영향받는 이해관계자와 함께 접근방식을 검토하고 최신화하며 승인한다.
산출물 예시	• 품질보증 접근방식과 계획 — 객관적 평가 대상 작업산출물, 평가 깊이와 대상 범위, 일정, 품질보증 프로세스와 보고 대상, 객관성을 보장하는 방법에 대한 설명 포함
PQA 2.2	정의한 프로세스와 해당 표준에 따라 선택한 수행 프로세스와 작업산출물을 객관적으로 평가한다. (Objectively evaluate selected performed processes and work products against the recorded process and applicable standards.)
가치	프로세스 실행 전반에 걸쳐 이슈를 파악하고 해결하여 고품질 솔루션을 제공한다. (Delivers high—quality solutions by identifying and addressing issues throughout the process execution.)
활동 예시	• 평가를 위한 명확한 기준을 개발하고 최신 상태를 유지한다. • 프로세스 설명, 표준과 절차에 따라 점검표를 개발하고 최신 상태를 유지한다. • 선택한 수행 프로세스가 프로세스 설명, 표준과 절차를 준수하는지 정의한 기준과 점검표를 사용하여 평가한다. • 평가 중에 발견한 각 부적합 사항을 파악하고 기록한다. • 조직의 다른 영역에서 기록한 모범 사례를 활용한다. — 모범 사례에 대한 개선 제안서 제출
산출물 예시	• 평가 기준 • 점검표 • 평가 보고서 • 부적합 보고서 • 개선 제안서
PQA 2.3	품질과 부적합 이슈를 전달하고 해결을 보장한다. (Communicate quality and non—compliance issues and ensure their resolution.)
가치	품질 프로세스를 보장하고 재작업 비용을 방지하며 고객 만족을 높인다. (Ensures quality processes, avoids the cost of rework, and improves customer satisfaction.)

활동 예시	• 각 부적합 이슈를 전달하고 해결한다. 　— 프로젝트의 부적합 이슈 건수보다는 규정 준수율 보고를 권고 　— 품질보증 활동, 결과와 이슈를 정기적으로 고위 경영진에게 보고 　— 적시에 적절한 조처를 할 수 있도록 처리 　— 부적합 이슈를 추적하여 해결 • 부적합 이슈를 해결할 수 없으면 상위 관리자에게 해결을 요청한다. • 부적합 이슈를 분석하여 품질 동향을 파악한다. 　— 이러한 품질 동향은 향후 품질 활동 방향을 설정하는 데 사용 • 영향받는 이해관계자가 평가 결과와 품질 동향을 알 수 있게 한다.
산출물 예시	• 품질 동향 분석 보고서 • 부적합 해결 방법
PQA 2.4	**품질보증 활동 결과를 기록하고 활용한다.** (Record and use results of quality assurance activities.)
가치	향후 품질보증 활동을 최적화하고 작업 비용을 절감한다. (Optimizes future quality assurance activities and reduces the cost of future work.)
활동 예시	• 품질보증 활동에 대한 정보를 기록하고 최신 상태로 유지한다. 　— 품질보증 활동 상태와 결과를 명확히 알 수 있도록 상세하게 정보를 기록한다. 　— 동료검토 보고서 일부로써 기록한 부적합 이슈를 추적하고, 필요한 경우 프로젝트 외부 상 　　위 관리자에게 해결을 요청한다.
산출물 예시	• 평가 기록 • 품질보증 보고서 • 부적합 이슈와 시정조치 상태 보고서 • 품질 동향 보고서

■ 3단계 프랙티스 그룹

PQA 3.1	**품질보증 활동 중에 개선 기회를 파악하고 기록한다.** (Identify and record opportunities for improvement during quality assurance activities.)
가치	조직 목적과 목표를 달성할 수 있는 역량을 향상한다. (Improves the organization's capability to meet its goals and objectives.)
활동 예시	• 품질보증 활동 중에 관찰한 잠재적인 개선 사항을 기록한다. 　— 권장 프로세스 변경 사항 　— 효과에 대한 관찰 사항 　— 현재 조직 프로세스 일부일 수도 있고 아닐 수도 있는 관련 활동 • 개선 제안을 제출한다.
산출물 예시	• 개선 제안 사항

프로세스 품질보증 프랙티스 영역은 1단계부터 3단계까지 3개 프랙티스 그룹으로 구성된다.

프로세스 품질보증 활동에 있어 중요한 것은 '객관적 평가'이다. 객관적 평가란 검토자 주관이나 편견을 최소화하고 평가 기준에 근거하여 프로세스나 작업산출물을 검토하는 것을 의미한다. 이러한 객관적인 평가 활동에는 프로젝트 작업산출물이 요구사항을 충족하고 있는지를 독립적으로 조사하는 '감사' 활동도 포함할 수 있다.

객관적 평가와 함께 이해해야 할 사항이 '독립적 평가'이다. 독립적 평가란 조직구조상 독립적인 품질보증 그룹에 의한 평가를 의미하나 때에 따라서는 독립적이진 않지만, 프로젝트 내에서 품질보증 활동을 수행하는 그룹에 의한 평가 또한 포함한다. CMMI에서는 독립적인 품질보증 그룹과 마찬가지로 어떤 그룹이나 개인이 평가 대상 작업산출물 개발에 직접적으로 관여하지 않았고 독립적인 보고 채널을 가지면, 그리고 평가 결과 발견한 부적합 사항을 적절하게 보고한다면 '독립성'을 충족하고 있다고 설명한다. 그러나 성숙 단계가 낮은 조직일수록 구조상 독립적인 품질보증 그룹을 운영하는 것이 바람직하다. 독립적이지 않은 상태에서 객관적인 평가 활동을 수행했음을 입증하기가 쉽지 않기 때문이다.

1단계 프랙티스 그룹은 프로세스와 작업산출물 이슈를 파악하고 해결하는 활동을 말한다. 이슈란 조직이나 프로젝트 사업 일정이나 비용 또는 성과에 부정적인 영향을 끼칠 수 있는 것을 의미한다. 조직이나 프로젝트에서 수행한 프로세스가 표준이나 절차를 준수하지 않아 발생한 부적합 사항이다. 이런 부적합 사항은 이미 수행한 결과물을 시정하거나, 다음번 프로세스 수행 시에는 제대로 이행하도록 함으로써 해결할 수 있다. 보통 작업산출물 오류와 솔루션을 사용하기 어렵게 용어를 일관성 없이 사용하는 부정확한 정보나 정보 누락과 같은 이슈를 식별하고 해결한다.

2단계 프랙티스 그룹은 프로젝트 전반에 걸쳐 수행한 프로세스와 작업산출물에 대해 조직에서 문서로 만든 프로세스와 적용 가능한 표준과 비교하여 객관적으로 평가하는 활동에 중점을 둔다. 여러분은 프로세스 평가 또는 감사 활동에 대해서는 프로젝트 절차에 따라 활동을 수행하고 있는지, 어디에서 문제가 발생했는지, 개선이 필요한 곳은 어디인지를 간단히 검토하는 정도로 이해하면 될 것이다. 반면에 제품이나 작업산출물에 대한 평가 또는 감사 활동은 제품 또는 작업산출물 표준과 점검표를 활용해 진행하는 것이 바람직하다. 어떤 경우에는 '동료검토' 활동이나 '기술 검토' 활동으로 대신하는 때도 있다. 솔루션이나 작업산출물 내용에 대한 평가나 감사 활동은 폭넓은 기술적인 지식을 요구하기 때문에 이러한 평가나 감사 활동을 수행할 수 있는 품질보증 요원을 구하기가 매우 힘들기 때문이다.

대부분 개발자는 계속해서 개발자로 남기를 선호하기 때문에 우수한 개발자를 품질보증 요원으로 채용하기 힘든 것이 현실이다. 만약 여러분 조직에서 품질보증 그룹에 의해 제품이나 작업산출물 내용까지도 평가하기를 원한다면 여러분 조직은 개발자와 품질보증 요원 간 순환 근무제를 시행하는 방법을 활용할 수도 있을 것이다. 이러한 방법이 불가능한 경우에는 개발자와 품질보증 요원이 함께 평가나 감사 활동을 수행하게 하는 방법도 굉장히 효과적일 수 있다.

프로세스 평가와 작업산출물 평가는 방법상에도 차이를 갖고 있는데, 작업산출물에 대한 평가는 산출물 내용만을 보면서 평가 활동을 수행하면 되지만 프로세스 평가는 해당 프로세스 수행자와 인터뷰가 요구된다. 프로젝트 관리자나 개발자가 표준 업무 절차나 방법에 따라 프로젝트에서 해당 활동을 수행했는지는 직접 물어보고 확인해 보는 것이 제일 정확하기 때문이다.

2단계 프랙티스 그룹에서 요구하는 또 다른 중요한 활동은 관리자와 담당자가 품질과 부적합 이슈를 공유하고 해결을 보장하는 것이다. 이는 품질보증 활동 결과, 발견한 부적합 사항뿐만이 아니라 품질 이슈에 대해서도 관련 인원과 공유하는 것을 의미한다. 또한 부적합 이슈 해결을 보장하기 위해 부적합 이슈를 추적하는 활동까지 포함한다. 품질보증 결과는 품질보증 담당자 경험과 지식에 따라 차이가 날 수 있다. 따라서 품질보증 담당자가 정기적으로 모여 각자 품질보증을 수행한 방법과 평가 포인트를 공유함으로써 품질보증 활동에 대한 눈높이를 맞춰 나가는 것 또한 중요하다.

부적합 이슈는 프로젝트팀원이 해당 표준과 정의한 프로세스나 절차를 따르지 않을 때 파악되는 문제이다. 시간 경과에 따른 부적합 이슈 상태 추적을 통해 품질 동향을 파악할 수 있다. 프로젝트에서 부적합 이슈를 다루고 해결한다. 필요하면 부적합 이슈를 상위 관리자에게 보고하여 해결한다.

품질보증 활동 결과 작성한 품질보증 결과 보고서와 시정조치 현황 보고서, 품질 동향 보고서는 적절한 저장소에 등록하여 관리해야 한다.

품질보증 담당자는 일반적으로 여러 개 프로젝트에 대한 품질보증 활동을 수행하기 때문에 프로젝트별로 나타나는 부적합 유형이나 품질 이슈를 파악할 수 있다. 따라서 정기적으로 프로젝트별, 단계별 또는 작업산출물별로 부적합 유형과 품질 이슈를 분석하여 조직 내에서 공유하면 향후 발생하게 될 부적합 사항을 예방할 수 있다. 또한 유사한 부적합 사항이나 품질 이슈가 프로젝트에서 반복해서 발생하는 경향이 있으므로 근본적 해결을 위한 개선을 해당 조직에 제안할 수 있다. 이것이 3단계 프랙티스 그룹에서 언급하고 있는 품질보증 활동을 수행하는 동안, 개선 기회를 파악하고 기록하라는 의미이다.

(3) 검증 및 확인Verification and Validation, VV

검증 및 확인은 선택한 솔루션과 구성 요소가 요구사항을 충족하는지 확인하고, 대상 환경에서 의도한 용도를 충족하는지 입증한다.

조직과 프로젝트는 이 활동을 통해 솔루션이 고객을 만족시킬 가능성을 높인다.

Confirms selected solutions and components meet their requirements, and demonstrates selected solutions and components fulfill their intended use in their target environment.
Increases the likelihood that the solution will satisfy the customer.

■ 1단계 프랙티스 그룹

VV 1.1	요구사항을 구현하였는지 보장하기 위해 검증하고 결과를 기록하여 전달한다. (Perform verification to ensure the requirements are implemented and record and communicate results.)
가치	요구사항 이슈를 해결하는 데 드는 비용을 절감하고 고객 만족을 높인다. (Reduces the cost of addressing requirements issues and increases customer satisfaction.)
활동 예시	• 선택한 작업산출물과 솔루션을 요구사항에 따라 검증한다. • 검증 활동 결과를 기록하고 전달한다. • 검증 결과에 따른 조치 사항을 파악한다.
산출물 예시	• 검증 결과 • 조치 사항

VV 1.2	솔루션이 대상 환경에서 의도한 대로 작동하는지 보장하기 위해 확인하고 결과를 기록하여 전달한다. (Perform validation to ensure the solution will function as intended in its target environment and record and communicate results.)
가치	결과물이 고객 기대에 부응하는 올바른 솔루션을 제공할 가능성을 높인다. (Increases the likelihood that the result provides the right solution to meet customer expectations.)
활동 예시	• 선택한 작업산출물과 솔루션이 대상 환경에서 의도한 대로 작동하는지를 보장하기 위해 이해관계자와 함께 수명주기 전반에 걸쳐 확인한다. • 확인 활동 결과를 분석하고 전달한다.
산출물 예시	• 확인 결과 • 분석 결과

■ 2단계 프랙티스 그룹

VV 2.1	검증과 확인을 위한 구성 요소와 방법을 선정한다. (Select components and methods for verification and validation.)
가치	고객 기대와 요구를 충족하거나 능가하는 솔루션을 생산한다. (Produces solutions that meet or exceed customer expectations and needs.)
활동 예시	• 검증과 확인을 위한 솔루션 구성 요소를 선택한다. 　— 솔루션 목표 달성에 대한 기여도를 기준으로 솔루션 구성 요소 선택 　— 검증과 확인할 수 있는 솔루션 구성 요소: 요구사항, 설계와 제약조건, 획득과 개발한 솔루션과 관련 구성 요소, 사용자 인터페이스 또는 연결, 사용자와 운영 매뉴얼, 교육자료, 프로세스 문서 • 선택한 각 작업산출물이 충족해야 할 요구사항을 파악한다. 　— 선택한 각 작업산출물에 대한 요구사항을 파악할 때는 작업에 대한 요구사항 관리의 일부로써 최신화한 추적표(또는 기타 요구사항 추적성 정보) 참조 • 어떤 고객 요구사항과 최종사용자 요구를 확인할지 결정한다. • 선택한 각 솔루션에 사용할 검증과 확인 방법을 정의하고 기록하고 최신 상태로 유지한다. 　— 검증 방법 예: 요구사항 인스펙션, 시연, 부하와 성능 시험, 기능과 인터페이스 또는 연결과 통합시험, 프로토타이핑과 모델링과 시뮬레이션 　— 확인 방법 예: 최종사용자 검토, 프로토타입 시연, 기능 시연, 시범 적용, 최종사용자와 기타 영향받는 이해관계자의 솔루션 구성 요소 시험 • 영향받는 이해관계자와 함께 확인 활동을 선택하고 역할과 책임, 제약조건과 방법을 검토한다.
산출물 예시	• 검증과 확인을 위해 선택한 솔루션 구성 요소 목록 • 각 솔루션 구성 요소에 대해 선택한 검증과 확인 방법 • 검증하고 확인할 요구사항 목록

VV 2.2	검증과 확인을 지원하는 데 필요한 환경을 개발하고 최신 상태로 유지하며 사용한다.
	(Develop, keep updated, and use the environment needed to support verification and validation.)
가치	검증과 확인 환경이 필요할 때 준비되도록 하여 프로젝트 지연을 최소화한다.
	(Minimizes project delays by ensuring that verification and validation environments are ready when needed.)
활동 예시	• 검증과 확인 환경에 대한 요구사항을 파악한다. 　— 서비스 제공을 포함한 솔루션의 경우, 서비스 운영과 제공 모든 단계에 대한 요구사항 파악 • 고객이 공급하는 솔루션과 구성 요소를 파악한다. 　— 이는 일반적으로 고객이 의도한 환경 일부인 기존 시설이나 구성 요소를 보유하고 있는 경우 확인 환경에서 수행 • 검증과 확인 자원, 장비, 도구를 파악한다. 　— 재사용과 수정에 사용할 수 있는 검증과 확인 자원 파악 • 검증과 확인 환경을 개발하거나 획득하고 최신 상태로 유지한다.
산출물 예시	• 검증 환경 • 확인 환경
VV 2.3	검증과 확인 절차를 개발하고 최신 상태로 유지하며 준수한다.
	(Develop, keep updated, and follow procedures for verification and validation.)
가치	활동 수행에 드는 비용을 절감하고 더욱 예측 가능한 성과를 강화한다.
	(Reduces costs for performing the activities and strengthens more predictable performance.)
활동 예시	• 검증과 확인을 위한 작업산출물과 활동을 선택하는 기준을 파악한다. • 검증과 확인 절차를 개발하고 최신 상태로 유지한다. 　— 절차는 유지관리, 시험과 평가 시설 설치와 지원, 교육, 시험 데이터 관리와 적절한 사용을 포함 • 절차에 따라 검증과 확인을 수행한다.
산출물 예시	• 검증 절차 • 확인 절차 • 검증과 확인 결과

■ 3단계 프랙티스 그룹

VV 3.1	검증과 확인을 위한 기준을 개발하고 최신 상태로 유지하며 사용한다.
	(Develop, keep updated, and use criteria for verification and validation.)
가치	검증과 확인 활동을 중요한 요구에 집중하도록 하여 낭비를 최소화한다.
	(Minimizes waste by ensuring the verification and validation activities focus on critical needs.)
활동 예시	• 검증과 확인 기준을 개발하고 작업을 진행함에 따라 이를 구체화한다. 　— 기준은 시험 입력과 출력 사양, 예상 결과에 대한 설명, 허용 가능한 결과에 대한 설명, 목표 서비스 수준과 예상 결과, 서비스 목표와 측정 지표, 고객 유형과 기대치를 포함

산출물 예시	• 검증 기준 • 확인 기준
VV 3.2	**검증과 확인 결과를 분석하고 전달한다.** (Analyze and communicate verification and validation results.)
가치	시간이 지남에 따라 검증과 확인 효과를 개선한다. (Improves verification and validation effectiveness over time.)
활동 예시	• 실제 결과와 예상 결과를 비교한다. • 정해진 검증 기준을 충족하지 않는 결과를 파악한다. • 정해진 확인 기준을 충족하지 않는 결과를 파악한다. • 정해진 기준을 충족하지 않는 검증과 확인 결과를 분석하고 시정조치를 결정한다. — 결과에는 결함, 오류 또는 이슈 분석을 포함 • 검증과 확인 프로세스에 대한 개선 제안을 제출한다. • 분석 결과와 시정조치를 기록하고 영향받는 이해관계자에게 전달한다.
산출물 예시	• 검증과 확인에 대한 실제와 예상 비교 결과 • 분석 결과 • 시정조치 • 개선 제안

검증 및 확인 프랙티스 영역은 1단계부터 3단계까지 3개 프랙티스 그룹으로 구성된다.

1단계 프랙티스 그룹은 기본적인 검증과 확인을 다루고 있다. 검증과 확인은 비슷해 보이지만 다른 이슈를 다루고 있다는 점에 유의해야 한다. 검증은 프로젝트 요구사항이 엔지니어링 과정 동안 충족하고 있음을 보증하는 것이고, 반면에 확인은 최종 제품을 고객이 의도한 내용대로 구현하였음을 입증하는 것이다. 다시 말하면 검증은 제품을 올바르게 만들고 있음을 보증하는 것이며, 확인은 올바른 제품을 만들었다는 것을 입증하는 활동이다. 따라서 검증은 보통 프로젝트팀 내에서 자체적으로 수행하지만, 확인은 주로 최종사용자나 관련 이해관계자 참여하에 수행하는 경우가 많다. 확인은 해당 제품을 실제로 사용할 환경과 최대한 비슷한 환경을 구축하거나 사용자 환경에서 확인한다는 점 또한 검증과 다르다고 할 수 있다.

2단계 프랙티스 그룹은 검증과 확인 수행을 위한 대상, 방법, 환경을 정의하고 절차를 마련하는 활동에 초점을 맞춘다. 프로젝트를 수행하다 보면 여러 유형의 작업산출물을 개발한다. 고객에게 최종적으로 전달하게 되는 최종 작업산출물뿐만 아니라 프로젝트 수행상 필요한 작업산출물이 그것이다. 물론 이런 작업산출물을 개발하는 과정 중에 만들어지는 중간 작업산출물도 있다. 프로젝트에서는 이런 다양한 유형의 작업산출물을 개발하지만 그렇다고 해서 이 많은 작업산출물을 모두 같은 수준으로 관리해야 하는 것은 아니다. 따라서 작업산출물 중요도에 따라 검증과 확인 대상이 되는 작업산출물을 선택하는 것이 바람직하다. 그리고 선택한 작업산출물 유형이나 특성에 따라 적절한 검증과 확인 방법을 정하는 것 또한 필요하다. 대표적인 검증과 확인 방법은 동료검토, 감사, 아키텍처 평가, 시뮬레이션, 시험과 시연을 포함하지만 이에 제한을 두지는 않는다. 특별한 검증과 확인 방법으로써 '동료검토'가 있는데, 이와 관련해서는 '동료검토 프랙티스 영역'에서 다시 설명하겠다.

검증은 보통 문서로 된 작업산출물 위주로 수행한다. 반면, 완성한 솔루션이나 솔루션 구성 요소의 기능 구현 여부나 성능을 확인하는 활동은 시험이다. 소프트웨어 소스 코드와 같이 개별 구성 요소 단위를 확인하는 단위 시험, 통합한 솔루션이나 솔루션 구성 요소 간 내, 외부 인터페이스 상태를 확인하는 통합시험, 솔루션이나 솔루션 구성 요소 성능이나 과부하 여부를 확인하는 시스템 시험, 그리고 솔루션 최종 인수 여부를 판단하는 고객 수락 시험이 있다. 이런 시험 활동은 확인 방법의 하나며, 이 가운데 고객이 함께 참여하는 통합시험이나 수락 시험이 대표적인 확인 활동에 해당한다.

검증과 확인을 지원하기 위한 환경은 프로젝트 요구에 따라 획득하거나 개발하거나 재사용하거나 변경하거나 아니면 이러한 것을 조합하여 마련할 수 있다. 작업산출물 유형이나 특성 그리고 사용하는 검증과 확인 방법에 따라 별도 환경이 필요할 수도 있고 그렇지 않을 수도 있다. 문서를 검토하는 경우라면 검토 자료와 검토자 그리고 검토할 장소 정도만 있으면 된다. 하지만 솔루션을 시험한다면 시뮬레이터, 에뮬레이터, 시나리오 제너레이터, 데이터 축약 도구, 환경 통제 장치와 다른 시스템과 인터페이스가 필요할 수 있다.

작업산출물이 그 요구사항을 충족하고 솔루션이나 솔루션 구성 요소를 의도한 환경에 배치했을 때, 원래 용도를 충족하는지 보장하기 위한 검증과 확인 절차를 정의한다. 특히 확인 절차에는 수락 시험을 위한 시험 사례와 해당 절차를 사용할 수 있다.

3단계 프랙티스 그룹에서는 기준에 따른 검증과 확인을 수행하고 그 결과를 분석하여 제공하는 것을 강조한다. 검증과 확인을 위한 기준에는 솔루션이나 솔루션 구성 요소에 대한 요구사항, 관련 표준이나 조직 규정, 시험 유형, 작업산출물 유형, 고객 수락 기준 그리고 계약 사항을 포함할 수 있다. 검증과 확인 방법, 절차, 기준과 적절한 환경을 사용해 선택한 작업산출물과 그와 관련한 유지관리, 교육훈련과 지원 서비스에 대해 검증과 확인을 수행한다. 검증과 확인은 솔루션 수명주기 전반에 걸쳐 실시한다.

시험, 검사, 시연 또는 평가와 같이 검증과 확인을 수행한 결과 데이터는 정의한 기준과 비교해 분석한다. 분석 보고서를 통해 요구를 충족했는지를 알 수 있다. 충족하지 않은 경우, 보고서에는 성공이나 실패 정도를 표시하고 실패 추정 원인도 분류하여 표시한다. 수집한 시험, 검사 또는 검토 결과는 정의한 평가 기준과 비교해 계속 진행할지, 아니면 요구사항 또는 설계 이슈를 '요구사항 개발 및 관리' 또는 '기술 솔루션' 프랙티스 영역에서 다룰 것인지 결정한다. 또한 분석 보고서를 통해 만족스럽지 못한 검증 결과나 실패한 확인 결과가 절차상 문제에 기인한 것인지, 환경 문제에 기인한 것인지를 찾아낼 수도 있다.

(4) 동료검토_{Peer Reviews, PR}

동료검토는 생산자 동료나 주제전문가 검토를 통해 프로세스 성과와 작업산출물 이슈를 파악하고 해결한다.

조직과 프로젝트는 이 활동을 통해 이슈나 결함을 조기에 발견하여 비용과 재작업을 줄인다.

Identifies and addresses process performance and work product issues through reviews by the producer's peers or Subject Matter Experts (SMEs).
Reduce cost and rework by uncovering issues or defects early.

■ 1단계 프랙티스 그룹

PR 1.1	작업산출물을 검토하고 이슈를 기록한다. (Perform reviews of work products and record issues.)
가치	이슈를 조기에 발견하여 작업산출물 품질을 개선하고 비용과 재작업을 줄인다. (Improves work product quality and reduces cost and rework by uncovering issues early.)

활동 예시	• 작업산출물을 검토하여 이슈를 파악한다. • 결과를 기록한다.
산출물 예시	• 작업산출물 검토에서 파악한 이슈 목록

■ 2단계 프랙티스 그룹

PR 2.1	동료검토를 준비하고 수행하는 데 사용하는 절차와 지원 자료를 개발하고 최신 상태로 유지한다. (Develop and keep updated procedures and supporting materials used to prepare for and perform peer reviews.)
가치	동료검토에서 이슈를 찾는 효율과 효과를 극대화한다. (Maximizes efficiency and effectiveness of finding issues in peer reviews.)
활동 예시	• 동료검토 절차를 기록하고 최신 상태로 유지한다. • 관련 지원 자료를 기록하고 최신 상태로 유지한다.
산출물 예시	• 동료검토 준비와 수행 절차 　ー 절차는 작업산출물 선택과 검토 기준, 동료검토 유형 결정, 작업산출물 평가 기준, 참여자 선정과 역할 할당, 검토 자료 준비와 배포, 동료검토 단계를 포함 • 지원 자료 　ー 작업산출물 표준과 서식 　ー 작업산출물 생성 프로세스 　ー 작업산출물 기능과 품질 속성
PR 2.2	동료검토 대상 작업산출물을 선택한다. (Select work products to be peer reviewed.)
가치	중요한 작업산출물을 동료검토 대상으로 지정하여 비용을 관리한다. (Manages costs by targeting critical work products for peer review.)
활동 예시	• 작업산출물 중요도를 평가한다. 　ー 모든 작업산출물이나 프로세스를 검토하는 것은 불가능 　ー 규모가 크거나 복잡한 작업산출물이면 전체 작업산출물 검토가 불가능 　ー 평가는 우선순위가 가장 높은 작업산출물이나 요소를 고려 　ー 기준 예: 가장 중요한 영역, 사용자가 가장 많이 사용하는 영역, 결함이 있을 때 비용이 가장 많이 드는 영역, 오류가 가장 자주 발생하는 영역, 이해도가 가장 낮은 영역, 가장 자주 변경되는 영역 • 사용할 검토 유형을 결정하고 기록한다. 　ー 서로 다른 작업산출물이나 프로세스는 서로 다른 기법이나 방법을 사용하여 효과적인 검토 가능 　ー 동료검토 유형에는 인스펙션, 구조화된 워크스루, 객관적 평가를 포함

산출물 예시	• 작업산출물이나 프로세스 선택 기준 • 선택한 작업산출물이나 프로세스 목록
PR 2.3	정해진 절차에 따라 선택한 작업산출물에 대한 동료검토를 준비하고 수행한다. (Prepare and perform peer reviews on selected work products using established procedures.)
가치	철저하고 일관적인 검토를 통해 작업산출물 이슈를 감지하여 비용을 절감한다. (Reduces cost by thorough and consistent review to detect work product issues.)
활동 예시	• 일정을 개발한다. • 절차를 준수한다. • 동료검토 결과와 프로세스 데이터를 기록한다. — 동료검토에서 발견한 이슈 목록 — 프로세스 관점에서 관련한 데이터(예: 준비시간, 작업산출물이나 프로세스 수, 동료검토를 수행한 시간) • 영향받는 이해관계자에게 결과를 제공한다. — 결과에는 동료검토 프로세스 데이터와 이슈를 포함

산출물 예시	• 작업산출물 목록
	• 일정
	— 계획한 날짜, 시간과 기간
	— 검토자
	• 동료검토 결과
	— 완성된 증빙 자료
	— 이슈와 조치 항목
	— 데이터 유형: 검토 준비와 수행에 들어간 시간, 검토자 역할과 검토자 수, 이슈와 결함 또는
	  조치 수와 유형, 검토한 작업산출물 크기, 동료검토 유형, 이슈나 결함 해결 방법, 재작업 예
	  상 시간, 결함 발생지, 예상하는 이슈나 결함 수, 결함 원인, 영향받는 이해관계자

PR 2.4	동료검토에서 파악한 이슈를 해결한다. (Resolve issues identified in peer reviews.)
가치	재작업과 비용을 줄이고 품질을 높인다. (Reduces rework, costs, and increases quality.)
활동 예시	• 이슈를 해결한다. • 해결 방법과 결과를 기록하고 영향받는 이해관계자에게 제공한다. — 영향받는 이해관계자가 조치를 언제 종료할지에 대한 기대치 포함
산출물 예시	• 이슈 해결 방안 • 결과 — 검토 결과 데이터 포함

■ 3단계 프랙티스 그룹

PR 3.1	동료검토 결과와 데이터를 분석한다. (Analyze results and data from peer reviews.)
가치	동료검토를 수행하는 프로세스 효율과 효과를 높인다. (Increases the efficiency and effectiveness of the process for performing peer reviews.)
활동 예시	• 동료검토 프로세스 데이터와 동료검토 결과를 분석한다. • 분석 결과를 기록하고 제공한다. 　— 결함 유입 시점 　— 예상 준비시간 또는 비율 대비 실제 준비시간 또는 비율 　— 예상 이슈 수 대비 발견한 이슈 수 　— 발견한 이슈 유형과 원인 　— 이슈 해결 영향 　— 이슈와 관련한 이해관계자
산출물 예시	• 분석 결과 　— 동료검토 데이터를 분석하면 향후 발생할 이슈나 결함을 방지하거나 최소화하거나, 예방하는 데 도움 　— 분석 유형에는 원인 분석, 동향 분석, 전달과 운영 분석, 일반적인 이슈 해결 분석, 동료검토 효과와 효율성 분석을 포함

동료검토 프랙티스 영역은 1단계부터 3단계까지 3개 프랙티스 그룹으로 구성된다.

1단계 프랙티스 그룹은 프로젝트에서 생성한 작업산출물을 검토하는 것으로 동료검토는 작업산출물로부터 조기에 이슈를 발견하고 결함을 제거하기 위한 매우 효과적인 활동이다. 검증과 확인 그리고 품질보증 활동의 하나로 사용하기도 한다. 동료가 개발한 작업산출물을 다른 동료가 검토한다는 의미로 인스펙션, 워크스루, 감사 등 다양한 검토 방법을 사용한다. 이 중 가장 많이 사용하는 방법은 인스펙션과 워크스루이다.

인스펙션은 검토 대상 작업산출물을 검토자에게 사전에 배포하여 검토하도록 하고 검토 중에 발견한 이슈나 결함을 검토 회의를 통해 공유하고 시정하는 방법이다. 반면, 워크스루는 정해진 시점에 검토자가 모두 모여 검토 대상 작업산출물을 보면서 결함이나 이슈를 찾아 시정하는 방법이다. 따라서 워크스루는 인스펙션보다는 검토에 들어가는 노력이 상대적으로 적지만 그만큼 결함을 찾아내는 것도

적을 수 있다.

동료검토는 공식적인 행위를 요구하는 데 반해, 비공식적으로 수행할 수 있는 검토 방법으로는 데스크 체크나 이메일을 통한 검토가 있다. 데스크 체크는 용어 그대로 옆자리 동료가 자기 책상에서 작업산출물을 검토한다는 의미이고, 이메일을 통한 검토는 개발한 작업산출물을 동료에게 이메일로 보내 검토를 요청하는 것이다. 아무래도 동료검토와는 달리 비공식적으로 수행하기 때문에 그만큼 검토 효과가 떨어질 수밖에 없다. 따라서 개발한 작업산출물 중요성과 노력 대비 효과를 고려해 동료검토와 같은 공식적인 검토 활동을 수행할 것인지 아니면 비공식적인 검토 활동을 수행할 것인지, 그것도 아니면 아예 검토하지 않을 것인지를 정할 필요가 있다.

간혹 동료검토라는 용어로 인해 모든 작업산출물에 대해 프로젝트를 함께 수행하고 있는 동료가 검토해야 하는 것으로 오해할 수 있다. 만약 개발자가 생성한 작업산출물에 대해 주변 동료가 전문성이 없다면, 해당 산출물에 대해 전문성을 보유하고 있는 '주제전문가Subject Matter Expert, SME'를 통해 검토받는 것이 좋다.

2단계 프랙티스 그룹은 동료검토 절차에 따라 동료검토를 수행하고 발견한 이슈를 해결하는 활동을 다룬다. 동료검토 대상으로 선택한 작업산출물을 개발하면 동료검토를 하는데, 요구사항 명세서나 설계서와 같은 엔지니어링 관련 작업산출물만이 동료검토 대상이 되는 것은 아니다. 프로젝트 수행 계획서, 프로세스 설명서, 측정 명세서와 같이 프로젝트 관리나 지원과 관련한 작업산출물도 동료검토 대상이 됨을 유의해야 한다.

동료검토를 위한 준비란 작업산출물을 개발하면 개발자로부터 해당 작업산출물 특징에 대한 설명을 듣거나 작업산출물 검토 시 사용할 점검표를 준비하는 활동을 말한다. 점검표에는 해당 작업산출물 개발 규칙이나 설계 지침, 완전성과 정확성 검토 지침, 그리고 전형적인 결함 유형을 포함한다.

동료검토는 점검표를 사용해 해당 작업산출물을 검토한다. 검토 시에는 더욱 자유로운 토론이 이뤄질 수 있도록 가능한 프로젝트 관리자와 같은 관리자급은 참석하지 않는 것이 좋다. 동료검토를 실시하는 목적이 결함을 조기에 찾아 제거하는 것인 만큼 동료검토 초점은 검토 대상 작업산출물에 맞춰져야지 해당 작업산출물을 만든 사람에게 맞춰져서는 안 된다.

3단계 프랙티스 그룹은 동료검토 활동을 준비하고 수행하고 수행한 결과와 관련한 데이터를 분석하는 활동이다. 데이터에는 검토 대상 작업산출물 명, 작업산출물 분량, 동료검토팀 구성, 동료검토 유형, 검토자별 준비시간, 검토 회의에 들어간 시간, 발견한 결함 수와 유형을 포함한다. 동료검토 데이터 분석 대상으로는 결함 유입 단계, 기대한 결함 수 대비 실제 발견한 결함 수, 식별한 결함 유형, 결함 원인과 해결 효과가 있다.

2. 관리 범주 역량 영역과 프랙티스 영역

핵심 영역과 관련한 관리 범주는 [표 2—2]와 같이 솔루션 구현을 계획하고 관리하는 3개 역량 영역과 5개 프랙티스 영역으로 구성된다.

[표 2—2] 관리 범주 역량 영역과 프랙티스 영역

범주	역량 영역	프랙티스 영역
관리	작업 계획 및 관리	산정
		계획 수립
		모니터링 및 통제
	사업 복원력 관리	위험 및 기회 관리
	인력 관리	조직 교육훈련

(1) 산정 Estimating, EST

산정은 솔루션을 개발, 획득 또는 제공하는 데 필요한 작업과 자원 규모, 노력, 기간과 비용을 추정한다.

조직과 프로젝트는 이 활동을 통해 합의 사항, 계획 수립, 불확실성 감소를 위한 기반을 제공하여 조기에 시정조치를 취하고 목표 달성 가능성을 높인다.

Estimate the size, effort, duration, and cost of the work and resources needed to develop, acquire, or deliver the solution.
Provides a basis for making commitments, planning, and reducing uncertainty, which allows for early corrective actions and increases the likelihood of meeting objectives.

■ 1단계 프랙티스 그룹

EST 1.1	작업 수행을 위한 상위 수준 산정값을 생성한다. (Develop high—level estimates to perform the work.)
가치	불확실한 작업 규모, 비용과 일정을 해결하여 일정이나 예산 초과를 초래할 수 있는 작업을 추진하지 않도록 한다. (Addresses work size, cost, and schedule uncertainties to avoid pursuing work that may result in schedule or budget overruns.)
활동 예시	• 요구와 가정 사항을 검토하고 이해관계자와 함께 상위 수준 산정값을 결정한다.
산출물 예시	• 대략적인 규모 산정값 — 솔루션 규모, 복잡성, 비용, 노력 또는 기간에 대한 산정값 — 가정 사항 — 측정 단위

■ 2단계 프랙티스 그룹

EST 2.1	산정 범위를 정하고 최신 상태로 유지하며 사용한다. (Develop, keep updated, and use the scope of what is being estimated.)
가치	전체 솔루션을 해결하도록 보장하여 목표를 달성하고 재작업을 피할 가능성을 높인다. (Ensures the entire solution is addressed which increases the likelihood of meeting objectives and avoiding rework.)
활동 예시	• 이해관계자와 함께 요구사항과 목표를 검토하여 범위를 결정한다. — 개발, 제공 또는 인수할 솔루션 정의 • 정보를 수집하여 규모, 노력, 비용, 자원과 기간을 산정한다. — 자원 용량과 가용성 모두 포함 • 제약조건, 경계와 범위 한계를 파악한다.
산출물 예시	• 작업과 활동 목록 또는 작업분류구조 — 비용을 더 정확하게 산정하려면 작업과 기간에 대해 파악한 자원 포함 • 필요한 자원 목록 — 인력뿐만 아니라 시설, 인수한 솔루션, 도구 등 작업 수행에 필요한 기타 자원도 포함 • 작업흐름 구성도 — 자원 간 작업흐름과 순차 진행을 허용하는 조건을 시각화
EST 2.2	솔루션 규모에 대한 산정값을 정하고 최신 상태로 유지한다. (Develop and keep updated estimates for the size of the solution.)
가치	작업을 추적하고 시기적절한 시정조치를 통해 예산 범위 내에서 적시에 솔루션을 제공할 수 있다. (Enables work tracking and timely corrective actions to deliver the solution on time and within budget.)

활동 예시	• 적용 가능한 방법을 사용하여 솔루션과 작업 규모와 복잡성을 산정한다. 　— 일반적인 규모 결정 방법: 유추, 델파이, 3점 추정, 매개변수 추정 　— 프로젝트 산정 방법과 그 사용은 솔루션 특성과 규모 간 관계에 대해 시간이 지나면서 이해 　　가 높아짐에 따라 변경 가능 　— 복잡성은 보통 규모에서 노력, 기간과 비용으로 변환하는 데 사용 　— 복잡성에는 신규 솔루션과 기존 솔루션과 같은 솔루션의 질적 측면도 포함
산출물 예시	• 규모 산정 　— 규모 　— 측정 단위 　— 가정 사항과 제약조건을 포함한 산정값 근거나 기준 　— 복잡성: 솔루션 구현의 잠재적 난이도를 고려하기 위해 규모의 배수나 조정자(예: 어려움, 　　중간, 쉬움)를 지정
EST 2.3	규모 산정값을 바탕으로 노력, 기간, 비용 산정값과 솔루션에 대한 근거를 개발하고 기록한다. (Based on size estimates, develop and record effort, duration, and cost estimates and their rationale for the solution.)
가치	합의 사항에 대한 더 나은 기준을 마련하고 산정의 정확성을 높여 더 나은 의사결정을 내릴 수 있다. (Enables a better basis for commitments and improves accuracy of the estimates, leading to better decision—making.)
활동 예시	• 과거 데이터를 수집하고 사용하여 모델이나 방법을 개발, 보정 또는 재보정하고 규모와 복잡 　성을 노력, 기간과 비용 산정값으로 변환한다. 　— 산정값에 대한 높은 수준 신뢰도를 확보하려면 일련의 가장 중요한 작업과 활동을 바탕으 　　로 필요에 따라 여러 모델이나 방법을 사용 　— 과거 데이터를 포함: 이전에 완료한 프로젝트 규모, 비용, 노력, 일정(기간) 데이터 　— 현재 프로젝트가 유사한 과거 프로젝트보다 10% 작을 때, 과거 프로젝트 결과를 10% 축소 　　하여 사용하는 등 과거 데이터를 유추하여 사용 　— 과거 데이터가 없을 때는 업계 데이터와 같은 외부 데이터를 사용 　— 서비스 수준, 연결성, 복잡성, 가용성, 재사용성과 구조와 같은 다른 특성을 기반으로 모델 　　구성 • 솔루션에 대한 노력, 기간과 비용 산정값에 대한 근거를 설명하고 기록한다. 　— 근거를 기록하면 향후 작업 산정할 때 과거 데이터를 사용할 수 있는 상황 제공 • 지원 인프라 수요에 대한 산정값을 포함한다. 　— 지원 인프라에는 프로젝트를 지원하는 데 필요한 자원을 포함하나, 프로젝트 자체에 반드 　　시 포함해야 하는 것은 아님

산출물 예시	• 노력 산정값 　— 공수, 측정 단위(대체로 시간 또는 일), 생산성, 노력 산정 상황 • 기간 산정값 　— 기간, 측정 단위(대체로 시간 또는 일), 기간 산정 근거 • 비용 산정값 　— 비용, 측정 단위(예: 현지 통화, 계약 통화), 비용 산정 근거 • 산정 근거 　— 산정 대상에 대한 설명 　— 범위 　— 가정 사항과 제약조건 　— 유사 작업과 비교 　— 해당 기술과 도메인에 대한 팀 경험 　— 위험 　— 과거 데이터 사용 　— 사용한 도구, 기술 또는 방법

■ 3단계 프랙티스 그룹

EST 3.1	문서화된 산정 방법을 개발하고 최신 상태로 유지한다. (Develop and keep updated a recorded estimation method.)
가치	정확한 산정값을 얻기 위해 일관성과 효율을 극대화하고 목표를 달성할 가능성을 높인다. (Maximizes consistency and efficiency for developing accurate estimates and increases the likelihood of meeting objectives.)
활동 예시	• 적절한 산정 방법을 결정한다. 　— 산정 방법은 과거 데이터를 기반으로 하고 사용하기 전에 확인 　— 산정 방법은 유사한 활동, 프로젝트, 도메인 등에 일관되게 사용 　— 산정 방법 개발과 승인 과정에 주제전문가 참여 　— 산정 도구는 자체적으로 구축하거나 획득할 수 있지만, 조직 데이터로 보정 • 실제 결과에 따라 방법을 보정하고 조정한다. 　— 보정 방법은 데이터를 주기적으로 새롭게 고치거나, 가장 최근 사용 이후에 데이터를 재보정함 • 방법을 확인한다. 　— 해당 방법을 사용해 보고 적용 시기를 이해하고 있는 주제전문가가 확인
산출물 예시	• 산정 방법 기록 　— 선택한 산정 방법에 사용한 프로세스, 도구와 데이터

EST 3.2	조직 측정 저장소와 프로세스 자산을 사용하여 작업을 산정한다. (Use the organizational measurement repository and process assets for estimating work.)
가치	산정 정밀도와 정확도와 일관성을 높여 더 나은 의사결정을 내리고 목표를 달성할 가능성을 높이며 위험을 줄일 수 있다. (Increases estimation precision, accuracy, and consistency enabling better decision—making, a higher likelihood of meeting objectives, and reduced risk.)
활동 예시	• 조직 자산과 산정을 위한 측정값을 사용한다. 　— 선택한 산정 기법에 대한 선정 기준과 근거 포함 • 산정 방법을 사용한다. • 산정 방법을 개선하고 조직 자산을 최신화하기 위해 조직에 결과와 측정값을 제공한다. 　— 실제 결과, 상황별 정보와 식별한 개선 사항 포함 • 조직 데이터를 분석한다.
산출물 예시	• 작업 산정값 　— 과거 데이터, 상황과 조직에서 승인한 사용 포함 • 최신화한 조직 프로세스 자산 　— 최신화한 조직 프로세스 자산 예: 서식, 모범 사례 예시, 승인한 사용 방법, 지침 　— 최신화한 조직 측정 저장소 예: 과거 산정 데이터(실제 투입한 노력, 기능점수), 산정 근거 　　(팀 기술 수준, 재사용한 코드의 양), 상황 정보(도메인, 작업 유형, 고객), 최신화한 산정 결과

산정 프랙티스 영역은 1단계부터 3단계까지 3개 프랙티스 그룹으로 구성된다.

1단계 프랙티스 그룹은 작업 수행을 위한 상위 수준 산정을 얘기한다. 상위 수준 산정은 작업 규모, 비용과 일정에 대한 불확실성을 해결하여 일정이나 예산 초과를 초래할 수 있는 작업 수행을 회피하도록 해 준다. 상위 수준 산정할 때, 고려할 요인으로는 솔루션 요구사항을 포함하는 프로젝트 요구사항, 조직에서 부여한 요구사항, 고객이 부여한 요구사항, 프로젝트에 영향을 주는 요구사항이다.

2단계 프랙티스 그룹은 산정 범위를 정하고 솔루션 규모를 산정하며, 이를 바탕으로 솔루션에 대한 노력, 기간과 비용을 산정하는 활동을 다룬다. 프로젝트 범위는 보통 WBS_{Work Breakdown Structure}로 파악한다. WBS는 우리말로 작업분류구조라고 하는데 개발할 솔루션을 하위 솔루션으로 구분하고 각 하위 솔루션을 구성하는 작업 패키지로 정의한다. 작업 패키지를 기준으로 개발할 솔루션 규모, 즉 주요 작업과 작업 수행 결과로 생성하는 작업산출물을 산정하므로 작업 패키지는 가능한 세분화하는 것이 좋다.

참고로 PMBOK Project Management Body of Knowledge 에서는 2주 이내에 작업을 완료할 수 있는 단위로 작업 패키지를 세분화할 것을 권하고 있다.

산정은 추정값이기 때문에 주로 개인 경험에 의존하는 경향이 강하지만, 노력(공수)과 비용 산정은 규모, 작업과 기타 계획 수립 매개변수에 적용한 모델이나 과거 데이터를 사용하여 분석한 결과를 근거로 한다. 만약 해당 노력(공수)이나 비용과 관련하여 과거 유사 프로젝트 수행으로 모인 정보가 없을 때는 산정의 타당한 근거를 마련하기 위해 더 많은 연구와 예비 비용이 필요하다. 솔루션 규모를 산정하고 이를 개발할 가용한 노력(공수)을 산정하면 솔루션 개발기간을 정할 수 있다. 정해진 규모에 대해 가용할 노력(공수)이 많으면 기간을 짧게 가져갈 수 있지만, 그렇지 않다면 상대적으로 기간을 길게 가져가야 한다. 기간을 정하는 데 있어 특히 유의해야 할 사항은 업무 간 주요 의존관계를 파악하는 것이다. 프로젝트는 일련의 순서대로 작업을 수행할 때 기간을 최소화할 수 있는데, 이를 위해서는 우선 최적의 순서를 결정할 수 있도록 선, 후행 작업을 파악해야 한다.

앞에서도 언급한 것처럼 산정은 추정값이기에 프로젝트 초반에 산정한 프로젝트 범위와 주요 작업과 이를 통해 생성하는 작업산출물 규모 그리고 비용과 공수는 정확도가 떨어질 수 있다. 따라서 3단계 프랙티스 그룹에서는 산정 정확도를 높이기 위한 산정 기법을 개발하고 조직 측정 저장소 활용을 통해 산정 정확도를 높이는 것을 강조한다.

대표적인 산정 기법으로는 델파이 기법, 비교 또는 유사 추정 기법, 매개변수 추정 기법과 3점 추정 기법이 있다. 델파이 기법은 해당 주제전문가 그룹에 의해 산정값을 계산하며, 각 그룹은 지정한 진행자에게 독립적으로 산정값과 가정을 제시한다. 그리고 그룹 간 차이점을 논의하고 재산정한다. 이런 방법으로 산정값이 정교해질 때까지 반복한다. 그런 다음 진행자가 최종 산정값을 기록한다. 비교 또는 유사 추정 기법은 유사 프로젝트의 과거 결과에 기초하여 산정값을 계산한다. 그런 다음 현재 상황을 반영하기 위해 규모, 복잡성 또는 기타 요인의 차이에 따라 산정값을 조정한다. 매개변수 추정 기법은 과거 데이터와 프로젝트 매개변수를 기반으로 산정값을 계산하며, 수학적이거나 시나리오 기반 또는 시뮬레이션과 같은 다양한 형태의 도구를 사용한다. 사용 중인 산정 도구를 보정하면 산정 정확도를 높일 수 있다. 3점 추정 기법은 산정하는 사람들(산정하는 사람이 한 명일 수도 있음)이 최고, 최저,

가장 가능성이 있는 세 가지 유형의 산정값을 제공하면 진행자가 이를 결합하고, '(최고 산정값 + (4 * 가장 가능성이 있는 산정값) + 최저 산정값) / 6'이라는 공식을 사용하여 결괏값을 계산한다.

또한 조직 프로세스 자산과 이전 프로젝트 데이터와 경험을 활용하여 유사한 작업에 대한 산정값의 신뢰도를 높인다. 가장 적절한 산정 방법을 선택하여 산정값을 계산하는 데 사용한다. 산정을 위해 조직 프로세스 자산을 사용할 때는 해당 작업이나 유사한 작업 또는 해당 내용과 유사하고 검증한 데이터이거나 현재 작업과 과거 데이터를 사용할 작업 간 유사성과 차이점을 고려해야 한다. 그뿐만 아니라, 과거 데이터 산정에 사용한 합리적인 근거와 작업 유형 그리고 도메인과 기술도 고려해야 한다. 조직 측정 저장소에 포함하는 데이터 유형으로는 작업산출물 규모나 작업산출물 속성, 공수, 비용, 일정, 인력 배정, 응답시간, 서비스 용량, 공급자 성과, 결함이 있다.

산정은 합의를 위한 근거를 제공한다. 산정은 작업 범위, 규모, 복잡성을 고려한다. 가용한 정보에 근거하여 산정하며, 불확실한 사안은 위험으로 기록한다. 측정한 규모와 노력, 비용, 일정과 자원 간 관계를 기록한 과거 데이터를 향후 작업을 계획할 때 활용한다. 과거 데이터를 잘 이해하는 것은 산정을 성공적으로 수행하는 데 매우 중요하다. 향후 작업을 계획하고 산정 공식과 모델을 보정할 때 과거 데이터를 사용한다. 상황이나 방법, 사용한 도구와 기법 그리고 과거 프로젝트에서 배운 교훈 등 질적 정보를 기록한다.

(2) 계획 수립Planning, PLAN

계획 수립은 조직 표준과 제약조건 내에서 업무를 수행하는 데 필요한 사항을 설명하는 계획을 수립한다.

조직과 프로젝트는 이 활동을 통해 비용, 기능과 품질을 최적화하여 목표를 달성할 가능성을 높인다.

Develops plans to describe what is needed to accomplish the work within the standards and constraints of the organization.
Optimizes cost, functionality, and quality to increase the likelihood of meeting objectives.

■ 1단계 프랙티스 그룹

PLAN 1.1	작업 목록을 작성한다. (Develop a list of tasks.)
가치	고객 요구사항을 충족하는 데 필요한 작업을 파악하여 고객 만족을 높인다. (Ensures that the work needed to meet customer requirements is identified to increase customer satisfaction.)
활동 예시	• 작업 목록을 작성한다. 　— 작업 설명 세부 수준은 작업 크기와 복잡성에 따라 다양 • 영향받는 이해관계자와 함께 작업 목록을 검토한다. • 필요에 따라 목록을 개정한다.
산출물 예시	• 작업 목록 　— 수행할 작업과 일정 　— 지원할 활동에 대한 설명: 팀원 배정, 기대 사항 이해
PLAN 1.2	작업 담당자를 배정한다. (Assign people to tasks.)
가치	요구사항을 충족하고 고객을 만족시키기 위해 작업을 수행하도록 보장한다. (Ensures that tasks will be performed to meet requirements and satisfy the customer.)
활동 예시	• 각 작업 담당자를 지정한다. 　— 작업을 수행하는 데 필요한 스킬과 경험을 갖춘 인원 파악 • 작업에 추가 인원을 배정한다. 　— 작업 배정 시에 프로젝트 업무 가중과 개인 역량 결정 • 배정한 인원과 함께 과제를 검토한다. 　— 배정한 인원이 업무 과제를 완료하는 데 필요한 사항을 이해했는지 확인 • 작업 목록에 과제를 기록한다. 　— 프로젝트를 완수하는 데 필요한 사항에 대한 담당자 피드백 포함
산출물 예시	• 과제를 포함한 작업 목록 　— 작업 　— 각 작업에 대한 설명 　— 해당 작업 담당자 이름

■ 2단계 프랙티스 그룹

PLAN 2.1	작업을 수행하기 위한 접근방식을 개발하고 최신 상태로 유지한다. (Develop and keep updated the approach for accomplishing the work.)

가치	영향받는 이해관계자가 특정 목표를 달성하는 데 집중하도록 하여 프로젝트 성공을 극대화한다. (Maximizes project success by keeping the affected stakeholders focused on accomplishing their specific objectives.)
활동 예시	• 프로젝트 목표를 파악한다. 　— 기대 결과 또는 해당할 때는 품질 및 프로세스 성과 목표 측면에서 프로젝트가 달성하고자 　　하는 목표를 설명 • 목표를 달성하는 데 사용할 접근방식을 파악한다. 　— 작업 수행과 완료 　— 방법이나 기법 사용 　— 작업 지원과 수행을 위한 자원 제공 　— 일정, 계획, 예산, 입출력에 관한 세부 정보 전달과 접근 • 요구사항을 파악한다. 　— 접근방식에서 요구사항을 어떻게 해결하는지 기록 • 비즈니스 고려 사항을 기록한다. 　— 잠재적 비용과 이점 　— 지적재산 　— 경쟁 환경 　— 장기적 요구와 이익률 　— 강화해야 할 핵심 역량 　— 다른 관계자에게 필요한 핵심 역량 　— 미래 동향 • 프로젝트 수명주기를 정의하고 기록한다. 　— 프로젝트 수명주기는 작업을 완료하는 데 필요한 주요 단계와 활동을 설명 　— 프로젝트 수명주기 단계를 결정하면 계획한 평가와 의사결정 기간을 제공 　— 프로젝트 수명주기를 이해하는 것은 계획 수립 작업 범위와 초기 계획 수립 시기, 재계획 수 　　립 시기와 기준(중요 마일스톤)을 결정하는 데 매우 중요 　— 요구사항, 프로젝트 자원 산정값, 작업 성격에 따라 프로젝트 수명주기 단계를 정의 • 주요 자원 요구와 제약조건을 파악한다. • 영향받는 이해관계자를 파악한다. • 이해관계자와의 계약을 기록한다. 　— 각 당사자 요구, 목표, 기대 사항, 제약조건, 위험을 고려하여 계약 성격을 결정 • 위험이나 기회를 파악한다. • 안전과 보안 접근방식을 파악한다. 　— 모든 주요 계획 수립 활동에서 안전과 보안을 고려 • 영향받는 이해관계자와 프로젝트 접근방식을 검토하고 합의한다. • 필요에 따라 접근방식을 개정한다. 　— 목표, 접근방식, 자원 가용성, 시장 상황, 고객 요구, 기술 변화를 반영하기 위해 접근방식 수정

산출물 예시	• 목표 달성을 위한 접근방식 기록 • 프로젝트 수명주기 기록
PLAN 2.2	**업무 수행에 필요한 지식과 스킬을 계획한다.** (Plan for the knowledge and skills needed to perform the work.)
가치	인적자원을 효율적이고 효과적으로 활용할 수 있다. (Enables efficient and effective use of personnel resources.)
활동 예시	• 업무 수행에 필요한 지식과 스킬을 파악한다. • 현재 배정한 인력이 보유한 지식과 스킬 그리고 필요한 지식과 스킬 간 격차를 파악한다. 　— 격차를 파악할 때 현재와 미래 요구를 고려 　— 계획 수립은 종종 역량 유지를 위한 전략으로 사용 • 필요한 지식과 스킬을 제공하는 방법을 선택한다. 　— 교육훈련은 사내(조직과 프로젝트 모두) 또는 외부에서 실시 • 선택한 방법을 프로젝트 계획에 반영한다.
산출물 예시	• 필요한 스킬 목록 　— 스킬, 경험, 교육훈련
PLAN 2.3	**기록한 산정값을 바탕으로 예산과 일정을 수립하고 최신 상태로 유지한다.** (Based on recorded estimates, develop, and keep the budget and schedule updated.)
가치	예산과 일정에서 크게 벗어난 부분을 조기에 발견하여 목표 달성에 필요한 적시 관리와 시정조치를 할 수 있다. (Enables timely management and corrective actions needed to achieve objectives, through early detection of significant deviations from the budget and schedule.)
활동 예시	• 주요 마일스톤을 파악한다. 　— 마일스톤은 사건 기반이거나 시간 기반으로 설정 • 일정에 대한 가정 사항을 파악한다. 　— 사용 가능한 산정 데이터가 거의 없거나 전혀 없는 항목에 대한 가정 사항이 자주 발생 　— 활동 기간에 대한 가정 사항을 파악하면 전체 일정의 신뢰 수준, 즉 불확실성에 대한 통찰력을 제공 • 제약조건을 파악한다. 　— 솔루션과 작업 특성을 검토하여 계획 수립 유연성을 제한하는 요인을 가능한 한 빨리 파악 　— 제약조건 예: 고객 요구사항, 자원, 활동 간 종속성(선행 또는 후속 관계) 정의, 공급자 가용성 • 작업 종속성을 파악한다. 　— 프로젝트 작업을 주문할 때 중요한 부분은 작업 종속성 파악 　— 작업 활동 최적 순서 결정에 도움이 되는 도구와 입력 예: 중요 경로 방법(CPM), 프로그램 평가와 검토 기법(PERT), 자원 제한적 스케줄링, 고객 우선순위, 사용자 또는 최종사용자 가치, 작업 패키지 • 자원을 파악한다.

	— 프로젝트 자원 예: 인력 요구와 비용, 장비, 환경, 재료, 시설, 소모품, 지적재산에 대한 접근, 운송 • 위험을 파악하고 분석한다. — 파악한 제약조건을 검토하고 분석하여 예산이나 일정에 영향을 미칠 수 있으면 위험으로 기록 • 산정값을 바탕으로 예산과 일정을 수립하고 최신 상태로 유지한다. — 규모, 복잡성, 노력, 기간과 비용 산정 — 합의하거나 예상하는 자원 가용성 정의 — 활동 단계 결정 — 하위 일정 분류 결정 — 적절한 기간에 대한 일정 활동 정의 — 솔루션 제공을 위한 출시 또는 점진적 배포 식별 — 적절한 과거 데이터를 사용하여 일정 검증 — 점진적 자금 요구사항 정의 — 프로젝트 가정 사항과 근거 최신화 — 위험 최신화 — 일정과 예산에 대한 위험을 근거로 관리 예비비 정의 • 시정조치 기준을 설정한다. — 프로젝트 계획에서 크게 벗어났는지 판단할 수 있는 기준 설정 — 시정조치를 취할 시기를 결정하려면 이슈와 문제를 측정할 수 있는 기준 필요
산출물 예시	• 예산 — 예산은 작업과 자원을 기반으로 책정 • 일정 — 일정은 작업, 자원 가용성과 종속성을 기반으로 수립 — 일정과 작업분류구조는 프로젝트 수명주기에 맞춰 조정 • 자원 계획 — 작업 규모와 범위에 따른 인력 요구사항 — 중요 시설과 장비 목록 • 예산과 일정 위험
PLAN 2.4	파악한 이해관계자 참여를 계획한다. (Plan the involvement of identified stakeholders.)
가치	이해관계자 요구가 발생했을 때 이를 해결하여 재작업량과 비용을 줄일 수 있다. (Ensures that stakeholder needs are addressed when they arise, reducing the amount and cost of rework.)

활동 예시	• 이해관계자 목록을 작성한다. • 각 이해관계자 참여를 파악한다. 　— 각 이해관계자가 참여하는 방법과 이유, 이해관계자에게 요구하는 사항을 설명 • 참여가 필요한 시기를 기록한다. 　— 이해관계자 의견과 참여를 위한 시점과 순서 결정 • 지속해서 공유할 정보를 파악한다. 　— 정보 요구사항 　— 정보 출처(예: 상태, 의뢰인, 최신화) 　— 의사소통에 대한 책임(예: 개인과 작업그룹) • 의사소통 매개변수를 파악한다. 　— 기술 고려 사항을 포함한 메커니즘 　— 범위 　— 메시지 중요도 　— 채널 　— 빈도 　— 보안 　— 개인정보보호 　— 기밀 유지 • 정보를 공유하고 의사소통 관련 의견을 수집한다. 　— 향후 의사소통 개선을 위해 수집한 의견 활용
산출물 예시	• 이해관계자 참여 계획 　— 영향받는 이해관계자 목록 　— 참여 근거 　— 관계, 역할과 책임 　— 상호작용 일정 　— 의사소통 전략 • 담당, 책임 추적, 지원, 상담, 정보표 • 정보 공유 결과 　— 회의록, 온라인 시스템 데이터, 이메일
PLAN 2.5	운영과 지원을 위한 전환을 계획한다. (Plan transition to operations and support.)
가치	도입하고 전개하는 과정에서 예상하지 못한 상황과 재작업을 최소화한다. (Minimizes surprises and rework during adoption and deployment.)

활동 예시	• 전환 범위와 목표를 결정한다.
	• 전환 요구사항과 기준을 결정한다.
	  — 솔루션을 운영으로 전환하는 데 필요한 시기, 종속성과 기타 상위 수준 요소 포함
	• 전환에 대한 접근방식을 결정한다.
	• 전환 일정을 수립한다.
	• 전환 후 지원을 포함한 전환 책임과 자원을 결정한다.
	  — 프로젝트팀이 전환에 대한 책임이 없으면, 책임이 있는 사람을 설명
	• 운영과 지원할 교육 요구를 결정한다.
	  — 성공적이고 원활한 운영을 위해 필요한 추가 스킬, 경험 또는 지식 파악

산출물 예시	• 운영과 지원 전환을 위한 계획
	  — 범위와 목표
	  — 책임 할당
	  — 전환 프로세스와 절차
	  — 전환을 관리하고 의도한 환경에서 솔루션을 지원하는 데 필요한 활동
	  — 위험
	  — 솔루션 운영과 지원으로 전환을 보장하기 위한 평가 방법과 수용 기준
	  — 운영 조직과 환경에 대한 준비 기준
	  — 지적재산이나 다른 자산의 지정된 저장소로 전환
	  — 문제 발생 시 해결 단계
	  — 솔루션에 대한 준비 기준
	  — 솔루션 지원 조직에 대한 준비 기준
	  — 유지관리 조직 식별

PLAN 2.6	자원 용량과 가용성에 대한 산정값을 조정하여 계획이 실현 가능한지 확인한다. (Ensure plans are feasible by reconciling estimates against capacity and availability of resources.)
가치	프로젝트 전반에 걸쳐 필요한 자원을 사용할 수 있고 투입할 수 있도록 하여 목표 달성 가능성을 높인다. (Increases likelihood that the objectives are achieved by ensuring that needed resources are available and committed to throughout the project.)
활동 예시	• 자원 용량과 가용성을 파악하고 계획한다. • 자원 등급을 조정하고 작업과 자원 일정을 조율한다. — 자원 등급 조정은 자원에 대한 수요와 가용성 균형을 유지 • 적절한 인력이나 다른 필요한 자원이 합의 사항을 지원하는지 확인한다. • 영향받는 이해관계자와 합의 사항을 협상한다.
산출물 예시	• 개정한 계획과 합의 사항
PLAN 2.7	프로젝트 계획을 수립하고 요소 간 일관성을 보장하며 최신 상태로 유지한다. (Develop the project plan, ensure consistency among its elements, and keep it updated.)

가치	일관된 프로젝트 계획을 통해 효율적이고 효과적인 의사소통과 목표 달성을 보장한다. (Ensures efficient and effective communication and achievement of objectives through a consistent project plan.)

활동 예시	• 프로젝트 계획을 기록한다.
	• 영향받는 이해관계자와 함께 프로젝트 계획을 검토한다.
	  — 프로젝트 계획에 영향받는 이해관계자 요구, 기대 사항, 제약조건을 충족하기 위한 현실적인 접근방식이 기술되어 있는지 확인
	• 필요에 따라 프로젝트 계획을 개정한다.
	  — 계획 수립은 반복적 활동

산출물 예시	• 전체적인 프로젝트 계획 — 프로젝트 계획은 여러 개 계획으로 구성(분리하거나 하나 이상 문서로 결합)
PLAN 2.8	계획을 검토하고 영향받는 이해관계자와 합의한다. (Review plans and obtain commitments from affected stakeholders.)
가치	계획에 대한 일관된 이해와 합의를 통해 재작업을 줄이고 목표 달성 가능성을 높인다. (Reduces rework and increases the likelihood of achieving objectives through a consistent understanding and commitment to the plan.)

활동 예시	• 개인이 자신이 담당하는 업무와 작업을 시작하는 입력 내용을 검토하는 데 참여하도록 한다.
	  — 업무 수행에 필요한 요구사항과 계획을 이해하는 데 필요한 결정 사항, 계약 사항, 관련 정보 검토
	• 합의 사항을 기록한다.
	  — 합의 사항은 관련한 모든 사람이 자유롭게 받아들이고, 눈에 보이고, 지킬 것으로 기대하는 약속
	  — 개인과 작업그룹이 책임지고 수행할 업무에 대해 합의
	  — 일관된 상호이해를 보장하고 프로젝트 추적과 유지를 위해 합의 사항을 기록
	  — 잠정적 합의 사항에는 관계와 관련한 위험에 대한 설명 포함
	• 프로젝트 합의 사항을 검토하고 승인한다.
	  — 프로세스에 정의한 대로 적절한 수준의 관리자와 협력
	  — 이해관계자 상호작용 계획은 합의해야 하는 모든 당사자를 식별

산출물 예시	• 계획 검토 결과
	  — 검토는 오해하거나 목표 달성에 방해가 될 수 있는 이슈 파악에 도움
	• 합의 사항 기록
	  — 요구사항, 프로젝트 계획과 관련 요소에 관한 결정과 동의 포함

■ 3단계 프랙티스 그룹

PLAN 3.1	조직 표준 프로세스와 조정 지침을 사용하여 프로젝트 수행을 위한 프로세스를 개발하고 최신 상태로 유지하며 준수한다. (Use the organization's set of standard processes and tailoring guidelines to develop, keep updated, and follow the project process.)
가치	프로젝트 수행을 위한 프로세스를 수립하여 효율적이고 효과적으로 목표를 달성한다. (Establishes the project process, ensuring the efficient and effective achievement of the objectives.)
활동 예시	• 일련의 조직 표준 프로세스에서 프로젝트 요구에 가장 적합한 표준 프로세스를 선택한다. 　— 이를 종합하여 프로젝트 수행을 위한 프로세스 구성 • 프로젝트 수행을 위한 프로세스를 생성하기 위해 일련의 조직 표준 프로세스와 기타 조직 프로세스 자산을 조정 지침에 따라 수정한다. • 조직 프로세스 자산 라이브러리에 있는 다른 결과물을 적절히 사용한다. 　— 산정 모델 　— 교훈 사례 　— 서식 　— 예제 문서 • 프로젝트 수행을 위한 프로세스를 기록한다. 　— 프로젝트 수행을 위한 프로세스에는 작업 활동과 영향받는 이해관계자 간 인터페이스나 연결 포함 • 프로젝트 수행을 위한 프로세스 검토 　— 프로젝트 수행을 위한 프로세스 검토 결과, 입력 사항, 이슈를 기록하고 활용하여 잠재적인 영향 파악 • 필요에 따라 프로젝트 수행을 위한 프로세스를 개정한다. 　— 프로젝트를 진행하며 프로젝트 요구사항과 조직 프로세스 요구와 목표를 더 잘 충족하도록 프로젝트 수행을 위한 프로세스 설명 개정
산출물 예시	• 프로젝트 수행을 위한 프로세스 　— 조직 조정 지침에서 요구하고 허용하는 고유하거나 더 상세하거나 추가적인 프로세스나 절차를 포함하여 특정 프로젝트에 대해 조직 프로세스를 어떻게 구현하는지 설명
PLAN 3.2	프로젝트 수행을 위한 프로세스, 조직 프로세스 자산과 측정 저장소를 사용하여 계획을 수립하고 최신 상태로 유지한다. (Develop a plan and keep it updated using the project process, the organization's process assets, and the measurement repository.)
가치	프로젝트 계획 수립에 검증된 조직 자산을 사용하여 목표 달성 가능성을 높인다. (Using proven organizational assets for planning the project increases the likelihood that the objectives will be met.)

활동 예시	• 프로젝트 수행을 위한 프로세스 작업과 작업산출물을 프로젝트 활동을 산정하고 계획 수립을 위한 기초로 사용한다. • 조직 측정 저장소를 사용하여 작업을 산정한다. 　— 해당 프로젝트나 유사한 프로젝트에서 확인한 과거 데이터 　— 현재 프로젝트와 과거 데이터로 표시한 작업 간 유사점과 차이점 　— 과거 데이터를 선택하는 데 사용한 추론, 가정과 근거 • 여러 계획을 통합하거나 수립한다. 　— 계획 예: 인력 배치 계획, 교육계획, 이해관계자 참여 계획, 성과 개선과 지속 계획, 측정과 분석 계획, 모니터링과 통제 계획, 위험관리 계획, 전환 계획, 품질보증 계획, 형상 관리 계획, 동료검토와 시험계획 • 측정 지표와 측정 활동에 관한 내용을 계획에 반영한다. 　— 일련의 조직 공통 측정 지표 　— 프로젝트와 제품 상황별 추가 측정 지표 • 작업과 활동에 대한 객관적인 착수와 완료 기준을 설정한다. 　— 착수와 완료 기준을 통해 인력이 필요한 시기와 업무 시작과 종료 시점을 명확하게 파악 • 영향받는 이해관계자 사이에서 발생하는 갈등 해결 방법을 파악한다. 　— 합의한 상위 관리자에 의한 문제해결 절차를 포함하여 갈등을 처리하고 해결하기 위한 접근방식과 메커니즘 파악
산출물 예시	• 개정한 프로젝트 산정 　— 다른 유사 프로젝트에 대해 조직 경험을 바탕으로 수행한 산정을 통해 작업을 더욱 정확하고 효과적으로 수행 • (통합한) 프로젝트 계획서 　— 계획과 작업 종속성, 순서, 입출력, 계획과 작업 간 관계 등 계획이 서로 어떻게 상호작용하고 결합하는지 설명
PLAN 3.3	중요한 의존성을 식별하고 협상한다. (Identify and negotiate critical dependencies.)
가치	중요한 의존성에 세심한 주의를 기울여 위험을 줄이고 프로젝트를 예산 범위 내에서 제시간에 완료하고 품질 목표를 달성할 가능성을 높인다. (Reduces risk and increases the likelihood the project will be completed on time, within budget, and meet quality objectives by paying close attention to critical dependencies.)

활동 예시	• 중요 의존성을 식별한다. 　— 의존성, 관계, 의존성이 계획에 미치는 영향 기록 　— 인력이나 직원 보강에 대한 의존성 고려 • 일정을 연동한다. 　— 연동한 종합 일정을 사용하여 작업그룹과 기능 간 중요한 의존관계 식별 • 영향받는 이해관계자와 의존관계를 검토하고 협상한다. 　— 영향받는 이해관계자에게 신규 또는 기존 의존성과 변경 사항을 전달하여 이들이 업무 수행에 반영 • 중요한 의존성을 해결하기 위한 합의 사항을 기록한다.
산출물 예시	• 중요 의존성 　— 중요 의존관계에 대한 설명 　— 협상 중 이뤄진 합의 사항 　— 의존성과 관련한 위험
PLAN 3.4	프로젝트 환경을 계획하고 조직 표준에 따라 최신 상태로 유지한다. (Plan for the project environment and keep it updated based on the organization's standards.)
가치	작업을 완료하는 데 필요한 자원을 즉시 사용할 수 있도록 하여 생산성을 극대화한다. (Ensures that the resources needed to complete the work are readily available to maximize productivity.)
활동 예시	• 자원, 시설, 환경에 대한 프로젝트와 계획을 분석한다. 　— 프로젝트 환경의 중요한 측면은 요구사항 중심 　— 다른 프로젝트 계획 수립 활동과 마찬가지로 엄격하게 프로젝트 환경 기능과 품질 특성 파악 • 할당한 업무를 수행하는 데 필요한 자원, 시설과 환경을 확보하기 위한 계획을 수립할 책임자를 지정한다. 　— 예산 요청서 작성 　— 비용 대비 편익 정당성 개발 　— 주제전문가와 상담 　— 구매 주문서 제출 　— 건물 또는 컴퓨팅 시설 관리, 장비 또는 소모품 배포, 기타 프로젝트 환경 관련 자원 담당자와 협상 • 자원, 시설, 환경을 확보할 수 없으면 비상계획을 수립한다. • 지원 인력 수요에 대한 계획을 수립한다. 　— 비즈니스 또는 관리 　— 컴퓨터 지원 담당자 　— 기술 문서 작성 　— 실험실 기술 인력 • 개인과 그룹이 자원, 시설, 환경과 관련한 결정에 의견을 제시하고 참여할 수 있도록 한다. 　— 매년 정기적으로 또는 새로운 시설로 이전, 근무 시간 변경, 직원 식당 도입과 같은 중요한 사건에 따라 직원 설문조사 등을 통해 의견 수렴 • 식별한 조치를 추적하고 상태를 전달한다.

산출물 예시	• 프로젝트 자원, 시설, 환경 계획 　— 전체 프로젝트 계획 일부로 포함하거나, 규모가 크거나 복잡한 프로젝트 또는 환경이면 별 　　도로 구성 　— 인력과 사용자 입력을 수집하고 처리하기 위한 접근방식 포함 • 프로젝트용 장비와 도구 • 규제 또는 법적 요구사항을 포함한 건강과 안전 고려 사항 • 프로젝트 환경을 위한 설치, 운영, 유지관리 설명서 • 사용자 설문조사와 결과 • 프로젝트 시설, 자원, 유지관리 기록 • 프로젝트 환경에 필요한 지원 서비스

■ 4단계 프랙티스 그룹

PLAN 4.1	통계 및 기타 정량적 기법을 사용하여 품질 및 프로세스 성과 목표를 달성할 수 있도록 프로젝트 수행을 위한 프로세스를 개발하고 최신 상태로 유지한다. (Use statistical and other quantitative techniques to develop and keep the project processes updated to enable achievement of the quality and process performance objectives.)
가치	프로젝트 수행을 위한 프로세스를 통해 일관된 성과와 품질을 달성할 가능성을 높인다. (Increases the likelihood that the processes of the project will enable achievement of consistent performance and quality.)
활동 예시	• 프로젝트 수행을 위한 프로세스 대안을 평가할 때 사용할 기준을 개발한다. 　— 기준은 품질 및 프로세스 성과 목표, 프로세스 성과 데이터 가용성과 대안 평가에 대한 데이 　　터 관련성, 대안 평가에 사용할 수 있는 이전에 기록한 프로세스 성과 기준선과 성과 모델, 　　수명주기 모델, 이해관계자 요구사항, 법률과 규정을 기반으로 함 • 업무 수행과 목표 달성을 위한 대안 프로세스를 파악하거나 개발한다. 　— 조직 프로세스 성과 기준선과 성과 모델을 분석하여 후보 프로세스 식별 　— 일련의 조직 표준 프로세스와 프로세스 자산 라이브러리로부터 조정한 프로세스에서 프로 　　세스 식별 　— 다른 조직이나 전문 학회, 학술 연구와 같은 외부 출처에서 프로세스 식별 • 기록한 평가 기준에 따라 대안 프로세스를 분석하고 평가한다. 　— 대안의 상대적인 강점과 약점 분석 　— 이 분석은 조직 프로세스 성과 모델을 프로세스 성과 데이터와 일치시킴으로써 지원 　— 고려 중인 대안 프로세스 간 중요한 관계를 기존 프로세스 성과 모델로 다룰 수 없고 목표를 　　달성하지 못할 위험이 크면 추가 모델링 활동 수행 　— 과거 데이터와 프로세스 성과 기준선과 성과 모델을 사용하여 기준에 따라 대안 평가 　— 이러한 평가에는 특히 고위험 상황일 때 민감도 분석 포함

	• 기준을 가장 잘 충족하는 대안 프로세스를 선택한다. 　— 필요하면 최고 대안을 확인할 때까지 이러한 활동을 여러 번 반복 • 프로젝트 품질 및 프로세스 성과 목표를 달성하지 못할 위험을 평가한다. 　— 위험을 피하거나 완화할 수 없으면 프로젝트 품질 및 프로세스 성과 목표 개정
산출물 예시	• 프로젝트에서 대안 평가에 사용하는 기준 • 대안 프로세스 　— 프로젝트에 대해 둘 이상 후보를 정의하는 프로세스 개발 　— 평가 기준을 가장 잘 충족하는 프로세스 선택 • 선택한 프로젝트 수행을 위한 프로세스 • 프로젝트 품질 및 프로세스 성과 목표를 달성하지 못할 위험 평가

계획 수립 프랙티스 영역은 1단계부터 4단계까지 4개 프랙티스 그룹으로 구성된다.

계획 수립에는 작업산출물과 업무 속성 산정, 필요 자원 결정, 합의 사항에 대한 협의, 일정과 예산 작성을 포함한다. 프로젝트 수행을 위한 계획 수립을 위해 이 활동은 반복해서 수행할 수 있다. 프로젝트 계획서는 프로젝트 고객과 합의 사항을 완수하기 위한 프로젝트 수행과 통제 기반이 된다. 프로젝트 계획서는 요구사항과 합의 사항에 대한 변경 사항을 반영하고 부정확한 산정값을 시정하며, 시정조치와 프로세스 변경 사항을 반영하기 위해 프로젝트를 수행하면서 개정한다. 프로젝트 계획서는 프로젝트 통제를 위한 총괄 계획서를 지칭하는 말로 여러 계획서를 모아 놓은 독립적인 문서일 수도 있고, 여러 문서에 걸쳐 분산되어 있을 수도 있다. 어느 경우든, 누가 무엇을 하는지에 대해 일관성을 가져야 한다. 마찬가지로 모니터링과 통제도 프로젝트 수준에서 프로젝트 상태에 대한 일관성을 유지할 수 있다면 한 곳에서 수행할 수도 있고 분산해서 수행할 수도 있다.

1단계 프랙티스 그룹은 작업 수행을 위한 목록을 작성하고 담당자를 배정하는 활동이다. 모든 작업에 대해 프로젝트 특정 구성원을 지정했는지 확인하고 완료해야 할 작업을 알고 있는지를 확인한다. 그리고 각 과제를 수행하는 데 필요한 스킬, 경험, 능력과 책임을 파악한다.

2단계 프랙티스 그룹은 프로젝트 수행을 위한 계획서와 프로젝트 종료 후 운영과 지원으로 전환하는 데 필요한 계획서를 작성한 후, 이해관계자와 함께 검토하고 합의하는 내용을 다룬다. 프로젝트 계획서는 작업 수행을 위한 접근방식을 포함한다. 이 접근방식은 요구사항과 작업이 변경될 때, 의사결정을 내리는 데 특히 유용하다. 요구사항을 해결하고 작업을 달성하기 위한 접근방식과 목표 우선순위를 파악하기 위한 기본 전략에는 비즈니스 고려 사항, 목표와 제약조건, 목표와 제약조건을 충족하기 위한 가능한 접근방식, 프로젝트 수명주기 설명서, 필요한 자원(예: 스킬, 환경, 도구, 신기술), 관련한 위험이나 완화 방법을 포함한다.

프로젝트를 성공적으로 수행하기 위해 지식과 스킬 확보가 필요하면 이를 위한 계획 또한 프로젝트 계획서에 반영해야 한다. 만약 프로젝트팀원이 이전에 유사 프로젝트를 수행한 경험이 있어 별도로 교육이 필요하지 않으면 면제할 수 있다. 그러나 간혹 교육이 필요하면서도 여건상 교육을 수행하지 못하고 면제했다고 하는 경우가 있어 프로젝트 계획서에 면제 사유를 쓰는 것이 좋다.

프로젝트 예산과 일정은 작성한 산정값을 근거로 하는데, 예산배정, 업무 복잡도, 업무 의존성을 적절하게 처리하도록 반영한다.

프로젝트는 여러 이해관계자가 참여한다. 따라서 프로젝트를 대표하는 구성원별 임무를 정의하고 프로젝트 수명주기 전 단계에서 연관성과 상호작용 정도를 서술한다. 이해관계자 식별은 이차원 매트릭스를 사용하면 편리하다. 한 축에는 이해관계자를 표시하고 다른 한 축에는 프로젝트에서 수행해야 하는 활동을 표시하면 양 축이 만나는 부분이 특정 프로젝트 단계 활동에 대한 이해관계자 연관성과 상호작용이 된다.

프로젝트 종료 후, 운영 단계로 전환하는 계획은 프로젝트 초기 계획 수립 활동에 포함해야 한다. 이는 소규모 프로젝트도 마찬가지로 솔루션을 전환하고 제공하는 문제를 해결해야 한다. 운영과 지원을 위한 전환 계획에는 준비와 유지관리 방법, 기능 개선, 솔루션 운영 역량, 전환과 제공 그리고 지원에 대한 책임 할당, 전환 관리에 필요한 활동, 잠재적 위험 요소를 다루는 방법, 지속적인 솔루션 변경, 운영 중인 솔루션 최종 제거를 포함한다.

실현 가능한 프로젝트를 위해서는 필요 자원 산정 결과와 현재 가용 자원 간 차이를 조정하여 해소할 필요가 있다. 조정을 위해서는 요구사항을 수정 또는 유예하거나 협상을 통해 더 많은 인적자원을 확보하는 방법을 사용한다. 이외에도 생산성을 향상할 방안을 모색하거나 외주 용역을 활용하거나 프로젝트 또는 일정에 영향을 미치는 모든 계획을 조정하는 방법을 사용할 수도 있다.

계획을 실행하거나 지원하는 개인, 그룹, 조직 상호이해와 합의 사항을 확보하기 위해 모든 관련 계획 항목을 언급한 계획서가 필요하다. 프로젝트 계획서는 업무 활동 계획과 관리를 일괄적으로 다룬다. 프로젝트 계획서는 예정한 활동과 과제를 서술한 목록 그 이상으로 작업 수행과 관리를 위한 접근 방식을 포함한다.

프로젝트를 성공적으로 수행할 수 있다는 확신을 하려면 프로젝트 계획서에 기재한 내용을 수행하거나 지원할 의무가 있는 관련 이해관계자 합의가 필요하다. 이행에 대한 합의는 프로젝트 내외부 모든 이해관계자 간 상호작용과 관련이 있기 때문이다. 따라서 작성한 프로젝트 계획서는 관련 인원이 검토하고 합의함으로써 프로젝트 범위, 목표, 역할과 관계에 대해 함께 이해할 수 있다.

3단계 프랙티스 그룹은 일련의 조직 표준 프로세스를 조정하여 통합하고 정의한 프로세스에 따라 프로젝트와 관련 이해관계자 참여를 확립하고 관리하는 활동에 중점을 둔다. 프로젝트에서 정의한 프로세스는 솔루션을 획득, 개발, 유지관리 또는 제공하는 데 필요한 모든 프로세스를 다루는 일련의 조직 표준 프로세스로부터 가져온 프로세스를 포함한다. 프로젝트 착수 시점에 프로젝트에서 사용할 프로세스를 구성하면, 프로젝트팀원과 관련 이해관계자가 해당 프로젝트를 위한 초기 요구사항과 계획을 효율적으로 수립하는 데 도움이 된다. 그렇다고 해서 프로젝트 수행을 위해 조직 표준 프로세스를 반드시 조정해야 하는 것은 아니다. 표준 프로세스 조정은 고객이 엄격한 품질수준이나 안전, 보안을 요구하거나 기존에 수행해 보지 않았던 신규 사업과 같이 프로젝트에 대한 특별한 요구나 상황으로 인해 표준 프로세스를 그대로 사용하기 어려울 때 수행한다. 따라서 표준 프로세스를 그대로 사용하는 데 아무런 무리가 없다면 그대로 사용하는 것이 좋다. 조정한 프로세스는 프로젝트를 진행하면서 프로젝트 요구사항과 조직 프로세스 요구와 목표를 더욱 효과적으로 충족하기 위해 한층 더 상세하게 개정한다. 조정한 표준 프로세스는 반드시 문서로 작성해야 하며, 이후에도 유사한 프로젝트 환경이 많이 발생하여 표준 프로세스를 반복해서 조정해야 한다면 표준 프로세스 자체를 최신화하는 것이 좋다.

프로젝트에서 수행해야 하는 활동을 산정하고 계획할 때 조직 프로세스 자산과 측정 저장소를 활용한다. 이는 입증된 결과물을 프로젝트에 제공하여 성과 향상을 위한 최상의 기회를 제공하겠다는 의미이다. 측정 저장소에는 주로 프로젝트별로 생성한 작업산출물 규모나 공수, 비용, 일정, 공급자 성과, 결함과 같은 데이터를 등록한다.

프로젝트와 관련한 이해관계자 간 조율과 협업은 매우 중요하다. 역설적으로 프로젝트 수행을 위한 기간이나 비용이 한정된 경우, 이해관계자 간 업무 조율이나 협업이 더 안 되는 경향이 많기 때문이다. 따라서 주요 이슈나 작업 간 의존관계를 이해관계자와 함께 파악하고 해결을 위해 협의하여 필요시 업무 조율이나 협업을 보다 능동적으로 수행할 수 있도록 해야 한다.

프로젝트 작업 환경은 보통 설비, 도구, 장비와 같은 인프라로 구성한다. 프로젝트 수행을 위한 적절한 작업 환경은 프로젝트 목표 달성을 위해 담당자가 맡은 업무를 효과적으로 수행하는 데 필요하며, 내부적으로 개발하거나 외부 공급자로부터 획득할 수 있다. 프로젝트 작업 환경은 제품 통합, 검증 및 확인을 위한 환경을 포함할 수도 있고 별개 환경이 될 수도 있다. 프로젝트에서 사용한 작업 환경은 조직에서 정의한 프로젝트 환경 표준에 필요한 수준으로 반영해야 한다.

4단계 프랙티스 그룹은 통계와 기타 정량적 기법을 사용하여 품질 및 프로세스 성과 목표를 달성할 수 있도록 프로젝트 수행을 위한 프로세스를 구성하는 것이다. 프로젝트에서는 이를 위해 비즈니스 활동을 수행하는 데 필요한 프로세스와 프로세스 성과에 영향을 줄 수 있는 조건을 파악한다. 그리고 선정한 프로세스에 대한 관련 프로세스 성과 기준선과 프로세스 성과 모델을 파악한다. 이후 측정 가능한 성과 목표를 달성할 수 있는지 확인하기 위해 선정한 프로세스에서 계획한 성과를 평가한다. 만약 계획한 성과를 달성하지 못하면 측정 가능한 성과 목표와 관련 프로세스를 조정한다. 이때 새로운 프로세스나 하위 프로세스 파악과 개발을 포함할 수 있다. 프로젝트는 이러한 활동을 통해 프로젝트 수행을 위한 일관된 프로세스 성과와 품질 달성 가능성을 증진할 수 있다.

(3) 모니터링 및 통제 Monitoring and Control, MC

모니터링 및 통제는 프로젝트 진행 상황을 파악하여 성과가 계획에서 크게 벗어나면 적절한 시정조치를 취할 수 있도록 한다.

조직과 프로젝트는 이 활동을 통해 중요한 성과 편차를 조정하는 조치를 조기에 취하여 목표 달성 확률을 높인다.

Provides an understanding of the project progress so appropriate corrective actions can be taken when performance deviates significantly from plans.
Increases the probability of meeting objectives by taking early actions to adjust for significant performance deviations.

■ 1단계 프랙티스 그룹

MC 1.1	작업 완료 내용을 기록한다. (Record task completions.)
가치	팀과 고위 경영진이 목표 달성을 위해 더 나은 의사결정을 내릴 수 있도록 지원한다. (Enables the team and senior management to make better decisions to achieve objectives.)
활동 예시	• 작업 완료를 기록한다. 　— 작업에 완료 비율을 지정할 수 있지만, 이렇게 하면 '90% 시간 동안 90% 완료'와 같이 부정확한 상태 보고 발생 　— 이를 방지하는 한 가지 방법은 '100% 완료' 또는 '완료하지 못함'만 표시 • 영향받는 이해관계자와 함께 최신화한 작업 목록을 검토한다.
산출물 예시	• 작업 목록 　— 설명, 상태, 날짜
MC 1.2	이슈를 파악하고 해결한다. (Identify and resolve issues.)
가치	통제되지 않은 비용과 일정 증가를 방지한다. (Supports prevention of uncontrolled cost and schedule creep.)
활동 예시	• 이슈와 조치 항목 목록에 이슈를 기록한다. • 이슈나 조치 항목 해결을 위한 책임을 지정한다. 　— 직원이 해당 조치를 해결할 책임이 자신에게 주어졌다는 사실을 인지 • 마감일을 지정한다. 　— 책임을 맡은 담당자와 협력하여 이슈나 조치를 완료할 수 있는 시기를 결정 • 이슈와 조치 항목을 추적하여 종결한다. 　— 프로젝트 계획에 영향을 미칠지와 그 영향 파악을 위해 종료까지 추적
산출물 예시	• 이슈와 조치 항목 목록

■ 2단계 프랙티스 그룹

MC 2.1	규모, 노력, 일정, 자원, 지식과 스킬, 예산에 대한 산정 대비 실제 결과를 추적한다. (Track actual results against estimates for size, effort, schedule, resources, knowledge and skills, and budget.)
가치	중요한 편차를 파악하여 더욱 효과적인 시정조치를 취함으로써 목표 달성 가능성을 높인다. (Identifies significant deviations so more effective corrective actions can be taken which increases the likelihood of meeting objectives.)
활동 예시	• 계획과 산정에 대한 실제 결과를 추적한다. 　— 규모, 노력, 일정, 자원, 지식과 스킬, 예산을 추적하는 방법 예: 진행 상황 보고, 상태 검토, 단계 말 검토 • 자원 용량과 가용성을 모니터링한다. 　— 시정조치에 필요한 자원이 무엇인지 인력, 프로세스, 물리적 시설, 컴퓨터와 주변기기, 소프트웨어, 네트워크, 보안 환경 관점에서 파악 • 작업그룹원의 지식과 스킬을 모니터링한다. 　— 주기적으로 직원 지식과 스킬을 측정하여 변화를 평가 　— 프로젝트 계획서에 기록한 교육과 실제 받은 교육 비교 　— 프로젝트 계획 산정과 중요한 차이점 식별 • 프로젝트 계획서에서 파악한 합의 사항을 모니터링한다. 　— 내외부 합의 사항을 정기적으로 검토 　— 충족하지 못했거나 충족하지 못할 위험에 처한 합의 사항 식별 　— 요구사항에 대한 가용성, 신뢰성, 유지관리 가능성 모니터링 　— 검토 결과 기록 • 계획값과 실제값의 유의미한 차이를 기록한다. 　— 계획값과 실제값에 대한 '유의미한' 의미에 대한 기준 정의 　— 향후 계획 수립에 더욱 효과적으로 사용할 수 있도록 유의미한 차이에 대한 기록 유지 • 일정에 따른 진행 상황을 모니터링한다. 　— 활동과 주요 단계의 실제 완료를 주기적으로 측정 　— 실제 완료한 활동과 주요 단계를 프로젝트 일정과 비교하여 유의미한 편차를 파악 • 소비한 노력과 비용을 모니터링한다. 　— 실제 소비한 노력과 비용의 주기적 측정 　— 계획/산정 예산과 비용 대비 실제 노력과 비용 비교 　— 프로젝트 예산과 산정값의 현저한 편차 식별

산출물 예시	• 산정값과 실제값 기록
	  ─ 예산, 일정, 규모, 노력, 자원, 지식과 스킬
	• 유의미한 편차 기록
	• 상태 검토 기록
	• 시정조치
	• 비용 성과 보고서
	  ─ 작업, 활동, 고객 인도물 날짜와 순서, 필요한 자원의 비용에 대한 계획과 실제 결과를 포함
	• 일정 성과 보고서
	  ─ 작업, 활동, 고객 인도물 날짜와 순서, 필요한 자원의 일정에 대한 계획과 실제 결과를 포함

MC 2.2	파악한 이해관계자 참여와 합의 사항을 추적한다. (Track the involvement of identified stakeholders and commitments.)
가치	성공적으로 작업을 완료하는 데 중요한 이해관계자 참여를 관리한다. (Manages stakeholder involvement critical to successful work completion.)
활동 예시	• 이해관계자 참여 현황을 주기적으로 검토하고 기록한다. ─ 팀 회의나 부서 간 조정 회의와 같은 이벤트에서 이해관계자 참여 추적 • 중요한 이해관계자 이슈를 파악하고 기록한다. • 권장 사항을 작성하고 이슈 해결을 위한 조치를 조율한다.

산출물 예시	• 이해관계자 참여 기록
	  ─ 참석자 목록과 함께 회의 기록과 검토 포함
	• 협업 활동을 위한 안건과 일정
	• 이해관계자 이슈 해결을 위한 권장 사항
	  ─ 의사결정 기록 포함
	• 기록한 이슈
	  ─ 해결한 이슈와 해결하지 못한 이슈 파악

MC 2.3	운영과 지원으로 전환을 모니터링한다. (Monitor the transition to operations and support.)
가치	원활한 솔루션 전환과 성공적인 구현을 통해 기대하는 이점을 얻을 수 있도록 보장한다. (Ensures expected benefits are obtained by smooth solution transitions and successful implementations.)

활동 예시	• 운영과 지원 기능을 모니터링하여 새로운 솔루션이나 수정한 솔루션을 받고 저장하고 사용하고 최신 상태로 유지한다.
	  ─ 운영과 지원 조직은 솔루션을 수락하고 중단 없는 지원을 제공할 준비가 되었음을 입증
	  ─ 전환 준비 기준과 검증 및 확인 프랙티스를 사용하여 제공한 솔루션이 지정한 요구사항을 충족하는지 판단
	  ─ 검증과 확인 프랙티스를 사용하여 운영과 지원에 대한 수락 준비상태를 확인

	• 솔루션을 받고 저장하고 사용하고 최신화하는 것과 관련한 이해관계자에 대한 교육 제공을 모니터링한다. — 관련 이해관계자에게 맞는 올바른 교육자료와 자원을 제공하고 사용하는지 확인 — 적절한 교육을 적절한 사람에게 적시에 제공하였는지 확인 — 제공한 교육을 통해 교육생이 효율적이고 효과적으로 업무를 수행할 수 있는지 확인 • 전환 활동 결과를 검토하고 분석한다. — 운영과 지원팀에 책임을 이관하기 전에 시정조치를 완료해야 하는지 결정
산출물 예시	• 전환 활동 현황 보고서 — 위험, 이슈 또는 시정조치를 포함한 전환 활동 현재 상태 • 전환 준비 보고서 — 계획에 따라 전환이 이뤄질 수 있도록 전환 전 솔루션 준비상태에 대한 설명 • 전환 지원 검토 기록 — 시정조치 포함 • 교훈 사례 보고서
MC 2.4	실제 결과가 계획한 결과와 크게 다를 때, 시정조치를 취하고 종결까지 관리한다. (Take corrective actions when actual results differ significantly from planned results and manage to closure.)
가치	목표 달성 확률을 높이기 위해 시정조치를 관리한다. (Manages corrective actions to increase the probability that objectives will be met.)
활동 예시	• 분석할 이슈를 수집한다. — 기술 검토, 검증 및 확인을 수행할 때 발견한 이슈 — 프로젝트 계획 수립 매개변수가 프로젝트 계획 산정과 상당한 편차가 있을 때 — 충족하지 못한 합의 사항(내부 또는 외부) — 위험 상태의 중대한 변화 — 데이터 접근, 수집, 개인정보보호 또는 보안 이슈 — 이해관계자 대표 또는 참여 이슈 — 달성하지 못한 솔루션, 도구 또는 환경 전환 가정 사항(또는 다른 고객이나 공급자 합의 사항) • 이슈를 분석하여 시정조치가 필요한지 판단한다. — 이슈를 해결하지 않고 방치했을 때, 프로젝트 목표를 달성하지 못할 수 있다면 시정조치 필요 • 발견한 이슈에 대해 시정조치 한다. — 선택한 문제를 해결하는 조치를 결정하고 기록 — 해당 조치에 대해 영향받는 이해관계자 동의 얻기 — 조직에서 정의하고 확립한 방법을 사용하여 갈등과 분쟁 해결 — 내부와 외부 합의 사항에 대한 변경 협상

	• 종결 시까지 시정조치를 관리한다.
	— 시정조치를 완료할 때까지 추적
	— 시정조치 결과를 분석하여 시정조치 효과와 추가 시정조치 필요 여부 판단
	— 초기 시정조치가 효과적이지 않았을 때 중대한 편차에 대한 최종 해결을 기록
산출물 예시	• 시정조치가 필요한 이슈 목록
	— 이슈 또는 조치 항목 상태
	— 조치 항목에 대한 책임자
	— 시정조치 계획
	— 시정조치 결과

■ 3단계 프랙티스 그룹

MC 3.1	프로젝트 계획과 프로젝트 수행을 위한 프로세스를 사용하여 프로젝트를 관리한다.
	(Manage the project using the project plan and the project process.)
가치	필요한 활동을 수행하도록 하여 재작업을 줄이고 목표 달성 가능성을 높인다.
	(Ensures necessary activities are performed which reduces rework and improves the likelihood of achieving objectives.)
활동 예시	• 프로젝트 수행을 위한 프로세스와 모든 관련 계획을 사용하여 프로젝트 활동을 관리한다.
	— 프로젝트 수행을 위한 프로세스는 일련의 조직 표준 프로세스에서 프로젝트에 맞게 조정
	• 선택한 측정 지표를 수집하고 분석하여 프로젝트를 관리하고 조직 요구를 지원한다.
	• 프로젝트 성과를 주기적으로 검토하고 조직, 고객, 최종사용자 요구사항과 목표에 맞게 조정한다.
	— 계획 수립 매개변수, 프로젝트, 위험 변경에 대응하여 일정 최신화
	— 시장 기회 또는 고객과 최종사용자 요구 변화에 대응하여 요구사항이나 합의 사항 최신화
	• 프로젝트 목표에 영향을 미치는 이슈 원인을 해결한다.
	— 이전 작업에서 얻은 이슈와 교훈 사례 검토
	— 선택한 문제에 대한 원인 분석을 수행하여 시정조치가 필요한 부분 파악
	— 재발 방지를 위해 필요한 프로세스 변경 사항 평가
	— 시정조치를 하고 프로세스 변경 사항 구현
	— 시정조치와 프로세스 변경이 이슈 재발을 방지하고 성과를 개선했는지 확인
산출물 예시	• 모니터링 결과
	• 수집한 측정값과 상태 기록 또는 보고서
MC 3.2	중요한 의존성과 활동을 관리한다.
	(Manage critical dependencies and activities.)
가치	중요한 의존성을 관리하여 위험을 크게 줄이고 목표를 달성할 가능성을 높인다.
	(Manages critical dependencies to significantly reduce risk and increase the likelihood of meeting objectives.)

활동 예시	• 의존성을 검토하고 최신화한다. • 검토와 논의한 회의록을 작성한다. • 이슈를 기록한다.
산출물 예시	• 최신화한 중요 의존성 • 기록한 안건과 회의록 • 기록한 이슈 　— 공급자 지연 　— 이해관계자 참여(또는 참여 부족) 　— 이슈 해결을 위한 권장 사항
MC 3.3	작업 환경을 모니터링하여 이슈를 파악한다. (Monitor the work environment to identify issues.)
가치	효과적이고 안전하며 건강한 작업 환경을 제공하여 목표 달성을 보장한다. (Ensures objectives are met by providing an effective, safe, and healthy work environment.)
활동 예시	• 안전, 건강, 효과성과 생산성에 영향을 미치는 작업 환경 요소를 모니터링하고 필요한 시정 사항을 파악하여 기록한다. 　— 업무용 표준 하드웨어와 소프트웨어 　— 표준 생산과 교정 장비 　— 건물, 시설, 기타 물리적 자원 　— 보안과 안전 　— 특정 환경 조건 　— 정기적인 작업 환경 점검 　— 건강과 복지 　— 개인정보보호 • 성과를 떨어뜨릴 수 있는 작업 환경의 물리적 요소를 모니터링하고 필요한 시정 사항을 파악하여 기록한다. 　— 부적합한 사무실 또는 회의 공간 　— 조명 불량 　— 부적합한 난방, 환기 또는 냉방 　— 불쾌한 냄새 또는 연기 　— 진동이나 과도한 소음 　— 혼잡스럽거나 고립 　— 환경적 유해 요소 • 잠재적인 작업 환경 이슈와 시정이 필요한 사항을 파악하고 기록하고 보고한다. 　— 필수 안전 표준을 적용하지 않은 경우 　— 불충분한 보안 　— 부적절한 인체공학 　— 건강에 해로운 물질에 노출

	─ 열악한 공기나 수질
	─ 과도한 스트레스
	• 시정하는 동안 작업 환경 이슈를 수용하기 위한 합당한 조치를 한다.
	• 성과를 떨어뜨리는 간섭이나 방해 요소를 제거하거나 줄인다.
	─ 잦은 전화 통화
	─ 과도한 회의
	─ 과도한 관리 업무
	─ 다른 사람이 더 잘 수행할 수 있는 업무
	─ 소셜 미디어, 문자 메시지 등 과도한 친목 활동
	• 성과를 떨어뜨리는 물리적 요인을 제거하거나 줄인다.
	─ 부적절한 온도 조절을 위한 선풍기나 히터 등 문제 영향을 줄일 수 있는 자원 제공
	─ 재택근무나 추가 사무실 공간 확보 계획과 같이 문제를 제거할 의사 전달
	─ 직원이 자신에게 특정한 문제 영향을 줄이는 합리적인 조정을 할 수 있도록 허용
	• 작업 환경에 대한 이슈 해결 진행 상황을 모니터링한다.
	─ 초기 시정 후에 결과를 분석하여 작업 환경 이슈에 대한 추가 시정이 필요한지 판단
	─ 물리적 요인 영향을 효과적으로 제거할 수 없으면, 다른 완화 전략과 해결책 모색
	─ 물리적 요인에 대한 초기 시정으로 문제를 해결할 수 없으면, 잠재적인 원인과 이를 해결하기 위한 대안 솔루션을 검토하고 파악
	• 업무 관계를 저해하는 대인관계 문제를 해결한다.
	─ 멘토링이나 공식 교육을 통한 대인 의사소통 스킬 향상
	─ 한 명 이상 개인에게 조언이나 상담 제공
	─ 민원 도우미, 중재자 또는 촉진자 사용
	─ 한 명 이상 개인 재배치
	─ 징계 조치
산출물 예시	• 작업 환경에 필요한 시정 사항
MC 3.4	영향받는 이해관계자와 이슈를 관리하고 해결한다. (Manage and resolve issues with affected stakeholders.)
가치	이슈를 조기에 해결하여 목표를 달성할 가능성을 높인다. (Resolves issues early, increasing the likelihood of meeting objectives.)
활동 예시	• 이슈를 파악하고 기록한다. ─ 이슈는 보통 회의와 부서 간 조정 이벤트에서 파악 • 영향받는 이해관계자에게 이슈를 전달한다. • 영향받는 이해관계자와 이슈를 해결한다. • 영향받는 이해관계자와 해결할 수 없는 이슈는 담당 관리자에게 해결을 요청한다. • 이슈를 종결할 때까지 추적한다. • 영향받는 이해관계자와 이슈 현황과 해결 방법을 공유한다.

산출물 예시	• 기록한 이슈 — 이슈 설명서 — 책임자 — 마감일 — 해결 방법 — 상태

모니터링 및 통제 프랙티스 영역은 1단계부터 3단계까지 3개 프랙티스 그룹으로 구성된다.

프로젝트에서 작성한 계획서는 활동을 모니터링하고, 현황에 대해 의사소통하고, 시정조치를 하기 위한 기반이 된다. 진척은 주로 프로젝트 일정이나 작업분류구조에 정한 주요 단계나 통제 수준에서 실제 작업산출물과 업무 속성, 공수, 비용, 일정을 계획과 비교하여 결정한다. 진척에 대해 적절한 가시성을 확보하면, 성과가 계획에서 일정 수준 이상으로 벗어날 때 적시에 시정조치 할 수 있다. 이러한 차이가 발생하는 상황을 해결하지 않으면, 프로젝트 목표를 달성하는 것은 어려워진다.

1단계 프랙티스 그룹은 완료한 작업내용을 기록하고 이슈를 해결하는 활동이다. 완료한 작업을 추적하는 것은 진행 상황을 모니터링하는 과정 일부로 '완료', '지연', '미완료'와 같은 상태를 정기적으로 검토한다. 이슈가 발생하면 파악하고 해결해야 한다. 이슈 해결은 작업을 일정에 맞게 유지하는 데 중요하기에 파악한 이슈는 분석하여 적절하게 시정조치하고 종결 시까지 추적해야 한다. 이슈가 발생하면 계획하지 않은 작업이 생겨날 수 있다. 만약 이슈를 모니터링하고 통제하지 않으면, 그 이유도 모르는 상태에서 작업이 지연될 수 있다.

2단계 프랙티스 그룹은 프로젝트 계획 수립 매개변수 실제 값을 모니터링하고 계획했던 결과와 실제 결과 사이에 유의미한 차이가 발생하면 시정조치를 취하는 내용을 다루고 있다. 프로젝트 계획 수립 매개변수란 프로젝트 진척이나 성과를 나타낼 수 있는 업무, 비용, 공수, 일정과 작업산출물 분량을 통틀어 일컫는 말이다. 모니터링은 대개 프로젝트 계획 수립 매개변수 실제 값을 측정하고, 실제 값을 계획상 산정값과 비교하여 현저한 차이가 있는지를 파악하는 활동을 포함한다. 그러므로 여러분은 프로젝트에서 다양한 매개변수에 대해 실제로 측정한 결과를 계획서 내용과 비교하면서 모니터링해야 한다. 특히, 프로젝트 초반에 산정한 프로젝트 범위와 주요 작업과 이를 통해 생성하는 작업산출물 그리고 비용과 공수는 정확하지 않을 수 있다. 따라서 주요 단계별 재산정을 통해 산정값의 정확도를 높여가는 것이 바람직하다.

이해관계자 사이에 적절한 상호작용이 이뤄지고 있는지 확인할 수 있도록 이해관계자 참여와 합의 사항 이행 여부 또한 모니터링해야 한다. 모니터링 결과와 프로젝트 요구사항, 상황 또는 상태 변화에 따라 이해관계자 참여 계획을 재수립할 필요가 있을 수도 있다.

운영과 지원 전환 계획에 따라 솔루션 전환을 모니터링하고 통제해야 하는데, 어떤 경우에는 고객에게 솔루션을 직접 전달함으로써 이를 달성할 수도 있다.

프로젝트 진척과 성과에 대한 모니터링은 반드시 이벤트성으로 행해지는 것이 아니라 주간 단위나 월간 단위 또는 주요 단계별로 정기적으로 이뤄지는 것을 의미한다. 하지만 정기적인 모니터링뿐만 아니라 이벤트성 모니터링도 병행할 것을 권한다. 왜냐하면 이벤트성 모니터링은 프로젝트에 나쁜 영향을 미치는 일이 발생했을 때, 매우 효과적이기 때문이다. 만약 여러분이 프로젝트에서 정기적인 모니터링이나 회의가 충분한지 판단하고 싶다면 이러한 모니터링을 통해 제기한 이슈 사항 수와 조치 사항 수를 측정하면 간단히 해결할 수 있을 것이다. 만약 이슈 사항 수가 점점 더 증가하고 있다면 정기 회의를 조금 더 자주 할 필요가 있으며, 그렇지 않다면 현재 상태를 유지하면 된다.

대부분 프로젝트에서는 프로젝트 추진 위원회와 같은 협의와 의사결정을 위한 기구를 운영한다. 어떤 프로젝트에서는 이러한 추진 위원회가 너무 많이 간섭해 문제가 발생하는 예도 있지만, 대부분 프로젝트에서는 단지 간단한 진행 상황 정도만 알기를 원한다. 물론 그들이 원하는 대답은 "계획대로 진행하고 있습니다."이지만 여러분은 이들이 알 필요가 있는 정보를 보고하는 것이 무엇보다 중요하다. 여러분 조직의 프로세스 개선 리더에게도 마찬가지이다. 프로젝트에서는 '무소식이 희소식'이 아님을 명심해야 한다.

또한 프로젝트에서 얼마나 많은 회의가 필요한지를 결정하기 위해서는 프로젝트 규모, 복잡성, 가시성을 고려해야 한다. 만약 3, 4명가량 소수 개발자를 투입하여 6개월 정도 수행하는 소규모 프로젝트라면 정기적인 회의가 필요하지 않을 수도 있다. 이 정도 규모 프로젝트에서는 매일 비공식 회의가 열릴 것이며, 프로젝트 관리자는 기본적으로 다른 프로젝트팀원이 지금 무슨 일을 어떻게 하고 있는지를 잘 알고 있을 것이기 때문이다. 그러나 수십 명 개발자가 1년 이상 진행하는 대규모 프로젝트라면 여러분은 다르게 접근해야 한다. 이런 프로젝트에서는 공식적인 회의를 정기적으로 개최해야 하며, 회의록을 작성하여 회의에서 나온 이슈 사항을 반드시 관리해야 한다. 이런 대규모 프로젝트는 보통 프로젝트 내에서 팀별로 주간 회의를 진행하고 그 결과를 바탕으로 관리자끼리 다시 모여 프로젝트 주간 회의를 한다. 또한 고객과도 최소 한 달에 한 번 정도는 회의를 가질 것이다. 만약 프로젝트가 초기 단계나 시험단계 혹은 어려운 상황에 빠져 있다면 위에서 언급한 것보다 더 자주 회의를 가질 필요가 있다. 공식적인 회의는 프로젝트 계획서에 반드시 일정을 포함해야 한다. 그렇지 않으면 회의를 개최하지 않을 가능성이 크기 때문이다. 그리고 이러한 공식 회의가 필요할 때 비공식 회의로 대체하지 말 것을 권고한다.

계획했던 결과와 실제 결과 사이에 유의미한 차이가 발생했을 때, 우리는 이를 이슈라고 한다. 대개 프로젝트에서는 주간 단위나 월간 단위 진척 회의를 통해 프로젝트 진행 상황을 점검하고 주요 이슈 사항을 협의한다. 프로젝트 일정이나 비용 또는 성과에 크게 영향을 끼치는 이슈가 있고 영향이 미미한 이슈도 있다. 따라서 이슈를 분석하고 이 중 프로젝트 일정이나 비용 또는 성과에 끼치는 영향이 커서 시정이 필요한 이슈를 선별하여 조치한다. 영향이 '크다, 적다' 판단은 각 프로젝트에서 설정한 관리 기준을 따르는데, 이슈를 해결하는 데 5~10% 이상 일정 지연이나 비용 추가가 필요할 때 보통 영향이 크다고 판단한다.

3단계 프랙티스 그룹은 프로젝트 계획과 프로젝트 수행을 위해 정의한 프로세스를 사용하여 프로젝트를 관리하는데, 이 과정에서 프로젝트와 관련한 이해관계자 조율과 협업이 중요함을 강조한다. 프로젝트를 관리함으로써 각 활동에 얼마나 많은 시간을 사용하였는지 파악하고 그것이 가장 효과적인 시간 사용이었는지를 분석할 수 있다. 그뿐만 아니라 프로젝트에서 사용했거나 사용 가능한 자원을 측정하고 프로젝트팀원과 이해관계자에게 프로젝트 현재 상태를 알려 줄 수 있다.

조직 구성원의 안전과 건강, 효과와 생산성을 떨어뜨리는 환경과 물리적 요소는 파악하여 제거해야 한다. 환경을 모니터링함으로써 직원이 목표를 달성하는 데 집중할 수 있고 이슈와 원하지 않는 산만

함으로부터 자유로울 수 있다. 조직 구성원 모두는 작업자 안전과 건강이 조직 목표를 달성하는 데 핵심임을 인지해야 한다.

이슈는 영향을 받는 이해관계자와 함께 파악하고 해결하는 것이 바람직하다. 가능한 조기에 이해관계자에게 이슈를 전달하고 이를 해결하는 데 이해관계자가 참여하게 되면, 이해관계자는 프로젝트 목표와 계획이 일치하도록 더욱 효과적으로 이슈를 처리할 수 있다. 전형적인 이슈로는 불완전한 요구사항, 설계상 오류, 주요 의존성과 합의 사항에 대한 지연, 솔루션 문제, 가용하지 못한 자원처럼 이해관계자와 연관한 것이 많다.

(4) 위험 및 기회 관리Risk and Opportunity Management, RSK

위험 및 기회 관리는 잠재적 위험이나 기회를 식별하고 기록하고 분석하고 관리한다.

조직과 프로젝트는 이 활동을 통해 부정적인 영향을 완화하거나 긍정적인 영향을 활용하여 목표 달성 가능성을 높인다.

Identifies, records, analyzes, and manages potential risks or opportunities.
Mitigates adverse impacts or capitalizes on positive impacts to increase the likelihood of meeting objectives.

■ 1단계 프랙티스 그룹

RSK 1.1	위험이나 기회를 파악하고 기록하며 최신 상태로 유지한다. (Identify and record risks or opportunities and keep them updated.)
가치	조직이 위험 영향을 피하거나 최소화하고 목표 달성과 관련한 잠재적 기회를 활용할 수 있도록 지원한다. (Enables organizations to avoid or minimize the impact of risks and leverage potential opportunities related to achieving objectives.)

활동 예시	• 작업과 관련한 위험을 파악한다.
	  — 작업과 계획에 부정적인 영향을 미칠 수 있는 위험을 파악하고 명확하게 설명
	  — 위험파악 시 다음 사항을 고려: 비용, 일정, 작업 과제, 성과, 비즈니스 목표 달성, 날씨나 자연재해, 정치적 변화, 통신 장애와 같은 환경 문제, 요구사항, 기술, 인력 배치, 자금 조달, 공급자, 규제 제약
	  — 계획을 수립하고 검토 활동 중에 위험을 파악하고 관리 수행
	• 위험을 기록한다.
	  — 위험과 그 발생으로 인한 영향 설명
	• 기회를 파악한다.
	  — 작업과 계획에 긍정적인 영향을 미칠 수 있는 기회를 파악하고 명확하게 설명
	  — 기회 파악 시 다음 사항을 고려: 비용, 일정, 작업 과제, 성과, 비즈니스 목표 달성, 요구사항, 기술, 인력 배치, 자금 조달, 공급자
	  — 계획을 수립하고 검토 활동 중에 기회를 파악하고 관리 수행
	• 기회를 기록한다.
	  — 기회와 잠재적 이점 설명
	• 각 위험이나 기회와 관련한 영향받는 이해관계자를 파악한다.

산출물 예시	• 파악한 위험이나 기회 목록

■ 2단계 프랙티스 그룹

RSK 2.1	파악한 위험이나 기회를 분석한다. (Analyze identified risks or opportunities.)
가치	위험 영향을 줄이거나 기회를 활용하여 목표를 달성할 가능성을 높인다. (Increases the likelihood of achieving objectives by reducing the impact of risks or leveraging opportunities.)

활동 예시	• 파악한 위험을 분석한다.
	  — 위험을 분석하여 업무 목표 달성에 미치는 영향 파악
	  — 위험 식별과 분석 기법 예: 평가, 점검표, 구조화된 인터뷰, 브레인스토밍, SWOT(강점, 약점, 기회, 위협) 분석
	• 위험에 대한 작업분류구조, 계획과 일정을 검토한다.
	• 각 위험에 대한 영향을 파악한다.
	• 각 위험에 대한 발생 가능성을 파악한다.
	• 영향과 발생 가능성에 따라 각 위험에 우선순위를 지정한다.
	• 파악한 기회를 분석한다.
	  — 기회 파악과 분석 기법 예: 평가, 점검표
	• 기회에 대한 작업분류구조, 계획과 일정을 검토한다.

	• 각 기회에 대한 이점과 비용을 파악한다. • 이점과 비용에 따라 각 기회에 우선순위를 지정한다. • 영향받는 이해관계자와 부여된 기회 우선순위를 검토하고 동의를 얻는다. • 위험과 기회 분석 보고서를 작성한다. 　— 우선순위를 지정한 위험이나 기회 목록 포함
산출물 예시	• 파악한 위험이나 기회 　— 위험 영향과 발생 가능성 　— 기회 이점과 비용 • 위험이나 기회 우선순위 • 위험과 기회 분석 보고서
RSK 2.2	파악한 위험이나 기회를 모니터링하고 영향받는 이해관계자에게 상태를 전달한다. (Monitor identified risks or opportunities and communicate status to affected stakeholders.)
가치	적시에 수정하거나 활용 조치하여 목표 달성 가능성을 극대화할 수 있다. (Enables timely corrective or leveraging actions to maximize the likelihood of achieving objectives.)
활동 예시	• 위험이나 기회를 주기적으로 검토한다. 　— 상태, 상황, 과거 또는 계획한 활동 상황에서 위험이나 기회 검토 • 추가 정보를 입수하는 대로 위험이나 기회를 최신화한다. • 영향받는 이해관계자에게 위험이나 기회 상황을 전달한다. 　— 발생 가능성 　— 비용이나 이점 　— 우선순위 　— 목표에 미치는 영향
산출물 예시	• 위험이나 기회 모니터링 기록 • 최신화한 위험이나 기회

■ 3단계 프랙티스 그룹

RSK 3.1	위험이나 기회 범주를 파악하고 사용한다. (Identify and use risk or opportunity categories.)
가치	목표 달성에 영향을 미칠 불확실성에 주의를 집중할 수 있도록 위험이나 기회를 정리한다. (Organizes risks or opportunities to focus attention on uncertainties that will impact the achievement of objectives.)
활동 예시	• 위험이나 기회 범주를 파악한다. 　— 업무 활동 　— 사용하는 프로세스 유형 　— 사용한 자원 유형

	― 생산하는 솔루션 유형 ― 규정과 법률 ― 계약, 예산, 일정, 품질, 자원과 관련한 작업관리 불확실성 ― 품질 특성, 신뢰성과 관련한 기술적 성능 불확실성 • 정의한 범주에 따라 위험이나 기회를 정리한다. 　― 관련되거나 동등한 위험이나 기회는 효율적인 처리를 위해 정리 가능
산출물 예시	• 범주 목록 • 분류한 위험이나 기회
RSK 3.2	위험이나 기회를 분석하고 처리하기 위한 매개변수를 정의하고 사용한다. (Define and use parameters for risk or opportunity analysis and handling.)
가치	비용 효과적으로 목표를 달성할 가능성을 극대화한다. (Maximizes the likelihood of cost―effectively achieving objectives.)
활동 예시	• 지정한 매개변수를 바탕으로 각 위험이나 기회에 대한 상대적 우선순위를 파악한다. • 선택한 위험이나 기회에 대한 조치를 유발하는 임곗값을 정의한다. 　― 완화 활동 　― 비상계획 　― 기회 활용 계획 • 선택한 위험에 대한 평가를 준비하고 수행한다. 　― 위험 평가는 특정 상황과 위험을 분석하는데, 이때 위험 전략 구성 요소에 집중 　― 위험 평가 예: 악의적 사용, 안전, 규정과 법률, 사이버보안 • 기회 평가를 준비하고 수행한다. 　― 기회 평가 예: 비용 편익 분석, 미래 요구 분석
산출물 예시	• 위험이나 기회 평가, 분류와 우선순위 지정 매개변수 • 위험이나 기회 목록과 지정 우선순위 • 위험이나 기회 평가 결과
RSK 3.3	위험이나 기회 관리 전략을 수립하고 최신 상태로 유지한다. (Develop and keep updated a risk or opportunity management strategy.)
가치	문제를 피하고 기회를 활용하여 목표 달성 가능성을 높인다. (Avoids problems and leverages opportunities to increase the likelihood of achieving objectives.)
활동 예시	• 위험이나 기회 관리 전략을 개발하고 기록하고 최신 상태로 유지한다. • 영향받는 이해관계자와 함께 위험이나 기회 관리 전략을 검토한다.
산출물 예시	• 위험이나 기회 관리 전략
RSK 3.4	위험이나 기회 관리 계획을 수립하고 최신 상태로 유지한다. (Develop and keep updated risk or opportunity management plans.)

가치	위험 영향을 최소화하고 목표 달성을 위한 기회 이점을 극대화한다. (Minimizes the impact of risks and maximizes the benefits of opportunities for achieving objectives.)
활동 예시	• 선택한 위험을 완화하는 계획과 해당 영향이 현실화할 경우를 대비한 비상계획을 개발한다. • 선택한 기회에 대한 활용 계획을 개발하여 그 영향력을 실현할 가능성을 높인다. • 영향받는 이해관계자와 계획을 검토한다.
산출물 예시	• 위험관리 계획: 완화 계획과 비상계획 포함 • 기회 활용 계획 • 최신화한 계획과 상태
RSK 3.5	계획한 위험이나 기회 관리 활동을 실행하여 위험이나 기회를 관리한다. (Manage risks or opportunities by implementing planned risk or opportunity management activities.)
가치	목표 달성 능력을 저해하는 예기치 못한 상황을 줄이고 기회를 활용하여 비즈니스 가치를 높인다. (Reduces unforeseen occurrences that impair ability to achieve objectives and increases business value by leveraging opportunities.)
활동 예시	• 위험이나 기회 관리 계획을 사용하여 위험이나 기회를 관리한다. — 완화, 비상 대책 또는 활용 활동을 시작한 후에도 위험이나 기회를 계속 관리 — 측정은 위험이나 기회 관리 활동에 대한 귀중한 통찰력을 제공
산출물 예시	• 최신화한 상태: 완화, 비상계획, 활용 계획 상태 포함

위험 및 기회 관리 프랙티스 영역은 1단계부터 3단계까지 3개 프랙티스 그룹으로 구성된다.

1단계 프랙티스 그룹은 위험이나 기회를 파악하고 기록하고 최신화하는 활동이다. 위험 및 기회 관리는 프로젝트 관리에서 중요한 부분으로 지속적이고 적극적인 활동이다. 위험관리는 핵심 목표 달성을 위태롭게 할 수 있는 이슈를 다룬다. 지속적인 위험관리 접근방식은 프로젝트에 치명적 영향을 미칠 수 있는 위험을 효과적으로 예측하고 그 영향을 완화한다. 이에 반해 기회 관리는 성과를 향상하거나 목표를 달성하는 데 있어 잠재적으로 긍정적인 영향을 끼칠 수 있는 요소를 파악하고 활용하는 활동이다. 영향받는 이해관계자와 조기에 협력하여 위험이나 기회를 파악하고, 위험이나 기회를 해결하기 위한 자원을 전용하기 전에 어떤 것이 추구할 가치가 있는지 판단해야 한다. 위험 및 기회 관리는 기술적이거나 비기술적인 출처뿐만 아니라, 비용, 일정, 성능과 기타 위험에 대한 내외부적 근원도 고려해야 한다. 적극적인 조기 탐지가 중요한 이유는 보통 프로젝트 초기 단계에서의 변경과 시정 작업이 프로젝트 후반 단계보다 더 쉽고, 비용을 절약하고, 지장 또한 적기 때문이다. 불확실한 것만큼 작업을 수행하는 데 부정적인 영향을 끼치는 건 없다. 특정 산업에서 공통으로 발견되는 특정한 불확실성을 방지하거나 완화하는 방법을 결정할 때는 산업계 표준이 도움이 된다. 어떤 불확실성은 산업계 모범 사례와 교훈 사례를 검토하여 사전에 관리하거나 완화할 수 있다.

2단계 프랙티스 그룹은 파악한 위험이나 기회를 분석하고 모니터링하고 영향받는 이해관계자와 상태를 공유하는 내용을 다룬다. 위험이나 기회를 분석할 때는 완화 활동이 필요하거나 우발적으로 발생할 수 있는 일에 가장 높은 우선순위를 부여하거나 가장 중요한 위험 요인으로 지정해야 한다. 또는 가장 큰 혜택을 받을 수 있는 일에 가장 높은 우선순위를 부여해 그 기회를 활용한다.

3단계 프랙티스 그룹은 더욱 효과적인 위험 및 기회 관리 활동을 수행하기 위해 위험이나 기회를 관리하기 위한 전략을 개발하고 이에 따라 위험이나 기회를 관리하는 데 중점을 둔다.

위험 및 기회에 대한 범주 사용은 위험이나 기회를 파악하고 분석하기 위한 구조와 효율성을 제공하는 데 도움을 준다. 시간 경과에 따라 범주를 파악함으로써, 목표 달성 능력에 영향을 미치는 변화하는 상황을 파악할 수 있다. 작업을 진행함에 따라 위험이나 기회에 대한 추가 범주를 파악하는 것 또한 가능하다. 위험과 기회를 범주화한다는 건 각 위험이나 기회를 그룹화할 수 있도록 특징짓는 것이다. 위험과 기회 분류 설정은 위험이나 기회를 수집하고 구조화하는 메커니즘을 제공한다. 그뿐만 아니라 프로젝트 목표 달성에 부정적이거나 긍정적인 결과를 초래할 수 있는 위험이나 기회에 대해 적절한 조사와 경영진 관심 또한 보장한다. 주로 수명주기 주요 단계별로 유형을 구분하거나 사용한 프로세스나 솔루션 유형으로 구분할 수 있다. 이외에도 계약, 예산, 일정, 품질, 자원과 관련한 불확실성과 같은 작업관리 유형이나 품질 속성 또는 신뢰성 같은 기술적 성과에 대한 불확실성으로도 분류할 수 있다.

위험이나 기회를 분석하고 처리하는 데 활용하기 위한 매개변수는 관리 대상 위험이나 기회를 비교하기 위해 공통되고 일관된 기준을 제공하는 데 사용한다. 위험 심각성을 결정하거나, 기회 이점을 평가하고 이를 통해 계획을 수립할 때 필요한 활동 우선순위를 정할 수 있다.

위험은 발생 가능한 것이지 반드시 발생하는 것은 아니다. 또한 발생했을 때도 모든 위험 요소가 프로젝트에 막대한 피해를 주는 것은 아니다. 따라서 이러한 매개변수 없이는 위험에 의해 야기되는, 원치 않는 변경의 심각성을 파악하고 위험 완화 계획을 수립하는 데 필요한 활동의 우선순위를 정하기가 어렵다. 매개변수는 파악한 위험이 발생할 가능성과 발생했을 때 프로젝트에 미치는 부정적인 영향 정도를 의미한다. 또한 기회를 활용했을 때 기대되는 이점과 비용을 포함한다. 매개변수는 종종 위험이나 기회에 우선순위를 부여할 때 함께 사용한다. 예를 들어, 발생 가능성과 영향도를 곱하여 우선순위를 설정하거나 예상 수익률을 통한 기횟값을 계산하는 것 등이 해당한다. 프로젝트에서는 이러한 매개변수를 활용해 위험이나 기회 요소별 관리 수준을 정하고 관리 활동에 들어가는 노력을 통제할 수 있다.

위험이나 기회를 관리하기 위한 전략은 가능한 한 일찍 조직이나 프로젝트 위험 및 기회 관리 계획서나 프로젝트 계획서에 작성하여 프로젝트 전 기간 위험과 기회 관리 활동을 수행하는 데 사용해야 한다. 위험이나 기회를 관리하기 위한 전략에는 솔루션이나 작업과 외부 요인 간 상호작용, 의존성과 관계를 포함한다. 여기에 위험이나 기회 범주와 영향과 발생 가능성 그리고 기회 이익과 비용과 수용 기준처럼 실제 사용할 방법도 포함한다.

위험이나 기회를 관리하기 위한 전략을 마련하면 선택한 위험에 대한 완화나 비상계획을 수립한다. 완화 계획은 위험 가능성이나 영향을 줄이는 방법을 설명한다. 비상계획은 완화 시도에도 불구하고 발생할 수 있는 문제의 영향을 다룬다. 위험을 완화하기 위한 대표적인 방법으로는 사용자 요구를 충족하는 선에서 요구사항을 변경하거나 위험 수준을 낮추는 위험 회피, 위험을 최소화해 나가기 위해 단계적 활동을 수행하는 위험 통제, 위험 수준을 낮추기 위해 요구사항을 다시 지정하는 위험 전이, 위험 요소를 주시하며 정기적인 재평가를 통해 상태를 파악하는 위험 모니터링 그리고 위험을 인지하지만 특별한 행동을 취하지 않는 위험 수용이 있다. 완화와 비상계획에는 주로 근거, 비용 편익 분석, 위험 수용 기준, 각 위험관리 활동에 대한 성과 일정이나 기간, 중단되는 이벤트에 대응하기 위한 자원 예약, 사용 가능한 백업 장비 목록, 비상 대응 시스템에 대한 시험계획, 응급 상황을 대비한 절차, 응급 상황을 대비한 주요 계약과 정보 자원 목록 그리고 응급 상황 발생 시 취할 조치를 포함한다.

선택한 우선순위가 높은 기회에 대해서는 기회 활용 계획서를 작성하는데, 이 계획서는 기회 이익을 극대화하는 방법을 설명한다. 기회 활용 계획서는 비용을 증가하지 않고 기회 이점을 극대화하는 조치를 수행하는 내용을 포함한다. 대개 기회를 활용하면 상대적으로 적은 비용을 들여 높은 이익을 얻을 수 있다. 기회 활용 계획서는 비용 편익 분석, 성공 분석 가능성, 활동을 위한 준비, 기회를 활용하는 데 필요한 조치를 포함한다. 여러분은 이 활동을 통해 계획을 다시 수립하고 평가를 다시 할 필요가 있는 새로운 기회를 발견할 수도 있다.

　계획한 위험이나 기회를 실행하여 위험이나 기회를 관리한다는 것은 위험 영향을 최소화하거나 프로젝트 기능을 향상하는 데 필요한 조치가 무엇인지를 예측하기 위한 활동으로 분석, 계획, 촉발과 임계값을 사용한다. 정기적으로 개별 위험이나 기회 상태를 모니터링하고, 위험 완화 계획이나 기회 활용 계획을 적절하게 실행하는 것이 위험 및 기회 관리 프랙티스 영역에서 가장 중요하게 다뤄져야 한다. 특히, 프로젝트는 위험을 식별하기 위한 정기적인 검토 활동을 요구한다. 위험 발생 가능성은 프로젝트 제반 환경과 시간에 따라 수시로 변하기 때문에 이러한 정기적인 검토 활동 없이는 위험에 대한 사전 완화 활동이나 예방 활동이 불가능하다. 프로젝트에서는 항상 위험이 발생한 이후에 대응할 수밖에 없기 때문이다. 경험해 보지 않은 사안에 대해 위험을 파악하기는 쉽지 않다. 따라서 프로젝트에서 자주 발생하는 위험을 조직에서 정리해 놓으면 프로젝트 관리자가 이미 알려진 위험을 피하는 데 도움을 줄 수 있다.

(5) 조직 교육훈련 Organizational Training, OT

　조직 교육훈련은 직원의 스킬과 지식을 개발하여 효율적이고 효과적으로 자신의 역할을 할 수 있도록 한다.

　조직은 이 활동을 통해 직원의 스킬과 지식을 향상하여 조직 업무 성과를 개선한다.

Develops the skills and knowledge of personnel so they perform their roles efficiently and effectively.
Enhances individuals' skills and knowledge to improve organizational work performance.

■ 1단계 프랙티스 그룹

OT 1.1	직원을 교육한다. (Train people.)
가치	개인이 필요한 스킬과 지식을 갖추도록 하여 목표를 달성할 가능성을 높인다. (Increases likelihood of meeting objectives by ensuring individuals have needed skills and knowledge.)
활동 예시	• 교육 대상자를 파악한다. • 교육 일정을 잡는다. • 교육을 제공한다.
산출물 예시	• 교육 완료 결과

■ 2단계 프랙티스 그룹

OT 2.1	교육 요구를 파악한다. (Identify training needs.)
가치	업무 수행에 필요한 교육을 제공하여 비용을 절감한다. (Reduces costs by providing training needed to perform the work.)
활동 예시	• 각 역할에 필요한 스킬과 지식을 파악한다. • 개인별 스킬과 지식을 기록하고 최신 상태로 유지한다. • 차이 분석을 시행하여 교육 요구를 결정한다. • 교육 요구를 기록하고 공유한다.

산출물 예시	• 교육 요구 목록
	  — 역할별 스킬과 지식
	  — 개인을 위한 스킬과 지식
	  — 필요한 교육에 대한 차이
	  — 기술적 스킬
	  — 대인관계 스킬: 의사소통, 감정 관리, 팀워크, 문제해결, 시간 관리, 회의 관리
	  — 관리 스킬: 코칭, 멘토링, 의사결정, 갈등 해결, 협상, 스트레스 관리

OT 2.2	직원을 교육하고 기록을 보관한다. (Train personnel and keep records.)
가치	이미 필요한 지식과 스킬을 보유한 직원에 대한 교육을 피하고, 직원이 업무 수행에 필요한 교육을 받았는지 확인한다. (Avoids training people who already have the needed knowledge and skills and verifies that people get the training needed to perform their work.)
활동 예시	• 파악한 교육 요구를 바탕으로 교육을 제공한다. • 교육 기록을 유지한다.

산출물 예시	• 제공한 교육 기록 — 교육명 — 제공한 교육에 대한 설명 — 완료 날짜 — 교육생 이름 — 강사 이름 — 합격/불합격 여부

■ 3단계 프랙티스 그룹

OT 3.1	전략적이고 단기적인 조직의 교육 요구를 개발하고 최신 상태로 유지한다. (Develop and keep updated the organization's strategic and short—term short-term training needs.)
가치	조직이 현재와 미래에 숙련된 인재를 확보하여 목표를 달성할 가능성을 극대화한다. (Maximizes the likelihood of meeting objectives by ensuring that the organization has skilled individuals now and in the future.)
활동 예시	• 일련의 조직 표준 프로세스와 실행할 작업을 수행하는 데 필요한 역할과 스킬을 결정한다. • 교육 요구를 파악한다. — 전략적이고 단기적인 교육 요구를 분석하고 우선순위 결정 • 우선순위를 지정한 전략적이고 단기적인 조직 교육 요구를 기록하고 최신 상태로 유지한다. — 일련의 조직 표준 프로세스에서 역할 수행 — 안전하고 보안을 유지하며 지속적인 비즈니스 운영 유지 • 조직 교육 요구를 주기적으로 그리고 상황에 따라 검토하고 필요시 요구를 최신화한다.
산출물 예시	• 교육 요구
OT 3.2	프로젝트와 조직 간 교육 요구와 제공을 조정한다. (Coordinate training needs and delivery between the projects and the organization.)
가치	교육 자원을 효율적이고 효과적으로 배정할 수 있다. (Ensure efficient and effective allocation of training resources.)
활동 예시	• 작업그룹과 지원 그룹에서 파악한 교육 요구를 분석한다. — 조직 전체에서 다룰 수 있는 공통 교육 요구 파악 — 분석 결과를 사용하여 작업그룹과 지원 그룹 수준에서 향후 교육 수요 예측 • 프로젝트와 지원 그룹이 협력하여 교육 요구를 어떻게 해결할지 결정한다. • 교육 제공에 대한 조직, 프로젝트, 지원 그룹 간 책임을 기록한다. • 교육 활동을 통해 새로운 스킬과 지식을 강화할 수 있는 기회를 조율한다. — 새로운 스킬과 지식을 습관적이고 지속해서 습득하는 데 필요

산출물 예시	• 지정한 교육 요구 　― 조직 공통 요구 　― 프로젝트 요구 　― 지원 그룹 요구 • 교육 제공 책임: 조직, 프로젝트, 지원 그룹
OT 3.3	전략적이고 단기적인 조직의 교육계획을 수립하고 최신 상태로 유지하며 이를 준수한다. (Develop, keep updated, and follow organizational strategic and short—term training plans.)
가치	작업 수행 효과와 효율을 높인다. (Increases effectiveness and efficiency of task performance.)
활동 예시	• 조직의 교육 전략 계획 세부 내용을 개발한다. 　― 전략적 교육 요구 　― 교육 제공 접근방식 　― 역량 개발에 대한 접근방식 　― 우선순위 지정 　― 기간 　― 교육 효과 평가 　― 자원 　― 멘토링 프로그램 　― 코칭 유형과 매개변수 • 조직의 교육 단기 계획 세부 내용을 개발한다. 　― 교육 요구 　― 교육 주제 　― 일정과 일정에 따른 의존성 　― 교육 방법 　― 교육자료에 대한 요구사항과 품질 기준 　― 교육 작업, 역할과 책임 　― 교육 효과 보장 　― 필수 자원: 도구, 시설, 환경, 인력 • 계획을 검토하고 합의 사항을 결정하고 검토 결과를 영향받는 이해관계자에게 전달한다. • 필요에 따라 계획과 합의 사항을 개정한다.
산출물 예시	• 조직의 교육 전략 계획 • 조직의 교육 단기 계획 • 기록한 합의 사항
OT 3.4	조직의 교육 요구를 해결하기 위해 교육 역량을 확보하고 최신 상태로 유지하며 사용한다. (Develop, keep updated, and use a training capability to address organizational training needs.)

가치	직원이 업무를 효율적이고 효과적으로 수행할 수 있는 지식, 스킬과 능력을 갖추도록 보장한다. (Ensures personnel have the knowledge, skills, and abilities to perform their work efficiently and effectively.)
활동 예시	• 조직의 교육 요구를 충족하는 접근방식을 선택한다. 　— 접근방식을 선택하려면 가장 효율적이고 효과적인 방법으로 기술과 지식을 제공하는 방법을 고려 　— 접근방식 선택에 영향을 주는 요소: 학습자 지식, 제약조건, 비용, 일정, 작업 환경 　— 접근방식 예: 강의실 교육, 웨비나와 같은 컴퓨터나 기술 지원 교육, 자율 학습, 공식적인 수습 교육, 멘토링, 코칭, 점심 세미나, 구조화된 직무 교육(OJT) • 내부적으로 교육과정을 개발할지 외부에서 교육받을지 결정한다. 　— 결정 기준 예: 준비시간, 비용 편익 분석, 사내 전문가 활용 가능 여부, 외부 교육 가능 여부, 교육 효과 데이터 　— 외부 교육 출처 예: 고객 제공 교육, 상업적으로 이용 가능한 교육과정, 학술 프로그램, 전문 콘퍼런스, 세미나 • 교육자료를 개발하거나 확보한다. 　— 교육과정 　— 강의 계획서 　— 유인물 　— 도서 　— 연습 문제 　— 비디오와 대화형 미디어 　— 가상환경 　— 시뮬레이션 또는 실습 　— 모바일 애플리케이션 • 자격을 갖춘 강사와 교육 설계자 또는 멘토를 파악하고 양성하거나 고용한다. 　— 사내 교육을 개발하고 제공하는 담당자는 다음 사항을 고려: 주제별 전문성, 관련 교육 스킬과 경험, 교육 설계 경험, 멘토링 스킬 • 조직의 교육과정에 있는 교육 내용을 설명한다. 　— 교육에서 다루는 주제 　— 교육 대상자 　— 사전 요구사항과 참가자 준비 사항 　— 교육 목표 　— 교육 기간 　— 강의 계획 　— 과정 수료 기준 　— 교육 면제 기준

	• 주기적으로 그리고 상황에 따라 교육을 검토한다. 　— 정의한 표준 준수: 교육 설계 표준, 교육 내용 구성 표준 　— 표준에 필요한 개정 사항 　— 효과성 • 필요에 따라 교육자료를 수정한다. • 교육 제공에 필요한 자원을 파악하고 준비한다. • 교육과 개발 프로그램을 최신화한다. • 교육 기록을 최신 상태로 유지한다. • 교육 가능 여부를 공지한다.
산출물 예시	• 교육자료와 보조 자료 • 과정 목록 • 교육 기록 • 강사 명단: 자격증과 경력 포함 • 강의 설계 표준 • 교육시설과 자원
OT 3.5	조직의 교육 프로그램 효과를 평가하고 보고한다. (Assess and report the effectiveness of the organization's training program.)
가치	교육 프로그램을 비즈니스와 연관성 있고 가치 있는 것으로 유지한다. (Keeps the training program relevant and valuable to the business.)
활동 예시	• 각 교육과정 효과를 평가한다. 　— 학습자 목표 달성 여부 평가 　— 과정에 포함된 평가 메커니즘(예: 퀴즈, 시험) 　— 강사의 효과 평가 　— 제공한 교육이 프로젝트에 도움이 되었는지 확인하기 위해 교육 참가자와 관리자가 참여하는 평가 • 교육 프로그램 효과를 평가한다. 　— 개인의 성과 향상을 분석하여 교육 효과를 판단: 교육 제공자, 강사, 교육자료, 전체 프로그램 　— 프로세스 미준수 사항: 교육 프로그램에 문제가 있음을 시사 　— 교육 프로그램 효과에 대한 설문조사 　— 행동과 성과 개선 목표에 대한 교육 효과를 벤치마킹하기 위한 업계 표준 • 평가 결과를 이해관계자에게 보고한다.

산출물 예시	• 교육 효과 설문조사 　— 개별 과정 설문조사와 전체 프로그램 설문조사 모두 포함 • 교육 프로그램 평가 　— 평가에는 강사가 관찰한 내용 포함 • 교육 프로그램 분석 결과 • 강사 평가 양식 　— 여러 과정에 걸쳐 동향과 유형 분석 포함 • 교육 시험 • 교육 측정 지표 　— 교육 평가 결과 　— 벤치마킹 목표 달성
OT 3.6	일련의 조직 교육 이력을 기록하고 최신 상태로 유지하며 사용한다. (Record, keep updated, and use the set of organizational training records.)
가치	기록은 교육 프로그램이 비즈니스와 성과 목표 달성을 얼마나 잘 지원하는지 판단하는 데 필수적이다. (Records are essential in determining how well the training program supports the achievement of business and performance goals.)
활동 예시	• 모든 참가자 기록을 보관하고 사용한다. • 교육이 면제된 모든 직원에 대한 기록을 보관하고 사용한다. 　— 근거 기록 • 교육과정과 프로그램 효과에 대한 기록을 보관하고 사용한다. 　— 과정 평가와 기타 피드백 메커니즘과 정보 　— 개인 성과 개선 　— 제공한 교육에 대한 상황별 정보: 강사, 과정명, 제공자, 제공 날짜, 교육생 　— 과정에 대한 의견 • 적절한 사람을 업무 배정에 고려할 수 있도록 교육 기록을 제공한다.
산출물 예시	• 교육 기록과 보고서

　조직 교육훈련 프랙티스 영역은 전략적인 조직의 사업 목표를 뒷받침하고 여러 프로젝트와 지원 조직에 공통적인 교육훈련 소요를 충족하기 위해 제공하는 교육훈련에 관한 것이다. 개별 프로젝트와 지원 조직 각자에게 고유한 교육훈련 소요는 자체적으로 처리하며, 이 프랙티스 영역 밖의 문제이다.

　효과적인 교육훈련을 위해서는 소요 평가, 계획 수립, 교수 설계, 적절한 교육훈련 매체, 교육훈련 데이터 저장소가 필요하다. 조직 프로세스 중 하나로서 교육훈련 주요 요소에는 관리하는 교육훈련 개발 프로그램, 계획, 전문 지식 분야와 기타 지식 분야에 적절한 전문성을 갖춘 직원, 그리고 교육훈련 프로그램 효과를 평가하기 위한 메커니즘을 포함한다.

프로세스 교육훈련 소요는 일차적으로 조직 표준 프로세스를 수행하는 데 필요한 스킬을 바탕으로 파악한다. 스킬 중에는 강의실 교육훈련 이외에 비공식 멘토링과 같이 다른 수단을 통해 효율적이며 효과적으로 전달할 수 있는 스킬이 있다. 또한, 강의실 교육, 웹 기반 교육, 지침에 따른 자가 학습이나 현장 직무 교육On the Job Training, OJT 프로그램과 같은 상대적으로 공식화된 교육훈련 방식을 요구하는 스킬도 있다. 공식이나 비공식 교육훈련 방식은 교육훈련 소요에 대한 평가와 해소해야 할 성과 격차에 따라 각 상황에 맞게 선택한다.

교육훈련 성공에 관한 판단은 신규이거나 기존 조직 활동을 수행하는 데 필요한 스킬과 지식을 획득할 수 있는 기회 가능 여부로 나타난다.

조직 교육훈련 프랙티스 영역은 1단계부터 3단계까지 3개 프랙티스 그룹으로 구성된다.

1단계 프랙티스 그룹은 조직의 목표 달성 가능성을 증진하기 위해 직원별로 필요한 스킬과 지식을 확보할 수 있도록 교육과정을 제공하는 활동이다.

스킬과 지식은 기술적일 수도 있고 조직적일 수도 있으며 또는 환경적일 수도 있다. 기술적 스킬은 프로젝트나 프로세스에서 요구하는 장비, 도구, 자료, 데이터와 프로세스를 사용하는 역량과 관련한 것이다. 조직적 스킬은 직원의 조직구조, 역할 및 책임과 일반적인 업무 원칙과 방법에 따른 행동과 관련한 것이다. 환경적 스킬은 프로젝트와 지원 조직이라는 조직과 사회적 환경 아래에서 업무를 성공적으로 수행하는 데 필요한 자기 관리, 의사소통과 대인관계 능력을 말한다.

2단계 프랙티스 그룹은 조직 업무 수행에 필요한 스킬과 지식을 파악하고 이를 직원 개개인이 보유하고 있는 스킬, 지식과 비교하여 이미 필요한 지식과 스킬을 확보한 인력은 교육 대상에서 제외하고, 업무 수행을 위해 교육이 필요한 인력에 대해 교육을 제공하는 활동이다. 이는 업무 수행을 위해 교육이 꼭 필요한 직원에게 제한적으로 교육을 제공함으로써 불필요한 비용을 절감하려는 것이다. 교육훈련과 관련한 각 활동에 대한 상세한 접근은 3단계 프랙티스 그룹에서 다룬다.

1, 2단계 프랙티스 그룹에서 교육훈련과 관련한 기본적인 내용을 다뤘다면, 3단계 프랙티스 그룹은 체계적인 교육훈련 접근방식을 다루고 있다.

조직의 비즈니스 계획, 프로세스 개선 계획, 직원 역량 분석 결과, 조직 비전뿐만 아니라 조직의 표준 프로세스를 기초로 하여 전략적이고 단기적인 조직의 교육훈련 요구를 파악한다. 전략적인 교육훈련 요구란 현격한 지식 격차를 해소하고, 신기술을 소개하거나 관행상 중요한 변화를 이행함으로써 역량 을 구축하기 위한 장기적 목표를 의미한다. 보통 2년에서 5년 후까지를 내다보고 요구를 파악하는 중 장기적인 접근이다. 이에 반해, 단기적인 교육훈련 요구는 현재 필요로 하는 지식이나 스킬 결여를 메 움으로써 조직 비즈니스 목표를 당장에 해결하는 데 필요한 역량을 확보하기 위한 교육 요구를 파악하 는 것이다.

조직 교육훈련은 조직 전반에 걸친 교육훈련 요구와 더불어 각종 프로젝트와 지원 조직에 걸쳐 공통 적인 교육훈련 요구사항을 다룬다. 프로젝트와 지원 조직은 자신의 교육훈련 요구를 파악해 처리하는 일차적인 책임을 진다. 조직 교육훈련 담당자는 여러 프로젝트와 지원 조직에 공통적인 교육훈련 요구 에 대해서만 처리할 책임을 진다(예: 여러 개 프로젝트에 공통적인 작업 환경 교육훈련). 물론 때에 따 라, 교육훈련 자원 가용성과 조직 교육훈련 우선순위 측면에서 조직 교육훈련 담당자는 프로젝트나 지 원 조직과 협상에 따라 추가적인 교육훈련 요구를 다룰 수 있다.

장기 교육계획인 전략적 교육훈련 계획은 장기적인 요구를 충족하기 위한 교육훈련을 어떻게 제공 할 것인지를 설명한다. 반면, 단기 교육훈련 계획은 각 직원이 맡은 역할을 효과적으로 수행하는 데 필 요한 교육훈련을 제공하기 위한 계획을 말한다. 단기 교육훈련 계획은 대개 연간 단위로 교육훈련 계 획을 수립하고 사용하며, 연간 교육훈련 계획에는 교육훈련 주제, 교육훈련 목적과 목표, 교육훈련 방 법과 일정, 교육훈련 환경과 같은 사항을 포함한다. 그러나 규모가 작은 조직에서는 교육훈련 계획을 수립하는 데 있어 전략적으로 접근하기보다는 1년 단위 단기적인 방법으로 접근하는 경향이 있다. 따 라서 규모가 작은 조직에서는 전략적 교육훈련 계획을 수립하지 않는 경우가 있는데, CMMI에서는 조 직 규모와 상관없이 단기적인 교육훈련 계획뿐만 아니라 장기적인 교육훈련 계획도 함께 수립할 것을 요구하고 있다.

장단기 교육 요구를 파악하면, 이를 해소하는 데 필요한 교육훈련 역량을 확보해야 한다. 교육훈련 역량이란 교육훈련을 제공하는 인프라라고 이해하면 된다. 강의실 형태 교육훈련이면 강의장을 확보해야 하며, 온라인 교육훈련이면 관련 시스템을 갖춰야 한다. 교육훈련 강사도 사내외 강사 유형에 따라 사전 확보가 필요하다. 사외 교육훈련이라면 관련 교육훈련 기관과 사전 협약을 체결해야 한다. 그리고 과정별 교육훈련 과정 설명서에는 교육훈련에서 다루게 될 주제, 교육 대상자, 선수과목과 참여를 위한 기본 자격, 교육훈련 목표와 기간, 과정 이수 기준을 포함한다.

조직 목표와 프로젝트 목표 대비 교육훈련 이점을 파악하기 위해 교육훈련 효과에 대해 평가한다. 이러한 평가는 단지 교육훈련 실시 후, 해당 교육훈련에 대한 만족 여부 파악을 위해 시행하는 설문조사만을 의미하는 것은 아니다. 교육훈련 내용을 작업 현장에서 실제로 얼마나 활용하고 있는지 분석하는 활동까지도 포함한다. 교육훈련 과정에 따라 시험을 볼 수도 있고 비용 대비 효과를 분석해 볼 수도 있다. 교육훈련 효과 평가와 관련해서는 미국의 도날드 커크패트릭Donald Kirkpatrick 교수가 제시한 4단계 평가모델을 많이 활용하고 있다. 일명 커크패트릭 평가 모델이라고도 하는데 주요 내용은 다음과 같다.

1단계는 교육훈련 과정에 대한 학습자 반응을 확인한다. 주로 설문조사나 질문지를 사용한다. 2단계는 참여 학습자의 학습 성취와 결과를 평가한다. 시험을 보거나 때에 따라서는 사례연구를 시키거나 실습 또는 역할연기를 통해 평가할 수도 있다. 3단계는 업무적용도 평가로 교육훈련 과정을 통해 습득한 지식이나 기술을 실제 업무에 얼마나 잘 적용할 수 있는지 평가한다. 설문조사, 관찰, 인터뷰, 자기보고서와 같은 방법을 활용한다. 마지막 4단계는 교육훈련 과정이 해당 조직에 어떤 공헌을 했는지 종합적으로 파악하는 평가이다. 투자 대비 효과 분석을 수행하기도 한다. 하지만 모든 교육훈련 과정에 대해 1단계부터 4단계까지 평가를 수행할 필요는 없다. 교육훈련 과정의 중요도나 비용을 고려해 적절한 수준에서 평가 활동을 수행하면 된다. 중요한 건 이러한 효과 평가 결과로써 조직 교육훈련 프로그램을 지속해서 개선하는 것이다.

교육훈련 과정을 제공한 후에는 개인별, 프로젝트별 또는 지원 조직별 교재나 수료증, 출석부와 같은 결과물을 관리한다. 또한 업무를 배정할 때 참고할 수 있도록 적절한 사람에게 훈련 기록을 제공한다.

3. 지원 범주 역량 영역과 프랙티스 영역

지원 범주는 [표 2—3]과 같이 솔루션 구현과 제공을 지원하는 1개 역량 영역과 3개 프랙티스 영역으로 구성된다.

[표 2—3] 지원 범주 역량 영역과 프랙티스 영역

범주	역량 영역	프랙티스 영역
지원	이행 지원	원인 분석 및 해결
		의사결정 분석 및 해결
		형상 관리

(1) 원인 분석 및 해결_{Causal Analysis and Resolution, CAR}

원인 분석 및 해결은 선택한 결과의 원인을 파악하고 바람직하지 않은 결과의 재발을 방지하거나 긍정적인 결과의 재현을 보장하는 조처를 한다.

조직과 프로젝트는 이 활동을 통해 이슈의 원인을 해결하여 재작업을 없애고 품질과 생산성을 직접적으로 개선한다.

Identifies causes of selected outcomes and takes action to either prevent recurrence of undesirable outcomes or ensure recurrence of positive outcomes.
Addresses causes of issues, eliminating rework and directly improving quality and productivity.

■ 1단계 프랙티스 그룹

CAR 1.1	선택한 결과의 원인을 파악하고 해결한다. (Identify and address causes of selected outcomes.)
가치	비즈니스 목표를 달성할 가능성을 높인다. (Increases likelihood of achieving business objectives.)
활동 예시	• 예상과 다른 결과를 선택한다. • 결과의 원인을 조사한다. • 원인을 해결하고 원인 해결을 위한 변경 사항을 기록한다.
산출물 예시	• 조사한 결과 목록 　— 결과 　— 원인 　— 변경 사항

■ 2단계 프랙티스 그룹

CAR 2.1	분석할 결과를 선택한다. (Select outcomes for analysis.)
가치	목표 달성에 가장 큰 영향을 미치는 결과에 노력을 집중한다. (Focuses efforts on the outcomes with the greatest impact on achieving objectives.)
활동 예시	• 분석 범위를 정의한다. 　— 문제 또는 성공 정의 　— 영향받는 이해관계자 　— 영향받는 대상 • 관련 데이터를 수집한다. • 추가로 분석할 결과를 결정한다. 　— 고려 사항: 출처, 영향, 발생 빈도, 유사성, 분석 비용, 필요한 시간과 자원, 안전과 보안, 성과 　— 결과를 선택하는 방법 예: 파레토 분석, 히스토그램, 속성에 대한 상자수염그림, 실험 설계, 원인과 결과 분석
산출물 예시	• 분석 결과 　— 더욱 자세한 원인 분석을 위해 선택한 상위 수준 분석 결과 • 추가 분석을 위해 선택한 결과
CAR 2.2	결과의 원인을 분석하고 해결한다. (Analyze and address causes of outcomes.)
가치	비용과 시간을 줄여 더욱 효율적으로 목표를 달성한다. (Reduces cost and time to meet objectives more efficiently.)

활동 예시	• 영향받는 이해관계자를 파악하여 참여시킨다. 　— 원인 분석은 보통 선택한 결과를 가장 잘 이해하고 작업 수행에 책임이 있는 사람이 수행 • 원인 분석을 수행한다. • 잠재적인 이슈나 성공 요인을 파악하고 분석한다. • 선택한 조치를 구현한다. • 조치가 성과에 미치는 영향을 평가한다. • 결과를 공유한다.
산출물 예시	• 영향받는 이해관계자 목록 • 파악한 원인 　— 잠재적인 이슈와 결과를 분석한 결과 • 취할 조치 　— 비용, 일정, 성과에 미치는 영향

■ 3단계 프랙티스 그룹

CAR 3.1	조직 프로세스에 따라 선택한 결과의 원인을 파악한다. (Determine causes of selected outcomes by following an organizational process.)
가치	성공을 촉진하고 문제를 방지하여 목표 달성 가능성을 높인다. (Increases likelihood of meeting objectives by promoting successes and avoiding problems.)
활동 예시	• 이해관계자를 파악하고 참여시킨다. • 데이터를 수집한다. • 조직 프로세스에 따라 원인을 분석한다. 　— 개별 결과를 살펴보고 결과를 그룹화하는 것도 고려 　— 부정적인 결과를 유발하는 요인: 부적절한 교육과 기술, 의사소통 단절, 작업의 모든 세부 사항을 고려하지 않음, 키보드 입력 등 수작업 절차에서 실수하는 경우, 프로세스 결함, 부적절한 자원 할당, 불완전하거나 모호하거나 불분명한 계약 요구사항, 공급자 계약 변경 사항의 비효율적 관리 　— 긍정적인 결과를 유발하는 요인: 프로젝트에 대한 새로운 접근방식, 프로세스 자동화, 시스템이나 도구 최신화, 시범 적용, 프로세스 개선, 성능 개선 　— 원인을 파악하는 방법 예: 원인과 결과 다이어그램, 점검 목록, 5단계의 '왜'(5 Whys) 　— 가능하면 범위에 따라 여러 가지 방법으로 결과를 살펴보고 모든 잠재적 원인을 조사 　— 적절한 경우 여러 기능에 걸쳐 원인 유형 조사 • 원인을 기록한다.
산출물 예시	• 원인 목록 　— 선택한 결과와 분석 결과 포함 • 영향받는 이해관계자 목록

CAR 3.2	파악한 원인을 해결할 수 있는 조치를 제안한다. (Propose actions to address identified causes.)
가치	부정적인 결과를 방지하거나 긍정적인 결과를 창출하여 비용과 시간을 절감한다. (Reduces cost and time by preventing negative outcomes or producing positive outcomes.)
활동 예시	• 조치 제안을 작성한다. 　— 파악한 프로세스, 교육, 도구, 방법, 솔루션 포함 　— 원인 해결을 위한 일반적인 방법: 프로세스를 변경하여 오류가 발생하기 쉬운 단계 제거, 이전 성공 사례를 바탕으로 프로세스 최신화, 성공적인 시범 적용 결과 전개, 부가가치가 없는 작업 제거, 프로세스 전체 또는 일부 자동화, 프로세스 활동 재정렬, 작업 착수 회의와 같은 프로세스 단계를 추가하여 일반적인 문제와 이를 예방하는 조치 검토 • 조치 제안을 기록한다.
산출물 예시	• 조치 제안 　— 조치 제안 작성자 　— 영향받는 이해관계자 　— 필요한 작업에 대한 설명 　— 해결해야 할 결과에 대한 설명 　— 원인에 대한 설명 　— 원인과 조치 범주 　— 파악한 단계 　— 조치에 대한 설명 　— 조치 제안을 실행하는 데 필요한 시간, 비용, 기타 자원 　— 조치 제안을 구현함으로써 기대하는 이점 　— 문제를 해결하지 않거나 성공을 활용하지 않을 때 추정하는 비용
CAR 3.3	선택한 조치 제안을 실행한다. (Implement selected action proposals.)
가치	목표 달성 가능성을 높이는 데 가장 큰 영향을 미치는 변경 사항을 실행한다. (Implements changes that have the most impact on increasing the likelihood of meeting objectives.)
활동 예시	• 조치 제안을 분석하고 우선순위를 결정한다. 　— 우선순위 결정 기준: 결과를 해결하지 않았을 때 영향, 결과를 해결하는 조치를 실행하는 데 드는 비용, 위험 영향, 품질에 미치는 예상 영향 • 실행할 조치 제안을 선택한다. 　— 실행할 조치 제안을 결정하는 데 사용할 기준 포함 • 선택한 조치 제안을 실행하기 위한 계획을 수립한다. 　— 구현 책임자 　— 조치에 대한 자세한 설명 　— 필요한 작업에 대한 설명

	— 영향받는 영역에 대한 설명 — 영향받는 이해관계자 — 일정 — 예상 비용 — 원인을 해결하지 않았을 때 추정하는 비용 — 실행 조치에 대한 설명 — 성과에 미치는 예상하는 영향 — 필요한 시범 적용 파악 • 계획에 따라 실행함: 원인 분석팀원, 프로젝트팀원 또는 다른 조직 구성원에게 조치 위임 — 프로세스 최신화 — 결과 검토 — 조치 항목을 종결할 때까지 추적 • 다른 프로세스와 솔루션에 존재할 수 있는 유사한 원인을 찾아 적절한 조처를 한다.
산출물 예시	• 실행을 위해 선택한 조치 제안 • 실행계획 • 최신화한 프로세스 자산
CAR 3.4	원인 분석과 해결 데이터를 기록한다. (Record causal analysis and resolution data.)
가치	조직 전반에 대한 개선 노력을 기록하고 전달하여 비용 절감과 생산성 향상을 도모한다. (Records and communicates improvement efforts across the organization, leveraging savings and increasing productivity.)
활동 예시	• 원인 분석 데이터를 기록하고 데이터를 사용할 수 있도록 제공한다. — 원인 분석과 함께 정성적이고 기본적인 측정 데이터 분석 사용 포함
산출물 예시	• 원인 분석과 해결 기록 — 분석한 결과 데이터 — 의사결정 근거 — 조치 제안 — 조치 제안에 따른 실행계획 — 분석과 해결 활동 비용 — 기록한 프로세스의 프로세스 성과 변화 측정값
CAR 3.5	효과를 입증한 변경 사항의 개선 제안을 제출한다. (Submit improvement proposals for changes proven to be effective.)
가치	중단과 재작업을 줄이고 프로젝트가 서로 학습하여 생산성을 높일 수 있다. (Reduces disruptions and rework and allows projects to learn from each other and increase productivity.)

활동 예시	• 개선 제안을 제출한다.
	— 상황을 고려하여 분석한 영역
	— 솔루션 상황을 고려한 솔루션 선택 결정
	— 절충 상황을 고려하여 선택한 조치 평가
	— 의도하지 않은 부작용을 포함한 작업 모니터링
	— 솔루션으로 기대한 결과를 완전히 달성하지 못하더라도 상황별 성과 정보를 포함한 달성 결과
산출물 예시	• 개선 제안

■ 4단계 프랙티스 그룹

CAR 4.1	통계와 기타 정량적 기법을 사용하여 선택한 결과에 대한 근본 원인 분석을 수행한다. (Perform root cause analysis of selected outcomes using statistical and other quantitative techniques.)
가치	프로젝트가 품질 및 프로세스 성과 목표를 달성할 가능성을 높인다. (Improves the likelihood that the project will meet its quality and process performance objectives.)

활동 예시	• 근본 원인 분석을 수행한다.
	  — 안정성과 역량에 미치는 영향을 이해하고 긍정적이거나 부정적인 결과의 원인 파악
	  — 프로세스 성과 기준선과 모델 사용: 결함 진단, 긍정적인 결과 진단, 가능한 솔루션 파악, 향후 업무와 프로세스 성과 예측, 잠재적 조치 평가
	• 잠재적 조치를 파악하고 분석한다.
	• 효과 척도를 파악한다.
	• 선택한 조치를 구현한다.
	  — 솔루션 또는 프로세스 최신화

산출물 예시	• 프로세스와 프로젝트 성과 분석
	  — 통계와 정량적 분석
	  — 프로세스와 프로젝트 성과와 동향을 이해하는 데 사용하는 데이터 시각화
	• 파악한 근본 원인
	• 파악한 효과 측정값
	  — 성과에 미치는 영향
	  — 품질 및 프로세스 성과 목표 달성에 미치는 영향
	  — 안정성과 역량에 미치는 영향
	• 실행계획
	  — 솔루션이나 프로세스에 대한 변경 사항 포함
	• 최신화한 솔루션이나 프로세스

CAR 4.2	통계와 기타 정량적 기법을 사용하여 구현한 조치가 프로세스 성과에 미치는 효과를 평가한다. (Evaluate the effect of implemented actions on process performance using statistical and other quantitative techniques.)
가치	품질 및 프로세스 성과 목표 달성 가능성을 극대화한다. (Maximizes the likelihood of meeting quality and process performance objectives.)
활동 예시	• 프로젝트 영향을 받은 프로세스의 프로세스 성과 변화를 측정하고 분석한다. 　— 선택한 변경 사항이 프로세스 성과에 긍정적인 영향을 미쳤는지를 결정 　— 통계와 기타 정량적 기법(예: 가설검정)을 사용하여 프로세스 성과 기준선 전후를 비교하고 변경의 통계적 유의성 평가 • 변경 사항이 프로젝트의 품질 및 프로세스 성과 목표 달성에 미치는 영향을 결정한다. 　— 선택한 변경 사항이 프로젝트가 품질 및 프로세스 성과 목표를 충족하는 능력에 긍정적인 영향을 미쳤는지를 결정 　— 프로세스 성과 모델은 영향과 투자수익률 예측을 통해 평가에 기여 • 구현한 조치가 효과적이면 조직을 위한 프로세스 개선 제안을 제출한다.
산출물 예시	• 프로세스 성과에 대한 변화 분석 • 조직 개선 제안

■ 5단계 프랙티스 그룹

CAR 5.1	통계와 기타 정량적 기법을 사용하여 다른 솔루션과 프로세스를 평가하고 조직 전체의 성과를 최적화하기 위해 해결책을 적용할지 결정한다. (Use statistical and other quantitative techniques to evaluate other solutions and processes to determine if the resolution should be applied to optimize performance across the organization.)
가치	조직 전반에 대한 개선 사항을 활용하여 비용과 위험을 최소화한다. (Leverages improvements across the organization to minimize cost and risk.)
활동 예시	• 유사한 프로세스나 솔루션을 파악한다. • 분석을 통해 변경 후보를 결정하고 우선순위를 정한다. • 선택한 프로세스나 솔루션에 변경 사항을 적용하고 결과를 전달한다.
산출물 예시	• 파악한 후보 프로세스와 솔루션 • 변경 결과

원인 분석 및 해결 프랙티스 영역에서는 결함이나 문제 유입을 방지하고, 탁월한 프로세스 성과 원인을 파악하여 적절하게 통합함으로써 품질과 생산성을 향상한다. 결함이나 문제가 발생한 원인을 제거하여 향후 재발을 방지하거나, 잠재적인 문제점을 파악하고 그러한 문제 발생을 방지하기 위해 문제 발

생 전에 데이터를 분석한다. 그뿐만 아니라, 향후 프로세스 성과를 개선하기 위해 성공 원인을 프로세스에 반영하기도 한다. 원인 분석 및 해결 활동은 다른 프로젝트나 현재 프로젝트 이전 단계 또는 작업 중에 유사한 결과가 발생할 수 있어서 프로젝트 간 교훈을 전달하는 메커니즘이다. 모든 결과에 대해 원인을 분석하는 것은 실제로는 불가능하다. 품질, 생산성과 주기에 대해 예상 투자 대비 효과 간 절충 분석을 수행하여 분석 대상을 선정하는 것이 바람직하다.

원인 분석 및 해결 프랙티스 영역에서 다루는 프랙티스는 정량적 관리를 위해 선택한 프로세스에 적용한다. 이 프랙티스 영역의 프랙티스를 사용하면 다른 상황에서도 가치를 더할 수는 있지만, 그 결과가 조직 품질 및 프로세스 성과 목표에 같은 정도로 영향을 미치지 못할 수도 있다.

원인 분석 및 해결 프랙티스 영역은 1단계부터 5단계까지 5개 프랙티스 그룹으로 구성된다.

1단계 프랙티스 그룹은 선택한 결과에 대해 원인을 파악하고 해결하는 활동이다. 선택한 결과는 긍정적일 수도 있고 부정적일 수도 있다. 예상과 비교해 유의한 차이점은 프로젝트에서 왜 그것이 잘되었는지, 그리고 정상적인 행동에 경험을 포함하려면 어떻게 변화해야 하는지를 결정하는 데 도움을 준다. 또는 기대치를 충족하지 못한 이유와 이를 충족하는 데 필요한 변경 사항을 확인하여 이후 성과를 개선할 수 있도록 해 준다.

2단계 프랙티스 그룹은 분석을 위해 대상이 되는 결과를 선택하고, 선택한 결과에 대한 원인을 분석하고 해결하는 활동이다. 이 활동은 사건에 의해 촉발할 수도 있고, 새로운 단계나 작업 시작 시점에 주기적으로 계획할 수도 있다. 보통 프로젝트 관리 활동을 통해 얻은 다양한 데이터 중에 어떤 성과 데이터를 분석할지를 결정한다. 간혹 원인 분석 및 해결 활동 주체에 대해 혼란스러워하는 때도 있다. 원인 분석 및 해결 활동은 프로젝트 관리 활동의 연장으로 프로젝트 자체적으로 수행한다. 또한 여러 프로젝트로부터 유사 데이터를 취합해 조직 차원에서 수행하기도 한다. 대개 성과에 부정적인 영향을 끼친 데이터를 중심으로 분석하는 경향이 있는데, 성과에 긍정적인 영향을 끼친 데이터 또한 분석 대상이 된다는 점을 유의해야 한다. 타 활동이나 작업 결과에 비해 월등히 뛰어난 성과가 나타나면 그 원인을 찾아 모범 사례로 정할 수도 있다.

선정한 이슈에 대한 원인 분석은 문제를 처음 식별한 직후에 가장 잘 수행할 수 있으며, 사건은 여전히 신중하게 조사할 수 있을 만큼 최신 상태를 유지해야 한다. 원인 분석에 필요한 형식과 노력은 크게 다를 수 있다. 작업을 수행한 이해관계자나 위험, 복잡성, 주기, 데이터와 자원 가용성과 같은 요인에 따라 달라질 수 있다.

3단계 프랙티스 그룹은 2단계 프랙티스 그룹 활동을 수행하면서 더 구체적이고 체계화한 접근을 다룬다. 조직 프로세스에 따라 선택한 결과에 대한 원인을 확인하고, 확인한 원인을 해결하는 조치를 제안하며, 선택한 조치 제안을 실행한다. 원인을 분석하고 해결한 데이터는 기록하고 효과를 입증한 변경은 조직에 개선 제안을 제출한다.

수집한 데이터에 대한 원인을 분석하고 이에 따른 조치를 제안하면서 유의할 점은 모든 결과나 문제에 대해 원인 분석 및 해결 절차를 따라야 하는 건 아니라는 것이다. 대부분은 문제가 발생한 원인을 모르거나 여러 원인이 복합적으로 작용한 결과일 수 있지만, 문제 원인을 직관적으로 알 수 있을 때도 있다. 만약 직관적으로 문제 원인을 알 수 있다면 원인을 분석하지 않고 조치하면 되므로 원인 분석 프로세스를 수행할 필요는 없다. 데이터에 대한 원인 분석은 혼자 수행하는 것이 아니라 관련자와 함께 수행하고, 여러 원인 중 우선순위가 높은 원인을 파악하여 조치를 제안한다. 여러 가지 원인 가운데 우선순위를 정하기 위해 문제기술, 브레인스토밍, 특성요인도, 파레토 분석과 같은 기법을 사용하기도 한다.

원인 분석과 조치 제안은 보통 다음과 같이 수행한다.

1. 수집한 데이터를 바탕으로 원인을 분석하고 이런 일이 다시 발생하지 않도록 하는 조치를 제안한다.
2. 조치 제안에는 문제해결 방법과 필요한 일정, 인력, 비용에 대한 구체적인 사항을 포함한다. 또한 조치 목표와 효과를 어떻게 측정할 것인지 포함해야 한다.

조치 제안에는 부정적인 결과 발생이나 재발을 방지 또는 감소시키거나, 실현한 성공 사례를 반영하기 위해 분석한 결과의 원인에 대처하는 데 필요한 작업을 설명한다. 선택한 조치 제안에 대해 실행계획을 수립하고 실행하며 가치가 있다고 판단한 변경 사항만 광범위한 구현을 고려하도록 한다. 투자수익률 관점에서 효과가 높은 조치 제안을 우선하여 구현하며, 다음과 같이 실행한다.

1. 조치 제안 중 개선 효과가 크고 상대적으로 노력이 적은 조치 제안을 파악하여 적용한다.
2. 조치 제안을 실행할 수 있는 프로젝트를 선택하고 프로젝트에 적용하기 위한 구체적인 계획을 수립한다.
3. 계획에 따라 조치 제안을 실행하면서 계획대로 진행하고 있는지, 성과는 계획과 비교해 유사하게 나타나는지 주기적으로 확인한다.
4. 다른 프로세스에도 유사한 문제가 없는지 확인하고 만약 있다면 제거한다.

원인을 분석하고 해결한 결과로써, 프로젝트 성과를 개선하였거나, 선택한 문제를 반복하지 않도록 방지하거나, 탁월한 성과를 향후 활용할 수 있거나, 향후 사용을 위한 충분한 상황을 제공하는 데이터는 수집하고 기록한다. 그렇다고 해서 관련 데이터를 별도로 기록할 필요는 없다. 데이터 기록은 별도 과정으로 존재하기보다는 개선 활동을 수행하면서 함께 기록하는 경우가 많으므로 주로 착수 보고, 중간 보고, 최종 보고 형태로 존재한다. 이러한 보고서를 정리하고 공유하는 활동이 데이터 기록에 해당한다. 효과를 입증한 변경에 대해서는 조직에 개선을 제안하여 다른 프로젝트에서도 활용할 수 있도록 한다.

4단계 프랙티스 그룹은 근본 원인 분석 및 해결 활동을 수행하면서 3단계 프랙티스 그룹까지 수행한 정성적이고 기초적인 측정 데이터 분석에서 벗어나 통계적이고 정량적인 분석을 수행하는 것에 중점을 둔다. 즉 통계적이고 정량적인 기법을 이용하여 실행계획을 평가하고 선택하고 실행하며 그 결과를 측정한다. 프로세스 안정성과 역량 결여, 목표 대비 성과 결여 또는 예상외로 긍정적인 결과를 포함한 결과물을 선택한다. 근본 원인 분석은 보통 분석에 사용할 수 있는 프로세스 성과 데이터, 프로세스 성과 기준선과 프로세스 성과 모델 가용성에 따라 달라진다. 실행해야 하는 조치는 결정, 계획, 실행에 필요한 노력과 시간 측면에서 상당히 광범위할 수 있다. 결함에 대한 초기 분석 없이는 얼마나 많은 시간이 필요한지 알 수 없다.

통계와 기타 정량적 기법을 사용하여 실행하는 프로세스 성과에 대한 효과를 평가한다는 것은 개선안을 수행하고 계획 시 수립한 목표대로 진행하였는지를 평가한다는 의미이다. 다만 개선 효과를 평가했다고 해서 원인 분석 및 해결 활동을 완료하는 것이 아니라는 점을 유의해야 한다. 개선안 수행을 통한 효과는 단기적으로만 나타날 수도 있다. 효과 평가와 함께 이후 모니터링을 위한 계획도 필요하다. 개선안 적용 효과는 통계적으로 비교해 봐야 한다. 보통 2 표본 T 검정이나 분산분석 기법을 사용해 개선 전후 차이를 파악하고 수립한 목표와 비교하여 개선 효과를 평가한다.

개선 효과에 대한 평가 시에는 다음 사항을 고려한다.
- 개선 결과 데이터를 수집해 개선 전후 차이가 있는지 통계 기법을 사용해 확인한다. 개선안은 프로세스 전부나 일부를 변형한 형태이므로 프로세스 성과 기준선 변화도 확인한다.
- 개선안을 구현하는 데 필요한 노력, 비용과 개선 효과를 통계적으로 비교한다.

마지막으로 5단계 프랙티스 그룹에서는 해결 방안을 확산 전개할지 결정하기 위해 통계와 기타 정량적 기법을 사용하여 다른 솔루션과 프로세스를 평가하는 활동을 다룬다. 이 프랙티스의 목적은 근본 원인 분석에서 학습한 과거 프로젝트와 솔루션에서 해결한 해결책을 조직 내 다른 프로젝트, 프로세스와 솔루션에 적용할 수 있는지 결정하는 것이다. 유사한 프로세스나 솔루션을 파악하고, 변경을 위한 후보를 결정하고 우선순위를 정한다. 이후 선택한 프로세스나 솔루션에 대해 변경 사항을 적용하고 결과를 전달하는 활동을 수행한다.

(2) 의사결정 분석 및 해결Decision Analysis and Resolution, DAR

의사결정 분석 및 해결은 대안 분석 프로세스를 사용하여 의사결정을 하고 기록한다.
조직과 프로젝트는 이 활동을 통해 의사결정 객관성과 최적 솔루션 선택 확률을 높인다.

Makes and records decisions using a recorded process that analyzes alternatives.
Increases the objectivity of decision—making and the probability of selecting the optimal solution.

■ 1단계 프랙티스 그룹

DAR 1.1	대안을 정의하고 기록한다. (Define and record the alternatives.)
가치	대안에 대한 명확한 정의와 이해를 통해 잠재적인 재작업을 줄일 수 있다. (Reduces potential rework with a clear definition and understanding of the alternatives.)
활동 예시	• 대안을 정의한다. • 대안을 정의할 때 이해관계자를 참여시킨다.
산출물 예시	• 대안 설명서 — 대안을 설명하고 관련자를 파악
DAR 1.2	의사결정을 하고 기록한다. (Make and record the decision.)
가치	근거와 결정에 대한 명확한 이해를 바탕으로 지속적인 개정과 재작업을 피할 수 있다. (Provides a clear understanding of rationale and decisions made and avoids constant revisions and rework.)
활동 예시	• 의사결정을 하고 기록한다.
산출물 예시	• 의사결정 기록 — 대안 — 근거 — 선택 기준 — 관련한 사람

■ 2단계 프랙티스 그룹

DAR 2.1	기준에 근거한 의사결정 프로세스를 따라야 하는 시기를 결정하기 위해 규칙을 개발하고 최신 상태로 유지하며 사용한다. (Develop, keep updated, and use rules to determine when to follow a recorded process for criteria—based decisions.)
가치	가장 중요한 의사결정에 집중하여 비용을 절감한다. (Reduces costs by focusing on the most important decisions.)
활동 예시	• 기준에 근거한 의사결정 프로세스를 언제 사용해야 하는지에 대한 규칙과 지침을 개발하고 기록한다. • 기준에 근거한 의사결정 규칙과 지침을 준수한다. • 영향받는 이해관계자에게 규칙과 지침을 전달한다. — 기준에 근거한 의사결정 프로세스를 사용할 때 영향받는 이해관계자에게 공지

산출물 예시	• 기준에 근거한 의사결정 규칙과 지침 • 기준에 근거한 의사결정 기록 목록
DAR 2.2	대안을 평가하기 위한 기준을 설정한다. (Develop criteria for evaluating alternatives.)
가치	최적 솔루션을 일관성 있게 선택할 수 있다. (Enables consistent selection of optimal solutions.)

활동 예시	• 대안 솔루션을 평가하는 기준을 정의한다.
	  — 의사결정을 위한 경계를 설정하는 데 도움이 될 수 있음
	• 평가 기준 범위와 가중치를 정의하고, 사용하고, 최신 상태로 유지한다.
	  — 평가 기준의 상대적 중요도에 대한 가중치 개발
	  — 위험과 영향 파악
	  — 영향받는 이해관계자의 요구, 목표와 우선순위를 반영하기 위해 정의한 범위와 가중치에
	    따라 기준의 순위 지정

산출물 예시	• 평가 기준 기록
	  — 기준 근거
	  — 기준 순위와 가중치

DAR 2.3	대안 솔루션을 파악한다. (Identify alternative solutions.)
가치	솔루션 품질과 고객 만족을 높인다. (Increases the quality of the solution and customer satisfaction.)

활동 예시	• 과거 유사한 내부 또는 외부 의사결정에 대한 정보를 조사한다.
	  — 문제에 대한 심층적인 이해 제공
	  — 고려할 대안 파악
	  — 구현 장애물 파악
	  — 유사한 의사결정에서 얻은 교훈 사례 파악
	• 고려해야 할 추가 대안을 파악한다.
	  — 대안 식별을 위한 출발점으로 평가 기준 활용
	  — 평가 기준은 영향받는 이해관계자 우선순위와 비즈니스, 성과, 기술, 물류 또는 기타 과제
	    중요성에 따라 파악
	  — 기존 대안 솔루션 주요 특성을 결합하여 때로는 더 강력한 추가 대안 솔루션을 생성
	  — 브레인스토밍 세션, 인터뷰, 작업그룹을 통해 영향받는 이해관계자에게 대안 솔루션을 요청
	• 선택한 대안을 기록한다.

산출물 예시	• 대안 기록
DAR 2.4	평가 방법을 선택한다. (Select evaluation methods.)

가치	의사결정에 필요한 비용, 일정, 성과를 최적화한다. (Optimizes the cost, schedule, and performance for the decision being made.)
활동 예시	• 평가 방법을 선택한다. 　— 구조화한 가중치 매트릭스 　— 시험 　— 모델링과 시뮬레이션 　— 연구 또는 벤치마킹 　— 설문조사 　— 프로토타입 　— 시연 　— 포커스 그룹 　— 전문가 판단
산출물 예시	• 선택한 평가 방법
DAR 2.5	기준과 방법을 사용하여 솔루션을 평가하고 선택한다. (Evaluate and select solutions using criteria and methods.)
가치	최적 솔루션을 선택한다. (Ensures that the optimal solution is selected.)
활동 예시	• 기준에 기반한 의사결정 프로세스에 따라 대안 솔루션을 평가한다. • 평가 결과를 기록한다. 　— 새로운 대안이나 방법을 추가하거나 기준 변경과 중간 평가 결과에 대한 근거를 기록 • 권장 솔루션 구현과 관련한 위험을 평가한다. 　— 불완전한 정보로 의사결정을 하면 상당한 위험 발생 가능 • 권장 솔루션에 관한 결과를 기록하고 영향받는 이해관계자에게 전달한다. 　— 특정 솔루션을 선택한 이유와 다른 솔루션을 거부한 이유를 모두 기록
산출물 예시	• 평가 결과 • 평가 위험 • 권장 솔루션

■ 3단계 프랙티스 그룹

DAR 3.1	역할 기반 의사결정 권한에 대한 설명을 작성하고 최신 상태로 유지하며 사용한다. (Develop, keep updated, and use a description of role—based decision authority.)
가치	적절한 수준의 권한이 의사결정을 하고 승인하도록 하여 비즈니스 위험을 줄인다. (Reduces business risk by ensuring the appropriate levels of authority are making and approving decisions.)

활동 예시	• 의사결정 권한 역할과 수준을 파악하여 기록하고 최신 상태로 유지하며 전달한다. — 권한과 역할 정의 주기적 검토 — 조직 의사결정 권한에 대한 직원 오리엔테이션이나 교육
산출물 예시	• 역할과 의사결정 권한과 책임 목록 • 의사결정 권한 수준 목록 — 수준에 대한 설명 — 관련 역할에는 검토자와 승인자 포함 — 상위 관리자 보고 절차 — 의사소통 요구사항

의사결정 분석 및 해결 프랙티스 영역은 어떤 이슈를 공식 평가 대상으로 해야 할지에 관한 지침을 수립하고 공식 평가 프로세스를 이러한 이슈에 적용한다. 공식 평가 프로세스는 권장 솔루션을 결정하기 위해 수립한 기준을 사용하여 대안 솔루션을 평가하는 구조화한 접근방식이다. 공식 평가 프로세스는 보통 대안 평가를 위한 기준을 수립하고 대안 솔루션을 파악한다. 대안 평가 방법을 선택한 후에 수립한 기준과 방법을 사용하여 대안 솔루션을 평가하고 여러 대안 중에서 권장 솔루션을 선택하는 활동을 포함한다. 이러한 공식 평가 프로세스는 의사결정에 대한 주관적 판단을 줄여 준다. 그뿐만 아니라 관련 이해관계자의 여러 요구를 충족할 수 있는 솔루션 선택 가능성을 높여 준다.

의사결정 분석 및 해결 프랙티스 영역의 일차적인 용도가 기술적 이슈이기는 하지만, 공식 평가 프로세스는 특히 프로젝트 계획 단계에서 다양한 비기술적 이슈에 적용할 수도 있다. 여러 개 대안 솔루션과 평가 기준을 가진 이슈의 경우에 공식 평가 프로세스가 잘 맞는다. 이 같은 이슈는 보통 여러 아키텍처나 설계 선택 중에 발생한다. 재사용 가능한 구성 요소나 상용 규격품 구성 요소 사용, 공급자 선정, 엔지니어링 지원 환경이나 관련 도구, 시험 환경, 물류나 생산을 포함하기도 한다. 공식 평가 프로세스는 제조나 구매 여부 결정, 제조공정 개발, 유통 장소 선정과 기타 의사결정을 할 때도 사용할 수 있다.

의사결정 분석 및 해결 프랙티스 영역은 1단계부터 3단계까지 3개 프랙티스 그룹으로 구성된다.

1단계 프랙티스 그룹은 의사결정을 위한 대안을 정의하고 의사결정 결과를 기록하는 활동이다. 의사결정을 위해 항상 대안을 고려해야 하는 것은 아니다. 대안이나 잠재적 영향과 필요한 의사결정에 대해 공통으로 이해하는 것이 중요하다. 향후 의사결정 근거를 상실하거나 의문을 남길 수 있다. 따라서 의사결정 결과를 기록하면 의사결정을 어떻게 했는지, 그리고 그 결정과 관련한 이슈나 상황을 이해하고 배우고 나중에 참고할 수 있다. 의사결정을 위해 공식 평가를 해야 하는 이슈는 수시로 파악할 수 있다. 이슈 해결에 사용할 수 있는 시간을 최대한 확보할 수 있도록 이슈를 가능한 조기에 파악하는 것을 목표로 해야 한다.

2단계 프랙티스 그룹은 의사결정을 위한 규칙을 개발하고 규칙에 따라 파악한 대안을 평가하는 공식 평가 프로세스를 사용하여 솔루션을 평가하고 선택하는 내용을 다룬다.

의사결정 중에는 공식 평가 프로세스가 필요할 만큼 중요하지 않은 결정도 있다. 명시적인 지침이 없으면, 사소한 이슈와 정말 중요한 이슈를 명확하게 구별하기가 어려울 수 있다. 따라서 의사결정을 해야 하는 관리자나 시스템 분석가에게 의사결정을 위한 지침을 제공하는 것이 바람직하다. 지침에는 어떤 이슈가 의사결정 절차를 거쳐야 하고 어떤 이슈는 거치지 않아도 되는지 정의해 놓아야 한다. 그렇지 않으면 공식적인 의사결정 절차를 밟지 않아도 되는 이슈에 대해서까지도 많은 사항을 고려해야 해서 오히려 의사결정을 어렵게 하거나 지연할 수 있다. 이러한 이유로 어떤 조직에서는 의사결정을 하기 위한 공식적인 지침은 필요하지 않다고 하는데, 이는 바람직한 방향은 아니다.

다음은 언제 공식 평가 프로세스가 필요한지 결정하는 데 사용하는 일반적인 지침이다.
- 영향도가 중간 내지 높은 위험인 이슈와 직접 관련한 의사결정
- 형상 관리 대상 작업산출물 변경과 관련한 의사결정
- 특정 퍼센트나 특정 시간을 초과하는 일정 지연을 초래할 수 있는 의사결정
- 프로젝트 목표를 달성할 수 있는 역량에 영향을 주는 의사결정
- 비용 대비 효과가 합리적인 의사결정
- 입찰 요청 중 법적 의무가 존재하는 의사결정
- 상충하는 품질 요구사항으로 인해 완전히 다른 아키텍처 대안을 도출할 수 있는 의사결정

대안 평가를 위한 기준은 대안 솔루션을 평가하는 근거를 제공한다. 가장 높은 순위를 차지한 기준이 평가에 가장 큰 영향력을 갖도록 순위를 정한다. 의사결정 분석 및 해결 프랙티스 영역은 모델 내 다른 많은 프랙티스 영역과 공식 평가 프로세스를 사용할 수 있는 다양한 환경에서 사용하는 영역이다. 따라서 다른 프랙티스 영역에서 이미 의사결정 기준을 정의하였을 수도 있다. 이럴 때는 이 프랙티스만을 위해 별도 기준을 정할 필요는 없다. 기술적 한계, 환경적 영향, 위험, 사업적 가치, 우선순위에 따른 영향도와 비용을 기준 유형에 포함한다.

해당 이슈를 해결하기 위한 대안 솔루션을 파악하는 방법으로 사례조사나 브레인스토밍을 활용한다. 다양한 스킬과 배경을 가진 많은 이해관계자로부터 의견을 구하면 광범위한 대안이 나올 수 있다. 브레인스토밍은 신속한 상호작용과 피드백을 통해 혁신적인 대안을 도출하는 데 도움을 준다. 브레인스토밍은 일정한 주제에 대해 회의 형식으로 참여자의 자유발언을 통한 아이디어 제시를 요구하여 발상을 찾아내려는 방법이다. 한 사람보다는 다수가 제기하는 아이디어가 많으며, 아이디어 수가 많을수록 질적으로 우수한 아이디어가 나올 가능성이 크다. 아이디어는 비판을 가하지 않으면 많아진다는 원리로 자유연상법이라고도 할 수 있다.

수립한 기준을 바탕으로 대안 솔루션을 평가하는 방법으로는 시험, 모델링, 시뮬레이션, 엔지니어링 분석, 비용 분석, 비즈니스 기회 분석, 설문조사, 사용자 검토, 전문가 그룹에 의한 판단처럼 다양한 방법 중에서 선택할 수 있다. 그리고 평가 시에는 비용, 일정, 성과와 위험 영향도를 고려할 필요가 있다. 많은 유형의 문제는 한 종류의 평가 방법 사용만으로도 충분하지만, 어떤 문제는 여러 개의 평가 방법을 동시에 필요로 할 수 있다. 예를 들어, 시뮬레이션은 어떤 설계 대안이 주어진 기준을 가장 효과적으로 충족하는지 결정하는 데 있어 대체효과 분석을 보완하는 역할을 한다.

대안 솔루션 평가는 분석, 토의와 검토를 포함한다. 분석을 여러 번 반복 시행해야 하는 때도 있다. 평가를 뒷받침하고 결론을 입증하려면 뒷받침하는 분석, 실험, 프로토타입과 시범 적용이나 시뮬레이션이 필요할 수 있다. 분석을 하기 전까지는 기준의 상대적 중요성이 부정확하고, 솔루션에 대한 전반적인 영향이 명확하지 않은 경우가 많다. 결과 점수가 상대적으로 적은 차이를 보이면, 대안 솔루션 중에서 가장 좋은 선택이 무엇인지 명확하지 않을 수 있다. 이런 경우 기준과 가정 사항에 대한 이슈 제기가 필요하다. 솔루션 선정 시에는 여러 대안에 대한 평가 결과를 비교하고, 솔루션을 구현할 때 발생할 수 있는 위험도 평가해 봐야 한다. 대안 솔루션을 파악하고 평가하고 선정하는 과정과 결과를 문서화한다. 특정 솔루션을 선정한 사유뿐만 아니라 선정하지 않은 솔루션은 왜 선정하지 않았는지에 대한 사유도 기록으로 남겨야 한다.

3단계 프랙티스 그룹은 역할 기반 의사결정 권한에 대한 설명을 작성하고 사용하는 활동이다. 적정 수준 권한을 보유한 의사결정과 승인을 통해 비즈니스 위험을 감소시킨다. 의사결정을 위한 검토와 승인 권한을 파악한다. 승인 권한은 대개 조직 위험과 재무, 법률 또는 기타 비즈니스 요소에 의해 결정한다. 의사결정에 사용하는 접근방식에는 권한별로 누구를 포함하고 누가 검토하고 승인할지 포함한다. 의사결정 프로세스는 단위조직별로 분석 방법이나 승인 방법이 달라질 수 있다.

(3) 형상 관리 Configuration Management, CM

형상 관리는 형상 파악, 버전 통제, 변경 통제와 형상 감사를 수행하여 작업산출물의 무결성을 관리한다. 조직과 프로젝트는 이 활동을 통해 작업 손실을 줄이고 고객에게 올바른 버전의 솔루션을 제공할 수 있는 능력을 향상한다.

Manages the integrity of work products using configuration identification, version control, change control, and audits. Reduces loss of work and increases the ability to deliver the correct version of the solution to the customer.

■ 1단계 프랙티스 그룹

CM 1.1	버전을 통제한다. (Perform version control.)
가치	올바른 솔루션 제공을 보장하여 고객 만족을 높인다. (Increases customer satisfaction by ensuring that the correct solution is delivered.)
활동 예시	• 버전 통제 대상에 포함할 작업산출물을 목록화하고 최신 상태로 유지한다. ─ 모든 버전과 기타 관련 정보(예: 위치, 소유권) 포함 • 버전을 통제한다.
산출물 예시	• 작업산출물과 해당 버전 목록

■ 2단계 프랙티스 그룹

CM 2.1	형상 관리 대상 항목을 파악한다. (Identify items to be placed under configuration management.)
가치	재작업 위험을 줄이고 올바른 버전을 고객에게 전달했는지 검증한다. (Reduces risk of rework and verifies that the right version is delivered to the customer.)
활동 예시	• 형상 항목에 고유 식별자를 지정한다. • 각 형상 항목에 대한 중요한 특성을 설명한다. • 각 항목을 형상 관리 아래에 배치하는 시기를 지정한다. 　— 변경 성격과 시기, 각 단계 작업산출물이나 솔루션에 영향을 미칠 수 있는 시기와 방법 설명
산출물 예시	• 파악한 형상 항목 　— 소유자 또는 작성자 　— 작업산출물 또는 솔루션 유형 　— 주요 기능 　— 항목 목적 　— 다른 항목과 솔루션과의 관계 　— 보존 기간 　— 버전 　— 보안
CM 2.2	형상과 변경 관리 시스템을 구축하고 최신 상태로 유지하며 사용한다. (Develop, keep updated, and use a configuration and change management system.)
가치	작업산출물과 솔루션의 무결성을 통제하는 데 필요한 비용과 노력을 줄인다. (Reduces the cost and effort needed to control the integrity of work products and solutions.)
활동 예시	• 솔루션 수명주기 전반에 걸쳐 항목과 항목에 대한 변경 사항을 어떻게 통제하고 사용하고 관리하는지 설명한다. • 여러 수준 통제를 관리하는 방법을 설정한다. 　— 통제 수준은 작업 목표, 위험, 유형과 자원에 따라 선택 　— 통제하지 않음: 누구나 변경 가능 　— 버전 통제: 작성자나 소유자가 변경 사항을 통제 　— 기준선: 권한 보유자가 변경을 승인하고 통제하여 영향받는 이해관계자에게 공지 • 형상 관리 시스템에 대한 승인된 접근을 보장하기 위해 접근통제를 설정한다. • 형상 관리 시스템에 형상 항목을 저장하고 검색한다. 　— 형상 관리 시스템에 저장하고 검색하는 기능에는 체크인과 체크아웃 기능 포함 • 형상 관리 시스템 콘텐츠를 보존한다. 　— 형상 관리 항목(예: 파일, 데이터베이스 스키마, 물리적 결과물) 백업과 복원 　— 형상 관리 파일 보관, 보존과 보관에 대한 비즈니스, 법률, 규제 요구사항 고려 　— 형상 관리 오류로부터 복구

	— 보존 규칙에 따라 이전 버전 유지 • 필요에 따라 형상 관리 시스템을 최신화한다.
산출물 예시	• 형상 관리 시스템 • 변경 관리 시스템 • 최신화한 형상 항목
CM 2.3	내부에서 사용하거나 고객에게 전달하기 위한 기준선을 설정하거나 배포한다. (Develop or release baselines for internal use or for delivery to the customer.)
가치	작업산출물의 무결성을 보장한다. (Ensures the integrity of the work products.)
활동 예시	• 형상 항목 기준선을 설정하거나 배포하기 전에 권한을 부여받거나 승인을 받는다. — 승인 그룹은 형상 항목 변경 영향과 필요성 평가 • 형상 관리 시스템의 형상 항목에 대해서만 기준선을 설정하거나 배포한다. • 기준선에 포함한 일련의 형상 항목을 기록하여 기준선을 재현할 수 있도록 한다. • 현재의 기준선을 사용할 수 있도록 설정한다. — 접근 권한을 부여받은 이해관계자만 기준선 정보에 접근 가능
산출물 예시	• 권한 부여 — 기준선 설정과 변경 포함 • 기준선 — 형상 항목과 관련 변경 사항 포함 • 단일 형상 항목에 대해 여러 기준선 존재 가능
CM 2.4	형상 관리 항목에 대한 변경을 관리한다. (Manage changes to the items under configuration management.)
가치	승인된 변경만 이루어지도록 하여 비용과 일정에 미치는 영향을 줄인다. (Reduces costs and schedule impacts by ensuring that only authorized changes are made.)
활동 예시	• 변경 요청을 진행하고 기록한다. — 요구사항 변경 — 작업산출물 실패와 결함 — 이해관계자, 최종사용자와 고객 요구 — 작업산출물과 솔루션에 미치는 영향에 대한 설명 • 변경 요청이 미치는 영향을 분석한다. — 기술과 프로젝트 요구사항 — 즉각적인 프로젝트 또는 계약 요구사항 이상의 영향 — 배포 계획에 미치는 영향 — 비용, 일정, 품질, 기능 — 합의 사항

	• 변경 요청을 분류하고 우선순위를 정한다. 　— 긴급 변경 허용 　— 향후 기준선에 변경 사항 배정 • 영향받는 이해관계자와 함께 다음 기준선에서 처리할 변경 요청을 검토하고 동의를 얻는다. 　— 변경 사항 검토 　— 각 변경 요청에 대한 처리와 각 결정 근거 기록 　— 이해관계자에게 결과 보고 • 변경 요청에서 종결까지 상태를 추적한다. • 무결성을 유지하는 방식으로 변경 사항을 반영한다. 　— 수정 사항을 승인했는지 확인 　— 형상 항목 최신화 　— 작업산출물 버전 유지관리 　— 교체한 기준선을 보관하고 새로운 기준선 설정 　— 변경 사항에 주석 달기 　— 관련 작업산출물에 변경 사항 적용 • 변경 사항으로 인해 의도하지 않은 영향이 발생하지 않았는지 검토나 시험한다. 　— 자동화된 단위 시험 　— 회귀 시험 　— 성능 시험 • 형상 항목에 대한 변경 사항과 근거를 기록한다.
산출물 예시	• 변경 요청 　— 변경 내용 설명 　— 변경 범주 　— 변경 우선순위 　— 변경 상태 　— 변경 영향 　— 예상 구현 시간 　— 실제 구현 시간 • 변경 영향 분석 결과 • 형상통제위원회(형상통제심의위원회) 기록 • 형상 항목 개정 이력 • 의도하지 않은 영향에 대한 검토나 시험 결과 • 개정한 작업산출물과 기준선
CM 2.5	형상 관리 중인 항목을 설명하는 문서를 작성하고 최신 상태로 유지하며 사용한다. (Develop, keep updated, and use records describing items under configuration management.)
가치	형상 항목과 변경 상태에 대한 정확한 설명을 통해 재작업을 줄인다. (Reduces rework through accurate descriptions of the configuration items and status of changes.)

활동 예시	• 각 형상 항목 내용과 상태를 파악하고 이전 버전을 복구할 수 있도록 형상 관리 작업을 자세하게 기록한다. • 영향받는 이해관계자가 형상 상태를 알 수 있도록 한다. 　— 권한을 부여한 사용자에게 접근 권한 제공 　— 권한을 부여한 사용자가 쉽게 사용할 수 있는 기준선 사본 만들기 　— 항목을 체크인, 체크아웃 또는 변경할 때와 변경 요청에 관한 결정을 내릴 때, 영향받는 이해관계자에게 자동으로 알림 제공 • 기준선의 이전 버전, 관련 버전, 최신 버전 간 차이점을 명시한다. • 특정 기준선을 구성하는 형상 항목 버전을 파악한다. 　— 해당 기준선을 설정하는 데 사용한 변경 사항도 파악 • 필요에 따라 각 형상 항목 상태와 이력을 개정한다.
산출물 예시	• 형상 항목 개정 이력이나 변경 기록 • 변경 요청 기록 • 형상 항목 상태 • 기준선 간 차이
CM 2.6	형상 감사를 수행하여 형상기준선, 변경 사항과 형상 관리 시스템 내용의 무결성을 유지한다. (Perform configuration audits to maintain the integrity of configuration baselines, changes, and content of the configuration management system.)
가치	고객이 합의한 정확한 작업산출물과 솔루션 버전을 전달받도록 하여 고객 만족과 이해관계자 수용을 높인다. (Increases customer satisfaction and stakeholder acceptance by ensuring that the customer receives the agreed—on and correct versions of work products and solutions.)
활동 예시	• 기준선 무결성을 평가하고 파악한 이슈를 해결하는 조치 항목을 작성한다. 　— 변경 사항을 검증하는 물리적 작업산출물 검토 　— 변경 사항을 검증하는 기능적 작업산출물 검토 　— 승인한 변경 사항과 실제 변경 사항을 적용한 작업산출물 비교 • 형상 관리 기록의 무결성을 확인한다. 　— 올바르게 파악한 형상 항목 　— 항목의 완전성, 정확성, 일관성 • 형상 관리 시스템에서 항목의 구조와 무결성을 검토한다. • 조치 항목을 기록하고 종결까지 추적한다.
산출물 예시	• 형상 감사 또는 검토 결과 　— 조치할 수 있을 만큼 상세하게 감사 목표와 결과를 포함 • 조치 항목 　— 감사 결과를 처리하는 데 필요한 조치와 감사 종료 시점을 결정하는 데 필요한 기준을 설명

만약 여러분이 이 프랙티스 영역을 충족하기 위해 프로젝트에서 사용하고 있는 파일을 보관하기 위한 라이브러리를 만들거나 단순히 형상 관리 도구를 구매해 사용하면 해결되리라 생각하고 있다면 그건 정말 잘못된 생각이다. 형상 관리 활동은 형상 항목을 정의하는 것에서 시작한다. 솔루션을 개발할 때, 혼자 작업하는 것이 아니라면 여러분은 이 솔루션을 몇 개로 나누어서 개발해 나갈 것이다. 이렇게 나누어진 부분은 하나의 기능일 수도 있고 소스 파일이나 호출 함수일 수도 있으며, 그 외 보고서나 다른 어떤 작업산출물일 수도 있다. 이것이 바로 형상 항목이다. 형상 항목은 프로젝트 초기에는 큰 형상 항목 몇 개로 시작해서 프로젝트를 진행하면서 이를 계속 분해하여 더 세분화한 형상 항목을 만든다. 그 결과 형상 항목은 최종 솔루션을 구성하는 하나의 요소가 된다. 형상 항목은 반드시 서로 구별하는 식별자를 가져야 하며, 식별자는 변경을 추적하거나 투입 인력을 산정하거나 개별 기능 감사에 도움을 준다.

형상 관리 프랙티스 영역은 1단계부터 2단계까지 2개 프랙티스 그룹으로 구성된다.

1단계 프랙티스 그룹은 고객에게 올바른 솔루션을 전달하기 위해 버전을 통제하는 활동이다. 정확한 작업산출물 버전을 파악하고, 이를 통해 올바른 버전을 사용하거나 유사시에 이전 버전으로 복원할 수 있다.

2단계 프랙티스 그룹은 형상 식별, 형상 통제, 형상 상태 파악과 형상 감사를 통해 작업산출물의 무결성을 확보하고 유지하는 전반적인 내용을 다룬다.

형상 항목에는 하드웨어, 장비, 유형 자산, 소프트웨어와 문서를 포함할 수 있다. 문서에는 요구사항 명세서와 인터페이스 문서, 시험 결과와 같이 제품이나 서비스 형상 식별에 사용하는 기타 문서도 포함할 수 있다. 즉, 형상 항목은 형상 관리를 위해 지정한 개체로, 기준선을 형성하는 여러 개의 연관한 작업산출물로 구성할 수 있다. 형상 관리 대상인 형상 항목을 식별할 때는 기준에 따라 파악해야 한다. 보통 두 개 이상 그룹에 의해 사용하는 작업산출물이나 요구사항 변경으로 인해 프로젝트 동안 잦은 변경을 예상하는 작업산출물 그리고 상호의존관계에 있는 작업산출물을 대상으로 한다.

형상 관리 시스템은 저장 매체, 절차와 시스템 접근 도구를 포함한다. 따라서 '시스템'이라는 표현이 있다고 해서 반드시 형상 관리 도구를 사용해야 하는 건 아니다. 형상 항목을 관리하기 위한 형상 관리 도구를 사용하지 않고 파일서버를 사용해도 문제가 되지 않는다. 다만 파일서버는 형상 관리 도구에 비해 상대적으로 무분별한 변경에 노출될 여지가 높아서 더욱 철저한 통제 절차를 적용해야 한다. 프로젝트에서 생성해야 하는 작업산출물이 많거나 변경이 많으면, 가능한 형상 관리 도구를 사용하는 것이 효율적이다. 변경 관리 시스템은 저장 매체, 절차, 변경 요청을 기록하고 접근하기 위한 도구를 포함한다.

형상기준선을 설정한다는 의미는 그동안 프로젝트에서 수행한 작업 결과에 대해 테두리를 쳐 놓는 것과 같다고 할 수 있다. 이러한 테두리는 이 안에 포함한 작업 결과를 무분별한 변경으로부터 보호하거나, 앞으로 프로젝트에서 작업을 수행하기 위한 공식적인 결과물로 승인하는 것이다. 따라서 기준선은 특정 시점에 단일 형상 항목이나 여러 형상 항목을 모아 그 관련 개체에 식별자를 부여하여 설정한다. 제품이나 서비스가 진화하면서 개발과 시험을 통제하기 위해 기준선 여러 개를 사용할 수 있다. 기준선은 보통 요구사항을 승인한 이후, 설계 단계를 완료한 후, 시험 활동을 종료한 후, 고객에게 솔루션을 인도한 후, 그리고 유지보수 활동에 들어가기 전에 설정할 수 있다. 하지만 프로젝트 특성에 따라 앞에서 언급한 시점보다 더 자주 기준선을 설정할 것을 권한다.

형상기준선을 설정한 이후에 기준선 내에 포함한 형상 항목을 변경할 필요가 있으면, 반드시 변경에 따른 영향, 비용, 일정, 기술적 가능성을 분석하는 공식 검토 활동을 거쳐야 한다. 검토 결과로써 변경 영향도가 큰 경우에는 공식적인 의사결정 절차에 따라 변경에 대한 수용 여부를 결정한다. 조직마다 명칭이 다를 수는 있지만, 대개 이러한 의사결정 기구를 '형상통제위원회(형상통제심의위원회)'라고 하며 주요 변경 사안에 대한 검토와 승인을 담당한다. 주로 프로젝트 관리자, 형상 관리자, 품질보증 담당자, 기술담당자와 고객 측 담당자로 구성한다. 일단 형상기준선에 등록한 형상 항목 변경은 지속해서 통제해야 한다. 여기에는 각 형상 항목 추적이나 필요시 새로운 형상에 대한 승인, 기준선 개정을 포함한다. 기준선에 등록한 형상 항목 변경은 체크인과 체크아웃 절차에 따라 진행한다. 승인받은 개정인지 확인하고 형상 항목을 교체하여 기준선을 개정하고 해당 항목에 반영한 변경 내용을 기록한다. 변경을 요구사항, 유즈케이스, 시험과 같은 관련 작업산출물과 연계하는 내용을 포함한다.

형상 항목 상태는 정기적으로 또는 필요 시점에 파악하여 관련 이해관계자에게 공유해야 한다. 형상 항목 내용과 상태를 파악하고 이전 버전을 복구할 수 있도록 형상 관리 활동을 상세하게 기록하는 형상 상태 기록은 관련 이해관계자가 형상 항목의 현재 상태를 알고 작업을 수행할 수 있도록 해 준다. 현재 기준선에 등록된 최신 버전, 특정 기준선을 구성하는 형상 항목 버전, 연속적인 기준선 간 차이를 기술한다.

형상 관리 라이브러리와 그 안에서 관리하는 형상 항목 내용을 검증하는 것도 중요한 형상 관리 활동이다. 대부분 조직에서는 형상 관리 라이브러리를 관리하고 형상 항목 변경을 통제하기 위해 형상 관리 도구를 사용하고 있다. 하지만 이러한 도구가 어떤 형상 항목 변경이 나머지 형상 항목이나 전체 시스템에 미치는 영향까지 알려 주지는 못한다. 변경 영향을 검토하고 분석하는 활동은 사람이 직접 수행해야 한다. 이러한 활동을 형상 감사라고 하는데, 기준선 설정에서 설명한 기준선의 변경 영향 분석을 위한 공식 검토 활동과는 다른 것이다. 변경 영향 분석을 위한 공식 검토 활동은 변경 요청을 프로젝트에 반영할지를 결정하기 위한 활동이다. 반면, 형상 감사는 변경 요청을 프로젝트에 반영한 후 변경한 작업 결과를 형상 관리 라이브러리에 넣기 직전에 수행하는 활동이다. 대표적인 형상 감사 활동으로는 '물리적 형상 감사'와 '기능적 형상 감사' 그리고 '형상기준선 감사'가 있다. 물리적 형상 감사란 형상 항목 존재 여부나 변경 여부를 확인하는 활동이다. 보통 설계서나 도면에 따라 형상 항목이나 솔루션을 개발했는지 확인하는 것으로 모든 물리적 형상 항목을 기준선에 등록했는지 확인한다. 기능적 형상 감사는 형상 항목 내용이 요구사항을 충족하는지 검증하는 활동이다. 요건 명세에 따라 형상 항목이나 솔루션을 개발했고 형상 항목 운영과 지원을 위한 문서를 만족스럽게 작성했는지 확인한다. 시험 결과에 대한 적정성을 확인하고 운영과 지원 문서의 장과 절 모두를 검토한다. 형상기준선 감사는 기준선에 등록한 형상 항목과 형상 상태 기록 간 완전성이나 일치성 그리고 정확성을 확인한다.

4. 개선 범주 역량 영역과 프랙티스 영역

개선 범주는 [표 2—4]와 같이 성과를 유지하고 개선하는 2개 역량 영역과 5개 프랙티스 영역으로 구성된다.

[표 2—4] 개선 범주 역량 영역과 프랙티스 영역

범주	역량 영역	프랙티스 영역
개선	습관 및 지속성 유지	거버넌스
		이행 인프라
	성과 개선	프로세스 관리
		프로세스 자산 개발
		성과 및 측정 관리

(1) 거버넌스 Governance, GOV

거버넌스는 성과, 프로세스와 관련 활동 후원과 거버넌스에서 고위 경영진 역할에 대한 지침을 제공한다.

조직은 이 활동을 통해 프로세스 구현 비용을 최소화하고 목표 달성 가능성을 높이며 구현한 프로세스가 비즈니스 성공을 지원하고 기여하는지 확인한다.

Provides guidance to senior management on their role in the sponsorship and governance of performance, processes, and related activities.
Minimizes the cost of process implementation, increases the likelihood of meeting objectives, and verifies that the implemented processes support and contribute to the success of the business.

■ 1단계 프랙티스 그룹

GOV 1.1	고위 경영진은 업무를 수행하는 데 무엇이 중요한지 파악하고 조직 목표를 달성하는 데 필요한 접근방식을 정의한다. (Senior management identifies what is important for doing the work and defines the approach needed to accomplish the objectives of the organization.)
가치	조직이 비즈니스 목표를 달성하기 위해 효율적이고 효과적으로 프로세스를 구현하고 개선할 가능성을 높인다. (Increases the likelihood that the organization implements and improves processes efficiently and effectively to meet business objectives.)
활동 예시	• 고위 경영진은 개선 사항을 포함하여 업무 수행에 중요한 사항을 결정하고 접근방식을 설정하고 조직과 소통한다.
산출물 예시	• 개선 중요성과 접근방식 파악 • 검토와 의사소통 기록

■ 2단계 프랙티스 그룹

GOV 2.1	고위 경영진은 조직 요구와 목표에 따라 프로세스 구현과 성과 개선을 위한 조직 방침을 정의하고 최신 상태로 유지하며 소통한다. (Senior management defines, keeps updated, and communicates organizational directives for process implementation and performance improvement based on organization needs and objectives.)
가치	고위 경영진의 기대와 우선순위에 따라 업무를 수행하기 때문에 조직 요구와 목표를 달성할 가능성을 높인다. (Increases likelihood of meeting organizational needs and objectives because work is performed in accordance with senior management's expectations and priorities.)
활동 예시	• 고위 경영진은 기본 원칙에 따라 조직 방침을 정의하고 전달한다. — 고위 경영진이 정책을 정의할 책임과 의무가 있지만, 프로세스 개선팀원 등 조직의 다른 구성원도 종종 방침 개발에 참여 — 고위 경영진은 정기적으로 직원에게 정책, 프랙티스, 프로그램을 전달 (여기에는 정책, 프랙티스, 프로그램 최신화와 변경 사항에 대한 설명 포함) — 고위 경영진은 정책, 프랙티스, 프로그램 효과성을 주기적으로 평가하고 오류 사항을 발견하면 시정조치 수행 • 고위 경영진은 개인이 여러 채널을 통해 우려 사항을 제기할 수 있는 절차를 정의하고, 해당 절차를 준수하는지 확인하며, 제기한 우려 사항을 해결하였는지 확인한다. — 우려 사항 제기 방법 — 제기한 우려 사항 추적과 해결을 위한 요구사항 — 유지해야 할 기밀 유지 수준

- 우려 사항에 대한 답변 제공 방법
- 필요한 경우 우려 사항의 가능한 해결책을 논의하기 위한 회의를 진행하고 기록하는 방법
- 문제해결 회의 후 후속 활동
- 귀책사유나 기밀성 위반에 관한 결과

- 고위 경영진은 프로세스 구현과 성과 개선 목표를 검토하고 다듬어 기본 원칙에 부합하도록 한다.
  - 조직 구성원은 프로세스 구현과 성과 개선 목표에 대한 의견 제공
  - 프로세스를 조직 전략에 부합하게 하도록 고위 경영진은 주기적이거나 상황에 따라 개선 목표 우선순위를 정하는 데 참여

- 고위 경영진은 조직과 부서 성과 정보와 결과를 전달한다.
  - 개인, 작업그룹 또는 부서에서 사용할 수 있도록 조직과 부서 성과에 대한 정보를 적절한 세부 수준으로 요약
  - 이 정보를 의사결정이나 기타 비즈니스 활동에 쉽게 접근하고 유용하게 사용할 수 있는 방법으로 전달
  - 다양한 형태의 성과 정보에 대해 기밀로 취급해야 하는 범위를 직원에게 공지

- 고위 경영진은 성과 개선 방침을 전달한다.
  - 대면 토론과 회의
  - 전체 회의 내용과 회의록
  - 동영상
  - 웹사이트와 블로그
  - 기업 소식지와 게시판
  - 연례 보고서
  - 마케팅 자료
  - 이메일
  - 오리엔테이션 패키지
  - 교육자료
  - 소셜 미디어

- 고위 경영진은 모범 사례 프레임워크와 모델을 적절히 활용하여 성과, 위험, 규정 준수 접근방식을 정의하고 체계화한다.
  - 성과, 위험, 규정 준수를 결합한 거버넌스, 관리, 보증은 공통 역량과 방법 필요

- 고위 경영진은 주기적이거나 상황에 따라 성과 개선 방침을 검토하고 최신화한다.
  - 이 활동에는 기능 관리자, 운영위원회, 주제전문가와 같은 다른 조직 구성원 의견을 포함

산출물 예시	• 조직 개선 방침 • 인력 관련 정책, 프랙티스, 프로그램을 포함한 자료 　─ 신입 사원을 위한 오리엔테이션 자료 　─ 조직 웹사이트 　─ 공지 게시판 　─ 직원 핸드북 　─ 미션, 비전, 전략적 목표 　─ 비즈니스 윤리 　─ 가치 　─ 사업 계획과 목표 　─ 재무 결과와 조건 　─ 비즈니스 성과 　─ 품질, 생산성, 비용 또는 시장 출시 기간에 관한 결과 　─ 구조 또는 프로세스 변경 　─ 외부 비즈니스 조건과 영향 　─ 새로운 제품, 서비스와 시장 　─ 인력 관련 정책, 프랙티스, 프로그램에 대한 최신 자료 • 기록하고 최신화하고 결합한 성과, 위험, 규정 준수 접근방식 • 인력 관련 정책, 프랙티스, 프로그램 인식에 대한 평가 보고서 • 인식 개선을 위한 시정조치와 솔루션 기록 • 접수한 우려 사항 기록 • 의사소통 기록 　─ 오리엔테이션 자료 　─ 포스터 　─ 타운홀미팅 　─ 인트라넷 또는 내부 웹페이지 　─ 조직 전체 회의 　─ 직원회의 　─ 게시판 　─ 이메일 공지 　─ 내부 간행물 　─ 소식지 　─ 경영진 메모, 이메일, 블로그 게시물
GOV 2.2	고위 경영진은 프로세스를 개발하고 지원하고 수행하고 개선하며 준수 여부를 평가하기 위한 자금, 자원과 교육을 제공한다. (Senior management provides funding, resources, and training for developing, supporting, performing, improving, and evaluating adherence to processes.)

가치	고위 경영진의 개선 우선순위를 충족할 가능성을 높인다.
	(Increases the likelihood that senior management's priorities for improvement will be met.)

활동 예시	• 고위 경영진은 프로세스를 개발하고 수행하고 개선하고 모니터링하는 데 필요한 자금과 자원을 승인하고 제공한다. 　— 자금과 자원 범위는 애자일, 데이터 관리, 보안, 개발, 서비스, 공급자와 같이 조직 전체 범위를 대표하는 모든 영역과 상황에 맞춰 조정 • 고위 경영진은 프로세스를 개발하고 수행하고 개선하고 모니터링하는 데 필요한 자금, 인력과 자원 배정을 검토하고 개정하고 전달한다. • 고위 경영진은 교육 방침을 제공한다. 　— 교육은 대면 교육, 강의실 교육, 멘토링, 온라인교육, 현장 교육 등 필수 내용과 전달 메커니즘을 포함하여 학습의 모든 측면을 고려 • 고위 경영진은 예산과 자원 배분을 검토하고 구체화한다.

산출물 예시	• 필요한 자금, 교육, 자원에 대해 고위 경영진이 승인하고 배정한 기록 • 검토와 의사소통 기록

GOV 2.3	고위 경영진은 정보 요구를 파악하고 수집한 정보를 사용하여 효과적인 프로세스 구현과 성과 개선에 대한 거버넌스와 감독을 제공한다. (Senior management identifies their information needs and uses the collected information to provide governance and oversight of effective process implementation and performance improvement.)

가치	고위 경영진이 받는 정보를 비즈니스 요구에 맞게 조정하여 비즈니스 목표 달성 가능성을 높인다. (Aligns the information senior management receives with their business needs to increase the likelihood of meeting business objectives.)

활동 예시	• 고위 경영진은 프로세스 역량, 개선과 성과 목표와 관련한 정보 요구를 파악하고 최신 상태로 유지한다. 　— 여기에는 데이터 관리를 위해 확립한 기준에 따라 필요한 정보를 획득하고 분석하고 보고하는 방법에 대한 승인을 포함 • 고위 경영진은 조직 목표를 지원하는 측정 지표를 정의하고 있는지 확인한다. 　— 조직 목표에 맞게 조정 　— 조직성과에 관한 결과 관리 역량을 지원 • 고위 경영진은 프로세스 구현과 개선 활동, 성과, 상태와 결과를 검토한다. 　— 프로세스 역량 구현과 개선 계획에 따른 성과 검토 　— 프로세스 구현과 개선 활동을 담당하는 경영진과 함께 검토 　— 측정 데이터와 정성적 정보 검토 　— 다음을 통해 이슈 파악: 성과 검토, 측정 지표 수집과 사용, 프로세스 배포, 구현, 사용, 수행, 개선 　— 시정조치가 필요한지 결정

	• 고위 경영진은 프로세스 구현과 개선 계획을 최신 상태로 유지하는지 감독한다. • 고위 경영진은 측정과 분석 활동을 모든 조직 프로세스에 적절히 접목하도록 감독한다. 　— 객관적인 계획 수립과 산정 　— 계획과 목표 대비 실제 진행 상황과 성과 추적 　— 프로세스 관련 이슈 파악과 해결 　— 향후 추가 프로세스에 측정을 접목할 수 있는 기반 제공
산출물 예시	• 고위 경영진 정보 요구 　— 정보를 수집하고 보고하는 사람은 정보 중요성과 사용법 이해 　— 고위 경영진은 민감하거나 사적인 정보는 조직 내 공유하지 않음 • 고위 경영진과 함께 검토하기 위한 표준 보고 형식이나 안건 　— 고위 경영진이 검토를 위해 파악한 토론 항목과 예상 내용 포함 　— 고위 경영진 검토를 위해 확인한 정보를 이해하기 쉽고 해석하기 쉬운 형식으로 전달할 수 있도록 보고서 서식과 도구를 지원 　— 보고서는 주기적으로 또는 필요에 따라 작성 　— 보고서는 정의한 보고 형식을 사용하여 고위 경영진이 파악한 정보 요구에 초점: 측정 지표, 데이터, 데이터 분석(예: 동향 분석, 목표 달성도 분석) • 측정 지표 목록 　— 고위 경영진의 개선 정보 요구와 목표와 관련한 기본 측정 지표와 파생 측정 지표를 포함 • 검토 결과 　— 검토 주제 　— 보고한 측정값 　— 결정 사항 　— 제안한 프로세스 변경 사항 　— 제안한 정책 개정 　— 객관적 평가 결과 　— 마감일이 남아 있는 조치 항목
GOV 2.4	고위 경영진은 조직 방침을 준수하고 프로세스 구현과 성과 개선 목표를 달성하기 위해 직원에게 권한과 책임을 부여한다. (Senior management assigns authority and holds people accountable for adhering to organization directives and achieving process implementation and performance improvement objectives.)
가치	방침이 비즈니스 목표를 달성하기 위한 프로세스 구현과 개선을 유도하도록 한다. (Ensures that directives drive the implementation and improvement of processes to meet business objectives.)

활동 예시	• 고위 경영진은 조직 프로세스 배포, 구현, 수행, 개선과 관련한 이슈와 동향을 검토한다.
	  — 정보가 정확하고 완전한지 확인
	  — 검토 결과 전달을 보장
	  — 방침을 일관되게 준수하는지 확인
	• 고위 경영진은 조직 목표를 달성하지 못했거나 이슈를 파악했거나 실행과 개선 진행 상황이 계획과 다를 때, 시정조치를 지시한다.
	  — 시정조치에는 자원, 책임, 계획한 완료 날짜 지정을 포함
	• 고위 경영진은 역할, 책임, 권한을 기록하고 최신 상태 유지를 지시한다.
	  — 역할, 책임, 권한 정보를 일관성 있는 최신 상태로 유지
	  — 변경 사항을 기록하고 전달했는지 확인
	• 고위 경영진은 개선을 위한 성과보수를 제공한다.
	  — 개선 목표를 달성하거나 초과 달성한 개인이나 팀
	  — 큰 문제를 해결했을 때만이 아니라 어려움 없이 목표를 달성했을 때도 보상
	  — 진행 상황이 계획과 비교해서 긍정적인 방향으로 나아졌을 때(예: 조기 납품, 예산 미만으로 비용 사용, 품질 목표 초과 달성)
	  — 개인이나 팀이 개선 목표를 달성하지 못했거나 진행 상황이 계획과 비교해서 부정적인 방향으로 나빠졌을 때(예: 납기 지연, 예산 초과, 품질 저하)는 제재나 징계 조치

산출물 예시	• 책임과 관련한 조치 항목
	  — 문제 정의
	  — 책임 할당
	  — 마감일
	  — 상태
	• 보상, 인정과 성과보수
	  — 승진
	  — 보너스 또는 급여 인상
	  — 인증서
	  — 이달의 직원 표창
	  — 대외적 인정
	• 결과와 잠재적 영향 목록
	  — 상담, 교정, 교육, 재배치
	  — 강등 또는 해고
	• 조직 역할과 책임 문서

■ 3단계 프랙티스 그룹

GOV 3.1	고위 경영진은 조직 전체 목표를 지원하는 측정 지표를 수집하고 분석하고 사용하도록 보장한다. (Senior management ensures that measures supporting objectives throughout the organization are collected, analyzed, and used.)

가치	조직의 성공적인 솔루션 제공 능력을 향상한다. (Increases the organization's ability to successfully deliver its solutions.)

활동 예시	• 고위 경영진은 측정 지표를 수집하고 분석하고 사용하는지 확인한다.
	• 고위 경영진은 측정 지표를 수집하고 분석하고 사용하는 것과 관련한 시정조치를 지시한다.
	  — 자원 조정
	  — 계획 수정
	  — 조직 목표 최신화

산출물 예시	• 최신화한 조직 측정 저장소
	• 상태 보고, 조치와 의사결정
	  — 측정 지표를 수집하고 분석하고 사용한 결과
	  — 성과와 프로세스 개선, 솔루션 제공과 관련한 업무 수행에 사용
	• 최신화한 조직 방침과 목표
	  — 조직 전략
	  — 비전과 미션
	  — 정책

GOV 3.2	고위 경영진은 역량과 프로세스가 조직 목표에 부합하는지 확인한다. (Senior management ensures that competencies and processes are aligned with the objectives of the organization.)
가치	조직 목표 달성을 위한 역량을 향상한다. (Improves the capability of the organization to meet its objectives.)
활동 예시	• 역량, 목표, 프로세스 상태를 검토한다. — 전략, 목표, 프로세스, 역량 • 결과를 기록하고 전달한다.

산출물 예시	• 전략, 프로세스 검토, 토론 결과
	  — 회의록
	  — 결정과 방향에 대한 기록
	  — 조치 항목
	  — 최신화한 목표
	• 조직 역량과 실행할 프로세스 간 검토와 비교
	  — 직원 프로필
	  — 스킬 매트릭스
	  — 직무 설명

■ 4단계 프랙티스 그룹

GOV 4.1	고위 경영진은 선택한 의사결정이 품질 및 프로세스 성과 목표의 성과 달성과 관련한 통계적이고 정량적인 분석에 기반하고 있는지 확인한다. (Senior management verifies that selected decisions are driven by statistical and quantitative analysis related to performance and achievement of quality and process performance objectives.)
가치	통계와 정량적 분석을 사용하여 조직성과를 최적화함으로써 의사결정을 강화한다. (Strengthens decision—making by using statistical and quantitative analysis to optimize organizational performance.)
활동 예시	• 전략, 프로세스 성과, 의사결정과 진행 상황을 검토하고 논의한다. 　— 전략에는 지속적인 데이터 기반 개선과 최적화에 대한 고위 경영진의 기대치 설정을 포함 　— 관련 통계와 정량적 분석을 포함하고 분석에 기반한 의사결정 수행 • 결과를 기록하고 전달한다. 　— 성과 개선 노력 결과를 파악하고 검토하여 조직 전체 성과 개선을 촉진
산출물 예시	• 전략, 프로세스 성과, 진행 상황 검토와 의사결정 분석 결과 　— 의사결정과 관련 조치를 끌어내는 통계와 정량적 분석 참조 • 의사소통 결과 　— 이메일, 기업 소식지, 타운홀미팅, 팀 회의 등을 통해 결과 전달

고위 경영진 개입은 조직에서 프로세스 이행을 성공시키는 데 매우 중요하며 다음과 같은 활동을 기대한다.

- 프로세스 작업에 대한 전략, 방향, 기대치를 설정한다.
- 프로세스를 비즈니스 목표와 요구에 맞게 조정한다.
- 프로세스 개선과 지속성을 보장하기 위해 프로세스 개발과 사용을 강화하고 보상한다.
- 프로세스 성과와 성취를 모니터링한다.
- 프로세스와 성과 개선을 위한 적절한 자원을 제공한다.

이러한 프랙티스 취지에 부합하는 프로세스를 이행하여 조직 전체 프로세스를 유지하고 통합해 나갈 수 있다. 거버넌스 프랙티스 영역 프랙티스는 고위 경영진이 수행할 프로세스 역할을 파악하여 일련의 조직이나 프로젝트에서 사용할 프로세스에 적용하려는 것이다.

거버넌스 프랙티스 영역은 1단계부터 4단계까지 4개 프랙티스 그룹으로 구성된다.

1단계 프랙티스 그룹은 고위 경영진이 업무 수행에 중요한 요소를 파악하고 조직 목표 달성에 필요한 접근방법을 정의한다. 고위 경영진은 시장을 이해하고, 비즈니스 전략을 개발하며, 비즈니스 목표를 정의하는 책임을 진다. 따라서 고위 경영진은 다음과 같은 조직 방향을 설정하고 소통해야 한다.

- 프로세스 이행과 개선 노력을 포함한 조직 활동 수행
- 목표, 비즈니스 전략과 두 가지 해결 방법을 모두 포함
- 조직의 프로세스 노력이 비즈니스와 성과 요구와 목표를 지원하도록 보장하기 위한 기대치 설정
- 개선 계획에 대한 입력물 제공

조직 방향은 보통 정책, 전략, 미션, 비전, 가치와 목표에 대한 설명으로 제공한다. 고위 경영진은 정기적으로 또는 성과나 비즈니스 요구와 목표를 변경할 때 조직 방향을 검토하고 최신화하며 소통한다.

2단계 프랙티스 그룹은 고위 경영진이 수행해야 할 프로세스 역할을 더욱 구체적으로 설명한다.

첫째, 고위 경영진은 조직 요구와 목표에 근거하여 프로세스 구현과 개선을 위한 조직 방침을 정의하고 조직 내에 공유해야 한다. 실행 가능한 비즈니스 문화에 필수적인 원칙은 흔히 조직 전략, 미션과 비전 설명서로 나타난다. 미션 설명서는 조직이 수행하는 작업, 존재 이유 그리고 고객, 투자자, 이해관계자와 기타 관련자에게 제공하는 가치에 대한 간단한 설명을 제공한다. 비전 설명서는 조직이 전략적으로 달성하려는 것을 개괄적으로 설명한다. 그리고 조직 전략은 장기적인 목표를 달성하기 위해 내린 결정이나 조직이 취할 조치와 장기 목표 달성에 필요한 자원 식별과 관련한 지침을 제공한다.

둘째, 고위 경영진은 기대하는 프로세스를 개발하고 지원하고 수행하고 개선하고 준수 여부를 평가하기 위한 자원 제공을 보장해야 한다. 고위 경영진은 조직 전체에 자원을 배분할 때 우선순위를 정해야 한다. 이는 자원 요구와 가용성을 균형 있게 조정함으로써 원하는 성과를 달성하는 데 필요한 역량을 지원하기 위함이다. 프로세스를 정의하고 예상대로 수행하기 위해서는 고위 경영진이 해당 프로세스를 개발하고 수행하고 개선하고 지원하고 준수 여부를 평가할 수 있는 적절한 자원을 제공해야 한

다. 자원은 인력, 자금, 도구, 장비, 환경, 소모품을 포함할 수 있다. 자원은 고위 경영진의 시간과 관심 또한 포함한다. 고위 경영진은 단기와 장기 목표를 충족하고 반복 가능하며 일관한 프로세스 성과를 장려하기 위해 자원 우선순위를 정하는 데 집중해야 한다. 자원 적절성은 가용성, 용량과 역량에 달려 있으며, 시간이 지남에 따라 변할 수 있다. 필요한 전문 지식, 설비나 도구를 사용할 수 있도록 충분한 자원을 제공해야 한다. 고위 경영진은 사용 가능한 자원을 늘리거나 요구사항과 제약조건이나 요구사항을 해결하기 위한 합의 사항 제거를 고려해야 한다. 고위 경영진의 가장 귀중한 자원은 그들의 시간이다. 개선 노력이 성공하려면 고위 경영진이 지속적이고 가시적이며 적극적으로 지원해야 한다.

셋째, 고위 경영진은 정보 요구를 파악하고 수집한 정보를 사용하여 효과적인 프로세스 구현과 개선에 대한 거버넌스와 감독을 제공해야 한다. 고위 경영진은 시의적절하게 결정을 내리고, 상태에 따라 행동할 시기를 정하며, 성과 향상에 대한 중요성을 강화한다. 그뿐만이 아니라, 목표를 달성하기 위해 조직 프로세스 개선 노력을 조정하는 데 필요하면서도 충분한 정보를 확인해야 한다. 프로세스 효과성은 성과 목표를 달성할 수 있는 조직 역량을 나타낸다. 고위 경영진은 프로세스 구현과 개선 결과를 프로세스 개선과 성과 목표와 비교함으로써 프로세스가 얼마나 효율적이고 효과적인지를 판단할 수 있다. 고위 경영진은 프로세스 역량과 성과 향상에 관해 필요한 정보를 파악하고 우선순위를 정한다. 고위 경영진은 또한 파악한 정보 요구와 목표에 따라 취할 조치와 활동을 조정하기 위한 지침과 방향을 제공한다. 고위 경영진은 조직 프로세스 개선 활동에 대한 통찰력을 얻기 위해 정기적으로 또는 상황에 따라 검토에 참여한다. 이러한 검토는 프로세스에 대한 정책과 전반적인 지침을 제공하는 고위 경영진을 위한 것이지, 일상적으로 프로세스를 모니터링하고 통제하는 실무자를 대상으로 하는 것은 아니다. 검토를 통해 고위 경영진은 프로세스를 계획하고 계획에 따라 배포하고 구현하고 사용하며, 이에 따른 성과와 개선 사항이 어떤지를 이해하고 시정조치를 취할 수 있다. 고위 경영진에게 보고하는 정보는 조직이 업무를 관리하고 목표를 달성하고 성과를 향상할 수 있도록 프로세스에 대한 통찰력을 향상해 준다. 조치는 정보에 입각한 의사결정을 내리고 적절한 시정조치를 하는 데 사용하는 객관적 정보를 제공한다. 고위 경영진에게 보고하는 정보는 요약 형식으로 제공할 수도 있다.

넷째, 고위 경영진은 조직 방침을 준수하고 프로세스 구현과 개선 목표를 달성할 책임이 있는 인력을 확보해야 한다. 이를 위해 고위 경영진은 주기적으로 또는 상황에 따라 조직 방침과 프랙티스, 절차 준수, 프로세스와 성과 향상, 관련 법규 준수, 조직성과와 개선 동향 그리고 조직적 영향력을 가진 이행 약속과 관련한 문제를 검토하고 해결한다.

3단계 프랙티스 그룹은 고위 경영진이 조직 역량과 프로세스가 조직 목표에 부합하는지를 보장하기 위해 관련한 측정 지표를 수집하고 분석하고 사용하도록 하는 내용을 다룬다.

고위 경영진은 조직 내에서 적절한 측정 활동을 수행하고 관련 데이터를 수집하고 분석하고 사용하며 내부적으로 공유할 수 있도록 해야 한다. 조직과 프로젝트의 성과와 능력과 연계한 지원 결정은 측정해야 하고, 조직 방향과 프로세스 개선 전략은 성과 측정 기준에 따라 최신 상태로 유지한다. 고위 경영진은 목표를 정의하고, 목표를 달성하는 데 필요한 프로세스를 정의하고 준수하며, 프로세스를 구현하는 데 필요한 지식과 스킬을 식별하고, 필요한 지식과 스킬을 가진 인력이 프로세스를 구현할 수 있도록 해야 한다.

4단계 프랙티스 그룹은 고위 경영진이 의사결정을 함에 있어 품질 및 프로세스 성과 목표 달성과 연계한 통계적이고 정량적인 분석에 기반을 둘 것을 강조한다.

조직이 역량을 더 많이 확보하면 표준 프로세스 효과성에 대한 통계적이고 정량적인 이해가 가능해진다. 이를 통해 고위 경영진은 프로세스가 비즈니스 목표 달성을 얼마나 효과적으로 지원하는지를 파악할 수 있다. 또한 성과 변동에 대한 통찰력을 갖게 되어 위험을 정량화하여 관리하며 이슈 해결을 위해 시의적절하면서도 효과적인 조처를 할 수 있다.

(2) 이행 인프라 Implementation Infrastructure, II

이행 인프라는 조직성과에 중요한 프로세스와 자산을 습관적으로 지속해서 준수하고 사용하고 개선하도록 보장한다.

조직은 이 활동을 통해 목적과 목표를 효율적이고 효과적이면서도 일관되게 달성할 수 있는 능력을 유지한다.

Ensures that the processes and assets important to an organization's performance are habitually and persistently followed, used, and improved.
Sustains the ability to consistently achieve goals and objectives efficiently and effectively.

■ 1단계 프랙티스 그룹

Ⅱ 1.1	1단계 프랙티스 의도에 부합하는 프로세스를 수행한다. (Perform processes that address the intent of the Level 1 practices.)
가치	솔루션을 완전하고 정확하며 시의적절하게 제공할 가능성을 높인다. (Improves the likelihood that solutions are complete, correct, and timely.)
활동 예시	• 프로세스를 수행한다.
산출물 예시	• 프로세스 결과물 — 1단계 프랙티스 산출물 예시 참고

■ 2단계 프랙티스 그룹

Ⅱ 2.1	프로세스를 개발하고 수행하기 위한 충분한 자원, 자금, 교육을 제공한다. (Provide sufficient resources, funding, and training for developing and performing processes.)
가치	충분한 자원을 확보하여 성공적인 프로세스 개선 노력의 가능성을 높인다. (Increases the likelihood of successful process improvement efforts by having sufficient resources.)
활동 예시	• 용량과 가용성 요구에 따라 필요한 자원을 파악하고 제공한다. — 필요한 스킬과 경험을 갖춘 인력 배정 • 예산을 결정한다. • 도구를 개발하거나 구매한다. • 교육자료를 만들거나 획득한다. • 교육을 제공한다.
산출물 예시	• 자원에 대한 예산 — 예산이 자원 용량과 가용성을 지원하는지 확인 • 교육자료와 교육 기록 • 필요한 인력, 역할과 스킬 목록, 도구
Ⅱ 2.2	프로세스를 개발하고 최신 상태로 유지하며 프로세스를 준수하고 있는지 확인한다. (Develop and keep processes updated, and verify they are being followed.)
가치	영향받는 이해관계자가 프로세스에 기록한 가장 가치 있는 활동에 집중할 수 있도록 하여 낭비를 최소화한다. (Minimizes waste by ensuring affected stakeholders focus on the most valuable activities that are recorded in processes.)

활동 예시	• 프로세스 목적을 파악한다. • 프로세스 설명 형식을 결정한다. • 프로세스를 설명하고 기록한다. • 프로세스를 수행한다. • 프로세스를 준수하고 있는지 확인한다. 　— 객관적 평가 　— 감사 　— 프로세스 검토 　— 동료검토 • 영향받는 이해관계자와 함께 기록한 프로세스를 검토하고 최신 상태로 유지한다. • 기록한 프로세스를 전달하고 사용할 수 있도록 한다. 　— 새로운 프로세스뿐만 아니라 기존 프로세스에 대한 변경도 포함
산출물 예시	• 기록한 프로세스 • 프로세스 검증 결과

■ 3단계 프랙티스 그룹

II 3.1	조직 프로세스와 프로세스 자산을 사용하여 작업을 계획하고 관리하고 수행한다. (Use organizational processes and process assets to plan, manage, and perform the work.)
가치	조직의 학습과 모범 사례를 활용하여 재작업과 비용을 줄이고 효율성과 효과성을 높인다. (Leverages organizational learning and use of best practices, leading to reductions in rework and cost, and increases in efficiency and effectiveness.)
활동 예시	• 조직 프로세스 자산을 사용하여 작업을 계획한다. 　— 프로세스 자산 조정은 보통 계획 중에 수행 • 조직 프로세스 자산을 사용하여 작업을 관리한다. • 조직 프로세스 자산에 따라 작업을 수행한다.
산출물 예시	• 조정한(맞춤형) 프로세스 자산 　— 프로젝트별 서식 　— 프로젝트별 프로세스와 절차 　— 프로젝트별 수명주기 모델 　— 프로젝트별 측정 지표 운영 정의 　— 작업 유형별 점검표 • 프로세스 자산을 사용한 작업산출물
II 3.2	조직 프로세스 준수 여부와 효과를 평가한다. (Evaluate the adherence to and effectiveness of the organizational processes.)

가치	조직 프로세스의 잠재적인 비용 효과적 개선 사항과 사용 방식에 대한 통찰력을 제공한다. (Provides insight on potential cost—effective improvements to organizational processes and how they are used.)
활동 예시	• 프로세스 효과와 유용성을 평가한다. • 프로세스 성과 측정 결과를 분석한다. • 평가, 심사 또는 감사 결과를 조사한다. • 결과를 기록하고 영향받는 이해관계자에게 전달한다. • 개선 제안을 제출한다.

산출물 예시	• 평가 결과
	  — 조직 모범 사례
	  — 재사용 가능한 프로세스 자산
	  — 이슈: 규정 미준수, 효과성, 행동
	  — 권장 사항과 개선 기회
	  — 프로세스 구현과 관련한 주요 위험 목록
	• 분석 결과
	  — 프로세스 성과
	  — 고객 반응 동향: 만족도, 불만 사항
	  — 솔루션 신뢰성
	  — 결함 검출률
	  — 개발 주기
	  — 솔루션 품질
	  — 근본 원인
	• 개선 제안

II 3.3	프로세스 관련 정보나 프로세스 자산을 조직에 제공한다. (Contribute process—related information or process assets to the organization.)
가치	조직 프로세스와 프로세스 자산을 개선하여 투자수익률을 높인다. (Increases return on investment by improving the organizational processes and process assets.)
활동 예시	• 프로세스를 조정하면서 얻은 모범 사례, 교훈 사례와 정보를 수집하고 기록한다. • 조직 프로세스 자산 라이브러리에 포함할 수 있도록 프로세스 자산을 제출한다. — 프로세스 자산과 함께 배경 정보를 포함하면 더욱더 유용하게 사용 가능 • 조직 프로세스 자산에 대한 개선 사항을 제안한다.

산출물 예시	• 예시, 모범 사례, 교훈 사례
	  — 좋았거나 비효율적이었거나 개선할 수 있는 사례 모두를 포함
	• 작업에 대한 일련의 조직 표준 프로세스를 조정하고 구현하는 것과 관련한 조정 기록, 근거, 작업 일지, 기타 관련 작업산출물
	  — 여러 프로젝트에서 같은 프로세스를 반복해서 조정하면 프로세스를 최신화해야 할 필요가 있음을 시사

Ⅱ 4.1	업무를 수행하기 위해 통계와 기타 정량적 기법을 이해하고 적용할 수 있는 조직 역량을 개발한다. (Develop the organizational capability to understand and apply statistical and other quantitative techniques to accomplish the work.)
가치	직원이 정보를 사용하여 효과적으로 변경하고 비즈니스 목표를 달성하거나 초과 달성할 수 있도록 역량을 강화한다. (Empowers the workforce to use information to make effective changes and meet or exceed business objectives.)
활동 예시	• 통계와 정량적 기법 사용을 지원하는 데 필요한 인프라를 정의한다. 　— 통계와 정량적 관리 활동을 수행하기 위한 조직기능을 구축하기 위해 훈련받은 자원과 자금 　— 통계 도구(예: 미니 탭) • 통계와 정량적 기법을 사용하기 위한 교육자료와 직무 보조 자료를 개발한다. • 조직 역량 효과를 모니터링한다. • 조직 역량을 개선한다. 　— 비즈니스 목표 변화 　— 품질 및 프로세스 성과 목표 변화 　— 인력 스킬 성숙도 　— 최신 업계 발전과 동향
산출물 예시	• 통계와 정량적 기법을 사용하기 위한 조직 역량 요건 • 통계와 정량적 교육자료 • 개선 사항 목록 　— 비즈니스 목표, 경쟁 우위를 위한 고려 사항, 직원 스킬과 지식에 따라 개선 우선순위 지정

시간이 지나면서 프로세스를 정의하고 따르고 유지하며 향상할 수 있도록 필요한 인프라를 확립해야 한다. 이행 인프라 프랙티스 영역에서 '인프라'라는 용어는 일련의 조직 프로세스를 구현하거나 개선하고 유지하는 데 필요한 모든 것을 의미한다. 즉 인프라는 다음과 같은 사항을 포함한다.

• 작업 완료 방법을 반영한 프로세스

• 자원(예: 인력, 도구, 소모품, 시설)

• 프로세스 구현을 위한 자금

• 프로세스 구현을 위한 교육

• 의도한 대로 작업을 수행하는지 확인하기 위한 객관적인 평가

이행 인프라 프랙티스 영역 프랙티스는 CMMI 프랙티스 영역이나 프랙티스가 아닌 조직이나 프로젝

트에서 사용하는 일련의 프로세스를 다룬다. 이는 압박이 심하고 변화가 많은 시기에도 프로세스를 지속적이고 습관적으로 구현할 수 있게 한다. 이러한 프랙티스 의도를 충족하는 프로세스를 구현함으로써, 조직 전체 프로세스를 유지하고 체계화할 수 있다.

이행 인프라 프랙티스 영역은 1단계부터 4단계까지 4개 프랙티스 그룹으로 구성된다.

1단계 프랙티스 그룹은 효율적이고 효과적으로 솔루션을 개발하고 고객에게 제공하는데 필요한 기본적인 프로세스 원칙을 수립한다. 솔루션은 프로세스나 계획을 따르지 않고 개발하여 제공할 수 있다. 프랙티스를 수행하는 원칙은 작업을 관리하고 수행하는 개인에 따라 상당히 다를 수 있다. 물론 프로세스를 정의하지 않았거나 임시방편적이고 프로세스를 지원하는 인프라가 없으며, 작업 성과는 전적으로 개인 역량에 의존할 때도 조직은 솔루션을 성공적으로 개발하여 제공하거나 획득할 수 있다. 하지만 이러면 솔루션 개발을 위해 자원과 일정을 초과하고 고객 요구사항을 지속해서 충족하지 못하거나 성공을 반복하지 못할 수 있다.

2단계 프랙티스 그룹은 프로세스 개발을 위해 충분한 자원과 자금과 교육훈련을 제공하고, 프로세스를 지속해서 개발하며 프로세스를 준수하는지 확인한다.

충분하다는 것은 필요한 자원과 자금을 필요할 때 사용할 수 있어야 함을 의미한다. 프로세스를 개발하기 위한 충분한 자원에는 자금, 숙련된 인력, 적절한 도구, 교육자료, 작업 수행 시간을 포함한다. 특히 교육은 프로세스를 수행하는 데 필요한 스킬과 지식을 제공하여 프로세스를 성공적으로 전개해 나갈 수 있도록 도와준다.

프로세스를 이해하고 기록하는 것은 작업을 수행하는 방식을 지정하는 첫 번째 과정이다. 프로세스는 여러 가지 방법으로 기록할 수 있지만, 최소한 목적, 입력물, 일련의 단계나 활동, 출력물 그리고 역할과 책임을 포함한다. 이를 통해 비즈니스와 성과 목표의 반복적인 성취를 보장할 수 있다. 프로세스는 일관적인 실행과 과거 성공의 반복 그리고 학습과 개선을 위한 접근법을 지원한다. 그뿐만 아니라, 프로세스는 품질과 시장 출시 시간과 고객 만족에 영향을 줄 수 있는 위험을 줄여 준다.

3단계 프랙티스 그룹은 조직 프로세스와 프로세스 자산을 사용하여 작업을 수행하고 그 과정을 평가하며, 결과물을 조직에 제공하는 내용을 다룬다.

　조직 프로세스 자산은 조직 전체에서 일관적인 프로세스 실행을 가능하게 한다. 일관성 있는 조직 프로세스 자산의 가용과 적절한 사용을 통해 조직은 입증된 프랙티스를 기반으로 계획을 수립하고 이에 따른 작업을 수행할 수 있다. 또한, 가장 인력이 필요하고 중요한 곳으로 인력을 배정할 수 있고 반복되는 이슈나 실수 가능성을 감소할 수 있다. 조직은 프로세스 자산을 사용하여 프로젝트를 수행하고 성과를 달성하는 데 가장 큰 이점을 제공할 수 있다.

　프로세스 준수에 관한 확인은 프로세스와 프로세스 자산을 조직 내에서 이해하고 적절하며 효과적이고 의도한 대로 사용함을 보장한다. 프로세스와 프로세스 자산 효과를 평가하면 비즈니스 요구와 전략 간 연계성을 유지할 수 있다. 따라서 프로세스와 프로세스 자산은 주기적으로 분석해야 한다. 분석을 통해 프로세스와 프로세스 자산의 강점과 약점을 파악하고 지속해서 향상해 조직에 가치를 제공하는 데 도움을 줄 수 있다. 프로세스와 프로세스 자산 효과를 평가하는 일반적인 방법으로는 관찰, 심사, 감사, 인터뷰, 작업산출물과 결과 사용 분석이 있다. 프로세스에 대한 성과 측정은 프로세스 효과성을 분석하는 데도 사용할 수 있다. 프로세스 이점은 비용 절감, 결함 감소, 생산성 향상, 개발기간 단축, 고객만족도 향상, 시장점유율 확대와 같은 성과 향상을 통해 입증할 수 있다.

　프로세스 관련 정보나 프로세스 자산을 조직에 제공한다는 것은 프로젝트를 수행하며 경험했던 모범 사례나 학습한 교훈 사례를 조직 프로세스 자산에 반영할 수 있도록 하라는 뜻이다. '제공_{Contribute}'이란 단순히 프로젝트 결과물을 조직에 제출하는 것을 의미하는 건 아니다. 프로젝트에서 조직 표준 프로세스를 사용하며 개선이 필요하다고 판단한 부분에 대한 제안이나 프로젝트 수행과 관련한 데이터 그리고 작업산출물 중, 모범 사례를 추천하여 조직 프로세스 자산을 개선하는 데 도움을 주라는 의미이다. 따라서 프로세스 관련 정보를 제공하고 사용하면 프로세스와 프로세스 자산을 조직 요구에 맞게 최신 상태로 유지할 수 있다. 사용자와 프로세스를 구현하는 인력은 프로세스를 사용하고 개선한 정보를 조직에 제공하고 어떤 정보를 보관하고 사용할 것인지를 결정하는 데 관여해야 한다. 이를 통해 조직은 향후 프로젝트를 수행할 때, 기존 프로세스 자산을 사용하여 신속하게 생산성을 높일 수 있다. 설령 핵심 인력이 조직을 이탈하더라도 중요한 지적 자산을 보유하고 있을 수 있다. 모범 사례, 작업산출물, 측정 데이터, 교훈 사례, 프로세스 개선 제안이 대표적인 프로세스 관련 경험의 예이다. 측정 데이터는 조직 측정 저장소에 등록하고 기타 프로세스 관련 경험은 조직 프로세스 자산 라이브러리에 등록하여 유사한 프로세스를 계획하고 수행하는 인력이 사용할 수 있도록 해야 한다.

4단계 프랙티스 그룹은 업무를 수행하기 위해 통계와 기타 정량적 기법을 이해하고 적용할 수 있는 조직 역량을 개발하는 활동이다.

비즈니스 목표와 품질 및 프로세스 성과 목표가 진화함에 따라 인력에 대한 효과적인 지원을 보장하기 위해서는 정보를 처리하고 사용하는 조직 역량이 이에 발맞춰야 한다. 이를 위해서는 통계와 기타 정량적 기법을 사용하는 데 필요한 조직 교육, 스킬과 능력에 대한 의도적이고 전략적인 최신화가 필요하다.

통계와 기타 정량적 기법을 이해할 수 있는 조직 역량 개발에는 다음과 같은 측면을 포함한다.
- 통계와 기타 정량적 기법에 대한 관련 지식과 스킬을 습득하도록 개인을 교육
- 교육받은 개인에게 기법을 적용하여 개인 스킬을 개발할 수 있는 기회 제공
- 교육받고 스킬을 갖춘 개인이 정해진 프로세스에 따라 기법을 시행할 수 있는 인프라를 갖추도록 보장

(3) 프로세스 관리 Process Management, PCM

프로세스 관리는 가장 유익한 프로세스 개선 사항을 파악하고 구현하여, 비즈니스 목표를 달성하기 위해 프로세스와 인프라의 지속적인 성과 개선을 관리하고 구현하고 성과 결과를 가시적이고 접근 가능하며 지속할 수 있게 만든다.

조직은 이 활동을 통해 프로세스와 인프라 그리고 그 개선이 비즈니스 목표를 성공적으로 달성하는 데 기여하는지 확인한다.

Manages and implements the continuous performance improvement of processes and infrastructure to meet business objectives by identifying and implementing the most beneficial process improvements and making performance results visible, accessible, and sustainable.
Ensures that processes, infrastructure, and their improvement contribute to successfully meeting business objectives.

■ 1단계 프랙티스 그룹

PCM 1.1	프로세스 지침을 제공하고, 프로세스 문제를 식별하고 해결하며, 프로세스를 지속해서 개선할 수 있는 지원 구조를 구축한다. (Develop a support structure to provide process guidance, identify and fix process problems, and continuously improve processes.)
가치	노력, 주기, 비용, 결함과 낭비를 줄이고 성과를 향상한다. (Reduces effort, cycle time, costs, defects, and waste, and increases performance.)
활동 예시	• 프로세스 관련 활동을 지원하기 위한 구조를 파악하여 적용하고 최신 상태로 유지한다. 　— 조직 기대치와 방향 　— 프로세스 개선을 위한 지침 • 프로세스 관련 활동을 조정하기 위해 책임을 배정하고 최신 상태로 유지한다. 　— 정의한 역할과 책임 　— 지원 구조 준수
산출물 예시	• 프로세스 지원 구조 　— 구조 설정과 최신화 방법 　— 자금 조달과 지원 　— 교육 　— 구조를 유지하는 데 필요한 자원 　— 역할과 책임
PCM 1.2	현행 프로세스 구현을 심사하고 강점과 약점을 파악한다. (Appraise the current process implementation and identify strengths and weaknesses.)
가치	가장 중요한 개선 기회를 파악할 수 있는 체계적이고 현실적인 방법을 제공한다. (Provides a systematic and realistic way to identify the most important opportunities for improvements.)

활동 예시	• 고위 경영진으로부터 심사에 대한 후원과 지원을 받는다.
	• 심사 범위를 정의한다.
	  — 조직 범위
	  — 프로세스 범위
	  — 모델 범위
	• 심사 기준과 방법을 선택하거나 정의한다.
	• 심사를 계획하고 일정을 잡는다.
	• 심사를 수행한다.
	• 심사 결과를 기록하고 전달한다.

산출물 예시	• 심사 계획과 일정
	  — 목표, 범위, 방법, 기준, 자원
	• 심사 결과
	  — 심사 목표
	  — 강점과 약점을 포함한 결과

PCM 1.3	개선 기회나 프로세스 이슈를 해결한다. (Address improvement opportunities or process issues.)
가치	프로젝트 효율과 효과를 높여 비용을 절감한다. (Reduces costs by increasing efficiency and effectiveness of projects.)
활동 예시	• 관련 담당자를 지정하여 개선 기회와 프로세스 이슈를 해결한다. • 개선 기회와 프로세스 이슈를 해결하는 조치 항목을 파악하고 기록한다. • 기회와 이슈를 해결하고 결과를 전달한다.

산출물 예시	• 조치 항목
	  — 식별한 개선 기회와 프로세스 이슈를 해결하는 조치
	  — 책임자
	  — 조치를 완료하는 데 필요한 자원

■ 2단계 프랙티스 그룹

PCM 2.1	프로세스와 프로세스 자산에 대한 개선 사항을 파악한다. (Identify improvements to the processes and process assets.)
가치	가장 중요한 비즈니스 요구와 목표에 자원을 집중하여 투자수익을 극대화한다. (Maximizes return on investment by focusing resources on the most critical business needs and objectives.)

활동 예시	• 이슈와 기회를 파악한다.
	• 제안한 개선 사항을 분류하고 분석한다.
	  — 비용 이점
	  — 투자수익률

	― 기대하는 성과 향상 ― 우선순위 지정 ― 장애물 또는 위험 • 개선 사항 선택 기준을 기록하고 최신 상태로 유지한다. 　― 법률, 규정 또는 표준에 의한 요구 (현재 또는 미래) 　― 프로세스 개선 목표 지원 　― 낭비 방지 　― 구현과 실행 능력 • 구현, 배포, 실행을 위해 제안한 개선 사항을 선택한다. • 영향받는 이해관계자와 함께 선택사항을 검토한다. • 제안한 개선 사항을 기록하고 예상 결과를 전달한다. 　― 제안한 각 조치의 가치와 근거 　― 기준 평가에 따른 개선 사항 　― 목표 　― 제약조건 　― 대상 사용자 　― 영향받는 이해관계자 　― 위험 　― 예상 비용과 구현 일정 　― 예상 결과 　― 예상 투자수익 　― 결과물
산출물 예시	• 제안한 개선 사항 목록 　― 제안한 개선 사항 　― 출처 참조 　― 프로세스에 배정 　― 위험과 해결 가능성 　― 우선순위와 비즈니스 영향 　― 제안 또는 제안 그룹이 나열한 이유에 대한 근거 　― 개선 범주 　― 제안한 개선 사항을 구현하는 방법 • 비즈니스 사례 • 선택 기준 기록 • 구현, 배포, 실행을 위해 선택한 개선 사항 목록
PCM 2.2	선택한 프로세스 개선 사항을 구현하기 위한 계획을 수립하고 최신 상태로 유지하며 이를 준수한다. (Develop, keep updated, and follow plans for implementing selected process improvements.)

가치	비즈니스 목표를 달성하기 위해 더욱더 효율적이고 효과적인 개선 노력을 기울일 수 있다. (Enables more efficient and effective improvement efforts to meet business objectives.)
활동 예시	• 배포할 성과 개선 사항을 선택한다. 　— 우선순위, 자원 가용성, 개선 제안 평가와 확인 활동 결과에 따라 배포할 개선 사항을 선택 • 파악한 프로세스 개선 사항을 바탕으로 계획을 수립하고 이해관계자와 함께 검토한다. 　— 작업 　— 위험 또는 기회 　— 성과 기준 • 배포를 공지하고 잘 조율하고 지원하는지 확인한다. • 진행 상황을 관리하고 이해관계자와 검토하고 필요에 따라 계획을 최신화한다. • 프로세스 자산을 개발하거나 최신화한다. • 파악한 프로세스 개선 사항을 시범 적용한다. • 개선 사항을 배포한다. 　— 시범 적용 결과를 사용하여 필요에 따라 배포 계획 최신화 • 배포한 개선 사항 결과를 분석하고 전달한다. 　— 모든 이해관계자가 프로세스 개선 성과를 확인하고 이해할 수 있게 가시화 • 개선 결과를 기록한다. 　— 성과, 기간, 노력과 비용 　— 결과(예: 성과와 프로세스 개선), 혜택 　— 달성한 비즈니스 효과를 기록하고 이전 상태와 비교
산출물 예시	• 프로세스 개선 계획 　— 배포를 포함한 접근방식 　— 프로세스 개선 목표 　— 역할, 책임, 권한 　— 합의 사항 　— 수행할 작업 또는 항목 　— 이해관계자 　— 인프라 　— 노력 　— 자원 계획 　— 예산과 일정 　— 예상하는 전반적인 가치와 성과 결과 　— 위험과 성공 기준 　— 시범 적용 계획 　— 진행 상황 보고 • 실행계획 　— 선택한 개선 사항을 구현하기 위해 취해야 할 조치

	— 책임
	— 마감일
	• 개발하거나 최신화한 프로세스 자산
	• 상태 보고서
	• 결과 기록
	— 프로세스 개선 활동 결과
	— 개선을 통해 얻은 혜택과 가치
	— 성과 결과
	— 실패 성격과 원인
	— 다른 프로세스와 개선에 미치는 영향

■ 3단계 프랙티스 그룹

PCM 3.1	비즈니스 목표에 따라 추적 가능한 프로세스 개선 목표를 수립하고 최신 상태로 유지하며 이를 사용한다. (Develop, keep updated, and use process improvement objectives traceable to the business objectives.)
가치	프로세스 개선이 비즈니스 목표 달성에 초점을 맞출 수 있도록 한다. (Ensure that process improvements focus on achieving business objectives.)
활동 예시	• 개선 목표를 파악하고 기록한다. • 영향받는 이해관계자와 개선 목표를 검토한다. 　— 개선 목표를 검토하여 비즈니스 목표에 대한 추적성 보장 　— 추적성을 통해 개선 목표가 비즈니스 목표 달성에 기여하는지 검증 • 필요에 따라 개선 목표를 모니터링하고 최신화한다.
산출물 예시	• 비즈니스 목표와 추적 가능한 프로세스 개선 목표
PCM 3.2	비즈니스 목표 달성에 가장 크게 기여하는 프로세스를 파악한다. (Identify processes that are the largest contributors to meeting business objectives.)
가치	가장 중요한 비즈니스 요구에 집중하고 이를 충족함으로써 개선 활동 효과를 극대화한다. (Maximizes impact of improvement activities by focusing on and meeting the most important business needs.)
활동 예시	• 현행 비즈니스 모델, 비즈니스 목표, 비즈니스 환경을 검토한다. • 잠재적인 내부나 외부 비즈니스 변경 사항을 검토한다. • 비즈니스 목표와 프로세스 간 관계를 파악하고 기록한다. 　— 프로세스와 목표 추적과 매핑 포함 • 비즈니스 목표 달성에 대한 각 프로세스 기여 가치를 추정한다. 　— 비즈니스나 프로젝트에서 구축하거나 개선하고자 하는 핵심 기능과 이러한 기능에 기여하는 주요 프로세스를 고려

	• 결과를 기록하고 최신 상태로 유지하며 영향받는 이해관계자에게 전달한다. — 결과에는 목표 달성에 주요하게 기여하는 프로세스 파악 포함
산출물 예시	• 비즈니스 모델, 목표와 환경 검토 결과 — 잠재적인 내부 또는 외부 비즈니스 변화 고려 • 비즈니스 목표와 프로세스 간 관계와 추적성 기록 • 비즈니스 목표 달성에 대한 프로세스 기여도 추정치 — 비즈니스 목표 우선순위 — 목표 달성에 대한 각 프로세스 기여도 측정 — 프로세스와 목표 간 상호 관계 — 프로세스가 비즈니스 목표 달성에 기여하는 방식을 분석한 결과
PCM 3.3	잠재적인 새로운 프로세스, 기법, 방법, 도구를 탐색하고 평가하여 개선 기회를 파악한다. (Explore and evaluate potential new processes, techniques, methods, and tools to identify improvement opportunities.)
가치	프로세스 혁신을 극대화하여 더욱더 효율적이고 효과적으로 목표를 달성할 수 있다. (Maximizes process innovation to more efficiently and effectively achieve objectives.)
활동 예시	• 개선 사항을 파악하고 조사하고 기록한다. • 정해진 기준을 사용하여 어떤 문서와 측정값을 다른 프로젝트나 향후 프로젝트에 사용할 수 있도록 조직 프로세스 자산 라이브러리에 포함할지 결정한다. — 조직 요구 변화에 따라 기준 최신화 — 새로운 기술 진화를 모니터링하면 새로운 개선 기준 파악에 유용 • 잠재적인 프로세스 개선 기회를 분석하고 평가한다. • 결과를 기록하고 최신 상태로 유지하며 영향받는 이해관계자에게 전달한다.
산출물 예시	• 잠재적 개선 기회 — 새로운 아이디어와 혁신 — 아이디어에 대한 설명 — 비즈니스 목표에 미치는 잠재적 영향 — 초기 비용 대비 이익 분석
PCM 3.4	프로세스 개선 구현, 배포와 유지를 위한 지원을 제공한다. (Provide support for implementing, deploying, and sustaining process improvements.)
가치	프로세스 개선이 시간이 지남에 따라 조직에 가치를 제공하도록 보장한다. (Ensures process improvements provide value to the organization over time.)
활동 예시	• 프로세스 구현과 배포를 지원하는 데 필요한 메커니즘을 파악한다. — 사용자 그룹(예: 실무 집단) — 경영진 의사소통: 전체 회의, 소식지, 화상 토론회 — 프로세스 변경 요청자에 대한 피드백

	• 구현과 배포 활동을 계획하고 조정했는지 확인한다. • 여러 개선 활동을 조정한다. • 프로세스 구현, 배포, 유지를 가시적이고 적극적으로 지원하겠다는 고위 경영진의 합의를 얻는다. • 현행 프로세스를 새로 배포한 프로세스로 전환하는 접근방식을 제공한다. 　— 조직 전체에 대한 완전한 구현 　— 시범 적용을 통한 점진적 변경 　— 선택한 프로젝트에 대한 반복적 구현 • 영향받는 이해관계자와 함께 배포 결과를 검토한다. 　— 프로세스와 제약조건에 대한 지식 원천인 프로세스 수행 인력을 포함 • 지원활동 성공, 이슈, 장애물, 진행 상황에 대한 기록을 제공한다.
산출물 예시	• 개선 구현, 배포, 지속을 위한 계획 　— 개선 요구사항 　— 배포 전략 　— 추정 예산, 일정, 위험 　— 개정한 프로세스와 제정한 프로세스 　— 의사소통 방법 　— 영향받는 이해관계자 목록 　— 구현 기대 효과 　— 현행 프로세스에서 새로 배포한 프로세스로 전환 • 구현 기록
PCM 3.5	**조직 표준 프로세스와 프로세스 자산을 배포한다.** (Deploy organizational standard processes and process assets.)
가치	효율적이고 효과적이며 잘 조율한 프로세스 배포를 보장하여 중복 개선으로 인한 잠재적 낭비를 줄인다. (Ensures efficient, effective, and coordinated process deployment to reduce potential waste from overlapping improvements.)
활동 예시	• 배포에 충분한 지원을 제공하는지 확인한다. • 프로세스와 프로세스 자산 배포를 위한 프로젝트를 파악한다. 　— 신규 업무, 모든 업무, 시차 적용 등 어떤 업무가 배포 대상인지, 어느 정도까지, 어느 기간에 배포할 것인지에 대한 기준을 제시 • 다른 개선 노력과 함께 개선한 프로세스 배포를 조정한다. 　— 각 개선 사항에 대한 작업그룹, 지원 그룹, 조직부서 활동 조정 　— 관련 개선 사항 배포를 위한 활동 조정 • 일련의 조직 표준 프로세스와 조직 프로세스 자산을 선택한 프로젝트에 배포한다. 　— 일괄 배포가 아닌 점진적으로 개선 사항 배포 　— 조기 적용자에게는 개선 사항에 대한 공식 교육 대신 포괄적인 컨설팅 제공

	• 배포 계획을 사용하여 개선 사항 배포를 모니터링한다. — 배포 계획에 따라 배포를 완료했는지 확인 • 객관적인 평가 결과를 검토한다. — 일련의 조직 표준 프로세스를 얼마나 잘 배포했는지, 얼마나 잘 작동하는지 파악 가능 • 일련의 조직 표준 프로세스 구현과 관련한 이슈를 식별하고 기록하고 종결할 때까지 추적한다. • 이해관계자와 함께 배포 결과를 검토한다.
산출물 예시	• 새롭거나 개정한 프로세스나 프로세스 자산에 대한 개선 사항을 배포할 대상 목록 — 조직 프로세스와 관련 프로세스 자산을 포함 • 배포 상태 보고서 — 개선 사항과 배포에 대한 설명 — 개선 사항을 배포할 대상, 내용, 방법 — 배포 관련 이슈 — 객관적인 평가 결과 — 구현에 대한 책임 — 이해관계자 — 배포 진행 상황 — 지출 비용 — 취해야 할 시정조치 — 달성한 이점
PCM 3.6	프로세스 개선 목표를 달성하는 데 배포한 개선 사항 효과를 평가하고 보고한다. (Evaluate and report the effectiveness of deployed improvements in achieving process improvement objectives.)
가치	배포한 프로세스가 프로세스와 성과 개선 목표를 달성하는 데 기여하는지 확인한다. (Ensures deployed processes are contributing to meeting process and performance improvement objectives.)
활동 예시	• 비즈니스, 프로세스, 성과 개선 목표에 대한 현행 개선 결과를 분석하고 개선 효과를 판단한다. • 결과를 기록하고 영향받는 이해관계자에게 전달한다. • 필요한 시정조치를 시작하고 종결할 때까지 추적한다.
산출물 예시	• 프로세스 개선 평가 보고서 — 개선을 통해 얻은 혜택과 가치 — 비즈니스와 프로세스 개선 목표 대비 결과와 성과 비교 — 추가 개선 필요성 — 필요한 경우 원인 분석

■ 4단계 프랙티스 그룹

PCM 4.1	통계와 기타 정량적 기법을 사용하여 제안한 개선 기대치, 비즈니스 목표 또는 품질 및 프로세스 성과 목표에 대해 선택한 성과 개선 사항을 확인한다. (Use statistical and other quantitative techniques to validate selected performance improvements against proposed improvement expectations, business objectives, or quality and process performance objectives.)
가치	성과 개선 구현 성공률을 높인다. (Increases the success rate for performance improvement implementation.)
활동 예시	• 확인 계획을 세운다. 　— 개선 제안서에 기록한 정량적 성공 기준은 확인 계획을 세울 때 유용 　— 선택한 개선 사항을 확인하기 위한 계획에는 다음을 포함: 대상 작업과 그 특성, 시범 적용 (선택한 경우), 결과 보고 일정, 측정과 분석 활동, 성공 기준 • 영향받는 이해관계자와 함께 확인 계획을 검토한다. • 계획에 따라 확인 활동을 수행하고 결과를 기록한다. • 통계나 기타 정량적 방법을 사용하여 확인 결과를 분석한다. 　— 확인은 목표를 달성하고 있는지 판단하는 것 포함 • 확인 분석 결과를 검토하고 기록하고 전달한다. 　— 이해관계자와 결과 검토 　— 배포 여부 결정: 배포 진행, 시범 적용 재계획과 계속 진행, 개선 사항 재작업 구현, 배포 종료 　— 배포와 관련한 개선 제안 처리 최신화 　— 새로운 개선 제안 파악과 기록 　— 개선팀에 대한 의견과 개선 사항 변경을 포함하여 배포 중에 발생한 문제점과 교훈 사례를 파악하고 기록 　— 개선 제안에 정의한 통계적이거나 정량적 기준을 사용하여 확인 결과 평가
산출물 예시	• 확인 계획 • 확인 보고서 　— 제안한 개선 사항 확인 결과 　— 제안한 개선 사항 시범 적용 결과 　— 변경 효과에 대한 정량적이고 통계적인 분석 　— 확인 접근방식에 대한 설명 　— 성공 기준을 포함하여 더 광범위한 채택을 위한 배포에 대한 권장 사항

　조직 프로세스는 해당 조직과 그 조직의 프로젝트에서 사용하는 모든 프로세스를 포함한다. 조직 프로세스와 프로세스 자산에 대한 개선안은 프로세스 측정과 프로세스 이행 중 학습한 교훈 사례, 프로세스 심사 결과, 품질보증 결과, 고객만족도 조사 결과, 다른 조직의 프로세스와 비교한 벤치마킹 결과,

조직 내 다른 개선 노력으로부터 나온 권고안 등 다양한 출처로부터 나올 수 있다.

프로세스 개선은 주로 고객을 위한 가치를 증대하거나 비즈니스 활동을 더욱더 효율적이고 효과적으로 수행하여 수익성을 향상하거나 직원 만족도를 향상하는 것과 같은 목적으로 수행한다. 물론 프로세스 개선이 종종 성과를 향상하기는 하지만, 단지 이것만이 프로세스를 개선해야 하는 유일한 이유는 아니다. 예를 들어, 전략적이거나 규제의 변화가 프로세스를 개선하거나 변화시키는 동인이 될 수도 있다. 무엇보다도 중요한 것은 프로세스가 조직에 더욱 유용하도록 개선을 위한 접근법을 다듬는 것이다. 따라서 조직은 프로세스를 수행하는 구성원 스스로가 프로세스 개선 활동에 참여하도록 권장해야 한다. 다른 사람의 참여를 조율하는 활동을 포함하여, 조직 프로세스 개선 활동을 촉진하고 관리하는 책임은 보통 프로세스를 관리하는 그룹에 배정한다. 조직은 이 그룹을 후원하고 효과적이면서도 시의 적절하게 개선안을 확산하는 데 필요한 장기적인 구현 합의와 자원을 제공한다.

조직 전반에 걸친 프로세스 개선 노력을 적절하게 관리하고, 구현하도록 신중한 계획 수립이 필요하다. 조직 프로세스 개선 계획 수립 결과는 프로세스 개선 계획서로 작성한다. 프로세스 개선 계획서에는 프로세스 심사 계획, 프로세스 개선 조치 계획, 시범 적용 계획, 확산 계획을 포함한다. 프로세스 심사 계획서에는 심사 시기와 일정, 심사 범위, 심사 수행에 필요한 자원, 심사 수행에서 사용할 참조모델, 심사 장소를 포함한다. 프로세스 개선 조치 계획서는 심사 결과물로써 심사를 통해 발견한 약점에 대한 개선 방안을 어떻게 구현할지를 문서 형태로 담고 있다. 가끔은 프로세스 개선 조치 계획서에 기술한 개선안을 조직 전체에 확산하기 전에 소규모 그룹을 대상으로 시범 적용을 해 보아야 하는 때도 있다. 이 경우, 시범 적용 계획서를 작성한다. 개선안을 확산할 때는 확산 계획서를 작성한다. 확산 계획서는 해당 개선안을 언제, 어떻게 조직 전체에 확산할지를 포함한다.

입증 가능한 혜택을 보여 주는 개선은 지속해서 개선을 위해 노력하는 문화를 만들고 지원하는 데 도움을 준다. 지속적인 개선 문화는 모범 사례를 유지하고 나쁜 습관으로 빠지지 않도록 하는 데 필수이다. 프로세스를 개선하면 생산적인 작업 환경을 조성하여 직원 만족도와 유지율을 높일 수 있다.

프로세스 관리 프랙티스 영역은 1단계부터 4단계까지 4개 프랙티스 그룹으로 구성된다.

1단계 프랙티스 그룹은 지속해서 프로세스를 개선하기 위한 지원 구조를 구축하고 현행 프로세스를 점검하여 개선 기회나 프로세스 이슈를 해결하는 활동이다.

지원 구조는 조직 전체에서 프로세스를 일관적으로 구현하게 해 주고 조직에 장기적인 이익을 제공한다. 즉 지원 구조는 작업을 더욱더 효율적이며 쉽게 수행하면서도 결함을 줄이는 프로세스를 수립하는 데 도움을 준다. 지원 구조는 프로세스 정책이나 기타 조직 방침과 같은 프로세스 지침을 제공한다. 또한 다른 사람 참여를 조정하는 내용을 포함한 조직 프로세스 개선 활동을 촉진하고 관리하는 책임을 지정한다. 조직의 고위 경영진은 원칙과 방향 그리고 기대 사항에 대한 지침을 수립하고, 소통하고, 시행할 책임이 있다.

프로세스 심사는 조직 프로세스 개선 목표를 달성하기 위해 조직의 현행 프로세스를 심사하고 강, 약점을 파악하여 개선 기회에 대한 현실적이고 객관적인 통찰력을 제공한다. 주된 프로세스 심사 방법은 조직에서 표준화하고 수행한 프로세스를 CMMI와 같은 참조모델과 비교하는 것이다. 프로세스 심사 결과는 개선을 위해 사용할 수 있도록 충분한 상세 내용을 포함해야 한다. 개선 조치를 이행하지 않으면 프로세스 심사를 통해 발견한 개선 필요 사항은 아무런 의미가 없다. 프로세스 심사는 자격을 갖춘 인력이 프로세스 심사 절차에 따라 수행해야 한다.

프로세스 심사를 위한 주요 방법으로는 차이 분석, 내부 심사 그리고 공식 심사가 있다. 차이 분석은 개선을 위해 제안한 프로세스를 조직에 실제 적용하여 사용할 수 있는지 파악하기 위해 사용한다. 프로세스 개선 목적을 달성하기 위해 계획한 접근방식의 적절성 파악이 주요 목적이다. 내부 심사는 프로세스 구현 결과를 점검하기 위해 사용하며, 공식 심사는 내재화에 대한 검증과 조직 벤치마킹을 위해 사용한다. 조직의 프로세스에 대한 심사는 주로 프로세스 개선 그룹을 중심으로 수행한다. 프로세스 개선 그룹은 조직의 프로세스 개선 활동을 계획하고 이를 주도적으로 구현하는 책임을 지는 그룹이라고 할 수 있다. 조직에 따라서 품질경영 또는 품질관리팀, 품질 혁신팀, 프로세스 개선팀 등 다양한 이름으로 불린다.

개선 기회나 프로세스 이슈를 해결하기 위한 책임을 할당한다. 프로세스 이슈는 다양한 조직 수준에서 개선 활동을 수행함으로써 해결할 수 있다.

2단계 프랙티스 그룹은 프로세스와 프로세스 자산에 대한 개선 사항을 식별하고 이를 구현하기 위한 계획을 수립하는 내용을 다룬다.

프로세스 개선 활동을 처음 시작하는 조직은 매우 다양한 유형의 많은 개선 항목을 파악할 수 있다. 이 경우, 조직 비즈니스 목표와 프로세스 개선 목표와 연계하여 개선 효과가 클 것으로 판단하는 개선 항목 위주로 우선순위를 정하여 개선 활동을 수행하는 것이 바람직하다. 욕심을 앞세워 너무 많은 항목에 대한 개선 활동을 동시에 수행하게 되면 형식에 치우치고 결국은 개선 활동이 무의미해질 수 있기 때문이다. 개선 항목은 프로세스 심사뿐만이 아니라, 품질보증 결과나 측정 결과 그리고 개선 제안이나 학습한 교훈 사례와 같이 다양한 경로로부터 파악할 수 있다. 분석과 평가를 적시에 수행하고 이를 통해 파악한 개선 항목을 기대하는 가치와 영향을 토대로 선정했는지 확인해야 한다. 개선 활동을 수행하는 데 비용이 너무 많이 들거나, 시간이 너무 오래 걸리는 항목을 개선하는 것은 바람직하지 않다. 그렇다고 해서 '낮게 매달린 열매'만을 다루면 변화가 전혀 없거나, 미미한 수준에만 그칠 수 있다. 따라서 비즈니스에 큰 영향을 줄 수 있는 개선 사항을 선택하고 확산하는 데 도움이 되는 기준을 마련하는 것이 바람직하다.

선택한 프로세스 개선 사항을 구현하기 위한 계획을 수립할 때는 프로젝트 수행 계획서처럼 구체적으로 작성하는 것이 바람직하다. 프로세스 개선 목표, 프로세스 개선을 위한 자원, 프로세스 개선 담당자별 역할과 책임, 프로세스 개선 범위, 일정, 비용, 위험 요소, 시범 적용, 확산 전략과 계획, 모니터링 방법, 개선 효과 평가 방법을 프로세스 개선 실행계획서에 포함한다. 만약 더 큰 노력을 기울여야 할 때는 일회성보다는 반복적이거나 점진적인 접근방식을 고려하는 것이 좋다. 예를 들어, 신속한 피드백을 받으려면 최대한 빨리 확산이 가능한 시범 적용 결과를 사용할 수 있어야 한다.

3단계 프랙티스 그룹은 프로세스 개선 활동에 대한 구체적인 접근방법을 다룬다.

우선 프로세스 개선 목표를 분석하여 비즈니스 목표를 달성하는 주요 원인을 파악한다. 이를 위해, 비즈니스 목표와 달성 방법, 비즈니스 모델, 사업 환경, 도전 과제와 기회를 분석해 볼 수 있다. 프로세스 개선 목표는 프로세스 심사, 원인 분석, 품질 평가 결과를 바탕으로 수립할 수 있다. 그리고 이러한 활동을 통해 어떤 개선 목표가 최우선순위인지를 판단한다.

프로세스 요구와 프로세스는 정적이지 않다. 따라서 조직성과를 현저하게 개선하기 위해 많은 신기술과 도구와 방법을 사용한다. 조직은 잠재적인 개선을 위해 내외부적으로 지속해서 조사하고, 성과에 대한 효과성을 평가하여 유익하다고 판단한 것을 채택해야 한다. 제안한 개선 사항은 점진적이거나 혁신적이거나 또는 둘 다일 수 있다. 점진적 개선은 보통 작업을 수행하는 사람(예: 프로세스나 기술 사용자)에 의해 발생한다. 점진적인 개선은 엄격한 확인이나 시범 적용이 필요하지 않고 구현과 확산이 비교적 간단하고 저렴하다. 반면에, 혁신적인 개선은 정상적인 작업흐름을 방해할 수 있는 프로세스나 기술에 대한 급진적인 변경을 포함한다. 그렇기에 이러한 변화는 전형적으로 구현하고, 시범 적용하고, 확인하고, 교육훈련과 유지를 하기 위해 더 큰 노력과 자원을 요구한다. 시범 적용을 위한 개선 사항을 선정하기 위해 기준을 정의해서 사용할 필요가 있다. 기준에는 위험, 변경에 대한 변형적 특성, 영향을 받는 기능 영역 수 또는 비용과 같은 사항을 고려해야 한다.

프로세스 개선 사항을 구현하고 확산하고 유지해 나가기 위한 지원을 제공해야 한다. 이는 개선한 프로세스와 자산을 조직 내 잘 전달하고, 훈련하며, 유용하다고 인식하여 내재화하는 것을 의미한다. 확산한 프로세스와 프로세스 자산을 지속해서 지원하기 위해 헬프 데스크나 교육훈련을 통한 코칭을 제공할 수도 있다. 가시적이고 적극적으로 개선 활동을 지원하기 위해 고위 경영진으로부터 합의를 끌어내고 승인을 받는 것도 매우 중요하다. 고위 경영진은 일상적으로 수행하는 프로세스와 이의 개선 작업을 특정 팀이나 특정 전담 부서에 위임해야 한다.

조직 표준 프로세스와 프로세스 자산을 계획에 따라 확산한다. 확산할 때는 프로세스와 관련한 기능(예: 교육, 품질보증)을 구현하고 실행하는 직원을 참여시킨다. 교육을 통해 참석자는 프로세스를 일관되고 지속할 수 있는 방식으로 적용할 수 있다. 무언가 잘못되거나 사용자가 프로세스를 이해하지 못할 때 발생하는 좌절을 방지하기 위해 지속해서 지원해야 한다. 매우 효과적인 지원 방법은 코칭이다. 코칭 메커니즘은 프로세스, 스킬, 방법, 서식을 적용할 때 정해진 간격이나 사안별로 사용자에게 멘토링을 해 주거나 질의응답 방법을 통해 지침을 주는 것이다.

모니터링은 조직 표준 프로세스와 기타 프로세스 자산을 효과적으로 확산할 수 있도록 해 줄 뿐만 아니라, 현재 사용 중인 프로세스 자산을 어디에서 왜 그리고 어떻게 사용하고 있는지 파악하게 해 준다. 조직 표준 프로세스와 프로세스 자산 변경 사항을 결합하기 위해 정의한 프로세스를 최신화한다. 이러한 활동을 통해 학습한 내용이 활동에 도움을 주는지 확인할 수 있다. 표준 프로세스와 프로세스 자산을 변경하거나 새로 개발했다고 해서 수행하고 있는 작업을 즉시 변경할 필요는 없다. 프로젝트가 변경 사항을 더욱 효과적으로 적용할 수 있을 때까지 확산을 지연하는 것이 좋다. 효율적이고 효과적인 구현과 실행을 보장하기 위해 능동적으로 계획한 성과 개선 노력 간 의존성을 이해하고 관리해야 한다. 조직에서는 다양한 개선 주도권과 이에 따른 동시 개선과 확산 활동을 수행하고 있을 수 있다. 따라서 혼란스럽거나 낭비적이며 모순된 결과와 부작용을 피하고자 프로세스 확산을 조정할 필요가 있다. 너무나도 많은 변화를 겪고 있는 조직 특정 영역에 지나친 부담을 주지 않으려면, 다른 영역에 다른 개선 사항을 선택해서 확산해 나갈 수 있어야 한다.

확산한 개선 사항이 프로세스 개선 목표를 달성했는지 그 효과를 평가하고 결과를 이해관계자에게 전달한다. 효과적으로 되기 위해서는 확산한 프로세스가 작업 성과에 유의미한 긍정적 변화를 가져왔는지를 파악해야 한다. 프로세스 개선 결과를 명시한 프로세스 개선 목표와 비교하여 성공과 성취를 결정하고 이에 따라 적절한 시정조치를 한다.

4단계 프랙티스 그룹은 통계와 기타 정량적 기법을 사용하여 선정한 성과 개선 사항을 제안한 개선 기대 효과, 비즈니스 목표 또는 품질 및 프로세스 성과 목표와 비교하여 확인하는 활동이다. 즉, 통계적이거나 정량적 기법을 사용하여 개선안에 따라 선택한 개선 사항 유효성을 확인한다. 개선 사항을 확인하기 위한 통계적이거나 정량적인 기법으로는 가설검정을 사용한 변화의 통계적 유의성 분석이나 프로세스 변동과 안정성 분석 그리고 모델링과 시뮬레이션이 있다.

(4) 프로세스 자산 개발_{Process Asset Development, PAD}

프로세스 자산 개발은 업무 수행에 필요한 프로세스 자산을 개발하고 이를 최신 상태로 유지한다. 조직은 이 활동을 통해 성공적인 성과를 이해하고 반복할 수 있는 역량을 제공한다.

> Develops the process assets necessary to perform the work and keeps them updated.
> Provides a capability to understand and repeat successful performance.

■ 1단계 프랙티스 그룹

PAD 1.1	업무 수행을 위한 프로세스 자산을 개발한다. (Develop process assets to perform the work.)
가치	일관성을 개선하여 목표 달성 가능성을 높인다. (Improves consistency to increase likelihood of meeting objectives.)
활동 예시	• 업무 지시 사항을 기록한다.
산출물 예시	• 업무 지시 사항 • 프로세스 설명서 • 서식

■ 2단계 프랙티스 그룹

PAD 2.1	업무 수행에 필요한 프로세스 자산을 결정한다. (Determine what process assets will be needed to perform the work.)
가치	업무 수행에 필요한 프로세스 자산에만 자원을 집중하여 낭비를 방지한다. (Avoids waste by focusing resources only on the process assets needed to perform the work.)
활동 예시	• 프로젝트에 필요한 프로세스 자산을 파악한다.
산출물 예시	• 서식 — 계획서, 견적서, 기술 문서, 회의록 — 서비스 수준 계약서 — 제안 요청서 — 계약서 또는 합의서 • 업무 지시 사항 — 순차적 점검표 — 표준 운영 절차 — 프로세스 • 도구
PAD 2.2	프로세스 자산을 자체 개발하거나 구매하거나 재사용한다. (Develop, buy, or reuse process assets.)
가치	자산 개발에 필요한 비용, 노력, 시간을 최소화한다. (Minimizes costs, effort, and time needed for developing the assets.)
활동 예시	• 자체 개발, 구매, 재사용 분석 대상이 될 자산을 선택한다. • 자체 개발, 구매 또는 재사용 분석을 수행하여 선택한 다양한 자산 중 최적의 방안을 결정한다. • 분석 결과를 기록한다. • 지정한 자산을 자체 개발, 구매 또는 재사용한다.

산출물 예시	• 자체 개발, 구매, 재사용 분석 결과 • 프로세스 자산
PAD 2.3	프로세스와 자산을 사용할 수 있도록 설정한다. (Make processes and assets available.)
가치	기존 프로세스 자산을 사용하여 업무 수행에 필요한 비용과 시간을 줄인다. (Reduces cost and time needed for performing the work by using existing process assets.)
활동 예시	• 프로젝트에서 자산을 사용할 수 있도록 설정한다. • 사용할 수 있는 자산 가용성을 알린다.
산출물 예시	• 프로세스 자산

■ 3단계 프랙티스 그룹

PAD 3.1	프로세스 자산을 구축하고 최신화하기 위한 전략을 개발하고 최신 상태로 유지하며 준수한다. (Develop, keep updated, and follow a strategy for building and updating process assets.)
가치	비용을 최소화하는 자산 구축 구조와 방향을 제시한다. (Provides a structure and direction for asset building that minimizes cost.)
활동 예시	• 프로세스 자산을 구축하고 최신화하기 위한 전략을 개발한다. — 해결해야 할 비즈니스 목표와 우선순위 파악 — 자산 개발과 최신화 방법 — 전략 수행을 위한 역할과 책임 파악 — 실행계획 구현을 위한 기준 — 프로세스 아키텍처 참조
산출물 예시	• 프로세스 자산 구축과 최신화 전략
PAD 3.2	조직 프로세스와 프로세스 자산 구조를 설명하는 프로세스 아키텍처를 개발하고 기록하고 최신 상태로 유지한다. (Develop, record, and keep updated a process architecture that describes the structure of the organization's processes and process assets.)
가치	견고한 프로세스 아키텍처를 제공하여 프로세스가 부가가치를 창출하도록 한다. (Ensures that processes add value by providing a robust process architecture.)
활동 예시	• 프로세스 요구사항을 파악한다. — 프로세스가 다루는 비즈니스 요구를 설명 • 프로세스 아키텍처 목표를 파악한다. — 프로세스 아키텍처 목표는 프로세스 아키텍처를 사용하는 방법과 이유, 그리고 표현이 제공하는 정보를 설명

	• 프로세스 아키텍처 형식을 개발하고 기록한다. 　— 프로세스 아키텍처는 구성 요소가 프로세스라는 점을 제외하면 솔루션 아키텍처와 유사 　— 솔루션 아키텍처를 설계하고 기록하는 데 사용하는 것과 같은 도구와 기법을 프로세스 아 　　키텍처를 설계하고 기록하는 데 사용 • 프로세스 아키텍처를 개발하고 기록하고 최신 상태로 유지한다. 　— 프로세스 아키텍처가 모든 프로세스 유형을 처리할 수 있는지 확인 • 영향받는 이해관계자와 함께 프로세스 아키텍처를 검토하고 최신화한다. 　— 필요한 입출력, 착수와 종료 기준을 이해하고 완료 　— 중복과 누락 프로세스를 파악하고 해결 　— 부가가치가 없는 프로세스는 수정 또는 제거를 위해 파악 • 프로세스 아키텍처를 전달하고 사용할 수 있도록 한다.
산출물 예시	• 프로세스 요구사항 • 프로세스 아키텍처 형식 • 프로세스 아키텍처
PAD 3.3	조직 프로세스와 프로세스 자산을 개발하고 최신 상태로 유지하며, 프로세스 자산 라이브러리에 서 사용할 수 있도록 설정한다. (Develop, keep updated, and make the organization's processes and assets available for use in a process asset library.)
가치	프로세스 자산을 구성하고 접근하고 최신화하는 데 필요한 시간과 노력을 줄여 비용과 낭비를 줄인다. (Reduces the time and effort needed to organize, access, and update process assets, leading to reduced cost and waste.)
활동 예시	• 일련의 조직 표준 프로세스와 프로세스 자산이 전략적 프로세스 요구와 목표에 부합하는지 확 인한다. • 프로세스와 프로세스 자산을 획득, 개발, 유지관리하기 위한 책임을 지정한다. • 프로세스 개선으로 인한 권장 사항을 조직 프로세스와 프로세스 자산에 결합해야 하는지 검토 하고 결정한다. • 프로세스와 프로세스 자산에 대한 조직 표준을 개발한다. 　— 용어와 사용 표준 　— 완전성, 정확성, 기타 품질 속성에 대한 요구사항 　— 의미 구조와 조직 　— 내용 표현 　— 저장과 표현 형식 　— 보관과 접근방법 • 조직 프로세스 자산 라이브러리를 설계하고 구현한다. 　— 라이브러리 구조와 지원 환경을 포함

- 프로세스 자산 라이브러리에 자산을 포함하기 위한 기준을 지정한다.
  - 자산은 주로 일련의 조직 표준 프로세스와의 관계를 기준으로 선택
- 자산을 저장하고 최신화하고 검색하는 절차를 지정한다.
- 선택한 자산을 프로세스 자산 라이브러리에 등록하고 쉽게 참조하고 검색할 수 있도록 목록화한다.
  - 조직 정책
  - 프로세스 설명서
  - 절차(예: 산정 절차)
  - 계획서
  - 교육자료
  - 프로세스 보조 자료(예: 서식, 점검표)
  - 프로세스 수행 결과물
  - 교훈 사례
- 프로젝트에서 자산을 사용할 수 있도록 설정한다.
- 자산 유용성을 주기적으로 검토한다.
  - 더 이상 사용하지 않거나 실행 불가능한 자산 제거 고려
- 프로세스 실행계획을 기록한다.
  - 프로세스 개선 목표
  - 해결해야 할 프로세스 개선 사항
  - 프로세스 조치 계획과 추적 절차
  - 프로세스 조치 구현에 대한 책임과 권한
  - 프로세스 조치를 구현하기 위한 자원, 일정, 과제
  - 위험
- 프로세스 실행계획에 대한 진행 상황과 합의 사항을 추적한다.
  - 프로세스 실행팀과 이해관계자와 함께 합동 검토를 수행하여 프로세스 조치에 대한 진행 상황과 결과 모니터링
  - 프로세스 실행계획을 구현할 때 발생하는 이슈를 파악하고 기록하고 종결할 때까지 추적
- 프로세스 실행팀을 구성하여 조치를 구현한다.
  - 프로세스 실행팀에 프로세스 소유자와 프로세스를 수행하는 인력 포함
- 프로세스와 프로세스 자산을 구축하고 기록한다.
  - 프로세스 또는 프로세스 자산 속성 지정
  - 프로세스 또는 프로세스 자산 간 관계 지정
- 일련의 조직 표준 프로세스 또는 프로세스 자산에 대한 검토를 수행한다.
- 필요에 따라 일련의 조직 표준 프로세스와 프로세스 자산을 개정한다.
  - 프로세스와 프로세스 자산에 대한 개선 사항 파악
  - 원인 분석 및 해결 데이터를 통해 프로세스 변경이 필요함을 확인
  - 조직 전체에 배포할 프로세스 개선 제안 선택
  - 조직 프로세스 요구와 목표 최신화

	• 프로세스와 프로세스 자산을 사용할 수 있도록 설정한다. 　— 문서와 기록 　— 애플리케이션 　— 웹사이트 　— 동영상과 교육자료 　— 자동화 도구 스크립트 　— 인트라넷과 기타 전자 미디어
산출물 예시	• 조직 프로세스 자산 라이브러리 설계 • 조직 프로세스 자산 라이브러리 • 프로세스 자산 라이브러리에 있는 프로세스 관련 작업산출물 • 실행계획 • 실행계획 구현 현황과 결과 • 일련의 조직 표준 프로세스와 프로세스 자산 • 새로운 프로세스 또는 프로세스 자산 　— 의사결정 지원 도구 　— 솔루션용 서식 　— 지침과 설명서
PAD 3.4	일련의 표준 프로세스와 프로세스 자산에 대한 조정 기준과 지침을 개발하고 최신 상태로 유지하며 사용한다. (Develop, keep updated, and use tailoring criteria and guidelines for the set of standard processes and assets.)
가치	불필요한 작업을 피하면서 각 프로젝트의 고유한 요구를 수용한다. (Accommodates the unique needs of each project while avoiding unnecessary work.)
활동 예시	• 일련의 조직 표준 프로세스를 조정하기 위한 선택 기준과 절차를 지정한다. 　— 조직에서 승인한 수명주기 모델에서 조정 대안을 결정하고 선택하는 기준 　— 일련의 조직 표준 프로세스에서 프로세스 요소를 선택하기 위한 기준 　— 정보 요구를 해결하기 위해 조직 공통 측정 지표를 조정하는 절차 　— 조정 사항을 기록하는 절차 • 정의한 프로세스를 기록하는 데 사용하는 표준을 지정한다. • 일련의 조직 표준 프로세스에서 면제 신청서를 제출하고 승인을 받는 데 사용하는 절차를 지정한다. • 일련의 조직 표준 프로세스에 대한 조정 지침을 기록하고 승인하고 전달한다. 　— 조정 지침에 대한 검토는 승인 절차의 일부로 사용 가능 • 필요에 따라 조정 지침을 개정한다.

산출물 예시	• 일련의 조직 표준 프로세스에 대한 조정 지침 　— 정의한 프로세스가 충족해야 하는 요구사항 　— 행사할 수 있는 대안과 대안 중 선택 기준 　— 프로세스를 조정하고 기록할 때 따라야 하는 절차 • 프로세스 면제 또는 면제 요청 　— 표준 프로세스를 프로젝트 요구에 맞게 조정할 수 없을 때 　— 고객, 법률 또는 규제 제약으로 인해 프로세스를 따를 수 없을 때 　— 현행 표준 프로세스로는 해결할 수 없는 새로운 요구사항이 있을 때
PAD 3.5	업무 환경 표준을 개발하고 최신 상태로 유지하며 사용할 수 있도록 제공한다. (Develop, keep updated, and make work environment standards available for use.)
가치	지정하고 확립한 업무 환경을 통해 프로젝트 전반에 대한 생산성과 일관성을 높인다. (Increases productivity and consistency across projects through a specified and established work environment.)
활동 예시	• 상업적으로 이용 가능한 업무 환경 표준을 평가한다. 　— 조직 필요에 따라 평가할 표준 선택 • 조직의 프로세스 요구와 목표에 따라 부족한 부분을 채우기 위해 업무 환경 표준을 채택, 개발 또는 조정한다. • 업무 환경을 주기적으로 분석하여 업무 성과를 개선할 수 있는 변경 사항이나 자원을 파악한다. • 업무 환경에 대한 잠재적 개선 우선순위를 정한다. 　— 법률과 규정을 준수하면 일부 개선 사항에 더 높은 우선순위 부여 가능 　— 해당 법률과 규정을 준수하기 위해 인사, 시설, 법률 또는 기타 적절한 전문가에게 지침 요청 • 성과를 개선할 수 있는 자원을 파악한다. 　— 작업 공간과 회의실과 같은 시설 또는 공용 공간 　— 공동 근무를 허용하고 협업을 촉진하는 가까운 사무실과 공간 　— 협업 도구, 애플리케이션 또는 기타 자원 　— 향상된 커뮤니케이션 역량 • 프로젝트가 비즈니스 활동을 가장 잘 지원할 수 있도록 업무 환경을 구성하고 조정할 수 있는 권한을 보유한다. • 프로젝트를 통해 업무 환경을 검토한다.
산출물 예시	• 업무 환경 표준 • 업무 환경 면제 또는 면제 요청 　— 표준 업무 환경을 프로젝트 필요에 맞게 조정할 수 없을 때 　— 고객, 법률 또는 규제 제약으로 인해 표준 업무 환경을 적용할 수 없을 때 　— 현행 표준 업무 환경으로는 해결할 수 없는 새로운 요구사항이 있을 때
PAD 3.6	조직에서 활용할 수 있는 측정과 분석 표준을 개발하고 최신 상태로 유지하며 사용할 수 있게 한다. (Develop, keep updated, and make organizational measurement and analysis standards available for use.)

가치	더 나은 의사결정을 위해 측정과 관련 분석을 일관되게 사용할 수 있도록 지원한다. (Supports consistent use of measurements and related analysis for better decision making.)
활동 예시	• 측정과 분석에 대한 조직 표준을 정의한다. — 데이터 유형이나 분석 기법에 따라 다른 표준이 필요할 수 있음 • 개별 프로젝트에 측정 기준을 적용하기 위한 조정 지침을 정의한다. — 면제를 허용하거나 승인하는 시점에 대한 기준 포함
산출물 예시	• 조직 측정과 분석 표준 • 측정과 분석 면제 또는 면제 요청 — 표준을 프로젝트 요구에 맞게 조정할 수 없을 때 — 고객, 법률 또는 규제 제약으로 인해 표준을 적용할 수 없을 때 — 현행 표준으로는 해결할 수 없는 새로운 요구사항이 있을 때

조직 프로세스 자산은 조직 전반에 걸쳐 일관성 있는 프로세스를 실행할 수 있게 하고, 조직에 장기적인 이점을 제공하는 기반을 제공한다. 조직 프로세스 자산 라이브러리는 조직 전반에 걸쳐 모범 사례와 학습한 교훈 사례를 공유할 수 있도록 하여 조직에서 학습하고 프로세스를 개선할 수 있도록 도와준다. 일련의 조직 표준 프로세스는 프로젝트별로 조정하여 해당 프로젝트에서 사용할 프로세스를 만드는 데 사용한다. 그 외 프로세스 자산은 정의한 프로세스 조정과 구현을 지원하는 데 사용한다. 작업 환경 표준은 프로젝트 작업 환경 생성을 안내하는 역할을 한다. '표준 프로세스'는 다른 여러 프로세스나 프로세스 요소로 구성한다. '프로세스 요소'는 업무를 일관성 있는 방식으로 수행하는 데 필요한 활동과 작업을 표현하는 프로세스를 정의하는 기본 단위다. 프로세스 아키텍처는 표준 프로세스의 프로세스 요소를 서로 연결하는 데 필요한 규칙을 제공한다. 일련의 조직 표준 프로세스에는 프로세스 아키텍처 여러 개를 포함할 수 있다.

프로세스 자산 개발 프랙티스 영역은 1단계부터 3단계까지 3개 프랙티스 그룹으로 구성된다.

1단계 프랙티스 그룹은 업무 수행을 위한 프로세스 자산을 개발하는 활동이다. 그렇다고 해서 조직 차원에서 표준화한 프로세스를 요구하는 것은 아니다. 조직 차원에서 표준화한 절차나 지침이 없더라도 해당 프로젝트 수행을 위한 계획서를 작성하고 이에 따라 프로젝트를 수행하면 된다. 이 프랙티스는 주로 작업 지시 사항을 기록하는 형태로 나타나는데, 목표 달성 가능성을 높이기 위한 일관성을 향상할 수 있다.

2단계 프랙티스 그룹은 업무 수행에 필요한 프로세스 자산을 파악하여 자체 개발할 것인지 아니면 구매나 재사용할 것인지 결정하고 프로세스와 자산의 가용성을 확보하는 내용을 다룬다. 업무 내용과 범위는 필요한 프로세스 자산을 결정하는 데 도움을 준다. 특히 대형 프로젝트면 프로세스 자산이 필요한 시기를 고려해야 한다. 업무 내용이나 범위를 변경하면 해당 요구를 검토하고 개정한다. 팀 구성원은 그들이 사용할 수 있는 프로세스 자산과 접근방법을 확인하여 프로젝트에서 사용할 수 있도록 해야 한다.

3단계 프랙티스 그룹은 조직 표준 프로세스와 프로세스 자산을 개발하고 활용하는 구체적인 접근방법을 설명한다.

조직 프로세스 자산은 기업 내 다양한 수준에서 정의할 수 있으며, 상호 계층적으로 연관될 수 있다. 예를 들어, 기업이 프로세스 자산을 개발하는데 기업 내 사업 부문과 같은 여러 개별 조직이 각자 조정한 프로세스 자산을 보유할 수 있다. 또한, 그 프로세스 자산은 그 조직에서 사업 영역이나 솔루션 라인 또는 서비스별로 조정할 수도 있다. 따라서 어떤 조직에서는 프로세스 자산을 단일 수준으로만 개발할 수도 있지만, 조직 프로세스 자산은 조직에서 개발한 프로세스 자산과 하위 조직에서 개발한 프로세스 자산을 포함할 수도 있다. 각기 다른 애플리케이션 영역, 수명주기 모델, 방법론과 도구에 대한 요구를 충족하려면 프로세스 자산 여러 개가 필요할 수 있다. 따라서 조직에서는 어떠한 방식으로 프로세스 자산을 개발하고 최신화할 것인지에 대한 전략이 필요하다.

프로세스 아키텍처는 프로세스와 프로세스 자산 그리고 이들 간 연결을 포함하는데 필요한 구조를 정의한다. 프로세스 아키텍처는 구조적 아키텍처와 내용적 아키텍처, 두 가지를 고려하고 해결해야 한다. 구조적 아키텍처는 내용을 구성하기 위한 물리적 구조나 프레임워크로 책을 예로 들자면, 목차, 개요, 장, 절, 색인과 부록으로 구조화할 수 있다. 내용적 아키텍처는 구조적 아키텍처 내에서 데이터를 구성하는 방식이다. 마찬가지로 책을 예로 들자면, 각 장, 절의 페이지 수와 각 장, 절이 포함하고 있는 내용이 될 수 있다. 조직의 요구는 시간의 흐름에 따라 변경되고, 이로 인해 내용적 아키텍처 또한 달라지기 때문에 이 프랙티스는 구조적 아키텍처에 중점을 둔다. 구조적 아키텍처는 보통 조직, 프로세스 요구 또는 프로세스 접근방식에 중대한 변화가 있을 때만 변경한다. 분명하게 명세화한 프로세스는 효율적으로 상호작용하여 중복성과 차이를 줄이고 모든 프로세스 가치를 높일 수 있다.

조직 프로세스와 프로세스 자산을 개발하고 개선하기 위한 작업을 계획하고 구현한다. 프로세스 개발과 개선을 효과적으로 진행하려면 지원 조직과 프로세스를 수행하는 사람이 프로세스를 개발하고 구현하고 확산하는 과정에 참여하도록 해야 한다. 표준 프로세스와 프로세스 자산은 조직의 여러 수준에서 정의하고 각 조직의 비즈니스 영역이나 기능에 맞게 조정할 수 있다. 각 프로세스는 밀접하게 연관된 일련의 활동을 다룬다. 완전하게 정의한 프로세스나 프로세스 자산은 훈련하고 숙련한 사람이 일관성 있게 수행할 수 있는 세부 사항을 충분히 포함하고 있다. 프로세스에 대한 조정은 조직이나 부서 또는 기능 수준에서 수행할 수 있다. 조직의 각 단위 부서나 기능에서는 조직 프로세스와 프로세스 자산으로부터 조정한 일련의 표준 프로세스나 프로세스 자산을 보유할 수 있다. 물론 어떤 조직은 한 수준의 표준 프로세스만 가질 수도 있다. 일련의 조직 표준 프로세스에는 프로세스 요소 간 관계를 설명하는 하나 이상의 프로세스 아키텍처에 따라 상호 연결할 수 있는 프로세스 요소를 포함한다. 조직 표준 프로세스는 보통 기술, 관리, 행정, 지원과 조직 프로세스를 포함한다. 또한 영향받는 이해관계자는 조직 표준 프로세스에 반영한 변경 사항을 결합하기 위해 정의한 프로세스와 프로세스 자산을 주기적으로 최신화해야 한다. 프로세스와 프로세스 자산 최신화란 지식과 스킬 그리고 프로세스 역량에 대해 주기적으로 개정하는 것을 의미한다.

프로세스 자산 라이브러리는 글자 그대로 도서관(라이브러리)이다. 우리가 도서관에 가서 읽고 싶은 책을 색인표에 따라 쉽게 찾아보듯이 업무 수행을 위한 규정, 프로세스 설명서, 절차와 지침서, 개발 계획서, 품질보증 계획서, 형상 관리 계획서와 같은 각종 계획서 서식, 교육 교재, 점검표, 양식 등 프로젝트 수행을 위한 문서를 등록해 놓고 필요할 때 사용할 수 있도록 해 주는 것이다. 다만 유의할 사항은 오랫동안 많은 양의 문서를 등록하면 오히려 필요한 문서를 찾아 사용하기가 어려울 수 있다. 따라서 문서에 대한 버전관리와 함께 불필요한 문서는 주기적으로 폐기하는 것이 좋다. 주기가 정해져 있는 것은 아니지만 일반적으로 1년에서 1년 6개월 간격으로 프로세스 자산 라이브러리에 등록한 문서를 검토하고 계속 보관하거나 폐기한다.

　조직 표준 프로세스는 그동안 수행했던 여러 프로젝트로부터 모범 사례를 바탕으로 수립한다. 그리고 수립한 표준 프로세스는 다시 다른 프로젝트를 수행할 때 활용하는데, 프로젝트마다 특성이나 환경이 달라서 조직 표준 프로세스를 그대로 사용하기 어려운 경우도 발생한다. 이럴 때, 조직 표준 프로세스를 조정할 필요가 있다. 조직 표준 프로세스를 프로젝트에서 조정하고자 할 때는 임의적 판단으로 하는 것이 아니라 조정 기준과 지침을 따라야 한다. 표준 프로세스를 정의하여 사용하는 것은 그동안 경험을 토대로 프로젝트를 더욱 성공적으로 수행하는 방법을 제시하는 것이다. 따라서 프로젝트마다 편의로 표준 프로세스를 조정하는 것은 바람직하지 않다. 프로젝트는 표준 프로세스를 필요에 따라 임의로 조정해서는 안 되고, 정해진 기준에 의해 최소 조정만을 허용한다. 중요한 사업 목표와 직접적으로 관련한 프로세스와 프로세스 요소는 조정을 허용하지 않는다. 사업 목표를 달성하는 데 핵심적이지 않거나 간접적인 영향을 미치는 프로세스와 프로세스 요소에 대해 조정을 허용한다. 또한, 조정하는 정도는 해당 프로젝트 수명주기 모델이나 공급자 활용과 기타 여러 요인에 따라 달라질 수 있다. 조정 기준과 지침은 아무런 조정 없이 표준 프로세스를 그대로 사용하는 것을 허용한다. 만약 여러분 조직에서 수행하는 대부분 프로젝트가 조직 표준 프로세스를 조정하고 있다면 조직에서 정의한 표준 프로세스가 프로젝트 상황을 제대로 반영하지 못한다는 의미이다. 이때에는 조직 표준 프로세스를 다시 정의할 필요가 있다.

　작업 환경 표준을 정의하는 것은 조직이나 프로젝트에서 유사한 작업을 수행하면서도 각기 다른 방법이나 도구를 사용하여 발생하는 노력이나 비용 손실을 최소화하자는 의미이다. 예를 들어, 프로젝트 팀원에게 개발 방법론을 교육하기 위해 프로젝트마다 교육 교재를 만든다면 이는 괜한 노력 낭비일 것이다. 작업 환경 표준에는 조직이나 프로젝트에서 공통으로 사용하는 운영, 안전, 보안과 관련한 절차나 각종 장비, 도구를 포함한다.

　조직 비즈니스 목표와 요구사항을 평가하여 조직에서 사용할 측정과 분석 표준을 정의한다. 업무가 다양하고 다른 접근법이 필요하면 조직은 여러 가지 유형에 대한 측정과 분석 표준을 보유할 수 있다. 측정과 분석 표준은 측정을 사용하는 방법과 비즈니스 목표를 달성하는 방법에 맞게 조정해야 한다.

(5) 성과 및 측정 관리_{Managing Performance and Measurement, MPM}

성과 및 측정 관리는 비즈니스 목표를 달성하기 위해 측정과 분석을 사용하여 성과를 관리한다.

조직은 이 활동을 통해 비용, 일정, 품질 성과에 관리와 개선 노력을 집중하여 비즈니스 투자수익을 극대화한다.

Manages performance using measurement and analysis to achieve business objectives.
Maximizes business return on investment by focusing management and improvement efforts on cost, schedule, and quality performance.

■ 1단계 프랙티스 그룹

MPM 1.1	**측정 지표를 수집하고 성과를 기록한다.** (Collect measures and record performance.)
가치	성과관리를 통해 목표 달성 가능성을 높인다. (Enables performance management to increase likelihood of meeting objectives.)

활동 예시	• 사용 가능한 측정 지표와 수집 방법을 파악한다.
	  ― 데이터 수집 방법 예: 설문조사, 관찰, 직접 녹음, 고객이나 의뢰인 또는 기타 이해관계자, 업계 비교
	  ― 비즈니스 성과 데이터 예: 고객만족도, 매출, 이익과 손실
	  ― 프로세스 성과 데이터 예: 일정과 예산 준수, 추정치와 유의미한 편차, 품질 데이터(예: 결함, 경고, 고객 불만, 반품, 사고)
	• 성과를 파악하기 위해 측정값을 수집하고 기록한다.
	  ― 수집한 성과 데이터가 업무와 비즈니스와 관련이 있고 중요한지 다음을 기초로 판단: 측정과 수집 결과, 결과에 대한 논의와 해석, 결과 사용
	  ― 데이터 기록 출처: 비즈니스 성과, 현재와 계획한 프로세스 성과, 성과 개선 사항
	• 성과를 기록하고 결과를 전달한다.
	  ― 결과는 사용 가능한 도구에 저장하여 주기적이거나 상황에 따라 보고

산출물 예시	• 측정 지표
	  ― 제품 측정 지표
	  ― 프로세스 측정 지표
	  ― 품질 측정 지표
	  ― 고객 측정 지표
	  ― 직원 측정 지표

	• 성과 분석 결과 — 비즈니스 성과 — 고객만족도 — 직원 만족도 — 품질 기대치
MPM 1.2	성과 이슈를 파악하고 해결한다. (Identify and address performance issues.)
가치	목표 달성 능력을 향상하고 고객 만족을 높인다. (Improves the ability to achieve objectives and increases customer satisfaction.)
활동 예시	• 측정값을 수집하고 성과 데이터를 도출한다. • 성과를 검토한다. • 성과 관련 이슈를 파악한다. • 성과 이슈의 원인을 파악한다. • 성과 향상을 위해 제안한다. • 제안에 따라 성과 이슈를 해결한다.
산출물 예시	• 성과 이슈 목록 — 이슈 특성 — 이슈 발생 이유 — 해결 방법 — 해결을 위해 취한 조치 • 제안 목록 — 설명 — 실행을 위해 선택한 제안

■ 2단계 프랙티스 그룹

MPM 2.1	선택한 비즈니스 요구와 목표에서 측정과 성과 목표를 도출하고 기록하고 최신 상태로 유지한다. (Derive and record measurement and performance objectives from selected business needs and objectives and keep them updated.)
가치	측정과 성과 활동을 조정하여 비즈니스 결과 달성 가능성을 높인다. (Aligns measurement and performance activities to increase the likelihood of achieving business results.)
활동 예시	• 현재 또는 계획한 성과 개선 사항을 파악한다. — 성과 개선에 대한 정보(예: 의도, 목표, 조치, 기간) 수집 • 비즈니스 요구와 목표를 기록하고 우선순위를 정한다. — 사용 가능한 자원 한도 내에서 우선순위 설정 • 측정과 성과 목표를 검토하고 최신 상태로 유지한다. — 검토에 목표에 대한 목적, 가치, 의도하는 용도 포함

	— 측정과 성과 목표를 기록하고 최신 상태로 유지하며 이해관계자가 검토 — 측정 목표 설정과 실행계획 결정에 측정과 성과 분석 결과에 대한 사용자와 제공자 참여 • 필요에 따라 영향받는 이해관계자와 함께 비즈니스 요구와 목표를 측정과 성과 목표와 비교하여 검토한다. — 측정과 성과 목표를 설정하면 파악한 비즈니스 요구와 목표를 구체화하고 명확히 할 수 있음 • 비즈니스 요구와 목표를 측정과 성과 목표와 비교하여 검토하는 것은 반복적인 프로세스이다.
산출물 예시	• 측정과 성과 목표 — 합의 사항 충족: 예산, 일정, 품질 — 증가: 고객만족도, 직원 만족도, 혁신과 창의성 — 감소: 고객 불만, 오류와 재작업, 환경 영향
MPM 2.2	측정 지표에 대한 운영 정의를 개발하고 최신 상태로 유지하며 사용한다. (Develop, keep updated, and use operational definitions for measures.)
가치	측정 일관성을 높이고 비즈니스 요구와 목표를 효율적이고 효과적으로 달성할 가능성을 높인다. (Increases the consistency of measures and the likelihood that business needs and objectives are met efficiently and effectively.)
활동 예시	• 측정 목표를 다루고 현행 작업산출물, 프로세스 또는 작업에서 사용할 수 있거나 수집한 기존 측정 지표를 파악한다. — 측정 지표, 출처와 수집 메커니즘에 대한 규격이 이미 존재할 수 있음 • 조직의 품질과 성과에 대한 통찰력을 제공하는 측정 지표를 선택한다. — 선택한 제품과 프로세스 속성에 대한 측정 지표 선택 — 측정 지표 선택에 사용하는 기준 예: 조직 목표에 대한 측정 지표 관계, 솔루션 수명 기간 측정 지표가 제공하는 범위, 측정 지표가 성과에 제공하는 가시성, 측정 지표에 대한 관찰을 수집할 수 있는 빈도 • 선택한 측정 지표에 대한 운영 정의를 수립한다. — 수집 단계와 규칙 — 파생 측정값을 생성하는 데 사용하는 함수나 알고리즘 — 분석 절차 — 결정 기준: 조치 필요성을 결정하는 데 사용하는 수치 임곗값, 목표 또는 제한(예: 계획과 20% 차이가 나면 재계획 필요) • 각 필수 측정 지표에 대한 데이터를 수집하고 저장하는 방법을 지정한다. — 수동 또는 자동화된 방법 — 양식, 서식, 도구 — 데이터 품질 보장 메커니즘 • 데이터 분석 방법과 도구를 선택한다. — 분석 기법 선택 — 파이 차트, 막대 차트, 히스토그램, 레이더 차트, 선 그래프, 분산형 차트, 표 등 다양한 시각적 표시와 기타 표현 기법을 선택

	— 누락 데이터 요소가 있는 경우, 분석을 처리하는 방법에 관한 결정
	— 적절한 분석 도구 선택
	— 데이터 분석 중에 지정한 측정 지표 간 상호 관계와 시간에 따른 변화를 고려
	• 영향받는 이해관계자와 함께 운영 정의를 검토하고 최신 상태로 유지한다.
산출물 예시	• 측정 지표 운영 정의 — 측정 지표명 — 설명, 상황, 목적 — 측정 이유(예: 성과, 법률, 관리) — 측정값의 시각적 표시(지표) — 파생 측정값의 데이터 요소 — 각 요소에 대한 정의 — 데이터 수집 방법, 시기, 담당자 — 데이터 수집을 위한 양식, 서식, 도구 — 데이터 확인과 품질 — 데이터 보고와 보고 대상, 빈도 — 파생 측정값에 대한 알고리즘 또는 계산 — 모든 가정 사항 — 측정값에 대한 해석 — 분석 기법 — 목표와 출처에 대한 추적성 — 다른 측정 지표와의 상호참조 • 분석 방법과 도구 • 데이터 수집 메커니즘
MPM 2.3	운영 정의에 따라 지정한 측정 데이터를 확보한다. (Obtain specified measurement data according to the operational definitions.)
가치	의사결정을 개선하고 프로젝트를 성공적으로 완료할 가능성을 높인다. (Improves decisions and increases the likelihood of successfully completing projects.)
활동 예시	• 현재 지정한 기본 측정 지표에 대한 데이터를 수집한다. • 파생 측정값을 계산한다. • 데이터 원본에 최대한 가깝게 데이터 무결성을 확인한다. — 데이터 무결성: 정확성과 정밀성, 적용 범위, 완전성 — 점검표는 데이터 무결성을 검증하는 데 유용
산출물 예시	• 기본 측정 데이터와 파생 측정 데이터 • 데이터 무결성 검사 결과
MPM 2.4	운영 정의에 따라 성과와 측정 데이터를 분석한다. (Analyze performance and measurement data according to the operational definitions.)

가치	목표를 달성하는 데 필요한 성과와 조치에 대한 통찰력을 제공한다. (Provides insight into performance and actions needed to meet objectives.)
활동 예시	• 분석을 수행하고 계획에 따라 결과를 해석하고 결론을 끌어낸다. 　─ 예상하지 못한 추가 분석 완료 　─ 용량, 가용성, 신뢰성, 유지보수 가능성 동향을 재평가하고, 장애 동향 분석을 수행하는 것이 　　바람직할 수 있음 　─ 기존 측정값 구체화 　─ 추가 파생 측정값 계산 　─ 계획한 분석을 올바르게 완료하기 위해 추가 기본 측정값을 위한 데이터 수집 • 분석 결과와 유의미한 편차를 기록한다. • 영향받는 이해관계자와 함께 결과를 검토한다. 　─ 이해관계자와 함께 결과를 검토하면 오해를 방지하고 데이터 분석과 보고에 대한 개선이 　　가능: 이해 가능, 쉽게 해석 가능, 파악한 정보 요구와 목표에 명확하게 연결 　─ 측정 전문가가 아닌 사람에게는 분석 결과가 명확하지 않을 수 있음 　─ 의사소통에는 사용한 평가 방법에 따라 결과를 해석하는 방법, 결과가 정보 요구를 해결하 　　는 방법, 결과가 프로젝트에 미칠 수 있는 영향을 포함 　─ 다른 사람이 결과를 이해하도록 돕기 위해 취하는 조치 예: 측정 결과 사용과 이해에 대한 　　교육 제공, 이해관계자와 결과 논의, 의사소통을 위한 접근방식 수정, 배경과 설명 제공 • 운영 정의에서 측정과 분석 기법을 세분화한다. 　─ 데이터 분석을 수행하고 결과를 준비하면 교훈 사례를 바탕으로 향후 노력 개선이 가능: 측 　　정 명세 개선, 데이터 수집 절차 개선, 정보 요구와 목표를 구체화하기 위한 아이디어
산출물 예시	• 성과 데이터 분석 결과 　─ 목표에 맞게 조정 　─ 결과와 결론 　─ 식별한 성과 부족 사항 　─ 개선 후보 　─ 권장 조치 • 최신화한 운영 정의
MPM 2.5	운영 정의에 따라 측정 데이터, 측정 명세와 분석 결과를 저장한다. (Store measurement data, measurement specifications, and analysis results according to the operational definitions.)
가치	성과를 분석하여 반복적인 성공 가능성을 높인다. (Enables analysis of performance to improve the likelihood of repeating successes.)

활동 예시	• 데이터를 검토하여 품질을 확인한다. • 데이터 저장 절차에 따라 데이터를 저장한다. • 저장한 데이터를 사용할 수 있도록 설정한다. • 저장한 정보를 부적절하게 사용하지 않도록 방지한다. 　— 데이터에 대한 접근을 통제하고 직원에게 데이터를 적절하게 사용하는 방법에 대한 교육 시행 　— 부적절한 데이터 사용 예: 기밀로 제공한 정보 공개, 불완전하거나 상황에 맞지 않거나 오해 소지가 있는 정보에 근거한 잘못된 해석, 직원 성과를 부적절하게 평가하는 데 사용하는 조치, 개인 도덕성에 대한 의문 제기 　— 누가 어떤 정보를 저장하고 누가 접근할 수 있는지에 관한 법적, 규제적 요건 준수
산출물 예시	• 저장 데이터 　— 데이터 배경 정보 　— 수집한 일련의 데이터 　— 분석 보고서와 발표 자료 　— 저장한 데이터 보존 기간 　— 데이터 보안
MPM 2.6	측정과 성과 목표를 달성하는 데 있어 파악한 이슈를 해결하는 조처를 한다. (Take actions to address identified issues with meeting measurement and performance objectives.)
가치	성과 목표를 달성할 수 있다. (Enables the ability to meet performance objectives.)
활동 예시	• 시정조치를 기록하고 구현하고 종결까지 관리한다. • 제안한 개선 사항을 기록하여 제출하고 결과를 전달한다.
산출물 예시	• 개정한 목표, 계획, 합의 사항 • 성과 평가 기록 　— 계획 성과와 실제 성과 비교 　— 제안한 개선 사항 • 유의미한 편차 기록 　— 과거 조치와 개선 사항 　— 조치 부작용과 개선 사항 • 제안한 개선 사항 　— 제안한 개선 사항 출처 　— 제안한 각 개선 사항 내용

■ 3단계 프랙티스 그룹

MPM 3.1	비즈니스 목표에 추적 가능한 조직의 측정과 성과 목표를 개발하고 최신 상태로 유지하며 사용한다. (Develop, keep updated, and use the organization's measurement and performance objectives traceable to business objectives.)
가치	자원 사용을 최적화하여 비즈니스 성공을 개선한다. (Optimizes resource usage to improve business success.)
활동 예시	• 측정과 성과 목표를 주도하는 비즈니스 목표를 개발하고 검토하고 분석한다. 　— 비즈니스 목표 　— 현행 성과 데이터와 성과 기준선 　— 비즈니스와 조직 모델 　— 중요한 성공 요인 　— 고객 데이터 　— 경쟁사 데이터 • 조직 측정과 성과 목표를 개발하고 기록하고 사용하며 최신 상태로 유지한다. • 조직 내 프로젝트 성과를 분석한다. 　— 이 정보를 주기적이거나 상황에 따라 분석하여 조직 요구를 충족하고 조직성과와 목표 달성에 어떻게 기여하는지를 파악 • 영향받는 이해관계자와 협력하여 조직 측정과 성과 목표를 프로젝트에 배정한다. • 비즈니스 목표에 맞춰 신규 또는 개정한 측정과 성과 목표를 추적한다. • 측정과 성과 목표 배정을 검토하고 최신화하며 영향받는 이해관계자와 소통한다.
산출물 예시	• 비즈니스 목표 • 측정 목표 　— 측정 교정 데이터(예: 정확도, 정밀도) 　— 규제 목적이나 고객 요구에 따른 측정값 　— 배포, 진행 상황과 구현 상태 • 성과 목표 • 배정한 측정과 성과 목표 　— 프로젝트에 조직 목표 배정 　— 배정에 대한 근거와 배경 정보
MPM 3.2	조직 프로세스와 표준에 따라 측정 지표에 대한 운영 정의를 개발하고 사용하며 최신 상태로 유지한다. (Follow organizational processes and standards to develop and use operational definitions for measures and keep them updated.)

가치	조직 측정과 성과 데이터를 일관되게 수집하고 이해하고 사용하여 성과를 개선하고 성공 가능성을 높인다 (Enables consistent collection, understanding, and use of organizational measurement and performance data to improve performance and increase likelihood of success.)
활동 예시	• 선택한 측정 지표에 대한 조직 표준 운영 정의를 기록하고 전달하고 사용하며 최신 상태로 유지한다. • 필요에 따라 측정 지표에 대한 일련의 운영 정의 내용을 수정한다. — 측정 지표 유용성 주기적 평가
산출물 예시	• 조직 표준에 따른 운영 정의
MPM 3.3	데이터 품질 프로세스를 개발하고 최신 상태로 유지하며 준수한다. (Develop, keep updated, and follow a data quality process.)
가치	측정과 성과 데이터를 사용하여 더 나은 의사결정을 내릴 수 있다. (Ensures that use of the measurement and performance data results in better decision—making.)
활동 예시	• 데이터 품질, 정확성, 정밀도, 유효성에 대한 기준을 개발한다. • 측정 저장소와 데이터를 객관적으로 평가하여 데이터 품질 기준을 충족하는지 확인한다. — 평가 빈도 결정과 계획 • 데이터 품질 문제를 파악하여 전달하고 종결까지 추적한다. • 데이터 개선 제안을 파악하고 전달한다.
산출물 예시	• 데이터 품질 기준 • 측정 저장소 데이터 품질 보고서 • 데이터 품질 이슈 • 개선 제안
MPM 3.4	조직 측정 저장소를 구축하고 최신 상태로 유지하고 사용한다. (Develop, keep updated, and use the organization's measurement repository.)
가치	측정과 성과 데이터에 적시 접근하여 정보에 입각한 의사결정을 지원함으로써 프로젝트를 더욱 성공적으로 이끌 수 있다. (Supports informed decisions leading to more successful projects through timely access to measurement and performance data.)
활동 예시	• 측정값 저장, 검색, 분석에 대한 조직 요구를 결정한다. — 측정 저장소에 대한 요구사항을 이해하고 기록 • 측정 저장소를 설계하고 구현한다. — 측정과 성과 데이터에 대한 효과적인 비교와 해석 지원 — 저장소에 있는 데이터를 빠르게 파악하고 접근할 수 있는 충분한 환경 제공 — 과거 데이터 사용을 통해 산정, 측정, 성과 정확도와 정밀도 향상 — 성과에 대한 이해 지원

	• 내용을 채우고 측정 저장소 가용성과 이점을 알린다.
	• 필요에 따라 측정 저장소를 최신화한다.
	  — 측정이나 성과 목표를 변경했을 때
	  — 새로운 프로세스를 추가했을 때
	  — 프로세스를 수정하고 새로운 측정 지표가 필요할 때
	  — 더 세분화한 데이터가 필요할 때
	  — 프로세스와 성과에 대한 더 높은 가시성이 필요할 때
	  — 측정 지표를 더 이상 사용하지 않을 때

산출물 예시	• 측정 저장소 설계
	  — 저장소 구조
	  — 필수 내용
	  — 관련 시스템 또는 하위 시스템
	  — 수집
	  — 지원 환경
	  — 검색 메커니즘
	  — 보안
	  — 보존
	  — 유지관리
	  — 데이터 확인
	  — 표준 보고
	• 조직 측정 저장소
	• 조직 측정 데이터

MPM 3.5	측정과 성과 데이터를 사용하여 조직성과를 분석하고 성과 개선이 필요한 부분을 파악하여 해결한다. (Analyze organizational performance using measurement and performance data to determine and address performance improvement needs.)
가치	성과 분석과 개선을 통해 비즈니스 성공에 기여한다. (Contributes to business success through the analysis and improvement of performance.)

활동 예시	• 성과 데이터를 조직 수준에서 집계한다.
	• 측정과 성과 목표를 현행 성과와 비교하여 분석하고 비즈니스 목표를 충족하는 조직 능력을 평가한다.
	  — 어떤 프로세스가 선택한 성과 개선에 관여하고 기여하는지 파악
	  — 프로세스별 기여도 산정
	  — 운영, 제공, 사용 중에 소비하는 자원
	  — 관련 목표에 대한 성과 개선 기여도 추적
	  — 목표 달성이나 성공적인 개선 사항 배포를 방해할 수 있는 모든 장벽

	• 소비한 자원과 계획과 현행 서비스 시스템 성과에 대한 설명을 개발하고 사용하며 최신 상태로 유지한다. 　— 서비스 시스템과 프로세스에 대한 공정 흐름 파악 　— 서비스 시스템 구성 요소의 용량과 가용성을 결정해야 할 수 있는 시스템의 현재 용량과 가용성을 기록 　— 수집한 측정과 분석을 통해 서비스 시스템의 시각적 표현 고려 • 실제 성과가 비즈니스 목표를 달성하지 못하는 부족한 부분과 잠재적인 개선 영역을 파악한다. 　— 성과 부족에 따른 목표 미달성 영역 예: 생산성, 개발기간, 고객만족도 　— 개선을 고려해야 할 영역 예: 제품 기술, 프로세스 기술, 인력 개발, 팀과 조직구조, 인프라, 공급자 선정과 관리, 개인과 작업그룹 그리고 조직 역량 향상을 포함한 인력 개발 • 수집한 측정과 분석을 통해 서비스 시스템의 표현을 개발하고 사용하며 최신 상태로 유지한다. • 성과 개선 요구를 기록한다. 　— 성과 개선안을 개발하거나 최신화할 때 이 정보와 평가 결과를 활용 • 성과 개선 요구 해결과 관련한 예상 비용과 이점을 분석하고 기록한다. 　— 일정, 노력, 인력, 프로세스, 도구 등을 포함한 자원 　— 성공적인 배포를 방해할 수 있는 장벽 　— 각 개선 사항을 구현하는 데 필요한 세부적인 조직 변경 사항 　— 검증과 확인 활동 • 영향받는 이해관계자에게 결과를 전달한다. • 성과 개선 제안을 제출한다.
산출물 예시	• 집계한 성과 결과 　— 프로젝트 수준에서 성과와 개선 결과 도출 　— 결과: 조직 측정과 성과 목표, 프로세스와 업무 벤치마킹 노력 결과, 업무 환경 효율성 측정, 품질과 생산성 목표와 비교한 업무와 조직성과 분석 • 성과 분석 결과 　— 성과 개선에 결정적으로 기여하는 프로세스나 기술 파악 　— 파악한 프로세스나 기술이 중요한 이유에 대한 근거 　— 프로젝트와 조직 수준에서 측정과 성과 목표를 달성하기 위해 부족한 부분(예: 위험, 문제 또는 성과) 파악 • 성과 향상 요구 　— 프로세스와 비즈니스 목표에 대한 개선 사항 추적성 포함 • 제출한 성과 개선 제안
MPM 3.6	성과 결과를 조직에 주기적으로 전달한다. (Periodically communicate performance results to the organization.)
가치	성과와 개선 가치에 대한 조정과 이해를 강화하여 낭비를 줄이고 목표 달성 가능성을 높인다. (Enhances coordination and understanding of performance and improvement value to reduce waste and increase the likelihood of achieving objectives.)

활동 예시	• 성과 개선 보고서를 개발하고 기록한다. • 영향받는 이해관계자에게 성과 개선 결과를 전달한다.
산출물 예시	• 성과 개선 분석 보고서 — 분석 결과 해석에 도움을 주는 상황별 정보 또는 지침 — 결과에 관한 토론과 해석 — 결과 사용 — 프로젝트 성과 개선 결과 — 측정과 성과 목표 충족에 미치는 영향 — 비즈니스 수준에서 집계 — 비즈니스 목표 충족에 미치는 영향

■ 4단계 프랙티스 그룹

MPM 4.1	통계와 기타 정량적 기법을 사용하여 비즈니스 목표에 추적 가능한 품질 및 프로세스 성과 목표를 수립하고 최신 상태로 유지하며 전달한다. (Use statistical and other quantitative techniques to develop, keep updated, and communicate quality and process performance objectives that are traceable to business objectives.)
가치	현실적인 품질 및 프로세스 성과 목표를 수립하여 더 나은 의사결정을 내리고 비즈니스 목표 달성 가능성을 높인다. (Establishes realistic quality and process performance objectives enabling better decision—making, increasing the likelihood of meeting business objectives.)
활동 예시	• 품질 및 프로세스 성과 목표를 정의하고 기록하고 최신 상태로 유지하며 전달한다. — 적절한 비즈니스와 조직 목표 결합 — 영향받는 이해관계자의 품질과 프로세스 성과 요구와 우선순위를 반영하는 목표 기록 — 각 목표 달성 방법 결정 — 성과와 비즈니스 목표 간 추적성 보장 — 품질 및 프로세스 성과 목표를 정의하는 데 도움을 주는 기법 예: 관리도 사용, 변동 분석, 회귀 분석, 신뢰도 또는 예측구간 사용, 민감도 분석, 시뮬레이션, 가설검정 • 중간 목표를 도출하여 명시한 목표를 달성하기 위한 진행 상황을 모니터링한다. — 선택한 단계, 이정표, 작업산출물과 프로세스 특성에 대한 중간 목표 설정 • 품질 및 프로세스 성과 목표를 달성하지 못할 위험을 파악하고 기록한다. • 품질 및 프로세스 성과 목표 간 충돌 해결(예: 한 목표가 다른 목표를 손상하지 않고는 달성할 수 없는 경우) — 목표에 대한 상대적 우선순위 설정 — 단기 요구만이 아니라 장기 비즈니스 전략에 비추어 대체 목표 고려 — 절충 결정에 영향받는 이해관계자를 참여시키고 협상

	— 프로세스 성과 기준선과 성과 모델은 다른 품질 및 프로세스 성과 목표와 충돌할 수 있는 최적화되지 않은 프로세스나 하위 프로세스를 파악하는 데 유용 — 필요에 따라 갈등 해결 결과를 반영하여 목표 수정
산출물 예시	• 품질 및 프로세스 성과 목표 — 변경 요청량을 목푯값 이하로 유지 — 목표 날짜까지 유휴 시간 ×% 줄이기 — 일정 지연을 지정한 비율 이하로 유지 • 품질 및 프로세스 성과 목표를 달성하지 못할 위험
MPM 4.2	품질 및 프로세스 성과 목표를 달성하기 위해 성과를 정량적으로 관리할 수 있는 측정과 분석 기법을 선택한다. (Select measures and analytic techniques to quantitatively manage performance to achieve quality and process performance objectives.)
가치	목표 달성에 가장 많은 통찰력을 제공하는 데이터에 측정과 관리 활동을 집중한다. (Focuses measurement and management activities on the data that provide the most insight into achieving the objectives.)
활동 예시	• 조직 측정 저장소에서 공통 측정 지표를 파악한다. • 선택한 프로세스에 대한 중요한 작업산출물과 프로세스 속성을 다루는 데 필요할 수 있는 추가 측정 지표를 파악한다. • 통계와 기타 정량적 기법을 사용하여 프로세스를 관리하기 위한 측정 지표를 선택한다. — 솔루션, 진행 상황 또는 성과 측정에만 국한하여 선택해서는 안 됨 — 측정값은 프로세스 성과에 대한 더 나은 통찰력을 제공하는 분석, 프로세스, 성공 지표 개발에 유용 — 여러 출처나 시간 경과에 따라 데이터를 집계하는 측정값은 보통 근본적인 문제를 감추기 때문에 문제를 파악하여 해결하기가 어려움 — 단기 프로젝트의 경우, 프로세스 성과를 분석하기 위해 프로세스의 유사한 사례 간 데이터를 집계해야 할 수도 있음 • 새로운 측정 지표에 대한 운영 정의를 구체화한다. • 사용할 통계와 기타 정량적 기법을 파악한다. — 통계와 기타 정량적 기법은 프로세스 변동을 특성화하거나 변동이 과도할 때를 인식하고 그 이유를 조사하거나 통계적으로 예상치 못한 동작이 발생하는 시기를 파악할 때 유용 — 프로세스 성과를 분석하는 통계적 기법 예: 통계적 프로세스 관리, 회귀 분석, 중심 경향과 분포를 포함한 분산분석, 시계열 분석, 통계적 유의성에 대한 가설검정 • 식별한 측정값과 품질 및 프로세스 성과 목표 간 관계를 분석하여 목표를 도출한다. — 요구사항 수집을 3시간 미만으로 유지 — 재작업 수준을 지정한 비율 이하로 유지 — 하루에 많은 작업산출물을 생성할 수 있는 생산성 유지

	• 새로운 측정 지표를 수집하고 도출하며, 분석을 지원하는 환경을 구축하고 최신 상태로 유지한다.
	  — 일련의 조직 표준 프로세스에 대한 설명
	  — 사용 중인 정의된 프로세스에 대한 설명
	  — 지원 환경 기능
	• 측정과 통계 분석 기법을 기록하고 최신 상태로 유지하며 사용한다.

산출물 예시	• 선택한 측정 지표와 새 측정 지표 목록
	  — 통계와 기타 정량적 관리를 지원하는 데 적합한 새로운 측정 지표에 대한 운영 정의
	  — 측정값을 분석하기 위한 통계와 기타 정량적 기법 파악
	  — 데이터와 분석 결과 표현
	• 분석과 통계 기법 저장소
	  — 분석과 통계 기법 정의
	  — 측정 지표에 대한 링크
	  — 정의한 기법을 적용하는 데 필요한 스킬
	  — 필요한 스킬을 보유한 사람 파악
	  — 기법을 지원하는 도구
	• 새로운 측정 지표를 수집하고 도출하고 분석하는 것을 지원하는 환경
	• 분석 결과와 파생 목표
	• 목표 추적성
	  — 측정값, 품질 및 프로세스 성과 목표와 상위 수준 비즈니스 목표 간 관계 표시

MPM 4.3	통계와 기타 정량적 기법을 사용하여 프로세스 성과 기준선을 설정하고 분석하고 최신 상태로 유지한다. (Use statistical and other quantitative techniques to develop and analyze process performance baselines and keep them updated.)
가치	성과와 역량을 정량적으로 파악하여 목표를 달성할 수 있도록 지원한다. (Enables quantitative understanding of performance and capability to ensure that objectives can be met.)

활동 예시	• 수집한 측정 지표를 분석하여 선택한 프로세스에 대한 기대 성과를 특징짓는 중심 경향과 결과의 분포 또는 범위를 설정한다.
	  — 안정성과 역량(규격 제한을 정의한 경우)을 포함
	  — 프로세스 성과 기준선에 대한 최상의 선택이나 하위 집합을 결정하는 데 유용
	  — 프로세스 성과 기준선이 품질 및 프로세스 성과 목표와 비즈니스 목표와 연결되어 있는지 확인
	• 프로세스 성과 기준선을 기록하고 최신 상태로 유지하며 사용한다.
	  — 통계적 프로세스 관리도
	  — 상자수염그림
	  — 신뢰구간

	• 영향받는 이해관계자와 함께 프로세스 성과 기준선을 검토한다. 　— 이해관계자는 프로세스 성과 기준선이 적절한지 판단하는 데 도움을 줄 수 있음 • 조직 측정 저장소에서 프로세스 성과 기준선을 사용할 수 있도록 설정하고 조직에 공유한다. 　— 작업그룹은 조직 프로세스 성과 기준선을 사용하여 프로세스 성과에 대한 본원적 경계를 산정 　— 일부 프로젝트의 프로세스 성과 기준선은 조직 측정 저장소에 없을 수 있음 • 필요에 따라 프로세스 성과 기준선을 개정한다. 　— 프로세스 변화 　— 조직 결과 변화 　— 조직 요구 변화 　— 공급자 프로세스 변화 　— 공급자 변화
산출물 예시	• 프로세스 성과 데이터 분석 결과 • 프로세스 성과 기준선 　— 중심 경향 　— 범위와 분포 　— 데이터 배경 설명 　— 정확한 해석을 위한 데이터 운영 정의에 대한 참조 　— 품질 및 프로세스 성과 목표에 대한 링크
MPM 4.4	통계와 기타 정량적 기법을 사용하여 프로세스 성과 모델을 개발하고 분석하고 최신 상태로 유지한다. (Use statistical and other quantitative techniques to develop and analyze process performance models and keep them updated.)
가치	목표 달성 가능성을 예측하고 조기에 시정조치를 할 수 있도록 하여 비용을 절감하고 품질을 높인다. (Reduces cost and increases quality by predicting likelihood of meeting objectives and allowing for early corrective action.)
활동 예시	• 프로세스 성과 모델을 수립한다. 　— 시각적 분석 기법(예: 분산형 차트) 　— 회귀 또는 다변량 예측 기법 　— 확률적 기법 　— 분류 분석(예: 결함 또는 문제 유형) 　— 몬테카를로 분석 • 프로세스 성과 모델의 유효성을 확인한다. 　— 일반적인 유효성 확인 방법의 하나는 과거 정보 사용: 앞선 9개월 데이터를 사용하여 최근 3개월을 예측한 다음 실제 결과와 비교

	• 결과를 바탕으로 프로세스 성과 모델을 바로잡는다. • 영향받는 이해관계자와 함께 프로세스 성과 모델을 검토한다. ― 이해관계자는 모델이 적절한지 판단하는 데 도움을 줄 수 있음 • 조직 측정 저장소에서 프로세스 성과 모델을 사용할 수 있도록 설정하고 조직에 공유한다. ― 일부 프로젝트의 프로세스 성과 모델은 조직 측정 저장소에 없을 수 있음 • 프로젝트에서 프로세스 성과 모델을 사용하도록 지원한다. • 필요에 따라 프로세스 성과 모델을 개정한다. ― 프로세스 변화 ― 조직 결과 변화 ― 조직의 측정과 성과 목표 변경 ― 조직의 비즈니스 또는 비즈니스 목표 변경
산출물 예시	• 프로세스 성과 모델 ― 사용 지침 ― 모델에 대한 설명: 방정식 또는 시나리오, 통제 가능한 요인, 통제할 수 없는 요인, 신뢰도와 예측 한계 • 유효성 확인 결과 ― 모델 활용 결과 포함 • 보정 결과
MPM 4.5	**통계와 기타 정량적 기법을 사용하여 품질 및 프로세스 성과 목표 달성을 판단하거나 예측한다.** (Use statistical and other quantitative techniques to determine or predict achievement of quality and process performance objectives.)
가치	목표 달성에 대한 위험의 정량적 이해를 촉진하여 성공 가능성을 극대화한다. (Facilitates a quantitative understanding of risks to achieving objectives which maximizes likelihood of success.)
활동 예시	• 선택한 프로세스 변동과 안정성을 분석하고 결함을 해결한다. ― 본원적 경계와 규격 한계와 관련한 측정값 평가 ― 이상값이나 잠재적인 불규칙 동작에 대한 신호 파악(이상 징후를 파악하기 위해 실행 규칙 이나 시험 적용) ― 이상값 원인 파악 ― 이상값 재발 영향 방지 또는 완화(예: 특별한 변동 원인 해결) ― 역량을 판단하기 전에 프로세스 성과가 안정적인지 확인 ― 안정성을 해결하려면 특별한 변동 원인에 대한 심층적 이해 필요 ― 성과 해결은 일반적인 원인을 심층적으로 이해하고 적절하게 해결하는 것을 포함 • 품질 및 프로세스 성과 목표 달성에 부족한 부분을 해결하는 데 필요한 조치를 구현한다. ― 일반적인 변동 원인을 해결하거나 프로세스를 변경하는 등 기존 프로세스 구현을 개선하여 변동을 줄이거나 성과를 개선 ― 새로운 프로세스와 기술 채택

	— 결함에 대한 위험과 위험 완화 전략 파악
	— 프로세스가 달성할 수 없는 경우, 품질 및 프로세스 성과 목표 재협상
	• 데이터로 보정하고 유효성을 확인한 프로세스 성과 모델을 사용하여 품질 및 프로세스 성과 목표를 달성하기 위한 진행 상황을 평가한다.
	— 프로세스 성과 모델을 사용하여 향후 단계 작업산출물이나 제공한 솔루션의 잠재 결함 예측 가능
	• 품질 및 프로세스 성과 목표 달성과 관련한 위험을 식별하고 관리한다.
	• 분석 결과, 결정 사항, 파악한 조치를 기록하고 전달한다.
산출물 예시	• 분석, 유효성 확인, 보정 결과
	— 정량적 관리를 지원하는 그래프, 도표, 데이터 테이블
	— 선택한 각 프로세스 속성에 대한 프로세스 성과 범위
	• 품질 및 프로세스 성과 목표와 비교하여 달성할 결과 예측
	• 품질 및 프로세스 성과 목표 미달성으로 인해 기록한 위험
	• 선택한 각 프로세스 안정성 또는 역량 결함을 해결하는 데 필요한 조치 목록

■ 5단계 프랙티스 그룹

MPM 5.1	통계와 기타 정량적 기법을 사용하여 비즈니스 목표가 비즈니스 전략과 일치하는지 확인하고 성과를 최적화한다. (Use statistical and other quantitative techniques to ensure that business objectives are aligned with business strategy to optimize performance.)
가치	역량에 대한 더욱 정확한 이해를 통해 낭비와 재작업을 최소화하고 합리적인 목표를 설정하여 달성 가능성을 높인다. (Minimizes waste and rework through a more accurate understanding of capability which increases the likelihood of setting and meeting reasonable objectives.)
활동 예시	• 비즈니스 목표가 비즈니스 전략과 일치하는지 확인하기 위해 주기적으로 그리고 상황에 따라 비즈니스 목표를 평가하고 최신화한다. — 비즈니스 목표, 비즈니스 전략과 조직성과는 시간이 지남에 따라 변경하거나 조직 요구나 전략에 따라 더 이상 유용하지 않을 수 있음 — 이러한 상황에서 성과를 이해하려면 통계와 정량적 기법 사용 필요 • 비즈니스 목표와 프로세스 성과 기준선과 프로세스 성과 예측을 비교하여 목표가 현실적인지 확인한다. — 비즈니스 목표를 너무 높게 설정하면 실질적인 개선 동기 부여가 어려움 — 프로세스 성과 기준선과 프로세스 성과 모델을 사용하면 기대치와 현실 균형을 맞추는 데 유용 — 프로세스 성과 기준선과 프로세스 성과 모델을 사용할 수 없는 경우, 표본 기법을 사용하여 비교를 위한 정량적 근거를 신속하게 개발

	• 기록한 기준에 따라 비즈니스 목표 우선순위를 정한다. — 신규 비즈니스 확보 — 기존 고객 유지 — 변화하거나 파괴적인 시장에 대응 — 혁신 — 기타 주요 비즈니스 전략 달성 • 비즈니스 목표 변화에 대응하기 위해 품질 및 프로세스 성과 목표를 유지관리한다. — 비즈니스와 품질 및 프로세스 성과 목표는 보통 시간이 지남에 따라 발전 — 기존 목표를 달성하는 동시에 새로운 비즈니스 목표와 관련 품질 및 프로세스 성과 목표를 파악하고 관리 • 품질 및 프로세스 성과 목표에 맞게 측정 지표를 개정한다. • 비즈니스 전략, 비즈니스 목표, 품질 및 프로세스 성과 목표에 대한 변경 사항을 이해관계자에게 전달한다.
산출물 예시	• 현재 성과를 분석한 결과: 품질 및 프로세스 성과 목표, 비즈니스 목표와 전략 — 필요와 목적에 따라 상향식(품질 및 프로세스 성과 목표에서 비즈니스 전략까지) 또는 하향식 접근방식으로 수행하는 반복적인 프로세스 • 개정한 비즈니스 목표와 전략 • 개정한 품질 및 프로세스 성과 목표 • 개정한 측정 지표
MPM 5.2	통계와 기타 정량적 기법을 사용하여 성과 데이터를 분석하고 선택한 비즈니스 목표를 달성할 수 있는 조직 능력을 판단하여 성과를 최적화할 수 있는 잠재적 영역을 파악한다. (Analyze performance data using statistical and other quantitative techniques to determine the organization's ability to satisfy selected business objectives and identify potential areas for optimizing performance.)
가치	비즈니스 목표 달성에 가장 큰 위험을 초래하거나 비즈니스 성과를 높일 수 있는 가장 큰 기회를 제공하는 영역을 파악한다. (Identifies areas that pose the greatest risk to achieving business objectives or greatest opportunity for increasing business performance.)
활동 예시	• 주기적으로 그리고 상황에 따라 품질 및 프로세스 성과 목표를 현행 프로세스 성과 기준선과 프로세스 성과 모델과 비교하여 비즈니스 목표를 충족하는 조직 능력을 평가하고 예측한다. — 예를 들어, 처리 시간이 중요한 비즈니스 요구이면 처리 시간 특성 파악을 지원하거나 영향을 미치는 다양한 측정 지표 수집 — 전체 처리 시간의 성과 데이터를 비즈니스 목표와 비교하여 예상하는 성과가 비즈니스 목표를 충족하는지 파악 • 성과가 비즈니스 목표를 만족하지 못하는 부족한 부분을 파악한다. • 성과 부족 분석을 바탕으로 잠재적인 개선 영역을 파악한다. — 제품 기술

	— 프로세스 기술 — 인재 개발 — 생산성 — 팀 구조 — 공급자 선정과 관리 — 기타 조직 인프라 • 결과를 전달하고 개선 제안 목록을 작성한다.
산출물 예시	• 성과 분석 결과 — 현행 성과 데이터와 비즈니스 목표에 대한 비교 분석 포함 • 성과 부족 목록 — 배경 정보 — 영향(다른 성과나 프로세스에 대한 상호 의존성 포함) — 우선순위 — 위험 — 잠재적 시정조치 • 잠재적 개선 제안 목록
MPM 5.3	제안한 개선 사항이 비즈니스와 품질 및 프로세스 성과 목표를 달성하고 최적화하는 데 미치는 예상 효과에 대한 통계적이고 정량적인 분석을 바탕으로 개선 제안을 선택하고 실행한다. (Select and implement improvement proposals based on the statistical and quantitative analysis of the expected effect of proposed improvements on meeting and optimizing business, quality, and process performance objectives.)
가치	선택한 개선 사항이 비즈니스와 품질 및 프로세스 성과 목표를 달성하는 데 크게 기여할 가능성을 높인다. (Increases likelihood that selected improvements will significantly contribute to achieving business, quality, and process performance objectives.)
활동 예시	• 프로세스 성과 모델을 사용하여 제안한 개선 사항을 바탕으로 프로세스 성과를 예측한다. • 시범 적용을 통해 제안한 개선 사항을 바탕으로 예비 프로세스 성과를 판단한다. • 모델링이나 시범 적용 결과에 대한 통계적 유의성을 검증한다. • 제안한 개선 사항에 대한 비용과 이점을 분석한다. — 제안한 각 개선 사항을 구현하고 검증하고 배포하는 데 필요한 비용, 노력, 일정 산정 — 통계와 기타 정량적 데이터와 기법을 파악하고 활용 — 프로세스 성과 모델은 프로세스 변경이 프로세스 역량과 성과에 미치는 영향에 대한 통찰력 제공 • 제안한 각 개선 사항을 배포할 때 발생할 수 있는 잠재적인 장애물과 위험을 파악한다. — 장애물 예: 불분명하거나 미약한 비즈니스 근거, 단기적인 혜택과 가시적인 성공 부족, 기대하는 것에 대한 불명확한 그림, 동시에 너무 많은 변화, 영향받는 이해관계자 참여와 지원 부족

	— 위험 예: 기존 프로세스와 호환성, 잠재적 사용자 경험과 스킬, 개선 복잡성, 어려운 개선 사항 구현, 광범위한 배포 전에 개선 가치를 입증할 수 있는 능력, 도구와 교육에 대한 대규모 선행 투자 정당성 확보, 변화에 대한 저항 • 평가 결과를 기록하고 평가 기준에 따라 실행 여부를 결정한다. — 문제 설명 — 제안한 개선 사항에 대한 설명 — 평가 기준을 포함한 제안한 개선 사항에 대한 통계적이고 정량적인 분석 — 제안한 개선 사항에 대한 비용 편익 분석 — 실행 결정 • 변경 사항을 대규모로 배포하기 전에 사용할 유효성 검증 방법을 결정하고 기록한다. — 유효성 검증 방법을 결정할 때는 유효성 검증 결과를 평가하는 데 사용할 통계적 또는 정량적 성공 기준을 정의하는 것도 포함 — 혁신은 보통 프로세스에 큰 변화를 가져오기 때문에 대부분 혁신적 개선 사항은 시범 적용 실행 — 모델링과 시뮬레이션을 포함한 다른 유효성 검증 방법도 사용 가능 • 선택한 개선 제안을 구현한다. • 대규모 배포 전에 구현한 개선 제안에 대한 유효성을 검증한다. • 유효성을 검증한 개선 제안을 배포한다.
산출물 예시	• 제안한 개선 사항에 대한 잠재적 영향 분석 — 프로세스 성과 모델 등을 통해 의도한 효과를 달성할 가능성을 통계적으로 유의미하게 예측 — 가정분석 • 시범 적용 보고서 — 정의한 성공 기준에 대한 성과 개선 시범 적용 결과 — 개선 사항을 배포했을 때 의도한 효과를 달성할 확률 • 비용 편익 분석 결과 — 비용 — 기대하는 이점 — 조직에 미치는 영향 — 정량적이고 통계적인 측면에서 측정한 효과 — 비즈니스와 품질 및 프로세스 성과 목표 간 관계와 영향 — 제안한 개선 사항 파악 • 개선 사항을 실행하기 위한 잠재적 장애물과 위험 목록 • 기록한 유효성 검증 방법 • 구현을 위해 제출한 개선 제안서 목록

초기 단계 측정 활동은 프로젝트에 중점을 둔다. 하지만 측정 역량은 조직 전체와 전사 차원에서 정보 요구를 충족하는 데도 유용할 수 있다. 측정 활동은 조직이 성숙하여 감에 따라 재작업을 최소화할

수 있도록 기업, 조직 구성단위와 프로젝트 등 다양한 측면에서 정보 요구를 지원해야 한다. 측정 역량을 이행하는 데 필요한 인력은 조직 내 별도 프로그램에 소속을 두고 있을 수도 있고 그렇지 않을 수도 있다. 측정 역량은 개별 프로젝트나 품질보증과 같은 타 조직기능에 통합할 수 있다.

측정하기 위해서는 측정 대상을 정의할 필요가 있다. 보통 측정 대상을 프로젝트나 조직으로 생각하는 경향이 있다. 특정 프로젝트에 투입한 인력, 구성원 가동률, 프로젝트 일정 준수를 생각한다. 하지만 CMMI에서 측정 대상은 프로세스나 하위 프로세스이다. 요구사항을 정의하기 위해 투입한 인력이나 시간, 상세설계에 투입한 노력이나 산출물 크기가 프로세스를 대상으로 하는 측정이고 동료검토 준비에 들어간 시간, 요구사항 검토에 투입한 시간, 시험 항목 작성에 투입한 노력이 하위 프로세스를 대상으로 하는 측정이다. 물론 프로세스나 하위 프로세스는 각 조직에서 정의하는 프로세스 상세화나 묶음 차이에 따라 달라질 수 있지만, 모든 크고 작은 활동이 측정 대상이다.

성과 및 측정 관리 프랙티스 영역은 프로세스 개선을 비즈니스 성과 개선과 연계할 수 있도록 프로세스와 성과를 측정하고 개선이 필요한 영역을 파악하고 개선 활동을 수행하여 프로세스와 비즈니스 성과를 최적화한다. 프로세스 개선 현장에서 많이 질문받는 "프로세스를 개선하면 무엇이 좋은가?"에 답할 수 있는 기반을 제공한다.

성과를 관리하고 최적화하면 이익과 비즈니스 성과가 성과와 개선을 주도하는 주요 요인이 되도록 하는 이점이 있다. '프로세스 개선이 성과 향상으로 이어짐'과 같이 수동적인 접근에서 '성과가 프로세스 개선의 주요 동인'과 같이 능동적 접근으로 패러다임을 전환한다. 또한 측정과 분석 결과를 사용하여 다양한 작업과 비즈니스 수준에서 성과를 관리하고 통제하는 이점도 있다.

성과와 측정 관리는 다음을 포함한다.
- 비즈니스, 측정과 성과, 품질과 프로세스 성과를 위한 목표 설정
- 비즈니스와 프로세스 하위 수준에 목표 배정과 추적
- 목표 달성 진행 상황에 대한 이해를 높이기 위한 측정 정의
- 측정과 성과 데이터를 분석하여
  — 성과와 프로세스 간 관계와 상호작용 이해

— 목표 달성과 관련하여 관찰한 이슈를 정의하고 해결하려는 조치

— 모든 이해관계자가 성과 결과와 관련 혜택을 명확하게 체감

— 지속적인 성과 목표 설정과 최적화

측정과 성과 목표는 통계적 기법에 대한 추가적인 엄격함이 필요하지 않은 정량적(수치로 보이는) 목표이다. 품질 및 프로세스 성과 목표는 통계와 기타 정량적 기법을 사용하는 상위 성숙도 활동에 적용한다. 이러한 목표에는 관련 데이터에 통계와 기타 정량적 기법을 사용하는 것을 포함한다. 품질 및 프로세스 성과 목표는 범위 형태로 설정하며 상위 성숙도 조직은 목표 달성 가능성 향상에 초점을 맞춰 프로세스 개선 활동을 수행한다.

'프로세스 성과'라는 용어는 솔루션을 개발하거나 제공하는 '작업 수준'을 의미하며, '비즈니스 성과'라는 용어는 '비즈니스나 조직 수준'을 의미한다. 조직의 일부 공통 프로세스를 제외하면 대부분 프로세스 성과는 개별 프로젝트에서 프로세스 이행을 통해 얻는 성과이다. 조직이 단일 프로젝트를 수행하는 환경이 아니라면 조직성과는 대부분 프로젝트 성과를 집계하여 확인한다. 조직 전체에서 프로젝트 일정 준수율이 103%라면 조직에서 수행한 모든 프로젝트 일정 준수율을 집계한 결과가 103%라는 의미일 수 있다. 다른 측면에서 조직성과는 프로세스와 직접적인 관계가 없는 성과일 수 있다. 조직의 매출, 손익, 프로젝트 수주, 경쟁력, 지식재산권도 조직성과가 될 수 있다. '성과'는 두 가지 수준 중 하나 또는 두 가지 모두를 지칭할 수 있다. 예를 들어, '작업 수준'에서 측정과 성과 데이터를 수집하고 데이터를 집계하여 '비즈니스 수준'에서 조직성과 분석을 가능하게 할 수 있다.

강력한 측정 프로그램에는 다음과 같은 유형에 대한 목표를 포함하고 처리한다. [표 2—5]는 목표 유형에 대한 진행 상황과 차이점을 보여 준다. 각각의 경우 이러한 목표는 서로 추적할 수 있어야 한다.

[표 2—5] 목표 진행 상황과 관계

목표	설명
비즈니스 목표: 솔루션 출시 건당 33% 더 빠른 전달 달성	조직은 경쟁력을 높이려면 더 빠른 속도로 솔루션을 출시해야 한다는 것을 알고 있다. 객관적인 평가 결과에 따르면 비효율적인 수작업 시험으로 인해 상당한 시간을 소비하고 있으며, 이는 현재 출시 속도에 영향을 미치고 있다.
측정 및 성과 목표: 자동 시험을 솔루션 출시 건당 코드 커버리지 30%로 증가	수작업 시험 스크립트를 개발하고 실행하는 데 소비하는 시간은 시험 프로세스 기간의 주요 원인이다. 일부 수작업 시험을 자동 시험으로 전환하는 개선 제안을 파악하였다.
품질 및 프로세스 성과 목표: 스프린트 당 자동 시험 평균 초기 합격률 86%±10% 달성	조직은 일부 수작업 시험을 자동 시험으로 전환하여 성능 개선을 구현했다. 자동 시험에 통계적 프로세스 관리를 적용함으로써 이 조직은 시험 프로세스 시간을 크게 단축할 수 있었다. 스프린트 단위로 이 품질 및 프로세스 성과 목표를 달성함으로써 조직은 솔루션 출시에 대해 이 수준의 성능을 유지할 수 있다.

위의 예에서 비즈니스 목표와 측정과 성과 목표는 1, 2, 3단계 프랙티스 그룹에서 프랙티스 의도와 가치에 부합하는 프로세스를 나타낸다. 품질 및 프로세스 성과 목표의 예는 4와 5단계 프랙티스 그룹을 달성하기 위한 진화를 보여 준다.

성과 및 측정 관리 프랙티스 영역은 1단계부터 5단계까지 5개 프랙티스 그룹으로 구성된다.

1단계 프랙티스 그룹은 측정 지표를 수집하고 성과를 기록하며 측정과 관련한 이슈를 파악하고 해결하는 활동이다.

조직은 성숙도와 상관없이 팀과 경영진에게 성과에 대한 통찰력을 제공하기 위해 사용 가능한 데이터를 수집한다. 프로젝트 관리에 사용할 수 있는 데이터를 파악한다. 이 데이터를 파악하고 사용하면 효과적인 성과관리가 가능하다. 사용 가능한 데이터가 제한적이면 고위 경영진은 프로젝트 관리에 필요한 일련의 기본 정보를 파악해야 한다. 작업 수준에서 유사한 성과 측정값을 수집하여 위쪽으로 집계하면 조직 내 성과관리 기반을 형성할 수 있다. 성공을 위해 고위 경영진과 이해관계자는 현행 성과 요건과 비즈니스 목표를 기록하고 전달해야 한다.

프로세스 성과 데이터는 일정 준수, 예산 준수, 예상치(목표치), 측정 데이터 편차, 품질(결함, 경고,

고객 불만, 반품, 장애) 데이터를 포함한다. 비즈니스 성과는 고객만족도, 매출, 이익, 손실을 포함한다. 측정 지표는 설문조사, 관찰, 직접 녹음, 고객이나 이해관계자 진술, 산업계 비교를 사용해 수집할 수 있다. 수집한 측정 지표는 사용할 수 있는 도구에 저장하여 주기적으로 보고해야 한다. 측정 지표를 수집하면 산업계 데이터, 고객 요구사항, 이전 성과, 계획 성과, 목표와 같은 사용 가능한 성과 데이터와 성과를 비교하여 이슈를 파악한다. 성과 문제와 그 원인, 가능한 해결책을 기록한다. 제안 사항은 성공적인 성과 개선 사례를 다른 프로젝트에 전파하는 데 사용할 수 있다.

2단계 프랙티스 그룹은 성과 목표를 수립하고 운영 정의에 따라 측정 데이터를 수집, 분석하고 이슈를 해결하여 수립한 성과 목표 달성을 지원하는 활동이다.

측정과 성과 목표는 관련 데이터와 함께 이해관계자에게 비즈니스 목표 대비 성과를 이해하는 데 필요한 정보를 제공한다. 이를 통해 현실적인 계획을 수립하고 중복되거나 비효율적인 성과 개선 활동을 피할 수 있다. 여기에는 프로젝트 수준에서 측정과 성과 목표를 다루는 것도 포함한다. 프로젝트는 이러한 활동을 지원하기 위해 프로젝트 측정 저장소를 구축해야 한다고 판단할 수 있다. 프로세스 성과는 정해진 프로세스에 따라 업무를 수행했을 때 측정하는 결과를 의미한다. 일반적으로 성과라고 하면 '잘한 것'이라고 생각하는 경향이 있어서 좋아야 한다는 생각을 가질 수 있다. 하지만 CMMI에서 프로세스 성과는 측정 결과가 좋고 나쁠 수는 있지만, 프로세스 성과 자체가 가치를 갖는 개념은 아니다. 예를 들어, 어떤 조직이 정해 놓은 절차에 따라 시험 항목을 만들어서 시험을 하는데 마지막 인수 시험에서 전체 결함의 50%를 찾을 수 있다면 이 조직의 결함 파악 프로세스 성과는 50%라고 할 수 있다. 측정과 성과 목표는 방향성(감소, 증가, 개선)만으로 수립할 수도 있고 측정 지표와 결합한 형태로 수립할 수도 있다. 위의 예를 바탕으로 '결함 파악 능력 향상'을 측정과 성과 목표로 수립할 수도 있고 '결함 파악 능력 20% 개선'을 측정과 성과 목표로 수립할 수도 있다. 측정과 성과 목표는 직원과 상위 관리자가 진행 상황을 측정하고 비효율적인 프랙티스를 개선하거나 제거할 수 있는 공통 기반을 제공한다.

측정과 성과 목표를 수립하면 다음과 같은 도움을 받을 수 있다.
• 계획과 비교하여 실제 완료한 규모와 노력에 대한 통찰력 제공

- 일정 변동과 진행 상황에 대한 통찰력 제공
- 계획 대비 실제 비용에 대한 통찰력 제공
- 계획하지 않은 작업이나 범위에 대한 증가 식별
- 재작업 비용과 일정 영향 파악
- 솔루션 수명주기 전반에 걸친 결함 감지 효율성 평가
- 공급자 성과 평가

성과 정보를 분석하면 파악한 정보 요구와 목표에 대해 수정이 필요한 부분을 파악할 수 있다. 결과 가치가 업무 수행에 투입한 자원과 일치하는지 결정한다. 정보 요구와 목표 출처에는 다음을 포함한다.

- 고객과 이해관계자 기대치
- 경영 목표 수립
- 전략 계획
- 사업 계획
- 공식적인 요구사항 또는 계약상 의무
- 작업 계획
- 작업 성과 모니터링
- 프로세스 개선 계획
- 상위 관리자와 정보 요구가 있는 사람과 인터뷰
- 반복적이거나 지속적인 문제
- 공급자 계약과 계약 요구사항
- 다른 작업그룹이나 조직 경험
- 산업계 벤치마크

측정과 성과 목표를 수립하면 운영 방안을 포함하여 측정 지표를 상세하게 정의한다. 측정 지표 운영을 정의하면 측정값과 성과와 결과를 일관성 있게 수집하고 분석하고 사용하고 이해할 수 있다. 운영

정의를 사용하면 데이터 품질을 확보하고 측정값을 이해하여 사용할 수 있다. 또한 기록한 정보 유용성을 확보하고 정보를 바탕으로 경영에 관한 의사결정 능력을 향상하는 장점이 있다.

명확하고 모호하지 않은 용어로 운영 정의를 서술한다. 운영 정의는 측정 지표와 그 사용에 대해 일관성 있게 이해하는 데 도움을 준다. 운영 정의는 두 가지 중요한 기준을 다룬다.

- 의사소통: 무엇을 측정했는가, 어떻게 측정했는가, 측정 단위는 무엇인가, 무엇을 포함하거나 제외했는가?
- 반복 가능성: 같은 정의가 주어진 상태에서 측정을 반복하여 같은 결과를 얻을 수 있는가?

수집과 저장 방법을 정의하여 올바른 데이터를 일관성 있게 수집하고 올바른 위치에 저장할 수 있도록 한다. 저장과 검색 절차는 향후 사용을 위해 적절한 사람이 데이터를 사용할 수 있고 접근할 수 있도록 보장하는 데 도움을 준다. 분석 절차에는 필요한 데이터를 수집하는지 확인하고 데이터 품질을 보장하며 주관적인 해석을 최소화하는 내용을 담는다. 부적절한 분석 기법이나 이해 부족으로 인해 잘못된 결론에 도달할 위험을 감소하는 내용 또한 포함하여 서술한다.

측정과 성과 목표를 정확하고 정량화 가능한 측정으로 구체화한다. 측정 결과와 성과 목표 간 추적성이 명확하고 사용 가능하고 양방향이며, 최신 상태를 유지하는지 확인한다.

측정 지표는 기본 측정 지표와 파생 측정 지표로 구분할 수 있다. 기본 측정 지표는 요구사항 수, 산출물 페이지 수, 투입 인력처럼 직접 측정한 지표로 추가로 연산하지 않은 지표를 말한다. 파생 측정 지표는 기본 측정 지표에 연산을 적용한 지표를 말한다. 생산성(산출물 크기/투입 노력), 일정 준수율(실제 일정/계획 일정), 결함 밀도(결함 수/산출물 크기)가 대표적인 파생 측정 지표이다. 기본 측정 지표는 그 자체로 의미가 있을 수는 있지만 다른 프로젝트 측정 지표와 비교할 수 없다. 대부분 기본 측정 지표는 해당 프로젝트 규모나 복잡도에 비례하는 경우가 많기 때문이다. 이런 이유로 기본 측정 지표보다는 파생 측정 지표를 많이 사용한다. [표 2—6]은 기본 측정 지표와 파생 측정 지표 예시를 보여 준다.

[표 2—6] 기본 측정 지표와 파생 측정 지표 예시

측정 유형	예시
기본 측정 지표	• 규모(예: 항목이나 활동 수, 페이지 수, 요구사항 수) • 노력과 비용(예: 작업 시간, 인원) • 품질(예: 심각도별 결함 수, 납품 전후 재작업량) • 정보 보안 조치(예: 식별한 시스템 취약점 수) • 고객만족도 조사 점수
파생 측정 지표	• 획득 가치 • 생산성 • 재작업 비율 • 동료검토 범위 • 시험 또는 검증 범위 • 신뢰성(예: 평균 장애 또는 오류 발생 시간) • 유지보수성(예: 시스템 또는 서비스 중단 시간) • 품질(예: 심각도별 결함 수/총 결함 수) • 정보 보안(예: 시스템 취약점 완화 비율) • 고객만족도 동향

정보 요구, 측정과 성과 목표, 측정 유형 또는 범주, 기본 측정 지표와 파생 측정 지표 간에는 직접적인 관계가 있다. 이러한 직접적인 관계는 [표 2—7] 측정 관계 예시에서 몇 가지 일반적인 예를 사용하여 설명한다.

[표 2-7] 측정 관계 예시

비즈니스 목표	정보 요구	목적	정보 유형과 범주	기본 측정 지표	파생 측정 지표
특정 기능 개발	범위나 작업 규모가 증가했나?	계획 대비 실제 규모에 대한 통찰력을 제공하고, 계획에 없던 증가를 파악한다.	규모와 안정성	• 요구사항 수	• 요구사항 변동률 • 규모 산정 정확도
비용에 영향을 주지 않으면서 고객에게 제공하는 솔루션 결함 10% 감소	인도전 결함 유입과 파악 지점은 어디인가?	수명주기 전반에 걸쳐 결함 탐지 효과를 평가한다.	품질	• 유입과 발견 결함 수 • 솔루션 규모	• 결함 억제율 • 결함 밀도
	재작업 비용은 얼마인가?	결함 수정 비용을 결정한다.	비용	• 단계별 유입과 발견 결함 수 • 결함 제거 노력 • 인건비	• 재작업 비용
정보시스템 취약점 감소	개방형 시스템의 취약점 규모는 어느 정도인가?	시스템 취약점 완화 효과를 평가한다.	정보 보증	• 식별한 시스템 취약점 수와 완화한 시스템 취약점 수	• 시스템 취약점 완화 비율
솔루션 혁신성 향상	솔루션은 얼마나 혁신적인가?	과거, 현재, 미래의 솔루션 혁신 수준을 결정한다.	조직적 창의성	• 새로운 작업 방식 수	• 혁신 동향, 인접 혁신, 파괴적 혁신, 획기적 혁신과 새로운 시장 혁신 비율, 혁신을 다루는 프로세스, 혁신에 대한 성과급

측정 지표에 대한 운영 정의를 완료하면 운영 정의에 따라 측정 지표를 수집한다. 수집한 측정 결과는 진행 상황이나 응답시간과 성과를 모니터링하는 데 사용할 수 있다. 이외에도 정보에 입각한 관리와 기술적 의사결정을 하거나 시정조치 시기를 결정하거나 향후 분석에 사용할 과거 데이터 축적과 같은 용도로도 사용할 수 있다.

측정한 성과를 측정과 성과 목표와 비교하여 조직 목표 달성 능력을 파악할 수 있다. 성과 부족을 분석하여 개선이 필요한 잠재적 영역을 파악한다. 이 정보를 사용하여 제안한 개선 사항을 개발하고 평가하고 우선순위를 정하고 분석할 추가 영역을 파악한다. 이러한 활동은 다양한 이해관계자와 함께 성과를 이해할 수 있는 토대를 제공한다. 프로젝트 안팎에서 성과를 가시화하는 것이 중요하다. 이러한 의사소통에는 성과 개선을 통해 얻은 이점을 포함하며, 추가로 성과를 개선하는 계기가 될 수도 있다.

측정 데이터 분석을 완료하면 측정 데이터, 분석 기술, 분석 결과를 저장한다. 정보 저장 시에는 현재와 미래에 해당 데이터를 분석해서 사용할 수 있도록 다양한 선택지를 지원하고 과거 데이터와 결과를 시기적절하고 비용 효과적으로 사용할 수 있도록 해야 한다. 이해관계자가 과거 데이터와 결과를 쉽게 사용할 수 있도록 지원하는 것도 고려해야 한다.

해석이나 적용을 위해 측정 데이터, 분석 기법, 분석 결과에 대한 충분한 배경 정보를 제공한다. 저장한 정보에는 측정값을 이해하고 해석하는 데 필요한 기타 정보(예: 프로젝트 간 비교할 때 서로 다른 프로젝트에서 사용한 측정 명세)를 포함하고 있거나 참조하고 있으며, 측정값에 대한 합리성과 적용 가능성을 평가하는 데 필요하다. 프로젝트는 특정 데이터와 결과를 프로젝트별 측정 저장소에 저장하도록 선택할 수 있다. 프로젝트 간 데이터를 공유할 때, 데이터는 조직 측정 저장소에 저장할 수 있다.

비즈니스, 프로젝트, 프로세스 등 적절한 수준에서 성과 정보와 데이터를 확보한다. 분석 결과를 사용하여 지속적인 개선이 이루어지도록 한다. 관찰한 성과가 예상 결과와 다르면 편차를 수정하기 위해 적절하게 조치한다. 중요한 편차를 수정하기 위한 대표적인 조치로는 편차 원인을 파악하고 수정하기 위한 원인 분석 활동을 수행하는 것이다. 이외에도 계획을 다시 수립하거나 개선 활동을 시작하거나 목표를 다시 협상할 수도 있다.

3단계 프랙티스 그룹은 조직 수준에서 측정과 성과 목표를 수립하고, 이에 따른 측정 지표를 수집하고 분석하여 조직성과를 개선하는 활동이다.

조직의 측정과 성과 목표를 수립하기 위해서는 먼저 비즈니스 목표를 개발하고 검토하고 분석해야 한다. 사업부, 부문, 부서, 서비스, 프로젝트, 팀 등 조직구조를 바탕으로 비즈니스 목표를 도출한다. 하위 조직으로 목표를 배정하는 규모와 변화는 비즈니스 전략과 전술, 고객 기반, 규모, 복잡성과 솔루션 수명주기에 따라 달라질 수 있다. 비즈니스 목표를 바탕으로 조직의 측정과 성과 목표를 수립하면 해당 목표를 프로젝트에 적절하게 배정한다. 조직의 측정과 성과 목표를 정의하기 위해서는 영향받는 이해관계자가 조직의 비즈니스 모델과 비즈니스 배경, 비즈니스 목표를 이해해야 한다. 또한 조직의 미래 성공을 보장하는 데 필요한 관련 중요 요소가 무엇인지에 대한 이해도 있어야 한다. 이러한 요소는 조직과 프로젝트 수준에서 측정과 성과 요구와 목표를 조정하는 데 도움이 된다. 조직의 측정과 성과 목표를 프로젝트 수준까지 적절한 하위 단위로 배정한다. 이렇게 배정한 목표가 해당 상황에서 의미와 유용성이 있는지 영향받는 이해관계자와 함께 검토한다. 사용한 측정과 성과 데이터가 프로젝트와 조직 수준 모두에서 성과를 이해하는 데 기여하는지 확인한다. 다른 프로젝트에 배포할 수 있도록 프로젝트 측정과 성과 목표를 조직 수준에 맞게 적절히 개선한다. 이 프로세스를 조직과 프로젝트 사이에 반복한다.

측정과 성과 목표를 수립하면 측정 지표 운영 명세를 정의한다. 조직 모두에서 사용할 조직의 공통 측정 지표 운영 정의가 필요하다는 점이 성숙도 2단계 측정 지표 운영 정의와 다르다. 조직 프로세스와 표준을 고려하여 측정 지표 운영에 대해 정의해야 한다. 이를 통해 조직 전체에 대한 측정 지표를 수집하고 저장하는 방법을 정의하고 프로젝트, 조직, 비즈니스에서 일관성을 유지하며 측정값을 집계하고 분석하고 보고할 수 있다.

데이터 품질은 성과와 측정 정보에 대한 완전성과 정확성과 같은 영역에서 무결성에 중점을 둔다. 데이터 품질은 측정값이 운영 정의를 준수하는지 검증하기 위한 기반을 제공한다. 또한 측정 저장소에 있는 데이터가 효율적이고 효과적인 계획 수립과 운영을 가능하게 하고 의사결정 오류를 감소시키며 성과를 개선하는 데 도움을 주는지 검증하기 위한 기반도 제공한다. 측정 시스템 오류를 최소화하고 데이터 입력이 유효한지 확인하기 위한 통제 기능을 도입하여 데이터 품질을 분석하고 개선하는 프로세스 개발이 필요하다. 이 프로세스는 측정 지표와 측정이 효과적인 의사결정을 지원하도록 보장하고 데이터 정확성과 완전성과 적용 범위의 이해에 관한 내용을 포함한다.

측정 데이터를 저장하고 검색하는 데 사용할 수 있는 측정 저장소를 구축한다. 측정 저장소는 프로세스와 측정 지표 운영 정의에 따라 구축하고 프로세스나 측정 지표 변경이 발생하면 이를 지원할 수 있도록 변경해야 한다. 측정 저장소는 성과를 이해하고 개선하며 비즈니스 전반에 사용할 수 있는 효율적이고 효과적으로 데이터 발전을 지원하는 이점을 제공해 준다. 이외에도 계획 수립이나 분석을 지원하고 프로세스 개선과 유지 활동을 지원하는 이점도 있다. 측정 저장소는 조직 표준 프로세스와 관련 프로젝트, 프로세스와 성과 지표를 포함한다. 합리성과 적용 가능성을 위해 측정과 성과를 이해하고 해석하고 평가하는 데 필요한 정보를 포함하거나 참조하며 정확한 최신 정보도 포함한다. 목표와 관련 측정값과 성과는 시간이 지남에 따라 변하기 때문에 저장소 유지가 중요하다.

측정 데이터를 수집하고 측정 저장소에 저장하면 조직 수준에서 분석을 통해 개선이 필요한 잠재적 영역을 파악하고 프로세스 성과 부족을 해결할 수 있는 영역을 결정한다. 모든 측정 지표 주기별로 개선 영역을 파악할 수도 있지만, 보통 개선 영역 파악은 분기나 반기 또는 연 단위처럼 약간은 긴 주기를 갖고 수행한다. 측정 지표나 성과 특성에 따라 측정 주기와 개선 영역 파악 주기를 결정한다. 모든 개선 사항을 동시에 해결할 수 없으므로 파악한 잠재적인 개선 사항을 평가하고 우선순위를 정한다. 이러한 개선을 달성하는 데 가장 큰 영향을 미칠 수 있는 프로세스와 기술을 파악한다. 각 성과 개선이 프로세스와 비즈니스 목표와 연관성이 있는지 확인하고 목표와 연관성이 높은 성과를 우선하여 개선한다. 개선 활동을 완료하면 성과 개선을 시행하기 전과 후 데이터를 비교하여 개선이 효과적인지 확인한다. 개선 효과는 한 번 측정이나 적용을 통해 확인하기보다는 반복적인 측정과 다양한 프로젝트 적용을 통해 안정적으로 개선 사항을 이행하고 있는지 확인해야 한다. 다양한 프로젝트 데이터를 조직 수준에서 집계한 다음에 결과를 비즈니스 목표와 비교한다. 개선 결과, 달성한 이익, 목표 만족도를 이해관계자에게 전달한다.

측정 지표 수집과 분석을 통해 만들어진 분석 결과와 개선 영역, 개선 결과 등 종합적인 측정과 성과 결과를 전달한다. 광범위한 의사소통은 성과 개선 이점에 대한 조직 전체 이해를 높이는 데 도움을 준다. 이러한 이해는 측정과 성과관리와 프로세스 개선에 대한 긍정적인 태도와 함께 지속할 수 있는 개선 문화를 발전시키는 데 핵심적인 역할을 한다.

4단계 프랙티스 그룹은 통계와 기타 정량적 기법을 사용하여 품질 및 프로세스 성과 목표를 수립하고 프로세스 성과 기준선과 모델을 개발하고 활용하여 해당 목표 달성 가능성을 높이는 활동이다. 성과 및 측정 관리 프랙티스 영역은 성숙도 4, 5단계 정량적 관리와 정량적 관리 기반 개선과 혁신 활동에 대한 중심축을 제공해 주는 프랙티스 영역이다. 성숙도 2, 3단계에서 수행하는 측정과 분석 활동에 통계와 기타 정량적 기법을 추가하여 관리 수준을 높이고 비즈니스 목표 달성에 기여할 수 있도록 해 준다.

통계적 기법을 사용하여 작업 품질 및 프로세스 성과 목표를 결정한다. 품질 및 프로세스 성과 목표는 제품 품질과 관련한 목표와 프로세스 성과와 관련한 목표 모두를 포함할 수 있으며, 프로젝트나 조직 수준에서 사용할 수 있다. 통계 분석에 사용할 성과 데이터는 비용이 많이 들 수 있으므로 신중하게 선택한다. 주기적으로 그리고 상황에 따라 정보를 분석하고 비즈니스 목표에 따라 품질 및 프로세스 성과 목표를 추적한다. 품질 및 프로세스 성과 목표는 활동을 수행하고 난 후 혹은 프로젝트 후반에 확인할 수 있으므로 중간 단계에서 확인할 수 있는 중간 목표를 수립하고 목표 달성에 영향을 미칠 수 있는 위험을 파악하여 관리한다. 목표와 위험을 평가할 수 있을 만큼 상세하게 작업에 대한 품질 및 프로세스 성과 목표를 협의한다. 목표는 분포 또는 불연속적인 숫자로 표현할 수 있다. 프로젝트 실제 성과와 변동에 대해 이해하고 예측 가능성이 커지거나 변화하는 비즈니스 요구와 우선순위를 반영하기 위해 품질 및 프로세스 성과 목표를 최신 상태로 유지한다. 품질 및 프로세스 성과 목표는 개선을 통해 달성할 계획 목표와 유지해야 할 현행 목표를 다룰 수 있다. [표 2—8]은 품질 및 프로세스 성과 목표를 정의하는 데 도움이 되는 기법을 소개한다.

[표 2—8] 품질 및 프로세스 성과 목표 수립 시 활용 가능 기법

기법	설명	활용
관리도	• 프로세스에 이상 현상이 발생하는지 실시간으로 확인하기 위한 기법 • 과거의 측정 데이터 평균과 표준편차를 사용한 관리 범위 • 목표 달성과 관련한 프로세스 데이터 발생 범위를 허용하는 규격 범위	• 과거의 성과 데이터 발생 범위 파악 • 비즈니스 목표를 달성할 수 있는 프로세스 성과 범위 파악 • 프로세스 안정성과 역량 확인
분산분석	• 집단 간 평균에 차이가 있는지 확인하기 위한 기법	• 소속 집단에 따른 프로세스 성과와 비즈니스 목표 간 차이 파악 • 프로젝트 유형에 따른 성과 차이 파악 • 성과 목표를 달성한 집단과 달성하지 못한 집단 간 차이 파악
회귀 분석	• 인과관계가 있는 원인과 결과 간 관계를 정량적으로 분석하는 기법	• 비즈니스 목표와 관련이 있는 프로세스 성과 파악 • 프로세스 성과에 영향을 주는 하위 활동 파악

신뢰구간	• 표본 추출한 데이터를 통해 확인한 평균에 대한 모집단 평균 범위	• 조직 프로세스 성과 범위 파악
예측구간	• 회귀식을 이용하여 예측한 결과 범위	• 비즈니스 목표나 품질 및 프로세스 성과 목표 달성을 위한 하위 프로세스의 성과 허용 범위 파악
민감도 분석	• 성과에 영향을 미치는 원인에 대한 상대적인 영향도	• 정량적 관리를 적용한 프로세스나 하위 프로세스 선정 • 비즈니스 목표에 영향이 큰 품질 및 프로세스 성과 목표 파악
시뮬레이션	• 여러 조합을 통해 최적 조합 결정	• 비즈니스 목표와 관련한 여러 프로세스 성과에 대한 최적 조합 확인 • 프로세스 성과와 하위 프로세스 간 최적 조합 확인
가설검정	• 분산분석, 상관 분석, 정규성 검정, 1 표본 T 검정, 2 표본 T 검정, 카이제곱 검정 등	• 측정 결과의 데이터 특성 파악 • 개선 전후 성과 비교 • 연속형 데이터와 이산형 데이터 집단 간 차이 확인

품질 및 프로세스 성과 목표를 복수로 수립하면 프로세스 성과 목표 간 충돌이 발생할 수 있다. 품질도 좋아야 하고 일정도 단축하면서 비용을 절감해야 하는 경우가 자주 마주하게 되는 목표 충돌이라고 할 수 있다. 품질 및 프로세스 성과 목표가 충돌하면 상대적 우선순위를 고려하거나 단기적인 요구사항뿐만 아니라 장기적인 비즈니스 전략을 고려하여 목표를 재설정한다. 또는 상호 충돌하는 결정에 영향받는 이해관계자를 참여시키고 협의하여 해결한다. 측정과 분석 기법은 선택한 측정과 분석이 목표와 추적 가능한 관계를 설정하여 통계적이고 정량적인 성과관리를 위한 준비를 가능하게 한다. 데이터 시각화를 포함한 적절한 분석 기법을 사용하여 사용자가 성과 목표에서 상당한 편차를 인식하고 시정 조치를 할 수 있도록 한다.

품질 및 프로세스 성과 목표를 수립하고 정량적으로 관리할 측정 지표와 분석 기법을 정하고 나면 프로세스 성과 기준선을 설정한다. 선택한 측정 지표를 수집하면 숫자로 이루어진 집단을 확보할 수 있다. 숫자로 이루어진 집단 특성을 통계적으로 설명해 주면 이후 사용자가 활용하기가 편해진다. 프로세스 성과 기준선은 실제 달성한 결과를 문서로 만든 통계적 특성이다. 측정값을 분석하여 예상 성과를 특징짓는 결과의 중심 경향(평균, 중위수, 최빈수)과 분포(분산, 표준편차) 또는 범위나 데이터 분포 유형(정규 분포, 로그노말 분포, 이항 분포)을 파악하여 기준선을 설정한다. 이러한 기준선을 사용하여 주어진 상황에서 프로세스에 대한 예상 결과를 결정한다. 조직의 프로세스 성과 기준선은 일련의 조직 표준 프로세스 내에서 선택한 프로세스에 대한 성과를 나타낸다. 프로세스 성과 기준선은 프로세스 변동에 대해 이해할 수 있게 하고 목표 달성에 대한 위험을 더 잘 이해함으로써 정보에 바탕을 둔 의사결정을 지원한다. 프로세스 성과 기준선은 프로세스 안정성과 역량을 결정하고 결함을 조기에 발견하여 자원을 절약하게 해 준다. 중대한 비용이나 일정 이슈를 조기에 감지하여 시정할 수 있게 해 주며, 중요한 프로세스에 대한 이상 징후를 조기에 발견할 수 있게 해 준다. 안정적인 프로세스는 신뢰할 수 있는 프로세스 성과 기준선을 만드는 데 중요하다. 변동의 존재(또는 부재)를 이해하면 프로세스 역량을 더욱 정확하게 파악할 수 있다.

프로세스 안정성과 역량을 결정할 때 두 가지 핵심 용어가 작용한다.

- 안정적인 프로세스: 프로세스에 대한 특별한 변동 원인을 제거하고 재발을 방지한 상태로 일반적인 변동 원인만 남아 있는 프로세스
- 역량이 있는 프로세스: 설정한 품질 및 프로세스 성과 목표를 충족할 수 있고 프로세스 변동이 설정한 규격 범위 내에 있는 안정적인 프로세스

프로세스 성과는 프로세스 이행 결과를 측정한 측정값이다. 같은 프로세스를 이행한 측정값은 유사한 결과로 나타나야 한다. 과거 측정값을 수집한 결과인 프로세스 성과 기준선은 향후 같은 프로세스를 따르는 다른 프로젝트를 측정할 때 측정 결과에 대한 기준으로 사용한다. 프로세스 성과 기준선은 과거 측정 결과이면서 동시에 미래 예상(기대) 성과이다. 프로세스 성과 기준선을 설정하려면 먼저 측정값을 수집하고 다음으로 대상 측정값에 대한 구분이 필요한지 확인한다. 프로세스나 고객, 수행 조직, 프로젝트 규모에 따른 차이가 없는지 확인한다. 또한 프로세스 조정 결과에 따른 차이가 있는지도 확인한다. 차이를 확인하기 위해 분산분석이나 2 표본 T 검정을 사용할 수 있다. 집단 간 차이가 있으면 집단별로 구분하고 집단 간 차이가 없으면 전체 측정 결과를 대상으로 프로세스 성과 기준선을 설정한다. 다음으로 이상치를 제거한다. 이상치를 제거하기 위해서는 정규성 검정이나 상자수염그림, 관리도를 사용할 수 있다. 관리도는 해석용 관리도와 관리용 관리도가 있다. 해석용 관리도는 현재 수집

한 데이터가 관리도로 관리하기에 적절한지 판단하기 위한 것이고, 관리용 관리도는 관리 범위를 설정하고 실시간으로 이상 현상이 발생하는지 판단하기 위한 것이다. 프로세스 성과 기준선을 설정할 때 해석용 관리도를 작성해 보고 이상치가 있는지 확인한다. 만약 이상치를 파악하면 바로 제거하는 것이 아니라 특별한 이유가 있었는지 확인이 필요하다. 특별한 이유가 있다고 판단하면 제거하거나 별도로 분리한다. 프로세스 조정 결과에 따른 성과 차이를 파악하면 별도로 기록하고 'PLAN 4.1 통계적이거나 기타 정량적 기법으로 프로젝트에서 사용할 프로세스를 구성'할 수 있도록 한다. 정제한 데이터를 사용하여 프로세스 성과 기준선을 설정하고 사용자가 편리하게 사용할 수 있도록 목적, 사용한 데이터, 분석 기법, 분류 기준, 대상 프로세스, 조정 기준을 추가하여 문서로 작성하고 배포한다. 프로세스 성과 기준선은 측정 지표 수집 주기에 따라 정기적(보통 매년)으로 최신화한다. 프로세스가 변화하거나 조직성과 결과가 변화하거나 공급자 프로세스나 공급자에게 변화가 있을 때 프로세스 성과 기준선을 수정한다.

프로세스 성과 기준선을 설정하면 품질 및 프로세스 성과 목표와 측정 지표 간 정량적 관계를 확인하기 위해 프로세스 성과 모델을 수립한다. 프로세스 성과 모델은 다음과 같은 특성을 가진다.

- 프로세스 성과 기준선에 포함한 것과 같은 과거 프로세스 성과 데이터로 개발
- 측정할 수 있는 속성값과 조건 변동을 설명하고 모델링하거나 묘사
- 중간이나 최종 프로세스 성과 예측
- 예상하는 결과에 대한 예상 범위와 변동 추정
- 하위 프로세스와 연결한 통제 가능한 입력을 나타내는 측정 가능한 속성을 하나 이상 포함

'통제 가능'이란 하위 프로세스 측정값이나 조건 변경이 가능함을 의미한다. 계획이나 재계획과 문제 해결 중에 분석을 수행하여 품질 및 프로세스 성과 목표 달성 가능성을 극대화하는 프로세스로 조정할 수 있다.

상위 성숙도 조직은 대체로 프로세스 성과를 예측하기 위해 다양하고 상세한 프로세스 성과 모델을

개발하고 최신 상태로 유지한다. 이러한 모델은 조직 전체에 공통으로 적용하는 다양한 활동과 작업산출물의 측정값을 다루며, 품질 및 프로세스 성과 목표 달성 가능성을 다룬다. 프로세스 성과 모델은 다음과 같은 이점을 제공한다.

- 선택한 프로세스에 대한 신뢰도 한계를 포함한 성과 결과 예측
- 일련의 조직 표준 프로세스에 대한 프로세스와 변경과 관련한 성과 분석과 예측
- 프로세스와 성과 개선 활동에 대한 투자수익률 평가
- 프로젝트에서 성공 확률이 가장 높은 프로세스 선택
- 잠재적인 변경과 개선에 대한 '가정분석(What—if)' 활성화
- 품질 및 프로세스 성과 목표를 달성하기 위한 진행 상황 예측

    대표적인 프로세스 성과 모델로는 회귀 분석 모델, 이산형 이벤트 시뮬레이션 모델, 몬테카를로 시뮬레이션 모델이 있다. 회귀 분석 모델은 프로세스 성과를 결과로 하고 측정 지표를 원인으로 하여 인과관계 회귀식을 활용한다. 이산형 이벤트 시뮬레이션 모델은 단계별 결함 유입이나 제거를 통해 잔여 결함을 추정하거나 단계별 인력 투입이나 요구사항 확정에 대한 데이터를 사용하여 일정이나 비용을 시뮬레이션한다. 몬테카를로 시뮬레이션 모델은 수식에 사용하는 변수별로 분포 유형을 알고 있다면 분포 유형에 따라 난수를 발생시켜 수식 결과 분포를 시뮬레이션한다. 프로세스 성과 모델은 산정용 모델과 예측용 모델로 구분할 수 있다. 산정용 모델은 프로젝트 규모, 일정, 비용, 품질을 예측하기 위한 모델로 프로젝트 계획 수립 단계나 수정계획을 수립할 때 사용한다. 예측용 프로세스 성과 모델은 프로젝트 일정 준수, 잔여 결함과 같은 성과를 예측하기 위한 모델로 프로젝트를 진행하면서 성과 예측 용도로 사용한다. 효과적인 프로세스 성과 모델이 되기 위해서는 몇 가지 요건을 충족해야 한다. 먼저 예측 결과는 '점추정'이 아닌 '구간추정'을 사용해야 한다. 정량적 관리 활동은 성과 목표 달성 가능성을 예측하고 높이는 활동이기 때문에 구간을 활용하여 목표 달성 가능성 정도를 확인할 수 있다. 또한 점추정은 특정 값을 예측하는 것으로 점추정 결과를 달성할 확률이 매우 낮아 활용도가 떨어진다. 회귀식을 사용하는 경우 신뢰구간이나 예측구간을 사용하거나 몬테카를로 시뮬레이션을 사용할 수 있다. 다음으로 통제할 수 있는 변수를 가지고 있어야 한다. 통제할 수 있는 변수란 사용자가 변경할 수 있는 변수나 조건을 의미한다.

예를 들어, 동료검토 결함 밀도가 검토자 수와 시간당 검토 페이지라는 하위 프로세스 측정값과 다중 회귀 관계로 구성한 프로세스 성과 모델을 가지고 있다면 측정값 변경은 검토자 수나 시간당 검토 페이지를 조정하는 것이다. 조건 변경은 동료검토 기법을 인스펙션에서 워크스루로 변경하는 것이다. 이렇게 통제할 수 있는 변수를 가지고 있어야 입력을 변경하고 그에 따른 프로세스 성과 변화를 예측할 수 있는 '가정분석'이 가능해진다. 가정분석을 통해 프로젝트 계획을 수립할 때 성과 목표를 달성할 수 있는 계획을 수립할 수 있고, 개선 효과를 정량적으로 예측할 수 있다. 통제할 수 있는 변수가 없다면 예측만 할 수 있을 뿐 적절한 조처를 할 수 없다. 마지막으로 프로세스 성과 모델을 프로젝트 전 기간에 활용할 수 있어야 한다. 한 번 예측으로 끝나는 것이 아니라 주기적으로 성과 목표 달성 가능성을 예측하여 이슈를 파악하고 해결하며 성과 목표 달성 가능성을 높여야 하기 때문이다.

통계와 기타 정량적 기법을 사용하여 품질 및 프로세스 성과 목표 달성을 위해 선택한 프로세스를 모니터링하고 프로세스 성과 변화를 분석한다. 또한, 비즈니스 목표와의 관계나 목표 미달성과 관련한 위험 또는 목표 달성에 필요한 조치를 품질 및 프로세스 성과 목표를 검토하여 결정한다. 여러 입력 정보를 사용하여 품질 및 프로세스 성과 목표를 충족할지 예측한다. 성과에 대한 정량적 모델은 역량에 관한 간단한 설명 통계부터 정교한 베이지안, 확률적 또는 다변량 예측 모델에 이르기까지 다양하다. 이러한 모델은 프로세스에 대한 현재 역량과 이에 영향을 미치는 조건을 기반으로 프로젝트, 팀 또는 조직성과를 예측하는 데 사용할 수 있다. 조직은 관련 산업계 표준 모델을 참조모델로 시작하여 시간이 지남에 따라 내부 데이터와 경험을 바탕으로 알고리듬이나 매개변수를 개선할 수 있다. 목적, 정교함, 분석 기반, 매개변수, 예측 가능성, 다양한 프로세스 간 사용에 따라 정량적 모델은 다를 수 있다.

5단계 프랙티스 그룹은 비즈니스 목표와 조직성과 관리를 통해 부족한 영역을 파악하고 통계와 정량적 기법을 사용하여 개선함으로써 비즈니스 목표와 품질 및 프로세스 성과 목표를 달성하고 최적화하는 활동이다.

품질 및 프로세스 성과 목표, 비즈니스 목표, 비즈니스 전략이 일치하는지 확인한다. 프로세스 성과 기준선과 성과 모델로 특징지어지는 조직성과 데이터를 사용하여 비즈니스 목표가 현실적이고 비즈니스 전략과 일치하는지 평가하고 변동을 파악한다. 조직에서는 다양한 작업 유형이나 방식을 다루기 위해 여러 기준선과 모델이 필요할 수 있다. 비즈니스 목표를 개정하고 우선순위를 정한 후에는 결과물인 품질 및 프로세스 성과 목표를 수립하고 최신 상태로 유지하며 전달한다. 프로세스 성과 모델을 사용하여 목표를 달성하는 데 필요한 프로세스와 관계를 파악하고 프로세스 정렬을 지원하기 위한 가정 분석을 수행한다. 비즈니스 목표는 기준을 너무 높게 설정하면 실질적인 개선 동기를 부여하지 못할 수 있다. 비즈니스 목표는 경영진 의지, 시장 상황 변화에 대처하기 위해 도전적으로 수립하는 경향이 있기 때문이다. 프로세스 성과 기준선과 성과 모델을 사용하면 기대치와 현실 균형을 맞추는 데 도움을 준다. 프로세스 성과 기준선과 성과 모델을 사용할 수 없으면, 샘플링 기법을 사용하여 비교를 위한 정량적 근거를 신속하게 개발한다. 프로세스 성과 기준선과 성과 모델, 정량적 근거를 기반으로 조직이 처한 현실에 근거하여 도전적이지만 달성할 수 있는 비즈니스 목표를 수립할 수 있다.

프로세스 성과 기준선과 성과 모델은 조직의 현행 역량을 이해하는 데 도움을 준다. 프로세스 성과 기준선이나 성과 모델의 예측을 품질 및 프로세스 성과 목표와 비교하여 비즈니스 목표를 달성할 수 있는 조직 역량을 파악할 수 있다. 분석을 사용하여 개선이 필요한 잠재적 영역을 더욱 세분화한다. 이를 원인 분석 및 해결 방법과 결합하여 문제에 대한 근본 원인을 진단하고 해결하는 데 도움을 줄 수 있다. 프로세스 성과 기준선이나 성과 모델을 사용하여 개선 성과를 예측한다. 프로세스 성과 기준선을 사용하면 가정분석을 하여 특정한 원인 인자를 제거하거나 강화할 때 평균이나 편차에 대한 변화를 예상한다. 예를 들어, 동료검토 결과 특정 단계에서 유입하는 결함이 많다면 교육, 양식 변경, 점검표 수정, 자동화 도구 도입, 절차 수정과 같은 개선 활동을 통해 유입을 방지할 수 있는 결함이 얼마나 될지 예측해 볼 수 있다. 각 개선 활동과 개선 활동 조합을 통해 어떤 개선 활동이 가장 효과적일지 예상할 수 있다. 프로세스 성과 모델을 사용하면 통제 가능 변수의 발생 범위가 어떻게 변할지 예상하고 그 결과에 따른 성과 변동을 예측할 수 있다. 프로세스 성과 기준선과 성과 모델을 동시에 사용하여 예측할 수도 있다. 예측 결과는 개선안 수행 시 기대 효과나 목표가 된다. 프로세스 성과 기준선이나 성과 모델로 예측한 결과는 여전히 불확실성을 가지고 있다. 따라서 기대 효과를 달성하는지 확인하기 위해 모델링이나 시범 적용이 필요하다. 모델링이나 시범 적용은 실제 사례를 분석하거나 비교적 간단하게 적용해 볼 수 있는 실제 프로젝트를 선정하여 적용한다. 시범 적용 결과를 확보하면 분산분석, 2 표본 T 검정, 1 표본 T 검정 등 가설검정을 통해 원하는 개선 효과를 얻었는지 확인한다. 가설검정을 완료하면 제안한 각 개선 사항을 구현하고 확인하고 전개하는 데 필요한 비용, 노력과 일정을 추정한다.

구현을 위해 선택한 개선 제안은 비즈니스, 품질, 프로세스 성과 목표를 달성하는 데 크게 기여해야 한다. 개선 아이디어는 조직 내부나 외부에서 나올 수 있다. 개선 이점과 영향을 분석함으로써 조직은 개선 사항에 대한 전개를 준비하고 이점을 극대화할 수 있다. 개선 사항을 전개하기 전에 개선 사항을 안정적으로 이행하고 있는지 모니터링하고 개선 효과를 확인할 방법을 결정한다. 이행 현황 모니터링에 사용할 측정 지표, 수집 주기, 수집 담당자, 분석 기법 등을 선택한다. 측정 지표에는 개선 사항 적용 현황 관련 지표뿐만 아니라 개선 사항 평가에 사용한 비용, 이익, 위험 현황, 교육 관련 항목을 포함할 수 있다. 개선 효과 평가를 위해서는 최초 수립한 개선 목표, 시범 적용 결과를 고려하여 개정한 개선 목표를 수립한다. 이행을 완료하면 계획한 방법에 따라 개선 효과를 확인한다. 개선 효과 확인도 시범 적용 결과 확인과 마찬가지로 통계적인 가설검정을 수행한다. 개선 효과를 확인하면 확대 전개 계획을 수립하고 이행한다. 확대 전개는 기한이 정해져 있지 않을 수 있다. 확대 전개의 효과 평가 주기를 설정하고 주기에 따라 평가한다.

인터미션: 둘째 돼지의 후회

동화 나라 도시의 불빛은 마음이 시리도록 아름다웠습니다. 버섯지붕을 가진 귀엽고 앙증맞은 건물, 하늘을 찌를 듯 솟아 있는 참나무 건물. 그리고 건물 사이로 쭉 뻗은 길 위에는 날랜 솜씨로 도시를 누비는 다람쥐도 보였습니다. 저 도시의 건물 중에는 둘째 돼지의 사무실도 있었지만, 지금 둘째 돼지는 도심 외곽의 언덕 위에 올라 과거를 회상하며 큰 엉덩이로 땅바닥의 찬 기운을 뼛속 깊이 느끼고 있었습니다. 둘째 돼지는 이제야 깨달았습니다. 살면서 지난 일에 대해 후회를 할 수 있지만, 되돌릴 수 없는 큰 후회는 삶을 너무 불행하게 한다는 것을. 오늘은 하늘에 폭죽이 터진 듯 유난히도 별빛이 밝았습니다. 유난히 빛나는 별. 마치 CMMI 성숙도 3단계 인증을 받던 그날 최종 보고서에 담겨 있던 폭죽 모양의 애니메이션과도 너무 닮았습니다. 하지만 그 폭죽이 터지기 전까지 너무 많은 일이 있었습니다.

"회사가 정말 개념이 없어."

한 개발자 돼지가 황당하다는 듯한 표정을 지으며 말했습니다.

"시스템 오픈이 얼마 남지 않았는데, 인증 심사받는다고 문서를 모두 다시 만들라고 하면 우리보고 어쩌란 거야! 더군다나 프로젝트 수행 경험도 없고 개발 경험도 없는 QA는 한술 더 뜨더군. 우리 프로젝트에 체크리스트 가져와서는 문서가 있는지 없는지만 점검하고 없으면 만들라고 하고, 그런 건 나도 하겠다."

또 다른 개발자 돼지는 지금까지 회사의 표준 프로세스를 이행하면서 힘들고 기분 나빴던 일이 모두 생각나는 듯 얼굴을 찌푸렸습니다.

"도대체 인증은 왜 받으려는 거야? 프로세스나 절차 없이도 그동안 아무런 문제 없이 잘해 왔는데."

개발자 돼지는 인증에 관해서 이야기하면 할수록 더욱 짜증이 났습니다.

"개발 프로젝트 사업 제안에 참여하려면 필요하다나 봐. 이번 인증도 개발 부서에서 추진한 게 아니고, 영업에서 먼저 필요하다고 경영층에 보고했대."

"그럼 자기네가 하지, 왜 우리한테 난리래?"

개발자 돼지는 지금 자신에게 벌어지고 있는 일이 도무지 이해되지 않았습니다. 일정에 맞춰 개발하기도 힘든데 인증 심사 인터뷰한답시고 오라 가라 하고, 문서 잘못 만들었다고 깡그리 고치라고 하고, 정말 죽을 맛이었거든요.

"지난번 중간 보고 때 컨설턴트가 이야기하는 걸 들어보면, 처음에는 힘들지만, 차차 조직에 맞게 프로세스가 개선되면서 좋아질 거라고 하던데…."

"그렇게 되면 내가 손에 장을 지진다. 네가 우리 사장님하고 팀장님 성격을 몰라서 그런 얘기를 하나 본데, 그들은 개선이나 그런데 관심 없어. 빨리 인증이나 따길 바라지."

둘째 돼지가 실질적인 프로세스 개선보다는 인증에 관심이 더 많은 건 사실이었습니다. 소프트웨어를 해외에 수출하거나 중요한 개발 프로젝트 사업에 참여하기 위해서는 발주기관이 CMMI 성숙도 3단계 인증서 제출을 요구했기 때문이지요.

"하긴, 내부 심사 때 작업산출물도 준비가 안 되어 있고 인터뷰도 엉망이어서 CMMI 성숙도 결과가 엉망으로 나오니까 프로젝트 일정이야 어찌 됐든 야근하고 휴일에도 나와서 그거 다 보완하라고 했지. 이게 무슨 개선이야. 개악이지. 정말 소프트웨어 개발은 3D를 넘어 4D라는 말이 실감 나네."

"4D? 그건 뭐야?"

개발자 돼지는 낯선 용어에 살짝 관심을 가졌습니다.

"너 몰라? 3D는 Dirty, Difficult, Dangerous잖아. 여기에 Dreamless를 더해서 4D라고 해. 점점 업무 환경은 힘들어지고, 개발 업무에서 빨리 벗어나야 하는데, 다른 일을 찾을 수도 없고, 답답하다."

개발자 돼지는 이야기하면 할수록 자신의 처지가 안타깝고 답답해졌습니다.

이러한 개발자 돼지의 심정을 아는지 모르는지, 둘째 돼지는 인증을 밀어붙이기만 했습니다. 잘 안 되면 임원회의 때 관련 부서장을 엄청나게 닦달하며, 정해진 기한 내에 인증을 획득하는 데 아무 문제가 없도록 하라고 지시하곤 했습니다.

마침내 인증 심사가 진행되었습니다. 조직적으로 큰 노력을 한 결과, 심사는 순조롭게 진행되어 둘째 돼지 회사는 CMMI 성숙도 3단계 인증을 획득했습니다. 인증받고 며칠이 지나지 않아 둘째 돼지는 품질팀장을 호출했습니다.

"사장님, 품질팀장입니다."

비서는 품질팀장이 사장실로 들어오자 둘째 돼지에게 인터폰으로 이를 알렸습니다.

넓은 사장실에 묵직하게 놓인 원목 책상 위로 깔끔하고 세련된 모양의 모니터를 통해 영업과 프로젝트 현황을 점검하던 둘째 돼지는, 모니터에서 눈을 떼며 안경을 책상에 놓고는 품질팀장을 맞았습니다.

"사장님 부르셨습니까?"

품질팀장은 정중하게 인사를 하고는 둘째 돼지의 다음 지시를 기다렸습니다.

"어서 오게. 이쪽으로 앉지."

둘째 돼지가 자리를 안내하자 조금 긴장한 듯한 모습으로 품질팀장은 의자에 앉아서는 허리를 꼿꼿이 세우고 엉덩이는 의자에 절반쯤만 걸쳤습니다.

"요즘 뭐 하나?"

둘째 돼지는 뜬금없는 질문을 했습니다. 매주 주간 보고를 통해 품질팀이 무슨 일을 하는지는 다 알 텐데 무슨 의도로 이런 질문을 하는지 알 수 없었던 품질팀장은 일순간 몸이 경직되었습니다.

"프로세스 개선팀과 함께 심사 결과에 따른 프로세스 개선 계획을 세우고 담당 QA는 프로세스를 내재화할 수 있도록 프로젝트 품질보증 활동을 수행하고 있습니다."

사장님 앞이라 조금 긴장은 되었지만, 품질팀장은 진행 중인 일에 대해 일목요연하게 설명했습니다.

"음, CMMI 인증 심사가 끝난 뒤에도 할 일이 많군. 품질팀장이 보기에 프로세스 개선 활동이나 품질보증 활동이 프로젝트 수행에 도움이 많이 되는 것 같은가? 현장에서는 너무 품질을 챙기다 보니 프로젝트 수행이 어렵다고 하던데."

품질팀장은 당황스러웠습니다. 지금 둘째 돼지가 말하고 있는 건, 둘째 돼지 자신도 너무 잘 아는 일이고 지난번 선임심사원과의 면담 때에도 초기 개선 활동 때의 이런 어려움을 극복하고 지속해서 품질 활동을 강화하겠다고 말했으니까요.

"사장님도 잘 아시는 것처럼 내재화되기까지는 많은 어려움이 있겠지만, 이것은 지속적인 노력으로 극복해야 할 문제인 것 같습니다."

품질팀장은 불길한 느낌이 들기 시작했습니다. 이미 다른 회사의 사례를 봤기 때문입니다. 많은 회사가 CMMI 인증을 받고 나면, 품질팀을 형식적으로만 운영하고 개선 활동을 수행했던 담당자는 다시 현장 프로젝트로 보낸다는 사실을 알고 있었습니다.

"그래서 말인데, 아무래도 현장 프로젝트의 품질을 강화하려면 개선 활동을 수행했던 담당자를 현장으로 돌려보내는 것이 좋을 것 같아. 마침 근래에 프로젝트도 많아져서 현장에서 많이 힘들어한다더군. 현장에 가서 필요한 작업산출물도 작성해 주고 가이드도 하고, 아무래도 개발자가 여러 유형의 문서를 작성하면서 개발 활동까지 하기에는 버거운 것 같아. 그리고 자네도 새로운 일을 맡도록 해!"

"그럼 품질팀은….."

"담당 임원에게 직접 챙기라고 했어. 인증도 끝났는데 담당자 한 명 정도만 있으면 될 것 같은데, 자네 생각은 어떤가?"

드디어 올 것이 오고야 말았네요. 품질팀장은 개선 활동을 하면서 많은 것을 느꼈고 프로세스 내재화 활동을 잘해 보고 싶었습니다. 하지만 둘째 돼지는 겉으로는 의견을 물어보는 것 같았지만 사실은 통보나 다름이 없었습니다. 품질팀장은 소신 있게 옳은 일이 무엇인지를 둘째 돼지에게 이야기하고 싶었지만 그럴 수는 없었습니다. 온종일 업무로 부대껴서 지친 몸을 이끌고 집으로 가면 익숙하면서도 정감 어린 미소로 자신을 맞아 주는 아내, 즐거운 음악처럼 재잘거리는 아이, 이런 소소한 행복이 비록 크지는 않아도 자신이 받는 월급 때문이라는 것을 너무나도 잘 알고 있기 때문입니다. 만약 둘째 돼지에게 밉보여 지금의 회사를 그만두게 되면 소박하지만, 자신에게는 너무 소중한 행복이 모두 사라질지도 모르니까요.

"현장 상황을 보면서 저도 그런 생각을 했었는데, 사장님께서 개선 활동을 강조하셔서 미처 엄두를 내지 못하던 차에 먼저 말씀해 주시니 한결 마음이 가볍습니다."

이것이 직장인의 모습입니다. 자기 생각보다는 사장의 생각에 따라야 하고 자신의 생활보다는 직장 생활을 우선해야 하고. 품질팀장도 신입 사원 때는 이렇지 않았습니다. 하지만 세월은 그의 꿈을 쪼그라들게 했고, 이제는 현실을 지키기에 급급한 보통의 월급쟁이로 만들어 버렸습니다.

"이런, 사람하고는. 왜 그렇게 패기가 없나. 자신이 생각하는 것이 옳다면 목에 칼이 들어와도 말해야지. 쯧쯧, 내가 일일이 다 챙겨야 하나. 이제는 좀 더 주도적으로 일해 보도록 하게. 지금까지 고생 많이 했어. 내가 자네 능력은 인정하고 있지. 기획팀을 맡아서 회사의 청사진을 잘 만들어 보도록 하게."

가끔 둘째 돼지의 의견에 반대하는 임원이나 팀장도 있었기에, 둘째 돼지는 자기 생각에 맞장구를 쳐

주는 품질팀장의 말에 기분이 좋아졌습니다. 물론 둘째 돼지의 의견에 동조하지 않는 임원이나 팀장은 모두 집으로 갔지요.

둘째 돼지는 은근히 자신을 치켜세워 주는 품질팀장이 귀여웠습니다. 역시 말 한마디는 천 냥 빚도 갚습니다.

월급쟁이. 명함에 의존해서 연극처럼 사는 삶이죠. 무대에서 내려와 명함이 없어지면 그냥 김 씨, 이 씨, 박 씨로 불릴 테니까요. 품질팀장은 그렇게 자신의 신념과 그리고 함께했던 팀원을 새로운 자신의 자리와 맞바꾸었습니다.

품질팀이 해체되고 몇 달 후 드디어 문제가 터졌습니다. 악명 높은 리스키로 인해 프로젝트는 엉망이 되고 발주기관은 둘째 돼지 회사에 손해배상을 청구했고, 둘째 돼지 회사는 더 이상 사업을 할 수 없게 되어 결국 문을 닫았습니다.

눈앞의 사소한 이익이 많은 직원의 행복을 앗아 가 버렸습니다. 둘째 돼지는 마지막으로 회사 정문을 나오던 날, 원망으로 가득한 직원의 눈빛을 기억합니다. 경영자의 잘못된 의사결정으로 인해 아내를 고달픈 생활 전선으로 몰아넣고 아이의 소중한 미래를 불안한 삶 속으로 밀어 넣은 가장의 원망이 싸늘한 공기를 타고 둘째 돼지의 폐부를 찔렀습니다.

세상에는 우리가 인식하지 못하지만 힘들고 귀찮아서 하루하루 잊고 지내다 보면 우리에게 재앙으로 돌아오는 소중한 것이 너무 많습니다. 둘째 돼지는 지금에서야 그러한 것을 하나하나 깨닫고 있습니다. 하지만 후회하기에는 너무 늦었습니다. 그에게 지금 남은 것은 싸늘한 밤공기와 함께 밀려오는 과거의 아픈 기억뿐, 아무것도 없었기 때문입니다.

도시의 황홀한 불빛, 과거의 기억, 외로움. 이 모든 것이 한꺼번에 둘째 돼지의 눈물샘을 자극했습니다. 하염없이 흐르는 눈물로 인해 눈물범벅, 콧물 범벅이 되었을 무렵 한 남자가 둘째 돼지에게 말을 걸어왔습니다.

"대표님, 여기는 웬일이세요?"

남자는 둘째 돼지를 잘 아는 듯했습니다. 하지만 둘째 돼지는 그가 누구인지 도통 감이 잡히질 않았습니다.

"누구신지…?"

둘째 돼지는 기억을 더듬어 봤지만, 도무지 기억할 수가 없었습니다. 솔직히 기억난다 해도 지금 같은 상황에서는 반갑게 아는 체하기도 싫었습니다.

"셋째 돼지님 아니신가요? 죄송합니다. 제가 밤이라 잘못 봤네요."

남자는 둘째 돼지가 자신을 못 알아보자 자신이 실수했다는 것을 알았습니다. 실제로 첫째 돼지, 둘째 돼지, 셋째 돼지는 형제여서 많이 닮았습니다.

"제 동생과 아는 분이군요. 저는 셋째 돼지 바로 위의 형입니다."

"그럼 둘째 돼지님?"

남자는 둘째 돼지에 대해서 아주 잘 안다는 듯 반가운 목소리로 대답했습니다. 하지만 둘째 돼지는 갑자기 창피해졌습니다. 얼굴은 눈물과 콧물로 범벅이 되었고, 며칠 동안의 노숙 생활로 몰골이 말이 아니었거든요. 둘째 돼지는 자신을 밝힌 것이 후회스러워 말까지 더듬었습니다.

"네…. 그, 그, 그렇습니다."

예전에 사장으로 있었을 때의 자신감은 다 어디로 간 걸까요? 사장이란 자리를 잃었을 뿐인데, 둘째 돼지는 자신감도 같이 잃었나 봅니다.

"사장님의 안타까운 소식은 들었습니다. 하지만 밖에 이렇게 계속 계시면 건강에 안 좋습니다."

남자는 둘째 돼지의 모습이 너무 불쌍해 보여서 걱정이 되었습니다. 희미한 도시의 불빛에 비친 남자의 모습은 온화하고 여유로운 느낌이었지만, 세련된 회색의 후드티와 운동복 바지를 갖춰 입은 모습은 당당해 보였습니다.

"제 동생과 친한가 보군요. 저의 집안일을 잘 아시는 걸 보면…"

둘째 돼지는 기분이 살짝 나빠졌습니다. 동생인 셋째 돼지가 여기저기에 자기 형의 이야기를 하고 다닌다고 생각했기 때문입니다.

"셋째 돼지님과는 잘 아는 사이기는 합니다만, 첫째 돼지님과 둘째 돼지님의 이야기는 셋째 돼지님께 들은 것은 아닙니다. 저도 IT 분야에 있다 보니 자연스럽게 알게 된 것입니다."

남자는 눈치도 빠른 것 같았습니다. 둘째 돼지의 속마음을 읽고 있는 것 같았습니다. 그러면서 오른손을 내밀며 둘째 돼지에게 악수를 청했습니다.

"저는 셋째 돼지님 회사에서 CMMI 컨설팅을 했던 컨설턴트입니다."

둘째 돼지는 남자와 악수하려다가 CMMI 컨설턴트란 말에 귀가 번쩍 뜨였습니다. 자신의 지금 모습과 CMMI를 떼어 놓고 생각할 수가 없었기 때문입니다. 간절함은 운명을 만드는 것일까요? 아니면 우연일까요? 어쨌든 상관은 없습니다. 둘째 돼지는 회사가 문을 닫고 한 번쯤 자신의 앞에 있는 이 컨설턴트를 찾아가고 싶었거든요. 셋째 돼지 회사의 프로세스 개선 작업을 성공적으로 수행한 컨설턴트를 찾아가서 자신의 문제가 무엇이었는지 알고 싶었습니다.

"아! 그럼 제 동생 회사에서 일했다던 그 컨설턴트…."

"예! 벌써 3년째네요."

"그럼 아직도 제 동생 회사를 컨설팅하시나요?"

둘째 돼지는 이해가 되지 않았습니다. CMMI 인증을 획득했는데, 또 무슨 컨설팅이 필요할까 싶어서였습니다.

"이미 CMMI 성숙도 3단계 인증을 받았는데, 또 다른 인증을 준비 중인가요?"

"아닙니다. 동생분의 회사는 아직 CMMI 성숙도 3단계에 대한 내재화를 진행 중입니다."

"CMMI 성숙도 3단계 내재화요? 인증을 획득했는데 무슨 내재화를 한다는 거죠?"

둘째 돼지는 이해가 되지 않았습니다. 인증을 획득하고 그걸 또 내재화하기 위해 컨설팅을 받는다고 하니 둘째 돼지는 셋째 돼지가 돈을 아주 많이 버나 싶었습니다. 그렇지 않으면 이렇게 중복으로 투자할 이유가 없을 테니까요.

"워낙 셋째 돼지님이 프로세스 내재화에 대한 의지가 강하셔서요. 사실 많은 회사가 인증을 획득하고 나면 지속적인 개선 작업이나 내재화에 소홀한 경향이 있습니다. 물론 잘하고 있는 회사도 많기는 하지만. 지속해서 내재화를 하기 위해 제삼자의 객관적인 시각이 계속 필요하다고 판단하신 것 같습니다."

"그래야 하는 것이었군요."

둘째 돼지는 조금은 이해할 수 있다는 듯 조그만 목소리로 혼잣말을 했습니다. 하지만 둘째 돼지는 프로세스 개선 활동의 효과에 대해서는 여전히 의심하고 있었습니다.

"정말 지속해서 개선 활동을 하면 조직이 효과적으로 관리되고 프로젝트의 수행 역량과 제품의 품질이 향상되나요? 프로젝트의 수행 역량은 PM의 능력에 따라 좌우되고 소프트웨어 품질이라는 것은 측정하기가 어렵잖아요?"

둘째 돼지는 오랫동안 소프트웨어 개발 회사를 경영했기 때문에 현장의 상황을 잘 알고 있었습니다. 안타깝게도 동화 나라에서의 프로젝트 현실은 너무 열악했습니다. 고객은 시도 때도 없이 요구사항을 추가하거나 변경하고, 프로젝트 일정도 합리적 기준 없이 정해지고는 했습니다. 전체적인 개발 규모나 프로젝트 자원의 활용 가능성은 고려하지 않고 정해진 시스템 오픈 일자에 맞춰 역산해서 프로젝트 일정을 정하는 것이 일반적이었습니다.

관리자가 프로젝트 진행 중에 일정이 지연되는 줄 어떻게 알겠습니까? 소프트웨어 품질만 하더라도 마찬가지죠. 소프트웨어 품질이 좋다는 것은 작업산출물도 잘 만들어져야 하지만 무엇보다도 결함이 없어야 하거든요. 하지만 품질보증 활동을 하는 걸 보면 대부분 작업산출물 위주로만 점검을 합니다. 객관적인 시험 활동도 매우 중요한데, 시험 환경도 다양하고 소프트웨어의 특성상 결함을 완전히 제거하기 어렵다는 이유로 어지간히 큰 규모의 기업이 아니고서는 시험 조직을 별도로 운영하는 것은 엄두도 못 내죠.

"말씀하신 대로 되지 않을 거면 왜 비싼 돈 들여가면서 개선 활동을 수행하겠어요? 물론 인증을 받는 것도 의미가 있겠지만, 조직의 프로세스 개선 작업은 신중해야 하고 인내가 필요합니다. 인증을 받았다고 모든 것이 완벽해지는 건 아니니까요. 운전면허를 취득했다고 해서 운전을 바로 할 수 있는 건 아니잖아요. 운전을 잘하려면 면허를 딴 이후에도 도로에서 자주 운전도 하고 주차도 해 봐야 하는 것과 같죠. 그런데 많은 기업이 인증받으면 모든 개선 작업이 끝났다고 생각하는 경향이 종종 있습니다."

컨설턴트는 거침이 없었습니다. 물론 이제는 개선할 회사도 가지고 있지 않은 둘째 돼지에게 말해 봐야 아무 의미가 없을 수 있지만, 둘째 돼지가 재기하기 위해서는 무엇이 잘못되었는지 명확히 알 필요가 있다고 생각했습니다. 더구나 둘째 돼지는 중요한 고객사인 셋째 돼지의 형이니까요.

"CMMI 인증을 받으면 기업의 처지에서는 그렇게 생각할 수밖에 없지 않나요? 목표를 달성한 후에 조직원을 효과적으로 운영하기 위해서는 당연하고 자연스러운 일이죠. 특히 개선 활동을 하는 인력이 얼마나 고급 인력인데요."

둘째 돼지는 나름대로 기업을 운영했던 경험으로 이야기를 했습니다. 기업에서 인력을 효과적으로 운영하는 것은 회사의 수익과 연결되는 중요한 문제이니까요.

"목표의 달성이요? 결국 둘째 돼지님은 프로세스 개선보다도 인증이 목표이셨던 것 같네요!"

컨설턴트는 CMMI 추진에 대한 둘째 돼지의 생각을 읽을 수 있었습니다.

"뭐, 꼭 그런 건 아니지만…. 기업을 경영하다 보면 어쩔 수 없어요. 개발 프로젝트 사업을 수주하려면 CMMI 인증은 꼭 필요하잖아요."

둘째 돼지는 속내가 들킨 것 같아 당황했습니다.

"이해합니다. CMMI를 추진하는 회사 중에는 그런 경우가 자주 있죠. 하지만 인증에만 목표를 두는 프로세스 개선 활동은 정말 위험하다는 것을 아셔야 합니다."

"왜 그렇죠?"

둘째 돼지는 CMMI 인증을 받는다는 것이 프로세스 이행이 내재화되었다는 것을 공식적으로 인정해 주는 것인데, 뭐가 문제인지 이해가 되지 않았습니다.

"CMMI 인증은 현시점에서 프로세스를 보유하고 프로세스대로 이행할 기반을 갖췄다는 필요조건을 의미하는 것이지 앞으로도 지속해서 프로세스가 이행됨을 보장하는 충분조건은 아닙니다. 물론 내재화가 되었다면 앞으로도 프로세스가 제대로 이행될 가능성은 크지만요. 그런데 여기서 문제가 발생합니다. 경영진은 인증을 획득했으니, 품질이 당연히 좋아질 거로 생각하죠. 현장은 제품의 품질보다는 작업산출물 만들기에 급급하고요. 결국 어설픈 개선 활동은 경영진에게는 환상을, 현장에는 고통을 줍니다. 하지만 이런 문제에 대해 개선 프로젝트가 끝난 후에는 아무도 이야기하지 않습니다. 그렇게 회사는 속으로 곪아 가는 것이죠. 그래서 경영진이 지속해서 프로세스를 개선하려는 의지가 있는 경우에는 인증받고 난 후에도 프로세스가 내재화되고 있는지를 객관적으로 평가받아 보고자 하는 거죠. 셋째 돼지님도 마찬가지입니다."

둘째 돼지는 컨설턴트와 얘기를 나누며, 차츰 무엇이 잘못되었는지 알게 되었습니다. 인증받고 난 후, 이제 회사의 품질은 당연히 좋아질 거로 생각했거든요. 가끔 프로젝트 관리 시스템에 들어가 작업산출물을 보면서 모든 것이 잘 되어가고 있다고 생각한 적이 많았습니다.

"그러면 프로세스 개선을 제대로 하려면 어떻게 해야 하는 거죠?"

둘째 돼지가 컨설턴트의 이야기에 너무 깊숙이 빠져 버린 걸까요? 이제는 자신에게 아무 필요도 없는 질문을 하고 있네요.

"진정한 프로세스 개선은 어떻게 하는 건지 알고 싶으세요? 하지만 지금은 조직도 회사도 없으신데…."

말을 마치고 컨설턴트는 아차 싶었습니다. 둘째 돼지의 상황에서는 작고 사소한 말실수도 큰 상처가 될 수 있기 때문이죠. 말꼬리를 흐리는 컨설턴트를 보며 둘째 돼지는 자신의 처지를 인식하게 되었습니다.

"맞아요, 인제 와서 그것을 알아봐야 소용이 없겠네요. 진작 관심을 가졌어야 했는데, 후회되네요."

둘째 돼지는 마음이 착잡했습니다.

"꼭 알고 싶으시다면 방법이 없는 것도 아닙니다."

컨설턴트는 축 처진 어깨 위로 고개를 떨어뜨리고 있는 둘째 돼지에게 말했습니다.

"어떻게…."

"둘째 돼지님께서 괜찮으시다면, 셋째 돼지님의 회사를 저와 함께 방문해 보시는 것은 어떨까요?"

컨설턴트의 말에 둘째 돼지는 망설여졌습니다. 회사의 문을 닫게 되면서 그렇지 않아도 가장 먼저 셋째 돼지가 생각났지만, 자존심이 허락하지 않았거든요. 그리고 셋째 돼지가 가끔 연락을 해 왔는데, 그때마다도 괜찮다고만 했거든요.

둘째 돼지는 불현듯 예전에 CMMI를 처음 하게 되었던 때가 생각났습니다.

프로세스 개선 작업을 진행하기 전에 돼지 삼 형제가 만났을 때, 둘째 돼지는 언제나 어린애 같은 셋째 돼지가 순진하단 생각에 핀잔을 주었던 기억이 났습니다.

"둘째야, CMMI에 대해 들어 봤어?"

"예, 요새 그거 인증서 없으면 입찰에 참여하지 못하는 경우가 많아서 이미 검토했어요."

둘째 돼지는 형인 첫째 돼지의 질문에 우쭐하며 자신 있게 대답했습니다.

"그거 하려면 돈도 많이 들고 사람도 아주 많이 필요하다고 하는데 어떻게 하냐? 좀 쉽게 할 방법이 없을까?"

첫째 돼지는 돈이 많이 든다고 해서 CMMI를 추진하기 싫었지만, 사업상 안 할 수도 없고 해서 조금 쉽게 할 수 있는 방법을 찾고 있었습니다.

"CMMI는 성숙도 단계가 1단계부터 5단계까지 있다는데, 컨설팅받으면서 프로세스하고 절차서 만들고 심사 대상 프로젝트 미리 선정해서 집중적으로 훈련하면 성숙도 2단계는 한 10개월 정도면 가능한 것 같아요."

둘째 돼지는 나름대로 사전 조사를 해서 CMMI를 어떻게 추진할지 전략을 세운 것 같았습니다. 예전부터 삼 형제 중에 사업적인 머리 회전이 가장 빨랐거든요. 하지만 항상 성실하고 원칙적인 것을 좋아하는 셋째 돼지는 이러한 형의 모습이 안타까웠습니다. 눈앞의 달콤한 이익이 회사의 미래에는 치명적인 독이 될 수 있다는 것을 알기 때문입니다.

아직 형에게는 말하지 않았지만, 셋째 돼지는 얼마 전에 뼈아픈 경험을 했습니다. 사업을 확장하기 위해 전문경영인을 채용했었거든요. 전문경영인은 처음 2년간은 성과가 매우 좋았습니다. 회사 매출과 영업이익이 모두 증가했죠. 하지만 2년이 지나자 그 전문경영인은 더 이상의 성과를 내지 못했습니다. 오히려 다른 회사와의 경쟁에서 계속 처지기만 하는 것이었어요. 결국 전문경영인을 해고하고 셋째 돼지가 직접 회사를 경영했지만, 한번 어려워진 회사의 상황은 쉽사리 나아지지 않았습니다. 제법 알차게 사업을 했던 회사가 이렇게 된 이유가 무엇인지 몰라 답답했는데, 오랫동안 셋째 돼지와 같이 일했던 임원이 말해 주었죠. 그 전문경영인은 지난 2년 동안 성과를 내기 위해 연구개발 활동에는 전혀 투자하지 않고, 거간꾼 노릇만 한 것이라네요. 개발 프로젝트 사업을 수주하면 셋째 돼지 회사의 자체 인력을 활용하기보다는 외주 협력사를 압박해서 저비용으로 싸게 소프트웨어를 개발하게 했대요. 그러다 보니 연구개발 활동을 했던 인력은 회사를 그만두게 되었고, 결국 회사의 기술력은 점점 떨어졌던 거죠. 외주 협력사도 싼 비용에 소프트웨어를 개발하다 보니, 제품의 품질을 확보하는 것은 엄두도 낼 수 없었고요. 결국 셋째 돼지 회사의 평판이 안 좋아져서 영업도 잘 안 되게 되었던 거죠. 그 전문경영인은 자신의 성과를 위해서 회사의 영속적인 가치를 팔아 버린 거지요. 셋째 돼지는 형도 그렇게 될지도 모른다는 걱정이 들었습니다.

"하지만 개발 활동에 대해서 전반적인 체계를 잡는 것은 중요한 것 아닌가요? 그리고 지속적인 프로세스 개선을 통해서 업무 생산성과 제품의 품질을 향상하는 것이 CMMI의 목적이라고 하던데, 이왕 하려면 제대로 하는 것이 좋을 것 같은데요."

언제나 형 앞에서는 조심스러운 셋째 돼지는 나지막한 목소리로 이야기를 했습니다.

"그렇게 샌님 같아서 회사를 어떻게 운영할래? 네가 말한 것처럼 하면 좋은 걸 누가 모르냐? 하지만 투자 대비 효과가 명확해야지. 프로세스 개선한다고 회사 영업력이 나아지냐, 아니면 이익이 엄청나게 늘어나냐? 이런 일은 적당히 시늉만 하는 게 좋아. 그나저나 네 회사는 괜찮아? 요즘 어렵다며?"

둘째 돼지는 셋째 돼지가 세상 물정을 모르는 것 같았습니다. 처음에는 형보다 실적도 좋고 전반적으로 운영이 잘되는 것 같아 부럽기도 했지만, 요즘 셋째 돼지 회사가 어려워졌거든요. 어릴 때부터 성실하고 원리 원칙을 중요하게 생각했던 셋째 돼지가 사업과는 잘 맞지 않는다는 생각이 들었습니다.

"너도 이제는 제법 큰 회사를 경영하니까 적당한 타협도 배워야지. 원리 원칙대로만 사업을 할 수 있는 건 아니야."

첫째 돼지도 둘째 돼지를 거들었습니다. 하지만 셋째 돼지가 볼 때 형의 경영방식은 마치 셋째 돼지 회사에 있던 이전의 전문경영인 같았습니다. 그런데도 두 형 모두 회사를 오래 경영한 경험 때문인지 회사는 제법 잘되었습니다. 그래서 셋째 돼지는 그런 형이 조금은 불안했지만, 딱히 뭐라고 말을 할 수는 없었습니다.

"형은 CMMI 어떻게 할 거예요?"

둘째 돼지가 첫째 돼지에게 물었습니다.

"나는 성숙도 2단계만 할래. 돈도 없고 인력도 없고 시간도 없다. 그야말로 3무(無)야. 대충 시늉만 하지 뭐."

"셋째, 너는?"

"저는 잘 모르겠어요. 실무진에 검토해 보라고 했고, 컨설턴트도 만나 보고 결정하려고요."

"너는 여전히 소심하구나. 이런 건 대충 빨리 끝내는 게 좋아!"

둘째 돼지는 셋째 돼지가 너무 많은 걸 생각하는 것 같아 답답했습니다.

둘째 돼지는 과거의 일이 주마등처럼 스쳐 지나갔습니다. 지금 와서 생각해 보니 셋째 돼지가 왜 그렇게 신중했는지 이해할 수 있을 것 같았고, 자신이 너무 부끄러웠습니다. 이미 때는 놓쳤지만 그래도 둘째 돼지는 재기를 위해 프로세스 개선을 제대로 할 수 있는 방법을 알아 둘 필요가 있다는 생각이 들었습니다. 한참을 생각하던 둘째 돼지는 고개를 들어 하늘을 보았습니다. 저녁 하늘의 별이 아름다웠습니다. 이렇게 별을 바라본 지도 참 오랜만인 것 같았습니다. 둘째 돼지는 생각을 굳히고는 컨설턴트를 보고 말했습니다.

"좋습니다. 가겠습니다. 생각난 김에 지금 바로 연락하겠습니다. 컨설턴트님도 저를 도와주실 거죠?"

둘째 돼지는 자신의 마음속에 남아 있던 모든 망설임을 내려놓으니 한결 기분이 상쾌해졌습니다. 셋째 돼지에게 전화해서 지금까지 컨설턴트와 나눴던 이야기를 간추려서 하고는 방문 약속을 잡았습니다. 두 형제가 대화하는 모습을 바라보던 컨설턴트는 희미하지만 즐거운 미소를 머금었습니다.

"그럼 내일 뵙도록 하겠습니다. 아마 좋은 경험이 될 겁니다."

컨설턴트는 둘째 돼지와 악수하고는 다시 달리기 시작했습니다. 둘째 돼지는 서서히 어둠 속으로 사라지는 컨설턴트의 뒷모습을 보며 마치 꿈을 꾼 듯했습니다.

'내가 지금 무슨 짓을 한 거지? 성공하기 전까지는 형제를 안 만나려고 했는데…. 그래 이게 맞는 길일 거야. 반성하고 다시 시작하자. 무엇이 잘못되었는지 나는 알아야 해.'

둘째 돼지는 많은 생각이 들었습니다. 부끄럽고 창피한 방문이겠지만 그래도 형제이기에 조금은 안심이 되었습니다.

아침이 밝았습니다. 둘째 돼지는 밤새 이런저런 생각 때문에 잠을 이루지 못했지만, 그래도 마음을 단단히 먹고 셋째 돼지 회사를 방문했습니다. 둘째 돼지가 사무실로 들어서자 셋째 돼지는 달려와서 형을 꼭 끌어안았습니다. 사업에 실패하고 생사조차 알기 힘들었던 형 때문에 얼마나 걱정했는지 모릅니다.

"형 나빠, 내가 얼마나 걱정했는데…."

동생은 동생인가 봅니다. 셋째 돼지도 어엿한 한 회사의 사장이지만, 지금은 둘째 돼지의 착한 동생일 뿐입니다.

"미안하다, 셋째야. 마음을 추스를 시간이 필요했단다."

둘째 돼지도 셋째 돼지를 꼭 안았습니다. 한동안 그들은 서로의 가슴을 통해 전해지는 뜨거운 형제의 마음을 읽었습니다.

"차는 어떤 것으로 할까요?"

두 형제의 애잔하고 아름다운 감동을 그만 눈치 없는 비서가 깨네요. 꼭 안고 있던 형제는 갑자기 어색해져서 서로 떨어졌습니다.

"형, 여기 앉으세요. 차는?"

셋째 돼지는 형에게 상석을 권하며 앉으라고 했습니다. 둘째 돼지는 잠시 사양을 하다가, 결국 자리에 앉았습니다.

"고맙다. 나는 물만 줘."

"컨설턴트님은?"

"저는 녹차 주세요."

"녹차 두 잔하고 물 한 잔 부탁해요. 그리고 회의 끝날 때까지는 전화 연결하지 말아 주시고요."

비서에게 차를 부탁하고 비서가 나가자 그들은 아까와는 달리 사뭇 진지해졌습니다. 셋째 돼지가 벽으로 다가가 스위치를 누르자 벽면에 하얀 스크린이 내려왔고, 빔은 화면에 빛의 그림을 그리기 시작했습니다. 화면이 표시되자 셋째 돼지는 프레젠테이션을 시작했습니다. 화면에는 그동안 셋째 돼지 회사에서 프로세스 개선을 위해 했던 활동이 적혀 있었는데, 둘째 돼지의 눈길을 끈 것은 마지막 페이지에 적혀 있었던 직원의 소리였습니다. 비록 한 문장 한 문장 단문으로 적혀 있는 내용이었지만, 문장마다 프로세스 개선에 대한 직원의 간절함이 있었습니다.

'축적된 데이터를 활용한 산정을 통해 프로젝트 수행 일정을 수립해 주세요. 지금같이 일정을 정하고는 거꾸로 역산해서 맞추면 일하기가 너무 힘들어요.'

'고객이 요구사항을 변경하고자 할 때는 변경 절차를 반드시 따르도록 해 주세요. PM도 모르게 개발자에게 직접 이야기해서 요구사항을 변경하려고 하니 관리가 어렵습니다.'

'QA가 담당하는 프로젝트 수를 줄여 주세요. QA 한 사람이 맡아야 하는 프로젝트가 너무 많아 제대로 된 품질 검토를 할 수가 없습니다.'

'형상 관리 도구 사용하게 해 주세요. 파일서버로 작업산출물을 관리하는 데에는 한계가 있어요.'

직원의 소리에는 참으로 다양한 요청사항이 있었습니다. 물론 요청사항 중에는 시간이 있어야 하는 것도 있었고, 회사 경영상 당장에는 들어줄 수 없는 것도 있었습니다. 둘째 돼지는 셋째 돼지가 이런 개선 요청사항에 대해 어떻게 의사결정을 했는지 궁금해졌습니다.

"보신 소감이 어떠세요?"

컨설턴트가 먼저 말을 했습니다.

"원래는 제가 프레젠테이션을 하려고 했는데, 셋째 돼지님께서 꼭 직접 하겠다고 하셔서….."

"지금 와서 보니 프로세스 개선 활동에는 많은 관심이 필요한 것 같네요. 저도 유사한 보고를 받았던 것 같은데, 그때는 프레젠테이션에 써진 내용이 보이지도 않았어요. 몸은 앉아 있었는데, 보고 받는 내내 다른 생각을 했던 것 같아요. 특히 마지막 부분, 직원의 소리에서는 느끼는 것도 많고 궁금한 점도 있습니다."

컨설턴트와 둘째 돼지가 이야기하는 것을 보면서 셋째 돼지는 흐뭇한 미소를 지었고, 그들의 대화에 방해가 되지 않도록 조용히 자리에 앉았습니다.

"어떤 부분이 궁금하신가요?"

둘째 돼지는 책상에 놓인 포인터를 집어 들고는 화면의 한 곳을 가리켰습니다.

"일정에 대한 부분이요. 사실 고객이 일정을 한번 정하면 바꿀 수 없는 것 아닌가요? 개발하는 회사는 어쩔 수 없이 그 일정에 따라야 하고요."

"그 말씀은 맞습니다. 현실적으로 우리 동화 나라에서는 고객이 한번 정한 일정을 바꾸기는 어렵습니다. 하지만 언제까지 그렇게 일할 수는 없지요. 그래서 처음에는 데이터를 꾸준히 쌓아 가려는 노력이 중요합니다. 프로젝트 규모에 따라 필요한 공수나 요구사항이 변경되는 추이 등과 관련한 데이터를 모으는 겁니다. 그러면 나중에 수행하는 프로젝트에서는 더 효과적으로 규모나 비용을 산정할 수 있는 것이죠. 지금 안 된다고 포기하면 영원히 개선할 수 없습니다."

컨설턴트의 말을 듣고 있던 셋째 돼지는 고개를 끄덕이며 자기 경험을 소개했습니다.

"저도 처음에는 쓸데없는 짓을 한다고 생각했어요. 하지만 데이터를 모으다 보니 어느 정도 예측이 가능해졌어요. 처음에는 추가적인 공수 여분을 확보하는 것으로 대응을 했는데, 요즘에는 제안 요청이 오면 기존의 자료를 바탕으로 프로젝트에 대한 VRB(Value Review Board)를 통해 제안 참여 여부를 결정합니다. 물론 회사 전략상 다소 손해를 감수하고 제안에 참여하는 때도 있기는 하지만 이 역시도 예측된 범위 내에서 진행하기에 회사에 크게 위협적인 요소는 아니에요."

"VRB, 그건 뭐지?"

"개발 프로젝트 사업 제안에 참여하기 전에 사업의 가치와 제안 전략 등을 검토하는 회의예요. 회사에 축적된 산정 데이터와 소요 비용, 요구사항 변경 추이 등의 자료가 있으면 더욱 정확하고 내실 있는 회의가 가능해요."

셋째 돼지는 그간의 경험이 많은 도움이 되었는지 자신감 있게 이야기를 했습니다. 둘째 돼지는 셋째 돼지의 이야기를 들으면서 많은 것을 느끼게 되었죠. 그동안 회사를 운영하면서 프로젝트는 닥치는 대로 수주했고, 일단 프로젝트가 진행되면 어떻게 해서든지 정해진 기간 내에 끝내라고 다그치기만 했거든요. 프로젝트 수행 중에 발생한 문제는 프로젝트 수행팀이 알아서 해결하도록 방치했고요. 둘째 돼지 회사는 이런 잘못된 관행이 계속되었고, 결국 돌이킬 수 없는 결과에 이르게 된 것입니다.

"이와 같은 일이 프로세스 개선을 통해 가능해졌단 말이지? 그렇다면 효과적으로 프로세스를 개선하려면 어떻게 해야 하지?"

둘째 돼지는 셋째 돼지 회사에서 일어나고 있는 개선 활동이 어떻게 이뤄지고 있는지 궁금했습니다. 이렇게 큰 효과를 얻을 수 있는 개선 활동이건만, 둘째 돼지 회사의 직원은 왜 말을 하지 않았던 것이었을까요?

"관심인 것 같아요."

"관심? 어떤…."

선문답 같은 셋째 돼지의 대답에 둘째 돼지의 궁금증은 더 커지기만 했습니다.

"개선 활동을 지속하려면 경영진의 관심이 굉장히 중요합니다. 개선 활동을 진행하는 중에는 조직적으로 의사결정을 해야 할 사항이 많은데, 경영진의 관심이 적으면 의사결정이 미뤄지게 되고 실무진으로서는 바쁜 업무로 인해 개선 활동은 우선순위에서 밀리게 되죠. 그러다 흐지부지되는 거고. 하지만 저는 운이 조금 좋았던 것 같아요. 좋은 컨설턴트님 만나서 가이드도 잘 받았고, 무엇보다도 현장에서 엄청 욕을 얻어먹으면서도 끝까지 개선 활동을 멈추지 않았던 QA가 한 명 있었거든요. 더키라고. 지금은 농담 삼아 얘기하지만, 전에는 완전 미운 오리였어요. 실제로는 백조였는데. 하하하."

"그건 또 무슨 이야기지?"

"그 이야기는 차차 하도록 하시지요. 중요한 이야기라서, 나중에 더키를 소개해 드리겠습니다."

셋째 돼지는 더키와의 일이 생각나는지 흐뭇한 미소를 지었습니다. 셋째 돼지는 계속해서 대화를 이어 나갔습니다.

"경영진이 관심을 가지면 현장이 움직이기 시작하는데, 이때부터 조심해야 합니다. 너무 성과만을 재촉하다 보면 실질적인 개선 데이터를 수집하지 못하는 경우가 많습니다."

"일할 때 성과를 측정하지 않으면 개선이 되었는지 어떻게 알지?"

"맞습니다. 하지만 목표를 정해 놓고 성과를 측정하다 보면 조직원은 본인의 과실처럼 보일 수 있는 문제점은 숨긴 채, 잘되고 있다는 결과만을 보고할 수가 있습니다. 그러면 실제로 원하는 개선 활동을 할 수 없게 되죠. 예를 들면, 작업산출물을 검토하는 활동 중의 하나인 인스펙션이 있는데, 이론적으로는 작업산출물의 결함을 조기에 발견해서 문제의 발생을 예방하는 매우 중요한 활동이지만 프로젝트에서 수행하는 데에는 여러모로 어려운 점이 많습니다. 물론 프로세스 개선 활동을 위해 필요한 활동이라고 현장에서는 입을 모아 얘기하지만 말이죠."

"나도 인스펙션에 대해서는 들어 봤어. CMMI 인증 심사할 때 개발자가 이 활동을 통해 결함을 사전에 발견해서 많은 도움이 되었다고 하던데, 그게 무슨 문제지?"

둘째 돼지는 CMMI 인증을 위해 프로세스 개선 활동할 때의 경험을 떠올리며 의심스러운 듯 질문했습니다.

"잘하면 도움이 되지만 프로젝트의 모든 작업산출물에 대해서 인스펙션을 할 수는 없습니다. 일정이나 참여 공수에도 어려움이 있고요. 그래서 프로젝트에서는 인스펙션 활동에 대한 기준이 필요하지요. 작업산출물의 중요도에 따라 워크스루나 다른 방법을 사용할 수도 있어야 하거든요. 조직의 표준은 프로젝트의 특성을 고려해서 유연하게 적용할 필요가 있는 겁니다. 결국 조직은 프로세스 개선에 대해서 자유롭게 의견을 제시할 수 있어야 하고 이에 대한 논리적이고 합리적인 검토를 통해서 피드백되어야 합니다."

둘째 돼지와 셋째 돼지의 이야기를 듣고 있던 컨설턴트가 조심스럽게 이야기를 꺼냈습니다.

"기업은 개선 활동에 대해서 자유롭게 이야기하고, 이에 대한 피드백을 할 수 있는 상설화된 조직이 필요한데, 그런 일을 수행하는 조직이 프로세스 개선팀입니다. 프로세스 개선팀은 회사의 구성원과 QA가 제시하는 개선 사항을 검토하여 개선 활동에 따른 프로세스 영향과 개선 우선순위를 식별하고 개선 결과에 대한 정량적인 성과를 측정합니다. 개선이 개악이 되는 것을 방지하는 역할도 하고요. 지속해서 개선 활동을 수행하기 위해서는 꼭 필요한 조직이지요."

둘째 돼지는 갑자기 얼굴이 화끈거렸습니다. 이렇게 중요한 활동을 하는 조직을 CMMI 인증을 받고 나서 해체하고는 현장으로 돌려보냈거든요. 둘째 돼지 회사는 초반의 완전하지 않은 프로세스를 개선 없이 조직에 적용했고, 이를 계속 운영했던 것입니다. 아마도 둘째 돼지 회사의 개발자는 매우 힘들었을 겁니다. 둘째 돼지는 왜 이런 이야기를 실무진이 하지 않았는지 살짝 짜증이 났습니다.

"왜 우리 회사 실무자는 이런 이야기를 하지 않았지? 나는 복이 없는 것 같아. 모두 자기 자리 지키기에만 급급해서는…."

컨설턴트는 얼굴이 조금 굳어졌습니다. 예상은 했지만, 둘째 돼지는 아직도 무엇이 문제인지를 깨닫지 못하고 있는 것 같았습니다.

"글쎄요, 입장을 한번 바꿔 놓고 생각해 보시죠. 사장은 별로 관심이 없고, 성과는 당장에 보이기가 어렵습니다. 일정 비용의 투자는 필요한데 결과가 잘못되면 엄청나게 욕먹을 수도 있는 상황에서 쉽게 이야기할 수 있는 실무자가 과연 있을까요?"

컨설턴트는 작심한 듯 말했습니다. 둘째 돼지에게 문제를 명확히 인식시키기 위해서는 더욱 단호하게 말할 필요가 있다고 생각한 것 같았습니다. 컨설턴트의 말에 둘째 돼지는 말문이 막혔습니다. 컨설턴트가 둘째 돼지 회사에서 있었던 많은 문제의 원인이 자신 때문이라고 말하는 것 같았기 때문입니다. 하지만 반박할 수 없었습니다. 대부분이 사실이었으니까요.

"그래도 말은 해 줬으면 좋았을 텐데…."

둘째 돼지는 컨설턴트가 하는 말의 의미를 잘 알기에 풀이 죽었습니다. 의사결정을 한 건 자신이었고, 개선 활동에 관해 관심을 보이지 않은 것도 사실이었기 때문입니다.

"지금이라도 느끼셨다면 다행입니다."

컨설턴트는 둘째 돼지의 자신감 잃은 목소리에 자신이 조금 심했다는 생각이 들었습니다.

"미리 알았더라면 좋았을 것을. 이제 남은 것이 아무것도 없으니."

둘째 돼지는 생각할수록 후회되었습니다. 조금만 빨리 이런 사실을 알았더라면 이렇게 어려운 상황에 빠지지도 않았으리라 생각했습니다. 이런 형의 생각을 읽은 듯 셋째 돼지가 형의 손을 꼭 잡았습니다.

"형, 걱정하지 마세요. 첫째 형하고 둘째 형이 재기할 수 있도록 제가 도울게요. 형이 힘든데, 저 혼자만 잘돼 봐야 무슨 소용이겠어요."

"내가 너무 염치가 없잖아."

셋째 돼지의 말에 둘째 돼지는 고마우면서도 부끄러웠습니다.

"형을 위해서만은 아니에요. 우리 형제가 어려울 때 서로 돕는 모습을 보인다면, 우리 아이들도 이런 모습을 보면서 서로 도와 가며 사이좋게 살지 않겠어요. 이런 것이 아이들한테는 산교육이라고 생각해요."

셋째 돼지는 형이 혹시라도 부담 가질 것을 염려해서 하는 말이었지만, 문제를 합리적이고 건설적으로 대응하는 것이 몸에 밴 셋째 돼지는 옳은 행동은 좋은 결과를 가져온다는 믿음이 있었습니다.

"그렇게 말해 주니, 정말 고맙구나. 항상 어린애로만 생각했는데 역시 내 동생이다."

"고맙다니요. 제게 형이 있는 게 얼마나 큰 힘이 되는지 모르실 거예요. 말이 나온 김에 당장 큰형한테 연락해야겠어요."

형제의 아름다운 대화에 컨설턴트는 흐뭇해졌습니다. 비록 비즈니스로 엮인 인연이었지만, 이들 형제의 관계에 긍정적인 영향을 줬다는 생각에 나름 보람을 느꼈습니다.

띠리리리~ 어두컴컴한 방안에 전화벨 소리가 시끄럽게 울렸습니다. 침대에 죽은 듯이 누워 있던 커다란 덩치의 돼지가 얼굴을 베개에 묻은 채 귀찮은 듯 손을 휘저었습니다. 한때는 제법 큰 규모의 소프트웨어 개발 회사에 사장으로 있었던 첫째 돼지였습니다. 전화기에는 '둘째'라고 표시되어 있었습니다. 전화기를 멍하니 바라보던 첫째 돼지는 '수신 거절'을 누르려다 한숨을 한번 크게 내뱉고는 전화를 받았습니다.

"둘째냐? 잘 지내지?"

"형님 오랜만이에요. 요즘 어떻게 지내세요?"

둘째 돼지는 형의 안부가 걱정되었습니다.

"뭐, 그냥저냥 지낸다. 회사도 말아먹은 놈이 뭘 하겠냐. 그냥 죽지 못해 산다. 그런 너는 잘 지내냐? 입에 풀칠은 하고 사나?"

"저도 뭐 그냥 그렇습니다."

"왜 전화했냐? 비슷한 놈끼리 술이나 한잔하면서 신세타령이나 해 볼까?"

회사가 망한 이후로 첫째 돼지는 모든 것이 허망해졌습니다. 하지만 언젠가 다시 기회가 주어진다면 멋지게 재기를 하고 싶었지만, 현실은 그리 호락호락하지 않았습니다. 이렇게 답답해하던 차에 둘째의 전화는 무척 반가웠습니다. 마땅히 신세 한탄할 사람도 없었는데, 비슷한 처지의 둘째 전화를 받으니 만나서 술이나 한잔해야겠다는 생각이 들었습니다. 이런 첫째 돼지의 생각을 잘 알기에 둘째 돼지는 전화한 목적은 이야기하지 않았습니다.

"그래요. 오랜만에 술이나 한잔해요, 형! 셋째도 부를까요?"

"됐다. 이런 모습으로 셋째를 만나는 것이…."

첫째 돼지는 막내를 보고 싶었지만, 자존심이 허락하지 않았습니다.

"하지만 셋째도 형님을 보고 싶어 해요. 형제가 만나는데 이것저것 생각할 필요 없잖아요."

"하긴, 네 말도 맞다."

첫째 돼지는 둘째 돼지의 이야기를 듣고 보니 형제끼리 만나는데 자존심을 생각하는 자신이 조금 옹졸했다는 생각이 들었습니다.

"제가 셋째에게 연락해서 약속을 잡고 알려 드릴게요."

"그래, 그럼 그때 보자."

첫째 돼지는 전화를 끊고 나서 천장을 우두커니 쳐다보았습니다. 한창 열심히 일할 나이인데 이렇게 시간만 죽이고 있는 자신이 한심해 보였습니다. 어둑한 방 안의 기운은 이런 첫째 돼지를 더욱 초라하게 만들었습니다. 다시 시작한다면 모든 것을 잘할 수 있을 것만 같았거든요.

"다행이다. 셋째야. 형님이 만나겠다고 하신다."

"정말요?"

옆에서 둘째 돼지가 전화하는 것을 지켜보고 있었던 셋째 돼지는 믿기지 않는 듯 놀라며 반색했습니다. 사실 첫째 돼지는 셋째 돼지에게 아버지 같은 존재였습니다. 언제나 자신을 든든하게 지켜 주었고, 아무리 힘든 상황에서도 가정을 지켰거든요. 그런 만큼 자존심도 무척 강해서 쉽게 만나줄 거라고는 생각지도 못했거든요.

"컨설턴트님도 같이 만나시죠?"

셋째 돼지는 이 기회에 모두 같이 만나서 의견을 교환하고 싶었습니다.

"아닙니다. 우선은 세 분만 만나시는 게 좋을 것 같습니다. 형제가 만나는 자리에 외부인이 끼는 것도 그렇고, 아직 첫째 돼지님의 생각을 알지도 못하는데 잘못하면 오히려 자리가 서먹해질 것 같습니다."

"컨설턴트님 말씀이 맞네요. 제 생각이 짧았습니다."

"역시 컨설턴트님은 신중하시군요. 닮고 싶습니다."

둘째 돼지는 순간적인 상황 판단과 신중함을 가진 컨설턴트가 부러웠습니다.

"둘째 돼지님은 사람 부끄럽게 만드는 데 일가견이 있으세요."

"하하하."

사무실에는 화기애애한 웃음소리와 함께 앞으로 다가올 새로운 희망을 예고하는 기운이 감돌았습니다.

마침내 약속한 날이 되었습니다. 셋째 돼지는 오랜만의 형제간 만남이 설 습니다. 형의 사업 실패로 인해 그동안 형제가 한자리에 모이기가 쉽지 않았거든요. 초조한 마음에 대문 앞에서 형을 기다리는데 노을이 비추는 골목길 사이로 형의 모습이 실루엣처럼 보였습니다.

"형~~~"

셋째 돼지는 달려가서 첫째 돼지를 와락 안았습니다.

"너무해. 연락도 안 하고."

셋째 돼지의 마음속에는 기쁨과 섭섭함이 교차했습니다.

"자식, 너는 언제쯤 어른이 될래. 사업도 제법 크게 하는 놈이 어린애처럼 굴기는."

"밖에서야 어떻든 나는 형한테는 여전히 막낸데, 뭐."

큰형의 농담 섞인 말에 셋째 돼지는 입을 비쭉 내밀고는 투정을 부렸습니다.

"자, 자, 들어가서 이야기하자고. 막내 맛있는 것 많이 해 놨지. 요새 제대로 못 먹어서 살이 엄청나게 빠졌다."

둘째 돼지도 가벼운 농담으로 형제의 만남에 흥을 더했습니다. 셋째 돼지는 형을 거실로 안내하고는 살림 도우미에게 음식을 준비시켰습니다.

"큰형 그동안 어찌 지냈어요? 연락도 뚝 끊어 버리고."

"그냥 집에만 있었지. 무엇이 잘못되었는지 생각도 해 보고. 다시 재기할 방법도 찾아봤지."

"좋은 결론이라도 나왔나요?"

둘째 돼지는 형의 생각이 궁금해졌습니다.

"글쎄, 정확한 건 아니지만 어렴풋이 내가 무엇을 잘못했는지는 알게 되었지. 지금 생각해 보면 사업을 하는 동안 내내 운이 좋았다는 생각이 들었어."

"사업이 망했는데 무슨 운이 좋았다는 거예요?"

둘째 돼지는 예상치 못한 형의 대답에 짐짓 놀라며 되물었습니다.

"내 말은 사업이 망하기 전까지 운이 좋았었다는 거야. 내 사업 방식을 곰곰이 생각해 보면 무작정 밀어붙여서 돈을 벌려고만 했지, 사업을 내실 있게 운영하지 않았는데도 바로 망하지 않고 운 좋게 버텨왔다는 생각이 들었어."

첫째 돼지는 혼자 지내는 동안 여러 생각을 하며 많은 것을 깨달은 것 같았습니다. 이야기를 듣고 있던 셋째 돼지는 어쩌면 오늘 삼 형제의 만남이 좋은 결과로 이어질 것 같다는 기대가 생겼습니다.

"왜 그렇게 생각하신 거예요?"

셋째 돼지는 큰형의 의중을 떠보고 싶었습니다.

"사실 회사가 문을 닫고 나서 무엇이 잘못되었는지 생각하는 중에 막내 회사의 이야기를 들었거든. 회사의 표준 프로세스를 만들고 차근차근 보완해 나가면서 내재화를 진행했다고 하던데, 그 이야기를 듣고 깨달은 것이 있었지. 사실 내가 회사를 운영할 때는 프로세스가 없었지. 내 지시가 곧 프로세스이고 절차였으니까. 결국 내가 의사결정을 잘못하면 회사가 문을 닫는 것이었는데, 그걸 참작하면 그래도 회사를 꽤 오래도록 운영한 셈이었지."

첫째 돼지는 자신이 무엇을 잘못했는지 이미 알고 있었습니다. 역시 나이와 경험이 그냥 쌓이는 건 아니었나 봅니다.

"형님도 CMMI 성숙도 2단계를 하셔서 회사의 표준 프로세스를 만들었잖아요?"

"녀석도 참! 다 알면서 뭘 물어봐. 나는 그냥 인증이 필요하다고 해서 시늉만 했지. 지금 와서 생각해 보니 그때가 참 좋은 기회였는데. 역시 기회는 앞머리를 길게 늘어뜨리고 있고 뒤는 대머리라더니 그 말이 꼭 맞는 것 같아."

의외로 이야기가 쉽게 풀려 가고 있었습니다. 사실 오늘 모임에서 큰형의 의중을 확인해서 설득하려고 둘째 돼지와 셋째 돼지는 마음먹고 있었는데, 다행히 큰형은 이미 많은 걸 생각한 것 같았습니다. 이제는 큰형이 자존심 상하지 않게 도울 방법만 찾으면 모든 일은 순조롭게 마무리될 것 같았습니다. 둘째 돼지는 조심스럽게 이야기를 꺼냈습니다.

"형! 사실 나는 형처럼 객관적으로 나를 바라볼 수 없었어. 그런데 우연히 셋째 돼지 회사를 컨설팅했던 컨설턴트를 만나서 많은 것을 깨달았어. 오늘 만남도 형과 함께 사업을 재기할 방법을 찾고 싶어서 주선한 거야. 형이 좋다고만 하면 막내도 우리를 돕겠다고 했고. 나는 사업을 다시 한번 제대로 해 보고 싶어."

둘째 돼지는 솔직하게 자신의 심정을 이야기했습니다.

"나도 너의 마음을 이해한다. 하지만 우리가 다시 소프트웨어 개발 사업을 하려면 일을 제대로 하는 방법을 알아야 하는데, 그것이 쉽지만은 않을 것 같구나. 시간도 아주 많이 필요할 것 같고."

"이미 우리에게 조언해 줄 사람은 있어. 돈과 인력이 문제인데, 그건 셋째가 도와준다고 했고."

둘째 돼지는 조바심이 났습니다.

"너는 여전히 성격이 급하구나. 너는 그 성격부터 먼저 고쳐야겠다."

첫째 돼지는 완전히 변해 있었습니다. 예전처럼 급하게 일을 추진하려 하지도 않았고, 성격도 아주 너그럽고 여유로워진 것 같았습니다. 형의 질책에 둘째 돼지는 자신이 아직도 고칠 점이 많다는 생각이 들어 부끄러웠습니다.

"너를 야단치려던 건 아니니 오해하지는 마라. 사실 막내가 도와준다면 나도 다시 해 보고 싶다. 하지만 막내에게 미안하기도 하고, 내가 변할 수 있을까 하는 두려움도 있어서 조금 망설여지는 거지."

첫째 돼지는 막내의 마음 씀씀이가 고마우면서도 다시 찾아온 기회를 잘 잡을 수 있을까 하는 걱정도 되었습니다.

"형님은 제게 미안해하실 필요가 없어요. 제가 힘들 때 형님이 도움을 많이 주셨잖아요. 이번에 제가 형님을 도울 수 있어서 오히려 기뻐요."

셋째 돼지는 눈물이 왈칵 쏟아지려고 했습니다. 엄밀히 말해 셋째 돼지가 이렇게까지 자리를 잡을 수 있었던 것은 형의 도움 덕분이었는데, 그동안 도움을 줄 수가 없어서 너무 안타까웠거든요. 첫째 돼지는 막내의 이야기를 잠자코 듣다가 무언가를 깊이 생각하는 것 같았습니다. 잠시나마 그들의 공간에는 무거운 침묵이 흘렀습니다. 이어서 나지막하지만 단호한 목소리로 첫째 돼지가 말했습니다.

"그런데 조건이 있다."

"뭔데요?"

셋째 돼지는 큰형의 묵직한 목소리에 긴장이 되면서도 무슨 말을 하려는지 궁금했습니다. 첫째 돼지는 잠시 망설이다가 말했습니다.

"너 우리 도와주고는 나중에 생색내기 없기다."

"네에~?"

큰형의 뜬금없는 농담에 셋째 돼지는 긴장이 일순간에 풀리며 자기도 모르게 깜짝 놀라고 말았습니다.

"놀랐지? 하하하."

첫째 돼지는 크게 웃으며 동생을 쳐다보았습니다.

"형도 참~"

둘째 돼지도 첫째 돼지의 농담에 살짝 웃음을 보였습니다.

"막내야 고맙다. 네 도움이 헛되지 않도록 내가 최선을 다하마."

"형. 고마워요. 제 진심을 알아주어서."

셋째 돼지는 이렇게 든든한 큰형이 있어서 얼마나 좋은지 모릅니다. 어려울 때 이해타산 없이 서로 도울 수 있는 것. 그건 가족이기 때문에 가능하지 않을까요? 돼지 삼 형제는 그날 밤새도록 이야기꽃을 피우며 오랜만에 행복한 밤을 보냈습니다. 달님도 삼 형제의 이야기를 흐뭇하게 들으며 미소 지었습니다.

삼 형제의 만남이 있고 수일이 지난 후, 그들은 이제 앞으로 어떻게 해야 할지 의논하기 위해서 다시 모였습니다.

"우리가 어떤 목표를 가져야 할지는 정했지만, 어떻게 하면 잘 실행하고 좋은 결과를 얻을 수 있을까요?"

둘째 돼지는 컨설턴트에게 의견을 구했습니다.

"모든 일은 직접 경험하면서 체득하는 것이 가장 좋겠지만, 그렇게 하면 시간이 너무 오래 걸리는 단점이 있습니다. 그래서 저는 형제분께서 우선 CMMI에 대해서 명확히 이해하는 게 좋겠다는 생각입니다."

"저도 그렇게 생각합니다. 이전에 CMMI를 추진했지만 제가 완전히 이해한 상태에서 했다고는 생각하지 않습니다."

첫째 돼지가 컨설턴트의 의견에 동의했습니다.

"그럼 어떻게 하면 CMMI를 잘 이해할 수 있을까요?"

둘째 돼지가 컨설턴트를 바라보며 물었습니다.

"CMMI는 한번 추진해 보셨으니, 이론적인 교육이 필요할 것 같지는 않습니다. CMMI에서 가장 중요한 것은 실행입니다. 마침 셋째 돼지님의 회사 직원이 프로세스에 따라 일을 잘하기 때문에 셋째 돼지님 회사의 프로젝트를 벤치마킹해 보는 게 어떨까 싶습니다. 그중에서도 프로세스를 가장 잘 이행하는 프로젝트를 살펴보시는 것이 어떨까요?"

컨설턴트는 지금까지의 컨설팅 경험을 토대로 첫째 돼지와 둘째 돼지에게 가장 도움이 될 방법이 무엇인지 많이 고민한 것 같았습니다. 이들의 이야기를 듣고 있던 셋째 돼지가 문득 생각 난 듯 컨설턴트를 바라보았습니다.

"컨설턴트님 혹시 거북이 PM 기억하세요?"

"아, 거북이 PM이요!"

컨설턴트는 셋째 돼지가 무슨 이야기를 하려는지 알 것 같았습니다.

"셋째 돼지님 회사의 CMMI를 이야기하면서 거북이 PM을 빼놓을 수는 없지요. 하하하."

이 둘이 지금 대체 무슨 얘기를 하고 있는지 첫째 돼지와 둘째 돼지는 궁금했습니다.

"셋째야 무슨 이야기니?"

첫째 돼지가 물었습니다.

"거북이 PM이라고 우리 회사가 개선 활동을 하는 동안 묵묵히 참고 견디며 회사의 표준 프로세스에 따라 프로젝트를 관리한 PM입니다. 아마도 거북이 PM이 없었다면 우리 회사가 지금 같이 프로세스 개선 활동을 수행하지는 못했을 겁니다."

셋째 돼지는 거북이 PM을 이야기하다 보니 과거가 회상되어 흐뭇했습니다. 그런 모습을 지켜보던 컨설턴트도 미소를 지으며 고개를 살짝 끄덕였습니다.

"그래, 그렇게 대단한 PM이 있었어? 빨리 만나 보고 싶구나. 능력이 얼마나 대단한 거야?"

둘째 돼지는 셋째 돼지 회사의 개선 활동을 성공시킨 주인공 이야기가 나오자 귀가 솔깃했습니다. 마치 거북이 PM을 만나면 자신의 모든 고민이 해결될 것 같은 기대감이 생겼습니다. 둘째 돼지 회사의 PM은 개선된 표준 프로세스에 따라 프로젝트를 진행하라고 하면 언제나 불만이 가득해서는 자신의 현실을 고려하지 않는 쓸데없는 짓을 한다고 생각했거든요. 나서서 개선 활동을 하는 것이 아니라 욕먹지 않으려고 마지못해 하는 시늉만 했는데, 같은 PM이면서도 프로세스 개선 활동에 중요한 역할을 했다고 하니 정말 어떤 PM인지 궁금했습니다. 이런 생각을 알고 있는 듯 컨설턴트는 둘째 돼지를 향해 가벼운 미소를 지어 보였습니다.

"둘째 돼지님, 궁금하시죠? 어떤 PM인지?"

"컨설턴트님은 족집게예요. 직업 바꾸시는 것이 어떻겠어요? 어찌 이리도 사람 마음을 잘 읽으시는지, 하하."

"제 직업이 사람을 많이 만나는 일이다 보니, 저도 모르게 그렇게 되네요. 상대의 마음을 읽는 능력이 내재화되었나 봅니다."

"컨설턴트님은 농담도 CMMI 용어를 사용하시네요!"

둘째 돼지의 말에 삼 형제와 컨설턴트의 유쾌한 웃음이 회의실에 가득했습니다. 웃음이 잦아들자 컨설턴트는 다시 진지하게 첫째 돼지에게 질문했습니다.

"첫째 돼지님, 진정한 고수의 모습은 어떨까요?"

예상치 못한 질문에 첫째 돼지는 조금 당황했지만, 삶의 경험은 그의 감정을 감추었습니다.

"글쎄요. 흔히 고수, 또는 전문가라고 하는 사람은 자신이 하는 일에 확신을 두고 할 테니 자신감이 가득하지 않을까요? 아마 자신감과 당당함이 묻어나겠죠."

"일리 있는 말씀입니다. 거기에 저는 경험을 더하겠습니다. 제가 만나 본 고수의 모습이나 행동은 비슷했습니다."

"어떤 모습이요?"

성질 급한 둘째 돼지가 대답을 재촉했습니다.

"물론 분야마다 차이는 있겠지만, 제가 만난 PM이나 품질 고수는 요란하지 않았습니다. 그들이 하는 프로젝트는 차분하면서도 안정감 있게 진행이 됩니다. 우리가 흔히 프로젝트라고 생각하면 마감 일정에 쫓겨서 하루하루가 전쟁 같은 상황이라 생각하는데, 고수가 진행하는 프로젝트는 그렇지 않았습니다. 마치 톱니바퀴의 기어가 딱 맞아서 돌아가는 것처럼 빈틈없이 진행됩니다. 그러다 위험이나 이슈가 발생하면 마치 대비했다는 듯이 적절한 대응 활동을 수행합니다. 마치 커다란 호수에 돌멩이가 떨어지면 잔물결이 치더라도 금방 사라지고 평온한 호수가 되는 것처럼 말이죠. 제가 품질 업무를 하기 전에는, 고수는 어떤 방법을 사용해서 프로젝트를 안정적으로 관리하는지 궁금했습니다. 한때는 그들이 축복받은 능력을 갖추고 있거나 프로젝트에 필요한 인력이나 다른 자원을 확보하는 데 비범한 재주가 있다고까지 생각했으니까요. 충분한 인력과 자원 확보는 프로젝트의 가장 중요한 요소라고 생각했기 때문이죠. 하지만 제가 품질 업무를 본격적으로 배우면서 그들의 비법을 이해하게 되었습니다. 알고 나면 정말 단순하지만요."

"그 비법이 뭐죠?"

이번에도 성질 급한 둘째 돼지가 나섰습니다.

"프로세스!"

첫째 돼지는 자신도 모르게 프로세스라는 말이 입 밖으로 나왔습니다. 셋째 돼지와 컨설턴트를 만나면서 첫째 돼지는 자신도 모르는 사이에 프로세스의 중요성에 대해서 인식하게 되었던 것입니다. 컨설턴트가 무엇이라 말할지 몰랐지만, 지금 그가 가장 중요하다고 생각하는 것은 프로세스였습니다. 자신의 회사가 망한 것도 따지고 보면 회사와 조직원의 현실을 고려하지 않은 비효율적인 프로세스를 만들고 그것을 개선할 노력도 하지 않았기 때문이라는 생각이 들었습니다. 첫째 돼지의 대답에 컨설턴트는 자신도 모르게 첫째 돼지를 바라보았습니다.

"어떻게 아셨어요? 고수는 자신의 할 일에 대한 명확한 프로세스를 가지고 있었습니다. 그래서인지 프로젝트 관리 활동에 군더더기가 없어요. 할 일이 모두 명확했죠. 그리고 프로젝트팀원은 자신의 업무와 목표를 명확히 이해하고 있었고요."

컨설턴트의 이야기에는 프로세스의 존재 이유가 담겨 있었습니다.

"조직 내에서 프로세스를 수립하고 관리하는 목적은 업무 절차를 명확히 하자는 데 있습니다. 이를 통해 불필요한 업무나 반복적인 시행착오를 줄이고 궁극적으로 조직원의 생산성을 높이자는 것이죠. 프로세스에 따라 만들어진 작업산출물은 거의 비슷한 형태로 작성되기에, 이후 비슷한 업무에 대한 재사용을 높일 수 있어 가능한 일이죠. 하지만 프로세스를 처음 적용할 때는 모든 작업산출물을 신규로 작성해야 하는 경우가 많습니다. 그러다 보니 앞서 적용하는 조직원이 힘들다고 느끼고 자신이 왜 이런 고생을 해야 하는지 억울한 기분을 갖게 되는 거죠. 그런데 안타까운 것은 이러한 고생을 하고 나서 결실을 볼 때쯤 조직은 다시 처음으로 돌아간다는 겁니다. 이유는 CMMI 인증을 획득하고 나면 지속적인 개선 작업에 대해 소홀해지고, 이를 추진했던 개선팀도 현장으로 돌려보내져서 결국은 프로세스가 관리되지 않는 상황에 놓이기 때문입니다. 아무리 많이 고민하고 프로세스를 만들었다고 하더라도 여러 프로젝트에 적용해 보지 않고는 조직의 다양한 상황을 반영하기는 어렵습니다. 관리되지 않는 프로세스는 조직원을 멍들게 합니다. 둘째 돼지님 회사의 경우가 전형적인 사례이죠."

돼지 삼 형제와 컨설턴트의 대화는 꽤 오랜 시간 계속되었지만, 누구 하나 힘든 기색이 없었습니다. 절박함은 열정을 만들어 내고 열정은 무언가를 이뤄내는 힘이기 때문입니다. 돼지 삼 형제의 열정을 온몸으로 느낀 컨설턴트는 이번에 하는 개선 활동은 다른 어떤 개선 활동보다도 성공할 것이라는 확신이 들었습니다.

"그럼, 무엇을 먼저 해야 할까요?"

둘째 돼지는 생각한 일을 빨리 진행하고 싶어 안달이 났습니다.

"먼저 거북이 PM을 인터뷰하는 게 좋을 것 같습니다. PM을 통해 셋째 돼지님 회사 프로세스의 장단점도 파악해 보시고, 교훈 사례도 들어보면 좋을 것 같습니다."

컨설턴트는 인터뷰에서 해야 할 일과 공유해야 하는 활동에 관해서 설명했습니다.

"저, 컨설턴트님…."

조심스럽게 셋째 돼지가 의견을 제시했습니다.

"성공 사례를 듣는 것도 좋지만, 실패 사례도 분석을 해 봐야 하지 않을까요? 성공 사례보다는 실패 사례에서 더 많은 것을 배울 수 있지 않을까요?"

"좋은 의견이십니다. 역시 우등생은 다르신데요."

"컨설턴트님 너무 하십니다."

둘째 돼지가 볼멘소리 했습니다.

"그렇게 말씀하시니까 제가 꼭 열등생인 것 같잖아요. 회사를 말아먹어서 가뜩이나 의기소침해져 있는데…."

"둘째야 우리가 열등생인 건 맞아. 현실을 받아들일 수 있어야 발전도 있는 거야."

첫째 돼지가 둘째 돼지를 나지막이 타일렀습니다.

"첫째 돼지님 그렇게 말씀해 주시니 고맙습니다. 제가 의도를 가지고 한 말은 아니니까, 너그럽게 이해해 주세요."

"컨설턴트님은 너무 진지한 것이 문제야, 농담인데."

둘째 돼지는 즐거운 미소를 지으며 컨설턴트를 바라보았습니다.

"어이구, 하여튼…."

첫째 돼지는 둘째 돼지에게 꿀밤을 때리는 시늉을 했습니다. 돼지 삼 형제와 컨설턴트는 또 한바탕 크게 웃었습니다.

"어떤 사례가 좋을까요? 자신의 아픈 부분을 내보이기 좋아하는 이는 아무도 없을 텐데."

둘째 돼지가 컨설턴트에게 의견을 구했습니다.

"생각나는 PM이 있기는 한데…."

컨설턴트는 셋째 돼지가 자신이 생각하는 PM을 떠올리지는 않는지, 표정을 살피며 이야기를 이어 갔습니다.

"토끼 PM이 어떨까요? 프로세스보다는 무조건 개발만을 강조하다가 프로젝트를 크게 망치고 나서 지금은 어떤 PM보다도 열심히 프로세스를 준수하고 있거든요."

"저도 실은 토끼 PM을 생각하면서 이야기를 꺼냈던 거예요. 토끼 PM의 경험도 우리에겐 정말 소중할 것 같거든요."

아니나 다를까, 셋째 돼지도 역시 같은 생각을 하고 있었습니다.

"토끼와 거북이라, 왠지 재미있는 이야기가 많이 나올 것 같군. 두 사람을 같이 인터뷰해 보도록 하지."

첫째 돼지가 결정을 내린 듯 단호하게 이야기를 했습니다.

"어, 형이 의사결정을 내리는 거예요?"

둘째 돼지가 투정 부리듯 말했습니다.

"그럼 네가 먼저 세상에 나오든가."

"하하하."

돼지 삼 형제와 컨설턴트는 토끼 PM과 거북이 PM의 인터뷰 일정을 확인하고, 그날 다시 만나기로 했습니다.

제 3 장

CMMI 특정 영역

대부분 기업에서는 규모와 상관없이 기업 내 분야별로 여러 가지 서로 다른 개선 활동을 수행하고 있다. 이러한 현상은 개별 분야에 적합하다고 생각하는 서로 다른 모델이나 방법에 기초하여 그들 작업을 수행하거나 개선하는 것을 의미한다. 기업에서 전개하는 다양한 시도는 조직 개선 활동을 활성화할 수 있는 긍정적인 효과를 가져다주기도 하지만, 반대로 서로 다른 접근방식으로 인해 수많은 혼란을 야기하기도 한다. 그뿐만 아니라, 개선 모델별 접근방식 불일치로 인해 발생한 문제점은 개선 활동을 수행하는 주체 간 생존 게임과도 관련되어 있어서 좀처럼 해결하기가 쉽지 않다.

아마 여러분 중에는 위에서와 같은 조직 내 문제점 때문에 CMMI를 적용하려는 사람도 있을 것이다. 왜냐하면 CMMI는 소프트웨어나 시스템 엔지니어링뿐만 아니라 서비스나 획득업무와 같은 여러 가지 모델을 하나로 통합한 모델이기 때문에 조직 내 여러 분야에서 한 가지 모델로 개선 활동을 가능하게 하기 때문이다. 조직에서 이러한 시도는 비록 개선 활동을 수행하는 주체는 다르더라도 하나의 모델을 기반으로 수행하기 때문에 같은 시각을 유지할 수 있어 매우 의미 있는 시도라고 할 수 있다.

이 장에서는 조직에서 이러한 시도를 도울 수 있도록 CMMI 8개 도메인별 특정 프랙티스 영역 14개에 관해 설명한다. 특정 프랙티스 영역에 대해 반드시 알아 두었으면 하는 내용 위주로 설명하여, 여러분 조직에서 종합적인 개선 활동을 수행하는 데 도움을 주고자 한다.

1. 가상환경 도메인

　세계는 점점 더 가상공간으로 이동하고 있다. 조직은 고객과 영향을 받는 이해관계자에게 특정 서비스, 프로세스, 활동, 작업 또는 솔루션을 제공하는 가상, 원격 혹은 복합적인 방법을 이해하고 계획할 수 있어야 한다. 가상환경 도메인은 조직이 가상 비즈니스 환경에 관한 모범 사례, 도구와 기법을 이해하여 효과와 효율성을 극대화하는 데 필요한 기술 개발에 도움이 되는 일련의 통합 모범 사례를 제공한다.

　가상환경 도메인은 [표 3—1]과 같이 1개 프랙티스 영역으로 구성된다.

[표 3—1] 가상환경 도메인 프랙티스 영역

범주	역량 영역	프랙티스 영역
관리	인력 관리	가상환경 작업 활성화

(1) 가상환경 작업 활성화 Enabling Virtual Work, EVW

　가상환경 작업 활성화는 효과적인 가상환경 작업과 운영을 위한 접근방식을 정의하고 관리한다.

　조직은 이 활동을 통해 출장과 대면 활동으로 인한 영향과 비용을 줄이면서 전달 효과와 효율성을 극대화한다.

Defines and manages an approach for effective virtual work and operations.
Maximizes delivery effectiveness and efficiency while reducing the impact and expense from travel and in—person activities.

■ 1단계 프랙티스 그룹

EVW 1.1	가상환경 작업 요구와 제약조건을 파악하고 기록한다. (Identify and record virtual work needs and constraints.)
가치	가상환경 작업 중단을 최소화한다. (Minimizes disruptions to virtual work.)
활동 예시	• 가상환경 작업 요구와 제약조건을 파악한다. 　— 가상환경 작업 요구와 제약조건 그리고 이것이 작업이나 솔루션에 미치는 영향은 작업 유형과 여러 내외부 요인에 따라 달라질 수 있음 • 가상환경 작업 요구와 제약조건과 작업에 미칠 수 있는 잠재적 영향을 기록한다. • 고객과 영향받는 이해관계자에게 가상환경 작업 요구를 전달한다.
산출물 예시	• 가상환경 작업 요구와 제약조건 목록 　— 가상환경 작업과 운영에 대한 목표와 가능성, 잠재적 영향과 같은 제약조건이나 위험 기준에 따라 우선순위를 정함 • 고객과 영향받는 이해관계자에게 전달한 기록
EVW 1.2	가상환경에서 작업을 수행한다. (Perform virtual work.)
가치	비용을 절감하고 협업 효과를 높인다. (Reduces costs and increases collaboration effectiveness.)
활동 예시	• 가상환경에서 작업을 수행한다. 　— 가상환경 접근방식을 활용하는 시기와 방법에 대한 기준 파악 • 영향받는 이해관계자와 고객에게 가상환경 작업 결과를 전달한다.
산출물 예시	• 가상환경 작업 결과물 • 가상환경 작업 방식에 대한 기준 목록 　— 어떤 조건에서 복합 근무나 원격 근무를 허용하는지 파악

■ 2단계 프랙티스 그룹

EVW 2.1	가상환경 작업을 수행하기 위한 접근방식을 개발하고 최신 상태로 유지하며 사용한다. (Develop, keep updated, and use an approach to perform virtual work.)
가치	가상환경 작업에 대한 능력, 유연성과 일관성을 향상한다. (Increases the ability, flexibility, and consistency for virtual work.)
활동 예시	• 가상환경 작업에 대한 접근방식을 개발하고 기록하고 최신 상태로 유지한다. 　— 고객 요구와 제약조건을 포함하여 고객에 대한 명확한 이해 　— 가상환경 작업과 솔루션 제공을 위한 목표와 이를 달성하는 방법에 대한 명확한 이해 　— 제공하는 특정 솔루션에 대한 가상환경 기법, 요구와 제약조건을 해결해야 하는 이유, 내용, 시기와 방법에 대한 명확한 설명

— 학습, 의사소통, 업무, 성향, 정신적이고 신체적인 능력과 제약조건, 청각이나 시각 장애가 있거나 언어 장벽이 있는 개별 참가자 요구와 제약조건을 해결하는 방법

— 연결 중단, 일시 정지 또는 장애가 발생할 경우를 대비한 상세한 위험, 제약조건, 명확하고 상세한 완화와 해결 방안(예: 기본과 보조 수단을 통한 재연결 지침)

— 가상환경 도구와 플랫폼 사용에 대한 운영 작업 지침, 절차, 규정

— 형상 관리와 데이터 관리 요구와 제약조건

— 검증과 확인 활동

— 채팅방이나 소그룹 활동 모니터링

— 중단 발생 시 가상환경 작업을 위한 대체 방법을 포함한 백업과 해결 방법 규정과 절차 그리고 이러한 규정과 절차를 사용하는 시점에 관한 결정 기준과 권한

— 중요한 솔루션 제공 활동 중 연결이 끊긴 참가자를 위한 보충 활동을 포함하여 가상환경 작업에 대한 위험, 완화, 비상계획

— 가상환경 작업 성과 측정과 품질

• 고객과 영향받는 이해관계자와 협력하여 가상환경 작업 요구와 제약조건을 결정하고 전달한다.

— 언어

— 번역 필요성

— 개인정보를 보호하면서 신원 확인 필요 정보

— 참가자 시간대/지리적 위치

— 가상환경 사용 기간

— 문화적, 물리적 고려 사항

— 직원과 담당자(예: 신체적, 정신적 지구력과 주의력, 청각/시각적 제약, 카메라 사용)

— 시설(예: 소규모 회의실, 화이트보드)

— 도구(예: 장비, 헤드폰, 마이크)

— 규제

— 보안, 개인정보보호, 기밀성, 비공개 데이터

— 기술(예: 참가자와 사용을 위한 최소 컴퓨팅과 운영 체제 요구사항, 필요한 기능적 역량)

— 가상환경 작업을 수행하거나 가상 솔루션을 제공하는 사람(수신자와 전달자)의 기술 역량과 관리, 접근 권한

— 프로세스 입력, 활동, 출력

— 성능(예: 최소 대역폭 요구사항) 상호작용

• 가상환경 작업에 대한 완화 조치, 해결 방법과 비상 상황을 파악한다.

— 예상하는 손실 영향 수준을 바탕으로 주요 접근방식과 기능에 대한 품질, 충실도, 기밀성, 무결성, 비공개성, 가용성의 관련성에 대한 설명 포함

• 가상환경 작업 기술 사용으로 인한 성과 영향을 파악하고 평가하고 등급을 지정한다.

— 영향 범주와 영향 수준에 대해 정의한 척도를 활용하여 고객만족도, 생산성, 비용, 납품 시간과 같은 성과를 평가하고 등급 지정

산출물 예시	• 가상환경 작업과 솔루션 제공을 위한 접근방식 • 고객과 영향받는 이해관계자에게 접근방식을 전달한 기록 • 요구와 제약조건 그리고 그에 따른 완화, 해결 방법과 비상 상황 목록 • 가상환경 작업 검증, 확인, 효과 평가와 결과
EVW 2.2	가상환경 작업 방식을 모니터링하고 필요하면 시정조치 한다. (Monitor the virtual work approach and take corrective action when needed.)
가치	일관적인 방식으로 가상환경 작업 이슈를 해결할 수 있는 능력을 향상한다. (Increases ability to resolve virtual work issues in a consistent manner.)
활동 예시	• 가상환경 작업 방식에 따라 가상환경 작업을 검토한다. — 가상환경 작업 요구 변경 빈도에 따라 접근방식을 검토하고 최신 상태로 유지 • 가상환경 작업과 관련한 위험을 검토한다. • 시정조치를 파악한다. • 종결 시까지 시정조치를 추적한다.

산출물 예시	• 가상환경 작업 방식에 대한 개정 사항
	• 가상환경 작업 활동 모니터링 보고서
	  — 가상환경 작업 활동 진행 상황
	  — 위험 상태
	• 시정조치 목록
	• 시정조치 상태 보고서

■ 3단계 프랙티스 그룹

EVW 3.1	가상환경 작업을 수행하기 위한 조직 전략, 접근방식과 기능적 역량을 개발하고 최신 상태로 유지하며 사용한다. (Develop, keep updated, and use an organizational strategy, approach, and functional capability for performing virtual work.)
가치	가상환경 활동 비용을 절감하고 운영 효율성을 향상한다. (Reduces cost of virtual activities and improves operational efficiencies.)

활동 예시	• 조직 전략, 역할과 책임, 가상환경 활동과 운영에 필요한 작업을 파악하고 최신 상태로 유지한다.
	  — 인력
	  — 조직구조
	  — 운영 프로세스
	  — 작업흐름
	  — 절차
	  — 인프라와 도구

	• 가상환경 작업 자원을 파악하고 전개하여 모니터링하고 최신 상태로 유지한다. 　— 지침과 점검표 　— 선호하거나 필수인 가상 플랫폼 　— 플랫폼 요구사항 　— 기술적 문제해결과 문제해결 지침 　— 가상환경 작업을 위한 조직 모범 사례와 지침 • 가상환경 작업 활동, 계획, 도구, 인프라와 프로세스를 관리한다. • 가상환경 작업 운영을 시범 적용하고 정교화하고 개선한다. • 영향받는 이해관계자에게 가상환경 작업 방법, 도구, 프로세스를 교육하고 전달한다.
산출물 예시	• 조직의 가상환경 작업 전략과 접근방식 　— 전략과 접근방식은 기술, 사고, 위협 등 환경 변화에 발맞춰 지속해서 모니터링하고 효과성 　　을 검토하며 개선 • 가상환경 작업 성과 기록 　— 모범 사례, 교훈 사례, 시범 적용 결과와 필요할 때 결과를 재평가할 수 있는 충분한 정보 포함 • 조직의 가상환경 작업 프로세스 자산과 교육자료 • 조직의 가상환경 작업 의사소통, 교육 결과와 기록
EVW 3.2	조직의 가상환경 작업 방식이 효과적인지 주기적으로 검토하고 결과에 대해 조치한다. (Perform reviews periodically on the effectiveness of the organization's virtual work approach and take action on results.)
가치	조직의 가상환경 작업 방식을 효율적으로 사용한다. (Increases efficient use of organizational virtual work approaches.)
활동 예시	• 조직 전체에서 주기적으로 또는 필요에 따라 가상환경 작업을 검토한다. 　— 검토는 시간 경과에 따른 모든 가상환경 작업 노력과 활동을 포괄해야 하며, 가장 중요하고 　　긴급한 문제에 먼저 초점을 맞춤 　— 심각한 중단이 발생하면 가상환경 작업을 검토 • 가상환경 작업 결과와 효과를 평가하여 분석하고 확인한다. • 가상환경 작업에 필요한 모범 사례, 교훈 사례, 잠재적 개선 사항과 혁신 사항을 파악한다. • 가상환경 작업 활동을 개선하기 위해 개선 사항과 혁신 사항을 선택하여 전개하고 전달한다. 　— 필요에 따라 시범 적용하여 명확하게 정의한 기준에 따라 예상 결과를 확인하고 전개 영향 　　을 평가
산출물 예시	• 가상환경 작업 검토 결과 • 가상환경 작업 중단 원인 분석 결과 • 검토 결과를 해결하는 데 필요한 잠재적 조치 목록 • 잠재적인 개선과 혁신 사항 목록 • 개선과 전개를 위해 선택한 가상환경 작업 평가와 원인 분석 조치 • 조치 결과 확인과 개선 사항 전개

가상환경 작업과 운영을 활성화하려면 가상환경 작업, 팀, 프로젝트와 의사소통 채널에 대한 조정을 포함하여 일관적이고 효과적인 방식으로 가상환경 요구와 제약조건을 파악하여 평가하고 관리하고 해결해야 한다. 가상환경 또는 원격 작업은 인력, 프로세스, 기술 그리고 보안과 같은 기타 고려 사항을 포함한다.

포괄적인 가상환경 작업 방식은 다음과 같다.
- 적절한 이해관계자와 작업, 요건, 제약조건 파악
- 보안, 개인정보보호, 경쟁, 기밀 유지와 이와 유사한 데이터 보호 요구와 제약조건 파악
- 적절한 의사소통 통제와 규정 파악과 구현
- 요건을 충족하고 제약조건을 해결하는 데 필요한 자원 결정과 제공
- 인력, 프로젝트, 시스템과 조직 복원력 지원
- 가상환경 작업을 효과적으로 관리하는 데 필요한 도구, 기법과 측정 지표 제공
- 진화하는 고객과 비즈니스 요구와 제약조건에 따라 가상환경 접근방식을 개발하고 최신 상태로 유지
- 가상환경 작업의 조직 접근방식을 지속해서 평가하여 현재 접근방식에 대한 개선 사항과 혁신 사항 파악

가상환경 요구와 제약조건에는 가상환경 전달 수단과 대면 전달이나 복합 전달 수단과의 비교 기준을 포함한다. 이외에도 전달 효과와 효율성, 전달 품질과 충실도, 전달 중단을 대비한 해결 방법과 완화 조치도 포함한다. 다양한 의사소통 채널과 재택근무나 온라인 활동과 대면 상호작용을 결합한 복합 전달 등 조직 전반에서 의사소통과 협업을 지원하기 위한 시스템도 고려한다.

가상환경 작업 활성화 프랙티스 영역은 1단계부터 3단계까지 3개 프랙티스 그룹으로 구성된다.

1단계 프랙티스 그룹은 가상환경 작업 요구와 제약조건을 파악하고 가상환경에서 작업을 수행하는

활동이다. 가상환경 작업 요구와 제약조건이 작업이나 솔루션에 미치는 영향은 작업 유형과 여러 내외부 요인에 따라 달라질 수 있다. 따라서 가상환경 작업 요구와 제약조건이 작업에 미칠 수 있는 잠재적 영향을 파악한다.

2단계 프랙티스 그룹은 가상환경 작업을 수행하기 위한 접근방식을 개발하고 가상환경 작업 방식을 모니터링하는 활동을 다룬다. 접근방식은 사람, 프로세스, 플랫폼, 도구, 인프라, 보안과 솔루션 제공을 포함하여 가상환경 작업에 대한 요구와 제약조건을 파악하고 해결해야 한다.

가상환경 작업을 안정적으로 수행하기 위해서는 보안 방안이 필요하다. 보안은 기본적으로 기밀성, 무결성, 가용성을 확보한다. 기밀성은 권한 없는 사람이 원격으로 접근하거나 데이터를 읽지 못하도록 하고, 무결성은 데이터 전송 중에 발생하는 원격 접근 통신에 대한 의도적이거나 비의도적인 변경을 감지한다. 가용성은 사용자가 필요할 때마다 원격으로 접속하여 필요한 자원에 접근할 수 있도록 한다.

가상환경 작업은 원격 접근이 필수이다. 원격 접근은 물리적 보안(분실, 도난 등), 보완되지 않는 네트워크(공공/사설 유무선 네트워크)를 통한 접근, 감염 장치 접근, 사용자 개인 장비 사용, 내부 자원에 대한 접근과 같은 위험을 해결해야 한다.

보안을 확보하면서 가상환경 작업을 수행하기 위해 적절한 기술 활용이 필요하다. 가상환경 작업을 위해 필요한 기술은 터널링, 애플리케이션 포털, 원격 컴퓨터 접속, 애플리케이션 직접 접속이 있다. 터널링은 가상 사설망 기술을 사용하여 사용자 인증, 접속 통제, 암호화를 통해 보안을 확보하는 기법이다. 애플리케이션 포털은 단일 중앙 집중식 인터페이스를 통해 하나 이상 애플리케이션 접속을 제공하는 기법이다. 터널링은 소프트웨어와 데이터가 접속 장치에 있다. 반면, 애플리케이션 포털은 터널링과 유사하게 정보보호, 인증, 접근통제와 기타 보안 서비스를 제공하지만, 소프트웨어와 데이터가 포털 서버에만 존재한다. 원격 컴퓨터 접속은 외부에서 조직 내 컴퓨터에 원격으로 접속하는 방식으로 터널링이나 애플리케이션 포털에 비해 보안 위험이 크다. 보안 위험을 주의 깊게 분석한 후 예외적인 경우에만 사용해야 한다. 마지막으로 애플리케이션 직접 접속은 조직 외부에서 원격으로 자체 보안(통신 암호화, 사용자 인증 등)을 제공하는 애플리케이션을 사용하여 애플리케이션 서버에 있는 개별 애플리케이션에 직접 접속하는 기법이다. 이메일과 같이 널리 사용하는 몇 가지 위험도가 낮은 애플리케이션에만 접속을 허용하는 것이 바람직하다. 이러한 기법은 공통으로 접속 장치에 대한 물리적 보안, 서버와 사용자 인증, 암호화를 통한 데이터 보호, 원격 장치에 데이터 저장 허용 등 공통 기능이 있다.

가상환경 작업 방식 개발을 완료하면 시범 적용이나 시험을 통해 문제점이나 개선해야 할 사항이 없는지 검토하고 발견한 문제점을 해결한다. 또한 가상환경 작업 방식과 기능에 대해 품질, 충실도, 기밀성, 무결성, 비공개성, 가용성과 관련한 예상 손실 영향 수준을 고려하여 비상사태를 파악하고 이를 해결하는 방법과 완화 조치를 마련한다. 가상환경 작업을 시작하면 지속해서 성과(예: 고객만족도, 생산성, 비용, 업무 진척)에 미치는 영향을 사전에 정의한 척도를 사용하여 평가한다. 가상환경 작업 요구 변경 빈도에 따라 접근방식과 가상환경 작업과 관련한 위험을 검토하고 필요시 시정한다.

3단계 프랙티스 그룹은 가상환경 작업을 수행하기 위한 조직 전략, 접근방식과 기능적 역량을 개발하고 가상환경 작업 방식이 효과적인지 주기적으로 검토하여 조치하는 데 중점을 둔다.

조직은 조직 내 다른 그룹과 인터페이스나 연결을 포함하여 가상환경 작업을 관리하는 방법에 대한 전략과 기능을 수립하고 구현한다. 여기에는 대상이 되는 가상환경 작업 결과 데이터에 대해 조직 수준에서 분석을 수행하고, 가상환경 작업에 대한 새로운 요구, 고객 요구, 제약사항과 혁신 사항을 모니터링하고 예측하고 조치하는 활동을 포함한다. 프로젝트와 직원에게 가상환경 작업 방식과 프로세스, 도구 등에 대해 교육을 시행하는 활동도 포함한다. 가상환경 운영 모니터링 기능은 대부분 중앙 집중식 기능에서 지원하지만, 개별 사업부, 부문 또는 프로젝트를 위한 맞춤형 접근방식을 통해 구현할 수도 있다. 조직 내 이러한 중앙 집중식 기능은 조직의 가상환경 작업 역량을 지속해서 모니터링하고 개선하고 혁신하기 위해 인력, 프로세스, 인프라와 기술 사용을 포함한다.

조직은 기준, 점검표, 독립적인 동료검토 등을 사용하여 가상환경 작업 검토에 대한 객관성과 정확성을 보장하는 조처를 해야 한다. 검토 결과를 평가하여 개선 사항을 파악한다. 개선과 변경 사항의 잠재적 영향이 향후 가상환경 작업을 저해할 수 있으면 시범 적용을 통해 개선 사항이 효과가 있는지 확인하고 시범 운영 전, 후와 조직 전개 중에 측정값과 결과를 고려한다.

2. 개발 도메인

현재의 첨단 기술 비즈니스 환경에서는 거의 모든 조직이 더욱 복잡한 제품과 서비스를 구축한다. 이로 인해 제품 개발 수명주기 관리와 통제가 어렵고 비용 초과, 품질과 고객 기대에 영향을 미치는 결함, 재작업으로 인한 납기 지연을 초래한다. 개발 도메인은 제품과 구성 요소와 서비스를 개발하는 조직성과와 핵심 역량을 개선하는 일련의 통합 모범 사례를 제공한다.

개발 도메인은 [표 3—2]와 같이 2개 프랙티스 영역으로 구성된다.

[표 3—2] 개발 도메인 프랙티스 영역

범주	역량 영역	프랙티스 영역
실행	제품 엔지니어링 및 개발	기술 솔루션
		제품 통합

(1) 기술 솔루션Technical Solution, TS

기술 솔루션은 요구사항을 충족하는 솔루션을 설계하고 구축한다.

조직과 프로젝트는 이 활동을 통해 고객 요구사항을 충족하고 재작업을 줄이는 비용 효과적인 설계와 솔루션을 제공한다.

Designs and builds solutions that meet requirements.
Provides a cost—effective design and solution that meets customer requirements and reduces rework.

■ 1단계 프랙티스 그룹

TS 1.1	요구사항을 충족하는 솔루션을 구현한다. (Build a solution to meet requirements.)
가치	고객에게 요구사항을 구현하고 재작업 비용을 절감할 수 있는 솔루션을 제공한다. (Provides the customer with a solution that implements the requirements and reduces the cost of rework.)
활동 예시	• 솔루션을 구현한다. — 소프트웨어 코딩 — 데이터 기록 — 서비스 제공 — 부품 제작 — 제조공정 가동 — 시설 건설 — 재료 생산
산출물 예시	• 제품 또는 서비스

■ 2단계 프랙티스 그룹

TS 2.1	요구사항을 충족하는 솔루션을 설계하고 구현한다. (Design and build a solution to meet requirements.)
가치	요구사항을 충족하고 재작업을 피할 수 있는 비용 효과적인 솔루션 구현을 안내하는 구조를 제공한다. (Provides a structure to guide the implementation of a cost—effective solution that meets requirements and avoids rework.)
활동 예시	• 아키텍처를 정의한다. — 요소 간 구조적 관계와 인터페이스 또는 연결 규칙 개발 — 요구사항을 충족하는 데 필요한 솔루션 구성 요소를 지원하고 통합할 구조 개발 — 주요 내부와 외부 인터페이스 또는 연결 파악 — 구성 요소 동작과 상호작용 정의 — 아키텍처 설명 언어를 사용하여 정의 — 인프라 기능과 서비스 개발 — 솔루션 구성 요소 서식, 클래스 또는 프레임워크 개발 — 의사결정을 위한 설계 규칙과 권한 개발 — 프로세스 또는 스레드 모델 정의 — 주요 재사용 접근방식과 출처 파악 — 요구사항에 대한 추적성 보장

- 솔루션에 대한 효과적인 설계 방법이나 도구를 파악하고 개발하거나 획득한다.
  - 프로토타입과 관련 설계 교훈
  - 구조 모델
  - 객체 지향 설계
  - 필수 시스템 분석
  - 엔티티 관계 모델
  - 설계 재사용
  - 설계 패턴
- 상용 규격품을 평가한다.
  - 프로젝트나 솔루션의 중요한 부분이거나 중대한 위험을 초래하는 상용 규격품이면 상용 규격품과 공급자를 평가하고 선택하는 데 신중히 처리하는 것이 프로젝트에 매우 중요
  - 선택 결정 시 고려해야 할 사항에는 독점적 이슈와 제품 가용성 포함
- 예비설계를 수행한다.
  - 아키텍처 스타일과 패턴
  - 구성 요소 파악
  - 시스템 상태와 모드
  - 주요 구성 요소 인터페이스 또는 연결
  - 외부 제품 인터페이스 또는 연결
  - 사용할 알고리듬
  - 데이터 정의
- 상세설계 수행
  - 아키텍처 마무리
  - 구성 요소와 인터페이스 또는 연결 설명 완료
  - 디자인 최적화
  - 기존 시스템 또는 상용 규격품 선택
  - 요구사항 검증과 확인
- 설계와 비교하여 요구사항을 추적하고 충족하는지 확인한다.
  - 설계가 성숙해지면 하위 수준 솔루션 구성 요소에 배정한 요구사항을 추적하고 해당 요구사항을 충족하는지 확인
- 솔루션을 구현한다.
  - 각 제품 구성 요소 배정, 구체화와 검증 포함
  - 다양한 제품 구성 요소 개발 노력 간 조율 포함

산출물 예시	• 아키텍처 — 설계 표준과 모범 사례 준수 — 솔루션 구성 요소와 인터페이스 또는 연결 개발을 위한 기반 제공 — 운영 개념과 시나리오 입력 포함 — 요구사항에 대한 추적 가능 • 구성 요소 설계 — 설계는 솔루션 사양을 제공하여 기능 인터페이스나 연결 품질 요구사항을 충족하는 방법을 　정의하고 요구사항에 대한 추적성 포함 • 완성한 솔루션
TS 2.2	설계를 평가하고 파악한 이슈를 해결한다. (Evaluate the design and address identified issues.)
가치	결함을 최소화하고 솔루션이 요구사항을 충족하도록 보장하여 비용을 절감한다. (Reduces cost by minimizing defects and ensuring that the solution meets requirements.)
활동 예시	• 수행할 검토 유형을 결정한다. — 설계를 평가하려면 솔루션에 관한 기술 검토를 완료하고 결함이나 잠재적인 개선 사항 파 　악: 워크스루, 인스펙션 • 검토 참여자를 파악한다. — 작성자 — 기술팀원 — 프로젝트 관리자 — 주제전문가 • 검토자에게 설계 초안을 보낸다. — 참가자가 검토할 충분한 시간을 가질 수 있도록 미리 보냄 • 기술 검토를 수행한다. — 영향받는 이해관계자에게 설계를 제시하여 공감대를 형성하고 고려 중인 솔루션에 대한 의 　견 수집 — 솔루션 유효성 결정 — 솔루션 이슈와 고려 사항 파악 • 의사결정, 이슈, 고려 사항을 기록한다. • 잠재적 수정 사항을 파악한다. • 영향받는 이해관계자에게 이슈와 결정 사항을 전달한다. — 이해관계자 역할 포함 • 식별한 이슈를 해결하기 위해 설계를 최신화한다. — 적절한 이해관계자에게 시정조치 배정 • 솔루션을 검토한다. — 선택한 구성 요소에 대한 동료검토 수행 — 구성 요소에 대한 적절한 검증 수행 • 필요에 따라 구성 요소를 개정한다.

산출물 예시	• 설계 평가 이슈 　— 디자인에 대한 결함이나 개선 사항 파악 • 설계 검토 회의록 • 최신화한 설계 • 최신화한 솔루션
TS 2.3	솔루션 사용에 대한 지침을 제공한다. (Provide guidance on use of the solution.)
가치	솔루션 사용성과 유지보수성을 지원한다. (Supports usability and maintainability of the solution.)
활동 예시	• 지침 자료를 개발하여 제공한다.
산출물 예시	• 지침 자료 　— 고객 문서 　— 운영자 또는 사용자 지침 　— 유지관리 지침 　— 설치 지침 　— 운영 지침 　— 관리자 지침 　— 온라인 도움말 　— 교육자료

■ 3단계 프랙티스 그룹

TS 3.1	설계 결정을 위한 기준을 개발한다. (Develop criteria for design decisions.)
가치	고객 요구사항과 제약조건을 충족하는 견고한 디자인을 제작할 가능성을 높인다. (Increases the likelihood of producing a robust design that meets customer requirements and constraints.)
활동 예시	• 설계 기준을 분석, 개발, 평가, 사용하고 최신 상태로 유지한다. • 필요에 따라 영향받는 이해관계자와 함께 설계 기준을 검토하고 개정한다. 　— 요구사항, 예산, 기술 또는 자원을 변경하거나 결함을 발견하면 기준 개정
산출물 예시	• 설계 기준 　— 복잡성 　— 개발, 제조, 조달, 유지관리, 지원 비용 　— 구현 시간 　— 기술 가용성과 제한 사항 　— 필요한 자원 　— 성능

	— 견고성 — 요구사항과 기술 발전 — 최종사용자와 운영자 역량 — 대체 솔루션이 필요하지 않은 이유
TS 3.2	선택한 구성 요소에 대한 대체 솔루션을 개발한다. (Develop alternative solutions for selected components.)
가치	가장 유익한 솔루션을 파악하고 선택할 수 있도록 보장한다. (Ensures that the most beneficial solution is identified and selected.)
활동 예시	• 대체 솔루션을 개발하고 파악하고 기록한다. — 신규이거나 현재 사용 중인 제품 기술 — 재사용 가능한 솔루션이나 솔루션 구성 요소 — 외부에서 제공한 솔루션: 상업적으로 이용 가능, 고객 제공, 공개 또는 커뮤니티에서 사용 가능 — 기능과 품질 속성 — 제품에 대한 보증 약관과 조건 • 각 대안에 대한 요구사항 배정을 기록한다. • 결과를 전달한다.
산출물 예시	• 대체 솔루션
TS 3.3	자체 개발, 구매 또는 재사용 분석을 수행한다. (Perform a build, buy, or reuse analysis.)
가치	설계를 구현하는 가장 효과적인 방법을 선택했는지 확인한다. (Ensures that the most effective way to implement the design has been chosen.)
활동 예시	• 자체 개발, 구매 또는 재사용 분석을 수행한다. — 의사결정 분석과 해결 방법 또는 접근방식을 사용하여 설계 기준을 해결하고 의사결정 근 거 제공 • 분석을 기록하고 결과를 전달한다.
산출물 예시	• 자체 개발, 구매, 재사용 분석 결과 — 솔루션이 제공하는 기능 — 사용 가능한 프로젝트 자원과 스킬 — 인수 비용과 내부 개발 비용 비교 — 중요한 제공과 통합 날짜 — 사용 가능한 제품에 대한 시장조사 — 사용 가능한 솔루션 기능과 품질 — 잠재적 공급자 스킬과 역량 — 인수하는 솔루션과 관련한 라이선스, 보증, 책임과 제한 사항

	— 가용성 — 독점적 이슈 — 규제 또는 법적 이슈 — 위험 감소
TS 3.4	설계 기준에 따라 솔루션을 선정한다. (Select solutions based on design criteria.)
가치	비용, 일정, 성능 제약 내에서 고객 요구사항을 충족하는 가장 효율적이고 효과적인 솔루션을 선택하도록 보장한다. (Ensures the most efficient and effective solution is selected to meet the customer's requirements within cost, schedule, and performance constraints.)
활동 예시	• 각 대체 솔루션을 선택 기준에 따라 평가한다. — 대체 솔루션과 요구사항과 관련한 이슈를 파악하고 해결 — 고위험 상황에서는 시뮬레이션, 프로토타입 또는 시범 적용을 통해 평가 지원 • 설정한 기준을 충족하는 솔루션을 선택한다. • 대안에 대한 평가를 바탕으로 필요한 경우 선택 기준을 재평가하고 최신화한다. — 추가로 파생된 요구사항이나 기준을 발견하면 기존 기준을 최신화 • 솔루션, 평가, 근거에 대한 기록을 작성하고 사용하며 최신 상태로 유지한다.
산출물 예시	• 솔루션, 평가, 근거 기록 — 선택이나 거부에 대한 근거 포함
TS 3.5	설계 구현에 필요한 정보를 개발하고 최신 상태로 유지하며 사용한다. (Develop, keep updated, and use information needed to implement the design.)
가치	솔루션 구현자가 고객 요구사항을 충족하는 솔루션을 개발하는 데 필요한 정보를 확보하여 재작업을 방지한다. (Avoids rework by ensuring that solution implementers have the information they need to develop a solution that meets the customer's requirements.)
활동 예시	• 솔루션 구현에 필요한 정보를 기록한다. — 기술 설명은 품목 성능을 적절하게 보장하는 데 필요한 설계 구성과 절차 정의 • 필요에 따라 솔루션을 구현하는 데 필요한 정보를 개정한다. — 범위, 요구사항 또는 기준을 변경하면 정보 수정
산출물 예시	• 기술 데이터 패키지 — 제품 정의 데이터 — 엔지니어링 도면 — 사양 — 표준 — 성능 요구사항

	― 신뢰성 데이터 ― 패키징 세부 정보 ― 모델링 데이터 ― 버전 관리 정보 ― 검증과 확인 기준 ― 솔루션 구현자가 필요로 하는 기타 정보 • 요구사항, 설계, 시험, 추적성 정보
TS 3.6	**정해진 기준을 사용하여 솔루션 인터페이스나 연결을 설계한다.** (Design solution interfaces or connections using established criteria.)
가치	시험과 운영 중 실패와 재작업 가능성을 줄이고 성능을 극대화한다. (Reduces the likelihood of failures and rework during testing and operations and maximizes performance.)
활동 예시	• 인터페이스나 연결 기준을 정의한다. ― 인터페이스 또는 연결에 대한 기준을 정의할 때는 중요한 매개변수를 정의하거나 조사하여 해당 매개변수가 적용 가능한지 확인 ― 이러한 매개변수는 특정 유형 시스템에 제한적인 경우가 많으며 안전, 보안, 내구성, 미션 크리티컬 특성과 같은 품질 속성 요구사항과 연관성이 높음 • 정해진 기준을 사용하여 인터페이스나 연결 설계 대안을 개발한다. • 내외부 인터페이스나 연결을 파악한다. • 구성 요소와 관련 프로세스 간 인터페이스나 연결을 파악한다. ― 제조한 구성 요소와 제조공정 중에 사용하는 장치 간 인터페이스나 연결 ― 소프트웨어 시험을 위한 테스트 베드에 대한 인터페이스나 연결 • 사용자 인터페이스나 연결을 파악한다. ― 개발자, 시험담당자, 운영자, 사용자는 솔루션과 상호작용하는 방식에 영향을 미칠 수 있는 고유한 요구, 규범과 관점을 가짐 • 선택한 인터페이스나 연결 기준, 설계, 선택 근거를 기록하고 최신 상태로 유지하고 사용하고 전달한다.
산출물 예시	• 인터페이스나 연결 규격 기준 ― 안전, 보안, 성능, 표준, 용량 • 인터페이스나 연결 설계 규격 ― 출발지와 목적지 ― 순서 제약조건 또는 프로토콜 ― 필요하거나 소비한 자원 ― 오류가 있거나 지정한 한계를 벗어난 입력에 대한 예외 또는 오류 처리 동작 ― 전기적, 기계적, 기능적 특성 ― 솔루션 간 인터페이스나 연결 ― 솔루션 사용자, 운영자, 유지관리자와 인터페이스나 연결 • 인터페이스나 연결 통제 문서 • 선택한 인터페이스나 연결 설계 근거

기술 솔루션 프랙티스 영역은 1단계부터 3단계까지 3개 프랙티스 그룹으로 구성된다.

기술 솔루션 프랙티스 영역은 솔루션 아키텍처의 모든 수준에서 적용할 수 있고 모든 솔루션, 솔루션 구성 요소와 솔루션 관련 수명주기 프랙티스에 적용할 수 있다. '솔루션'과 '솔루션 구성 요소'라는 두 용어는 제품, 서비스, 서비스 시스템과 그 구성 요소를 모두 포괄하는 의미로 사용한다. 솔루션 선정을 위해서는 어느 정도 설계가 필요할 수 있으며, 때에 따라 매우 상세한 수준의 설계가 필요할 수도 있다. 기술 데이터 패키지나 완전한 요구사항 목록을 개발하기 위한 충분한 지식을 확보하는 수단으로 프로토타입이나 시범 적용 방법을 사용할 수 있다. 잠재적인 설계 솔루션 속성에 대한 추가 정보를 제공하여 솔루션 선정에 도움을 주기 위해 품질 속성 모델, 시뮬레이션, 프로토타입이나 시범 적용 방법을 사용할 수 있다. 시뮬레이션은 '복합시스템'을 개발하는 프로젝트에 특히 유용하게 사용할 수 있다.

1단계 프랙티스 그룹은 요구사항을 충족하는 솔루션을 구현하라는 포괄적 개념을 담고 있다. 보통 솔루션 구현을 위해서는 여러 대안을 분석하고 요구사항을 충족할 수 있는 솔루션을 선택하고 운영 시나리오를 개발한다. 이후 설계 작업을 수행하고 기술 데이터 패키지를 작성하고 구체적인 인터페이스를 설계하고 자체 개발이나 구매 또는 재사용에 대해 분석하고 제품 지원 문서를 개발하는 활동을 수행해야 한다. 1단계 프랙티스 그룹에서는 이러한 활동 수행을 언급하고는 있지만, 얼마만큼 '잘'해야 한다는 것까지에 관심을 두지는 않는다. 각 활동에 대한 상세한 접근은 2단계와 3단계 프랙티스 그룹에서 다룬다.

2단계 프랙티스 그룹은 요구사항을 충족하는 솔루션을 설계하고 구현하며 솔루션 사용을 위한 지침을 제공하는 활동에 초점을 맞춘다. 솔루션 설계는 예비설계와 상세설계 두 단계로 나뉘며, 실행 과정에서 일부 중첩할 수 있다. 예비설계 단계에서는 솔루션 기능과 솔루션 아키텍처를 수립하는데, 여기에는 아키텍처 스타일과 패턴, 솔루션 분할, 솔루션 구성 요소 파악, 시스템 상태와 기능, 주요 구성 요소 간 인터페이스, 외부 솔루션 인터페이스를 포함한다. 아키텍처 정의는 요구사항을 개발하는 프랙티스 동안 파악한 아키텍처 요구사항으로부터 도출한다. 이러한 요구사항은 제품 성공에 대단히 중요한 품질 속성을 가진다. 아키텍처는 요구사항을 직접적으로 충족하거나 상세 수준 솔루션 설계에서 요구사항 달성을 지원하는 구조적 요소와 조정 메커니즘을 정의한다. 아키텍처는 솔루션 개발자에게 지침을 제공할 뿐만 아니라, 솔루션 구성 요소와 그 사이에 있는 인터페이스 개발을 관장하는 표준과 설계 규칙을 포함할 수 있다.

상세설계 단계에서는 솔루션 아키텍처 세부 사항을 마무리하고 솔루션 구성 요소 구조와 기능을 완전하게 정의하며 인터페이스를 충분히 특성화한다. 솔루션 구성 요소 설계는 측정 품질 속성에 대해 최적화할 수 있다. 설계자는 솔루션 구성 요소에 대한 낡은 기술이나 상용 규격품 사용을 평가할 수 있다. 설계를 수행함에 따라, 하위 수준 솔루션 구성 요소에 할당한 요구사항을 추적해 해당 요구사항을 충족하도록 보장한다. 소프트웨어 엔지니어링의 경우, 상세설계는 소프트웨어 솔루션 구성 요소 구현에 중점을 둔다. 솔루션 구성 요소 내부 구조를 정의하고 데이터 스키마를 생성하며 알고리듬을 개발하고 의사결정과정을 단순화하는 지침을 수립함으로써, 배정한 요구사항을 충족하는 솔루션 구성 요소 기능을 제공한다. 반면, 하드웨어 엔지니어링에서 상세설계는 전자, 기계, 전자광학 제품과 기타 하드웨어 제품과 그들 구성 요소 개발에 중점을 둔다. 전기 개념도와 상호연결 다이어그램을 작성하고 기계와 광학 조립 모델을 생성하며 제작과 조립 프랙티스를 개발한다.

솔루션 구현은 설계한 솔루션 구성 요소를 구현 또는 제작하라는 것으로 소프트웨어 개발의 경우에는 프로그램 코딩을 의미한다. 코딩 표준을 정의하고 활용해야 하며 단위 시험 방법을 정의하고 활동을 수행하는 것 또한 이 프랙티스에서 다룬다.

솔루션 사용을 위한 지침이란 솔루션을 설치, 운영, 유지보수하는 데 사용할 문서를 말한다. 사용자 교육을 위한 교재, 사용자 설명서, 운영자 설명서, 유지보수 설명서, 온라인 헬프를 포함할 수 있다. 솔루션 사용 지침을 작성하기 위한 표준 또한 정의하고 사용해야 한다.

3단계 프랙티스 그룹에서는 선정한 구성 요소에 대한 대체 솔루션에 대해 자체 개발할 것인지 아니면 외부로부터 구매하거나 기존에 사용했던 솔루션을 재사용할 것인지를 판단하기 위해 분석하고 설계 기준에 따라 솔루션을 선택하는 활동을 다룬다. 3단계 프랙티스 그룹은 더 체계적이고 공학적인 측면에서 솔루션 설계와 설계 구현에 필요한 정보를 개발하여 사용하고 정해진 기준에 따라 솔루션 인터페이스나 연결을 설계하는 내용까지도 포함한다.

　프로젝트에서는 솔루션 하나를 선택하는 데도 공식적인 접근방식을 요구한다. 공식적인 접근방식이란 솔루션 하나를 선택하기 위해 어떤 솔루션이 있는지 대체 솔루션을 조사하고, 조사한 솔루션을 선택 기준에 따라 비교 분석하는 것을 의미한다. 솔루션 선택 기준은 주로 고객 요구사항을 근거로 하여 비용, 일정, 성능, 위험을 고려하여 설정한다. 솔루션 선택은 보통 제안 단계에서 이뤄지는 경우가 많다. 고객이 제시한 제안요청서를 바탕으로 솔루션을 선택하여 제안하고 이에 따라 프로젝트 수행 방법과 일정을 아울러 제안한다. 그런데 기술 솔루션 프랙티스 영역에서 다시 솔루션 선택을 언급하고 있다. 이는 일반적으로 솔루션을 일련의 모음으로 정의하기 때문이다. 솔루션 구성 요소의 다음 계층을 정의할 때, 솔루션 구성 요소 모음 내 각각에 대한 솔루션을 따로 수립한다. 목표는 개별 솔루션 최적화가 아니라 솔루션 모음 전체를 최적화하는 것이다. 따라서 프로젝트 초기 요구사항에 의해 선택한 솔루션에 대해 요구사항 개발 과정을 거치면서 고객 요구사항을 더욱 상세화한 이후에 초기 선택한 솔루션 적절성에 대해 다시 한번 검토하고 필요시 조정하라는 의미이다.

　대체 솔루션이 정해지면 각 솔루션 구성 요소를 자체적으로 개발할 것인지, 시장에 이미 출시한 상용 규격품을 구매하여 사용할 것인지, 아니면 기존 것을 재사용할 것인지를 비용 대비 효과 측면에서 판단한다. 어떤 솔루션이나 솔루션 구성 요소를 획득할 것인지 결정하는 것을 보통 '제작—구매 분석'이라고 한다. 제작—구매 분석은 프로젝트 요구 분석을 바탕으로 하는데, 첫 번째 설계 반복처리 기간인 프로젝트 초기에 시작하는 것이 일반적이다. 이 작업은 설계 프랙티스 동안 계속하며, 솔루션을 자체적으로 개발할 것인지 아니면 구매나 재사용할 것인지를 결정하면 완료한다.

　3단계 프랙티스 그룹에서 다루고 있는 또 하나 중요한 개념은 '기술 데이터 패키지'이다. 기술 데이터 패키지란 솔루션 아키텍처, 요구사항, 구성 요소, 개발 프로세스, 주요 솔루션 특징, 물리적인 솔루션 특성과 제약조건, 인터페이스 요구사항, 구성 요소에 대한 요구사항, 제조 과정에서의 요구사항, 검증 기준, 사용 조건과 사용법, 의사결정 근거를 포함하는 개념이다. 구현해야 하는 솔루션이나 솔루션 구성 요소에 대해 개발자가 명확하게 이해할 수 있도록 설명해 놓은 문서이다. 기술 데이터 패키지는 해당 솔루션을 구매할 때 검증 기준으로 사용할 수 있으며, 해당 솔루션을 프로젝트에서 직접 구현하는 경우라면 관련한 그룹 역할을 조정하는 데에 활용할 수도 있다. 기술 데이터 패키지를 작성하기 위해 해당 프로젝트의 제안요청서나 작업 기술서를 참조할 수 있으며, 어떤 경우에는 조직 프로세스 설명서, 공급자 계약서, 요구사항이나 설계 관련 문서를 참조할 수도 있다. 보통 도면, 자료 목록, 명세서, 설계서, 설계 데이터베이스, 규격서, 품질 속성 요구사항, 품질보증 조항, 패키지 세부 사항을 기술 데이터 패키지에 포함한다.

솔루션 설계에 있어 간과해서는 안 되는 중요한 활동 중 하나가 솔루션 구성 요소 간 인터페이스 설계이다. 인터페이스 기준은 적용 가능성을 확인하기 위해 정의하거나 최소한 조사해야 하는 중요한 매개변수를 반영하는 경우가 많다. 이 매개변수는 주어진 솔루션 유형(예: 소프트웨어, 기계, 전기, 서비스)에 대해 독특한 경우가 많고, 안전성, 보안성, 내구성과 임무 수행에 필수적인 특성과 관련한 경우가 많다.

(2) 제품 통합 Product Integration, PI

제품 통합은 기능과 성능 그리고 품질 요구사항을 해결하는 솔루션을 통합하여 제공한다.

조직과 프로젝트는 이 활동을 통해 고객의 기능과 품질 요구사항을 충족하거나 능가하는 솔루션을 제공하여 고객 만족을 높인다.

> Integrates and delivers the solution that addresses functionality, performance, and quality requirements.
> Increases customers' satisfaction by giving them a solution that meets or exceeds their functionality and quality requirements.

■ 1단계 프랙티스 그룹

PI 1.1	솔루션을 조립하여 고객에게 전달한다. (Assemble solutions and deliver to the customer.)
가치	사용 가능한 솔루션을 제공하여 고객 만족을 실현한다. (Enables customer satisfaction by delivering a usable solution.)

활동 예시	• 솔루션을 조립한다. • 솔루션 설치와 사용에 필요한 모든 정보를 기록한다. 　— 구성 　— 솔루션 구성 요소 유형과 일련번호 　— 물리적이고 기능적인 배치 　— 설치와 추적 정보 　— 연락처 정보 • 해당 방법을 사용하여 솔루션을 패키지화하고 전달한다. 　— 하드카피 문서 　— CD 또는 DVD 　— 온라인 도움말 　— 클라우드 기반 저장소 　— 전자책 　— 모바일 애플리케이션 　— 다운로드용 웹사이트 링크 • 솔루션과 관련 문서를 전달하고 수령을 확인한다.
산출물 예시	• 조립한 솔루션과 관련 문서

■ 2단계 프랙티스 그룹

PI 2.1	통합 전략을 수립하고 최신 상태로 유지하며 준수한다. (Develop, keep updated, and follow an integration strategy.)
가치	사용 가능한 자원이 주어진 상황에서 제품이 고객 요구사항을 충족하는지 확인한다. (Ensures that the product will meet customer requirements given available resources.)
활동 예시	• 통합할 제품 구성 요소를 파악하고 기록한다. • 통합 과정에서 솔루션과 구성 요소를 어떻게 검증하고 확인할지 파악한다. 　— 인터페이스나 연결에 대해 수행해야 하는 검증과 확인 포함 • 대체 통합 전략을 파악한다. 　— 빅뱅, 점진적, 하향식, 상향식 • 최적 통합 전략을 선택한다. 　— 제품 구성 요소 　— 통합 환경 　— 시험 도구와 장비 　— 절차와 기준 　— 영향받는 이해관계자 　— 적절한 스킬 보유자

	• 제품 통합 전략을 주기적으로 검토하고 필요에 따라 개정한다. 　— 생산과 납품 일정 변경이 통합 순서에 부정적인 영향을 미치지 않았는지 확인 • 의사결정 근거와 상태를 기록하고 전달한다.
산출물 예시	• 제품 통합 전략 　— 솔루션과 구성 요소 통합과 평가 　— 인터페이스 또는 연결 관리 　— 통합 환경 구축 　— 평가 결과 기록 　— 구성 요소 사용 순서 　— 구성 요소를 단일 빌드로 통합하고 평가할지, 일련의 빌드로 평가할지 여부 　— 빌드 빈도(예: 연속적 도구 사용, 야간 또는 상황 기반) 　— 일련의 빌드를 사용할 때 각 빌드에 포함하고 평가할 기능 　— 인터페이스 또는 연결을 포함하여 구성 요소를 평가하는 데 모델, 프로토타입, 시뮬레이션 　　을 사용하는 방법 　— 절차와 기준 정의 방법 　— 시험 도구와 장비 사용 방법 　— 솔루션 계층 구조 관리 방법 　— 평가 예외 처리 방법 • 대체 제품 통합 전략 선택 또는 거부에 대한 근거 기록 • 파이프라인 구축 　— 개발자가 수명주기 동안 대상 환경에 코드를 컴파일, 빌드, 배포할 수 있도록 하는 일련의 　　자동화된 프로세스 • 선택한 통합 전략
PI 2.2	통합 환경을 구축하고 최신 상태로 유지하며 사용한다. (Develop, keep updated, and use the integration environment.)
가치	솔루션과 구성 요소를 올바르게 통합하도록 효과적인 위험 완화 기법을 제공한다. (Provides an effective risk mitigation technique to ensure that the solution and components are integrated correctly.)
활동 예시	• 통합 환경에 대한 요구사항을 개발한다. • 통합 환경에 대한 검증과 확인 절차와 기준을 개발한다. 　— 통합 환경을 확인하기 위한 것이지 제품을 통합하기 위한 것은 아님 　— 통합 전략에 따라 요구사항을 충족하는지 보장하기 위해 통합 환경을 검증하고 확인 • 통합 환경을 구축할지, 구매할지, 재사용할지 결정한다. 　— 전체 환경일 수도 있고 일부일 수도 있음 • 통합 환경을 구축하거나 확보한다. 　— 계획 수립 　— 요구사항 개발

	― 기술 솔루션 ― 검증과 확인 ― 위험관리 • 통합 환경을 검증하고 확인한다. • 통합 환경을 사용한다. 　― 통합 환경은 솔루션과 구성 요소 통합에 앞서 시험과 기타 준비 작업에 사용 가능 • 필요에 따라 통합 환경을 재구축한다. 　― 더 이상 유용하지 않은 통합 환경 부품 폐기 • 영향받는 이해관계자와 소통한다.
산출물 예시	• 제품 통합을 위해 검증하고 확인한 환경 • 구축, 구매, 재사용 분석 결과 • 통합 환경에 대한 지원 문서
PI 2.3	솔루션과 구성 요소를 통합하기 위한 절차와 기준을 개발하고 최신 상태로 유지하며 준수한다. (Develop, keep updated, and follow procedures and criteria for integrating solutions and components.)
가치	올바르게 작동하고 고객 요구사항을 충족하는 솔루션을 제작할 가능성을 높인다. (Improves the likelihood of producing a solution that works correctly and meets the customer's requirements.)
활동 예시	• 제품 구성 요소에 대한 제품 통합 절차를 개발하고 사용하며 최신 상태로 유지한다. • 제품 구성 요소 통합과 평가를 위한 기준을 개발하고 사용하며 최신 상태로 유지한다. • 제품 통합 절차와 기준을 기록하고 최신 상태로 유지하며 전달한다.
산출물 예시	• 제품 통합 절차 • 제품 통합 기준
PI 2.4	통합하기 전에 각 구성 요소를 요구사항과 설계에 따라 올바르게 파악하고 작동하는지 확인한다. (Confirm, prior to integration, that each component has been properly identified and operates according to its requirements and design.)
가치	총 개발 비용, 통합 기간과 재작업이 줄어든다. (Reduces total development cost, integration cycle time, and rework.)
활동 예시	• 구성 요소 통합 준비상태를 추적한다. • 제품 통합 전략과 절차에 설명한 대로 구성 요소를 제품 통합 환경에 제공하였는지 확인한다. • 각 구성 요소를 올바르게 파악하고 전달받았는지 확인한다. • 전달받은 각 구성 요소가 요구사항과 설계를 충족하는지 검증하고 확인한다. • 기대하는 형상과 비교하여 현재 형상 상태를 점검한다. • 제품 구성 요소를 통합하기 전에 모든 물리적 인터페이스나 연결을 점검한다. 　― 맨눈으로 점검하거나 인터페이스 또는 연결 기본 개수를 사용하여 점검 • 영향받는 이해관계자와 결과를 공유한다.

산출물 예시	• 각 제품 구성 요소에 대한 승인 문서 또는 시험 기준 • 예외 보고서 　— 예외와 부적합한 작업산출물에 대한 처리 지침 포함
PI 2.5	**통합 구성 요소를 평가하여 솔루션 요구사항과 설계를 준수하는지 확인한다.** (Evaluate integrated components to ensure conformance to the solution's requirements and design.)
가치	고객 요구사항을 올바르게 구현하도록 지원한다. (Helps to ensure customer requirements are correctly implemented.)
활동 예시	• 통합 전략, 절차와 기준을 사용하여 통합한 구성 요소, 인터페이스 또는 연결과 시험을 평가한다. • 평가 결과를 기록하고 전달한다. 　— 통합 절차 또는 기준 변경 　— 제품 구성 변경(예비 부품, 신규 출시) 　— 평가 절차 또는 기준에서 벗어난 경우 　— 결함과 예외
산출물 예시	• 통합 평가 보고서 • 인터페이스나 연결 평가 보고서 • 시험 보고서 • 예외 보고서
PI 2.6	**통합 전략에 따라 솔루션과 구성 요소를 통합한다.** (Integrate solutions and components according to the integration strategy.)
가치	고객이 요구사항과 설계를 충족하는 솔루션을 전달받도록 보장한다. (Ensures that the customer receives a solution that meets requirements and design.)
활동 예시	• 제품 통합 환경이 준비되었는지 확인한다. • 제품 통합 전략, 절차와 기준에 따라 구성 요소를 통합한다. 　— 모든 적절한 구성 요소 정보 기록 • 필요에 따라 제품 통합 전략, 절차와 기준을 최신화한다. • 제품을 통합하여 제공하고 결과를 전달한다. 　— 저장과 전달 매체 유형 　— 필수 서류 　— 저작권 　— 라이선스 조항 　— 제품 설치를 위한 운영 현장 준비 　— 운영 현장에 제품을 설치하고 올바른 작동을 확인한 후, 결과 전달
산출물 예시	• 통합 솔루션이나 구성 요소 • 예외 또는 시험 보고서

■ 3단계 프랙티스 그룹

PI 3.1	솔루션 수명 기간 적용 범위, 완전성, 일관성을 위해 인터페이스나 연결 설명을 검토하고 최신 상태로 유지한다. (Review and keep updated interface or connection descriptions for coverage, completeness, and consistency throughout the solution's life.)
가치	호환하지 않거나 일관적이지 않은 인터페이스나 연결로 인한 재작업과 프로젝트 목표 누락을 줄인다. (Reduces rework and missed project objectives caused by incompatible or inconsistent interfaces or connections.)
활동 예시	• 영향받는 이해관계자와 함께 검토하고 제품 수명 내내 적용 범위, 완전성, 일관성을 위해 인터페이스나 연결 설명을 최신화한다. 　— 환경, 물리적, 기능적 • 인터페이스나 연결 이슈를 해결한다. • 인터페이스나 연결 설명을 최신화하고 영향받는 이해관계자가 접근할 수 있도록 한다.
산출물 예시	• 인터페이스나 연결 검토 결과 • 인터페이스나 연결 최신화를 위한 작업 항목 목록 • 최신화한 인터페이스나 연결 설명
PI 3.2	통합하기 전에 구성 요소 인터페이스나 연결이 인터페이스나 연결 설명을 준수하는지 확인한다. (Confirm, prior to integration that component interfaces or connections comply with interface or connection descriptions.)
가치	호환되지 않은 인터페이스나 연결로 인한 재작업량을 줄인다. (Reduces the amount of rework due to interface or connection incompatibility.)
활동 예시	• 인터페이스나 연결 설명을 구성 요소 인터페이스나 연결과 비교하고 규정을 준수하지 않는 부분을 파악한다. 　— 구성 요소를 통합하기 전에 모든 물리적 인터페이스나 연결에 대한 사전 점검 수행 　— 외부 구성 요소 인터페이스나 연결에 대한 기능 검토 수행 　— 검증과 확인 활동을 완료했는지 확인 • 인터페이스나 연결 부적합 사항을 해결하고 결과를 전달한다.
산출물 예시	• 구성 요소 인터페이스나 연결을 설명과 비교한 결과 • 구성 요소 인터페이스나 연결 부적합 사항 목록 • 인터페이스나 연결 설명 또는 구성 요소 인터페이스나 연결을 최신화하기 위한 작업 항목 목록 • 최신화한 인터페이스나 연결 설명 또는 구성 요소 인터페이스나 연결
PI 3.3	인터페이스나 연결 호환성을 위해 통합 구성 요소를 평가한다. (Evaluate integrated components for interface or connection compatibility.)

가치	통합 구성 요소 내에서 인터페이스나 연결 실패 위험을 줄인다. (Reduces the risk of interface or connection failure within integrated components.)
활동 예시	• 통합한 구성 요소 호환성을 평가한다. 　— 사양에 맞게 조정 　— 기능 　— 신뢰성 • 평가 결과를 기록하고 전달한다. 　— 통합 절차나 기준 변경 　— 제품 구성 변경(예비 부품, 새로운 출시) 　— 인터페이스나 연결과 설명 변경 　— 평가 절차나 기준에서 벗어난 경우 　— 인터페이스나 연결 결함
산출물 예시	• 인터페이스나 연결 이슈 보고서

제품 통합 프랙티스 영역은 1단계부터 3단계까지 3개 프랙티스 그룹으로 구성된다.

1단계 프랙티스 그룹은 솔루션을 조립하고 고객에게 인도하는 활동으로 이처럼 제품 통합 프랙티스 영역에서는 '통합Integration'이라는 용어와 함께 '조립Assemble'이라는 용어도 사용하고 있다. 이는 CMMI가 소프트웨어뿐만 아니라 하드웨어까지도 포괄하고 있기 때문이다. 따라서 소프트웨어만을 개발하는 조직은 조립이라는 용어를 사용하면 통합 의미로 이해하면 된다. 제품 통합의 핵심은 여러 인터페이스 사이에서 호환성을 보장하도록 솔루션과 솔루션 구성 요소 간 내부와 외부 인터페이스를 관리하는 것이다. 이러한 인터페이스는 사용자 인터페이스에 한정하지 않으며, 솔루션 구성 요소 간 인터페이스에도 적용한다. 솔루션 구성 요소는 솔루션 내부와 외부 데이터 출처, 미들웨어 그리고 개발 조직 통제 범위 밖에 있더라도 해당 솔루션에 의존하는 구성 요소까지 포함한다. 따라서 프로젝트 전반에 걸쳐 인터페이스 관리에 주의를 기울여야 한다. 제품 통합은 설계와 구현 완료 시점에 솔루션 구성 요소를 한 번에 모두 조립하는 것은 아니다. 제품 통합은 솔루션 구성 요소를 조립하고 평가한 후, 다시 더 많은 솔루션 구성 요소를 조립하는 프랙티스를 반복하는 점증적 방식으로 수행할 수 있다. 또한 제품 통합은 단위 시험을 완료한 솔루션을 대상으로, 고도로 자동화한 빌드와 연속적 통합을 사용해 수행할 수 있다. 이 프랙티스는 분석과 시뮬레이션으로 시작해, 최종 완성한 솔루션에 도달할 때까지 점점 더 현실적인 점증분을 증가시켜 나갈 수 있다. 빌드 별로 가상이나 물리적인 프로토타입을 구축하고 평가하고 개선하며, 평가 프로세스에서 얻은 지식을 바탕으로 프로토타입을 재구축한다. 가상과 물리적인 프로토타입에서 각각 필요한 프로토타입 작업 정도는 설계 도구 기능, 솔루션 복잡성, 그리고 관련 위험에 따라 달라진다. 이 같은 방법으로 통합한 솔루션의 경우에는 솔루션 검증과 확인 절차를 통과할 가능성이 매우 크다. 일부 솔루션과 서비스의 경우, 마지막 통합 단계는 해당 솔루션이나 서비스를 원래 의도한 운영 현장에 배치했을 때 진행한다. 2단계와 3단계 프랙티스 그룹은 이러한 내용을 상세하게 다룬다.

2단계 프랙티스 그룹은 솔루션과 구성 요소를 통합하기 위한 전략을 수립하고 환경을 구축하며 관련 절차와 기준을 개발하고, 이에 따라 통합 활동을 수행하는 내용을 다룬다.

통합 전략이란 솔루션 구성 요소를 전달받고 조립하며 평가하기 위한 접근방법을 의미한다. 모든 솔루션 구성 요소가 다 모여질 때까지 기다렸다가 조립하고 시험하는 예도 있으나, 이는 수동적인 접근방식이다. 제품 통합 프랙티스 영역에서는 능동적인 접근방식을 권한다. 가능한 프로젝트 초반에 솔루션 통합을 위한 전략과 계획을 세우고 기술 솔루션 프랙티스와 공급자 협약 관리 프랙티스 적용을 병행하여 통합 활동을 수행하는 것이 좋다. 솔루션 통합 전략 수립 결과물은 보통 '솔루션 통합 계획서'나 '솔루션 통합시험 계획서' 형태로 작성한다. 이러한 계획서는 실행에 대한 이해를 증진하고 합의가 이뤄질 수 있도록 이해관계자와 함께 검토해야 한다.

솔루션 통합 환경은 자체적으로 구축할 수 있고, 외부에서 확보할 수도 있다. 환경을 구축하려면 장비나 소프트웨어 또는 기타 자원 구매나 구축에 필요한 요구사항을 개발해야 한다. 이러한 요구사항은 '요구사항 개발 및 관리 프랙티스 영역'과 관련한 프랙티스를 실행할 때 수집한다. 솔루션 통합 환경에는 기존 조직 자원에 대한 재사용을 포함할 수 있다. 솔루션 통합 환경을 구축하거나 확보하려는 결정은 '기술 솔루션 프랙티스 영역'과 관련한 프랙티스에서 다룬다. 솔루션 통합 각 단계에서 필요한 환경은 시험 장비, 시뮬레이터, 실제 장비, 녹음 장치를 포함할 수 있다.

통합 절차에는 조립 대상인 솔루션 구성 요소를 전달받는 방법과 조립하는 순서와 방법 그리고 어떤 유형의 시험을 시행할 것인지에 관한 내용을 포함한다. 기준에는 통합 시점을 판단하기 위한 기준과 각 시험 유형별 시험 시행 수준을 결정하는 기준 그리고 시험 결과 수용과 고객 전달 기준을 포함한다.

솔루션 구성 요소를 통합하기 위한 절차서는 솔루션 통합 전략을 구체화한 내용인데, 소프트웨어 개발이면 별도 통합 절차서를 작성하지 않고 통합시험 계획서로 대신하기도 한다.

솔루션 구성 요소 통합은 솔루션 통합 전략과 절차에 따라 진행한다. 각 솔루션 구성 요소에 대해 수량이 맞는지, 눈에 띄는 손상은 없는지, 그리고 솔루션 구성 요소와 인터페이스 설명서 내용이 일치하는지 점검한다.

솔루션 구성 요소에 대한 조립 준비를 완료하면 솔루션 구성 요소를 조립한다. 솔루션 구성 요소는 조립하여 더 크고, 더 복잡한 솔루션 구성 요소가 된다. 조립한 솔루션 구성 요소에 대해서는 상호작용이 올바른지 점검한다. 이런 점검 프랙티스는 솔루션 통합을 완료할 때까지 계속한다. 점검 프랙티스 중에 문제가 발생하면 해당 문제점을 기록한 후 시정조치 프랙티스를 적용한다. 솔루션 구성 요소를 성공적으로 통합하려면 적합한 인력이 참여하고 시의적절하게 전달받는 일정이 필요하다.

3단계 프랙티스 그룹은 2단계 프랙티스 그룹 활동을 수행하면서 인터페이스나 연결 호환성을 위해 통합한 구성 요소 평가에 더욱 중점을 두고 있다. 이는 많은 솔루션 통합 문제가 알려지지 않았거나 통제하지 않는 내부와 외부 인터페이스에서 발생하기 때문이다. 솔루션 인터페이스에 대한 요구사항, 규격과 설계를 효과적으로 관리함으로써 구현하는 인터페이스 완전성과 호환성을 확인할 수 있다. 솔루션 구성 요소를 하나의 솔루션으로 조립하고 통합하기 전에 기계, 전기·전자, 소음, 온도, 압력, 메시지와 관련한 내부와 외부 인터페이스에 대한 검토가 필요하다. 보통 인터페이스 설계서와 솔루션 구성 요소 간 비교를 통해 검토하는데 정기적 수행을 권고한다. 인터페이스 관리에는 솔루션 수명 기간 인터페이스 일관성 유지와 아키텍처에 관한 결정 사항과 제약사항을 준수하는 것을 포함한다. 그뿐만 아니라, 상충, 부적합, 변경 요청사항을 해결하는 것도 포함한다. 공급자로부터 획득한 솔루션과 다른 솔루션 또는 솔루션 구성 요소 간 인터페이스 관리는 프로젝트 성공을 위해 매우 중요한 요인이다. 인터페이스에는 솔루션 구성 요소 인터페이스뿐 아니라, 검증, 확인, 운영, 지원 환경 관련 인터페이스 모두 포함한다.

조립한 솔루션 구성 요소는 주로 통합시험을 통해 인터페이스에 대한 호환성을 평가한다. CMMI에서는 통합시험 개념을 거의 언급하고 있지 않지만, 이 프랙티스 영역에서 통합한 솔루션 구성 요소에 대한 시험 활동을 언급하고 있다. 그러나 여기서 언급하고 있는 통합시험 개념은 단순히 소프트웨어 모듈에 대한 것이 아니라 하드웨어까지 포함한 개념이다. 따라서 제품 통합 프랙티스 영역은 작업산출물이나 솔루션 배포 관리 활동에 치중하는 형상 관리나 공급자 협약 관리 그리고 기술 솔루션 프랙티스 영역보다는 검증 및 확인 프랙티스 영역과 내용이 일부 중복되어 있다고 이해하면 된다.

3. 공급자 도메인

성장 중인 조직은 비즈니스 목표를 달성하는 데 도움이 되는 제품과 서비스를 제공하기 위해 외부 공급자에 더 많이 의존한다. 공급자를 고용해서 활용한 후 계약관계가 끊어지면 고객이나 시장 기대치가 잘못 이해되고, 요구사항이나 기술 변경으로 인해 지연이 발생하며, 용량과 자원 부족이 발생하고, 고객 요구사항을 충족하지 못하는 등 전체 공급망에 걸쳐 위험이 증가한다. 공급자 도메인은 다른 회사로부터 구성 요소와 제품 또는 서비스를 구매하는 조직성과와 핵심 역량을 개선하는 일련의 통합 모범 사례를 제공한다.

공급자 도메인은 [표 3—3]과 같이 1개 프랙티스 영역으로 구성된다.

[표 3—3] 공급자 도메인 프랙티스 영역

범주	역량 영역	프랙티스 영역
실행	공급자 선정 및 관리	공급자 협약 관리

(1) 공급자 협약 관리Supplier Agreement Management, SAM

공급자 협약 관리는 적격 공급자를 선택하고 계약을 체결하며 계약기간 동안 공급자와 획득자 활동을 관리한다.

조직은 이 활동을 통해 획득자와 공급자 상호 성공 가능성을 극대화한다.

> Selects qualified suppliers, establishes agreements, and manages the resulting supplier and acquirer activities over the term of the agreement.
> Maximizes the probability of mutual success for acquirers and suppliers.

■ 1단계 프랙티스 그룹

SAM 1.1	공급자를 파악하고 평가하고 선택한다. (Identify, evaluate, and select suppliers.)
가치	프로젝트 매개변수를 충족하는 공급자를 선택할 가능성을 높인다. (Increases likelihood of selecting suppliers that meet the project's parameters.)
활동 예시	잠재적 공급자를 파악하고 제안을 요청한다. 　　— 기술적, 비기술적, 계약과 규제 관련 요구사항 　　— 결과물 목록 　　— 시간 제약조건 　　— 비용 견적 　　— 기타 파악한 제안 기준 • 제안서를 평가하고 공급자를 선택한다. 　　— 제안 요청 기준을 활용하여 제안서 평가
산출물 예시	• 잠재적 공급자 목록 • 제안요청서 • 제안서 평가 결과
SAM 1.2	공급자 계약서를 작성하고 기록한다. (Develop and record the supplier agreement.)
가치	공급자를 사용할 때 요구사항을 충족할 가능성을 높인다. (Increases likelihood of meeting requirements when using suppliers.)
활동 예시	• 공급자 계약서를 작성하고 기록한다. • 공급자와 후보 계약 조건을 협상한다. 　　— 협상을 통해 공급자 계약을 최신화해야 할 수도 있음 • 공급자와 합의한다.
산출물 예시	• 공급자 계약서 　　— 영향받는 이해관계자와 관련 의사소통 　　— 작업 기술서 　　— 사양 　　— 약관과 조건 　　— 결과물 목록 　　— 일정 　　— 예산 　　— 법률 또는 규제 정보
SAM 1.3	공급자 제공 결과물을 수락하거나 거절한다. (Accept or reject the supplier deliverables.)

가치	공급자가 합의한 공급자 결과물을 제공할 가능성을 높인다. (Increases the likelihood the supplier provides the agreed—on supplier deliverable.)
활동 예시	• 합의한 공급자 결과물이 계약 요구사항을 충족하는 정도에 따라 공급자 결과물을 수락하거나 거절한다.
산출물 예시	• 공급자 계약에 따른 결과물
SAM 1.4	공급자 송장을 처리한다. (Process supplier invoices.)
가치	계약을 준수하면서 공급자와 좋은 협력 관계를 유지한다. (Maintains a good working relationship with suppliers while meeting agreements.)
활동 예시	• 계약에 따라 공급자 송장을 처리한다.
산출물 예시	• 공급자 송장 기록

■ 2단계 프랙티스 그룹

SAM 2.1	평가 기준과 잠재적 공급자를 파악하고 공급자 요청을 배포한다. (Identify evaluation criteria, potential suppliers, and distribute supplier requests.)
가치	선택한 공급자가 비즈니스 목표를 달성하는 데 지속해서 기여할 가능성을 높인다. (Increases likelihood that selected suppliers consistently contribute to meeting business objectives.)
활동 예시	• 공급자를 위한 작업 기술서를 작성한다. — 프로젝트 환경과 위험에 대한 목표와 설명을 포함한 프로젝트 개요 — 계약과 기술 요구사항: 성과 기간, 마일스톤, 작업 위치, 법률, 법규, 규제 요구사항, 납품 형식, 수량, 내용 요구사항, 솔루션 승인 기준, 필수 검토와 빈도, 의사소통 메커니즘, 데이터 관리, 데이터 품질, 보안, 안전 — 품질, 프로세스, 제품, 서비스 수준, 운영과 지원으로 전환에 대한 측정을 포함한 공급자 성과 요구사항과 보고 — 설계 제약조건 — 결과물: 작업분류구조 또는 공급자 업무에 대한 작업 목록, 상세설계, 시험 결과 — 소유권, 지적재산권, 데이터와 독점적 권리 — 취득한 솔루션과 관련하여 필요한 추가 서비스: 연구 보고서, 교육자료 개발, 최종사용자에 대한 교육 제공 — 인수자가 프로젝트에 대해 지정한 프로세스: 형상 관리, 품질보증, 이슈 제기와 해결, 부적합 사항에 대한 시정조치, 변경 관리 — 품질 검토 또는 감사를 위한 접근방식과 책임 — 제안서 유효 기간

- 이용약관과 추가 정보를 작성한다.
  - 제안서 발표 또는 시연
  - 보상과 지급
  - 기밀 유지
  - 개인정보보호 또는 비공개 정책
  - 법률, 규제, 인증 또는 기타 요건
  - 독점 서비스, 핵심 인력, 인수자 현장의 공급자 인력
  - 소유권, 지적재산권, 데이터와 독점 권리
  - 부정 경쟁 금지 조건
  - 불가항력
  - 파산, 위반, 불이행, 편의와 모든 지원 조건에 따른 해지
  - 계약기간과 갱신 기간
  - 면책과 보험
  - 감사 권한
- 필요한 제안서 내용을 작성하고 기록한다.
  - 회사 개요, 유사 사업 수행 경험, 고객 참조 자료
  - 공급자 프로세스와 품질 관리 접근방식에 대한 증거
  - 요구사항을 충족하는 공급자 솔루션 설명
  - 위험과 기회 관리, 중요한 의존관계 등을 포함한 공급자 솔루션 제공 계획
  - 공급자 가격 책정 방법론: 사업 비용, 세금, 외화 환율, 라이선스 비용, 출장비
  - 법률, 규제, 인증 또는 기타 요구사항 준수
  - 이슈 제기와 해결 방식
  - 지적재산, 데이터와 독점 권리에 대한 정보
  - 프로젝트 기간 핵심 팀원 유지 계획
  - 추가 외주 계획이 있는 업무 파악
- 제안서 평가 기준을 개발한다.
  - 제안요청서에 제시한 모든 요구사항에 대한 응답
  - 유사한 솔루션 또는 서비스 경험
  - 기술 역량: 기술 방법론과 기법, 솔루션, 서비스, 시스템, 도구, 네트워크와 기술 호환성 요구사항
  - 인수자 프로세스, 기술 환경, 핵심 비즈니스에 대한 이해도
  - 보안과 안전 고려 사항
  - 소유와 수명주기 총비용
  - 공급망 신뢰성
  - 관리, 개발, 제공 프로세스
  - 재무 역량
  - 자원 용량: 가용 인력, 가용 시설

	— 비즈니스 규모와 유형 — 지적재산권과 소유권 — 규제 요건 준수 • 적격 공급자 목록을 파악하고 최종적으로 확정한다. — 유사한 시스템 또는 프로젝트에 참여한 경험이 있는 공급자와 인력 — 이전 프로젝트에 대한 공급자 성과 — 공급자 재무 능력: 신용 평가, 재무 안정성, 자본에 대한 접근성 • 제안요청서를 배포하기 전에 영향받는 이해관계자와 소통하고 검토하고 합의한다. — 제안요청서 발송 일정 — 제안서 제출 일정 — 공급자가 제안 요청에 응답할 계획인지 여부를 표시해야 하는 날짜 — 제안서 응답 수신 확인 날짜 • 제안요청서를 관리한다. — 공급자 선정 프로세스 전반에 걸쳐 제안 요청 자료를 최신 상태로 유지한다. — 영향받는 모든 이해관계자에게 제안 요청 자료 또는 일정 변경 사항을 전달한다.
산출물 예시	• 제안요청서와 이해관계자 합의에 대한 검토 기록 • 공급자와 제안서 평가 기준 • 제안요청서 — 형상 관리하에서 초안과 이후 승인 버전 관리 • 적격 공급자 목록 • 의사소통 기록 — 잠재적 공급자에 대한 안내 — 공급자가 제출한 질문과 설명 요청 — 질문과 요청에 대한 인수자 답변
SAM 2.2	평가 기준에 따라 공급자 응답을 평가하고 공급자를 선택한다. (Evaluate supplier responses according to recorded evaluation criteria and select suppliers.)
가치	계약 요건을 충족하는 데 가장 적합한 솔루션과 공급자를 선택한다. (Matches selection of the best solution and supplier for meeting contractual requirements.)
활동 예시	• 요구사항 준수 여부와 공급자 응답에 대한 완전성을 검증한다. — 응답이 부적합하거나 불완전하면 공급자에게 연락하여 시정조치 요청 • 제안서 평가 담당자에게 공급자 제안서를 전달한다. • 공급자 제안에 대한 초기 검토를 수행한다. — 검토를 통해 공급자 제안에 관한 질문, 고려 사항, 이슈 취합 • 제안 설명회를 계획하고 진행한다. — 제안 설명회를 통해 작업 기술서에 대한 상호이해 확인

	• 평가 기준에 따라 공급자 제안을 평가하고 점수를 부여한다. 　— 공급자 참고 자료 　— 공급자와의 이전 경험 　— 유사한 작업에 대한 이전 실적 　— 공급자의 관리 역량 　— 작업을 수행할 수 있는 인력 　— 공급망 이슈 　— 사용 가능 시설과 자원 　— 공급자와 협력할 수 있는 프로젝트 능력 • 가장 높은 점수를 부여받은 공급자에 대한 실사를 수행한다. 　— 제안한 기술 솔루션과 인수자 시스템과 환경과 호환성을 위한 인터페이스 또는 연결 검토 　— 공급자 참고 자료 검토와 확인 　— 운영 환경 시설과 기능 검토 　— 규제와 보안 요건 수행 검토 　— 공급자 역량 검토 　— 공급자 작업에 대한 비용과 일정 산정값 검토 • 공급자와 협상한다. 　— 후보 공급자와 협상하여 실사 과정에서 파악한 이슈를 해결하고 요구사항과 관련한 나머지 이슈 해결 　— 적절한 경우 공급자가 충족해야 하는 요구사항 개정 • 공급자를 선택한다. 　— 선택사항과 근거 기록
산출물 예시	• 공급자 제안서 • 후보 공급자 목록 • 인수자와 잠재적 공급자 간 명확한 답변 교환 • 평가 결과와 근거 　— 평가 보고서 　— 시장 분석 　— 평가 기준 　— 후보 공급자 장단점 　— 실사 결과 • 협상으로 인한 개정 사항 • 공급자 선택 결정
SAM 2.3	공급자 계약에 명시한 대로 공급자 활동을 관리하고 계약을 최신 상태로 유지한다. (Manage supplier activities as specified in the supplier agreement and keep agreement updated.)
가치	공급자가 인수자 기대치를 충족할 가능성을 극대화한다. (Maximizes the likelihood that the supplier will fulfill acquirer expectations.)

활동 예시	• 공급자 계약을 체결한다. 　— 인수자가 인수한 공급자 결과물을 평가하고 분석할 수 있도록 하는 데 필요한 보고 데이터에 대한 설명 　— 공급자 계약을 변경할 책임과 권한이 있는 인수자와 공급자 대표 　— 인수자와 공급자 간 계획한 검토와 상호작용 　— 요구사항과 공급자 계약에 대한 변경 사항을 결정, 전달, 처리하는 방식에 대한 메커니즘 　— 적용 가능한 표준, 절차, 도구, 방법 　— 인수자와 공급자 간 중요한 종속성 　— 인수자가 공급자에게 제공하는 사항 목록: 시설, 접근, 도구, 소프트웨어, 문서, 서비스 　— 지정한 공급자 결과물을 분석하는 방법과 승인 기준 　— 공급자와 수행해야 할 검토 유형 　— 대금 지급 또는 보상 조건 　— 공급자 직원 비고용과 비경쟁 조항 　— 기밀 유지, 비공개와 지적 자본 조항 　— 현장 준비와 교육 제공에 대한 공급자 책임 • 인수자와 공급자가 공급자 계약을 승인하여 모든 요구사항을 이해하고 동의하는지 확인한다. 　— 서명 또는 전자 서명 　— 기업/회사 승인에 대한 인감 날인 또는 기록 　— 기타 법적 구속력이 있는 동의 • 공급자 계약에 정의한 대로 일정, 노력, 비용, 기술 등 공급자 진행 상황과 성과를 모니터링한다. 　— 모니터링은 계약, 기술, 관리 검토 중에 수행 가능 　— 검토에는 계획한 상호작용과 필요한 상호작용 모두 포함 　— 검토에는 공식 검토와 비공식 검토 모두 포함 • 공급자 계약에 명시한 대로 공급자와 계약을 검토한다. 　— 계약 변경 또는 최신화 　— 이해관계자 재배정 　— 이용약관과 결과물에 대한 해석과 명확화 　— 계약 요구사항에 대한 긍정적 또는 부정적 의견 제시 • 공급자 계약에 명시한 대로 공급자와 기술 검토를 수행한다. 　— 공급자에게 고객과 최종사용자 요구와 선호도에 대한 가시성을 적절히 제공 　— 공급자 기술 활동을 검토하고 공급자 요구사항 해석과 구현이 인수자 해석과 일치하는지 확인 　— 기술 합의를 충족하고 있는지, 기술 이슈를 적시에 전달하고 해결하는지 확인 　— 공급자 결과물에 대한 기술 정보 확보 　— 공급자에게 적절한 기술 정보와 지원 제공 • 공급자 계약에 명시한 대로 공급자와 관리 검토를 수행한다. 　— 중요한 종속성

	─ 공급자와 관련한 위험
	─ 일정과 예산
	─ 공급자에 관한 법률과 규제 요건 준수 여부
	• 검토와 상호작용 결과를 기록한다.
	─ 검토 결과를 사용하여 공급자 성과를 개선하고 선호하는 공급자와 장기적인 관계를 구축하고 육성
	• 공급자 계약을 관리하고 최신 상태로 유지한다.
	─ 인수자와 공급자가 공식적으로 승인한 모든 변경 사항 기록
	─ 공급자 결과물 요구사항, 서비스 수준 계약 등 요구사항 개발, 기록, 최신 상태 유지
	─ 공급자 계약을 주기적으로 검토하여 현행 계획, 프로세스, 위험, 시장 상황을 정확하게 반영하는지 확인
	─ 향후 사용을 위해 계약과 관련 데이터를 저장하고 관리
	─ 계약에 대한 기술적이고 상업적 측면의 영향 평가 수행
	─ 변경과 관련한 모든 대안 평가
	• 최신화한 공급자 계약을 승인하여 인수자와 공급자가 모든 요구사항 변경을 이해하고 동의하는지 확인한다.
	─ 공식적인 변경 요청에 대해서는 계약서 붙임으로 기록 가능
	• 영향받는 이해관계자에게 공급자 계약 변경 사항을 전달한다.
	─ 영향받는 모든 이해관계자가 계약 변경 사항을 알고 있는지 확인
산출물 예시	• 공급자 계약서
	• 공식적인 변경 요청 또는 계약 추가 사항
	• 의사소통, 진행 상황, 검토 자료, 성과 보고서 기록
	─ 일정
	─ 예산 정보
	─ 이슈와 시정조치 항목
	─ 위험 현황 관리표
	─ 회의록
	─ 시정조치 담당자
	─ 결과물 상태
	─ 시정조치 마감일
SAM 2.4	인수한 공급자 결과물을 수락하기 전에 공급자 계약을 충족하였는지 확인한다. (Verify that the supplier agreement is satisfied before accepting the acquired supplier deliverable.)
가치	불만족스러운 공급자 결과물 수락 위험을 줄이고 수락 전에 공급자 계약이 만족스러운지 확인한다. (Decreases risk of accepting an unsatisfactory supplier deliverable and confirms the supplier agreement is satisfied before acceptance.)

활동 예시	• 수정하거나 최신화하거나 추가한 승인 기준과 절차를 사용하여 공급자 계약을 충족하는지 확인한다. — 이 활동은 대체로 인수자가 공급자 결과물에 대해 수행 • 수락 검토 전에 영향받는 이해관계자와 수락 절차에 대해 검토하고 동의를 얻는다. • 수락 기준과 절차에 따라 인수한 공급자 결과물이 공급자 계약을 충족하는지 확인한다. — 보고서, 로그, 이슈 — 시험 결과 — 알려진 오류 또는 결함 • 인수한 공급자 결과물에 대해 합의한 모든 계약 요구사항을 충족했는지 확인한다. — 라이선스 — 보증 — 소유권 — 사용 방법 — 지원, 서비스 또는 유지관리 계약 — 기타 지원 자료: 최종 사용, 운영 또는 지원, 유지관리 문서 • 영향받는 이해관계자에게 공급자 계약을 충족했음을 전달한다. — 인수자는 운영과 지원 전환 준비를 포함하여 공급자 계약을 충족했음을 공급자에게 통지하고 공급자에게 대금을 지급한 후 공급자 계약 종료
산출물 예시	• 수락 기준과 절차 • 불일치 보고서 또는 시정조치 계획 • 승인 기록이 있는 수락 검토 보고서 • 공식 수락 통지 — 통지는 공급자와 영향받는 이해관계자에게 전달 • 모든 계약 요건을 충족했다는 기록 — 서명 또는 전자 서명 — 기업/회사 승인에 대한 인감 날인 또는 기록 — 기타 법적 구속력이 있는 동의
SAM 2.5	공급자 계약에 따라 공급자가 제출한 송장을 관리한다. (Manage invoices submitted by the supplier according to the supplier agreements.)
가치	인수자와 공급자 간 좋은 비즈니스 관계를 유지한다. (Maintains a good business relationship between the acquirer and supplier.)
활동 예시	• 송장을 접수한다. • 송장과 관련 증빙 자료 정확성을 위해 권한 있는 담당자와 함께 검토한다. — 변동 요금 — 적용 세금 — 공급자가 인수자를 대신하여 구매한 물품 — 인수 프로젝트팀 또는 권한 있는 대리인 공식 승인 서명

	• 필요에 따라 공급자와 함께 오류를 해결하고 이슈를 관리한다.
	• 송장을 승인하고 결제한다.
	• 송장과 결제 기록을 보관하고 저장한다.
산출물 예시	• 송장 검토와 결제 승인
	• 결제 기록 또는 영수증
	• 보관한 송장과 결제 기록

■ 3단계 프랙티스 그룹

SAM 3.1	공급자 성과 활동과 선택한 결과물에 관한 기술 검토를 수행한다. (Conduct technical reviews of supplier performance activities and selected deliverables.)
가치	공급자가 적시에 적절한 품질을 갖춘 결과물을 제공할 수 있는 능력에 대한 인수자 신뢰를 높인다. (Improves the acquirer's confidence in the ability of the supplier to provide the right supplier deliverable at the right time with the right quality.)
활동 예시	• 분석할 기술적인 공급자 결과물을 결정하기 위한 기준을 개발한다. • 분석할 기술적인 공급자 결과물을 파악한다. 　— 공급자가 도출한 결과물과 구성 요소 요구사항, 아키텍처와 설계 　— 결과물 인터페이스 또는 연결 설명 　— 결과물과 결과물 구성 요소 　— 목적에 맞는 요구사항 • 선택한 각 기술적인 공급자 결과물을 충족해야 하는 기능과 품질 속성 요구사항을 파악한다. 　— 추적 표는 보통 요구사항과 작업산출물을 연관시키는 정보를 포함하므로 선택한 각 기술 　　솔루션에 대한 요구사항을 파악하는 데 유용 　— 선택한 각 기술적인 공급자 결과물에 대한 요구사항을 파악할 때는 적절한 추적 표를 참조 • 선택한 각 기술적인 공급자 결과물에 사용할 분석 방법을 파악한다. 　— 시뮬레이션 　— 프로토타이핑 　— 아키텍처 평가 　— 시연 　— 동료검토 　— 자동화된 시험 • 작업 계획에 분석 방법과 검토 활동을 포함한다. • 선택한 기술적인 공급자 결과물이 해당 표준과 기준을 준수하는지 확인한다. • 선택한 기술적인 공급자 결과물이 배정한 기능과 품질 속성 요구사항을 준수하는지 확인한다. • 분석 결과를 사용하여 실제 성과 측정값을 기술적인 성과 측정값에 지정한 임곗값과 비교한다. • 공급자가 수행한 중요한 검증 결과와 데이터를 검토한다.

	• 인수자 관리 후보에 대한 인터페이스나 연결을 파악한다.
	  — 조직의 경계를 넘나드는 협업
	  — 중대한 임무
	  — 관리가 어렵거나 복잡함
	  — 주요 품질 속성
	  — 여러 획득 프로젝트
	• 파악한 인터페이스나 연결을 선택 기준에 따라 검토하고 작업 계획에 포함한다.
	• 솔루션 수명 기간 선택한 인터페이스나 연결 호환성을 확인한다.
	  — 인터페이스나 연결 설명이 공급자 결과물과 인수자 환경 간 해당 표준, 기준과 연결 요구사항을 준수하는지 확인
	• 공급자가 인터페이스나 연결을 충분히 시험했는지 확인한다.
	• 시험 중에 파악한 이슈를 적절하게 해결하였는지 확인하고, 필요한 경우 결과물을 최신화한다.
	• 선택한 인터페이스나 연결에 대한 충돌, 부적합, 변경 이슈를 해결한다.

산출물 예시	• 활동 보고서
	• 불일치 보고서
	• 분석을 위한 기술적인 공급자 결과물을 선택하는 데 사용하는 기준
	• 분석을 위해 선택한 공급자 요구사항과 기술적인 공급자 결과물 목록
	• 선택한 각 공급자 결과물을 분석하는 방법
	• 부적합 사항과 변경 로그
	• 분석 결과 기록
	  — 이슈와 시정조치 목록
	  — 회의록
	  — 시정조치 담당자
	  — 시정조치 마감일

SAM 3.2	공급자 계약 기준에 따라 공급자 성과와 프로세스를 관리한다. (Manage supplier performance and processes based on criteria in the supplier agreement.)
가치	공급자 성과가 인수자 요구사항을 충족할 확률을 극대화하는 동시에 위험을 최소화한다. (Maximizes the probability that supplier's performance will meet acquirer's needs, while minimizing risk.)

활동 예시	• 공급자 계약에 명시한 대로 공급자가 사용하는 프로세스를 선택하고 관리한다.
	  — 프로젝트 성공에 중요한 공급자 프로세스 관리
	  — 관리할 프로세스를 선택할 때는 공급자에게 미치는 영향 고려
	• 공급자 계약에 명시한 대로 공급자가 사용하는 프로세스를 분석하고 영향받는 이해관계자와 소통한다.
	  — 선택한 프로세스를 관리한 결과를 분석하여 공급자 계약 요건 충족 능력에 영향을 미칠 수 있는 이슈를 가능한 한 조기에 감지
	  — 동향 분석을 수행할 수 있으며 내부와 외부 데이터에 의존 가능

산출물 예시	• 관리를 위해 선택한 프로세스 목록과 선택 근거
	• 관리 보고서
	— 공급자 성과 보고서
	— 불일치 보고서
	— 시정조치 항목과 위험
	— 데이터 품질 평가 결과
	— 데이터 관리 평가 결과
	• 분석 결과 기록

■ 4단계 프랙티스 그룹

SAM 4.1	측정 지표를 선택하고 분석 기법을 적용하여 성과 목표 대비 공급자를 정량적으로 관리한다. (Select measures and apply analytical techniques to quantitatively manage suppliers against their performance targets.)
가치	성공을 위해 가장 중요한 영역에 주의를 집중하여 공급자 성과를 향상한다. (Enhances supplier performance by focusing attention on the most critical areas for success.)

활동 예시	• 대상 공급자 프로세스와 결과물에 대한 주요 인수자 품질 및 프로세스 성과 목표를 파악한다.
	• 정량적이거나 통계적 기법을 사용하여 공급자 진행 상황과 성과를 모니터링할 수 있는 성과 측정 명세서를 작성한다.
	  — 공급자 계약에 포함해야 하며 인수자의 품질 및 프로세스 성과 목표를 통해 추적할 수 있어야 함
	  — 주요 측정 지표를 성과 측정 명세서와 품질 및 프로세스 성과 목표로 추적
	  — 공급자 결과물, 진행 상황 또는 성과 측정에만 한정한 선택은 바람직하지 않음
	  — 측정은 공급자 성과에 대한 더 나은 통찰력을 제공하는 분석, 프로세스와 성공 지표를 개발하는 데 사용
	  — 데이터 품질 요구사항 파악
	• 공급자로부터 데이터를 수집하고 분석을 수행한다.
	• 분석 결과를 기록하고 이해관계자와 소통한다.
	• 공급자와 함께 시정조치를 파악한다.
	• 시정조치를 종결할 때까지 모니터링한다.

산출물 예시	• 공급자 관련 성과 측정 명세
	• 선택한 공급자 관련 측정 목록
	  — 통계와 기타 정량적 관리를 지원하는 데 적합한 운영 정의
	  — 측정값을 분석하기 위해 파악한 통계와 기타 정량적 기법
	  — 데이터와 분석 결과 표현
	  — 파악한 핵심 성과 목표
	  — 공급자 프로세스 데이터

공급자 계약은 인수자와 공급자 사이에 상호이해를 돕고 그들 관계를 관리하는 기초 역할을 한다. 계약은 인수자가 공급자 활동과 결과물을 감독하고 공급자가 계약 요건을 준수하는지 확인할 수 있도록 하는 프로세스와 역할 그리고 책임을 정의한다.

공급자 성과, 프로세스 또는 공급자 결과물이 공급자 계약에 명시하고 설정한 기준을 충족하지 못할 때, 인수자는 시정조치를 한다. 인수자 관리팀은 공급자 결과물 인수를 관리할 때 시정조치에 대한 법적 의미를 알고 있어야 한다.

공급자 기술 활동을 모니터링할 때, 인수자는 기술적인 공급자 결과물에 관한 기술 검토를 수행한다. 기술적인 진행 상황과 계약 요건 만족을 확인하기 위해 기술적인 공급자 결과물 개발과 구현을 분석한다. 보통 이런 활동은 기술적인 진행 상황을 측정하고 기술적인 위험을 효과적으로 관리할 수 있도록 서로 대화를 통해 지원한다. 인수자 요구사항을 충족하는지 확인하기 위한 기술 검토를 위해 다양한 수준에서 세부적인 분석을 수행한다. 공급자와 함께 수행하는 기술 검토에는 기술적인 진행 상황과 계획과 요구사항 효과성에 관한 측정을 포함한다. 공급자에 관한 기술 검토는 요구사항 관리, 위험관리, 형상 관리, 데이터 관리와 같은 다른 프로세스와 함께 수행해야 한다.

공급자 협약 관리 프랙티스 영역은 1단계부터 4단계까지 4개 프랙티스 그룹으로 구성된다.

1단계 프랙티스 그룹은 공급자를 선택하고 공급자와 공급 계약을 체결하고 공급자로부터 약속한 기일에 결과물을 인수한 후, 계약에 의한 비용을 지급하는 통상적인 획득 과정이다. 이 프랙티스 그룹에서 주로 다루는 내용은 프로젝트 고객에게 인도하는 솔루션과 솔루션 구성 요소 획득이다. 프로젝트에 대한 위험을 최소화하기 위해 이 프랙티스 그룹은 비록 프로젝트 고객에게 인도하지는 않지만, 솔루션을 개발하고 유지하기 위해 사용하는 주요 솔루션과 솔루션 구성 요소(예: 개발도구와 시험 환경) 인수도 다룰 수 있다. 공급자는 사내 공급자(같은 조직 내에 있지만, 프로젝트에는 참여하지 않는 공급자), 제작 부서, 재사용 라이브러리 공급자, 상용 규격품 공급자를 포함하여 비즈니스 필요에 따라 다양한 형태로 나타날 수 있다.

공급자 계약은 인수자와 공급자 간 관계를 관리하기 위해 체결한다. 공급자 계약은 인수자와 공급자 사이에 체결하는 서면 계약서 일체를 말한다. 계약서에는 협약서, 라이선스, 서비스 수준 협약 또는 합의 각서가 있다.

2단계 프랙티스 그룹에서는 공급자 계약서에 명시한 내용에 따라 공급자를 모니터링하고 공급자로부터 결과물을 수락하기 전에 공급자 계약 내용 충족 여부를 확인하는 활동을 다룬다. 인수자는 프로젝트 범위와 요구사항, 인수 전략, 조직 정책, 규제 요구사항을 바탕으로 입찰 제안에 참여할 적격 공급자를 파악한다. 경쟁 입찰이면 인수자는 경쟁을 보장할 수 있는 충분한 수의 공급자를 파악해야 한다. 때에 따라 조직은 경험, 전문성, 과거 성과와 같은 특성을 바탕으로 공급자 목록에서 선호하는 공급자에게 사전에 자격을 부여할 수 있다. 선호하는 공급자 중에서 선택하면 입찰에 필요한 노력과 시간을 크게 줄일 수 있다. 해당 규정과 업무 특성에 따라 인수자는 경쟁 입찰이 아닌 단독 구매를 결정할 수 있다. 인수자가 특히 단독 공급자를 선정할 때는 공급자를 결정하는 근거를 기록해야 한다.

입찰에 필요한 제안요청서에 대한 응답으로 제출한 제안서를 계획한 일정에 따라 평가한다. 제안 평가 기준을 사용하여 입찰에 필요한 잠재적 공급자 제안을 평가한다. 평가 결과와 의사결정 메모(예: 잠재적 공급자 장단점, 기준에 따라 평가한 점수)를 기록하고 최신 상태로 유지한다. 정의한 기준에 대해 명시한 요구사항을 충족할 수 있는 능력 평가를 바탕으로 공급자를 선택하고 계약을 체결한다.

공급자 계약서에는 모니터링, 분석, 평가 대상이 되는 공급자 프로세스와 작업산출물을 선택하기 위해 협의한 사항을 명시해야 한다. 또한 공급자 계약서에는 수행할 검토, 모니터링, 평가와 수락 시험에 대한 내용도 명시하여야 한다. 프로젝트 성공을 위해 중요한 공급자 프로세스는 모니터링한다. 독립적인 법인 간 공급자 계약은 보통 계약을 체결하기 전에 법률이나 계약 관련 부서에서 검토한다. 공급자로부터 솔루션을 인수하기 위한 절차를 정의하고 절차에 따라 인수 검토나 수락 시험을 실시하고 결과를 관리한다. 인수한 솔루션을 프로젝트, 고객 또는 최종사용자에게 인수인계하기 전에 원만한 인수인계를 보장하기 위해 적절한 준비와 평가 작업을 진행한다. 솔루션 인수인계란 인수한 제품을 수령, 보관, 통합, 유지보수하기 위한 설비를 마련하고 필요시 관련한 인원에게 적절한 교육을 제공하는 것을 의미한다.

공급자 결과물을 수락할 때, 인수자는 모든 공급자 결과물이 계약 요건을 충족하고 모든 수락 기준을 충족할 때까지 공급자에게 비용을 지급해서는 안 된다.

3단계 프랙티스 그룹은 공급자 계약에 명시한 대로 공급자와 함께 활동하면서, 선택한 공급자 프로세스와 결과물을 모니터링하고 기술 검토를 하는 데 초점을 맞춘다. 프로젝트 성공에 결정적인 공급자 프로세스는 모니터링해야 한다. 모니터링 대상 프로세스 선택은 공급자에 대한 선택 영향을 고려한다. 그뿐만 아니라, 평가 대상으로 선택하는 결과물은 최대한 일찍 품질 이슈를 파악하는데 필요한 핵심 솔루션, 솔루션 구성 요소와 작업산출물을 포함한다. 위험이 낮은 상황에서는 평가 대상 결과물을 선정할 필요가 없을 수도 있다.

공급자 계약에 명시한 대로 공급자와 함께 기술 검토를 수행한다. 기술 검토는 공급자에게 프로젝트 고객과 최종사용자 요구와 기대 사항에 대한 가시화한 정보를 적절하게 제공하는 활동이다. 또한, 기술적인 공급자 활동을 검토하고 요구사항에 대한 공급자 해석과 구현이 프로젝트 해석과 일치하는지를 검증하는 활동이기도 하다. 따라서 기술 검토를 통해 기술적 구현 합의를 충족하고, 기술적 이슈를 시의적절하게 의사소통하여 해결한다.

4단계 프랙티스 그룹은 공급자 협약 관리와 관련한 조직의 품질 및 프로세스 성과 목표 달성을 위해 공급자 성과를 정량적으로 관리할 수 있도록 측정 지표를 선택하고 분석 기법을 적용하는 활동이다. 품질 및 프로세스 성과 목표 관리와 후속 관련 통계적 또는 정량적 분석과 관리 활동은 인수자나 공급자 또는 둘 다에 적용할 수 있다. 이 활동에 대한 요구사항은 공급자 계약에 포함하여 공급자와 공유하며, 계약기간 동안 통계적이거나 정량적으로 관리한다.

적절한 분석 기법을 사용하여 인수자는 공급자 계약에 명시한 성과 목표에서 상당한 편차가 발생했을 때, 이를 파악하여 시정조치 할 수 있다. 공급자 협약 관리와 관련한 대표적인 측정 지표로는 공급자별 비용과 일정, 최종 솔루션에 대한 공급자 일정 준수율, 공급자별 납기 준수 횟수, 납품 후 발견한 결함 수와 중요도, 공급자 계약 위반 건수가 있다.

4. 데이터 도메인

데이터가 기하급수적으로 증가함에 따라 조직 경영자와 관리자는 그 어느 때보다 더 많은 성과 관련 원천 데이터에 접근이 가능해졌다. 하지만 데이터의 힘을 비즈니스에 활용하는 방법에 대해서는 많은 조직이 여전히 이해가 부족한 실정이다. 데이터 도메인은 조직 데이터 관리 기능과 인력을 구축, 개선, 측정하는 데 도움이 되는 일련의 통합 모범 사례를 제공한다.

데이터 도메인은 [표 3—4]와 같이 2개 프랙티스 영역으로 구성된다.

[표 3—4] 데이터 도메인 프랙티스 영역

범주	역량 영역	프랙티스 영역
지원	데이터 관리	데이터 관리
		데이터 품질

(1) 데이터 관리_{Data Management, DM}

데이터 관리를 위한 접근방식과 활동을 파악하고 구현하고 통제한다.

조직은 이 활동을 통해 성과 요구를 충족하기 위한 중요한 데이터 활동 우선순위를 지정하여 운영 효율성을 극대화한다.

Identifies, implements, and controls the approach and activities for managing data.
Maximizes operational efficiency by prioritizing critical data activities to meet performance needs.

■ 1단계 프랙티스 그룹

DM 1.1	데이터 관리 목표를 파악한다. (Identify data management objectives.)
가치	데이터가 목표 달성 지원 확률을 높인다. (Increases probability that data supports achievement of objectives.)
활동 예시	• 데이터 관리 목표와 우선순위를 파악한다. — 데이터 관리 목표는 작업, 프로젝트 또는 조직 수준에서 설정할 수 있다.
산출물 예시	• 데이터 관리 목표 기록 • 데이터 관리 우선순위 기록
DM 1.2	메타데이터를 사용하여 데이터를 관리한다. (Use metadata to manage data.)
가치	중요한 데이터에 대한 접근성, 객관성, 유용성을 높인다. (Increases accessibility, objectiveness, and usability of critical data.)

활동 예시	• 메타데이터를 정의하고 기록하고 사용한다.
	  — 메타데이터는 데이터 모델, 시스템, 네트워크, 프로젝트 문서, 운영 문서 또는 주요 비즈니스 용어 목록에서 가져와 저장
	  — 기존 메타데이터 출처를 파악하고 메타데이터 완전성, 분류와 속성을 평가하며, 요구를 반영하여 집약한 메타모델로 통합하고 보강할 계획을 수립
	  — 데이터는 엔티티 유형, 속성, 테이블과 열에 대해 정의해야 하며, 데이터 요소 간 논리적 관계와 종속성 반영

산출물 예시	• 메타데이터 저장소 • 메타데이터 정의와 문서 — 적용 가능성과 사용에 대한 지침 정보와 요구 지정

■ 2단계 프랙티스 그룹

DM 2.1	목표에 부합하는 데이터 관리 방식을 개발하고 최신 상태로 유지하며 준수한다. (Develop, keep updated, and follow a data management approach that is aligned to objectives.)
가치	작업에 대한 데이터 사용성과 접근성을 개선한다. (Improves the usability and accessibility of the data to the work.)

활동 예시	• 데이터 관리 목표를 주기적으로 검토하고 최신 상태로 유지한다. 　— 고객 기반 　— 지리적 지역 　— 시장 동향 　— 실시간 또는 실시간에 가까운 분석 사용 　— 사이버 공격과 데이터 유출 방지 　— 산업계 규제 요건 　— 운영 복잡성과 비용 절감 　— 기업 데이터 가치로 수익 창출 　— 데이터 품질 문제 • 데이터 관리 방식을 기록한다. 　— 핵심 운영 원칙, 목적과 목표, 종속성, 인지한 가치, 전략적 추진 계획과 연계성, 필요한 자원 등 중요한 요소를 종합하고 우선순위를 포함한 비전 선언문 　— 범위(예: 고객 계정, 데이터 관리 우선순위, 데이터 품질, 고객 마스터 데이터와 같은 중요 데이터 요소) 　— 비즈니스 이점 　— 선택한 데이터 관리 프레임워크와 사용 방법 　— 현재 상태 평가에서 확인한 주요 차이에 대한 고려 사항 　— 데이터 관리 역할과 책임(예: 최고 데이터 책임자, 관리 기관, 데이터 소유자, 데이터 제공자 등 주요 이해관계자 목록 포함) 　— 관리 원칙과 지침 　— 메타데이터 정의와 프로세스 　— 데이터 민감도 분류(예: 공개, 내부 사용, 제한 또는 기밀) 　— 데이터 수명주기, 데이터 통합, 데이터 사전, 데이터 이관, 아키텍처 표준, 데이터 표현, 데이터 흐름, 데이터 보안, 데이터 개인정보보호, 데이터 충분성, 데이터 대체 또는 익명 처리, 데이터 저장과 데이터 요소에 대한 변경 관리 고려 사항을 포함할 수 있는 데이터 관리 방식 개요 　— 데이터 준수 접근방식 정도와 범위 　— 시험 기준과 접근방식 　— 성공 조치 　— 데이터 품질 요구사항 　— 오류와 예외 처리 기준 　— 품질 통제 점검 　— 검증과 확인 • 이해관계자와 함께 데이터 관리 방식을 검토한다. • 최신 상태 유지를 위해 데이터 관리 방식을 주기적으로 검토한다.

산출물 예시	• 데이터 관리 목표 　— 데이터 관리 목표와 우선순위는 전략, 비즈니스, 프로젝트 등 관련 목표에 맞춰 조정하고 추적 가능 • 데이터 관리 방식 • 회의 노트나 이해관계자 개선 의견 검토
DM 2.2	데이터 관리 방식을 지원하기 위한 데이터 관리 아키텍처를 수립한다. (Establish a data management architecture to support the data management approach.)
가치	데이터 관리 활동을 일관적으로 수행할 수 있는 효율적이고 효과적인 구조를 제공한다. (Provides an efficient and effective structure for consistently performing data management activities.)
활동 예시	• 요구사항에 부합하는 데이터 아키텍처를 설계한다. 　— 확장성: 아키텍처에서 구성 요소, 서비스, 코드 라이브러리 형태로 제공하는 자원이 데이터 적재가 증가해도 허용 가능한 성능과 처리량을 달성할 수 있도록 보장 　— 복원력: 요구사항에 따라 시스템 견고성, 무중단, 비정상적인 사용 또는 중단으로부터 데이터 복구를 확립하기 위한 원칙 　— 보안: 데이터와 개인정보보호, 기밀성, 무결성, 가용성을 관리하는 요구사항 　— 메타데이터: 정의 　— 데이터 표현: 비즈니스 용어, 논리적, 물리적, XML, 모델링 표준, 모델 관리 등 　— 데이터 종속성 매핑: 데이터 사용자와 생산자, 신뢰할 수 있는 출처 파악을 포함 　— 데이터 접근: 공통 데이터 서비스, 적용 가능한 정보 교환 표준, 지점 간 데이터 전송과 대량 데이터 이동을 위한 표준 방법, 데이터 통합 표준(예: 안전 표준, 비상사태 표준) 　— 중요 데이터: 플랫폼이 권위 있는 출처, 신뢰할 수 있는 출처 또는 시스템 기록인 경우 　— 정당성: 시스템 간 데이터 세트가 중복인 경우 • 이해관계자와 함께 데이터 아키텍처 설계를 검토한다. • 데이터 아키텍처를 구현한다. • 작업과 환경이 변화하고 시간이 지남에 따라 데이터 아키텍처를 최신 상태로 유지한다.
산출물 예시	• 회의 노트나 이해관계자 개선 의견 검토 　— 기술적 결정에 대한 기록 포함 • 승인받은 아키텍처 설계 　— 데이터 아키텍처 접근방식은 도구나 플랫폼과 관련 프로세스 포함 • 아키텍처 구현 계획 　— 기술 구현에 맞게 조정하고 전환 활동 해결

■ 3단계 프랙티스 그룹

DM 3.1	조직의 데이터 관리 역량을 확립하고 전개한다. (Establish and deploy an organizational data management capability.)

가치	비즈니스 전반에 걸쳐 효과적인 의사소통, 공감대 형성과 데이터 사용을 높인다. (Increases effective communication, common understanding, and use of data across the business.)
활동 예시	• 데이터 관리 역량을 운영하는 데 필요한 접근방식, 역할, 책임과 작업을 파악하고 최신 상태로 유지한다. • 데이터 용어집과 데이터 사용에 대한 요구사항을 설정한다. 　— 명명 규칙, 약어, 표준 정의 표현과 표준 메타데이터를 포함한 비즈니스 용어에 대한 표준을 통합 　— 산업계 표준 비즈니스 용어와 정의를 적절히 활용 • 이해관계자와 함께 데이터 용어집을 검토한다. • 데이터 용어집을 주기적으로 최신화한다. 　— 제품이나 비즈니스 변경 사항에 따라 최신화한 내용 통합 • 내외부 작업 시 데이터 용어집을 사용한다. 　— 공유 저장소와 데이터 전송 표준(예: XML, 시맨틱 모델)을 개발할 때 이 용어 사용 고려
산출물 예시	• 조직 데이터 관리 방식 • 데이터 용어집 • 데이터 용어집에 대한 최신화 로그 • 데이터 용어 예외 보고서
DM 3.2	조직의 데이터 관리 프로그램 효과성에 대해 주기적으로 검토하고 결과에 따라 조처를 한다. (Perform reviews periodically on the effectiveness of the organization's data management program and take action on results.)
가치	더욱 신뢰할 수 있고 최신이며 일관적인 데이터 기반 의사결정과 결과를 지원한다. (Enables more reliable, current, and consistent data—based decisions and results.)
활동 예시	• 데이터 관리에 대한 산업계 표준, 동향, 새로운 기술을 검토한다. • 데이터 관리 구현에 대해 정기적으로 평가한다. 　— 데이터 관리 방식과 목표 준수 여부 확인: 메타데이터 구현, 데이터 용어집 사용과 일관성, 데이터 관리 아키텍처 　— 데이터 관리 방식 평가: 조직 전체에 미치는 데이터 영향, 현행 데이터 세트 상태, 데이터 모델 정확성과 완전성, 데이터 검증과 확인 활동을 포함한 데이터 관리 프로세스
산출물 예시	• 데이터 관리 관련 산업계 연구 보고서 • 평가 결과 　— 관련 지표를 사용하여 데이터 관리 목표에 대한 달성도 평가 포함 • 데이터 관리 기능을 파악하고 우선순위를 지정한 개선 사항 목록

올바른 데이터 관리에는 현행 데이터 관리 성숙도 수준과 관계없이 상당한 이해관계자 참여가 필요하다. 이러한 이해관계자 참여는 공유하고 승인한 목표와 우선순위에 따라 조직 전체에서 통합하고 비

즈니스에 가치를 입증하는 데 필요한 장기적인 합의 사항을 도출하는 데 필요하다. 효과적인 데이터 관리를 위해서는 메타데이터 속성과 데이터 항목 목적에 대한 인식이 필요하며, 이는 데이터 값을 통제하는 것만큼이나 중요한 경우가 많다.

데이터 관리 기능은 지속적인 기능으로서 데이터 관리 활동에 대해 효과적으로 범위를 지정하고 계획을 수립하고 자원화할 필요성을 강조한다. 또한 데이터 관리 중요성을 입증하는 데 경영진과 관리자 참여를 유도하고 다양한 이해관계자 접근방식을 장려하며 데이터 관리 역할과 책임을 정의하는 필요성도 강조한다.

데이터 관리 활동은 데이터 관리 프로그램 형태와 구조를 강화하고, 이해관계자로부터 지속적인 지지와 지원을 끌어내며, 조직이 포괄적인 구현을 통해 자신 있게 전략적 목표를 달성할 수 있도록 돕는다.

데이터 관리는 종종 중요한 인프라 개발에 의존하고 영향을 받을 수 있다. 고정된 물리적 시스템부터 고도로 분산된 클라우드 컴퓨팅 서비스에 이르기까지 이 난제를 해결할 수 있는 잠재적인 방법은 다양하다. 따라서 이러한 인프라 고려 사항을 해결하기 위한 조직의 접근방식은 보안, 공급자 등에 대한 고려 사항뿐만 아니라 비즈니스 전략에 의해 크게 영향을 받는다.

데이터 관리 프랙티스 영역은 1단계부터 3단계까지 3개 프랙티스 그룹으로 구성된다.

1단계 프랙티스 그룹은 데이터 관리 목표를 파악하고 메타데이터를 사용하여 데이터를 관리하는 활동이다. 메타데이터는 관련 데이터 자산과 관련한 내용, 배경, 구조, 유형을 파악하고 설명하고 분류하고 제공하는 정보 범주로, 이러한 자산을 효과적으로 검색하고 사용하고 관리할 수 있게 해 준다. 개발한 메타데이터는 시간이 지남에 따라 데이터 자산 지식을 확립하고 향상할 수 있는 메커니즘이다. 효과적인 메타데이터 관리와 메타데이터 카탈로그 생성은 중요한 데이터 관리 활동과 목표 달성을 촉진하고 지원하며 기여한다.

메타데이터는 일반적으로 세 가지 범주가 있다.
- 비즈니스 메타데이터: 용어, 정의, 값, 작성자, 키워드, 게시자와 같은 요소를 포함할 수 있는 내용

을 이해하고, 검색하고, 찾고, 통제하는 데 사용하는 설명 정보이다. 비즈니스 메타데이터에는 도메인, 관련 주제 영역, 비즈니스 규칙과 데이터 품질 규칙을 포함할 수 있으며, 이 모든 것은 데이터 용어집에 수록한다. 비즈니스 메타데이터는 분류 체계, 온톨로지, 데이터 용어집, 표준과 같은 관련 메타데이터 결과물에 대응하기 위한 기초이다.

- 기술 메타데이터: 물리적 데이터 계층에 인스턴스화한 데이터 자산과 자동화한 프로세스를 통한 데이터 자산 변환을 설명한다. 테이블, 필드 구조, 데이터 유형, 칼럼, 관련 파일 링크, 색인 등에 대한 정보를 포함하여 데이터 저장소와 인터페이스 또는 연결 내용과 위치를 설명한다. 기술 메타데이터는 첫째, 런타임이나 동적 메타데이터(예: 형상 정보, 메시지처리, XML(확장 가능한 마크업 언어)), 둘째, 디자인 타임이나 정적 메타데이터(예: 물리적 데이터 모델, DDL(데이터 정의 언어), 데이터 사전, ETL(추출, 변환, 로드) 스크립트)와 같은 하위 범주로 구성한다.

- 운영 메타데이터: 데이터 자산을 관리하기 위한 관리 정보를 제공하며, 개발이나 획득 시기, 파일 유형, 해당 데이터 출처, 데이터 목적, 보관, 통합, 최신화 일정에 필요한 정보, 접근 권한, 권한 제한과 같은 정보를 포함한다. 운영 메타데이터는 보통 두 가지 주요 범주로 구분한다.

  — 거버넌스와 관리 책임과 관련한 관리 메타데이터는 운영 메타데이터 하부에 포함되어 있다. 이는 데이터 관리와 관련한 개인 역할을 이해하는 데 사용하는 설명 정보이다. 이 관리 데이터는 거버넌스 기구와 그 범위, 프로세스, 참여자, 구조와 책임을 파악하고 모든 유형의 메타데이터에 대한 변경 사항을 관리하는 데 사용한다. 또한 운영 메타데이터는 성과 개선과 생산성 향상을 위한 데이터 품질 개선에 사용된다.

  — 운영 메타데이터 하위 범주인 프로세스 메타데이터는 데이터 품질 측정과 분석뿐만 아니라 생산과 유지관리를 위한 프로세스 단계를 다룬다. 비즈니스 규칙, 관련 시스템, 작업, 프로그램 이름, 거버넌스와 규제 역할, 기타 통제 요구사항이 프로세스 메타데이터의 예이다.

2단계 프랙티스 그룹은 목표에 부합하는 데이터 관리 방식을 개발하고 지원하기 위한 데이터 관리 아키텍처를 수립하는 활동을 다룬다.

효과적인 데이터 관리 접근방식은 데이터 관리 프로그램을 구현하는 근거를 정의하고, 전체 프로그램이 관련 목표에 대해 달성하고자 하는 방향을 설명하며, 다양한 프로그램 구성 요소를 어떻게 연결하고 있는지를 파악한다. 이해관계자의 목표를 정확하게 반영하여 데이터 관리 프로그램이 그들 요구를 충족하고 있다는 확신을 주어야 한다. 기능적 데이터 관리 접근방식은 모든 이해관계자가 협력하여 개발하고 승인해야 한다. 데이터 관리 접근방식은 형상 관리 활동과 계획 프로세스와 비교 검토하여 충돌을 제거하고 일관성과 조정을 위해 동기화한다. 역량 차이 분석과 주요 의존성 파악을 포함한 현재 상태에 대한 평가는 조정을 촉진하고 접근방식과 해당 구현 계획에 대한 동의를 위한 토대를 제공한다. 이 평가는 도메인, 전반적인 전략, 규제와 경쟁 환경을 고려해야 한다. 데이터 관리 솔루션이 클라우드 컴퓨팅 서비스에 의존하면 잠재적인 보안과 개인정보보호 문제를 고려해야 할 필요성도 높아진다. 현재 상태의 평가를 완료하면 평가 결과에서 얻은 참여자 추진력을 활용하여 데이터 관리 접근방식을 개발하거나 수정하고 구현한다. 데이터 관리 접근방식은 표준 사용을 강화하고 구현에 관한 결정을 내리는 데 사용하는 전반적인 거버넌스 프레임워크를 개괄적으로 설명해야 하며, 필요에 따라 진화해야 한다. 또한 진행 중이거나 계획 중인 아키텍처 주도 계획이나 기술 전환 주도 계획과 같은 주요 구현 고려 사항을 반영해야 하며, 구현을 안내하기 위한 일련의 활동을 정의해야 한다. 데이터 관리 접근방식은 데이터 관리 프로그램에 필요한 자원 요구사항과 프로그램 효과성을 평가하는 데 사용할 기준을 파악해야 한다. 데이터 관리 접근방식 개발이나 구체화 과정에 이해관계자를 참여시키면 지속적인 성공에 필요한 문화적, 시스템적 변화를 위해 활용할 수 있는 더없는 협업 기회를 얻을 수 있다.

데이터 아키텍처는 구조를 잘 갖춘 기술 인프라를 설계하는 데 필수적이다. 업무 수행에 필요한 중요한 데이터 공유에 중점을 두어야 한다. 데이터 저장소를 재설계하고 통합하거나 데이터 중복성을 감소시키는 것과 같이 데이터 계층을 간소화해야 할 수도 있다. 대상 데이터 계층은 데이터 관리와 데이터 품질 목표를 지원하고 데이터 프로파일링과 유효성 검사 결과를 결합해야 한다. 이를 통해 신뢰할 수 있는 고품질 데이터가 중요한 목표를 달성하는 데 사용할 수 있는지 확인한다. 이러한 접근방식은 아키텍처가 파악한 법률과 규제 요건을 적절히 반영하도록 보장해야 한다. 성능 요구사항은 아키텍처 설계와 구현 방식에도 영향을 미칠 수 있다. 예를 들어, 복잡한 분산 환경 클라우드 아키텍처는 비용 효과가 더 높을 수 있지만 성능 저하를 초래할 수 있다. 아키텍처 접근방식은 유연해야 하며 변화하는 요건, 기술 노후화, 그에 따른 데이터 이관을 고려해야 한다. 부정적인 영향을 최소화하기 위해 아키텍처 전환 계획을 채택하는지 확인하는 것이 중요하다. 핵심 운영 시스템에 미치는 주요 영향을 분석하고 적절한 완화 전략을 기록하여 운영 데이터의 중단 없는 전송을 보장해야 한다. 설계와 구현을 진행하기 전에 아키텍처 접근방식이 관련 요건과 아키텍처 표준과 일관성이 있는지 검토하고 승인을 받아야 한다. 아키텍처 접근방식은 장기적인 지침이 필요하므로 변화하는 작업과 환경 조건에 대응하여 최신 상태를 유지해야 한다.

3단계 프랙티스 그룹은 조직 데이터 관리 역량을 확립하고 조직 데이터 관리 프로그램의 효과를 주기적으로 검토하는 데 중점을 둔다. 조직 데이터 역량은 데이터 관리 접근방식, 데이터 아키텍처, 데이터 관리 기능, 데이터 용어집을 포함한다.

모든 데이터 관리 활동을 감독하는 데이터 관리 기능을 구축한다. 여기에는 다음 사항에 대한 준비, 계획 수립과 실행을 포함한다.

- 데이터 분석
- 데이터 품질
- 대상 데이터 아키텍처와 공유 데이터 저장소
- 기업 데이터 웨어하우징
- 콘텐츠 관리
- 데이터 저장소 통합
- 데이터 감사
- 데이터 이관
- 데이터 관리 프로세스 개발과 구현
- 프로세스 자동화
- 데이터 위험 또는 기회 분석

데이터 용어집은 조직 데이터 인프라의 핵심이다. 개념은 간단하지만, 공유하는 모든 데이터 용어를 정의하고 조정하고 조화를 이루며 적격 여부를 확인하고 승인하고 최신 상태로 유지하는 것은 상당한 도전이 될 수 있다. 조직 전체에서 사용하는 용어 간 구분을 잘 정의하거나 기록하고 있지 않은 경우가 많으며, 작업그룹에서 사용하는 용어에는 해결해야 할 가정이나 암시적 의미를 포함하고 있는 경우가 많다. 데이터 용어집은 데이터 용어 이름, 정의, 메타데이터와 그 관계에 대해 승인하고 관리하는 모음이다. 이는 모호함이나 중복 없이 조직 전체에서 데이터를 이해하고 통합할 수 있는 안정적인 기반을 제공한다. 승인한 표준 데이터 용어집은 데이터 아키텍처를 지원한다. 이 용어집이 없으면 기업 데이터 자산에 대한 재설계와 통합과 효과적인 공유가 더 느리고 복잡하며 비용이 더 많이 든다. 데이터 저장소, 통합과 설계 개발은 종종 특정 상황으로 인해 이뤄지며, 데이터 용어에 대한 임시 명명과 정의를 초래하는 경우가 많다. 데이터 용어집 표준은 데이터 거버넌스와 그에 따른 승인과 변경 프로세스를 통해 개발하고, 준수하며, 최신 상태를 유지해야 한다. 데이터 용어집 내에서 변경 사항과 권장 사항이 일관성 있고 정확성을 유지하도록 적절한 의사소통과 개선 의견을 반복해서 제시할 수 있는 기반을 구축해야 한다.

산업계 표준과 동향, 데이터 관리 접근방식과 목표, 데이터 관리 기능, 데이터 아키텍처, 데이터 용어집을 사용하여 데이터 관리 기능의 효과와 효율성을 평가한다. 영향과 비즈니스 요건 분석을 바탕으로 파악한 개선 우선순위를 정한다.

(2) 데이터 품질Data Quality, DQ

데이터 품질 표준을 구현하기 위한 접근방식을 개발하고 준수하고 최신 상태로 유지한다.

조직은 이 활동을 통해 효과적인 비즈니스 운영과 일관적인 의사결정을 위한 데이터 가치와 정확성을 극대화한다.

Develops, follows, and keeps updated an approach for implementing data quality standards.
Maximizes the value and accuracy of data for effective business operations and consistent decision—making.

■ 1단계 프랙티스 그룹

DQ 1.1	데이터 품질 매개변수를 파악한다. (Identify data quality parameters.)
가치	데이터 품질 활동에 대한 일관성과 효과성을 높인다. (Increases the consistency and effectiveness of data quality activities.)
활동 예시	• 비즈니스에 중요한 데이터 품질 매개변수를 정의한다. — 정확성, 객관성, 접근성, 적시성, 완전성 — 산업계 표준 — 데이터 출처 — 오류율 — 예상 데이터값 범위 — 통제 처리 — 품질 임곗값 • 이해관계자와 함께 데이터 품질 매개변수를 검토한다.
산출물 예시	• 데이터 품질 매개변수 정의 • 회의 노트 또는 이해관계자 검토
DQ 1.2	데이터 정제 활동을 수행한다. (Perform data cleansing activities.)
가치	비즈니스 전반에서 데이터 가치와 일관성을 높인다. (Increases the value and consistency of data across the business.)
활동 예시	• 데이터를 검토하고 정제한다. — 비즈니스 요구와 데이터 품질 매개변수 고려
산출물 예시	• 데이터 정제 결과

■ 2단계 프랙티스 그룹

DQ 2.1	데이터 정제 기준을 정의한다. (Define criteria for data cleansing.)
가치	데이터 정확도를 높여 의사결정의 일관성과 효과성을 개선한다. (Increases data accuracy to improve consistency and effectiveness of decisions.)
활동 예시	• 데이터 정제 기준을 파악한다. — 비즈니스 요구, 비즈니스 규칙과 자원에 미치는 영향 고려 • 비즈니스 목표와 우선순위에 따라 데이터 정제 기준을 주기적으로 검토한다. — 비즈니스 목표에 따라 데이터 정제 기준 조정

산출물 예시	• 데이터 정제 기준 목록 • 회의 노트 또는 검토 자료
DQ 2.2	데이터 품질 접근방식을 개발하고 최신 상태로 유지하며 준수한다. (Develop, keep updated, and follow a data quality approach.)
가치	데이터에 대한 신뢰도와 안정성을 높여 더욱 정확한 비즈니스 운영과 나아진 의사결정 능력을 지원한다. (Increases confidence in and reliability of data, enabling more accurate business operations and enhanced decision—making capability.)
활동 예시	• 데이터 품질 접근방식을 개발한다. 　— 비즈니스 목표, 우선순위, 전략에 맞게 조정 　— 현재와 목표 상태 　— 기대하는 이점 　— 예상 비용 　— 데이터 목표, 임곗값, 우선순위 지정을 포함한 데이터 품질에 대한 비즈니스 규칙 　— 경영진 후원과 지원 　— 역할과 책임 　— 이해관계자 　— 의사소통과 인식 교육 　— 알려진 주요 데이터 품질 이슈 　— 데이터 품질, 확인, 시정 프로세스 　— 데이터 보안과 데이터 품질 평가 기준을 포함한 데이터 품질 요구사항 　— 승인한 데이터 품질 도구 　— 데이터 프로파일링 방법론과 매개변수(예: 프로파일링할 데이터 세트 선택과 파악을 위한 표준 기준, 도구, 기법) 　— 데이터 저장소 설계(예: 참조 무결성, 동기화, 정규화, 카디널리티, 계층 관리, 선택적 제약조건) 　— 데이터 정제 요구사항(예: 적합성, 정확성, 고유성) 　— 목표 데이터 아키텍처에 맞게 조정 　— 중복, 노후화, 사소한 정보 감소 　— 오류 처리 기준과 요구사항 • 이해관계자와 함께 데이터 품질 접근방식을 검토한다.
산출물 예시	• 데이터 품질 접근방식 • 접근방식에 대한 상태 최신화 • 이해관계자 회의와 검토 회의록
DQ 2.3	기준과 데이터 품질 접근방식에 따라 데이터를 정제한다. (Perform data cleansing based on criteria and data quality approach.)

가치	조직 전반에서 데이터 일관성을 높여 의사결정 신뢰성을 향상한다. (Increases consistency of data across the organization to improve reliability of decision—making.)
활동 예시	• 데이터를 정제한다. • 데이터 제공자를 통해 정제한 데이터를 확인한다.
산출물 예시	• 데이터 수정 로그 • 최신화한 데이터 • 데이터 정제 활동 보고서 　— 향후 데이터 정제 요구사항에 관한 교훈 사례 포함 가능

■ 3단계 프랙티스 그룹

DQ 3.1	데이터 품질을 평가한다. (Conduct data quality assessments.)
가치	조직 전체에서 사용하는 데이터 일관성, 완전성, 정확성을 높인다. (Increases the consistency, completeness, and accuracy of data used across the organization.)
활동 예시	• 데이터 프로필을 설정하고 검토하고 최신화한다. 　— 데이터 웨어하우스 설계를 마무리하거나 데이터 이관을 수행하거나 데이터 저장소 통합을 계획할 때와 같이 주기적으로 또는 상황에 따라 데이터 프로필을 검토 　— 비즈니스 규칙 정확성을 평가하고 알려진 이슈를 분석 　— 표준 검토 기준(예: 무엇을, 언제, 어떻게 수행했는지)에 따라 값, 범위, 빈도 분포, 다양한 메타데이터, 비표준 레코드 형식, 데이터 요구사항에서 실제 데이터와 메타데이터로의 추적성 등을 검토 • 데이터 품질을 평가한다. 　— 주기적이거나 상황에 따라 평가 시기와 평가 방법에 대한 기준 정의 　— 과거 데이터 프로파일링, 교훈 사례, 데이터 품질 평가 결과 고려 • 평가 결과를 보고하고 분석한다. 　— 비즈니스 목표, 대상, 임곗값 고려
산출물 예시	• 데이터 프로파일링 보고서 • 데이터 품질 평가 결과 　— 대시보드와 스코어카드 사용 고려 　— 추가 조사나 근본 원인 분석이 필요한 이슈 파악 　— 설정한 품질 차원과 임곗값에 따라 결과 정보 정리 • 시정 계획 　— 심각도 특성화, 비즈니스 영향, 근거 정보를 뒷받침하는 시정조치 파악 • 파악한 개선 사항 목록 　— 개선에는 데이터 수정, 메타데이터 설명 최신화, 스크립트 보강, 데이터 구조 변경, 비즈니스 규칙이나 프로세스 최신화와 같은 시정 활동 포함

DQ 3.2	조직 데이터 품질 활동 효과성에 대해 주기적으로 검토하고 결과에 따라 조처한다. (Perform reviews periodically on the effectiveness of the organization's data quality activities and take action on results.)
가치	비즈니스 운영, 시스템, 프로세스 전반에서 데이터를 효율적으로 사용한다. (Increases efficient use of data across business operations, systems, and processes.)
활동 예시	• 데이터 품질에 관한 산업계 표준, 동향과 새로운 기술을 검토한다. • 데이터 품질 활동에 대해 정기적으로 평가한다. 　— 데이터 품질 활동을 분석하고 적절한 투자수익률이나 데이터 품질 활동으로 인한 비용 대비 부가가치 균형 확인 　— 데이터 품질 신뢰도 설문조사와 그 결과를 사용하여 특정 데이터 세트에 대한 사용자 신뢰 수준 정량화 • 데이터 품질 개선 사항을 파악한다. • 데이터 품질 활동 효과를 기록한다.
산출물 예시	• 분석 결과 • 설문 결과 • 개선 사항 목록 　— 파악한 개선 사항과 우선순위, 영향, 예상하는 이점에 대한 연관성 고려

데이터 품질 표준은 외부 규정, 내부 요구사항 등 다양한 출처에서 가져올 수 있다. 접근방식은 전체 데이터 수명주기 동안 모든 표준 출처와 데이터 품질 요구사항을 고려해야 하며, 시스템 전반에서 데이터 일관성을 포함해야 한다.

조직은 데이터 품질 접근방식을 활용하여 관리 중인 데이터 특성과 품질을 완전하게 이해하고, 결함을 평가하고 예방하고 수정한다. 또한 데이터 품질이 비즈니스 목적과 조직의 전략적 목표를 충족하는지 확인한다. 데이터 품질 접근방식은 데이터 결함을 정제하여 비즈니스 운영, 의사결정과 계획 수립에서 의도한 용도에 적합하도록 보장하기 위한 기반을 제공한다.

포괄적인 데이터 품질 프로그램은 다음과 같다.
- 정의한 품질 목표에 따라 관리 대상 데이터를 평가하는 활동을 포함한 데이터 품질 프로파일링과 데이터 품질 평가
- 데이터 품질 정제 작업을 위한 반복 가능한 프로세스를 구현하여 노력을 줄이고 비용을 절감하여

조직이 '목적에 맞는' 데이터 자산을 확보

데이터 품질 프랙티스 영역은 1단계부터 3단계까지 3개 프랙티스 그룹으로 구성된다.

1단계 프랙티스 그룹은 데이터 품질 매개변수를 파악하고 데이터를 정제하는 활동이다. 비즈니스에 중요한 데이터 품질 매개변수로는 정확성, 객관성, 접근성, 적시성, 완전성, 산업계 표준, 데이터 출처, 오류율, 예상 데이터값 범위, 품질 임곗값 등이 있다. 비즈니스 요건과 데이터 품질 매개변수를 고려하여 데이터를 검토하고 정제한다.

2단계 프랙티스 그룹은 데이터 정제 기준을 정의하여 데이터 품질 접근방식을 개발하고 기준과 접근방식에 따라 데이터를 정제하는 활동을 다룬다. 데이터 정제 활동에 활용할 비즈니스 목표를 고려할 때 가장 중요한 품질 차원을 파악한다.

데이터 품질 차원에 대한 다음과 같은 예시를 바탕으로 기준을 고려한다.
- 정확성: 원래 의도와 부합, 권위 있는 출처와 비교한 유효성, 측정 정밀도
- 완전성: 요구사항을 바탕에 둔 데이터 속성에 대한 포괄적인 가용성
- 적용 범위: 정의한 범위를 바탕에 둔 데이터 기록에 대한 포괄적인 가용성
- 적합성: 법적 요구사항을 포함한 필수 표준에 대한 부합과 준수
- 일관성: 데이터 수명주기에 따른 필수 패턴과 균일성 규칙 준수
- 중복 제거: 중복 기록 또는 속성 제거
- 참조 무결성: 데이터 관계에 대한 정확성(예: 상위와 하위 연결)
- 적시성: 콘텐츠 유효성과 필요시 가용성

데이터 품질 접근방식은 비즈니스 목표와 우선순위를 데이터 품질에 대한 모든 적용 가능한 차원에 걸쳐 데이터 관리 활동으로 정의하고 변환한다. 이를 통해 데이터 자산 가치를 극대화하고 정확하고 신뢰할 수 있는 데이터가 있어야 하는 기회를 활용할 수 있다.

데이터 정제는 데이터 품질 비즈니스 규칙에 따라 결정한 기준을 충족하기 위한 데이터 시정에 중점을 둔다. 비즈니스 규칙은 비즈니스 운영에 영향을 미칠 수 있는 데이터 결함이나 이상 징후를 파악하기 위한 표준 기준선을 제공한다. 데이터 정제 활동은 노력을 줄이고 비용을 절감하여 데이터 세트와 물리적 데이터 저장소 전반에서 '목적에 맞는' 자산을 확보할 수 있게 해 준다. 데이터 출처 또는 가능한 한 원래 생성 지점에 가까운 곳에서 데이터 정제 작업을 수행한다.

3단계 프랙티스 그룹은 데이터 품질을 평가하고 조직 데이터 품질 활동의 효과성에 대해 주기적으로 검토하는 데 중점을 둔다.

데이터 품질 평가는 품질 기대치와 데이터 속성이 요구사항과 일관성을 유지하는지 확인한다. 비즈니스 우선순위와 추진 요인에 따라 데이터 품질 평가를 수행하기 위한 기준을 설정한다. 예를 들어, 재무 데이터는 다른 비즈니스 프로세스 데이터보다 더욱 엄격한 데이터 품질 평가 활동을 거쳐야 할 수 있다. 데이터 품질 평가는 조직 목표 달성에 직접적으로 기여하는 정보나 규제 또는 내부 규정 준수에 대한 보고에 사용하는 정보처럼 조직에 중요한 것으로 간주하는 데이터 요소에 대해 수행해야 한다. 여기에는 보안이나 안전 관련 데이터와 개인정보 데이터를 포함하는 직원 데이터 그리고 운영상 의사결정에 필요한 정보도 포함한다. 데이터 품질 평가는 정책과 관련 프로세스를 시행하고 준수하고 있는지 확인해야 한다.

데이터 품질 평가를 계획할 때는 다음 사항을 고려한다.
- 원하는 품질 수준에 대한 목표
- 허용하는 품질 수준에 대한 임곗값
- 달성한 품질 수준을 결정하는 데 필요한 측정
- 근본 원인 분석을 쉽게 하는 데 사용하는 이전 평가 결과
- 비용, 위험, 규정 준수, 보안, 생산성 등을 포함한 데이터 품질 영향 범주
- 고객 정보를 개발하거나 최신화하는 주요 데이터 저장소

조직 데이터 품질 활동 효과에 대한 평가는 프로세스, 기법, 데이터 품질 비즈니스 규칙에 따라 데이터 품질을 측정하고 평가할 수 있는 체계적인 접근방식을 제공한다.

5. 보안 도메인

사이버상에서 보안 위협이 날로 증가하며 보안 침해, 취약점과 위험은 제품 개발, 서비스 운영, 납품 또는 공급망의 거의 모든 단계에서 발생하고 있다. 따라서 비용, 일정, 품질 목표에 맞춰 안전한 제품을 제공하기 위한 사전 예방 조치 활동이 필요하다. 보안 도메인은 조직이 규정 준수를 넘어 보안에 대한 접근방식을 평가, 강화하고 개선할 수 있도록 성과와 핵심 역량을 개선하는 일련의 통합 모범 사례를 제공한다.

보안 도메인은 [표 3—5]와 같이 2개 프랙티스 영역으로 구성된다.

[표 3—5] 보안 도메인 프랙티스 영역

범주	역량 영역	프랙티스 영역
지원	보안 및 안전 관리	보안 활성화
		보안 위협 및 취약점 관리

(1) 보안 활성화 Enabling Security, ESEC

보안 활성화는 보안 이슈가 조직이나 솔루션에 미치는 영향을 예측하고 파악하고 조처하여 방지하거나 최소화하는 것을 포함하는 보안 접근방식을 개발하고 최신 상태로 유지한다.

조직은 이 활동을 통해 보안 위협과 취약점이 비즈니스 성과에 미치는 영향을 줄인다.

> Develops and keeps updated the security approach that includes anticipating, identifying, and taking actions to avoid or minimize the impacts of security issues on an organization or solution.
> Reduces the impact of security threats and vulnerabilities on business performance.

■ 1단계 프랙티스 그룹

ESEC 1.1	보안 요구와 이슈를 파악하고 기록한다. (Identify and record security needs and issues.)
가치	보안 이슈로 인한 업무와 비즈니스 운영 중단을 최소화한다. (Minimizes disruption to the work and business operations resulting from security issues.)
활동 예시	• 업무와 관련한 보안 요구와 이슈를 파악한다.
산출물 예시	• 보안 이슈와 잠재적 영향 목록 　— 보통 잠재적 영향, 가능성과 같은 요소를 평가하여 우선순위를 정하고 정리
ESEC 1.2	우선순위를 지정한 보안 요구와 이슈를 해결한다. (Address prioritized security needs and issues.)
가치	조직이 가장 중요한 보안 요구에 빠르고 효과적으로 대응하고 해결할 수 있도록 지원한다. (Enables organizations to respond and address the most critical security needs rapidly and effectively.)
활동 예시	• 보안 이슈를 검토하고 우선순위를 정하고 기록하고 최신 상태로 유지한다. 　— 보안 이슈와 보안 이슈가 업무에 미치는 영향은 업무 유형과 여러 내외부 요인에 따라 다양 　— 비즈니스 목표, 비용, 일정, 품질, 기능, 위험 성향, 환경 요인과 기타 업무 측면에 미치는 영향을 검토한 다음에 영향과 발생 가능성을 모두 고려하여 우선순위 지정 • 보안 조치를 기록하고 종결 때까지 추적한다.
산출물 예시	• 보안 조치 계획

■ 2단계 프랙티스 그룹

ESEC 2.1	보안 요구를 파악하고 기록하고 최신 상태로 유지하며, 보안 접근방식과 목표를 수립하는 데 사용한다. (Identify and record security needs, keep them updated, and use to develop a security approach and objectives.)
가치	지속해서 보안 요구를 신속하고 일관적으로 처리할 수 있는 조직 역량을 향상한다. (Improves an organization's capability to address ongoing security needs rapidly and consistently.)
활동 예시	• 업무에 대한 보안 목표를 정의하고 기록하고 최신 상태로 유지한다. 　— 기밀성, 무결성, 가용성 손실에 대한 영향 수준을 기준으로 데이터와 기능에 대한 기밀성, 무결성, 가용성의 관련성에 대한 설명 포함 • 보안 이슈를 파악하여 관리 가능한 유형으로 분류하고 최신 상태로 유지한다. 　— 보안 목표에 맞게 영향, 비용을 포함한 심각도 수준에 따라 보안 이슈를 정렬하고 분류 • 보안 접근방식을 파악하고 기록하고 최신 상태로 유지한다. 　— 적절한 이해관계자와 일련의 작업 파악 　— 보안 위협과 취약점 관리

	— 적절한 통제 파악과 구현 — 필요한 자원 결정 — 프로젝트, 시스템, 조직 복원력 활성화 — 비즈니스 요구사항과 진화하는 위협과 취약점에 따라 보안 접근방식을 개발하고 최신 상태로 유지 — 보안 접근방식과 태세를 지속해서 평가하고 강점, 약점, 개선 기회, 보안 혁신 사항을 파악 — 동심원 링, 중복 이중화, 구획화 등 심층 방어 구현을 고려 • 솔루션 데이터와 기능을 파악하고 보호하여 전반적인 비즈니스 목표를 달성한다. — 주요 사용 사례 — 솔루션 구현 요구사항 — 조직 일관성과 요구사항 — 개인정보와 개인정보보호 규정 • 데이터 관리 원칙 위반으로 인한 잠재적이거나 발생한 이슈와 영향을 평가한다. — 영향 범주, 가능성, 정량화 가능한 영향 수준과 함께 심각도 수준을 사용하여 영향 등급을 일관성 있게 측정
산출물 예시	• 데이터와 기능에 대한 보안 목표와 관련 영향 수준 문서 • 보안 접근방식에 대한 문서
ESEC 2.2	물리적 보안 요구를 해결하기 위한 접근방식을 개발하고 최신 상태로 유지하며 준수한다. (Develop, keep updated, and follow an approach to address physical security needs.)
가치	조직이 물리적 보안 요구와 이슈를 일관적이고 효과적으로 처리하고 해결할 수 있도록 지원한다. (Enables organizations to address and resolve physical security needs and issues consistently and effectively.)
활동 예시	• 물리적 보안 요구를 해결하기 위한 접근방식을 파악하고 기록하고 최신 상태로 유지한다. — 물리적 보안 요구 변경 빈도에 따라 접근방식을 검토하고 최신 상태로 유지 — 동심원 링, 중복 이중화, 구획화 등 심층적인 방어 구현을 고려 • 심층 방어 접근방식으로 물리적 보안 요구를 기록한다.
산출물 예시	• 물리적 보안 접근방식 기록 • 물리적 보안 요구를 포함하는 기록과 현행 심층 방어 접근방식
ESEC 2.3	임무, 인력, 프로세스 관련 보안 요구를 해결하기 위한 접근방식을 개발하고 최신 상태로 유지하며 준수한다. (Develop, keep updated, and follow an approach to address mission, personnel, and process—related security needs.)
가치	보안 이슈가 임무와 직원에게 미치는 영향을 최소화한다. (Minimizes the impact of security issues on mission and personnel.)

활동 예시	• 임무, 인력, 프로세스 요구를 해결하기 위한 접근방식을 파악하고 기록하고 최신 상태로 유지한다. 　— 임무, 인력, 프로세스 보안 요구와 보증 요구사항 변경 빈도에 따라 접근방식을 검토하고 최신 상태로 유지 • 심층 방어 접근방식으로 임무, 인력, 프로세스 요구를 기록한다.
산출물 예시	• 임무, 인력, 프로세스 보안 접근방식 기록 • 임무, 인력, 프로세스 요구를 포함하는 최신 심층 방어 접근방식 기록
ESEC 2.4	사이버보안 요구를 해결하기 위한 접근방식을 개발하고 최신 상태로 유지하며 준수한다. (Develop, keep updated, and follow an approach to address cybersecurity needs.)
가치	조직이 사이버보안 요구를 예측하고 더욱 효과적으로 관리하고 대응할 수 있도록 지원한다. (Enables an organization to anticipate and more effectively manage and respond to cybersecurity needs.)
활동 예시	• 사이버보안과 보안 요구와 이슈를 해결하기 위한 접근방식을 파악하고 기록하고 최신 상태로 유지한다. 　— 사이버보안 개념 이해와 해결 방법: 기본적인 위험과 기회 관리, 일반적인 공격 벡터와 위협 에이전트, 공격 패턴과 유형, 보안 정책과 절차 유형, 사이버보안 통제 프로세스, 절차, 프로토콜 　— 보안 아키텍처 원칙: 일반적인 보안 아키텍처와 프레임워크, 경계 보안 개념과 요구사항, 시스템 토폴로지 개념과 요구사항, 방화벽과 암호화, 격리와 세분화, 모니터링, 검증, 확인, 탐지 　— 네트워크, 시스템, 애플리케이션, 데이터 보안: 프로세스 통제 보안 위험 평가, 위협과 취약점 관리, 모의 침투 테스트, 시스템, 애플리케이션, 네트워크 위협과 취약점, 취약점 관리를 위한 효과적인 통제 　— 사고 대응: 사건과 사고 구분을 파악하고 이해하기 위한 기준, 사이버보안 사고에 대응할 때 필요한 단계, 사고 범주, 재해 복구와 비즈니스 연속성 계획, 사고 대응을 위한 활동과 단계, 포렌식과 증거 보존, 지능형 지속 공격 대응을 위한 기준, 프로세스와 프로토콜 　— 보안에 미치는 영향과 진화하는 기술 채택: 모바일 장치, 사물 인터넷(IoT), 클라우드 컴퓨팅과 스토리지, 디지털 협업(예: 소셜 미디어), 자율 운영(예: 운송, 유틸리티, 제조), 로봇 프로세스 자동화, 인공 지능, 암호 화폐(예: 비트코인) • 심층 방어 접근방식으로 사이버보안 요구를 기록한다.
산출물 예시	• 사이버보안 접근방식 기록과 최신화 • 사이버보안 요구를 포함하는 기록과 현행 심층 방어 접근방식

■ 3단계 프랙티스 그룹

ESEC 3.1	조직의 보안 운영 역량을 수립하고 전개한다. (Establish and deploy an organizational security operations capability.)

가치	조직의 민첩성을 높여 보안 이슈를 더욱 빠르고 효과적으로 해결한다. (Increases organizational agility to address security issues more rapidly and effectively.)
활동 예시	• 보안 기능을 운영하는 데 필요한 접근방식, 역할, 책임과 작업을 파악하고 최신 상태로 유지한다. 　— 사내에 있는 고유한 유형의 엔드포인트, 서버, 장치, 소프트웨어뿐만 아니라 이러한 자산 간에 흐르는 타사 서비스와 트래픽을 포함하여 비즈니스 위협 환경을 완벽하게 파악 　— 사용 중인 모든 보안 도구와 조직 전체에서 운영에 사용하는 모든 작업흐름을 완벽하게 파악 　— 조직의 물리적, 임무, 인력, 프로세스 보안, 사이버보안 요구를 해결하는 보안 아키텍처와 운영에 대한 조직적 접근방식을 개발하고 구현 • 보안 자원을 파악하고 전개하고 모니터링하고 최신 상태로 유지한다. 　— 지정 장치, 프로세스와 애플리케이션 보호 　— 보호에 도움을 주는 방어 도구 관리 자원: 취약점 평가 솔루션, 거버넌스와 위험 및 규정 준수(GRC) 시스템, 애플리케이션과 데이터베이스 스캐너, 보안 정보와 사건 관리(SIEM) 시스템, 침입 방지 시스템(IPS), 사용자와 개체 행동 분석(UEBA), 엔드포인트 탐지와 교정(EDR), 위협 인텔리전스 플랫폼(TIP) • 준비와 예방적 유지관리를 수행한다. 　— 준비 작업에는 보안 운영팀원이 최신 보안 혁신과 사이버 범죄 최신 동향과 눈앞에 닥친 새로운 위협 개발에 대한 지속적인 정보 제공 포함 　— 예방적 유지관리에는 기존 시스템의 정기적인 유지관리와 최신화, 방화벽 정책 최신화, 취약점 패치, 화이트리스트와 블랙리스트 작성과 애플리케이션 보안을 포함하여 성공적인 공격을 더 어렵게 만들기 위해 취한 모든 조치 포함 • 지속적인 보안 모니터링을 수행한다. 　— 보안 운영 기능에서 사용하는 도구는 네트워크를 연중무휴 24시간 스캔하여 이상이 있거나 의심스러운 활동에 플래그 지정 　— 24시간 네트워크를 모니터링하면 새로운 위협에 대해 즉시 알릴 수 있으므로 피해를 방지하거나 완화할 수 있는 최상의 기회 확보 　— 모니터링 도구에는 '보안 정보와 사건 관리' 또는 '엔드포인트 탐지와 교정' 포함 　— 가장 진보한 도구는 행동 분석을 사용하여 일상적인 운영과 실제 위협의 행동 차이를 시스템에 '교육'하여 직원이 수행해야 하는 분류와 분석 최소화 • 경고 등급을 설정하고 관리한다. 　— 도구에서 경고를 모니터링할 때 보안 운영 기능은 각 경고를 자세히 살펴보고 잘못된 탐지는 무시하며 실제 위협이 얼마나 공격적이고 무엇을 목표로 할 수 있는지 확인하는 역할 　— 새로운 위협을 적절하게 분류하고 가장 시급한 이슈를 먼저 처리 • 위협에 대응한다. 　— 사고를 확인하는 즉시 보안 운영 기능이 최초 대응자 역할을 하여 엔드포인트 종료나 격리, 해로운 프로세스 종료(또는 실행 방지), 파일 삭제 작업 수행 　— 목표는 비즈니스 연속성에 미치는 영향을 최소화하면서 필요한 범위까지 대응

- 복구와 교정 활동을 수행한다.
  - 사고가 발생한 후, 보안 운영팀은 문제를 파악하고 시스템을 복원하며 손실되었거나 손상된 데이터를 복구하기 위해 노력
  - 엔드포인트 제거와 재시작, 시스템별 접근 재구성, 랜섬웨어 공격이면 랜섬웨어 영향을 피하기 위한 백업 시험과 배포 포함
  - 이 단계에 성공하면 네트워크를 사고 이전 상태로 복구 가능
- 보안 운영 로그를 관리한다.
  - 보안 운영 기능은 전체 조직의 모든 네트워크 활동과 통신에 대한 로그를 수집하고 유지관리하며 정기적으로 검토하는 역할
  - 이 데이터는 '정상적인' 네트워크 활동에 대한 기준을 정의하는 데 도움을 줌
  - 위협 존재를 밝히는 데 도움을 줄 수 있으며, 사고 발생 후 교정과 포렌식에 사용
  - 많은 보안 운영팀은 '보안 정보와 사건 관리'를 사용하여 자체 내부 로그를 생성하는 애플리케이션, 방화벽, 운영 체제와 엔드포인트 데이터 피드를 집계하고 상호 연관시킴
- 보안 사고 조사를 수행한다.
  - 보안 운영팀은 사고 발생 후 언제, 어떻게, 왜 발생했는지를 정확히 파악할 책임 보유
  - 보안 운영팀은 로그 데이터 정보를 활용하여 문제 원인을 추적하고 향후 유사한 문제가 발생하지 않도록 예방
- 보안 운영을 세분화하고 개선한다.
  - 레드팀 구성: 레드팀은 조직이 인프라, 시스템과 애플리케이션 전반에 걸친 취약점만이 아니라 프로세스와 인간 행동 약점을 파악하고 해결할 수 있도록 지원하기 위해 실제 적대적 기법을 사용하는 것을 임무로 하는 공격적인 보안 전문가 그룹
  - 블루팀: 보통 보안 운영 센터에 기반을 둔 블루팀은 위협 방지, 속임수, 탐지와 대응 조합을 통해 사이버 공격으로부터 조직을 보호하는 역할을 담당하는 분석가와 엔지니어 그룹
  - 퍼플팀: 퍼플팀 구성은 지속적인 피드백과 지식 전달을 통해 사이버 기능을 극대화하기 위해 레드팀과 블루팀이 긴밀히 협력하는 보안 방법론. 퍼플팀 구성은 보안팀이 일반적인 위협 시나리오를 정확하게 시뮬레이션하고 새로운 위협 유형을 방지하고 탐지하도록 설계한 새로운 기법을 쉽게 만들어 취약점 탐지, 위협 탐색과 네트워크 모니터링 효과 향상
- 보안 규정 준수 활동, 계획과 프로세스를 관리한다.
  - 사이버보안 성숙도 모델 인증(CMMC)
  - 국립표준기술연구소(NIST)
  - 일반 데이터 보호 규정(GDPR)
  - 미국 건강 보험 이동성과 책임에 관한 법률(HIPAA)
  - 결제 카드 업계 데이터 보안 표준(PCI DSS)
  - ISO 27000 시리즈
  - 국제 교통과 무기 규정(ITAR)
  - 개인정보보호법

	• 보안 인식 프로그램을 개발하고 이행하며 최신 상태로 유지한다. — 보안 인식 소식지 — 웹 게시 — 모의 피싱 이메일 — 보안 인식 교육
산출물 예시	• 보안 운영 접근방식과 계획 — 접근방식과 계획은 효과성을 지속해서 모니터링하고 검토해야 하며, 기술 동향과 기록한 사고와 새로운 위협에 보조를 맞출 수 있도록 개선 • 보안 운영 결과, 로그와 출력물 • 보안 사고 분석 결과 • 보안 규정 준수 기록과 결과 • 조직 보안 인식 프로그램 자료
ESEC 3.2	조직 보안 전략, 접근방식과 아키텍처를 개발하고 준수하고 구현하고 최신 상태로 유지한다. (Develop, follow, and implement an organizational security strategy, approach, and architecture and keep them updated.)
가치	조직 보안 요구와 이슈를 더욱 신속하고 일관성 있으며 효과적으로 해결한다. (Enables an organization to address organizational security needs and issues more rapidly, consistently, and effectively.)
활동 예시	• 조직 보안 아키텍처 요구를 파악한다. — 비즈니스, 솔루션과 보안 목표, 목적과 전략 속성 — 솔루션 목적 달성을 방해할 수 있는 속성과 관련한 위험 — 위험관리에 필요한 통제 — 정책, 사용자 인식, 네트워크, 애플리케이션과 서버와 같은 아키텍처와 설계 지원 구성 요소 • 조직 보안 아키텍처와 통제를 기록한다. — 개념적 아키텍처: 거버넌스, 정책과 도메인, 운영 위험관리, 정보와 인증서 관리, 접근통제, 사고 대응, 애플리케이션과 통신 보안, 웹 서비스, 데이터와 정보 분류 요구 — 개념적 아키텍처와 대응한 물리적 아키텍처: 플랫폼 보안, 하드웨어 보안, 네트워크 보안, 운영 체제 보안, 파일 보안, 데이터베이스 보안, 프랙티스와 절차, 데이터 관리와 보안, 시설과 경계와 공간에 대한 물리적 보안, 물리적 위치와 자산 보안, 장치와 소프트웨어 목록 — 물리적 아키텍처와 대응한 구성 요소 아키텍처: 보안 표준(예: CMMC, NIST, ISO), 보안 제품과 도구(예: 안티바이러스, 가상 사설망, 방화벽, 무선 보안, 취약점 스캐너), HTTP/HTTPS 규약, 애플리케이션 인터페이스, 웹 애플리케이션 방화벽과 같은 웹 서비스 보안 — 운영 아키텍처: 구현 가이드, 행정, 코딩 표준, 패치 관리, 구성과 배포 관리, 모니터링, 로깅, 침투 테스트, 접근 관리, 포렌식을 포함한 위협과 취약점 파악과 관리 — 절차적 통제: 위험관리 프레임워크, 사용자 인식, 보안 거버넌스, 보안 정책과 표준 — 운영 통제: 자산 관리, 사고 관리, 취약점 관리, 변경 관리, 접근통제, 사건 관리와 모니터링

	— 애플리케이션 통제: 웹 애플리케이션 방화벽, 보안 정보와 사건 관리, 지능형 지속 공격 보안과 같은 애플리케이션 보안 플랫폼, 암호화, 이메일, 데이터베이스 활동 모니터링, 데이터 손실 방지와 같은 데이터 보안 플랫폼, ID 관리와 Single Sign—On 같은 접근 관리 — 엔드포인트 통제: 안티바이러스, 호스트 침입 방지 시스템, 패치 관리, 구성과 취약점 관리와 같은 호스트 보안, 휴대용 장치 사용, 모바일 장치 관리, 네트워크 접근통제와 같은 모바일 보안, 접근통제, 권한 부여와 책임 추적, 2단계 요소, 특권 ID 관리와 같은 인증 — 인프라 통제: 분산 서비스 거부 시스템, 방화벽, 침입 방지 시스템, 가상 사설망, 이메일, 무선, 데이터 손실 방지, 시설 감시, 시설 접근 • 조직 보안 전략과 접근방식을 파악하고 최신 상태로 유지하고 준수하고 소통한다. — 거버넌스: 회사 규모, 산업, 지역, 소유 구조를 포함한 여러 요인에 따라 차이 발생. 현재 상황을 평가하고 장기적으로 데이터 보호를 위한 새로운 구조 추가 고려 — 사람: 조직에서 가장 큰 취약점이면서 가장 강력한 방어선. 모든 지위와 부서에 걸쳐 보안 모범 사례에 대한 교육과 훈련 검토 — 프로세스: 보안에 특정한 프로세스를 넘어 더 광범위한 비즈니스 수준의 프로세스로 확장. 데이터 수집, 흐름, 프로세스, 저장과 처리를 검토하여 해당 데이터 보안 범위를 파악. 또한 솔루션 설계와 개발, 신규 직원 채용, 보안 스킬 평가와 교육, 기타 부서별 작업흐름에 대한 프로세스를 평가하여 새로운 보안 조치를 추가할 영역 파악 — 기술: 디지털 조직의 중추이므로 기술 보안 보장 중요. 또한 직원이 시스템을 실제로 어떻게 사용하는지 평가하고, 필요하지만 불편한 단계를 피하려고 표준 절차를 우회하는 경향이 있으면 변경 고려 • 명확한 보안 측정 목표와 관련 지표를 파악하고 모니터링하여 보안 전략과 접근방식이 효과적이고 효율적으로 작동하는지 검증하고 확인한다.
산출물 예시	• 보안 전략과 접근방식 기록 • 보안 측정 목표와 관련 지표
ESEC 3.3	조직 전체에서 주기적으로 보안 검토와 평가를 수행하고 결과에 대해 조처한다. (Periodically perform security reviews and evaluations throughout the organization and take action on results.)
가치	조직에서 보안 접근방식과 전략이 효과적으로 작동하고 있는지 확인한다. (Enables an organization to confirm that the security approach and strategy are working effectively.)
활동 예시	• 주기적이거나 필요에 따라 보안 검토와 평가를 수행한다. — 시간이 지남에 따라 솔루션 수명주기 전반에 걸쳐 또는 보안 사건에 의해 유발할 때 모든 보안 요구, 제약조건, 노력과 활동을 지속적인 방식으로 검토하고 평가 — 가장 중요하고 긴급한 이슈를 먼저 파악하고 해결하는 데 중점 — 보안 사건, 추세, 잠재적 위협과 중단 또한 검토나 평가 유발 • 조직 전체에서 보안 검토, 평가, 노력 결과와 효과를 파악한다. — 검토 프로세스의 하나로 검토 효과성 고려 — 상황과 조직 우선순위에 따라 다양한 검토 방식 사용 • 효과성 결과를 사용하여 전략과 접근방식을 주기적으로 그리고 필요에 따라 수정한다.

산출물 예시	• 보안 검토 결과 • 보안 평가 결과 • 보안 검토와 평가 결과에 대한 조치 • 최신화한 보안 전략과 접근방식 • 보안 대응 시뮬레이션 계획과 결과

보안 요구와 제약조건을 파악하는 것은 연중무휴 24시간 지속적인 활동이다. 그것은 결코 멈출 수 없으며, 일정, 비용, 품질과 같은 사후 고려 사항이나 절충 항목이 될 수 없다. 보안 활성화에는 프로젝트나 조직 전체 보안 요구를 체계적으로 파악하고 평가하며 해결하는 것을 포함한다. 보안 접근방식에서는 '물리적 보안과 환경 요구사항', '임무, 인력, 프로세스 보안 요구사항', '사이버보안, 기술, 관련 정보 보안 요구사항'을 기본으로 다룬다.

성숙한 조직에서는 보통 보안 위협과 보안 태세와 관련한 개선 기회를 파악하고 평가하며 지속해서 분석하는 여러 기능이나 그룹에 중앙 집중화하거나 분산할 수 있는 보안 프로그램이나 기능이 있다.

보안 활성화와 관리는 일반적으로 다음 세 가지 영역을 다루며, 'CIA 삼각대'라고도 한다.
- 기밀성(Confidentiality): 권한 있는 사용자와 프로세스만 데이터에 접근하거나 수정할 수 있도록 무단 접근으로부터 민감한 개인정보를 보호한다. 기밀성을 보호하려면 정보에 대한 접근 수준을 정의하고 시행할 수 있어야 한다. 어떤 경우에는 이를 수행하기 위해 정보에 접근해야 하는 사람과 해당 정보가 실제로 얼마나 민감한지(예: 기밀 유지를 위반할 때 입은 피해량)에 따라 구성한 다양한 수집품으로 정보를 분리하는 작업을 포함한다. 기밀성을 관리하는 데 사용하는 가장 일반적인 방법의 예로는 접근통제 목록, 볼륨과 파일 암호화, 파일 권한이 있다.
- 무결성(Integrity): 데이터는 올바른 상태로 유지해야 하며 누구도 실수로든 악의적으로든 데이터를 부적절하게 수정할 수 없어야 한다. 무결성 또는 데이터 무결성은 권한이 없는 사람이 데이터를 삭제하거나 수정하지 못하게 보호하도록 설계하였으며, 변경해서는 안 되는 변경 작업을 수행했을 때 권한 있는 사람이 이를 되돌릴 수 있도록 한다.
- 가용성(Availability): 권한 있는 사용자가 필요할 때마다 데이터에 접근할 수 있도록 정확하고 적절한 데이터의 실제 가용성을 나타낸다. 인증 메커니즘, 접근 채널과 시스템은 모두 보호하는 정보

에 대해 적절하게 작동하고 필요할 때 사용할 수 있도록 보장해야 한다. '고가용성' 시스템은 가용성을 향상하도록 특별히 설계한 아키텍처가 있는 컴퓨팅 자원이다. 특정 시스템 설계에 따라 하드웨어 장애, 최신화 또는 정전을 대상으로 하여 가용성을 향상하거나 여러 네트워크 연결을 관리하여 다양한 네트워크 중단을 우회할 수 있다.

'심층 방어'는 귀중한 데이터와 정보를 보호하기 위해 일련의 방어 메커니즘을 계층화하는 사이버보안에 대한 접근방식이다. 하나의 메커니즘이 실패하면 공격을 저지하기 위해 다른 메커니즘이 작동한다. 의도적인 중복성을 갖춘 이 다층 접근방식은 시스템의 전체 보안을 강화하고 다양한 공격 벡터를 해결한다. 심층 방어는 중세 시대에 성(Castle)에서 사용한 계층적 방어를 반영하기 때문에 일반적으로 '성 접근방식'이라고 한다. 성을 뚫기 전에 침입자는 성 주위에 인공적으로 만든 개울과 성벽, 도개교, 탑, 격벽을 마주한다.

보안 활성화 프랙티스 영역은 1단계부터 3단계까지 3개 프랙티스 그룹으로 구성된다.

1단계 프랙티스 그룹에서는 보안 이슈로 인한 업무와 비즈니스 운영 중단을 최소화하기 위해 보안 요구와 이슈를 파악하고 우선순위를 지정하는 활동을 다룬다. 보안 이슈와 작업에 미치는 영향은 작업 유형과 여러 내외부 요인에 따라 달라질 수 있다. 비즈니스 목표, 비용, 일정, 품질, 기능, 위험 요소, 환경 요인과 기타 작업 측면에 대한 영향을 검토한다. 그런 다음 영향과 발생 가능성을 기준으로 우선순위를 지정한다.

2단계 프랙티스 그룹은 보안 접근방식과 목표를 개발하고 구현하는 활동에 초점을 맞춘다. 보안 목표를 파악하면 보안 자원을 지나치게 많거나 지나치게 적게 배정하지 않고 우선순위와 작업에 대한 명확한 초점을 제공하여 초과 지출과 보호 격차를 방지할 수 있다. 접근방식과 목표는 작업 노력, 프로젝트, 솔루션 또는 조직 요구와 제약조건에 따라 보안 측면에 대한 접근방식을 결합하거나 참조하거나 포함해야 한다.

운영상 보안 목표를 명시적으로 지정하고 기록하며 최신 상태로 유지한다. 이는 일반적인 함정으로 부터 접근방식을 벗어나게 하는 데 도움을 준다. 조치 결과에 대한 명확한 이해 없이 기술적 보안 조치나 단계에 집중하면 대개 비효율적이고 비용이 많이 드는 보안 조치가 된다. 기밀 유지와 같은 보안 특정 목적에 중점을 둔다. 특정 데이터가 다른 목적, 데이터 또는 기능을 간과하면 보호 격차를 초래한다. 보안 목표를 사용하여 보안 접근방식, 조치와 구현을 선택한다. 위협이 비즈니스에 중대한 영향을 미치는 보안 목적을 위반하는지를 분석하여 보안 위협 관련성을 평가한다. 주어진 다른 제약조건에서 보안 목표를 합리적으로 달성할 관점과 가능성을 고려하여 보안 조치에 대한 선택을 검토한다. 보안 측정에는 필요, 출처와 잠재적 영향에 따라 달라질 수 있는 다양한 수준의 심각도가 있을 수 있다. 보안 측정은 보안 목표를 명확하게 추적할 수 있어야 하고 운영상 정의하고 분석하며, 보안 위험과 영향을 변경할 때 지속해서 검토하고 갱신하여 해당 목표를 달성하기 위한 진행 상황에 대한 시기적절한 통찰력을 제공할 수 있어야 한다.

완전하게 안전한 솔루션은 없다. 대체로 구현 비용과 노력을 고려할 때 가능한 모든 보안 단계나 조치를 적용하는 것은 불가능하다. 대신 처음부터 보안 목표를 달성할 수 있도록 솔루션, 애플리케이션 또는 서비스를 계획하고 설계한다. 포괄적인 보안 요구를 해결하기 위해 심층 방어 접근방식과 같은 엄격함을 포함할 수 있다. 보안 목표를 데이터와 기능의 기밀성, 무결성, 가용성에 대한 보호 목적으로 분류한다. 예를 들어, 공격자가 비즈니스 결정을 내리는 데 사용하는 운영 데이터를 조작하는 것처럼 데이터 무결성 위반이 발생할 때 비즈니스에 예상하는 영향이 있으면 운영 데이터 무결성이 보안 목표가 될 수 있다. 영향의 다른 예는 시스템과 환경에 대한 손상이다. 보안 목표와 관련 측정이 보안 전략과 접근방식과 일치하는지 확인한다.

물리적 보안 위험, 이슈와 요구사항을 파악하고 평가하고 해결하는 데 따른 정보와 결과물을 고려한다. 물리적 보안을 해결하기 위한 접근방식을 수립하기 위해 체계적인 방법과 기법을 더욱 엄격하게 적용한다. 특히, 기밀로 분류하지 않았으나 통제가 필요한 정보인 통제 필요 정보CUI, Controlled Unclassified Information나 기타 민감한 정보의 안전한 보관에 관한 정책을 시행한다. 조직에서 물리적 보안과 관련하여 경험할 수 있는 일반적인 상황은 정보를 얻기 위해 시설에 침입하는 침입자이다. 이러한 일이 발생하지 않도록 직원은 항상 배지를 착용하도록 하고 물리적 보안을 위한 출입증을 제공하며, 누가 건물에 들어오는지 알 수 있도록 교육한다. 시설 내에 신원이 불확실한 사람이 있을 때, 현장 보안 담당자에게 즉시 보고한다. 침입자가 시설에 침입하면 컴퓨터와 시스템 워크스테이션을 잠그고 공개되지 않았는 지 확인하며 민감한 정보나 통제 필요 정보를 잠근다. 예를 들어, '깨끗한 책상' 정책을 구현하려면 잠금 장치가 있는 내화성 파일 캐비닛과 서랍에 중요한 데이터를 넣고 보관해야 한다. 물리적 보안의 또 다 른 주요 측면은 시설, 특히 출입구에 대한 보안 감시를 구현하는 것이다.

임무 보안 요구사항은 일반적으로 조직 임무 보안 기능을 통해 해결한다. 임무 관련 법률, 규정과 요 구사항 내에서 작업과 작업산출물을 조정하거나 임무 보안 설계, 지침과 결정에 위험 기반 접근방식 을 적용할 수 있다. 인사 보안의 한 측면은 개인정보보호이다. 경영진에서 구현과 운영 수준에 이르기 까지 조직 전체에 우선순위를 지정한 개인정보보호 활동과 결과를 전달할 수 있는 일련의 핵심이 되 는 개인정보보호 활동과 결과를 파악한다. 핵심 내용으로는 개인정보보호 관련 위험관리에 대해 조직 내 소통할 수 있게 하는 점점 더 세분화한 일련의 활동과 결과를 포함한다. 조직은 현행 개인정보보호 활동이나 원하는 결과를 나타내는 프로필 접근방식을 사용한다. 프로필을 개발하기 위해 핵심 내용의 모든 결과와 활동을 검토하여 비즈니스나 임무 추진 요인, 데이터 처리 생태계 역할, 데이터 처리 유형 과 개인정보보호 요구에 따라 가장 중점을 두어야 할 항목을 결정한다. 조직은 필요에 따라 기능과 범 주와 하위 범주를 생성하거나 추가할 수 있다. 프로세스 보안에는 주어진 프로세스에 부정적인 영향을 미칠 수 있는 원치 않는 사고와 예기치 않는 사건을 방지하는 데 초점을 맞춘 조직적이고 행동적인 활 동을 포함한다. 이러한 활동은 사람이나 조직 보안에 대한 상해나 피해 위험 없이 프로세스를 수행하 는 안전하고 확실한 운영 환경을 만들고 촉진하는 것을 목표로 한다.

'사이버보안'과 '정보 보안'이라는 용어는 자주 같은 의미로 사용하지만, CMMI 생태계에서 사이버보 안은 정보 보안의 일부이다. 사이버보안에는 인터넷 네트워크 정보시스템과 솔루션 그리고 관련 지원 서비스와 공급망에 의해 저장하고 전송하는 정보 프로세스에 대한 위협을 해결하여 정보 자산을 보호 하는 것을 포함한다. 정보 보안과 달리 사이버보안에는 자연재해나 재난, 사람의 실수, 물리적 보안과 임무, 인력과 프로세스 보안을 포함하지 않는다. 상호 연결한 시스템을 통해 공격적이고 적대적인 위 협 도입을 제거하면 사이버보안은 문제가 되지 않고 정보 보안만으로 충분할 것이다.

3단계 프랙티스 그룹에서는 조직 수준에서 보안 전략과 접근방식을 개발하고 보안 운영 기능을 구축하여 조직 전체에 전개하는 활동을 다룬다. 보안 운영 기능은 대부분 보안 운영 센터에 중앙 집중화하지만, 책임과 활동은 여러 보안 운영 센터를 포함한 조직 전체에 분산할 수 있다. 보안 운영 센터는 보통 사이버보안과 기타 보안 관련 사고를 예방, 탐지, 분석, 대응하면서 조직 보안 상태를 지속해서 모니터링하고 개선하기 위해 사람, 프로세스, 인프라와 기술을 사용하는 조직기능이다. 보안 운영 센터는 네트워크, 장치, 솔루션, 애플리케이션과 정보 저장소를 포함하여 이러한 자산이 어디에 있든 간에 조직 인프라 전체에서 측정과 데이터를 가져오는 허브 또는 중앙 지휘소 역할을 한다. 지능형 위협 복잡성으로 인해 다양한 출처에서 상황을 수집하는 것이 중요하다. 기본적으로 보안 운영 센터는 조직에서 모니터링하는 모든 기록한 사건에 대한 조정을 제공한다. 보안 운영 센터는 보안 사건을 관리하고 해결하는 방법을 결정한다. 보안 운영 센터는 지식재산, 인사 데이터, 비즈니스 시스템과 브랜드 무결성과 같이 할당한 자산을 모니터링하고 보호하는 각각 책임이 있는 여러 보안 운영팀으로 구성할 수 있다.

개별 프로젝트나 작업그룹은 보안 요구사항이 다를 수 있지만, 이러한 요구사항 중 일부는 조직 전체에서 많은 프로젝트나 작업그룹에 공통적일 수 있다. 다양한 보안 요소를 비즈니스 영향 분석을 포함하여 통합하고 조정한 조직 접근방식에 결합한 다음에 조직 전체에서 명확하고 일관성 있게 전달하는 것은 조직과 프로젝트 또는 작업그룹에 대한 보안 전략과 접근방식 효과성에 가장 중요하다.

조직은 주기적으로 보안 검토와 평가를 수행하고 결과에 대해 조처를 해야 한다. 보안 검토와 평가는 시간이 지나며 솔루션 수명주기 동안 또는 보안 사건에 의해 유발할 때 보안 요구, 제약조건, 노력과 활동을 지속해서 다루거나 포함해야 한다. 이러한 검토와 평가 목적은 보안 전략 접근방식의 일관성과 효과성을 결정하는 것이다. 그들은 파악과 해결에 중점을 두고 가능하면 가장 중요하고 긴급한 보안 이슈를 먼저 예방한다. 보안 사건, 추세, 잠재적 위협과 중단 또한 검토나 평가를 촉발할 수 있다. 보안 검토와 평가는 적용 가능한 고객별 또는 규제 보안 요구사항, 필요 사항과 제약조건을 포함하여 조직과 작업그룹이나 프로젝트 수준의 활동 전반에 보안 접근방식, 프로세스, 전략과 아키텍처 구현, 사건과 운영 중단에 대한 철저한 검토를 포함한다.

(2) 보안 위협 및 취약점 관리Managing Security Threats and Vulnerabilities, MST

보안 위협 및 취약점 관리는 조직이나 솔루션을 침해할 수 있는 보안 위협과 취약점을 파악하고 잠재적인 영향을 분석하며 이를 해결하고 완화하는 조치를 정의하고 수행한다.

조직은 이 활동을 통해 위협과 취약점을 파악하고 완화하고 복구할 수 있는 조직 역량과 복원력을 높인다.

Identifies the security threats and vulnerabilities that could compromise the organization or solution, analyzes the potential impacts, and defines and takes actions to address and mitigate them.
Increases an organization's capability and resilience to identify, mitigate, and recover from threats and vulnerabilities.

■ 1단계 프랙티스 그룹

MST 1.1	보안 위협과 취약점을 파악하고 기록한다. (Identify and record security threats and vulnerabilities.)
가치	프로젝트나 솔루션에 미칠 수 있는 잠재적이고 부정적인 영향을 최소화한다. (Minimizes the potential negative impact on the project or solution.)
활동 예시	• 보안 위협과 취약점을 파악한다.
산출물 예시	• 파악한 보안 위협과 취약점 목록 　— 발생 상황, 조건과 결과 포함
MST 1.2	보안 위협과 취약점을 해결하는 조치를 한다. (Take actions to address security threats and vulnerabilities.)
가치	솔루션과 업무에 미칠 수 있는 잠재적이고 부정적인 보안 영향을 완화한다. (Mitigates the potential negative security impact on the solution and work.)
활동 예시	• 파악한 보안 위협과 취약점을 해결하기 위한 단계를 밟거나 조처를 한다. 　— 모든 위협과 취약점에 대해 조처를 하거나 피하는 것은 불가능할 수 있으므로 가장 중요한 조처와 완화에 우선순위 배정
산출물 예시	• 위협과 취약점을 해결하기 위한 단계 또는 조치 기록

■ 2단계 프랙티스 그룹

MST 2.1	보안 위협과 취약점을 처리하기 위한 접근방식을 개발하고 최신 상태로 유지하며 준수한다. (Develop, keep updated, and follow an approach for handling security threats and vulnerabilities.)
가치	조직이 일관된 방식으로 보안 문제 우선순위를 빠르게 지정하고 해결한다. (Enables an organization to rapidly prioritize and address security issues in a consistent manner.)
활동 예시	• 위협과 취약점을 처리하는 기법을 파악하고 접근방식에 포함한다. — 보안 검토 — 위협 모델링 — 정적, 동적 보안 코드 분석 — 침투 시험 — 타사 구성 요소에 대한 보안 취약점 모니터링 • 보안 위협과 취약점을 처리하기 위한 위험 기반 접근방식을 파악하고 기록한다. — 위협과 취약점으로 인한 위험 상황을 파악하고 기록하고 최신 상태로 유지하여 위협과 취약점 위험을 구성하고 위협과 취약점이 존재하는 환경 설명 — 더 광범위한 조직 위험 상황 내에서 위협과 취약점 위험 평가 — 위협과 취약점 위험을 파악하고 평가한 후 이에 대한 대응 — 위협과 취약점 위험 모니터링 — 현행 규제 환경, 통제와 대응 • 영향받는 이해관계자와 함께 보안 위협과 취약점을 처리하는 접근방식을 검토한다. — 예를 들어, 제품 개발이나 서비스 운영팀과 협력하여 추가 보안 요구사항과 아키텍처 요구 파악 — 정보 보안 도메인 내에서 ISO 27001 부록 A의 통제를 보안 위험 처리를 위한 모범 사례로 사용 — 적절한 경우 공급망 관리에 대한 접근방식 확장 • 보안 위협과 취약점 보고 인프라를 구축한다. — 이메일, 핫라인, 웹사이트를 통해 보안 위협과 취약점을 보고할 수 있는 메커니즘을 구축 • 패치 관리 프로세스를 개발하고 인프라를 구축한다. — 패치는 소프트웨어, 펌웨어, 하드웨어 보안과 기능 문제를 시정하며, 솔루션 취약점을 완화하는 가장 효과적인 방법 — 소프트웨어 또는 보안 통제 재구성을 포함하는 임시 해결 방법과 같이 패치를 대체할 방법이 있기도 하지만, 이러한 해결 방법은 기능에 부정적인 영향을 끼침 • 보안 위협을 해결하기 위한 프로세스와 접근방식을 파악한다. — 지능형 지속 공격(APT) — 백도어 — 무차별 암호 대입 공격 — 버퍼 오버플로

	— 분산 서비스 거부(DDOS) — 피싱 — 소셜 엔지니어링 — 스푸핑 • 보안 위협과 취약점 위험을 업무 목표에 영향을 미칠 수 있는 다른 위험과 연계하여 해결한다. — 보안 위협을 완화하면 비용과 일정 등 다른 업무 목표에 추가적인 위험이 발생할 수 있음 • 운영 중에 발생하는 보안 위협과 취약점을 적시에 모니터링하고 해결하여 영향을 예방하거나 줄인다. — 새로운 취약점 유형 파악 — 공격자 관심 증가 — 솔루션에 대한 대응 또는 위험 처리 노력
산출물 예시	• 보안 위협과 취약점을 처리하기 위한 위험 기반 접근방식 기록 • 위협과 취약점 처리 접근방식 검토와 평가 결과 • 이해관계자 검토, 보고, 의사소통 기록 • 위협과 취약점 처리를 위한 인프라와 절차 • 위협 및 취약점 기록 • 패치
MST 2.2	보안 위협과 취약점을 평가하기 위한 기준을 개발하고 최신 상태로 유지한다. (Develop and keep updated criteria to evaluate security threats and vulnerabilities.)
가치	위협과 취약점 영향을 일관적이고 효율적인 방식으로 평가한다. (Enables the impact of threats and vulnerabilities to be evaluated in a consistent and efficient manner.)
활동 예시	• 보안 위협, 취약점과 사고 규모와 영향을 일관적으로 평가하고 진단하기 위한 기준을 정의하고 기록한다. — 행위자: 내부 직원(예: 직원, 계약자), 외부 인력 — 위협 유형: 악의적, 우발적, 오류, 실패, 지연, 외부 요구사항, 내부(예: 직원) — 사건: 공개, 중단, 수정, 도난, 파괴, 비효율적인 설계, 비효율적인 실행, 비효율적인 관리, 규칙과 규정, 부적절한 사용 — 자산/자원: 인력과 스킬, 조직구조, 프로세스, 물리적 인프라/시설, IT 인프라, 데이터, 애플리케이션, 장치 — 시간: 기간, 발생, 중요 또는 중요하지 않음, 탐지, 지체 또는 지연, 비현실적인 일정 마감일 — 비정상적인 활동 촉발 요인: 수신 또는 발신 이메일 수의 급격한 변화, 스팸 처리한 이메일 수의 급격한 증가, 인터넷 접속 사이트 변경, 온라인 서비스 중단, 고객 기록 내 설명할 수 없는 오류 • 영향받는 이해관계자와 함께 기준을 검토한다. — 고객 데이터에 미치는 효과 — 기밀 정보에 미치는 영향 — 배송 일정, 공급자 데이터에 미치는 영향

	• 보안 사고 정보를 바탕으로 기준에 대한 잠재적인 변경 사항을 파악하고 필요에 따라 최신화한다.
산출물 예시	• 보안 위협과 취약점 평가 기준
MST 2.3	운영 중에 발생하는 가장 중요한 보안 위협과 취약점 우선순위를 기준에 따라 정하고 모니터링하고 해결한다. (Use recorded criteria to prioritize, monitor, and address the most critical security threats and vulnerabilities that arise during operations.)
가치	제한적인 자원을 가장 중요한 위협에 적용하고 솔루션 보안 취약점을 줄인다. (Ensures that limited resources are applied to the most critical threats and reduces the security vulnerabilities of the solution.)
활동 예시	• 보안 위협과 취약점 우선순위를 기준에 따라 정한다. • 중요한 위협과 취약점을 모니터링한다. • 필요에 따라 중요하지 않은 위협과 취약점을 모니터링한다.
산출물 예시	• 우선순위를 지정한 중요 위협과 취약점 목록 • 위협과 취약점 해결을 위한 솔루션 보고서
MST 2.4	솔루션에 대한 중요한 보안 위협과 취약점을 해결하기 위해 취한 접근방식과 조치 효과를 평가하고 보고한다. (Evaluate and report the effectiveness of the approach and actions taken to address critical security threats and vulnerabilities to the solution.)
가치	접근방식이 현행 비즈니스 요구를 충족하고 추가로 부정적인 영향을 방지하는 데 여전히 효과적인지 확인한다. (Verifies the approach remains effective to meet current business needs and prevent further negative impact.)
활동 예시	• 보안 위협과 취약점 접근방식의 효과성을 판단하기 위한 종합적인 평가 기법을 파악하고 개발한다. — 프로세스와 품질 감사 — 고위 경영진과 검토 — 측정 데이터 분석 — 기술과 기능 검토 — 공급자 검토 — 시험 효과 분석 — 동료검토 — 위협과 취약점 시뮬레이션 — 기술 위협과 취약점 시험

	• 평가 기법을 사용하여 중요한 보안 위협과 취약점을 해결하기 위해 취한 조치를 분석하고 평가하고 그 효과를 판단한다. 　— 내재적인 보안 위험과 남아 있는 보안 위험을 고려 • 영향받는 이해관계자와 함께 평가 결과를 검토하고 보고한다.
산출물 예시	• 평가 접근방식과 기법 기록 • 영향받는 이해관계자와 함께 수행한 검토 회의, 평가, 시뮬레이션, 감사, 시험 결과 기록 • 영향받는 이해관계자와 함께 수행한 검토 회의에서 나온 이슈와 조치

■ 3단계 프랙티스 그룹

MST 3.1	위협과 취약점을 평가하고 관리하고 검증하기 위해 조직의 보안 전략과 접근방식과 아키텍처를 개발하고 최신 상태로 유지하며 준수한다. (Develop, keep updated, and follow an organizational security strategy, approach, and architecture to evaluate, manage, and verify threats and vulnerabilities.)
가치	위협과 취약점이 조직에 미치는 영향을 최소화한다. (Minimizes the impact of threats and vulnerabilities to the organization.)
활동 예시	• 조직의 보안 전략, 접근방식, 아키텍처를 정의한다. 　— 내재적이고 남아 있는 보안 위험에 대한 조직의 위험 성향과 전략적 전망을 판단 　— 상황 설정: 시스템을 구성하는 모든 요소를 파악하여 방어 조치에 사각지대가 없는지 확인 　— 어려운 침투 환경: 공격자는 시스템에서 파악하고 도달할 수 있는 부분만 표적으로 삼을 수 있으므로 시스템을 최대한 침투하기 어려운 환경으로 구축 　— 어려운 시스템 중단: 복원력이 뛰어나고 분산 서비스 거부 공격으로 인한 시스템 또는 네트워크 과부하에 대한 취약성을 최소화하는 시스템 설계 　— 쉬운 손상 탐지: 의심스러운 활동이 발생할 때 이를 발견하고 필요한 조처를 할 수 있도록 시스템 설계 　— 침해 영향 감소: 공격자가 거점을 확보하는 데 성공하면 시스템을 추가로 악용하기 위해 이동하므로 최대한 어려운 환경 구성 • 보안 검증과 확인을 위한 절차와 기준을 정의한다. 　— 보안 요구사항 　— 고객 승인 기준 　— 위협과 위험 또는 기회 분석 　— 위협과 취약점 데이터베이스(예: 공통 취약점 열거 목록) 　— 보안 코딩 표준 　— 조직 보안 구현 지침 • 보안 검증과 확인 기법을 파악한다. 　— 시뮬레이션과 모델링

<table>
<tr><td></td><td>

— 모의 침투 시험

— 우호적 해킹

— 퍼지 시험

— 리플레이 시험

• 보안 검증과 확인 도구와 장비를 파악하고 확보한다.

— 모든 보안 검증과 확인 시험을 자동으로 처리하거나 구현하는 것은 불가능

— 때에 따라 지원 도구를 선택적으로 사용하여 수동으로 구현해야 하거나 특정 목적에 적합한 새로운 테스트 도구 개발 필요

• 보안 검증과 확인을 위한 환경을 준비한다.

— 검증과 확인 환경은 의도한 운영 환경 반영

— 검증과 확인 중에 운영 데이터를 사용하는 경우, 개인식별정보나 사용자별 비밀번호와 같은 민감한 정보는 제거하거나 가명 또는 익명 처리

— 보안 검증과 확인 부작용으로 적용 범위에 포함하지 않은 구성 요소나 시스템에 부정적인 영향을 미칠 수 있음

— 보안 검증과 확인 활동을 위한 고유한 환경 정의가 중요

• 솔루션과 솔루션 구성 요소에 대한 보안 검증과 확인을 수행한다.

• 시정조치를 한다.

• 검증과 확인 결과를 설계 변경에 대한 입력 정보로 제공한다.

</td></tr>
<tr><td>산출물 예시</td><td>

• 시스템 보안 계획서

— 요약

— 시스템 ID

— 시스템 운영 상태

— 시스템 설명

— 시스템 환경

— 시스템 인터페이스 또는 연결

— 보안 통제

— 보안 시험 기법과 도구

— 통제 구현 요약

— 개정 내용

• 네트워크 다이어그램

• 보안 검증과 확인 보고서

• 보안 검증과 확인 이슈

• 보안 위협과 취약점 목록

• 보안 검증과 확인 환경

</td></tr>
</table>

MST 3.2	보안 검증과 확인 결과를 분석하여 조직 전체에서 정확성, 비교 가능성, 일관성과 유효성을 보장한다. (Analyze security verification and validation results to ensure accuracy, comparability, consistency, and validity across the organization.)
가치	편향적이지 않은 보안 위험 정보를 제공하고 견고한 접근방식의 품질과 일관성을 검증한다. (Provides unbiased security risk information and verifies the quality and consistency of a robust approach.)
활동 예시	• 보안 검증과 확인 활동 결과를 취합한다. 　— 보안 위협과 위험 또는 기회 분석을 취합할 때 운영 중에 발생하는 위협과 취약점 고려 • 취합 결과를 분석한다. • 시정조치를 한다. • 영향받는 이해관계자에게 분석과 시정조치를 보고한다.
산출물 예시	• 보안 검증과 확인 결과 취합 • 분석 결과와 보고서 • 시정조치 목록 　— 시정조치 해결 내용 포함
MST 3.3	보안 위협과 취약점을 해결하기 위한 조직의 보안 전략, 접근방식과 아키텍처 효과성을 평가한다. (Evaluate effectiveness of the organizational security strategy, approach, and architecture for addressing security threats and vulnerabilities.)
가치	보안 전략, 접근방식, 아키텍처 간 조율을 지원하고 조직의 모든 보안 요소에 대한 포괄적인 관점을 촉진한다. (Enables alignment between the security strategy, approach, and architecture; and facilitates a comprehensive perspective across all organizational security elements.)
활동 예시	• 평가 기준을 정의한다. • 구현한 조치가 효과적인지 평가한다. 　— 보안 처리 조치 효과를 판단하는 것은 대체로 표준 보안 절차 준수 여부를 판단하기보다 더 어려움 　— 위협과 취약점에 대한 보안 조치를 올바르게 구현하고 의도한 대로 작동한다고 해서 항상 위험이나 영향을 효과적으로 줄일 수 있는 것은 아님 • 조치가 효과가 없으면 보안 처리 조치를 파악하고 기록하고 구현하고 최신 상태로 유지한다. 　— 효과가 부족한 이유에 따라 조직은 보안 전략, 접근방식과 아키텍처 일부 또는 전부 재검토 　— 새롭거나 수정한 보안 처리 조치를 개발하고 구현
산출물 예시	• 전략, 접근방식, 아키텍처 효과성 평가 결과 • 보안 처리 조치 평가

MST 4.1	위협 인텔리전스 분석을 사용하여 솔루션 보안 접근방식과 아키텍처를 개발하고 개선하며, 통계와 기타 정량적 기법을 사용하여 위협과 취약점을 해결하기 위한 보안 솔루션을 선택한다. (Employ threat intelligence analysis to develop and improve the solution security approach and architecture, and to select security solutions to address threats and vulnerabilities, using statistical and other quantitative techniques.)
가치	보안 위협과 취약점을 더욱 빠르고 효과적으로 예측하고 방지할 수 있는 심층적인 이해와 역량을 확보한다. (Enables advanced understanding and capability to predict and prevent security threats and vulnerabilities more rapidly and effectively.)
활동 예시	• 위협 인텔리전스 분석 요구사항을 파악하고 기록하고 최신 상태로 유지한다. — 요구사항에는 수집할 데이터를 파악하는 질문을 정의하는 것을 포함하고 위협 분석, 시스템 출력과 데이터, 인공 지능, 머신 러닝과 프로세스 자동화와 같은 다양한 인텔리전스 출처로부터 정보를 취합 • 위협 인텔리전스 분석 데이터를 수집한다. — 위협 인텔리전스 분석은 포괄적인 적용 범위를 보장하기 위해 모든 요구사항과 관련 데이터 검토 • 가공하지 않은 위협 인텔리전스 데이터를 처리하고 검증하고 활용한다. — 수집을 완료한 정보는 인텔리전스 정보로 간주하기 전에 처리하고 데이터 무결성 검증과 활용을 거쳐야 함 — 변환은 이 단계에서 중요한 부분이며 번역, 암호 해독과 해석 포함 • 위협 인텔리전스 데이터를 분석하고 세분화하고 통합하고 생성하고 기록하고 최신 상태로 유지한다. — 분석과 생성은 인텔리전스 분석 프로세스에서 중요한 단계 — 이 단계에는 모든 인텔리전스 데이터 평가와 통합과 분석을 포함 — 데이터는 단일 출처와 다중 출처 연구뿐 아니라 상세한 보고서로 구성 — 결과는 지속해서 위협에 대한 인텔리전스 분석에 사용하는 데이터와 메타데이터를 생성 • 위협 인텔리전스 데이터를 보고하고 배포하고 조처하고 영향받는 이해관계자에게 제공한다. • 보고한 인텔리전스 데이터에서 의견을 수집하고 검토하고 조치한다. — 의견은 인텔리전스 생산자와 소비자 사이에서 발생하는 대화로 정보를 사용할 수 있으면 지속해서 의견 생성
산출물 예시	• 현행 위협 인텔리전스 분석 요구사항 — 위협에 대한 인텔리전스 분석을 수행하는 데 필요한 보안 품질 및 프로세스 성과 목표, 프로세스, 하위 프로세스와 측정 지표 포함 • 가공하지 않고 정제한 위협 인텔리전스 데이터와 분석 결과 — 과거와 현재 그리고 예상하는 미래 위협에 대한 인텔리전스 분석 결과와 데이터 포함 • 과거와 현재 피드백 데이터와 그에 따른 분석 결과와 조치 — 인텔리전스 분석가는 인텔리전스 요구사항을 충족하는 방법에 대한 아이디어를 보유하고 의견을 바탕으로 조정 준비

지속적인 위협과 취약점 전략, 접근방식과 아키텍처를 수립하여 개발, 배포, 제공, 운영 또는 폐기 중에 솔루션이나 솔루션 구성 요소에 대한 위협과 취약점을 효과적으로 예측하고 완화하기 위해 체계적으로 파악하고 모니터링하고 분석하며 조처한다.

프로그램 또는 프로젝트 관리와 위험관리 계획에는 보통 보안 전략, 목표, 접근방식과 아키텍처를 포함한다. 이러한 계획 정보에는 종종 위험과 보안 취약점 출처와 조직이나 솔루션에 대한 잠재적 영향 파악을 포함한다. 관련 위협과 취약점을 고려하여 위험을 분석하고 적절한 보안 조치를 한다. 조치는 위험 처리 조치로 정의하거나 처리할 수도 있다.

목표는 정의한 환경에서 솔루션을 운영할 때, 데이터나 솔루션 구성 요소의 기밀성, 무결성 또는 가용성에 대한 위험을 최소화하는 것과 같은 운영 솔루션 목표를 해결하는 것이다.

보안 위험 평가를 주기적으로 수행하여 솔루션 요구사항과 작업 프로세스에서 정의한 보안 활동에 추가할 수 있는 완화 활동을 파악한다. 내재적인 보안 위험과 남아 있는 보안 위험에 대한 고려를 포함하여 위험에는 여러 차원이 있다. 보안 위험관리 주요 요소는 솔루션에 대한 보안 위험관리 계획을 수립하고 보안 위험 평가를 수행하고 그에 따른 완화 계획에 대해 조치를 하는 것이다.

취약점 처리는 솔루션 개발이나 실행 프로세스 범위를 넘어 작업과 솔루션 수명주기 전반에 걸쳐 수행한다.

보안 위협 및 취약점 관리 프랙티스 영역은 1단계부터 4단계까지 4개 프랙티스 그룹으로 구성된다.

1단계 프랙티스 그룹은 보안 위협과 취약점을 파악하고 해결하는 활동이다. 의도한 운영 환경에서 솔루션, 프로젝트 또는 임무에 부정적인 영향을 미칠 수 있는 잠재적인 보안 이슈, 위험, 위협과 취약점을 파악한다. 솔루션, 프로젝트 또는 임무에 대한 보안 위험은 공용 사용, 내부 사용, 인터페이스 또는 연결과 같은 운영 환경에 따라 다르다. 영향받는 이해관계자는 그들의 비전과 경험이 귀중한 정보를 제공하기 때문에 대체로 보안 위험을 식별하는 데 중요한 역할을 한다. 파악한 각 보안 위험이나 취약점에 대해 필요한 보안 단계와 재발을 완화하거나 방지하는 조치를 정의하고 계획하고 구현하고 추적하고 기록한다.

2단계 프랙티스 그룹은 보안 위협과 취약점을 처리하고 평가하기 위한 접근방식과 기준을 개발하고 구현하는 내용을 다룬다.

위험 처리와 관리를 위한 접근방식과 유사하게 위협과 취약점 그리고 사고 등급을 부여하기 위한 기준을 정의한다. 솔루션이나 임무 수명주기 전반에 걸쳐 위협과 취약점 내외부 상황을 평가하고 완화 전략과 계획을 구현하는 데 사용하는 기준 또한 정의한다. 위협이나 취약점에 대한 위험 결과 수준을 분석하는 것은 적절한 보안 조치를 정의하는 데 중요하다. 위협과 취약점에 대한 잠재적이고 실제적인 영향을 분석해서 이해하지 않고 파악한 보안 조치는 가장 높은 위험을 해결하는 데 충분하지 않을 수 있다.

보안 위험에 대한 접근방식은 보통 다음과 같은 위험 대응 유형으로 구분한다.
- 위험 식별: 위협과 취약점 파악
- 위험 완화: 위협과 취약점을 해결하기 위한 보안 조치 구현
- 위험 회피: 위협과 취약점을 유발하는 조건 제거
- 위험 수용: 추가 조치 없이 위협과 취약점 수준을 허용
- 위험 이전: 위험을 다른 당사자(예: 보험)로 전가

보안 사고를 효율적으로 처리하려면 특정 인프라가 필요하다. 보안 사고 처리에는 규제 당국과 같은 추가적인 이해관계자를 포함한다. 특정한 연락 담당자를 지정해야 할 수도 있다. 보안 사고는 보안이 되지 않은 위험이나 사고 처리와는 다른 일련의 고유한 기준을 보장할 수 있다. 보안 속성에는 다양한 방법을 사용하여 위험을 사람, 프로세스, 솔루션과 같은 유사한 그룹으로 구성하거나 분류하는 것을 포함한다. 이를 통해 유사한 속성을 가진 위험에 대해 공통적인 평가 방식을 사용할 수 있다.

엔지니어, 최종사용자, 고객과 같은 모든 이해관계자는 구축한 인프라를 사용하여 파악한 운영 위협과 취약점을 보고할 수 있다. 조직은 설정한 기준에 따라 위협과 취약점 데이터를 평가하고 조직과 고객에게 미치는 더 이상의 부정적인 영향을 방지하기 위해 적시에 가장 중요한 항목을 수정한다. 보안 위험 목록과 보안 위험 완화 계획은 향후 유사한 취약점 적용 범위를 보장하기 위해 적절하게 최신화한다.

고객 목표 달성, 위험 해결, 프로젝트나 작업그룹 목표 달성을 위해 취한 보안 관련 조치 영향을 모니터링한다. 진행 상황을 바탕으로 필요에 따라 추가적인 기법을 탐색한다. 보안 환경은 지속해서 진화하고 있으며, 조직은 새로운 위협과 취약점을 지속해서 모니터링하고 이에 적응해야 한다.

3단계 프랙티스 그룹은 보안 위협과 취약점을 처리하고 평가하기 위한 접근방식과 기준을 사용하여 보안 위협과 취약점을 평가하고 관리하는 활동에 중점을 둔다. 보안 위협과 취약점을 모니터링하고 파악하려면 공격자가 사용하는 것과 본질적으로 유사한 전문 보안 도구와 방법이 필요하다. 전문 보안 도구에는 설치, 구성, 사용을 위한 특정 지식과 전용 보안 시험 환경이 필요하다. 이를 위해 종종 보안 운영 센터를 구축해야 한다. 보안 아키텍처는 조직 인프라와 솔루션 내에서 보안 통제 구조, 구성 요소, 연결과 계층을 설명한다. 조직은 다양한 구성 요소, 하위 시스템, 제품, 네트워크, 시스템, 서비스와 애플리케이션 세부 사항을 결정하는 보안과 아키텍처 측면에서 다양한 요구사항과 유형을 가지고 있다. 이들은 방어 계층이 있는 심층 방어와 같은 다른 접근방식에 영향력을 행사하고 영향을 미칠 수 있다. 보안 아키텍처를 검증하고 확인하여 조직 보안 전략, 접근방식과 구조가 조직 요구를 충족하는지 확인한다.

보안 위협과 취약점을 해결하기 위해 구현한 조치가 파악한 위험을 원하는 수준으로 줄이는 데 효과적이었는지 판단한다. 필요한 경우, 즉 효과성이 부족한 경우 새로운 보안 완화 조치를 정의하고 구현한다. 모든 위협과 취약점을 100% 피할 수는 없다. 이 평가는 발생 가능성이 가장 크고 조직 보안 태세에 가장 큰 영향을 미치는 위협과 취약점을 다루어야 한다.

4단계 프랙티스 그룹은 위협에 대한 인텔리전스 분석을 사용하여 솔루션 보안 접근방식과 아키텍처를 개발하고 개선하며, 통계와 기타 정량적 기법을 사용하여 위협과 취약점을 해결하기 위한 보안 솔루션을 선정하는 활동이다.

위협에 대한 인텔리전스 분석은 보통 모든 출처를 분석하거나 인텔리전스를 포함할 수 있는 단일 분야를 분석하거나 분석의 한 형태로 기술적으로 처리하는 접근방식을 많이 사용한다. 만약 정보가 정확하지 않으면 부족하거나 빠뜨린 데이터로 인한 사실적 부정확성과 같은 인텔리전스 오류나 시스템적인 인텔리전스 실패와 같은 오류가 발생한다. 그뿐만이 아니라, 부정확하거나 빠뜨린 또는 폐기하거나 부적절한 가설로 인해 조직은 잘못된 판단을 하거나 빠뜨리거나 부정확한 정보로 인해 정보 분석가가 적대 세력의 의도를 오해하는 일이 발생한다. 위협에 대한 인텔리전스 분석(사이버 위협 인텔리전스 분석이라고도 함)은 모든 계층에 있는 조직 직원을 대상으로 한다. 조직의 중요한 자산을 지속적이고 체계적으로 보호하기 위해 공격자와 공격자의 동기와 의도를 파악하고 예측하며 정량화할 수 있는 앞선 지식과 정량화 가능한 원칙과 접근방식이다.

위협에 대한 인텔리전스 분석은 다음과 같은 측면에서 상위 성숙도 접근방식이다.
- 보안 위협과 취약점을 파악하고 예측하며 예방하는 것에 특정한 품질 및 프로세스 성과 목표 설정
- 안정적인 보안 프로세스 성과 기준선과 예측 프로세스 성과 모델을 생성하는 데 필요한 관련 보안 프로세스, 하위 프로세스와 요구하는 측정 지표 파악
- 보안 프로세스와 솔루션에 대한 특별한 변동 원인과 일반적인 변동 원인 모두를 이해
- 품질 및 프로세스 성과 목표를 충족하기 위한 보안 안정성을 해결하고 일반적인 변동 원인을 처리하고 개선하기 위해 특별한 변동 원인을 파악하고 제거

보안 조직은 정보 수집의 한 형태로 인텔리전스 분석에 의존할 수 있다. 그러나 단순히 수집한 보안 위협과 취약점 정보를 검토하는 것만으로는 위협에 대한 인텔리전스 분석에 해당하지 않는다. 위협에 대한 인텔리전스 분석을 통해 조직은 잠재적인 보안 위협과 취약점을 효과적으로 예측하고 예방할 수 있다. 효과적인 인텔리전스 분석을 수행하기 위해 조직에서는 전략적, 전술적, 예측적 인텔리전스 분석과 처리와 배포를 주로 담당하는 인텔리전스 분석가나 팀을 고용 또는 구성하고 예방 조치한다. 이러한 분석가는 조직에 적대적인 세력과 잠재적 위협 영역에 대한 포괄적이고 실행 가능한 위협에 관한 인텔리전스를 제공하는 데 필수적이다. 그들은 광범위한 개인과 출처로부터 정보를 수집하여 지식의 유사성을 연결하고 조직에 공유한다.

6. 서비스 도메인

전 세계 비즈니스의 80%가 서비스 기반일 정도로 서비스 산업은 전 세계 경제 성장에 있어 중요한 원동력이다. 하지만 강력한 서비스 제공 전략이 부족하면 고객과의 약속을 이행하지 못한다. 많은 조직이 서비스 제공에 영향을 미치는 사고에 신속하게 대응할 수 있는 역량 부족으로 납품 기일을 지연하거나 비용을 초과하거나 고객 기대치를 충족하지 못한다. 서비스 도메인은 B2B, B2C, 독립형 서비스와 제품 제공 일부인 서비스를 포함하여, 서비스를 제공하는 조직성과와 핵심 역량을 개선하는 일련의 통합 모범 사례를 제공한다.

서비스 도메인은 [표 3—6]과 같이 4개 프랙티스 영역으로 구성된다.

[표 3—6] 서비스 도메인 프랙티스 영역

범주	역량 영역	프랙티스 영역
실행	서비스 제공 및 관리	서비스 제공 관리
		전략적 서비스 관리
관리	비즈니스 회복 탄력성 관리	서비스 연속성
		사고 해결 및 예방

(1) 서비스 제공 관리 Service Delivery Management, SDM

서비스 제공 관리는 서비스를 제공하고 서비스 제공 시스템을 관리한다.

조직은 이 활동을 통해 고객 기대치를 충족하거나 초과하는 서비스를 제공하여 고객 만족을 높인다.

> Delivers services and manages the service delivery system.
> Increases customer satisfaction by delivering services that meet or exceed customer expectations.

■ 1단계 프랙티스 그룹

SDM 1.1	시비스 시스템을 사용하어 서비스를 제공한다. (Use the service system to deliver services.)
가치	기대하는 서비스를 제공하여 고객 만족을 높인다. (Improves customer satisfaction by delivering expected services.)
활동 예시	• 서비스 시스템을 사용한다. • 서비스를 제공한다.
산출물 예시	• 서비스 시스템 — 가격을 포함한 서비스 목록 또는 메뉴 — 고객 요청 — 요청을 처리하는 단계 • 제공한 서비스 기록

■ 2단계 프랙티스 그룹

SDM 2.1	서비스 계약을 작성하고 기록하고 최신 상태로 유지하며 준수한다. (Develop, record, keep updated, and follow service agreements.)
가치	서비스 제공을 고객 기대에 맞춰 조정하여 고객 만족을 높인다. (Enhances customer satisfaction by aligning service delivery with their expectations.)
활동 예시	• 서비스 계약 구조와 형식을 개발하고 기록하고 최신 상태로 유지한다. — 서비스 기반: 회사 이메일 제공과 같이 서비스를 중심으로 서비스 계약 구성(여러 다른 고객 포함 가능) — 고객 기반: 고객을 중심으로 서비스 계약 구성(해당 고객을 위한 여러 서비스 포함 가능) • 서비스 계약을 정의하고 협상하고 합의하고 상태를 전달한다. • 영향받는 이해관계자에게 서비스 계약서를 제공한다. — 서비스 제공자 — 고객 — 최종사용자 • 서비스 계약을 검토하고 개정한다. — 주기적으로 그리고 상황에 따라 검토
산출물 예시	• 서비스 계약 — 서비스 유형, 수준, 측정 — 서비스 가용성 — 서비스 수락과 품질 기준 — 위험과 비상 상황 식별 — 서비스 자원과 제약조건

	— 지식재산 고려 사항
	— 고객과 최종사용자 역할과 책임
	— 고객 불만 처리 절차
	— 고객 제공 자원
	— 예상하는 비용과 지급, 자금 조달 일정
	— 보안과 안전 고려 사항
	— 법률과 규제 요구사항
	— 영향받는 이해관계자와 고객과 합의한 기록
	• 서비스 계약 검토 기록
SDM 2.2	**서비스 계약에 따라 서비스 요청을 접수하고 처리한다.** (Receive and process service requests in accordance with service agreements.)
가치	서비스 제공을 개선하여 고객 기대치를 더욱 잘 충족한다. (Enhances service delivery to better meet customer expectations.)

활동 예시	• 서비스 요청을 접수하고 각 요청이 서비스 계약 범위 내에 있는지 확인한다.
	• 서비스 요청에 관한 정보를 기록한다.
	  — 표준 변경
	  — 서비스 시스템 운영
	  — 문의 사항
	  — 불만 사항
	  — 피드백
	• 서비스 요청을 처리하는 데 필요한 자원을 결정한다.
	  — 어떤 개인, 그룹, 기타 자원이 가장 적합한지는 서비스 요청 유형, 관련 위치, 조직이나 고객
	    에게 미치는 영향에 따라 달라질 수 있음
	• 서비스 요청을 충족하는 조치를 결정한다.
	  — 고객 문의에 대한 응답
	  — 서비스 결함 해결
	  — 유지보수 서비스 목적으로 품목 수리
	  — 최종사용자 교육
	  — 새로운 소모품이나 도구 제공
	• 직원이 서비스 계약에 설명한 요청을 이행할 때까지 서비스 요청 상태를 모니터링한다.
	  — 요청 상태를 필요에 따라 기록, 추적, 전송, 종결
	• 서비스 요청 상태를 검토하고 영향받는 이해관계자와 결과를 확인한다.
	  — 헬프 데스크 기능을 사용하는 조직에서는 헬프 데스크가 서비스 요청 상태 전달
	• 서비스 요청을 종결하고 취한 조치와 결과를 기록한다.
	  — 향후 유사한 서비스 요청에 활용할 수 있도록 지원한 조치 기록
	• 서비스 제공 후 고객만족도 정보를 수집한다.

산출물 예시	• 서비스 요청 　— 서비스 요청을 제출하는 사람 이름과 연락처 정보 　— 변경 사항을 포함한 서비스 요청에 대한 설명 　— 서비스 요청 유형 　— 서비스 요청 날짜와 시간 　— 영향받는 서비스와 구성 요소 　— 우선순위 • 행동 제안 • 고객만족도 데이터 • 요청 이행을 확인하는 최종사용자 접수증 • 영향받는 이해관계자 검토 기록
SDM 2.3	서비스 계약에 따라 서비스를 제공한다. (Deliver services in accordance with service agreements.)
가치	서비스 제공 유형과 수준에 대한 공감대를 형성하여 고객 만족을 높인다. (Increases customer satisfaction by establishing a common understanding of the types and levels of service delivery.)
활동 예시	• 서비스 시스템 절차에 따라 서비스 시스템 구성 요소를 운영한다. • 운영 지원활동을 수행한다. 　— 필요에 따라 고객과 최종사용자 대상 교육이나 오리엔테이션 제공 포함 • 서비스 요청을 이행하는 데 필요한 활동을 수행한다. • 요청 관리 시스템을 사용하여 서비스 요청을 기록한다. 　— 서비스 제공자는 요청을 종결할 때까지 상태를 기록하고 추적 　— 필요한 경우 서비스 제공 이슈를 단계적으로 확대
산출물 예시	• 제공하는 서비스 목록 　— 서비스 로그 형태를 취하는 경우가 많음 • 성과 보고서와 대시보드 • 시정조치 로그 • 요청 관리 시스템 　— 데이터베이스, 웹 또는 애플리케이션 기반 시스템이거나 단순한 목록이나 종이 기록 • 요청 관리 시스템 기록
SDM 2.4	기존 서비스 계약과 서비스 데이터를 분석하여 최신화하거나 신규 계약에 대비한다. (Analyze existing service agreements and service data to prepare for updated or new agreements.)
가치	시간이 지남에 따라 변화하는 서비스 제공 역량과 고객 기대치를 맞춘다. (Aligns service delivery capability and customer expectations as they change over time.)

활동 예시	• 고객과 최종사용자 요구사항과 서비스 제공자 우려 사항을 수집한다. — 고객과 최종사용자 개선 의견 — 서비스 제공자 입력물 — 과거 데이터 — 시장 분석과 수요 — 작업 기술서와 관련 모집 자료 — 지원 프로세스 정보 — 서비스 시스템 • 서비스 요청을 분석한다. — 요청이 조직이나 고객에게 크고 광범위한 영향을 끼침 — 서비스 요청을 처리하는 비용이 사전에 정의한 한도 초과 — 서비스 요청을 처리하는 데 상당한 시간과 노력 필요 • 기존 서비스 계약, 요청 관리 데이터, 공급자 계약과 관련 서비스 데이터를 검토하고 분석한다. — 표준 서비스 정의에 대해 요청한 서비스 요구사항 — 파악한 서비스 요구사항을 충족할 수 있는 능력에 대한 기존 서비스 수준 계약과 공급자 계약 — 용량과 가용성, 사용 가능한 자원, 성능 데이터, 요청 데이터, 전달한 서비스 수준, 사고와 해결 방법과 같은 과거 서비스 데이터 — 사용 가능한 산업계 벤치마크나 새로운 서비스 요구사항에 대해 발표한 기타 데이터
산출물 예시	• 서비스 데이터 분석 결과 — 최신화하거나 신규 서비스 제공 여부에 대한 권장 사항 — 평가 결과를 통해 고객 요구를 충족할 수 있는 서비스 제공자 역량 결정 • 새로운 서비스 계약이나 요청 관리 방식을 최신화하거나 개발하기 위한 정보
SDM 2.5	서비스 시스템을 개발하고 기록하고 최신 상태로 유지하며 서비스 시스템 운영과 변경에 대한 접근방식을 준수한다. (Develop, record, keep updated, and follow the approach for operating and changing the service system.)
가치	서비스와 서비스 변경이 고객 기대에 부응할 가능성을 높인다. (Increases the likelihood that services and changes to them will meet customer expectations.)
활동 예시	• 서비스 시스템 운영과 각 변경 사항에 대한 접근방식을 정의한다. — 접근방식을 정의할 때 변경 유형(예: 신규 설치, 교체, 폐기 또는 이들 조합) 고려 — 영향받는 이해관계자의 우선순위와 제약조건 고려 — 배포에 실패했을 때 서비스 시스템을 이전 상태로 복원하는 롤백이나 철회 전략 정의 — 성공적인 배포를 구성하는 요소와 변경 사항을 철회할 시기에 대한 기준 포함 — 서비스 시스템을 폐기할 때, 최종사용자 알림, 오류 처리, 보관 방법, 철거와 재활용과 같은 주제 취급

	• 서비스 시스템 운영과 새로운 변경에 필요한 비용, 자원, 일정을 결정한다. 　— 변경 사항을 준비하고 수행할 시간에 대한 필요성을 포함하여 고객과 최종사용자 요구에 　　대해 작업과 사용 가능한 자원의 균형을 유지하는 방식으로 서비스 시스템 변경 활동 일정 　　수립 　— 적절한 경우 유사한 변경 사항에 대한 실제 데이터를 사용하여 비용, 자원과 일정 산정 • 영향받는 이해관계자를 파악하고 운영과 변경 활동을 검토한다. 　— 영향받는 이해관계자를 파악하고 그들 역할과 책임을 정의할 때는 외부 용역 이해관계자 　　고려 • 서비스 시스템 운영과 운영 변경을 위한 계획을 수립한다. 　— 운영, 변경, 배포 접근방식과 전환에 대한 산정값을 바탕으로 서비스 시스템 운영과 변경 계 　　획 기록 • 변경 사항이 필수 기능에 영향을 미치면 서비스 연속성 계획을 최신화한다.
산출물 예시	• 서비스 시스템 운영과 변경 접근방식 • 서비스 시스템 운영과 변경을 위한 계획 • 영향받는 이해관계자와 함께 검토한 기록
SDM 2.6	서비스 제공을 지원하기 위한 서비스 시스템 준비상태를 확인한다. (Confirm the readiness of the service system to support the delivery of services.)
가치	서비스 시스템 운영 준비상태를 보장하여 고객 만족을 높인다. (Improves customer satisfaction by ensuring the readiness of the service system for operation.)
활동 예시	• 서비스 시스템 구성 요소와 도구가 작동하는지 확인한다. 　— 서비스 시스템 구성 요소: 도구, 소모품, 사람, 프로세스와 절차 　— 서비스 시스템 도구: 모니터링 도구, 시스템 관리 도구, 추적 시스템, 프레젠테이션 도구, 로 　　그 파일, 분석 도구, 온라인 지식 관리 도구, 바이러스 스캐닝 도구, 데이터베이스 관리 도구 • 서비스 시스템 구성 요소 준비상태를 확인한 결과를 평가하고 결함이나 이슈를 해결하는 방법 　을 결정한다. 　— 서비스 제공자는 결함이나 이슈를 서비스 사고로 취급하고 사고 처리 프로세스를 통해 해결 • 서비스 계약에서 서비스 수준 요구사항을 검토하고 서비스 시스템 모니터링 도구에서 임곗값 　을 설정한다. • 서비스 제공 절차를 개발하고 검토하거나 개선한다. 　— 서비스 제공자는 지속적인 서비스 제공 요구를 충족하기 위해 절차를 정기적으로 검토하 　　고, 조정하고, 보완 　— 서비스 시스템 구성 요소 변경(예: 보관, 새로운 구성 요소 통합)은 종종 절차에 대한 최신화 　　가 필요함 • 서비스 제공 활동과 작업을 수행하는 데 필요한 자원을 사용할 수 있는지 확인한다. 　— 서비스 시스템 구성 요소 운영, 모니터링, 수리 　— 서비스 시스템 사용자 지원 　— 서비스 시스템 구성 요소 획득과 교체

	• 요청에 따라 서비스 제공을 위한 계획과 일정을 준비하고 최신화한다. 　— 서비스 제공 담당자를 위한 세부 업무 수행 작업 　— 배송 마감일과 시간제한 　— 서비스 제공 모니터링 작업 　— 전환 활동과 관련한 작업(예: 데이터 백업) • 영향받는 이해관계자와 함께 서비스 시스템 접근방식, 계획, 절차를 적절하게 검토한다. • 신규 서비스 제공과 지원 담당자에게 오리엔테이션이나 교육을 제공한다. 　— 교대 근무 변경 시, 신입 사원과 같이 새로 들어오는 직원에게 현재 운영 상태와 보류 중인 　　전환 활동에 대해 오리엔테이션을 실시하여 중단 없는 서비스 보장
산출물 예시	• 준비상태 보고서 　— 모니터링 임곗값 　— 운영 절차 　— 직원 　— 소모품 • 소모품 획득과 사용 로그 • 서비스 제공 계획과 일정 • 서비스 제공 로그와 영수증 • 서비스 시스템 오리엔테이션이나 교육 기록 • 이해관계자 검토 기록 • 서비스 시스템 운영 시연 결과

■ 3단계 프랙티스 그룹

SDM 3.1	조직의 표준 서비스 시스템과 계약을 개발하고 기록하고 최신 상태로 유지하며 사용한다. (Develop, record, keep updated, and use organizational standard service systems and agreements.)
가치	서비스 시스템 가용성과 일관성을 극대화하여 고객 요구를 효율적이고 효과적으로 충족한다. (Maximizes the availability and consistency of the service system to meet customer needs efficiently and effectively.)
활동 예시	• 표준화와 유지관리 요구와 요청을 검토하고 우선순위를 정한다. • 표준화와 유지관리가 서비스 제공에 미치는 영향을 분석한다. • 서비스 계약, 서비스 시스템 또는 그 구성 요소를 표준화하거나 최신 상태로 유지하기 위한 접근방식이나 프로세스를 개발한다. • 영향받는 이해관계자에게 변경 사항과 알림을 전달한다. • 서비스 시스템 문서를 적절하게 최신화하고 보관한다.

산출물 예시	• 표준 서비스 계약과 서비스 시스템에 대한 접근방식이나 프로세스 • 시정이나 예방적 유지관리 변경 요청 • 유지관리 알림 • 예방적 유지관리 일정 • 설치 기록 • 배포 결과물 • 이해관계자 기록 • 최신화한 서비스 시스템과 서비스 계약 문서

서비스 제공 관리는 최종사용자를 포함하여 서비스 제공자와 고객 간 관계를 정의하고 설정하는 활동을 포함한다. 이는 제공하는 서비스를 설명하는 서비스 계약 형식을 취한다. 서비스 계약은 서비스 제공자가 고객에게 제공할 내용을 설명한다. 여기에는 서비스 수준과 가용성 목표, 프로세스 역할에 따른 서비스 제공자, 고객과 최종사용자 책임과 의사소통 채널 그리고 의견을 제시하는 메커니즘을 포함한다. 서비스 제공은 보통 준비, 운영과 모니터링, 유지관리, 개선과 같은 활동 내용을 포함한다. 서비스 시스템을 사용하여 서비스를 제공하는데, 서비스 시스템은 요청을 접수하고 서비스를 전달하는 것처럼 간단할 수도 있고 여러 입력과 출력을 관리하는 다중 구성 요소를 갖춘 자동화 시스템처럼 복잡할 수도 있다.

서비스 제공 관리 프랙티스 영역은 1단계부터 3단계까지 3개 프랙티스 그룹으로 구성된다.

1단계 프랙티스 그룹은 서비스 제공을 위해 서비스 시스템을 사용하는 활동이다. 가격을 포함한 서비스 목록이나 메뉴, 고객 요청, 요청을 이행하기 위한 단계를 포함하는 서비스 시스템을 사용하여 서비스를 제공한다.

2단계 프랙티스 그룹은 서비스 계약을 작성하고 서비스 계약에 따라 서비스를 제공하며, 기존 서비스 계약과 서비스 데이터를 분석하여 기존 계약을 최신화하거나 새로운 계약을 준비하는 활동을 다룬다. 서비스 시스템을 운영하고 변경하기 위한 접근방식을 개발하고 서비스 제공을 지원하기 위한 서비스 시스템 준비상태를 확인하는 활동 또한 2단계 프랙티스 그룹에서 다루는 주요 내용이다.

서비스 유형, 시장, 서비스 제공자의 사업 성격에 따라 계약 내용을 작성한다. 서비스 계약은 대체로 서비스 설명, 이용약관, 성공적인 서비스의 지속적인 제공에 필요한 약속, 보증이나 보증 관련 정보와 의사소통 채널을 포함한다. 서비스 계약은 여러 서비스나 여러 고객을 포괄할 수 있으며, 예로는 서비스 수준 계약서, 성과 작업 명세서, 목표 명세서, 작업 기술서와 기타 유형의 계약이 있다.

고객은 웹 양식이나 전화 통화 등 다양한 방법으로 서비스를 신청할 수 있다. 서비스 계약은 지속적이거나 반복적으로 일정을 계획한 서비스에 대한 요청을 파악할 수 있다. 고객이나 최종사용자는 서비스가 필요하다고 판단하면 서비스를 요청한다. 고객이나 서비스 제공자가 서비스 요청의 초기 유형을 결정할 수 있다.

서비스 요청 유형은 다음과 같이 구분할 수 있다.
- 단순한 서비스 요청: 가격과 배달 선택사항을 포함한 메뉴나 카탈로그, 선택 기능이 있는 전화 통화
- 지속적인 서비스 요청: 잔디밭, 세탁, 청소, 유지보수와 같은 주간 예약 서비스, 지속적인 운영과 지원 요구사항이 있는 콜센터
- 임시적인 서비스 요청: 서비스 시스템 일부로 데이터베이스에 대한 맞춤형 질문 요청, 패키지 배달 서비스 일부로 패키지 픽업 요청, 유지보수 서비스 일부로 유지관리 대상 시스템의 고장이 난 구성 요소 파악, 건강 프로그램 일부로 건강 상태 점검 요청

이러한 서비스 요청은 요청 관리 시스템을 통해 기록하고 추적하고 해결하며, 요청 관리 시스템 사용은 서비스 계약을 충족하기 위한 모든 서비스 요청에 대한 이행을 보장한다.

서비스 계약을 통해 서비스를 제공하는 것은 합의한 서비스 제공 접근방식을 바탕으로 서비스를 제공하는 데 필요한 다양한 활동을 포함한다. 요청 관리 시스템을 사용하여 서비스 계약을 충족하고, 서비스 요청을 더 효과적으로 추적하고 해결한다.

기존 서비스 계약과 서비스 데이터를 분석하는 것은 서비스 시스템과 서비스 요청 그리고 서비스 계약의 여러 측면을 다룰 수 있다. 이러한 분석에는 고객 요구, 고객 불만, 서비스 제공자 우려 사항, 서비

스 정의, 용량과 가용성 데이터, 성능 데이터, 서비스 수준, 공급자 제약조건, 서비스 계약, 서비스 요청 기록과 자원 사용에 대한 검토를 포함할 수 있다.

서비스 시스템 구성 요소 개발과 인수에서 서비스 시스템의 각 특정 변경에 대해 시스템 운영과 최종 사용자 그리고 전달 환경에 대한 영향을 해결하는 활동을 포괄하는 서비스 시스템 운영과 변경 접근방식을 개발한다. 이 접근방식에서는 시스템 운영과 변경에 필요한 활동과 자원을 파악해야 한다. 접근 방식의 깊이는 변경 유형과 전환을 거치는 구성 요소 중요도에 적합해야 한다. 예를 들어, 새로운 사업에서 중요한 구성 요소를 전환하려면 상세한 계획과 일정, 위험 평가, 배포 취소 절차, 영향받는 이해관계자 계획 자료에 대한 공식 검토가 필요할 수 있다. 오래된 서비스 폐기와 같이 상대적으로 덜 중요한 전환에는 덜 상세한 계획이 필요할 수 있다. 계획을 수립할 때는 과거 변경 사항을 전환한 계획 중에서 전개 후 검토했던 전환 결과를 고려한다. 이 정보는 계획을 수립하는 프로세스의 속도를 높이고, 반복하는 이슈를 파악하여 이슈 발생을 방지하는 데 도움을 줄 수 있다.

서비스 제공을 위한 서비스 시스템 준비상태 확인은 일회성이 아니다. 서비스 시스템을 변경하지 않을 때도 이러한 활동을 반복적으로 수행한다. 서비스 시스템 변경이 준비상태에 미치는 영향을 고려한다. 예를 들어, 서비스 시스템을 변경하면 추가 자원이 필요하고 절차와 사용자 지침을 최신화하거나 교육이 필요할 수 있다.

3단계 프랙티스 그룹은 조직 표준 서비스 시스템과 계약을 개발하고 사용하는 활동에 중점을 둔다. 조직은 더 광범위하고 확장 가능한 서비스를 제공하기 위해 서비스 시스템, 서비스 계약과 유지관리에 대한 표준화한 접근방식을 사용한다.

유지관리 유형은 고장정비와 예방정비 그리고 적응정비와 완전정비로 구분할 수 있으며 그 예는 다음과 같다.
- 고장정비: 서비스 시스템 운영 능력을 저하하는 구성 요소 수정과 수리
- 예방정비: 사전 계획한 활동을 통해 서비스 사고와 결함 발생 방지
- 적응정비: 서비스 시스템을 변경하거나 다른 서비스 제공 환경에 적응

• 완전정비: 서비스 시스템 추가 또는 개선한 운영 능력 개발이나 획득

    서비스 시스템의 모든 부분, 즉 서비스 계약, 요청 관리 시스템과 소모품, 프로세스, 소프트웨어, 하드웨어, 인프라와 인력을 포함한 해당 구성 요소에 대해 표준화한 유지관리 방식을 적용한다. 유지관리와 가용성이 외부 공급자에 따라 달라지는 서비스 시스템 구성 요소이면 클라우드 기반 데이터베이스, 고객 관계 관리 구성 요소와 티켓 관리 구성 요소와 같은 항목을 포함하여 조직의 표준 서비스 시스템과 계약을 개발한다. 또한 유지관리 활동에는 서비스 계약 갱신, 유지관리 기간 파악과 처리 그리고 영향받는 이해관계자 파악과 공급자 중단에 대한 알림을 포함할 수 있다.

(2) 전략적 서비스 관리_{Strategic Service Management, STSM}

    전략적 서비스 관리는 전략적 비즈니스 요구와 계획과 호환하는 표준 서비스를 개발하고 배포한다. 조직은 이 활동을 통해 표준 서비스를 고객 요구에 맞춰 비즈니스 목표 달성 가능성을 높인다.

> Develops and deploys standard services that are compatible with strategic business needs and plans.
> Increases likelihood of meeting business objectives by aligning standard services with customer needs.

■ 1단계 프랙티스 그룹

STSM 1.1	현행 서비스 목록을 개발한다. (Develop a list of current services.)
가치	제공하는 서비스를 고객과 이해관계자 요구와 기대에 맞춘다. (Aligns offered services with customer and stakeholder needs and expectations.)
활동 예시	• 현행 서비스를 파악한다.
산출물 예시	• 현행 서비스 목록

■ 2단계 프랙티스 그룹

STSM 2.1	현행 서비스 설명서를 개발하고 최신 상태로 유지하며 사용한다. (Develop, keep updated, and use descriptions of current services.)
가치	고객의 요구에 맞는 일관적인 서비스 제공이 가능하다. (Enables consistent service delivery that aligns with customer needs.)
활동 예시	• 개별 서비스 설명서를 개발하고 기록하며 최신 상태로 유지한다. 　— 현재 사용 가능한 서비스 목록 기준 • 서비스 카탈로그를 개발하고 기록하며 최신 상태로 유지한다. 　— 서비스 카탈로그에는 모든 개별 서비스 설명과 관련 자료 포함
산출물 예시	• 개별 서비스 설명서 • 서비스 카탈로그 또는 메뉴
STSM 2.2	서비스 제공을 위한 전략적 요구와 역량에 대한 데이터를 수집하고 기록하고 분석한다. (Collect, record, and analyze data about strategic needs and capabilities for service delivery.)
가치	고객 만족을 높이는 데 가장 큰 영향을 미치는 요구와 목표를 파악한다. (Identifies which needs and objectives have the greatest effect on increasing customer satisfaction.)
활동 예시	• 역량에 대한 데이터를 수집하고 분석한다. 　— 서비스를 제공하는 프로젝트 또는 조직 　— 고객과 최종사용자 　— 서비스 제공에 사용하는 시스템과 프로세스 　— 경쟁업체 • 전략적 요구에 대한 데이터를 수집하고 분석한다. 　— 외부와 내부 요인 포함 • 영향받는 이해관계자에게 역량과 전략적 요구를 전달한다.
산출물 예시	• 분석 결과 　— 역량, 전략적 요구 • 역량 설명서 　— 스킬, 능력, 사람, 자원, 필요한 도구 • 전략적 요구에 대한 설명서
STSM 2.3	전략적 요구와 역량에서 파생한 신규 또는 변경 서비스를 제공하기 위한 접근방식을 개발하고 최신 상태로 유지하며 준수한다. (Develop, keep updated, and follow an approach for providing new or changed services derived from strategic needs and capabilities.)
가치	시장의 요구를 가장 잘 예측하고 충족하는 서비스를 파악하는 데 자원을 집중한다. (Focuses resources on identifying services that best anticipate and meet market needs.)

활동 예시	• 전략적 비즈니스 목표를 개발하고 기록하고 확인한다. 　— 고위 경영진은 전략적 목표를 명확히 제시하고 검토하고 승인 • 전략적 비즈니스 요구, 목표와 역량을 바탕으로 서비스에 대한 요구사항을 파악한다. • 제공하거나 변경한 서비스에 대한 설명을 기록한다. 　— 구성 요소, 자원, 서비스 수준 범위 • 제공하는 서비스 변경 사항을 파악한다. 　— 새로운 서비스 개발 　— 진화하거나 미래 요구에 맞게 현행 서비스 수정 또는 개선 　— 더 이상 고객 요구나 현재 역량에 맞지 않는 서비스 폐지 • 신규 서비스나 변경 서비스를 위한 계획을 개발하고 최신 상태로 유지하며 준수한다. • 계획한 서비스를 필요할 때 사용할 수 있는지 확인한다. 　— 서비스 제공에 필요한 인력 가용성 　— 인력의 필수 스킬과 경험 　— 예상하는 작업 품질을 생산할 수 있는 가용 인력 규모 　— 인력의 마감일 준수 능력
산출물 예시	• 전략적 사업 목표에 대한 설명 • 서비스 설명 • 서비스 시스템 요구 분석 • 서비스 계획 • 계획 검증 결과

■ 3단계 프랙티스 그룹

STSM 3.1	일련의 조직 표준 서비스 설명서와 서비스 수준을 개발하고 최신 상태로 유지하며 사용한다. (Develop, keep updated, and use the set of organizational standard service descriptions and service levels.)
가치	비용을 최소화하고 신규나 변경 서비스 출시 기간을 단축한다. (Minimizes cost and achieves faster time to market for new or changed services.)
활동 예시	• 표준 서비스 설명을 개발하고 기록하며 최신 상태로 유지한다. 　— 조직 정책, 표준, 모델 준수 　— 서비스 간 적절한 결합을 보장하는 데 필요한 서비스를 서비스 라인으로 구성 • 각 서비스 특성을 지정한다. 　— 표준 서비스 수준에 대한 정의 포함

산출물 예시	• 서비스와 서비스 특성에 대한 설명
	  — 기능과 이점
	  — 사용 가능한 서비스 수준과 유형
	  — 용량과 가용성 요구사항
	  — 비용
	  — 현재 사용자와 예정 사용자에 대한 설명
	  — 서비스 구성 요소
	  — 서비스 제공 시스템
	  — 관련 서비스
	  — 필요한 서비스 제공 자료 목록
	• 표준 서비스 카탈로그 또는 메뉴
	  — 카탈로그는 대체로 표준 서비스에 대한 조정 지침과 필요한 경우 서비스 라인에 대한 설명 포함

전략적 서비스 관리에서는 여러 고객과 계약하고 있을 수 있는 서비스에 대한 역량과 요구에 대한 분석 활동을 수행한다. 또한, 이러한 역량과 요구를 반영하는 표준 서비스와 서비스 수준 그리고 관련한 설명서를 개발하고 유지하는 활동도 포함한다.

전략적 서비스 관리는 조직에서 제공하는 일련의 표준 서비스와 전략적 비즈니스 목표 간 조정을 개선한다. 조직 표준 서비스는 고객과 경쟁사 데이터를 적극적으로 분석하는 활동과 시장 동향과 기회를 분석하는 활동 그리고 서비스 제공자 역량과 강, 약점을 이해하는 활동을 통해 개발한다.

전략적 서비스 관리 목표는 조직이 제공하고 유지관리하는 일련의 표준 서비스에 대해 전략적 결정을 효과적으로 내리는 데 필요한 정보를 얻는 것이다. 표준 서비스는 서비스 제공자 역량이 비즈니스 목표를 충족하는지 확인하기 위한 기반을 제공한다. 표준 서비스를 통해 서비스 품질, 기회 개발, 고객과 최종사용자 만족도를 향상한다. 표준 서비스 수준은 표준 서비스에 대한 핵심 구성 요소이다. 서비스 수준은 서비스 제공자와 고객 간 기대와 책임을 명확하고 구체적이며 측정할 수 있게 하는 동시에 서비스 개발과 제공에 드는 비용, 시간과 오류를 줄인다.

서비스 제공자는 보통 고객 정보 요구를 지향하는 서비스 카탈로그를 통해 표준 서비스를 설명하고, 고객 요구에 맞춰진 표준 서비스 설명서를 유지관리해야 한다.

고객과 최종사용자 요구사항은 다를 수 있지만, 표준 서비스를 개발하고 전략적 요구사항과 계획을 이해하기 위해 관련 데이터를 수집하고 분석할 때는 고객과 최종사용자의 요구 모두가 중요하다. 서비스 제공자는 이러한 요구와 현행 서비스 사용에 초점을 맞춰 기존 서비스를 개선하고 향후 서비스를 계획하기 위한 요구사항을 파악한다.

전략적 서비스 관리 프랙티스 영역은 1단계부터 3단계까지 3개 프랙티스 그룹으로 구성된다.

1단계 프랙티스 그룹은 현재 수행하는 서비스 목록을 개발하는 활동이다. 조직의 전략적 요구와 계획과 호환하는 표준 서비스 포트폴리오를 개발하고 사용하며 유지하기 위해서는 무엇보다도 지금 수행하고 있는 서비스 목록과 수준을 파악하는 것이 중요하다.

2단계 프랙티스 그룹은 현행 서비스 설명서를 개발하고 사용하며, 서비스 제공을 위한 전략적 요구와 역량에 관한 데이터를 수집하고 분석하는 활동을 다룬다. 전략적 요구와 역량에서 파생한 새로운 서비스나 변경 서비스를 제공하기 위한 접근방식을 개발하고 준수하는 활동 또한 포함한다.

파악한 현행 서비스 목록에 대해 사용자가 접근할 수 있는 카탈로그나 메뉴에 서비스 설명을 기술한다. 설명서는 서비스와 프로젝트 특성에 따라 간단한 목록이거나 복잡한 온라인 저장소의 일부일 수 있다. 필요에 따라 서비스와 관련한 추가 자료를 개발할 수 있다. 서비스 카탈로그와 설명서와 관련한 자료는 모든 개별 서비스에 대한 설명과 관련 자료를 포함하며 제공 지침, 마케팅과 영업 자료, 가격 책정 선택사항과 제공 방법을 추가로 포함할 수 있다.

서비스 제공을 위한 전략적 요구는 내외부 비즈니스와 관련 요소에 의해 결정한다. 고객이 다르거나 새로운 서비스가 필요할 수 있거나 경쟁 제품이 고객 기대치를 변경할 수 있는 경우가 대표적인 비즈니스 관련 요소이다. 현행 서비스가 고객 요구에 따라 쓸모없어지거나 조직이 새로운 고객을 유치해야 하는 상황 또한 비즈니스 관련 요소이다. 가능한 모든 요구사항을 고려하고 전략적 비즈니스 목표를 개발하는 데 사용할 요구사항을 선정한다. 이러한 목표와 관련한 데이터를 수집하고 분석하고 사용하여 서비스 개발과 최신화한 계획을 수립할 수 있다. 이러한 데이터는 서비스, 시장 부문과 개별 고객에 따라 다를 수 있다. 목표와 관련한 데이터는 시장조사나 설문조사 그리고 서비스 이용 추세나 고객 불만과 칭찬 등 다양한 경로를 통해 수집할 수 있다.

새로운 서비스나 변경 서비스에 대한 계획을 포함하여 새로운 서비스나 변경 서비스를 제공하기 위한 접근방식을 개발한다. 계획에는 고객과 최종사용자 요구사항과 그 요구사항을 충족하는 방법, 기능과 자원 균형을 유지하는 데 필요한 조치와 외부 서비스 공급자 요구사항을 포함한다.

3단계 프랙티스 그룹은 일련의 조직 표준 서비스 설명서와 서비스 수준을 개발하고 최신 상태로 유지하며 사용하는 활동에 중점을 둔다.

서비스 공급자와 고객 요구사항을 포함하여 표준 서비스에 대한 프로세스 설명을 개발한다. 이러한 설명은 조직 표준 서비스 카탈로그에 반영하고 표준 서비스 설명에는 서비스 수준을 포함한다. 조직은 프로젝트, 고객, 서비스 품목과 도메인 전반에 걸쳐 표준을 제공하는 것을 보장하기 위해 표준 서비스와 관련 프로세스를 개발한다. 필요한 경우 여러 표준 서비스와 서비스 수준을 사용하여 다양한 고객, 조직 내 그룹, 시장과 애플리케이션 도메인 요구사항을 해결한다.

(3) 서비스 연속성_{Continuity, CONT}

서비스 연속성은 중요한 비즈니스 운영 중단을 예상하고 해결하여 가능한 한 빨리 업무를 계속하거나 재개할 수 있도록 한다.

조직과 프로젝트는 이 활동을 통해 심각한 중단이나 치명적인 사건이 발생했을 때도 계속 운영할 수 있다.

> Anticipates and addresses disruptions to critical business operations so work can continue or resume as soon as possible.
> Enables continued operation when serious disruptions or catastrophic events occur.

■ 1단계 프랙티스 그룹

CONT 1.1	심각한 운영 중단을 관리하기 위한 비상 대책을 개발한다. (Develop contingency approaches for managing significant disruptions to operations.)

가치	조직이 잠재적인 중단 사건이나 상황에 대응하고 고객의 요구를 지속해서 충족할 수 있도록 지원한다. (Enables an organization to respond to potential disruptive events or situations and continue to meet customer needs.)
활동 예시	• 비상 대책을 기록한다. 　— 운영에 심각한 중단이 발생할 때 접근방식 제공 • 작동을 위한 값을 지정한다. 　— 비상 대책을 시작하도록 유도할 수 있는 작동값 파악 　— 작동값은 프로젝트나 조직이 비상 대책을 구현하는 데 자원, 시간, 비용 또는 노력을 소비해야 하는 시기를 결정하는 데 도움을 줌
산출물 예시	• 비상 대책 기록 　— 치명적인 결과를 초래할 수 있는 예외적인 위험을 관리하는 데 사용 • 작동을 위한 값

■ 2단계 프랙티스 그룹

CONT 2.1	서비스 연속성에 필수적인 기능을 파악하고 우선순위를 지정한다. (Identify and prioritize functions essential for continuity.)
가치	비상 상황이나 심각한 중단이 발생하는 동안에도 필수 기능을 계속 작동할 수 있다. (Enables continued operation of essential functions during an emergency or significant disruption.)
활동 예시	• 서비스 연속성 시나리오를 개발한다. 　— 운영 중단 규모 　— 전체 운영 대 제한적 운영 　— 여러 기관과 협력 　— 응급 서비스 　— 인프라 • 운영에 필요한 필수 기능을 파악한다. 　— 수작업 프로세스 　— 자동화 프로세스 　— 최종사용자 활동 　— 운영 활동 　— 솔루션 제공 활동 　— 안전과 보안 활동 • 프로젝트가 필수 기능을 수행할 수 없는 경우 중요도와 운영에 미치는 영향을 분석한다. 　— 제한적인 기능이 필수적인 상황에서는 행동 계획이 단순함 　— 필수 기능이 없는 경우 비상 상황을 종료하면 운영을 재개하는 것이 조치 과정일 수 있음

	• 필수 기능 목록에 대한 우선순위를 지정한다. 　— 중단 기간에 대한 영향(예: 긴 중단과 짧은 중단, 안전 고려 사항, 물리적이고 기능적인 보안) 고려
산출물 예시	• 중요 기능에 대한 우선순위 목록 • 비즈니스 영향 분석
CONT 2.2	서비스 연속성에 필수적인 자원을 파악하고 우선순위를 지정한다. (Identify and prioritize resources essential for continuity.)
가치	비상 상황이거나 운영에 심각한 지장을 초래한 상황에서도 고객 만족을 유지하고 비즈니스 운영을 계속한다. (Maintains customer satisfaction and continues business operation during an emergency or significant disruption.)
활동 예시	• 내외부 의존성을 파악하고 기록한다. • 지속해서 운영을 제공하는 핵심 인력과 그들 역할을 파악하고 기록한다. • 조직과 영향받는 이해관계자 책임을 파악하고 기록한다. • 필수 기능에 대한 서비스 연속성을 보장하는 데 필요한 자원을 파악하고 기록한다. • 자원 손실이나 접근 부족으로 인해 발생하는 영향을 기준으로 자원을 평가하고 우선순위를 지정한다. 　— 일부 중요한 자원은 승계 순서 파악 • 운영 직원을 위한 안전 규정을 개발한다. • 필요한 기록과 데이터베이스를 보호하고 접근 가능하며 비상시 사용할 수 있는지 확인한다.
산출물 예시	• 서비스 연속성을 위해 필요한 중요 자원 기록 　— 권한 위임과 승계 순서 　— 연락처 정보를 포함한 중요 인력 주소록 　— 식별한 필수 기능을 지원하는 데 필요한 데이터와 시스템 　— 내외부 자원 의존성 • 협약과 계약 기록 　— 복구 중 운영을 위한 대체 장소에 대한 계약 포함 • 법적 운영 규범 백업과 복구 기록 　— 정관 　— 지방과 중앙정부 기관 승인 　— 비즈니스 기록 • 인적 자원 데이터에 대한 백업과 복구 기록 　— 급여 잔액 　— 급여 데이터 　— 보험 기록

CONT 2.3	필수 기능 수행을 재개하기 위한 서비스 연속성 계획을 개발하고 최신 상태로 유지하며 준수한다.
	(Develop, keep updated, and follow continuity plans to resume performing essential functions.)
가치	서비스를 신속하게 복구하여 고객 만족에 미치는 영향을 최소화한다.
	(Minimizes impact on customer satisfaction by restoring services quickly.)
활동 예시	• 진행 중인 운영에 대한 위협과 취약점을 파악하고 기록한다. 　— 위협과 취약점에 대한 정보를 사용하여 서비스 연속성 계획을 개발하고 최신 상태로 유지 　— 서비스 연속성 계획에서 계획 시작으로 이어질 수 있는 사건과 위협 그리고 취약점을 기록 　— 다양한 사건 범주에 대해 다양한 활동 계획 　— 개별 기능에 관한 위험 정보를 수집하고 계획 해당 부분에 대한 입력으로 사용 • 서비스 연속성 계획을 기록한다. 　— 조직은 다양한 유형의 중단 또는 운영에 대비하여 하나 또는 여러 개 계획을 계속 최신화 • 영향받는 이해관계자와 함께 서비스 연속성 계획을 확인한다. • 서비스 연속성 계획과 계획을 실행하는 데 필요한 중요 정보와 기능을 위한 안전한 저장과 접근방법이 있는지 확인한다. • 중요한 데이터와 시스템을 보호한다. 　— 추가 시스템 구성 요소 개발 등 중요한 데이터와 시스템 보호 문제해결 • 정상 운영 환경에서 서비스 연속성 운영 환경으로 전환하기 위한 기준과 절차를 기록한다. 　— 지역, 도시, 국가 등 다양한 정전 시나리오에 대해 허용 가능한 수준 기록 • 필요에 따라 서비스 연속성 계획을 수정한다. 　— 운영에 대한 주요 변경 사항 　— 필수 기능 또는 기반 시설 변경 사항 　— 내외부 자원에 대한 주요 의존성 변경 사항 　— 개선 의견으로 인한 변경 사항 　— 서비스 연속성 계획 검토 중 필요한 변경 사항 파악 　— 배송 환경 변경 사항 　— 새롭게 파악한 심각한 위협이나 취약점
산출물 예시	• 위협과 취약점 목록 　— 조직의 운영 지속 능력에 부정적인 영향을 미칠 수 있는 사건을 포함 • 서비스 연속성 계획 　— 심각한 운영 지장 초래를 정의하는 기준 　— 서비스 연속성 계획을 시작할 권한을 보유한 사람에 대한 기준 　— 대체 자원과 위치 　— 서비스 중단 결정을 포함한 복구 순서 기록 　— 중요 인력에 대한 역할과 책임 　— 사용 가능한 백업 장비 　— 영향받는 이해관계자 　— 보안 관련 자료 취급 방법

	— 의사소통 방법
	— 비용 편익 분석
	— 대응 시스템 시험을 위한 접근방식
	— 중단 종료 후 정상 운영으로 복귀하기 위한 접근방식

■ 3단계 프랙티스 그룹

CONT 3.1	서비스 연속성 교육을 위한 자료를 개발하고 최신 상태로 유지한다. (Develop and keep updated materials for continuity training.)
가치	재난 발생 시 조직이 필수 기능을 수행할 수 있도록 준비한다. (Prepares the organization to perform essential functions in response to catastrophic events.)
활동 예시	• 서비스 연속성 교육을 수행하기 위한 전략을 개발한다. • 운영에 관한 위협과 취약점 각 범주에 대한 서비스 연속성 교육을 개발하고 기록한다. • 영향받는 이해관계자와 함께 서비스 연속성 교육자료를 검토한다. • 서비스 연속성 계획 변경 사항과 교육 효과에 대한 개선 의견 반영을 위해 필요에 따라 교육자료를 수정한다.

산출물 예시	• 서비스 연속성 교육 전략
	• 서비스 연속성 교육자료
	  — 검토와 전달받은 개선 의견을 바탕으로 개정한 내용 포함
	• 서비스 연속성 교육 검토 결과
	  — 필요한 변경 사항
	  — 해결해야 할 조치 항목

CONT 3.2	계획에 따라 서비스 연속성 교육을 제공하고 평가한다. (Provide and evaluate continuity training according to the plan.)
가치	팀원이 비즈니스에 필수적인 기능을 복원하거나 지속할 수 있는 능력을 극대화한다. (Maximizes team members' ability to restore or continue essential functions for the business.)
활동 예시	• 서비스 연속성 계획 시작과 구현을 다루는 교육을 제공한다. • 서비스 연속성 교육을 성공적으로 이수한 직원 기록을 최신 상태로 유지한다. • 서비스 연속성 교육이 서비스 연속성 계획을 구현할 직원을 얼마나 잘 준비시켰는지에 대한 개선 의견을 수집한다. • 교육에 대한 개선 의견을 분석하고 서비스 연속성 계획과 서비스 연속성 교육에 대해 제안한 개선 사항을 기록한다. — 교육 참석자의 개선 의견을 통해 경험을 바탕으로 서비스 연속성 계획에 대한 개선 사항 제안 • 필요에 따라 서비스 연속성 계획과 서비스 연속성 교육을 최신화한다.

산출물 예시	• 교육 기록 • 교육 수강생과 교육 전문가에 의한 교육 효과 평가 • 서비스 연속성 계획에 대해 제안한 개선 사항
CONT 3.3	서비스 연속성 계획에 대한 검증과 확인을 준비하고 수행하고 결과를 분석한다. (Prepare, conduct, and analyze results from verification and validation of the continuity plan.)
가치	서비스 연속성 계획이 사용자 요구사항과 운영 요구를 충족하는 데 효과적이라는 확신과 가능성을 높인다. (Increases confidence and likelihood that the continuity plan is effective to meet requirements and the operational needs of users.)
활동 예시	• 서비스 연속성을 검증하고 확인하기 위한 계획을 개발한다. 　─ 검증과 확인을 위해 사용하는 전략 　─ 평가한 위협과 취약점 범주 　─ 필수 기능과 자원 범주 　─ 준비에 대한 효과성 평가 방법 　─ 검증과 확인을 지원하는 데 필요한 환경 　─ 복구 작업 중 목표 성능 수준을 정의하는 기준 　─ 검증과 확인을 위한 활동 일정 　─ 배정한 자원 • 검증과 확인을 수행할 환경을 준비한다. • 서비스 연속성 계획을 검증하고 확인하기 위한 점검표를 준비한다. 　─ 비상 대비 점검표 　─ 비상 대비 자료 점검표 　─ 비즈니스 연속성 자체 평가 점검표 • 영향받는 이해관계자와 함께 검증과 확인 계획을 검토한다. 　─ 영향받는 이해관계자는 검증과 확인 전략, 방법, 활동, 환경과 자원을 이해하고 이에 동의 • 서비스 연속성 계획을 검증하고 확인하기 위한 절차와 기준을 결정한다. 　─ 절차와 기준은 서비스 연속성 계획 요소가 위협과 취약점 범주에 대해 정확하고 효과적이며 최신 상태인지 확인 • 서비스 연속성 계획에 대한 검증과 확인을 수행한다. • 검증과 확인 결과를 평가한다. 　─ 합의한 운영 수준으로 복구 달성 　─ 의사소통 전략 효과성 　─ 핵심 자원 준비 • 결과 분석을 바탕으로 비즈니스 운영이나 시스템 구성 요소에 대한 개선 제안을 적절하게 수집한다.

	• 결함 해결에 대한 정보를 제공하고 시정조치를 시작한다.
	  — 정보는 검증 방법, 기준과 검증 환경 포함
	• 검증과 확인 활동 결과와 권장 사항을 기록한다.
	  — 교육 활동에 대한 개선 의견
	  — 교훈 사례
	  — 추가 시정조치
	• 서비스 연속성 계획을 개선하기 위한 권장 사항을 기록한다.
	  — 서비스 연속성 계획에 대해 파악한 변경 사항 포함
	• 필요에 따라 서비스 연속성 계획을 최신화한다.

산출물 예시	• 서비스 연속성을 보장하기 위한 검증과 확인 계획
	• 검증과 확인에 사용하는 평가 방법
	• 검증과 확인을 수행하는 데 필요한 환경 설명
	• 검증과 확인 절차
	• 성공적인 검증과 확인을 구성하는 기준
	• 서비스 연속성 검증과 확인 활동에 관여하는 직원과 영향받는 이해관계자 목록
	• 검증과 확인 분석 보고서
	• 개선을 위한 권장 사항
	  — 서비스 연속성 계획
	  — 서비스 연속성 계획 검증과 확인 활동

서비스 연속성 프랙티스 영역은 '위험 및 기회 관리 프랙티스 영역'의 위험 관련 프랙티스를 바탕으로 하며, 정상적인 운영에 대한 심각한 지장을 처리하는 데 중점을 둔 위험관리 전문 분야로 볼 수 있다. 서비스 연속성 활동에는 운영에 지장을 초래할 때도, 최소한의 중요한 운영 수준은 유지할 수 있도록 비즈니스 시스템, 인력과 자원을 준비하는 것을 포함한다. 서비스 연속성 계획은 작업 복원에 허용하는 시간제한과 함께 최소 필수 기능과 자원 파악을 포함한다.

서비스 연속성은 사고나 일련의 사건이 심각한 지장을 초래해서 평소처럼 업무를 수행할 수 없을 때 적용한다. 심각한 지장으로는 중요한 기반 시설 손실 또는 손상(예: 시설이나 장비의 심각한 오작동, 정전, 건물 붕괴), 자연재해(예: 전염병, 태풍, 허리케인, 토네이도, 산불, 홍수, 지진)와 인적 사고(예: 시민 소요, 테러 행위) 등을 예로 들 수 있다.

조직 운영에 심각한 지장을 초래했을 때 매우 짧은 시간 내에 복구하고 재개할 수 있어야 한다. 서비스 연속성 활동은 서비스 연속성 계획을 개발하고 시험하고 유지관리하는 것을 포함한다. 조직은 이를 위해 조직이 제공하는 작업을 지원하는 필수 기능과 필요한 자원과 이러한 자원에 대한 잠재적인 위험과 위협을 파악한다. 또한 각 위험이나 위협 영향에 대한 조직의 민감도와 서비스 연속성에 대한 각 위협의 잠재적 영향을 먼저 파악한다.

이 정보를 사용하여 조직이 잠재적으로 낮아진 수준에서 필수적인 운영을 재개할 수 있도록 하는 서비스 연속성 계획을 개발한다. 필요에 따라 이전에 수집한 정보를 바탕으로 서비스 연속성 계획을 개발하고 서비스 연속성 계획을 확인하기 위한 시험 방법을 개발한다. 영향받는 이해관계자가 서비스 연속성 계획을 사용하여 활동을 수행할 수 있도록 교육자료와 교육 제공 방법을 개발하는 활동을 완료하고 반복한다.

서비스 연속성 계획에 따른 활동을 수행하기 위해 비상 상황이 발생할 때까지 기다리지 않는다. 서비스 연속성 계획은 주기적으로 확인하고 정기적으로 시험해야 한다. 이렇게 함으로써, 실제 비상 상황이거나 운영에 심각한 지장이 발생했을 때 서비스 연속성 계획이 얼마나 효과적이고 작업을 안정적으로 복원하고 제공하는 데 필요한 변경 사항이 무엇인지 확인할 수 있다.

서비스 연속성 프랙티스 영역은 1단계부터 3단계까지 3개 프랙티스 그룹으로 구성된다.

1단계 프랙티스 그룹은 운영에 대한 심각한 지장을 관리하기 위해 비상 대책을 개발하는 활동이다. 운영에 심각한 지장을 초래했을 때 필요한 접근방식을 제공하기 위해 비상 대책을 기록한다. 비상 대책을 시작하는 시점 파악에 사용하는 작동값은 프로젝트나 조직이 비상 대책을 구현하는 데 필요한 자원, 시간, 비용 또는 노력을 들여야 하는 시점을 결정하는 데 도움을 준다. 이러한 비상 대책에 대한 기록은 치명적인 결과를 초래할 수 있는 예외적인 위험을 관리하는 데 사용한다.

2단계 프랙티스 그룹은 서비스 연속성에 필수적인 기능과 자원을 파악하고 우선순위를 지정하며 필수 기능 수행을 재개하기 위해 서비스 연속성 계획을 개발하고 구현하는 내용을 다룬다.

비상 상황이거나 운영에 심각한 지장을 초래했을 때나 이후에도 계속 유지해야 하는 필수 기능과 프로세스와 관련 활동을 파악하고 우선순위를 지정한다. 필수 기능을 파악하기 위해 모든 운영에 대한 이해가 필요하다. 중요한 활동이라고 해서 모두 필수 기능은 아니다. 비상 상황이거나 운영에 심각한 지장을 초래했을 때도 필수 기능을 유지하여 비즈니스가 지속해서 생존할 수 있도록 지원한다. 우선순위를 적절하게 지정하기 위해서는 다양한 이해관계자를 참여시킬 필요가 있다.

필수 기능을 유지하는 데 필요한 자원을 파악하고 우선순위를 지정한다. 필수 자원은 비상 상황 때나 이후에 운영을 계속하거나 다시 시작하는 데 필요한 자원이다. 이러한 자원은 대체로 고유하고 교체가 어렵다. 필수 자원은 핵심 역량, 인력, 자산, 데이터와 시스템을 포함한다. 필수 자원을 보호한다는 것은 적절한 대체물을 파악하고 데이터 백업과 보관하는 것을 의미한다. 자원을 파악할 때 필수 외부 자원을 포함한다. 여기에는 중요한 자원을 무력화하거나 필요할 때 사용할 수 없는 경우를 위한 승계 계획을 정의하는 것을 포함할 수 있다. 일반적으로 간과하는 자원에는 소모품과 필수 기록(예: 법적이거나 재정적 의무를 설명하는 문서)이 있다. 조직 운영, 서비스 연속성에 필수적인 기능, 계약과 표준 운영 정의와 시스템 구성 요소 그리고 영향받는 이해관계자와 운영 환경 간 의존성을 분석하여 필수 자원을 파악한다. 공통 자원의 의존성은 내외부 정보와 데이터 출처, 결정을 내리거나 운영에 중요하게 기여하는 핵심 인력을 포함한다. 필수 자원은 심각하게 지장을 초래한 운영을 재개하는 데 필요한 비상 운영 자원(예: 핵심 인력, 장비, 소모품)이다. 비상 상황에는 직접적인 영향을 받는 조직과 개인 권리와 이익을 보호하는 데 필수적인 법적이고 재정적인 자원(예: 계약 문서) 또한 포함한다.

위협과 취약점에 대한 정보를 사용하여 서비스 연속성 계획을 개발하고 최신 상태로 유지한다. 서비스 연속성 계획에서 계획을 실행하는 시발점이 될 수 있는 사건과 위협 그리고 취약점을 기록한다. 다양한 사건 범주에 대해 다양한 활동을 계획한다. 개별 기능에 관한 위험 정보를 수집하고 계획의 해당 부분에 대한 입력으로 사용한다. 조직은 다양한 유형의 심각한 수준에서 업무 지장을 초래하거나 운영을 다루는 하나 이상의 서비스 연속성 계획을 기록하고 최신 상태로 유지한다. 영향받는 이해관계자와 함께 서비스 연속성 계획을 확인하고 서비스 연속성 계획과 계획을 구현하는 데 필요한 중요 정보와 기능에 대한 안전한 저장과 접근방법이 있는지 확인하며 중요한 데이터와 시스템을 보호한다. 정상 운영 환경에서 서비스 연속성 운영 환경으로 전환하기 위한 기준과 절차를 기록한다.

3단계 프랙티스 그룹은 서비스 연속성에 대한 교육자료를 개발하고 계획에 따라 서비스 연속성 교육을 제공하고 평가하며 결과를 분석하는 조직적인 활동에 중점을 둔다.

비즈니스 회복력을 강화하기 위한 서비스 연속성 교육을 준비한다. 서비스 연속성 계획을 사용하는 직원을 교육하여 성공적인 계획 수행 가능성을 높일 수 있는데, 필요에 따라 서비스 연속성 교육에 고객과 최종사용자를 포함한다. 사건이 고객과 최종사용자에게 영향을 주어 조직이 서비스 연속성 계획을 시작해야 하는 상황이거나, 서비스 연속성 계획에 필요한 변경이 고객이나 최종사용자 비즈니스에 영향을 미칠 때는 서비스 연속성 교육에 고객과 최종사용자를 참여시켜야 한다. 서비스 연속성에 대한 교육 대상은 고객이나 최종사용자 요청에 응답하는 직원, 정보 기술이나 유틸리티와 같은 기반 시설 지원을 제공하는 직원, 상위 관리자, 최종사용자, 공급자, 프로젝트 관리자와 팀원이다. 서비스 연속성 교육 방법으로는 역할극, 시나리오 기반 교육, 교실 수업과 그룹 토의 등이 있다.

교육을 통해 직원은 비즈니스 운영에 심각한 지장이 생겼을 때도 필수적인 비즈니스 기능을 수행할 수 있다. 또한, 조직이 서비스 연속성 계획을 개선하기 위해 서비스 연속성 계획의 효과성에 대한 개선 의견을 수집할 기회로 교육을 활용할 수도 있다. 교육에 대한 개선 의견을 분석하고 서비스 연속성 계획과 서비스 연속성 교육에 대해 제안한 개선 사항을 파악하여 필요에 따라 서비스 연속성 계획과 서비스 연속성 교육을 최신화한다.

서비스 연속성 계획을 효과적으로 검증하고 확인하는 데 필요한 요구사항, 주요 원칙, 활동, 자원과 환경을 파악한다. 서비스 연속성 계획을 주기적(예: 매년 그리고 상황별)으로 검증하고 확인한다. 시스템이나 환경이 크게 바뀌는 경우 서비스 연속성 계획을 검토하고 수정하며 검증한다. 서비스 연속성 계획을 검증하고 확인하면 업무에 심각한 지장을 초래하는 일이 발생하기 전에 조직이 마주칠 수 있는 다양한 위협과 취약점에 미리 대비할 수 있다. 이러한 접근방식은 통제한 시뮬레이션 환경에서 검토하고 시험하며 시연하는 것을 포함한다. 방법을 선택하고 시험과 시뮬레이션을 시행하며 결과 분석을 통해 서비스 연속성 계획을 검증하고 확인한다. 검증 방법으로는 동료검토, 감사, 분석, 시뮬레이션, 시험, 시연, 샘플링이 있다. 확인 방법은 검증과 같을 수 있지만, 목적은 다르다. 검증은 서비스 연속성에 대한 요구사항을 해결하는 데 중점을 두고 확인은 서비스 연속성 계획이 비상 상황에서 제대로 작동하는지에 초점을 맞춘다. 서비스 연속성 계획에 대한 검증과 확인 결과를 분석하면 이슈를 해결하고 업무에 심각한 지장을 초래하는 상황에 대응하는 능력을 향상하는 데 도움을 준다.

(4) 사고 해결 및 예방Incident Resolution and Prevention, IRP

사고 해결 및 예방은 서비스 제공 수준을 유지하기 위해 중단을 즉시 해결하고 예방한다.

조직과 프로젝트는 이 활동을 통해 중단으로 인한 영향을 최소화하여 목표와 고객 합의 사항을 더욱 효과적으로 충족한다.

> Resolves and prevents disruptions promptly to sustain service delivery levels.
> Minimizes the impact of disruptions to meet objectives and customer commitments more effectively.

■ 1단계 프랙티스 그룹

IRP 1.1	사고를 기록하고 해결한다. (Record and resolve incidents.)
가치	예기치 않은 상황을 처리하면서도 합의 사항을 지키는 능력을 향상한다. (Improves the ability to handle unexpected situations and still meet commitments.)
활동 예시	• 사고를 기록한다. • 개별 사고를 해결한다. 　─ 수정 사항 제공 　─ 해결 방법 제공 • 사고 상태를 기록한다. 　─ 사고 발생 　─ 해결 진행 중 　─ 사고 종료
산출물 예시	• 최신화한 사고와 상태 목록

■ 2단계 프랙티스 그룹

IRP 2.1	사고 해결과 예방을 위한 접근방식을 개발하고 최신 상태로 유지하며 준수한다. (Develop, keep updated, and follow an approach for incident resolution and prevention.)
가치	일관적이고 효율적인 방식으로 사고를 처리하여 고객 만족을 유지한다. (Maintains customer satisfaction by addressing incidents in a consistent and efficient manner.)

활동 예시	• 사고를 파악한다. 　— 고객에 의한 보고 　— 최종사용자에 의한 보고 　— 자동 감지 시스템으로 감지 　— 수집한 데이터에 대한 이상 징후 분석을 통해 도출한 결과 　— 외부 정보 소스(예: 뉴스 서비스, 웹사이트)를 모니터링하고 분석하여 도출한 결과 • 사고를 관리하고 해결과 예방에 유용한 정보를 기록하며 최신 상태로 유지한다. • 사고에 대한 기준과 유형을 정의하고 유효한 사고를 결정한다. 　— 설정한 범주, 심각도 수준과 기타 사고 기준을 사용하여 사고 해결 촉진 　— 미리 결정한 기준을 통해 우선순위를 지정하고 배정하며 사고에 대한 단계적 확대를 빠르 　　고 효율적으로 수행 • 해결 방법이나 합의한 대응을 파악하고 기록하며 최신 상태로 유지한다. 　— 즉각적인 단기 조치 취하기 　— 직원 재교육 　— 문서 개정 　— 피할 수 없는 사고 발생 시 고객에게 알리고 이에 대한 대비 방법 안내 　— 응답을 나중으로 연기하기 　— 마감 코드를 사용하여 각 사고를 분류: 이 코드는 데이터를 분석하고 유형을 분류할 때 유용 • 영향받는 이해관계자와 사고 해결을 검토한다. • 교훈 사례를 기록한다. 　— 사고 해결을 통해 얻은 교훈 사례는 프로세스를 개선하여 향후 유사한 사고를 예방할 수 있 　　는 기회 제공
산출물 예시	• 기록한 사고와 관련 정보 　— 사고를 보고한 사람 이름과 연락처 정보 　— 사고 설명 　— 사고 분류 범주 　— 사고가 발생한 날짜와 시간 　— 사고를 보고한 날짜와 시간 　— 사고 식별자(예: 코드, 번호) 　— 사고의 잠재적 또는 실제 원인 　— 사고 해결과 예방과 관련한 기능이나 그룹 　— 사고 심각도 　— 사고 우선순위 　— 사용한 절차 　— 사용한 지원 도구 　— 사고를 재현하기 위한 조건과 단계

	• 사고 기준과 범주
	 — 사고 가능성과 영향 : 심각, 높음, 중간, 낮음 또는 숫자 척도(예: 1~5, 5는 최고)
	• 사고 해결과 예방 접근방식
	 — 사고 해결과 종결 기준
	 — 현재 심각도와 새로운 심각도, 우선순위 수준
	 — 조치 범주
	 — 대응과 단계적 확대 절차
	 — 고객이 사고 해결에 허용하는 최소 또는 최대 시간 확인
	 — 역할, 책임과 권한: 사고 근본 원인 해결, 사고 상태 모니터링과 추적, 사고 상태 전달, 사고
	   와 관련한 조치 진행 상황 추적
	 — 필요한 경우 내부 승인
	 — 고객과 최종사용자가 사고를 보고하거나 사고 발생 시 영향받는 이해관계자에게 알리는 데
	   사용할 수 있는 의사소통 메커니즘
	• 이해관계자 검토 기록
	• 해결 방법이나 응답 기록
	• 교훈 사례 기록

IRP 2.2	개별 사고를 종결할 때까지 모니터링하고 해결한다. (Monitor and resolve each incident to closure.)
가치	사고 해결 효과성을 극대화하여 업무 중단을 최소화한다. (Maximizes effectiveness of incident resolution to minimize disruptions.)
활동 예시	• 고객 계약 조건을 충족할 때까지 사고를 모니터링한다. — 사고를 보고한 사람과 의사소통 — 사고 해결 — 고객이 만족하는지 확인 • 필요에 따라 사고를 단계적으로 확대한다. — 수명주기 동안 개별 사고 추적 — 필요에 따라 적절한 수준에서 관리나 영향받는 이해관계자에게 사고를 단계적으로 확대하 여 해결 보장 • 종결 기준 충족 시 사고를 종료한다. — 계약 조건을 충족하는 경우에만 사고 종료
산출물 예시	• 최신화한 사고 목록과 상태 • 종결한 사고 기록 — 사고 기록은 해결 방법 정보 포함
IRP 2.3	사고 상황을 전달한다. (Communicate incident status.)

가치	영향받는 이해관계자가 사고 상황에 대해 공통으로 이해할 수 있도록 하여 업무 중단을 최소화한다. (Minimizes work disruption by ensuring that affected stakeholders have a common understanding of the status of the incidents.)
활동 예시	• 사고 상황을 전달한다. 　— 해결 방법 안내 상태 포함
산출물 예시	• 고객과 최종사용자와의 의사소통 기록 • 상태 보고서 　— 서비스 수준에 대한 영향 　— 사고 발생 빈도 　— 해결 상태

■ 3단계 프랙티스 그룹

IRP 3.1	사고 처리와 추적과 해결을 위해 사고 관리 시스템을 개발하고 최신 상태로 유지하며 사용한다. (Develop, keep updated, and use an incident management system for processing and tracking incidents and their resolution.)
가치	과거 사고에 대한 정보 재사용을 극대화하여 향후 사고 해결에 도움을 주고 비용을 최소화한다. (Maximizes reuse of information about past incidents to help resolve future incidents and minimize cost.)
활동 예시	• 사고 관리 시스템을 구축한다. 　— 고객 불만과 해결에 대해 색인화한 실제 파일 　— 버그 또는 이슈 추적 소프트웨어 　— 헬프 데스크 소프트웨어 • 사고 관리 시스템과 내용의 무결성을 유지한다. 　— 사고 파일 백업과 복원 　— 사고 파일 보관 　— 사고 오류로부터 복구 　— 무단 접근을 방지하는 보안 유지 • 사고 관리 시스템을 유지관리한다. 　— 유지관리에는 오래된 정보를 제거하고 시간이 지남에 따라 누적되는 중복 정보를 통합하는 작업 포함
산출물 예시	• 작업산출물을 통제하는 사고 관리 시스템 　— 웹 데이터베이스 　— 클라우드 기반 시스템 　— 서비스 시스템 구성 요소 • 사고 관리 시스템에 접근하고 사용하기 위한 절차

IRP 3.2	선택한 사고와 해결 데이터를 분석하여 향후 사고를 예방한다. (Analyze selected incident and resolution data for prevention of future incidents.)
가치	사고 재발을 방지하여 고객 만족을 높인다. (Increases customer satisfaction by preventing incident recurrence.)

활동 예시	• 사고를 분류한다.
	  ─ 사고 해결과 예방 프로세스에 사전 정의한 범주 사용
	  ─ 사고 관리 시스템에 사고 관련 범주 배정
	• 사고에 대한 비즈니스 영향을 분석한다.
	  ─ 개별 사고 우선순위와 심각도 결정에 도움을 줌
	  ─ 비즈니스 영향은 자세한 분석을 위해 선택할 사고를 결정하는 데 도움을 줌
	• 사고를 해결하는 데 가장 적합한 그룹을 결정한다.
	  ─ 사고 유형
	  ─ 관련 위치
	  ─ 사고 심각도
	• 사고 데이터를 분석한다.
	  ─ 주요 사고 경우 관련 작업을 수행하는 사람을 포함한 팀을 구성하여 사고에 대한 근본 원인을 파악하기 위한 분석 수행
	  ─ 근본 원인을 파악할 때 시스템 다른 부분에 미치는 영향과 관련 사고 심각도 고려
	• 사고를 해결하는 조치를 결정한다.
	  ─ 고장이 난 구성 요소 교체하기
	  ─ 고객, 최종사용자 또는 서비스 제공 팀원에게 올바른 절차를 알리거나 상기시키기
	  ─ 보도 자료, 언론 대응, 안내문, 고객 또는 기타 영향받는 이해관계자에 대한 알림 등 공지 사항 배포
	  ─ 소프트웨어 코드에 대한 동료검토를 수행하여 무엇이 실패했는지, 어떻게 수정해야 하는지 파악
	  ─ 원인 분석 수행
	• 최선의 조처를 하여 사고를 해결한다.
	  ─ 사고 영향이 수용 가능한 수준이 될 때까지 조치를 관리하고 근본 원인 해결
	  ─ 조치 관리에는 선정한 사고가 조직이나 고객에게 큰 영향을 미칠 때, 선정한 사고의 단계적 확대 포함
	• 사고 관리 시스템에 조치 내용과 결과를 기록한다.
	  ─ 사고를 해결하는 데 걸린 시간 포함
	  ─ 선정한 사고에 대한 근본 원인을 해결하는 데 사용한 솔루션과 향후 유사한 사고 분석을 지원하는 결과 포함
	• 사고 해결 효과를 검증하고 확인한다.
	  ─ 일시적으로 재사용 가능한 솔루션이면 서비스 제공에 미치는 영향 감소 확인
	  ─ 근본 원인을 해결하는 솔루션이면 재발 방지 확인
	• 영향받는 이해관계자에게 솔루션을 전달한다.

산출물 예시	• 최신화한 사고 관리 기록 　ー 사고 범주, 심각도, 우선순위 　ー 최선의 조치 과정을 포함한 분석 결과 　ー 작업 배정 　ー 취한 조치 　ー 사고 관리 시스템에서 접근할 수 있고 재사용 가능한 신규 또는 최신화한 솔루션 　ー 조치 결과 기록 • 분석 결과 기록 • 사고에 대한 근본 원인 보고서 • 재사용 가능한 솔루션 설명서 　ー 솔루션 사용 지침 포함 • 선택한 사고에 대한 근본 원인을 해결하기 위한 계획 • 선택한 조치 과정에 대한 검증과 확인 결과

　사고 해결과 예방은 사고와 관련한 데이터를 파악하여 분석하고 사고 해결을 위한 특정 조치를 시작하며 사고 상황을 모니터링하여 필요에 따라 사고 대응을 확대하는 활동이다. 가용성과 신뢰성 그리고 유지관리 수준과 임곗값 위반을 파악한다. 근본적인 원인을 파악하고 분석(예: 사고로 이어진 문제 검토)하여 작업 연속성을 가능하게 하는 해결 방법이나 특정 조치를 구현한다. 향후 발생할 가능성이 있는 사고에 대한 예방 조치를 파악하고 영향받는 이해관계자에게 사고 상태와 해결 방법을 전달한다. 이후 영향받는 이해관계자와 함께 사고를 완전히 해결했는지 확인하고 향후 발생 가능한 사고에 대한 성공적인 해결 솔루션을 활용하는 방안을 논의한다.

　사고는 서비스 제공에 부정적인 영향을 끼치는 실제 또는 잠재적 사건이다. 조직은 해당하는 고객 계약과 요구사항 조건에 따라 적시에 효과적인 방식으로 사고를 처리해야 한다. 사고를 해결하면 서비스 제공 방식이 변경될 수 있다.

　사고 해결과 예방은 보고한 사고를 고객과 최종사용자 그리고 영향받는 이해관계자가 처리하기 위한 프로세스 개발을 포함한다. 이 프로세스를 통해 반복하는 사고와 그 영향, 사고의 근본 원인과 해결 방법을 기록으로 남긴다.

　서비스 도메인에서 다루는 사고는 서비스나 활동 중단(예: 온라인 상점에서 웹사이트 충돌, 공장 장비 고장, 식료품점 정전, 메뉴 항목을 지속해서 소진하는 레스토랑, 날씨로 인해 취소한 공연, 직원이 부족한 콜센터에서 발생하는 비정상적으로 긴 지연), 허용할 수 없는 성능(예: 약속한 주문을 배달하지 않음, 엘리베이터 고장, 항공시 수화물 분실), 고객 불만 등을 예로 들 수 있다. 이때, 사고 영향을 최소화하고 해결 방법을 제공하며 근본 원인이나 특별한 원인을 제거하고 사고를 일으키는 조건이나 일련의 사건을 모니터링하는 활동을 사고 해결이라고 한다.

하나 이상의 사고를 발생시키는 모든 조건이나 사건을 근본 원인이라 하는데, 근본 원인은 조직이 통제할 수 있는 근본 원인과 긍정적이거나 부정적인 조건과 조직이 변경할 수 없는 조건(예: 기상 조건, 시장 변화)의 근본 원인으로 나누어 볼 수 있다. 모든 근본 원인을 제거하는 것은 사업상 의미가 없을 수 있다. 사고를 해결하는 방법에 따라 처리하거나, 사례별로 사고를 해결하는 것이 더 효과적일 수 있다. 조직은 사고 근본 원인을 파악하고 해결하여 특정 사고 재발을 줄일 수 있다.

사고 해결을 위한 접근방식은 사고 알림을 수신하고 해결 방법이나 해결 결과를 전달하는 것처럼 간단할 수도 있고, 여러 입력과 출력을 관리하는 다중 요소로 구성한 자동화 시스템만큼 복잡할 수도 있다.

사고 해결과 예방 프랙티스 영역은 1단계부터 3단계까지 3개 프랙티스 그룹으로 구성된다.

1단계 프랙티스 그룹은 사고를 기록하고 해결하는 활동이다. 일부 사고는 프로젝트 해결 능력을 넘어설 수 있다. 사고 상황을 이해할 수 있도록 사고 내용과 해결 결과를 기록하는 것이 중요하다. 사고를 해결하는 조치로는 수정 사항을 제공하거나 다른 해결 방법을 제공하는 것이 있을 수 있으며, 사고 상태는 사고 발생, 해결 진행 중 또는 사고 종료로 표현할 수 있다.

2단계 프랙티스 그룹은 사고 해결과 예방을 위한 접근방식을 개발하고 이행하며, 각 사고가 종결될 때까지 모니터링하고 해결하는 내용을 다룬다.

분석과 해결 활동 중에 사용할 각 사고에 대해 충분한 설명 정보를 기록한다. 사고에 관한 설명 정보를 통해 더 자세한 분석을 수행하고 사고를 해결하기 위한 최상의 조치를 결정할 수 있다. 설명 정보는 사고를 처리하는 데 가장 적합한 사람을 식별하는 데도 도움을 줄 수 있다. 사고 해결과 예방에 대한 접근방식에는 헬프 데스크, 서비스 데스크 또는 유사한 기능을 포함할 수 있으며, 고객과 소통, 사고 수용, 해결 방법 적용과 사고 해결 기능을 포함할 수 있다. 사고에 대한 근본 원인을 분석한 후, 사고가 다시 발생할 때 재사용할 솔루션을 파악한다. 직원은 유사한 사고 재발을 방지하기 위해 추가 솔루션을 파악할 수 있다. 사고에 대한 근본 원인을 해결하는 직원이 최선의 조치를 할 수 있도록 한다. 해당 직원이 사고를 종료할 때까지 관리하는 것이 좋다. 더 나은 공식적인 솔루션을 파악하여 개발하고 배포할 때까지 사고에 대한 임시 솔루션을 해결 방법으로 사용한다. 조치 지침서 등 재사용 가능한 솔루션을 사용하면 사고 발생 시에도 작업을 계속할 수 있다. 향후 발생하는 사고 해결을 위해 솔루션을 재사용하기 전에 고객과 최종사용자와 함께 해결 방법과 기타 솔루션 효과를 기록하고 확인하는 것이 중요하다.

사고의 상태 추적과 기록, 필요에 따라 사고의 단계적 확대, 사고 해결 기록과 사고 종결 활동을 수행하여 사고 수명주기 동안에 사고를 모니터링하고 해결한다.

사고가 발생하면 의사소통이 중요하다. 사고 수명주기 동안 사고를 보고한 사람과 영향을 받은 사람들이 함께 소통한다. 소통을 위해 사고의 서비스 수준에 대한 영향, 사고 발생 빈도와 사고 해결 상태를 포함한 상태 보고서를 작성하여 상황을 전달한다. 최종사용자와 고객이 정보를 잘 전달받으면 사고에 대한 이해도를 높일 수 있다. 이는 성공적으로 사고를 해결하는 데 도움을 주고, 해결을 기다리는 동안 인내심을 발휘하는 이점이 있다. 내부 의사소통과 조정을 관리하여 사고 해결 활동이 진행 중인 작업을 방해하지 않도록 예방한다. 사고를 보고한 사람과 함께 조치 결과를 검토하여 수행한 조치가 사고를 해결하고 사고 보고자를 만족시켰는지 확인한다.

3단계 프랙티스 그룹은 사고를 처리하고 추적하기 위해 사고 관리 시스템을 개발하고 사용하며, 선정한 사고와 해결 데이터를 분석하여 향후 발생 가능한 사고를 예방하는 활동에 중점을 둔다.

사고 관리 시스템은 사고에 관한 정보에 접근하기 위한 저장 매체, 절차, 도구를 포함한다. 해결한 사고, 사고에 대한 근본 원인, 사고 처리에 대해 알려진 접근방식과 사고 관리를 지원하기 위한 해결 방법을 다루는 과거 데이터 세트를 최신 상태로 사용할 수 있게 유지한다.

사고를 분석하고 해결하여 서비스를 계속 제공한다. 이 활동의 주요 초점은 서비스 제공을 가능한 한 빠르게 정상 수준으로 복원하는 것이다. 여기에는 재사용 가능한 임시 솔루션 개발을 포함할 수 있다.

기준을 사용하여 사고를 선정하고 분석하여, 재발 방지 솔루션을 개발한다. 이 활동에는 사고를 파악하고 원인을 확인한 다음에 이를 방지하기 위해 변경하는 작업을 포함한다. 알려진 모든 사고와 사고에 대한 근본 원인과 해결을 위해 취한 조치 과정에 대한 저장소를 구축하는 것이 중요하다. 저장소는 선정한 사고에 대한 근본 원인을 분석하여 향후 유사한 사고를 해결하고 영향을 최소화하기 위한 최선의 조치 과정을 결정하는 데 도움을 준다. 이 저장소를 사용하여 선정한 사고에 대한 가능한 원인과 해결을 위한 잠재적인 조치 과정을 신속하게 파악한다. 이러한 잠재적인 조치 과정은 사고를 고유한 사례로 취급하거나, 조치를 하기 전에 같은 사고가 추가로 발생하는 것에 대한 모니터링을 강화하게 한다. 최종사용자와 의사소통이나 교육, 유사한 사고를 처리하기 위해 이전에 사용했던 해결 방법, 기타 알려진 재사용 가능한 솔루션 사용을 포함한다. 아무것도 하지 않을 수도 있다. 근본 원인을 해결하는 것이 너무 복잡하고 비용이 많이 들거나 추가 중단이 발생한다면, 재사용 가능한 해결 방법이나 솔루션이 최선의 조치 과정일 수 있다. 초기 조치가 사고 해결에 실패하거나 부분적으로만 성공하면 추가적인 후속 분석을 수행하고 필요에 따라 다른 조치를 한다. 해결 방법과 이전에 사용했던 재사용 가능한 솔루션은 사고 영향을 크게 줄일 수 있다. 알려진 솔루션을 사용하여 작업 시작 전에 사고를 완전히 해결하는 데 필요한 시간을 추정하는 등 사고 해결에 필요한 시간을 줄이고 해결 활동에 관한 품질을 개선할 수 있다. 이 정보를 기록하고 나중에 사용할 수 있도록 한다.

7. 안전 도메인

제품과 서비스 안전은 직원과 고용주뿐만 아니라 고객에게도 중요하다. 안전사고를 완화하기 위한 사전 예방적 접근방식은 조직이 장애를 적절히 해결하고 대응할 수 있는 최고 입지 확보와 조직에 대한 높은 브랜드 유지에 도움이 된다. 안전 도메인은 조직이 안전 전략을 평가, 강화, 개선할 수 있도록 성과와 핵심 역량을 향상하는 일련의 통합 모범 사례를 제공한다.

안전 도메인은 [표 3—7]과 같이 1개 프랙티스 영역으로 구성된다.

[표 3—7] 안전 도메인 프랙티스 영역

범주	역량 영역	프랙티스 영역
지원	보안 및 안전 관리	안전 활성화

(1) 안전 활성화_{Enabling Safety, ESAF}

안전 활성화는 운영 효과와 시간, 비용에 대해 허용 오차 매개변수와 제약조건 내에서 안전 위험을 최소화하고 완화한다.

조직은 이 활동을 통해 잔여 안전 유해 위험을 수용할 수 있는 허용 수준까지 줄인다.

Minimizes and mitigates safety risks within the tolerance parameters and constraints of operational effectiveness, time, cost.
Reduce the residual safety hazard risk to an acceptable tolerance level.

■ 1단계 프랙티스 그룹

ESAF 1.1	안전 요구와 유해 요소를 파악하고 기록한다. (Identify and record safety needs and hazards.)

가치	안전 유해 요소 발생과 영향을 최소화한다. (Minimizes the occurrences and impacts from safety hazards.)
활동 예시	• 현재 그리고 잠재적 안전 유해 요소와 개선 사항을 파악하고 기록한다. — 파악한 유해 요소와 개선 사항을 유해 요소 목록에 기록 • 안전 요구를 파악한다.
산출물 예시	• 파악한 유해 요소와 개선 사항 목록 — 유해 요소 발생 조건과 결과 등 알려진 모든 상황 정보 기록 • 안전 요구 목록
ESAF 1.2	우선순위를 지정한 안전 요구와 유해 요소를 해결한다. (Address prioritized safety needs and hazards.)
가치	안전 유해 요소를 파악하고 허용 가능한 수준으로 완화하여 운영 신뢰도와 지속 가능성 수준을 높인다. (Identifies and mitigates safety hazards to an acceptable level, raising the level of operational confidence and sustainability.)
활동 예시	• 유해 요소와 개선 사항에 대한 잠재적 결과를 평가하고 판단한다. • 잠재적 영향과 예상 결과에 따라 유해 요소와 개선 사항 우선순위를 정한다. • 우선순위를 지정한 유해 요소와 개선 사항을 해결하기 위한 실행계획을 수립한다.
산출물 예시	• 유해 요소 로그 • 분석 보고서

■ 2단계 프랙티스 그룹

ESAF 2.1	중요한 안전 요구와 제약조건을 파악하고 최신 상태로 유지하며 안전 목표를 개발하고 현행 상태로 유지하는 데 사용한다. (Identify critical safety needs and constraints, keep them updated, and use to develop and keep safety objectives current.)
가치	안전 요구가 업무 수행을 위한 비즈니스 우선순위와 효과적으로 일치하는지 확인한다. (Verifies that safety needs are effectively aligned with business priorities for performing the work.)
활동 예시	• 안전 목표를 정의한다. — 고객 요구, 비즈니스 미션, 비전과 목표와 연계한 안전 목표를 설정하고 최신 상태로 유지 — 재택근무, 규제 표준과 지침과 같은 지역과 정부 관계자 안내 고려 — 안전 목표를 정의할 때 제약조건 영향 고려 • 잠재적 유해 요소와 개선 사항을 파악하고 기록하고 우선순위를 정한다. — 잠재적 피해나 손상 원인을 파악하기 위해 안전 평가 수행 — 경험한 유해 요소 영향, 비용, 인명 안전 영향을 기준으로 우선순위 지정 고려 — 제한적인 자원으로 모든 유해 요소와 개선 사항을 해결하는 것은 실현 불가능

	─ 안전 목표에 따라 가장 우선순위가 높거나 가장 중요하게 파악한 유해 요소와 개선 사항을 조정하여 해결
	• 실행계획을 정의하고 구현하고 종결까지 추적한다.
	• 안전 검토를 수행하고 안전 결과, 진행 상황과 관련 정보를 영향받는 이해관계자에게 전달한다.
	  ─ 전사 회의, 관리자 회의, 공개 토론 회의, 긴급하거나 임시적인 안전 관련 회의에서 안전 정보를 공유
	  ─ 안전 관련 목적과 목표를 논의하고 안전 프로세스에 따른 경영진 입장을 요약해서 설명
	  ─ 안전 비전, 목표, 기대치, 해당 안전 프로세스와 절차를 전달하고 강화

산출물 예시	• 안전 비전
	  ─ 안전 비전이나 미션은 운영과 작업산출물이 안전 요구와 유해 요소를 해결하는 방법에 대한 기대치, 문화, 목적과 합의를 설정
	• 안전 목표
	• 내부 의사소통
	  ─ 사내 의사소통 채널을 통해 안전 관련 메시지와 이슈를 강조: 내부 소식지, 분기별 보고서, 이메일
	• 안전 전략
	  ─ 목적과 목표 반영은 물론 정부 기관 요구 반영도 포함
	• 안전 역할과 책임
	  ─ 특정 유해 요소 관련 작업 파악과 관리와 업무 내 역할 조정 포함

ESAF 2.2	작업장 환경 안전 문제를 해결하기 위한 접근방식을 개발하고 최신 상태로 유지하며 준수한다. (Develop, keep updated, and follow an approach to address workplace environment safety.)
가치	작업장과 운영에 대한 안전 일관성과 효율성을 극대화한다. (Maximizes safety consistency and efficiency for the workplace and operations.)

활동 예시	• 작업장 환경 안전 요구사항을 파악한다.
	  ─ 물리적 환경
	  ─ 안전 장비
	  ─ 사회적 거리두기 요건을 포함한 직원 작업 공간
	  ─ 물리적 작업 공간 배치와 배치 요건
	  ─ 공조시스템과 환경 청소
	  ─ 건물 운영과 물리적 배치(예: 출입증 사용, 출입 등록 절차, 비상구)
	  ─ 관련 산업계 안전 표준과 지침
	• 비즈니스 고려 사항과 절충안을 파악한다.
	• 보고 메커니즘을 설정한다.
	• 작업장 환경 안전 접근방식을 정의한다.
	  ─ 안전 검증과 확인 기법 고려
	  ─ 정의한 접근방식이 운영상 수용 가능한 최소 안전 허용 오차 한계와 일치하는지, 그리고 안전 계획과 같은 계획에 문서로 만들어져 있는지 확인

	• 요구사항에 따라 작업장 환경을 조정한다.
	— 작업장
	— 워크스테이션
	— 사회적 거리두기 요건(해당하면)
	— 물리적 건물(예: 출입 조건, 비상구)

산출물 예시	• 작업장 환경 안전 요구사항
	  — 지역, 국가, 국제 등 안전에 관한 모든 관련 규제 지침과 요구사항 포함
	• 안전 계획
	  — 정책 또는 목적 설명문
	  — 책임자 목록
	  — 유해 요소 식별
	  — 유해 요소 통제와 안전 프랙티스
	  — 비상 상황과 사고 대응
	  — 직원 교육과 소통
	  — 기록 보관
	• 안전 분석 보고서
	  — 사건 트리 분석
	  — 결함 트리 분석
	  — FMEA(고장 유형과 영향 분석)
	  — 위험 평가
	• 안전 장비
	  — 보호안경, 눈 세척기, 안면 마스크
	  — 손 소독제, 소독약, 구급상자, 제세동기, 인공호흡기
	  — 개인 보호 장비, 고무장갑
	  — 출입증 판독기
	  — 정전기 방지용 손목 끈이나 접지 팔찌
	  — 자외선 차단, 머리 위 조명, 배터리로 작동하는 비상 조명
	  — 자동으로 문이 열리는 욕실 또는 발로 당기는 문
	  — 안전실 또는 대피소, 예비 발전기, 서지 보호기
	  — 색이 칠해진 통로, 경고 표지판과 라벨
	• 일반적인 활동과 이슈에 대한 안전 시나리오와 사례 연구
	  — 응급 상황 시나리오와 해결 방법 고려
	  — 전염병, 정전, 대피, 소방 훈련 등 특수한 상황에 대비한 시나리오 고려
	• 안전 운영 참조 자료
	  — 포스터
	  — 정보 참조 카드(예: 직원 지원을 담당하는 연락처 정보)

	— 비상 상황에 대한 단계적 확대와 해당 연락처 정보 — 비상구 정보 — 건물 대피 행동 수칙(예: 소방 훈련, 집결 장소와 사전에 지정한 체크인 담당자)
ESAF 2.3	솔루션 기능 안전을 다루는 접근방식을 개발하고 최신 상태로 유지하며 준수한다. (Develop, keep updated, and follow an approach to address functional safety for the solution.)
가치	일관성과 효율성을 극대화하여 안전한 운영을 보장한다. (Maximizes consistency and efficiency to ensure safe operations.)

활동 예시	• 기능 안전 요구사항을 파악한다.
	  — 아키텍처, 하드웨어, 소프트웨어
	  — 제삼자 제공 하드웨어나 소프트웨어
	  — 인터페이스와 연결
	  — 운영 환경
	  — 서비스 시스템
	  — 관련 산업계 안전 표준과 지침
	  — 잠재적 안전 책임(예: 재산상 손실 또는 사고)
	  — 긴급 차단
	• 비즈니스와 임무 고려 사항과 절충안을 파악한다.
	  — 운영상 잠재적 유해 요소, 실패와 결과 사용 사례 고려
	• 보고 메커니즘을 설정한다.
	  — 안전사고 보고서, 안전 유해 요소 로그, 단계적 확대 메커니즘, 안전 규정 준수 보고서 고려
	• 기능 안전 접근방식을 정의한다.
	  — 시스템 하드웨어와 소프트웨어
	  — 서비스 시스템 구성 요소와 도구
	  — 솔루션이 존재하는 환경
	  — 솔루션의 용도나 적용 분야
	  — 유해 요소 심각도 분류에 따라 잠재적 유해 영향을 최소화하기 위해 고려해야 할 방법과 기준에 대한 우선순위 지정(예: 설계를 통한 제거, 통제 장치와 절차 구현, 교육 시행)
	• 요구사항에 따라 기능 안전 운영을 조정한다.

산출물 예시	• 기능 안전 요구사항
	  — 사고, 결함, 오류, 실패 등 기술 안전 용어에 대한 운영상 정의 포함
	• 운영 안전 지침
	  — 장비 운영과 통제 절차 고려
	• 안전 유해 요소 식별 양식
	• 제품 수명주기에 대한 안전 표준
	  — 개념, 개발
	  — 변경 관리

	— 시험 또는 프로토타입 — 생산, 운영, 유지관리 — 서비스, 폐기 • 소프트웨어와 하드웨어 표준과 모범 사례 — 사고, 결함, 오류, 실패 탐지와 처리 — 안전 실패 모드 — 이중화 관리(예: 탐지 이중화와 완화 이중화) — 신뢰할 수 있는 커널과 서비스 — 고급 프로그래밍 언어에 대한 안전한 하위 집합 — 다중 언어 구현 — 투표 시스템 — 직원 교차 교육(예: 인식 증진, 사고 감소) • 운영상 수용 가능한 최소 안전 허용 오차 한계 — 기술과 장비에 대한 허용 가능한 성숙도 수준 — 안전 검증과 확인 이슈

■ 3단계 프랙티스 그룹

ESAF 3.1	조직 안전 역량을 확립하고 전개한다. (Establish and deploy an organizational safety capability.)
가치	운영 환경 효율성을 개선하여 안전 유해 요소와 이슈를 최소화한다. (Improves efficiency in operational environments to minimize safety hazards and issues.)
활동 예시	• 안전 관련 인식, 지식, 역할과 스킬을 정의한다. — 필요한 적정 역할과 스킬(예: 신속 대응팀) — 안전 보장을 담당하는 역할 — 안전 보증과 관련한 특정 역할 — 산업계 안전 자원 • 조직 교육 프로그램에 반영할 안전 요구사항과 내용을 제공한다. — 구체적인 안전 시나리오 — 책임과 책임 추적 영역에 따른 사례 연구 — 산업계에서 흔히 발생하는 안전 유해 요소와 안전사고 결과 — 해당 지역, 국가, 국제 규정과 의무 사항 • 안전 문의에 대한 지원을 제공한다. — 표준 양식과 보고서에 대한 가용성과 접근성 고려 • 안전 동향과 규정에 관한 연구를 수행한다. • 의사결정 또는 결함 트리를 개발한다. — 특정 상황을 유발하는 조건 설명

	• 안전 허용 오차 한계를 모니터링한다. — 정기적인 안전 평가 활동에서 얻은 정보 분석 • 안전 조치 계획을 수립한다. — 정부 규제와 의무 사항에 대응하여 적절한 채택 메커니즘 고려
산출물 예시	• 안전 관련 역할, 스킬, 교육 매트릭스 — 안전 표준 교육 — 조직별 활동 — 조직 요구사항 — 조직 프로세스 자산 — 안전 경험에 대한 산업계 보고서 • 기술 게시판과 보고서 — 안전 동향 알림 — 사고 보고와 해결 — 운영과 산업 안전 지침 • 안전 조치 계획 — 우선순위 조정(예: 높음, 중간, 낮음) — 단기적이고 즉각적인 조치 대 장기적인 조치
ESAF 3.2	주기적으로 안전 평가를 수행하고 결과에 따라 조처한다. (Perform safety evaluations periodically and take action on results.)
가치	안전 관리에 대한 접근방식이 효과적이고 효율적이며 최신 상태를 유지한다. (Ensure the approach to managing safety remains current, effective, and efficient.)
활동 예시	• 파악한 잠재적 또는 현행 유해 요소로부터 정보를 수집하고 분석을 수행한다. — 유해 요소와 운영성 분석 — 기능 장애 분석 — 고장 모드와 영향 분석 — 구조적 인터뷰 — 사고 보고 — 브레인스토밍 • 생산 부적합과 서비스 중 장애가 안전에 미치는 영향을 평가한다. — 설정한 서비스 중 장애 발생 확률 대비 성능 — 계획한 완화와 설계 통제가 예상대로 작동했는지 여부 — 의도하지 않은 결과와 그 영향 — 운영 재시작과 연속성에 대한 영향과 요구사항 • 설문조사를 시행한다. • 안전 현장 조사를 시행한다. • 안전 검토와 검사를 수행한다.

	• 안전 훈련을 시행한다. • 계약상 안전 인증 활동을 계획하고 조정하며 참여한다. — 미국 연방 항공청의 설계와 수정에 대한 감항 인증 — 비행 시험 안전 검토 위원회 검증 — 원자력 규제 위원회 면허 — 미국 에너지부 인증 — 건강 유해 물질 관리 • 안전 프로그램에 대한 객관적인 평가를 수행한다. — 유해 요소 구성 — 시스템 인터페이스 — 운영 환경 제약조건 — 시험 — 운영과 유지관리 — 비상 상황을 위한 절차 — 건설과 자연 기반 시설 — 환경 — 오작동 — 정부 요구와 규정 준수
산출물 예시	• 서비스 중 장애 목록 • 생산 부적합 목록 • 분석 보고서 • 설문 결과 • 심사 결과 — 내외부 심사 결과 • 평가 보고서 • 운영 활동 데이터
ESAF 3.3	조직 안전 통제 전략을 개발하고 최신 상태로 유지하며 준수한다. (Develop, keep updated, and follow organizational safety control strategies.)
가치	안전 문제를 해결하고 최소화하기 위한 조직 공감대를 형성하고 대응력을 제공한다. (Provides common organizational understanding and responsiveness to address and minimize safety issues.)
활동 예시	• 안전 통제 계층 구조를 설정한다. — 제거, 대체 — 엔지니어링 통제 — 관리 통제 — 개인 보호 장비

	• 기밀 보고 메커니즘을 설정한다. 　― 내부 고발자와 같이 이슈를 보고하는 사람을 보호할 수 있는 메커니즘 확립 • 안전 유발과 관련 임곗값을 정의한다. • 안전 점수표를 정의한다. • 안전 통제 전략을 실행하고 결과를 기록한다. • 안전 통제 전략을 검토하고 개정한다.
산출물 예시	• 안전 통제 전략 　― 사용자 인터페이스 또는 연결 　― 설계 매개변수에 따른 안전성 　― 장비 사용 　― 솔루션 요구사항 　― 다양한 팀의 운영 요구 　― 안전 규정 　― 건강에 해로운 물질 관리 • 안전 유발과 관련 임곗값 • 안전 대시보드 　― 마지막 안전사고 이후 일수 　― 안전사고 발생 건수 　― 추가적인 안전 조치 • 안전 측정 　― 주별 또는 분기별 안전 관찰 횟수 　― 주당 현장 점검 　― 거의 놓칠 뻔한 상황 　― 안전 관찰 사항 　― 교육 비용 • 안전 보고서와 기록

　안전 활동은 안전 목표를 파악하고, 안전 고려 사항 유형을 다루기 위한 접근방식을 개발하고, 최신 상태로 유지하는 체계적인 접근방식을 통해 허용 가능한 위험 수준을 달성하는 데 도움을 준다. 가장 효과적인 안전 기법은 부가적인 활동이 아닌 필수적인 활동으로 간주하여 프로세스, 계획, 장비, 시스템과 작업 환경 내에 포함하여 구축한다. 조직 내에서 효과적인 안전 접근방식을 수립하는 데 중요한 것은 조직 안전 기능과 잠재적인 안전 위험 요소에 대한 지속적인 평가 그리고 안전 접근방식과 결과에 대한 주기적 평가와 안전 통제 확립이다.

　많은 조직이 '합리적으로 실행 가능한 안전' 개념을 따른다. 이것은 안전에 대한 적절한 기본 원칙이다. 합리적으로 실행 가능한 안전 결정은 안전 환경을 최적화하기 위해 비용과 기타 이슈에 대해 현행 안전 싱능에 대한 매개변수를 평가한다. 점진적인 안전 개선으로 인해 다른 영역에서 불균형한 성능 저하를 일으키면 솔루션은 '합리적으로 실행 가능한 안전'으로 보아야 한다.

총격 사건, 폭탄 위협 또는 지진과 같은 중대하거나 치명적인 안전 관련 사건이 발생하면 정상적인 운영이 중단될 수 있으므로 서비스 연속성 계획과 재해 복구 계획을 수립하여 운영을 재개하고 지속하기 위해 사용해야 한다.

안전 활성화 프랙티스 영역은 1단계부터 3단계까지 3개 프랙티스 그룹으로 구성된다.

1단계 프랙티스 그룹은 안전 요구와 유해 요소를 파악하여 우선순위를 지정하고, 우선순위에 따라 해결하는 활동이다.

안전 유해 요소를 파악하기 위해 시스템 하드웨어와 소프트웨어, 인프라와 환경, 의도한 사용이나 적용 범위, 서비스 제공과 운영, 공급망을 분석한다.

우선순위를 지정한 안전 요구와 유해 요소를 해결한다. 파악한 안전 요구와 유해 요소를 한꺼번에 모두 처리할 수는 없다. 더욱 효과적인 처리를 위해 다양한 기준에 따라 우선순위를 지정하는 것이 효율적이다. 유해 요소와 개선 사항에 대한 잠재적 결과를 평가하고 잠재적 영향과 예상 결과를 바탕으로 유해 요소와 개선 사항에 대한 우선순위를 정한다. 이후 우선순위를 지정한 유해 요소와 개선 사항을 해결하기 위한 실행계획을 수립한다.

2단계 프랙티스 그룹은 중요한 안전 요구사항과 제약조건을 파악하고, 안전 목표와 작업장 환경 안전을 다루는 접근방식과 솔루션 기능 안전을 다루는 접근방식을 개발하는 활동이다.

설정한 지침, 표준과 기대치를 통해 안전 속성이 핵심 고려 사항이 될 수 있도록 한다. 기대치와 안전 목표 그리고 프로세스를 지속해서 검토한다. 변화하는 기술과 관련 산업계 안전 표준, 지침, 환경법과 표준 그리고 새롭게 나타나는 이슈에 맞게 최신 상태로 유지한다. 직원, 고객과 대중의 개인 건강과 안전에 대한 위협을 고려하고 평가한다. 프로세스 요구사항과 목표, 작업장과 기능 표준, 조직 목표, 검토, 관리 회의와 이해관계자 검토를 통해 안전에 관한 지원과 합의 그리고 제약조건에 대한 지속적인 가시성을 유지한다.

작업장 환경 안전 접근방식을 영향받는 이해관계자에게 전달한다. 학습한 교훈을 포함하여 과거 안전과 관련한 유해 요소와 관련 사고 데이터를 고려하고 사용한다. 유해 요소 파악은 모든 직원의 책임이다. 안전에 대한 모든 측면과 솔루션이나 임무를 수행하는 전체 수명주기 동안 발생할 수 있는 유해 요소를 고려한다.

안전을 다루는 강력한 접근방식에는 전략적 관점과 전술적 관점을 모두 포함해야 한다. 기능 안전은 솔루션 내에서 올바른 운영과 관련 유해 요소 감소를 관리할 수 있게 하는 데 필수적이다. 여기에는 잠재적인 유해 요소 조건을 탐지하여 해로운 사건이 발생하는 것을 방지하거나, 해로운 사건의 영향을 줄이기 위해 완화하는 보호나 수정 장치, 메커니즘 또는 프로세스 활성화를 포함한다.

3단계 프랙티스 그룹은 조직 안전 기능을 설정하고 전개하며 주기적으로 안전성 평가를 수행하는 활동에 중점을 둔다.

안전 운영 관련 모든 활동을 감독하는 안전 기능을 설정한다. 이러한 안전 기능에는 통신 인프라, 운영 연속성, 교통수단, 긴급 공공 정보, 피해 평가, 재해 관리, 임시 백업 또는 대체 작업 시설과 환경, 안전 관련 교육 등에 대한 준비와 실행을 포함한다. 안전 운영 관련 모든 활동은 안전 관련 기관과 규제 기관(예: 미국 연방 재난관리청, 미국 직업안전보건국, 영국 보건안전행정부, 유럽 연합 직업안전보건국, 대한민국 행정안전부 재난안전관리본부)의 정책과 일치하도록 조정한다. 안전 운영 기능은 개인, 그룹 또는 팀이 수행할 수 있다.

조직의 안전 평가, 검증과 확인 활동을 수행하기 위한 목표, 기준과 메커니즘을 설정한다. 평가 활동에는 안전과 관련한 모든 사건, 발생, 조치와 결과에 대한 분석을 포함한다. 안전 관련 위험이 수용할 수 없을 정도로 증가하면, 위험을 수용 가능한 수준으로 줄이기 위한 장단기 조치를 파악한다. 제품과 위험 요소 시나리오에 따라 운영 제한, 사용 제한, 사용 중인 시험이나 검사 또는 설계나 제조 변경 형태를 취할 수 있다. 서비스 제공 실패를 평가할 때는 최소 안전 허용 한계에 대한 성능을 평가하고 분석한다. 예를 들어 예상치 못했거나 의도하지 않았던 결과가 있는지, 그리고 설계 통제와 완화가 적절하고 올바르게 기능했는지와 같이 실패 영향을 검토한다.

안전 통제 계층을 설정할 때는 제거나 대체, 엔지니어링 통제나 관리 통제 그리고 직원 보호 장비를 고려한다. 내부 고발자와 같이 이슈를 보고하는 사람을 보호하는 기밀 보고 메커니즘을 확립한다.

8. 인력 도메인

경쟁이 치열한 비즈니스 환경에서 조직이 전략적 목표를 달성하려면 인력을 최대한 활용해야 한다. 인력 관리 역량을 개발하기 위해 조직은 팀을 구성하고, 기술을 개발하고, 성과를 관리하여 조직 성장을 촉진해야 한다. 인력 관리와 전문성 개발에 집중하지 않으면 조직은 성과와 관련한 장애를 겪고 성장 전략에 차질을 빚게 된다. 인력 도메인은 기술 격차를 파악하고, 작업흐름상 병목현상을 해소하며, 팀원이 조직 성공에 도움이 되는 기술을 개발할 수 있도록 지원하는 일련의 통합 모범 사례를 제공한다.

인력 도메인은 [표 3—8]과 같이 1개 프랙티스 영역으로 구성된다.

[표 3—8] 인력 도메인 프랙티스 영역

범주	역량 영역	프랙티스 영역
관리	인력 관리	인력 역량 강화

(1) 인력 역량 강화 Workforce Empowerment, WE

인력 역량 강화는 인력을 조직 비즈니스 목표에 맞게 조정하고 개인과 작업그룹이 효율적이고 효과적으로 역할을 할 수 있도록 권한을 부여한다.

조직은 이 활동을 통해 비즈니스 성공에 기여할 수 있도록 인력 역량을 강화한다.

Align the workforce to the organization's business objectives and empowers individuals and work groups to perform their roles efficiently and effectively.
Enhances the capability of the workforce to contribute to the success of the business.

■ 1단계 프랙티스 그룹

WE 1.1	합의 시항을 파악하고 작업그룹에 배정한다. (Identify and allocate commitments to workgroups.)
가치	중요한 비즈니스 성과에 대한 작업그룹의 집중력을 높인다. (Increases the focus of workgroups on critical business outcomes.)
활동 예시	• 업무 합의 목록을 작성한다. • 필요한 스킬 목록을 파악한다. -- 필수 기술은 직무 설명서에 명시하는 경우가 많음 • 숙련된 직원에게 업무 합의를 맞추는 작업그룹을 생성한다.
산출물 예시	• 업무 합의와 과제 • 스킬 목록 또는 매트릭스 • 직원 목록

■ 2단계 프랙티스 그룹

WE 2.1	자격, 스킬과 관련 기준에 대한 평가를 바탕으로 업무 과제를 기록하고 배정하고 최신 상태로 유지한다. (Record and allocate work assignments and keep them updated based on an assessment of qualifications, skills, and related criteria.)
가치	작업그룹이 배정받은 작업을 달성할 가능성을 높인다. (Increases likelihood of workgroups achieving assigned tasks.)

활동 예시	• 업무 합의 사항을 분석하여 필요한 노력과 기술을 결정한다.
	   — 필요한 성과 목표를 정하고 이에 부합하는 합의
	• 업무 과제 선택 전략을 기록한다.
	   — 조직도, RASCI(담당자, 책임자, 지원, 자문, 보고 대상) 차트와 같은 조직 설계 명세 포함
	• 정해진 기준에 따라 충원할 각 직책에 대한 선발 절차를 진행한다.
	   — 경력, 스킬 수준, 가용성, 지역, 교육
	   — 다양성, 형평성, 포용성
	   — 환경, 사회적 가치, 거버넌스
	• 자격과 관련 기준에 대한 성과를 평가하고 시정조치를 한다.
	   — 성과 목표는 보통 팀과 개인과 대화를 바탕으로 평가
	   — 성과 목표는 필요에 따라 주기적으로 검토하고 수정
	• 업무 배정을 관리하여 개인과 작업그룹 간 업무량의 균형을 맞춘다.

산출물 예시	• 업무 과제 선택 전략
	  — 역할 세부 정보
	  — 우선순위 기준
	  — 자원 배정 기준
	  — 조직 설계 명세
	• 스킬 평가 기준
	• 작업그룹 스킬 분석 결과
	• 선택 처리 결과
	• 업무 배정
	  — 업무 배정은 조직도, 역할 설명, 프로세스, 관련 성과 목표 조합을 사용하여 기록

WE 2.2	역할과 작업그룹에 대한 개인 직무 발령이나 해제를 관리한다. (Manage the transition of individuals in and out of roles and workgroups.)
가치	개인이 자기 책임을 생산적으로 완수할 수 있도록 방향을 제시한다. (Accelerates the orientation of individuals to fulfill their responsibilities productively.)

활동 예시	• 인사이동을 계획한다.
	  — 입사, 승진, 전문성 개발, 경력 개발, 업무 인수인계, 퇴사에 대한 명확한 기준 정의
	• 정해진 방식에 따라 개인 인사이동을 관리한다.
	  — 조직도, RASCI 차트와 같은 조직 설계 명세에 대한 최신 내용 포함
	• 퇴사자 인터뷰를 통해 의견을 수렴하여 시정조치 가능성을 파악한다.

산출물 예시	• 직원 인사이동 계획
	  — 전문적이거나 고유한 역할은 추가 정보나 설명 필요
	• RASCI(담당자, 책임자, 지원, 자문, 보고 대상)
	• 조직도
	• 직무 설명서
	  — 종종 프로세스 설명서에 요구사항 포함
	• 인사이동 점검표
	• 퇴사자 인터뷰와 설문조사 결과

WE 2.3	작업그룹 내에서 그리고 작업그룹 간 의사소통과 협업을 위한 메커니즘을 개발하고 최신 상태로 유지하며 사용한다. (Develop, keep updated, and use communication and coordination mechanism within and across workgroups.)
가치	개인과 작업그룹 간 효과적인 정보 공유를 통해 생산성을 높인다. (Increases productivity through effective information sharing amongst individuals and workgroups.)

활동 예시	• 영향받는 모든 작업그룹과 함께 업무 목표를 검토한다. 　— 팀 규범과 가치를 확립하고 전달 • 팀 구성 요구사항을 파악하고 해결한다. 　— 팀 형성, 스토밍, 표준화, 수행, 해산과 같은 팀 형성 단계 고려 • 대인관계 스킬 개발에 필요한 사항을 파악한다. 　— 내외부 대인관계 의사소통과 역학 관계 　— 감성 지능 　— 적극적인 경청 스킬 　— 그룹 의사소통과 역학 관계 　— 특정 상황에 대한 상호작용 프로토콜 　— 문제해결 스킬 　— 갈등 해결 스킬 　— 협상 기술 • 의사소통과 협업에 대한 문화적 측면을 파악한다. 　— 다양성, 형평성, 포용성 　— 환경, 사회적 가치, 거버넌스 • 의사소통 메커니즘을 기록하고 사용한다. 　— 명확하게 정의한 보고 구조 　— 이슈를 단계적으로 확대하여 보고하기 위한 허용 가능한 접근방식 　— 이슈 해결을 위한 공식적인 방법 　— 팀 협업 도구, 프로토콜과 채널 • 개인과 작업그룹 간 활동을 조정하여 업무를 수행한다.
산출물 예시	• 팀 규범, 가치, 목표 • 업무 목표 검토 결과 • 팀 구성과 대인관계 스킬 요구사항 • 의사소통 메커니즘 • 협업 메커니즘 • 참여도와 만족도에 대한 직원의 개선 의견

■ 3단계 프랙티스 그룹

WE 3.1	조직 역량을 구축하고 목표를 달성하기 위해 인력 역량을 개발하고 최신 상태로 유지하며 활용한다. (Develop, keep updated, and use workforce competencies to build organizational capabilities and achieve objectives.)
가치	인력에 대한 일관적인 성과를 극대화한다. (Maximizes consistent performance of the workforce.)

활동 예시	• 조직의 비즈니스 목표를 달성하는 데 필요한 인력 역량을 분석한다. — 이러한 분석은 보통 산업계 표준에 바탕을 둔 역량 평가 접근방식을 통해 수행 • 각 인력 역량에 대한 지식, 스킬, 프로세스 능력과 성과 기대치를 파악한다. • 각 인력 역량에 대한 조직 역량을 평가하고 추적한다. • 인력 역량과 성과 결과를 바탕으로 인력 계획을 도출하고 최신 상태로 유지한다. • 조직 전체에 대한 성과 결과를 주기적으로 평가하고, 성공적인 비즈니스 결과에 일관적으로 기여하지 못하는 인력 역량을 파악한다. • 인력 관리 활동에 대한 잠재적 개선 사항을 파악한다. — 코칭, 멘토링, 기타 적용 가능한 조직 자산 활용 전략을 고려
산출물 예시	• 인력 역량 목록과 설명 — 인력 역량 설명을 기록하고 조직 표준에 따라 최신화하고 일관성 유지 • 각 인력 역량에 대한 지식, 스킬과 프로세스 능력 목록 • 인력 역량 분석 관련 결과와 조치 • 인력 개발 계획 — 모집, 교육, 역량 강화, 멘토링, 코칭 • 성과 분석 결과 — 모집과 채용 성과를 포함하여 인력 관리 방식이나 역량에 대한 최신 상태를 고려할 수 있도록 검토 • 개선 사항 목록
WE 3.2	조직구조와 접근방식을 개발하고 최신 상태로 유지하며 작업그룹에 권한을 부여하는 방법을 사용한다. (Develop, keep updated, and use an organizational structure and approach to empower workgroups.)
가치	작업그룹에 효과적으로 성과를 달성할 수 있는 권한과 책임을 부여한다. (Provides workgroups with the authority and accountability to achieve outcomes effectively.)
활동 예시	• 작업그룹에 대한 권한 위임을 결정하고 전달한다. — 팀 자치 관리 — 팀 간 조정과 협업 • 작업그룹 성과 달성에 대한 책임을 파악하고 협상하고 관리한다.
산출물 예시	• 조직의 권한 위임, 책임에 대한 기대치와 협상 결과 기록 — 의사결정 트리 — RASCI 차트 — 작업그룹 규범 • 작업그룹 성과 결과
WE 3.3	조직의 보상 전략과 메커니즘을 개발하고 최신 상태로 유지하며 사용한다. (Develop, keep updated, and use organizational compensation strategies and mechanism.)

가치	비즈니스 결과 달성을 일관적으로 지원하도록 인력에게 동기를 부여한다. (Motivates the workforce to consistently support achievement of business results.)
활동 예시	• 보상 전략과 접근방식을 개발하고 사용한다. — 개인, 작업그룹 또는 팀 고려 사항 — 외부 시장 동향 — 외부 자원 수요 • 보상 전략을 검토하여 수정이 필요한지 결정한다. • 불평등을 해소하기 위해 보상 전략과 접근방식을 조정한다. — 성과와 목표 간 차이점 — 인력 역량 변화 — 압축적인 급여 구간과 불공정한 보상 분배 — 시장 요인 — 인수/합병
산출물 예시	• 보상 전략과 접근방식 기록 — 보상 특잇값 해결 — 보상에 대한 시장 데이터 활용 • 보상 형평성 연구 • 외부 급여와 복리후생 벤치마크 연구 • 결과 검토

조직성과는 인력 역량에 직접적인 영향을 받는다. 조직은 비즈니스 목표를 파악하고 이를 달성하는 데 필요한 역량을 결정한다. 그 결과 도출한 역량 정보를 조직성과 요구를 충족하기 위해 인력을 관리하는 데 사용한다.

인력 역량을 강화하기 위해서는 인력 역량을 조직 목표에 맞게 조정하고 인력 역량 강화를 촉진하는 조직구조를 설계하여 질서 있는 인력 관리를 수행한다. 작업그룹 내 그리고 작업그룹 간 의사소통과 조정 메커니즘을 구축하고 작업그룹에 의사결정 권한과 책임을 부여한다. 또한 지속적인 성과 개선에 동기를 부여하는 보상 전략을 수립하고 활용한다.

인력 역량 강화 프랙티스 영역은 1단계부터 3단계까지 3개 프랙티스 그룹으로 구성된다.

1단계 프랙티스 그룹은 합의 사항을 파악하고 작업그룹에 배정하는 활동이다. 작업그룹은 업무량과 사용 가능한 자원 간 균형을 유지할 수 있도록 구성해야 한다. 이는 작업을 수행하는 데 필요한 스킬과 업무 합의 사항을 조정하여 달성할 수 있다.

2단계 프랙티스 그룹은 작업그룹에 업무를 배정하고 작업그룹 내 그리고 작업그룹 간 의사소통과 조정을 위한 메커니즘을 개발하여 사용하는 활동을 다룬다.

인력 역량을 강화하는 활동은 인력의 스킬에 맞게 적절한 직무를 할당하고 책임을 위임하며, 프로젝트 작업그룹 참여와 종료, 임무 전환을 사전에 설정한 기준에 따라 보장하는 인사 관리 활동에서부터 시작한다. 또한, 모든 활동은 사람이 수행하는 것이기에 개인 간, 그룹 간 의사소통이 매우 중요하며, 프로젝트 성공을 위해 효과적이고 효율적인 의사소통 방식을 개발하여 적용해야 한다. 작업그룹에 업무를 배정하는 활동은 제시한 업무를 분석하여 업무 수행에 필요한 스킬과 노력을 판단한다. 추가적인 고려를 위해 가장 적합한 후보자를 파악하고 직책 기준에 따라 후보자의 스킬과 경험을 평가한다. 개인과 작업그룹은 배정한 프로젝트에 대한 이해를 바탕으로 합의한다. 업무 배정을 기록하기 위해 보통 RASCI Responsible, Accountable, Supporting, Consulted, and Informed 차트를 사용한다. RASCI 차트는 RACI Responsible, Accountable, Consulted, and Informed 모델의 확장형으로 프로세스를 누가 담당하고(R), 누가 책임지고(A), 누가 지원하고(S), 누구에게 조언받고(C), 누가 결과를 보고 받는지(I)를 정의하여 조직의 역할과 책임을 설계하는 데 많이 활용한다. 역할과 책임은 새로 설계한 프로세스의 경우, 담당 조직과 상의하여 결정하는데 최대한 낮은 직급까지 결정에 참여시킴으로써 인력의 자율성을 키우도록 노력해야 한다.

역할과 작업그룹에 대한 개인 직무 전환을 관리하는 활동은 일반적인 인사 관리 활동으로 볼 수 있다. 이러한 인사 관리 활동에는 직무 발령, 직무 해제, 파견, 전보, 경력 개발, 승진, 강등, 가상환경이나 현장 위치 지정, 정년퇴직, 사직, 인원 감축이나 징계로 인한 해고가 있다. 직무 발령은 개인이 새로운 위치에 적응하는 것을 돕고, 신입 사원일 경우는 조직에 적응하는 것을 돕기 위해 실시한다. 보통 점검표나 전환 계획을 통해 관리한다. 오리엔테이션과 교육을 제공하고, 장비와 소프트웨어 라이선스(예: 노트북 컴퓨터, 태블릿)를 지급하고, 시스템과 데이터에 대한 접근 권한을 부여한다. 작업그룹 프로세스와 절차 검토, 코칭 또는 멘토링 과제와 관련 활동, 작업그룹 이해관계자 소개와 같은 직무교육을 포함할 수 있다. 직무 해제는 자발적이거나 비자발적일 수 있으며, 신중하게 계획하지 않으면 사기 저하,

보안 위반과 성과 문제를 초래할 수 있다. 이는 대체로 점검표나 업무 인수인계 계획을 포함하는 전환 계획을 통해 관리한다. 시스템과 데이터에 대한 접근 권한 제거, 사용권 반납이나 해제, 장비 반납, 지식 이전, 기록 보관, 보안 사항 보고, 건물 출입 등 물리적 접근 권한 제거를 포함할 수 있다. 인사 관리 활동 시기를 선택하는 것은 작업그룹 운영의 비효율성과 중단을 최소화하면서 목적과 목표를 성공적으로 달성하기 위해 아주 중요하다.

업무 목표, 합의 사항, 그룹 간 종속성에 대한 공감대를 형성한다. 개인과 작업그룹은 각자의 합의 사항과 종속성을 충족하기 위해 업무를 편성하고 수행하는 방법에 관한 결정을 내리는 데 참여한다. 팀 규범과 가치에 대한 인식은 효과적인 의사결정 과정의 중요한 요소다. 터크만Tuckman의 팀 형성 5단계 (형성, 스토밍, 표준화, 수행, 해산)를 고려하여 팀 구성에 대한 요구사항을 파악하고 해결한다. 미국 심리학자인 브루스 웨인 터크만이 제시한 팀 형성 5단계 모델은 형성Forming, 스토밍Storming, 표준화Norming, 수행Performing, 해산Adjourning으로 구분한다. 형성 단계에서는 새로운 팀을 구성하며 다양한 사람이 팀에 합류한다. 팀원은 공식적인 역할과 책임에 대해 알게 되며 서로 처음 만나는 팀원이 존재하고, 대체로 팀의 목표와 문제에 대해서는 상세히 알지 못한다. 스토밍 단계에서는 팀원이 본격적으로 업무를 시작하는 단계로 팀원 사이에 다양한 아이디어가 부딪히기도 하고 개인 간에 대립과 갈등이 발생한다. 팀 형성 단계 중 가장 갈등이 심한 단계로 볼 수 있다. 표준화 단계에서는 팀 규범과 가치와 행동 방법을 정한다. 팀 성과가 나타나기 시작하고 팀원은 자기 행동을 서로에게 맞춰 가며 업무를 진행한다. 수행 단계는 서로에 대한 이해가 높아진 팀원이 업무에 집중하고 협업하며 작업을 효과적으로 수행하여 팀 성과가 가장 높게 나타나는 단계다. 해산 단계는 프로젝트를 완료하고 팀을 해체하여 팀원이 각자의 자리로 되돌아간다. 이때 만약 다른 프로젝트로 이동이 명확하지 않으면 미래에 대한 불확실성으로 인해 팀원의 동기 부여 수준이 떨어질 수도 있다.

3단계 프랙티스 그룹은 조직 역량을 확립하고 목표를 달성하기 위해 인력과 작업그룹 역량, 작업그룹 역량을 강화하기 위한 조직구조와 접근방식 그리고 보상 전략과 메커니즘을 개발하고 활용하는 데 중점을 둔다.

일련의 지식과 스킬, 프로세스 능력은 비즈니스 성과를 달성하는 데 있어 조직에 중요한 각 조직의 인력 역량으로 구성한다. 조직에 필요한 인력 역량 범위는 조직의 비즈니스 목표에서 도출한다. 각 인력 역량을 분석하여 효과적인 인력에 필요한 필수 지식, 대인관계와 기술적 스킬, 프로세스 능력, 성과 기대치를 파악한다. 이러한 내용은 인력 역량 설명서에 기록하고 비즈니스 목표와 일치하는지 주기적으로 재평가한다. 인력 역량 설명서는 조직의 미션과 비전을 달성하기 위한 전략적이고 전술적인 인력 계획을 제시한다. 또한 이 설명서는 조직의 인력 역량 개발을 지원하고 조직 전반에 걸쳐 인력 활동을 조정하는 데 사용된다. 조직 전체에 대한 성과 기대치와 결과를 주기적으로 분석하여 비즈니스 목표 달성을 위한 비즈니스 활동과 인력 역량의 결합을 확인한다. 스킬과 역량에 대한 기대치에 따라 운영 성과 측정에 상응하는 최신 정보가 필요할 수 있다.

성과 분석은 성과 목표 달성을 위한 조직의 접근방식, 구조와 프로세스를 최신화하는 우선순위를 정하는 데 사용한다. 권한을 부여한 작업그룹은 업무를 관리하고 수행하고 작업그룹 전체와 작업그룹 내에서 선택한 인력 관리 활동을 수행할 수 있는 상당한 자율성을 부여받는다. 작업그룹에 권한을 부여하는 것은 작업그룹 구성원이 정해진 프로세스 제약조건 내에서 상호 의존적이고 결합한 역할을 할 수 있도록 준비하는 걸 의미한다. 여기에는 권한을 부여한 작업그룹에 작업 결과에 대한 권한도 부여하여 구성원에게 책임지우는 것을 포함한다. 권한을 부여한 작업그룹은 명확하게 정의한 의사결정 권한도 갖는다. 권한을 부여한 작업그룹은 역량을 결합하기 위해 개인이 아닌 그룹으로 관리한다. 관련한 인력 관리 활동은 권한을 부여한 작업그룹 내에서 그리고 전체에서 사용할 수 있도록 조정한다. 작업그룹의 성과 데이터를 사용하여 개인이나 작업그룹의 역량과 성과와 절차를 파악하고 개선한다. 권한을 부여한 각 작업그룹의 성과와 성과에 대한 기여도는 개인과 팀에 대한 보상 결정을 내릴 때, 그리고 뛰어난 성과를 인정하고 보상하거나 부진한 성과를 해결할 때 고려한다.

보상 전략과 메커니즘은 조직이 비즈니스 성과에 필수적이라고 생각하는 스킬과 행동에 동기를 부여하고 보상하기 위해 고안됐다. 보상은 조직 전체에서 공평해야 한다. 조직 가치와 행동을 강화하는 조직 보상 전략과 접근방식을 개발한다. 이 전략은 비즈니스 정책과 목표에 따라 주기적으로 검토하고 개정해야 한다. 보상 결정은 전략에 명시한 기준에 따라 이루어지며 접근방식에 상세히 설명하고 있다. 성과와 기타 정해진 기준에 따라 개인의 보상을 조정하고 조정 근거에 대한 정보와 함께 영향을 받는 개인에게 전달한다. 보상 결정이 스킬, 경험, 성과와 기타 적절한 기준과 관련하여 작업그룹과 개인에게 공평하게 적용되는지 검토한다. 불평등을 해소하기 위해 조정한다. 직원이 보상 전략이 공평하다고 인식하면 필요한 스킬 개발에 동기를 부여하고 개인 성과와 작업그룹 또는 조직성과가 일치하도록 보상 전략을 조정할 수 있다.

제4장

프로세스 개선 고려 사항

최근 들어 다수의 국내 IT 기업과 조직이 소프트웨어 개발 역량을 향상하기 위해 품질 활동이나 프로세스 개선 활동을 추진하고 있다. 아마도 해당 조직이 처해 있는 현재 위기 상황에 대한 새로운 돌파구가 필요하기 때문일 것이다. 그러나 이러한 새로운 시도가 오히려 상황을 더 악화시키고 있지는 않은가? 혹시 여러분 조직에서 새로운 돌파구를 마련하기 위해 시도했던 품질 활동이나 프로세스 개선 활동이 오히려 커다란 걸림돌이 되어 가로막고 있는 것은 아닌가? 아니면 프로세스 개선 기반을 모래땅 위에 구축하여 쉽게 무너져 버리는 것은 아닌가? 여러분 조직에서 수행하고 있는 품질 활동이나 프로세스 개선 활동이 설령 소기의 목적을 달성하고 있는 것처럼 보이더라도 실질적인 투자 비용 대비 효과 측면에서는 어떤지 심각하게 고민해 본 적은 있는가? 하는 점을 되짚어 볼 필요가 있을 것이다.

1. 소프트웨어 프로세스 개선, 어떻게 수행해 왔나?

(1) 국내 소프트웨어 프로세스 개선 활동 현황

화폐를 사용하기 전, 고대 중국에서는 물건(品)을 구매하기 위해 도끼(斤)를 사용한 저울로 무게(斤)를 달고 그 무게(價値)에 따라 조개(貝)를 지급했다. 즉, 품질(品質)이란 물건에 대한 가치를 의미하며, 우리는 품질이 좋은 물건을 구매하는 데 있어 큰 비용을 지급하는 것을 당연하다고 여긴다.

현대에 와서 품질에 관한 관심은 1930년대에 월터 쉬와트Walter Shewhart가 발표한 통계적 품질관리 개념에서 시작했고, 1980년대에 필립 크로스비Philip B. Crosby의 품질 철학을 반영한 총체적 품질관리로 더욱 발전해 왔다.

국내에서는 1970년대 이후, 정부 주도하에 범 산업적으로 품질관리 활동을 추진해 왔는데 국내 소프트웨어 산업에서 품질 활동과 관련한 주요 현황을 살펴보면 다음과 같이 크게 3가지 정도로 요약할 수 있다.

- 소프트웨어 개발 방법론 도입: 관리 대상이 되는 공정 개념
- ISO 9000 인증: 소프트웨어 업무에 관한 계획과 관리 개념
- 소프트웨어 프로세스 개선(CMMI, 6시그마 등): 지속적인 소프트웨어 프로세스 개선

물론 다른 여러 가지 활동도 있었겠지만, 그중 국내에서 가장 보편적으로 적용하고 있는 CMMI와 함께 소프트웨어 프로세스 개선에 영향을 많이 끼친 활동에 대해 그 현황과 의미를 우선 살펴보겠다.

■ 소프트웨어 개발 방법론 도입

1980년대 후반부터 시작해 국내 IT 조직에서는 폭포수형 수명주기로 잘 알려진 구조적 접근방법에

따른 소프트웨어 개발 방법론을 도입하기 시작했으며, 이에 따라 소프트웨어에도 제조업처럼 공정이라는 개념을 도입했다고 할 수 있다. 이러한 변화는 소프트웨어에도 설계 개념을 도입하면서 작업 순서를 공학적으로 정의할 수 있게 했을 뿐만 아니라, 주요 공정별 관리 대상이 생겨나면서 작업별로 체계적인 관리를 가능하게 했다.

이후 객체지향 개념을 근간으로 한 객체지향 개발 방법론이나 컴포넌트 기반 개발 방법론 그리고 최근 애자일 개발 방법론에 이르기까지 다양한 유형의 소프트웨어 개발 방법론을 발표하여 지금은 개발 방법론을 사용하지 않는 소프트웨어 프로젝트가 거의 없을 정도로 보편화됐다.

소프트웨어 프로세스 개선 활동에서 개발 방법론 도입은 큰 의미가 있다. 소프트웨어 프로젝트에서 발생하는 거의 모든 활동과 작업에 대한 프로세스를 보유한 것이고 이것은 개선 대상이 생겨남을 의미한다. 소프트웨어 개발 방법론 도입이나 다음에 설명할 ISO 9000 인증은 소프트웨어 프로세스 개선 토대를 제공했다고 할 수 있다.

■ ISO 9000 인증

소프트웨어 개발 방법론이 어느 정도 정착된 1990년대 중반부터는 소프트웨어 업계에서도 제조업에서 사용하던 ISO 9000 인증 제도를 도입하기 시작했다. 1993년부터 대규모 시스템 통합 업체가 ISO 9000 인증을 받았으며, 현재까지도 다수 업체가 계속해서 인증을 유지하고 있다. 그뿐만 아니라 지금은 거의 모든 중소 소프트웨어 업체까지도 ISO 9000 인증을 받았거나 받는 상태이다.

ISO 9000 인증 의미를 간단하게 설명하자면, 품질매뉴얼이나 품질계획서라는 광의의 계획서에 따라 업무를 계획적으로 수행할 수 있게 했다는 것이다. 바꿔 말하면 계획과 관리 개념을 도입하고 인적, 물적 자원과 교육 중요성을 강조했음을 의미한다. ISO 9000을 도입하기 전만 해도 소프트웨어 개발 조직은 고위 경영진이나 관리자 또는 고객으로부터 받은 요구사항을 충족하기 위해 주먹구구식으로 운영됐다. 그러던 것이 ISO 9000 도입으로 인해 전반적인 계획에 따라 필요 자원을 확보하고 교육하여 업무를 추진할 수 있도록 하는 체계를 갖추었다.

■ 소프트웨어 프로세스 개선(CMMI, 6시그마 등)

1990년대 후반부터는 소프트웨어 프로세스를 개선하기 위한 모델이 국내에 소개되기 시작했다. 프로세스 개선 모델은 크게 두 가지 유형으로 구분해 볼 수 있다. 첫 번째는 CMMI와 같이 조직 전체적인 관점에서 성숙도 개념을 적용하여 하향방식으로 개선 활동을 수행하는 유형이다. 두 번째는 6시그마 활동과 같이 성숙도 개념 없이 개별 문제에 대해 통계적인 방법을 활용해 문제를 해결하는 상향방식이다. 이러한 프로세스 개선 활동은 이전에 도입했던 소프트웨어 개발 방법론이나 ISO 9000을 통해 정립한 프로세스를 지속해서 개선한다는 점이 이전 활동과 차이라고 할 수 있다.

CMMI는 국내 다수 조직이 도입했는데, 현재 전 세계 100여 개 국가의 20,000개 이상 조직이 CMIM에 따른 역량 성숙도 수준을 확보하고 있으며 점점 더 증가하는 추세에 있다.

이에 그동안 수행해 왔던 CMMI 기반 소프트웨어 프로세스 개선 활동을 분석해 그 문제점을 살펴보고, 이를 통해 개선 활동을 제대로 추진하는 방법을 제시하려고 한다.

(2) 국내 소프트웨어 프로세스 개선 활동의 문제점

그동안 국내에서 소프트웨어 프로세스 개선 활동을 수행한 대부분 조직은 진행 방법에 있어 몇 가지 문제점을 가지고 있었다. 물론 모든 조직이 그랬던 것은 아니지만 다수 조직이 개선 활동을 수행하면서 품질 부서나 기획 부서 주도로 해당 조직의 문제점을 진단하고 개선 활동 방향을 결정했다. 그리고 소프트웨어 개발자에게는 단순히 결정한 방향으로 따라올 것을 요구했다. 정작 개선 활동의 주체가 돼야 할 사람은 뒷전으로 밀려나고 개선 활동을 지원해야 할 사람이 주축이 돼 버린 것이다.

소프트웨어 개발자는 현대사회에서 대표적인 '장이'라 일컬어진다. 이러한 장이의 일반적인 성향은 타의에 의한 변화에 대해서는 많은 거부감을 가지지만 자의에 의한 변화에 대해서는 무한한 자긍심을 가진다는 것이다. 따라서 위에서 언급한 방식으로 진행하는 프로세스 개선 활동은 오래가기 힘들다. 왜냐하면 실제로 개선 활동을 추진해야 하는 소프트웨어 개발자로부터 외면받는 활동이 돼 버리기 때문이다. 국내에서 CMMI를 기반으로 한 소프트웨어 프로세스 개선 활동 역사가 어느덧 20년이 지났다. 하지만, 지난 20년 동안 소프트웨어 프로세스를 개선하기 위한 활동을 꾸준히 수행해 온 동일 조직이 많지 않다는 점은 개발자가 참여하지 않는 프로세스 개선 활동은 오래가지 못한다는 걸 바로 보여 주는 것이다.

소프트웨어 프로세스 개선 활동을 수행하면서 또 다른 문제점으로는 해당 조직 특성을 고려하지 않고 CMMI와 같은 참조모델에서 정의한 요건에 무조건 맞추려고 한다는 것이다. CMMI에서 정의한 요건이 자기 조직 특성이나 환경에 맞건, 맞지 않건 일단 따라 하는 게 잘하는 거로 생각한다. 그러나 이렇듯 무조건 따라 하는 것은 프로세스를 개선하려다가 더욱 불편하거나 거추장스럽게 만들어 버려 오히려 또 하나의 프로세스 개선 활동 대상으로 전락하게 하는 결과를 초래한다.

소프트웨어 프로세스 개선 활동을 수행하는 조직 대다수는 개선 활동 목표로 소프트웨어 개발 품질 확보와 개발 생산성 향상에 더해 대외 경쟁력을 확보하려고 한다. 그리고 이러한 목표를 달성했는지를 가장 빠르게 판단할 수 있는 것이 CMMI 인증이라고 생각한다. 그러다 보니 CMMI 기준으로 심사를 수행하고 그 결과를 활용해 실질적인 개선 활동으로 연계하기보다는 CMMI 인증 획득 그 자체에 더욱 관심을 두는 경향이 있다.

CMMI 심사원도 심사를 수행할 때, CMMI 요건을 심사 대상 조직에서 얼마나 효율적이고 효과적으로 수행하고 있는지를 판단하기보다는 해당 요건을 수행하고 있는지만을 판단하는 데 초점을 맞추곤 한다.

CMMI 심사는 프로세스 개선을 위한 또 다른 활동의 시작이라고 할 수 있다. 대체로 CMMI 인증 심사를 받은 후 해당 조직에서는 목표했던 인증을 받았기 때문에 좀 쉬어도 되리라 생각한다. 그러나 CMMI는 5개 성숙도 단계 전체가 하나의 개선 프레임워크를 구성한다. CMMI 성숙도 1, 2, 3, 4, 5단계는 하나의 개선 사이클이다. CMMI 성숙도 1, 2, 3단계를 통해 프로세스를 정의하고 반복적으로 적용하여 프로세스의 안정성을 높인 다음, 성숙도 4단계에서 정량적 데이터를 수집해 프로세스 변동 원인을 찾아내고, 성숙도 5단계에서 그 원인을 제거함으로써 지속해서 개선을 이뤄 나가는 것이다. 따라서 CMMI 성숙도 2단계나 3단계 인증을 받았다고 해서 프로세스 개선 활동이 끝나는 것이 아니라 성숙도 4, 5단계를 준비하고 이행하면서 결국에는 지속적인 개선 활동과 연결해야 한다. 심지어 CMMI 성숙도 5단계 조직에서도 이러한 개선 사이클을 지속해서 수행해야 한다.

CMMI 성숙도 단계 명칭이 성숙도 2, 3, 4단계에서는 과거형인 '관리되어진Managed', '정의되어진Defined', '정량적으로 관리되어진Quantitatively Managed'인 반면, 성숙도 5단계는 현재 진행형인 '최적화하는Optimizing'으로 표현한 것은 성숙도 5단계가 궁극적으로 도달해야 하는 종착점이 아니라 새로운 시작점이기 때문이다.

2. 올바른 소프트웨어 프로세스 개선 방향

(1) 사람 중심의 소프트웨어 프로세스 개선

국내에서 소프트웨어 프로세스 개선 활동은 주로 소프트웨어 엔지니어링 기반에서 이뤄졌다. 소프트웨어 엔지니어링 활동은 체계적이고 훈련되고 측정 가능한 접근방식에 따라 대규모 프로젝트나 높은 신뢰성을 요구하는 복잡한 프로젝트에서 발생하는 수많은 문제점을 해결해 왔다. 그뿐만 아니라 1960년대 후반과 1970년대 초의 컴퓨터 하드웨어와 이를 위한 소프트웨어 개발 기술 수준 향상을 이끌어 왔다.

이러한 성과로 인해 CMMI와 같은 소프트웨어 프로세스 개선 모델은 소프트웨어 엔지니어링 개념 위에 프로세스 기반 개선 활동을 덧씌움으로써 만들어졌으며, 그 후 대규모 프로젝트나 조직에 적용하여 적지 않은 성과를 거둘 수 있었다. 하지만 대규모 프로젝트에 적용한 소프트웨어 프로세스 개선 모델 성과는 사람들에게 소프트웨어 엔지니어링 개념이 소프트웨어 개발 활동에서 '은탄(銀彈)[2]'이라는 생각을 하게 했다. 그리고 이러한 생각은 소프트웨어 프로세스 개선 활동을 마치 조직 프로세스 모두를 소프트웨어 엔지니어링 개념에 맞게 개선해야만 하는 것으로 잘못 인식하게 했다.

물론 대규모 프로젝트를 수행하는 조직이나 높은 신뢰성을 요구하는 시스템을 개발하는 조직에서는 타당한 생각일지 모르지만, 소프트웨어를 개발하는 모든 조직에 이러한 인식을 강요하는 것은 대단히 무모하다고 할 수 있다. 오늘날 소프트웨어 조직에서 개발하는 시스템이 소프트웨어 엔지니어링 개념에 적합한 대규모 시스템이거나 높은 신뢰성을 요구하는 시스템만 있는 것은 아니기 때문이다. 오히려 상용 애플리케이션, 공개 소프트웨어, 애플리케이션 패키지와 양방향 컴퓨터 게임 등과 같이 빨리 개발해야 하는 중소 규모 시스템이 더 큰 비중을 차지하고 있다.

---

2 은탄(Silver Bullet): 늑대 인간을 죽일 수 있는 은(銀)으로 만든 탄알로 문제를 해결할 수 있는 유일한 방법이라는 의미로 사용함.

따라서 이제부터는 소프트웨어 프로세스 개선 활동도 조직 내 모든 프로세스를 소프트웨어 엔지니어링 개념에 맞게 개선하는 데에만 초점을 맞추기보다는 소프트웨어 엔지니어링 기반 프로세스를 조직 개발 환경이나 제품 특성에 적합한 프로세스로 개선하는 데 초점을 맞춰야 한다.

■ 소프트웨어 개발자는 코드를 찍어 내는 기계가 아니라 사람이다

소프트웨어 엔지니어링에서는 개발자를 기계공학적인 측면에서 바라본다. 개발자 한 사람 한 사람을 하나의 생산설비로 인식한다. 이런 인식은 소프트웨어 개발을 위한 구체적인 프로세스만 충분히 보유하고 있으면, 6개월 정도 짧은 기간 개발자에게 제한된 기술만을 가르치더라도 충분히 생산적인 작업을 수행할 수 있을 것이라는 생각을 하게 한다. 소프트웨어 프로젝트를 제조업 생산 공정으로 잘못 생각했기 때문이다. 마치 제조업 생산 공정처럼 제품이 생산 공정을 흘러갈 때 작업자가 정해진 작업 설명서에 따라 기계적으로 작업하는 것이 가능할 것이라고 여기는 것이다.

그러나 소프트웨어 프로젝트에서 수행하는 작업을 살펴보면 이런 생각이 잘못된 것임을 쉽게 알 수 있다. 예를 들면 소프트웨어 프로젝트에서 요건 명세와 설계 명세 사이에는 매우 큰 격차가 있다. 이러한 차이는 개발자가 정해진 작업 설명서에 따라 기계적인 반복 작업으로 메울 수 있는 것이 아니라 개발자의 지적인 고민과 경험을 통해 메울 수 있는 것이다. 그래서 소프트웨어 프로젝트를 제조업 생산 공정과 유사한 활동으로 취급하는 것보다는 제품 연구개발 활동으로 생각하는 것이 더 타당하다고 할 수 있다. 소프트웨어 프로젝트를 생산 공정이 아닌 연구개발 활동으로 인식한다면 소프트웨어 프로세스는 어떻게 바뀌어야 할까?

현재 소프트웨어 프로세스 개선 활동을 추진하는 국내 조직은 소프트웨어 프로젝트를 생산 공정으로 바라보며 접근하기에 될 수 있으면 소프트웨어 프로세스를 구체적으로 작성하려고 한다. 그러나 아무리 프로세스를 구체적으로 작성하더라도 개발자의 다양한 경험이나 지적 산출물을 표현하는 데는 한계가 있을 수밖에 없다. 오히려 이렇게 작성한 프로세스는 너무 복잡해서 소프트웨어 개발 프로젝트에 적용하기가 더 힘들어진다. 그뿐만 아니라 프로세스를 너무 구체적으로 작성했기에 사소한 개발 환경 변화나 제품 특성에 차이가 있을 때마다 프로세스를 변경하느라 정신이 없다. 이미 정의한 프로세스를 다시 개선한다는 건 엄두도 내지 못한다. 그러므로 여러분은 프로세스를 변경하는 것과 개선하는 것은 엄연히 다르다는 걸 명심해야 한다.

그렇다면 어떻게 프로세스를 정의해야 할 것인가? 외국 기업 사례를 보면 어떻게 해야 하는지가 명확해진다. 필자는 소프트웨어 프로세스 개선 사례를 살펴보기 위해 외국 기업이 정의한 프로세스를 자주 참고한다. 그런데 프로세스 대부분은 우리 기준으로 판단할 때 '이것도 프로세스인가?'라는 생각이 들 정도로 간단하게 작성한 것을 볼 수 있다. 반면에 해당 프로세스를 통해 작성한 작업산출물은 너무 꼼꼼하게 작성하고 있어 놀랄 때가 한두 번이 아니었다.

이러한 사례는 소프트웨어 개발자를 기계가 아닌 사람으로 인식할 때 프로세스를 어떻게 정의해야 하는지, 그리고 개발자 개인의 경험이나 지식을 어떤 방법으로 다른 사람에게 전달하는 것이 좋은지를 알려 준다. 우리는 그동안 하나의 프로세스에 개발자 경험이나 지식을 모두 담아내려고 노력했다. 그런데 오히려 그러한 노력이 소프트웨어 프로세스 개선 활동을 방해했다. 따라서 이제부터라도 프로세스는 지식을 전달하는 도구가 아닌 작업 일관성을 유지해주는 도구로 인식하는 것이 좋다. 밴드나 악단에서 곡 전체 흐름을 잡아 주는 드럼 역할처럼 말이다.

바람직한 소프트웨어 프로세스는 프로젝트 전체 흐름을 잡아 줄 수 있고 프로젝트 간 일관성을 유지할 수 있을 정도로만 간단하고 명료하게 작성하는 것이다. 반면 개발자 경험이나 지식은 지침이나 샘플 형태로 정리하거나 프로젝트 작업산출물 중 모범 사례를 체계 있게 정리하여 공유할 수 있도록 해야 한다.

■ 팀으로 작업하라

만약 평균 수준 역량을 보유한 20명 개발자 팀에게 10억 원을 지급하거나, 혹은 뛰어난 역량을 보유한 3명 개발자 팀에게 10억 원을 지급해 같은 시스템을 개발하고자 한다면 여러분은 어느 쪽을 선택하겠는가? 아마도 대부분 사람은 후자를 선택할지 모른다. 예전 시스템 개발 환경이었다면 필자 역시도 후자를 선택할 것이다. 그러나 오늘날 소프트웨어 프로젝트는 예전처럼 몇몇 고급 기술자만으로는 개발할 수 없게 되었다. 다양한 요소 기술이 필요하고, 더 많은 개발자를 필요로 한다. 소프트웨어 조직에서 수행하는 모든 프로젝트에 고급 기술자를 투입할 수 없는 환경이 된 것이다. 지금 프로젝트는 몇 명 고급 기술자가 나머지 개발자를 이끌고 가는 환경이다.

이런 상황에서 소프트웨어 프로세스 개선 활동은 어디에 초점을 맞춰야 할까? 필자가 생각하기에는 소프트웨어 프로젝트가 팀으로 작업할 수 있는 환경을 갖출 수 있도록 소프트웨어 프로세스 개선 활동을 수행해야 한다. 이를 위해 다음 2가지 활동에 초점을 맞출 필요가 있다.

- 검토 활동 강화
- 짧은 주기 통합

기존 소프트웨어 프로세스 개선 활동에서 검토를 수행하는 주요 목적은 제품에 포함된 결함을 가능한 한 일찍 찾아내 시험 기간을 최대한 단축하는 데 있었다. 그래서 되도록 많은 작업산출물에 대한 검토 계획을 세우고 검토 회의에도 될 수 있으면 많은 개발자를 참여하게 했다. 그러나 이러한 무리한 계획은 검토 활동 자체를 형식적으로 만들어 버렸고, 결국은 활동 자체가 흐지부지돼 버리는 결과를 초래했다. 이제는 검토 활동을 결함을 찾아내는 것뿐만 아니라 교육의 하나로 활용해야 한다. 그리고 이를 위해 검토 대상 작업산출물을 선정하는 것에서부터 검토 회의 참석자, 검토 방법, 검토 대상 작업산출물의 작성 방법과 같은 모든 관련 프로세스를 일치시켜야 한다.

또한 기존 프로세스 개선 활동은 의사소통 체계를 강화한다거나 개발 방법론 도입과 같이 팀으로 작업하는 데 있어 발생 가능한 문제를 예방하는 방법을 주로 강조했었다. 하지만 여전히 하위 시스템 간 인터페이스나 변경 관리에 많은 문제가 발생했다. 만약 팀으로 작업할 때 위에서 언급한 문제 발생이 필연적이라면 아예 예방 활동을 강조하기보다는 이를 인정하고 되도록 빨리 그 문제를 찾아내는 데 초점을 맞추는 것이 더 효과적이다. 이런 관점에서 볼 때 가장 효과적인 방법이 바로 프로젝트 기간 중 짧은 주기의 통합 작업을 반복해서 수행하는 것이다.

■ 낭비를 제거하라

최근 대다수 소프트웨어 프로젝트는 고객 요구로 인해 개발자가 생각하는 개발기간보다 짧거나 비용이 싼 조건에서 계약이 이뤄지는 경우가 많다. 그만큼 개발 환경이 점점 더 열악해지고 있음을 의미한다. 그러나 소프트웨어 프로세스 개선 활동에서는 이런 상황을 직시하거나 인정하기보다는 오히려 이런 상황을 초래하고 있는 고객이 바뀌어야 한다고 역설한다. 설사 고객이 바뀌지 않더라도 프로젝트 팀은 규모, 비용과 일정을 정확하게 산정하고 이를 바탕으로 체계적인 소프트웨어 엔지니어링 활동을 수행하여 프로젝트를 성공시켜야 한다고 주장한다.

그러나 이러한 주장은 비현실적이다 못해 바보스럽기까지 하다. 이제 소프트웨어 프로세스 개선 활동도 현실을 받아들여야 한다. 고객이 먼저 바뀌기를 기다려서는 안 된다. 우리가 현실에 적응해야 한다. 따라서 앞으로 소프트웨어 프로세스 개선 활동에서는 제조업에서 적용했던 낭비 제거 개념을 접목할 필요가 있다.

[표 4—1] 7대 낭비 유형

제조업 7대 낭비 유형	소프트웨어 개발 7대 낭비 유형
재고	미완성 작업
추가 작업	가외 프로세스
과잉 생산	가외 기능
운송	직무 전환
대기	대기
이동	이동
결함	결함

[표 4—1]은 제조업 7대 낭비 유형을 소프트웨어 개발 활동에 맞춰 변환한 것으로 소프트웨어 개발에서 낭비 요소로 바꿔 설명하면 다음과 같다.

- 미완성 작업: 요구사항 변경이나 기타 이유로 완성하지 못한 소프트웨어
- 가외 프로세스: 제품 가치를 향상하지 못하는 작업 프로세스
- 가외 기능: 향후 사용할 것을 예측하여 시스템에 포함한 추가 기능
- 직무 전환: 한 사람을 여러 프로젝트에 투입하는 것
- 대기: 프로젝트 시작 전 대기 상태나 인원 구성 지연
- 이동: 프로젝트 투입 인력 이동뿐만 아니라 담당 작업산출물 이동

- 결함: 결함 그 자체

앞으로 소프트웨어 프로세스 개선 활동은 소프트웨어 엔지니어링 개념에만 초점을 맞춰 진행하기보다는 위에서 정의한 소프트웨어 개발 활동에서 낭비 요소를 제거하는 데 초점을 맞춰 수행하는 것이 더욱 바람직하다.

(2) 성과 중심의 소프트웨어 프로세스 개선

그동안 국내에서 많은 조직이 소프트웨어 프로세스 개선 활동을 수행했지만, 외부에 제시할 만한 뚜렷한 개선 성과를 거둔 조직은 손으로 꼽을 정도다. 반면 해외 사례를 보면 CMMI를 적용하여 해당 조직의 생산성, 납기, 비용, 품질, 고객만족도를 얼마만큼 향상했는지를 명확히 제시하고 있다. 물론 국내조직은 해당 조직 정보를 대외로 유출하는 것을 꺼려 발표하지 않는 것일 수도 있다. 그러나 이보다는 그동안 소프트웨어 프로세스 개선 활동이 성과 중심의 개선 활동이 아니었다는 게 더 설득력이 있다. 혹자는 CMMI 성숙도 3단계 인증 취득과 같은 성과를 거뒀다고 말할 수도 있겠지만, 여기서 이야기하고자 하는 성과는 성숙도 단계 인증과 같은 포괄적인 성과보다는 구체적인 성과에 더 초점을 맞춘다.

■ 프로세스 내재화가 우선이다

필자가 그동안 소프트웨어 프로세스 개선 컨설팅과 심사 활동을 수행하면서 가장 중요하게 생각한 단어 중 하나가 'Insanity[3]'라는 단어이다. 과거에 많은 개발 프로젝트를 수행하면서 요구사항이나 납기, 비용을 충족하지 못했으면서도 새로운 프로젝트를 수행할 때마다 기존 활동에 대한 어떠한 보완이나 개선 작업 없이 이번 프로젝트는 성공적으로 끝날 거라고 기대하는 것을 말한다. 오늘날 많은 조직이 변화를 강조하지만, 이들 중 상당수는 기존 업무 수행 방식을 바꾸지 못해 결국 경쟁사회에서 도태하고 있다. 말로만 변화를 강조할 게 아니라 실제 행동으로 변화하는 조직만이 경쟁사회에서 살아남을 수

---

3 Insanity(어리석은 짓): 바보 같은 또는 어리석은 행동이라는 의미로 소프트웨어 프로세스 개선 활동에서는 이전에 잘못한 방법으로 동일하게 작업을 수행하면서 결과는 나아질 것이라고 막연히 기대하는 것을 빗대어 말함.

있다. 소프트웨어 프로세스 개선 활동도 마찬가지다. 말로만 프로세스를 개선하는 것이 아니라 실제로 프로세스를 개선하여 업무에 적용해야 한다.

모든 성과에는 반드시 그 이유가 존재한다. 성과 중심 소프트웨어 프로세스 개선 활동을 하기 위해서는 기본적으로 업무에 적용하는 프로세스를 개선해야 한다. 소프트웨어 프로세스 개선 활동을 추진하는 많은 조직에서 기존 프로세스를 보완하거나 신규 프로세스를 개발한다. 하지만 이 프로세스를 제대로 업무에 적용하지 못하다 보니 실제 업무에서는 변한 게 거의 없다. 업무가 실질적으로 변하지 않으니까 성과가 없는 것이다. CMMI에서 내재화를 강조하는 이유도 바로 이것 때문이라고 할 수 있다. 내재화를 통해 조직에서 실질적인 개선 활동이나 변화가 일어나고 이러한 변화가 해당 조직에 성과를 가져온다.

성과 중심적이라고 하면 대부분 사람은 측정 체계를 갖추고 측정 항목을 정의하고 측정 데이터를 수집하는 데 초점을 맞추지만 이런 활동은 내재화가 이뤄진 다음의 활동임을 명심해야 한다. 성과 중심이 되기 위해 제일 중요한 것은 업무 절차를 개선하고 개선한 업무 수행 방식에 따라 실질적으로 작업을 수행하는 것이다.

■ 작은 성공이 큰 성공을 부른다

성과 중심이 되기 위해서는 프로세스 내재화가 중요하다고 강조했지만, 이는 굉장히 힘든 작업이며 시간이 오래 걸린다. 조직 차원에서 내재화된 업무란 어떤 사람이 와서 그 업무를 수행하더라도 똑같은 방식으로 수행할 수 있도록 해당 조직의 모든 업무 프로세스, 시스템 그리고 인프라 등을 체계적으로 정립하고 있음을 의미한다. 그리고 이로 인해 특정 개인이 정해진 틀을 벗어나 자기 임의대로 업무를 처리할 수 없는 상태를 말한다. 소프트웨어 프로세스 개선 활동의 궁극적인 목표가 개선한 업무 프로세스 내재화에 있지만, 이를 위해 무한정 시간이 주어지는 것은 아니다. 조직에서 투자는 항상 이윤 창출을 전제로 하며 주어진 시간 내에 구체적인 성과를 보여야 하기 때문이다.

소프트웨어 프로세스 개선 활동을 시작한 조직은 일반적으로 처음 2~3년 정도는 개선 목표 달성을 위해 열심히 활동을 수행한다. 그러나 이 기간에 경영진이나 개발 조직에 구체적인 성과를 보여 주지 못하거나 프로세스 개선 활동에 대한 확신을 심어 주지 못한다면 더 이상 소프트웨어 프로세스 개선 활동을 유지해 나가기는 쉽지 않을 것이다.

경영진이나 개발자는 아주 이상적인 목표를 달성하기 위해 5년이나 10년 동안 노력하기보다는 당장 1년 뒤에 자신에게 직접적으로 도움을 줄 수 있는 조그마한 문제해결을 더 간절히 원하기 때문이다. 그렇다면 이러한 조직원의 요구를 어떻게 소프트웨어 프로세스 개선 활동에 접목할 수 있을까? 소프트웨어 프로세스 개선 활동을 추진하는 조직에서는 해당 조직의 전반적인 프로세스 개선 활동 로드맵 속에서 조직원이 작은 성공을 체험할 수 있도록 해야 한다. 이러한 작은 성공이 조직의 소프트웨어 프로세스 개선 활동을 계속 유지할 수 있도록 하여 궁극적으로 큰 성공을 가져다줄 수 있는 것이다. 아무리 좋은 도구라도 자신에게 도움이 되지 않는다면 사용하지 않는다는 것을 여러분은 경험으로써 이미 알고 있을 것이다.

■ 과거와 현재, 그리고 미래를 보여 줘야 한다

성과 중심 소프트웨어 프로세스 개선 활동을 위해 필요한 것은 측정 지표이다. 앞에서 언급한 프로세스 내재화나 작은 성공은 어떻게 보면 전략적인 측면이 더 강하다. 이러한 추진 전략의 성과를 정량적으로 보여 줄 필요가 있다. 그럼, 어떻게 해야 하는가? 한마디로 말하면 측정해야 한다. 그것도 과거와 현재와 미래를.

과거 데이터 분석을 통해 소프트웨어 프로세스 개선 목표를 설정하고 현재 데이터 수집을 통해 소프트웨어 프로세스 개선 활동을 모니터링하며 미래 데이터 예측을 통해 소프트웨어 프로세스 개선 활동을 조정해야 한다. 말로만 프로세스 내재화나 소프트웨어 프로세스 개선 활동 성과가 있었다고 이야기하는 것보다 직접 눈으로 볼 수 있고 손으로 만질 수 있는 것에 대해 사람은 더 신뢰하고 직접적인 행동으로 반응한다. 그래서 소프트웨어 프로세스 개선 활동을 추진하는 조직에서는 모든 활동 과정이나 결과를 정량적인 숫자로 나타내려고 노력해야 한다. 이러한 숫자는 소프트웨어 규모나 결함 수와 같은 구체적인 실측값일 수도 있지만, 그것이 힘들다면 순위나 단계와 같은 개념적인 숫자일 수도 있다. 중요한 것은 그 숫자를 통해 조직원이 숫자에 담긴 의미나 메시지를 머릿속에서 그릴 수 있고, 느낄 수 있으면 되는 것이다.

지금까지 국내 소프트웨어 프로세스 개선 활동 문제점에 대해 살펴보고 이에 대한 해결 방안으로 '사람 중심 소프트웨어 프로세스 개선'과 '성과 중심 소프트웨어 프로세스 개선' 활동을 제시했다. 물론 필자도 이러한 문제점이 하루아침에 바뀔 수 있다고 생각하지는 않지만, 국내 소프트웨어 프로세스 개선 활동을 좀 더 활성화하기 위해서는 꼭 필요한 활동임을 다시 한번 강조한다.

3. 프로세스 개선 활동 시, 명심해야 할 5가지

필자가 그동안 국내 70여 개 기업을 대상으로 CMMI 컨설팅과 공식 인증 심사를 수행하며 개선 활동을 순조롭게 잘 진행하는 조직과 그렇지 못한 조직의 차이를 파악해 봤다. 그리고 이를 통해 프로세스 개선 활동을 수행할 때, 꼭 명심했으면 하는 사항을 크게 5가지로 정리했다.

(1) 첫 번째, 개선 목표는 SMART하게 수립하라

CMMI를 도입하여 적용하는 국내 기업 중 다수는 '연내 CMMI 성숙도 3단계 인증 취득' 또는 '연내 CMMI 성숙도 3단계 인증을 통한 내부 생산성 향상과 대외 경쟁력 강화'와 같은 다소 두루뭉술한 형태의 프로세스 개선 목표를 수립한다. 인증 취득이 과연 어떤 의미가 있는 것인지 또는 인증을 받으면 자동으로 내부 생산성이 향상되고 대외 경쟁력이 강화되는 것인지 의문이다.

프로세스 개선 목표는 [그림 4—1]과 같이 명확Specific하고 측정 가능Measurable해야 하며 해당 기업에 있어 실제로 중요Relevant하면서도 정해진 기간Time—bound 내에 달성Attainable할 수 있도록 수립해야 한다.

S	pecific	명확한
M	easurable	측정 가능한
A	ttainable	달성할 수 있는
R	elevant	실제적으로 중요한
T	ime-bound	정해진 기간 내에

[그림 4—1] 프로세스 개선 목표 수립 요건

물론 CMMI의 특정 성숙도 단계에 대한 인증 취득이 이러한 'SMART' 요건에 맞는다고 할 수도 있겠으나, 목표란 개선 활동 방향성을 나타내기에 인증 취득을 목표로 하면 실질적인 개선 활동보다는 인증 취득 자체에 초점을 맞춘 활동으로 흐를 수가 있다. 따라서 '개발기간 10% 단축과 소프트웨어 결함률 10% 감소를 통한 CMMI 성숙도 3단계 인증 취득'과 같이 CMMI 인증 취득과 더불어 실제로 얻고자 하는 구체적인 목표를 수립하는 것이 좋다.

프로세스 개선을 담당하는 실무자 가운데 간혹 "우리 경영진은 CMMI 인증서만을 원한다!"라며 불만을 토로하는 경우가 있다. 만약 여러분이 경영자라면 어떻게 할 것인가? 어떤 경영자라도 제대로 된 개선 활동을 통해 인증서를 취득하는 것에 대해 반대하지는 않을 것이다. 다만 사업상 꼭 필요하니 개선 활동이 다소 미흡하더라도 인증서만은 꼭 취득하라는 의미일 것이다.

경영진 의지와 후원은 개선 활동을 수행하는 데 있어 그 어떤 제도적 뒷받침보다 중요하며 실효성이 있다. 그렇기에 만약 여러분의 경영자가 CMMI 인증을 요구하면 빨리 인증을 받겠노라 약속하라. 대신에 빨리 인증을 받기 위해서는 관련 인원의 적극적인 참여를 독려하고 필요한 교육 제공과 자동화 도구 도입과 같은 후원이 꼭 필요함을 언급하고 요청하라. 이것이 윈윈Win—Win이다.

(2) 두 번째, 빨리 가려면 혼자 가고 멀리 가려면 함께 가라

프로세스 개선 활동을 막 시작한 조직은 공통적인 현상이 있다. 프로세스 관련 표준이 있어야 한다고 조직원 모두가 얘기하는데 막상 표준을 만들자고 하면 바쁘니까 만들어 주면 쓰겠다고 방관한다. 그래서 소수 인원을 중심으로 전담반을 구성해 만들어 적용하라고 하면 "이건 아니다!"라고 한다. 그렇기에 조직 표준 프로세스를 정의할 때는 각 계층으로부터 가능한 많은 인원을 참여시켜야 한다. 의사결정을 하고 후원하는 경영진, 프로세스 개선 전담 조직, 프로세스를 정의하고 검토에 참여할 전문가 그룹 그리고 필요하다면 내, 외부 컨설턴트가 그들이다. 프로세스 개선 전담 조직은 정규 참여가 요구되며 그외의 인력도 최소한 자기 업무의 20% 이상을 투입하는 것이 바람직하다.

이때 이러한 인원을 중심으로 CMMI 기준 표준 프로세스를 정의하며 간과하지 말아야 할 것은 CMMI에서 제시하는 활동이 여러분 조직에 어떤 의미가 있고 왜 필요한지를 먼저 생각해 봐야 한다는 점이다. 그렇지 않으면 정말 필요한 프로세스는 정의하지 않고 단순히 CMMI 요건에 대응하기 위한 필요 이상의 방대한 프로세스를 정의할 것이고 결국은 사용하지 못하게 될 것이기 때문이다.

(3) 세 번째, 잘못된 표준도 우선은 따라라

R. H. 사이어Thayer는 표준을 강제로 지켰을 때 76%, 그렇지 않았을 때 60% 프로젝트가 성공했다고 말한다. 즉 다수 인원이 함께 작업을 수행할 때, 같은 방법을 따르는 것이 그만큼 중요하다는 의미이다. 따라서 일단 조직 표준 프로세스가 정해지면 적합 여부를 두고 왈가왈부하기 이전에 우선은 따르는 자세가 필요하다. 그리고 나서 불편한 부분을 개선해 나가는 것이 좋다. 반면 프로세스 개선 조직 입장에서는 조직원이 왜 프로세스를 잘 따르지 못하는지를 살펴보고 필요한 경우 프로세스를 재정의하거나 프로세스 관련 반복적인 교육을 하거나 프로세스를 업무에 적용할 때 적극적인 지원을 통해 초기 학습 기간에 겪는 불편함을 덜어 줄 필요가 있다.

표준 프로세스를 적용하며 이행을 제대로 하고 있는지를 파악하기 위해 주로 품질보증 활동을 수행한다. 그런데 프로젝트에서는 품질보증 활동을 부담스러워한다. 아니 부담스러워한다기보다는 싫어한다는 표현이 맞을 것이다. 프로젝트 관리자, 개발자 그리고 품질보증 담당자 간 관점 차이가 이러한 현상을 낳게 한다. 프로젝트 관리자는 주 관심사가 일정, 비용, 이슈와 고객관리이고, 개발자는 주 관심사가 납기, 결함 해결 그리고 이로 인한 야근이다. 반면, 품질보증 담당자는 주 관심사가 해당 프로젝트가 표준을 준수하고 있고 작업산출물은 적기에 제대로 작성하고 있는지이다. 이러다 보니 프로젝트 관리자나 개발자는 품질보증 활동이 프로젝트에 도움을 주기보다는 일거리만 만들어 내는 불필요한 활동으로 인식한다.

품질보증 활동은 '잘해야 본전'이라는 말이 있다. 제품 개발 프로젝트에서 품질 관련 이슈나 문제가 발생하면 품질보증 담당자가 제대로 하지 못해서 그런 것이고, 관련 이슈나 문제가 없으면 해당 프로젝트가 잘해서인 것처럼 여겨지곤 한다. 그만큼 품질보증 활동은 생색이 잘 나지 않는 업무이다. 그러다 보니 품질보증 업무를 수행하는 인력은 쉽게 본인 업무에 대해 회의를 느끼곤 한다. 그러나 "제품 개발 프로젝트에서 체계적인 품질보증 활동을 수행했을 때, 제품 품질과 비용 대비 효과 측면에서 이점이 점점 더 증가한다.”라는 배리 보엠Barry Boehm의 말처럼 품질보증 활동은 매우 중요하다. 따라서 품질보증 활동을 수행할 때 잘못한 점을 지적하는 쪽에만 초점을 맞추지 말고 프로젝트 수명주기 단계에 따라 초기에는 프로세스 코치 임무를 수행하고, 이후 프로세스를 모니터링하며 작업산출물을 감사하는 활동으로 옮겨 간다면 품질보증 활동에 대한 프로젝트팀의 거부감을 완화할 수 있을 것이다.

(4) 네 번째, 물은 섭씨 100도에서 끓는다

만화가 이원복 교수는 그의 저서《먼 나라 이웃 나라》우리나라 편에서 한국인을 세계에서 가장 과격하고 성급하고 맹렬하고 지독하며 명석하고 근면하다고 정의했다. 그리고 이러한 성격이 남에게 지기 싫어하는 문화를 만들어 냈다고 얘기하고 있다. 우리는 어려서부터 심할 정도로 경쟁 환경에서 살아왔다. 그러다 보니 남이 하면 나도 해야 하고, 그것도 더 잘해야 한다. 그런데 경쟁에서 살아남기 위해 초반에 너무 많은 힘을 쏟아붓는 탓일까, 아니면 남에게 보일 만큼 수준만 되면 더는 의미가 없기 때문일까, 어느 정도 목표에 도달하면 쉽게 느슨해진다. 즉, 진득하게 오래가는 끈기가 부족하다.

물은 100℃에서 끓는다. 99℃까지는 아무런 미동도 없다. 그러다 보니 기다리는 시간이 필요하다. 만약 우리가 물 끓는 시간을 기다리지 못하고 중간에서 가열을 멈춰 버린다면 물은 절대 끓지 않을 것이다. 프로세스 개선 활동 또한 그 성과를 얻기 위해서는 마치 물이 끓는 데에 일정 시간이 필요한 것과 같이 일정 기간이 필요하다. 그러다 보니 지루할 수 있고 결과에 대한 회의감이 들 수 있다. 그리고 이로 인해 결국은 중도에서 포기하게 만든다.

J. D. 우드슨Woodson의 조사에 따르면 “프로세스 개선 활동을 수행한 조직의 83%는 처음 3년 정도 개선에 대한 노력을 기울이다 결국 포기했는데, 이렇게 포기했던 조직의 57%는 일정 기간 경과 후 다시 개선 활동을 시작했다.”라고 한다.

물을 끓여야 하지만 끝까지 기다리지 못하고 중간에 불을 껐는데, 어쨌든 물은 끓여야 하기에 다시 불을 켠 것이다. 그러면 또다시 기다려야 한다. 따라서 이러한 시행착오를 범하지 않기 위해서는 프로세스 개선 활동을 수행하는 동안 변화 관리가 무엇보다도 중요하다. [표 4—2]는 변화 관리를 위한 ‘바람직하지 못한 방법’과 ‘바람직한 방법’의 예를 보여 준다.

[표 4—2] 변화 관리 방법

바람직하지 못한 방법	바람직한 방법
조직 프로세스에 대해 3일짜리 교육만 시행	조직 프로세스에 대해 지속해서 필요한 시점에 교육 시행
조직 프로세스 모델에 대해서만 오리엔테이션 실시	조직 프로세스 모델뿐만 아니라 변화 전략과 함께 오리엔테이션 실시
새로운 프로세스를 모든 프로젝트에 예외 없이 적용하도록 요구	주로 새로 시작하는 프로젝트에 대해 프로세스를 적용하도록 하며, 적절한 지원과 코칭 병행
보상 위주 전략	보상뿐만 아니라 교육과 지원 도구에도 신경을 씀
개선 혜택이 개발자 자신에게 돌아간다고 홍보	개선 효과 관련 측정 항목을 정하여 정확하게 모니터링하고 결과 공유를 약속

조직원은 변화에 저항하는 것이 아니다. 어떤 변화이든 불안정하고 개인적인 대가를 치러야 하는 것에 대해 저항하는 것이다. 그런데 이러한 현상은 변화 내용과 변화로 인해 본인이 어떠한 혜택을 받게 될 것인지를 잘 모르기 때문이다. 따라서 적절한 변화 관리 방법을 통해 조직원을 이해시키고 참여를 유도하는 것이 필요하다. 그러나 아무리 훌륭한 변화 관리 프로그램을 운영하더라도 조직원 모두를 동시에 변화시키기는 매우 어려우며 노력 또한 필요 이상으로 많이 들어간다.

제임스 무어James W. Moore는 [그림 4—2]와 같이 어느 조직이든 별도 노력을 많이 기울이지 않더라도 변화를 빠르게 받아들이는 이노베이터Innovator와 얼리 어댑터Early Adaptor 집단 그리고 진행 상황에 따라 변화를 수용하는 얼리 머조리티Early Majority 집단이 존재한다고 했다. 일반적으로 이 세 집단은 조직원의 약 50%를 차지하는데, 얼리 머조리티 집단이 변화할 때까지 지속적인 교육과 홍보를 하는 것이 바람직하다. 그러면 나머지 조직원은 자연스럽게 따라온다.

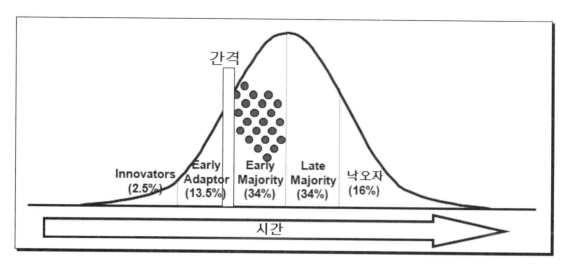

[그림 4—2] 변화 관리 대상

(5) 다섯 번째, CMMI 인증은 필요조건이지 충분조건은 아니다

CMMI 인증을 취득했다는 것은 해당 성숙도 단계가 요구하는 프로세스를 갖추고 활용할 수 있음을 나타내는 필요조건이지 해당 프로세스 역량을 충분히 발휘할 수 있다는 충분조건은 아니다. 따라서 지속해서 프로세스를 이행하고 개선하여 역량을 향상해야 한다.

역량을 빠르게 향상하는 데 효과적인 방법 하나는 프로젝트를 수행하며 얻은 모범 사례와 학습한 교훈을 활용하는 것이다. 여러분이 이미 가 봤던 맛집이나 좋은 여행지를 동료와 공유하듯이 프로젝트를 수행하며 경험했고 해결했던 방법을 공유한다면 여러분 동료는 더 쉽게 프로젝트를 수행할 수 있을 것이다. 지금 프로젝트를 수행하며 발생한 이슈는 향후 다른 프로젝트를 수행할 때 위험 요소가 될 수 있으므로 이를 공유하여 위험을 사전에 대비할 수 있다. 또한 지금 프로젝트를 수행하며 발견한 결함은 다른 프로젝트에서도 반복적으로 나타날 확률이 높으므로 이를 공유하여 결함을 미리 예방할 수 있다.

'學問 如逆水行舟 不進則退학문 여역수행주 부진즉퇴'라는 말이 있다. 풀이해보면 '학문은 마치 물을 거슬러 오르는 배와 같아 계속해서 앞으로 나아가지 않으면 뒤로 물러서게 된다.'라는 뜻이다. 프로세스 개선 활동도 이와 같아서 인증을 취득한 후 개선 활동을 소홀히 하면 달성한 수준을 유지하는 것이 아니라 오히려 떨어진다는 점을 명심해야 한다.

프로세스 개선 활동을 성공적으로 수행하기 위해서는 여러 가지 고려해야 할 사항이 많다. 그러나 무엇보다도 중요한 것은 조직원을 변화에 동참시키기 위한 동기 부여다. 사람은 무한한 잠재력이 있기에 동기를 부여하면 기대 이상 성과를 발휘한다.

프로세스 개선 활동을 수행하는 조직문화나 환경에 따라 조직원 동기를 부여하는 방법은 다를 것이다. 이 중 가장 대표적으로 일컬어지는 방법은 여러분도 잘 알고 있는 '당근과 채찍'이다.

먼저 '채찍에 의한 동기 부여' 방법은 변화에 대해 사람이 갖는 두려움보다 더 큰 두려움을 채찍으로 활용하는 방법이다. 보통 고위 경영자가 연초 신년사에서 흔히 사용하는 "변하지 않으면 여러분은 도태하고 말 것이다."라고 말하는 것과 유사하다고 생각하면 된다.

반면 '당근에 의한 동기 부여' 방법은 변화에 대해 적절하게 보상하는 것이다. 사람은 자신이 변화에 성공했다는 것을 증명하고, 조직은 거기에 합당한 보상을 하는 방법이다.

이 두 가지 동기 부여 방법은 변화를 관리하기 위해 대표적으로 사용하는 방법으로, 강압적이거나 비용이 들어가는 단점이 있지만 나름대로 효과는 분명히 있다. 이러한 변화 관리 방법을 조직 특성에 따라 병행하여 사용하면 된다. 다음 항목은 변화 관리 방법을 선택할 때 고려해야 하는 사항이다.

- 조직 규모
- 조직문화
- 예산
- 작업 유형
- 아이디어에 대한 조직원 반응 정도
- 조직원 유형
- 조직 내 정치적 요소
- 다른 활동과 일관성
- 다른 조직 내 이슈

프로세스 개선 활동도 일종의 변화 관리 활동으로 위에서 언급한 항목을 고려해야 한다. 만약 여러분 조직에서 프로세스 개선 활동을 제대로 수행하고 있지 않다면, 위의 항목에 대해 검토한 후 적절한 프로세스 개선 방법을 찾아야 한다. CMMI가 여러분 조직에 맞지 않을 수도 있기 때문이다.

모든 조직에 효과적으로 적용할 수 있는 프로세스 개선 방법은 없다. CMMI도 마찬가지이다. 무조건 CMMI를 따라 하기보다는 여러분 조직 특성을 반영하여 적절하게 조정해 사용하거나, 아예 CMMI가 아닌 다른 모델을 적용할 수도 있을 것이다.

그리고 프로세스 개선 활동을 처음 시작하는 조직에서 대체로 나타나는 가장 큰 장애물은 '우리 조직이나 프로젝트에는 아무런 문제가 없다.'라고 생각하는 사람이다. 이런 사람은 실제로 자신에게 아무 문제가 없다고 생각하고 있으며, 그래서 프로세스 개선 활동과 같은 어떠한 변화도 필요 없다고 생각한다. 그러나 이들은 보통 초기 프로세스 평가 결과를 본 후에는 생각이 달라질 수도 있다. 그들이 어떠한 변화도 필요 없다고 생각하는 것은 다른 조직에서 수행하는 더 나은 사례나 선진사례를 몰랐기 때문인 경우가 많기 때문이다.

만약 조직 대부분 사람이 변화 필요성에 대해 공감하고 있으며, 프로세스 개선 활동도 조직에서 필요한 변화의 일부분이라고 받아들여지고 있다면 대단히 고무적인 일이다. 여러분은 벌써 프로세스 개선 활동 절반은 성공한 셈이다.

이런 경우에는 사람이 변화에 대해 싫증을 낼 때마다 정기적으로 '충격 요법'을 사용하는 것만으로도 충분하다. 이러한 충격 요법은 그동안 있었던 변화에 대한 효과나 문제점일 수도 있으며, 미래에 대한 비전일 수도 있다. 여러분은 정기적인 프로세스 평가 활동을 통해 조직 문제점이나 향후 비전을 제시하기만 하면 된다. 왜냐하면 충격 요법은 사람에게 단지 변화에 대한 동기를 부여할 뿐이지, 변화를 위한 구체적인 방법까지 제시하지는 못하기 때문이다.

많은 연구에 따르면 오랜 시간 동안 변화를 지속할 수 있는 가장 좋은 방법은 강압적인 방법이 아니라, 자율적인 방법이라고 한다. 이제 여러분은 이러한 자율적인 변화를 유도하기 위해 새로운 보상 시스템을 만들 필요가 있다. 필자가 이야기하는 새로운 보상 시스템이란 매일 밤늦게까지 일하는 직원을 보상하는 것이 아니라, 적절한 시간 내에 자신이 맡은 임무를 올바르게 수행한 사람에 대해 보상하는 것을 말한다.

모든 사람이 이해할 수 있는 공정한 보상을 하는 것은 굉장히 어려운 일이다. 그래서 대부분 조직에서는 보상에 있어 굉장히 조심하는 경향이 있다. 잘못된 보상은 아예 보상하지 않는 것보다 못하기 때문이다. 그러나 너무 조심하다 보면 마땅히 받아야 할 사람이 못 받게 되는 문제도 있다.

조직에서 공정한 보상이 이루어지기 위해서는 다음과 같은 내용에 대해 다시 한번 더 고민해야 한다.

- 이 사람은 왜 늦게까지 남아서 일하고 있는가?
  — 이 사람이 무능한 걸까?
  — 다른 일을 추가로 맡는 것이 싫어서 일부러 일을 미룬 것은 아닐까?
  — 이 사람은 자신이 주목받는 것을 즐기고 있는 것은 아닐까?
- 자신이 작업 계획을 잘못 세운 것은 아닐까?
- 프로젝트에서 작업 계획을 잘못 세운 것은 아닐까?
- 이 업무에 적절하지 못한 사람을 배정한 것은 아닐까?

다시 한번 더 강조하지만, 여러분 조직에서는 프로젝트에서 구세주처럼 행동했다거나, 많은 밤을 새웠다고 해서 무조건 포상하는 우를 범해서는 안 된다. 보상을 하기 전에 보상 내용에 대해 조직 내 대부분 사람이 공감하는지 확인해야 한다.

그리고 프로세스 개선 활동을 처음 시작하는 조직에서 간과하기 쉬운 보상 중 하나는 개인이나 팀에게 제공하는 물질적인 보상이 아니라, 잠재적인 보상이다. 즉, 조직 내 프로세스 개선 활동을 통해 개인이나 팀 업무를 이전보다 더 쉬운 방법으로 더 효율적으로 수행할 수 있다면, 이것보다 더 큰 보상은 없을 것이다. 여러분은 프로세스 개선 활동에 따른 잠재적인 보상 효과를 계속해서 부각함으로써 더 많은 사람이 변화에 대한 두려움을 극복하고 프로세스 개선 활동에 적극적으로 동참할 수 있도록 해야 한다.

그러나 이러한 자율적인 방법만으로 조직 변화, 즉 프로세스 개선 활동을 활성화할 수 있다는 생각은 아주 순진한 생각일 수 있다. 만약 여러분 조직원이 항상 다른 사람을 배려하거나 다른 사람을 위해 헌신하는 사람으로만 구성되어 있다면, 자율적인 방법만으로도 프로세스 개선 활동을 성공적으로 수행할 수 있을 것이다. 그러나 이러한 생각은 이상이지 현실이 아니다. 조직은 강압적인 방법도 필요하다. 이러한 강압적인 방법은 프로세스 개선 활동을 주도하는 사람이나 조직에 의해서가 아니라, 조직의 고위 경영진에 의해 이루어져야 부작용을 줄일 수 있다. 그러나 무조건 강압적인 방법으로만 변화를 강요할 것이 아니라, 변화와 관련한 모든 영역에서 여러분 조직은 개방되어 있어야 한다.

예를 들어 프로세스를 제대로 이행하고 있지 않다면 다양한 사람으로부터 그 원인을 청취하고 분석해야 한다. 프로세스가 잘못되었다면 그 프로세스를 변경해야 하며, 프로세스를 이행하기 위한 무언가가 부족하다면 그것을 지원해 주어야 한다. 고위 경영진은 한편으로는 강압적인 방법으로 변화를 주장하고, 다른 한편으로는 변화를 위한 지원활동을 병행하는 것이 중요하다.

이를 위해 여러분은 조직원에게 변화에 대해 불평할 수 있는 기회를 제공해야 하며, 현장 목소리에 귀를 기울여야 한다. 단지 여러분이 들어주는 것만으로도 조직원은 프로세스 개선 활동에 참여하고 있다고 느낄 것이다.

모든 사람은 변화해야 한다. 심지어 고객이나 사용자까지도 변화해야 한다. 물론 변화는 고통스러운 것이다. 그러나 변하지 않으면 더 고통스러워서 사람은 변화하려고 하는 것이다. 프로세스 개선도 마찬가지이다. 여러분이 진정으로 프로세스 개선을 원하지 않는다면 이 책은 더 이상 필요 없다.

이제 여러분 앞에는 실제로 변화하는 일만 남아 있다.

토끼와 거북이 PM

사장실에서 나온 토끼는 뛸 듯이 기뻤습니다. 오랫동안의 개발자 역할에서 벗어나 드디어 프로젝트 관리자(PM)가 되었습니다. 언젠가는 주도적으로 프로젝트 관리를 하고 싶었는데, 그 순간이 마침내 온 것입니다. 위에서 지시한 대로 움직이고 개발하는 것이 정말 지긋지긋했거든요. 개발 업무에는 누구보다도 자신이 있었기 때문에 어떤 프로젝트를 하더라도 정말 잘할 자신이 있었습니다.

혼자만의 기쁨을 더 즐기기 위해, 프로젝트를 하다 PM에게 잔소리를 들으면 항상 가던 하늘 공원으로 갔습니다. 건물 옥상에 조성한 작은 하늘 공원은 약간의 잔디와 나무 의자가 있습니다. 오늘따라 잔디의 녹음이 더욱 진하고 아름답게 느껴졌습니다. 그런데 저쪽 편에 거북이가 걱정이 가득한 얼굴로 앉아 있는 게 아니겠어요. 아마 오늘도 PM에게 엄청나게 야단을 맞았나 봅니다. 입사 동기인 거북이는 내성적인 것 빼고는 배울 점이 정말 많은 친구입니다. 프로젝트를 진행할 때면 자신이 맡은 일에 대해서는 누구보다 열심히 하고 무엇보다도 감탄할 만한 건 자신이 수행한 활동을 반드시 기록하고 관련한 작업산출물을 다 작성한다는 겁니다. 옆에서 일하는 것을 보면 답답할 때도 많지만, 그렇게 챙길 거 다 챙겨 가면서 일을 해도 일정이 지연되는 일은 없었습니다. 참 신기하죠?

"야! 거북이 오랜만이네. 요즘도 바쁘냐?"

흥에 겨운 토끼의 목소리는 아직도 개발 업무만 하는 거북이에 대한 약간의 놀림이 묻어 있었습니다. 이런 토끼의 기분을 아는지 모르는지 거북이는 토끼를 한번 흘끗 보고는 무뚝뚝하게 안부를 물었습니다.

"응, 오랜만이다. 잘 지내냐?"

거북이는 뭔가 심각한 고민이 있는 것처럼 보였습니다. 하지만 토끼는 아랑곳하지 않고 자신의 기분만 생각하고는 거북이의 뒤통수를 살짝 치면서 거북이 옆에 앉았습니다.

"아침부터 왜 똥 씹은 표정이냐? 이렇게 맑고 좋은 날에. 이런 날은 없던 기운도 생기겠다."

날씨는 정말 좋았습니다. 몹시도 추웠던 겨울과 봄의 불청객 황사가 지나가고 싱그러운 녹음의 시작을 알리는 오월 햇살은 아침 공기의 상쾌함을 더욱 진하게 느끼게 했거든요. 멍한 듯 하늘을 쳐다보는 거북이의 모습은 아침의 평화로운 풍경과는 어울리지 않았습니다.

"뭔데, 그래? 걱정이 있으면 말해봐. 내가 도움이 될지도 모르잖아!"

"나, PM이 됐어."

거북이는 다시 한번 긴 한숨을 내쉬었습니다.

"뭐! 그럼 잘된 일이잖아. 근데 왜 이렇게 걱정이 가득해. 너 지금 너무 좋은데, 아닌 척 연기하는 거지?"

거북이에게 PM이 되었다고 자랑을 하려 했던 토끼는 은근히 실망하였습니다.

"PM이 뭐가 좋아? 책임질 일도 많고 챙겨야 할 것도 한두 개가 아니고. 시키는 일만 하는 게 골치도 덜 아프고 좋지."

"시키는 일만 하는 게 뭐가 좋아? 네가 하기 싫은 일 있으면, 다른 팀원 시키면 되지. 별걸 다 걱정하네. 어쨌거나 축하한다. 그리고 나도 이번에 PM이 됐어. 이참에 우리의 능력을 한껏 보여 주자고. 개발이라면 너나 나나 우리 회사에서는 최고잖아. 내가 조금 더 잘하기는 하지만, 히히."

토끼는 거북이를 챙겨 주는 척하며 자기를 자랑했습니다.

"프로젝트 관리는 개발이 전부가 아니잖아. 일정, 범위, 위험, 형상 등 관리할 게 얼마나 많은데, 그런 소리야. 그리고 이것뿐이야? 진척 사항과 작업산출물도 관리해야 하고."

거북이는 회사에서 하는 CMMI 개선 활동에 관심이 있었던 터라 프로젝트 관리와 관련한 프로세스를 설명했습니다.

"야! 그런 절차가 무슨 필요가 있어. 요구사항 받으면 바로 코딩하고 시험 끝내면 되지. 요즘 CMMI 한다고 관리 대상 작업산출물을 많이 만들라고 하기는 하지만, 그건 QA하고 적당히 이야기해서 프로젝트 끝날 때쯤 대충 만들면 되지."

토끼는 거침이 없었습니다. 토끼는 소프트웨어 개발 업무를 하면서 회사에서 만들라고 하는 작업산출물에 대해서 불만이 많았거든요. 실제로도 그런 유형의 작업산출물에 대한 필요성을 전혀 느끼지 못했기 때문이죠. 회사에서 작업산출물을 만들라고 충분한 시간을 주는 것도 아니었고요. 가만히 듣고 있던 거북이는 토끼에게 무슨 말을 해 줘야 할지 몰랐습니다. 거북이 또한 PM을 해 본 적이 없었고 단지 CMMI 교육과 컨설팅을 받으면서 프로세스대로 관리하면 좋을 것 같다는 막연한 기대만 있었기 때문입니다.

"네 말이 맞는 것 같기도 하지만 그래도 나는 이번 프로젝트에서는 프로세스에 따라서 한번 해 볼 생각인데, 그렇게 하면 프로젝트 일정이 너무 짧은 것 같기도 하고. 그래서 걱정이야."

"자식, 고지식하기는! 넌 다른 건 다 좋은데, 그게 문제야. 프로젝트는 일정 안에 개발만 잘 끝내면 돼. 결과만 좋으면 되는 거야. 과정이 아무리 좋아도 결과가 안 좋으면 무능하단 소리 듣는 거고. 너는 좀 더 세상을 배울 필요가 있어."

토끼는 거북이가 답답했습니다. 언제나 반듯한 생각에 반듯한 생활. 그것이 거북이의 장점이지만 경쟁이 심한 현대사회를 살아가는 데 별로 좋을 것 같지는 않았습니다.

"토끼야, QA 배정 요청했어? 테일러링은 할 거야?"

"아! 그게 있었지. 또 QA가 와서 이것저것 작업산출물 만들라고 하겠지. 자기도 잘 모르면서 시키기만 한다니까!"

개발 업무를 할 때 토끼는 항상 불만이었습니다. 개발만 하기도 바쁜데 자꾸 작업산출물을 이것저것 만들라고 하니, 토끼에게 QA는 참 귀찮은 존재였습니다. 특히 더키! 왕재수, 왕짜증이었어요.

"뭐 대충 이번 주 금요일쯤 보자고 하지 뭐."

"아무런 준비도 없이 QA를 만나면 어떡해! 프로젝트 범위와 일정, 소요 공수 정도는 어느 정도 추정을 해야 프로젝트에 적합한 프로세스를 정의하지!"

"아, 정말! 대충대충 좀 해라. QA 만나면 나는 우겨서 작업산출물 제일 적게 만드는 방법으로 테일러링 할 거야! 작업산출물 만드는 데 시간 쏟을 필요가 없잖아."

"그래도 그건 아닌 것 같은데."

거북이는 토끼가 걱정되었습니다. 토끼의 지나친 의욕과 근거 없는 자신감이 아무래도 나중에 큰 문제를 일으킬 것만 같았거든요.

"거북아, 네 프로젝트나 걱정하세요."

토끼는 거북이의 성인군자 같은 말에 기분도 상하고 좀 골려 주고 싶은 생각이 들었습니다.

"누가 더 프로젝트를 멋지게 잘 끝내나 우리 내기할까? 진 사람이 이긴 사람한테 찐하게 술 사는 것

어때?"

"무슨! 그런 것을 두고 내기를 해. 프로젝트가 잘 끝나면 좋은 거지."

"아니, 나는 하고 싶어. 사실 요즘 CMMI 개선 활동 때문에 개발 업무가 얼마나 힘든지 알아? 이번 참에 그런 프로세스가 쓸데없다는 걸 보여 주고 싶어."

"회사가 추진하는 건데 그렇게 말하면 안 되지. 개선 활동이 누구 괴롭히려고 하는 것은 아니잖아? 잘 되자고 하는 건데."

"내기할 거야 말 거야? 이번 기회에 어떤 게 조직에 좋은 건지 증명해 보자고. 좋은 방법을 조직에서 사용하도록 하는 것이 우리 선배가 후배를 위해 할 일이잖아."

토끼의 다소 억지 같으면서도 나름대로 논리 있는 설득에 거북이는 흔들렸습니다. 프로세스에 따라 일을 하는 것이 좋다는 생각은 들지만, 아직 해 보지 않아서 확신은 없었거든요. 그러면서 거북이는 회사에서 프로세스에 따라 프로젝트를 진행하라고 하는데, 토끼가 어떻게 프로세스를 지키지 않고 프로젝트를 진행할까 한편으로는 궁금하기도 했습니다.

"너 어떻게 프로젝트를 하려는 거야? 지금은 어쨌든 프로세스를 준수해야 하는데."

"다 생각이 있어. 걱정하지 마. 아무튼 너, 내기하는 거다?"

"어? 어!"

거북이는 마지못해 내기에 동의했지만, 토끼가 많이 걱정되었습니다. 이런 거북이의 마음을 아는지 모르는지 토끼는 언제나처럼 하얀 귀를 쫑긋 세우고는 가벼운 발걸음으로 깡충깡충 뛰어갔습니다. 토끼를 보내고 거북이도 사무실로 와서는 어떻게 프로젝트를 진행할 것인지 생각했습니다. 이번에는 자기가 PM이니까 프로세스대로 한번 해 보고 싶었거든요. 그동안 많은 교육과 공부를 통해 프로세스의 중요성을 깊이 깨닫고 있었기 때문이었죠. 사실 작업산출물은 작업이나 활동을 하면 자연스럽게 만들어지는 것이고, 다른 사람과 생각을 공유하기 위해서도 꼭 필요한 것이지요. 그렇지만 프로젝트를 수행하면서 개발팀에 적정한 자원, 즉 인력이나 시간이 충분히 제공되지 않다 보니, 개발자는 납기를 맞추려고 요구사항의 분석과 협의, 설계 등을 할 시간적 여유가 없는 겁니다. 게다가 요구사항의 변경까지 더해지면 개발자는 어쩔 수 없이 개발에만 집중할 수밖에 없지요. 고객과의 충분한 검토와 협의가 없는 상태에서 다음 단계로의 진행은 소프트웨어 결함의 존재 가능성을 증가시키기 때문에, 거북이는 프로젝트에서 필요한 인력 자원에 대한 정확한 산정이 필요했습니다. 하지만 아직은 회사가 프로세스 개선 활동 초기라서 산정을 위한 데이터가 많이 수집되어 있지 않았습니다. 그러다 보니 프로젝트 수행을 위해 필요한 인력과 비용에 대한 산정을 정확히 하기가 어려웠던 거죠. 한참을 고민하던 거북이는 컨설턴트를 만나 방법을 물어보기로 했습니다. 지난번 교육 이후 궁금한 것이 있을 때마다 자주 연락하고 가끔 커피도 같이 마시면서 그간 아주 친해졌거든요.

"안녕하세요, 컨설턴트님? 거북이에요. 통화 괜찮으세요?"

"아, 거북님! 안녕하세요? 요즘 바쁘신가 봐요? 연락도 뜸하고…. 아니면 프로세스 공부를 소홀히 하시는 건가요? 하하하."

늘 유쾌한 컨설턴트는 오늘도 가벼운 농담으로 거북이와의 전화 통화를 시작했습니다. 거북이는 컨설턴트의 이런 모습이 좋았습니다. 누군가에게 질문을 한다는 게, 마음 편한 일이 아니라는 걸 누구보다 잘 아는 컨설턴트는 상대가 부담을 갖지 않도록 항상 배려했거든요. 덕분에 거북이도 편한 마음으로 질문을 할 수 있었고, 많은 걸 배울 수 있었습니다.

"저, PM 됐어요."

"와! 정말 축하해요. 그동안 배운 걸 이제는 현장에서 직접 해 볼 수 있겠네요."

컨설턴트는 마치 자기 일인 것처럼 축하해 주었습니다. 셋째 돼지 회사의 프로젝트를 진행하면서 거북이만큼 열심히 프로세스를 배우려고 한 직원도 없었거든요. 컨설턴트는 이번 프로세스 개선 작업에서 훌륭한 모범 사례가 만들어질 것 같다는 예감이 들었습니다.

"그런데 문제가 있습니다. 제가 프로젝트 수행을 위한 산정 작업을 하려는데, 어떻게 해야 할지 잘 모르겠어요. 물론 프로세스대로 하면 될 것 같기는 한데, 프로세스에 정의하고 있는 활동과 작업이 교육 때는 이해가 됐는데 실제 하려니 잘 몰라서요."

거북이의 빨갛게 달아오른 얼굴이 목소리만으로도 컨설턴트에게 비추어지고 있는 것만 같았습니다. 거북이는 나름대로 공부도 많이 했고 남보다 많이 안다고 생각했는데, 직접 해 보려니 아무것도 할 수 없었습니다. 그래서 배운 건, 그때그때 해 보지 않으면 아무 의미가 없는 것 같습니다. 머리로는 이 세상 여러 가지 지식을 쉽게 이해하고 내 것인 양 떠벌릴 수 있지만, 경험과 그 속에서 부딪히는 현실적인 고민이 없다면 이는 마치 약장수가 약의 효능도 모르고 만병통치약이라고 떠드는 것과 다르지 않으니까요. 배웠으면 행동으로 옮겨 봐야 합니다. 실패할까 두려워할 필요도 없습니다. 경험이란 실패든 성공이든 내일을 도전할 수 있게 하는 본인만의 지식이니까요.

"이래서 절차서가 필요한 거예요. 테일러링 언제 하기로 했나요? 제가 더키 QA하고 협의해서 거북님 프로젝트 프로세스 테일러링할 때 함께 참석하겠습니다."

"정말이요? 그렇게 해 주신다니 정말 고맙습니다."

거북이는 컨설턴트의 제안에 깜짝 놀랐습니다. 답답한 마음에 몇 가지 질문이나 하려고 전화했는데 생각지도 않게 직접 방문해 준다고 해서 정말 다행이라는 생각이 들었습니다.

"저희랑 만나기 전까지 프로젝트 계획 수립 절차서 한 번 더 읽어 보시고, 프로젝트 정보는 미리 이메일로 보내 주세요. 프로젝트 기간, 참여 공수, 프로젝트 범위, 사용하고 싶은 방법론 등 프로젝트 특성을 파악할 수 있는 정보도 미리 알려 주시고요."

거북이의 목소리에서 거북이가 무엇을 원하는지 다 알고 있다는 듯 컨설턴트는 거북이가 준비해야 할 일을 알려 주었습니다. 신중함과 경험이 묻어나는 컨설턴트의 말에 거북이는 한여름 답답한 더위가 소나기에 씻겨 내려가는 듯한 느낌이 들었습니다.

"예 알겠습니다. 또 필요한 것 있으세요?"

"테일러링 날짜 검토해서 알려 주세요. 가능한 날짜 알려 주시면 더키 QA하고 협의해서 회신 드릴게요."

토끼는 프로젝트 범위를 점검했습니다. 제안요청서와 제안서 내용을 보니 개발 물량이 그리 많은 것 같지는 않아 안심했지만, 회사의 테일러링 기준에 따르면 만들어야 할 작업산출물은 무척 많은 것 같았습니다.

'소프트웨어 개발은 별로 없는데, 작성해야 할 작업산출물은 왜 이렇게 많아? 프로세스를 개선한다는 핑계로 아무것도 모르면서 작업산출물만 잔뜩 정의해 놓았네. 수행 계획서, 산정 모델, 프로젝트 상태 보고서, 위험과 이슈 관리 대장, 요구사항 관리 대장….'

토끼는 머리에 쥐가 났습니다. 예전에는 이런 작업산출물을 만들지 않고도 프로젝트를 제때 다 끝냈거든요. 그런데 토끼가 잊고 있는 것이 있었습니다. 프로젝트는 비록 제때 검수를 받았지만, 이후에 개발자가 얼마나 많은 재작업을 했었는지를.

'어떡하지! 이렇게 많은 작업산출물을 만들면서 개발을 진행할 수는 없는데, 일단 품질팀 동기에게 부탁을 해서 작업산출물 개수를 좀 줄여야겠다.'

토끼는 초년 개발자 시절부터 작업산출물 작성하는 게 너무 싫었습니다. 지금도 보고서를 쓰려면 진땀을 빼곤 하거든요. 자기 생각을 작성하는 것이라지만 보고서와 작업산출물은 토끼에게는 커다란 짐입니다. 하지만 소스 코드는 달라요. 논리적인 흐름에 따라 작성된 소스 코드가 에러 없이 작동하는 걸 볼 때 느끼는 희열은 경험해 보지 않고는 알 수 없을 겁니다. 그리고 해결이 어려운 오류나 풀리지 않는 로직을 해결했을 때도 마찬가지입니다. 사실 그 맛에 개발하는 건데, 품질 담당자는 허구한 날 와서는 만들기 싫은 작업산출물을 만들라고 하니 토끼는 QA가 너무 싫었습니다. 프로젝트를 진행하기 위해서 토끼가 이런저런 생각을 하고 있을 때, 팀장 호출이 왔습니다. 토끼는 하던 일을 멈추고 팀장에게 갔는데, 이게 웬일이래요. 회의실에는 팀장과 함께 거북이와 QA인 더키가 함께 있었습니다.

"어서 오게. 다들 모이라고 한 것은 다름이 아니라, 사장님의 특별 지시가 있었어. 토끼와 거북이가 진행하는 프로젝트를 특별히 잘 관리하라고 하시네. 우리가 진행하는 프로세스 개선 활동에 모범 사례를 만들 수 있도록 말이야. 그래서 두 프로젝트의 QA를 더키로 정했네. 우리 회사에서 QA 하면 당연 더키지."

토끼는 하늘이 노래짐을 느꼈습니다. 하필이면 우리 회사에서 가장 깐깐하기로 소문난 더키라니. 정말 꼼짝없이 프로세스를 지키고 작업산출물을 만들어야만 하게 생겼습니다.

"자! 그럼 서로 인사하고 앞으로의 일을 잘 협의해 보라고."

팀장은 토끼와 거북이의 어깨를 차례로 가볍게 두드리고는 자리를 떠났습니다.

"어느 분 먼저 테일러링과 오리엔테이션을 진행하실 건가요?"

더키는 두 PM의 얼굴을 번갈아 보며 눈길을 마주쳤습니다. 거북이가 먼저 말을 꺼냈습니다.

"저는 아직 제안서 검토가 안 끝나서 프로젝트 범위를 확정하지 못했습니다. 한 2~3일 정도면 될 것 같은데 괜찮을까요?"

"그렇게 하시죠. 테일러링하려면 먼저 프로젝트 범위에 대한 검토가 끝나야 하니까요. 토끼 PM은 어떠신가요?"

토끼는 가슴이 덜컥 내려앉았습니다. 제안서를 보고 프로젝트 범위에 대한 검토를 대충 끝냈지만, 파악한 대로 하면 만들어야 할 작업산출물이 한두 개가 아닐 것 같았거든요. 그래서 토끼는 생각했습니다. 더키가 프로젝트 범위를 검토하기 전에 테일러링을 미리 진행하기로.

"저는 언제라도 괜찮습니다. 당장 오늘도 좋아요."

"그러시면, 저도 프로젝트를 미리 검토해 봐야 하니 모레 토끼 PM 프로젝트 먼저 테일러링을 진행하시죠."

"좋습니다."

"거북이 PM은 프로젝트 범위 검토가 끝나면 알려 주세요."

더키는 주저함이 없었습니다. 이미 여러 차례 프로젝트 QA를 해서인지 프로세스가 완전히 몸에 배어 있는 것 같았습니다. 회의를 마친 토끼는 개발 책임자에게 기능점수에 따라 프로젝트 규모를 산정하라고 시켰습니다. 테일러링을 진행하려면 필요한 작업산출물이기 때문이었죠. 이틀이 정말 빨리 지나갔습니다. 프로젝트팀 구성하고, 착수 보고 준비하고 토끼의 시간은 자신의 달리기 속도보다 몇 배는 빠른 것 같았습니다.

'똑. 똑. 똑.'

"들어오세요."

"안녕하세요? 토끼님!"

더키였습니다.

"아, 깜박 잊고 있었네요. 오늘 테일러링하기로 했죠. 프로젝트 초기라서 정신이 없네요. 커피? 녹차?"

"녹차 주세요."

더키는 다 이해할 수 있다는 표정으로 미소를 지었습니다.

"프로젝트가 원래 그렇죠, 뭐."

"개발 책임자님! 프로젝트 규모 산정서 좀 가지고 오세요."

토끼의 요청에 개발 책임자는 규모 산정 내용을 토끼와 더키에게 건넸습니다.

"개발 규모가 좀 크네요. 프로젝트 관리를 잘하셔야 할 것 같은데요."

디키는 규모 산정 명세서를 꼼꼼히 점검하기 시작했습니다. 규모 산정 명세서의 앞뒤 내용을 비교해 가면서 검토했습니다. 검토가 끝나자 더키는 토끼와 개발 책임자를 번갈아 봤습니다. 조바심이 난 토끼가 먼저 말을 꺼냈습니다.

"이번 프로젝트가 규모에 비해서 일정이 좀 짧은 것 같습니다. 프로세스대로 작업산출물을 다 만들다가는 프로젝트 일정을 맞추기 어려울 것 같으니, 작업산출물을 좀 덜 만드는 쪽으로 테일러링했으면 합니다."

"토끼님 생각은 저하고 다른 것 같네요. 제 생각에는 일정이나 규모 면에서 까다로운 프로젝트이기에 더욱 꼼꼼하게 관리해야 할 것 같은데요."

"당연히 꼼꼼하게 관리하죠. 작성하는 작업산출물만 좀 줄이자는 거죠."

토끼는 발끈했습니다.

"토끼님! 프로세스에 대해 오해가 있으신 것 같은데, 현재 구축된 회사의 표준 프로세스는 작업산출물만을 만들자고 있는 것이 아니에요. 작업산출물은 프로세스대로 활동과 작업을 수행하면 결과로써 자연스럽게 작성되는 것입니다. 지금 우리는 어떤 작업산출물을 만들지를 정하는 게 아니라 어떤 활동과 작업을 할 것인지를 정하는 겁니다."

더키의 말이 옳았기에 토끼는 말문이 막혔습니다. 그렇다고 이대로 물러나선 안 될 것 같았습니다.

"물론 이론적으로는 그렇지요. 하지만 현실을 좀 고려해 주세요. 테일러링 명세서에 적힌 작업산출물을 보세요. 이것만 만들어도 공수가 엄청나게 들어갑니다. 그러면 우리 프로젝트팀은 개발할 시간이 더 없어져요."

토끼의 이야기를 가만히 듣고 있던 더키는 잠시 생각을 하더니, 토끼에게 테일러링 명세서를 내밀었습니다.

"제가 생각하기에는 최소한 이 정도 활동은 하셔야 할 것 같은데, 토끼님 생각은 어떠신가요?"

테일러링 명세서를 본 토끼는 기분 같아서는 문서를 확 찢어 버리고 싶었습니다.

"제 생각에는 관리 활동이 단계마다 너무 많은 것 같습니다. QA 활동도 설계 이후와 시험 이후, 각 한 번씩 두 번이면 충분할 것 같은데요. 위험관리도 제가 알아서 하겠습니다."

"프로젝트 규모와 난이도로 볼 때, 그렇게 하면 관리가 잘 안될 것 같은데요?"

더키도 물러서지 않고 말했습니다.

"이 프로젝트의 PM은 접니다. 제가 책임진다니까요."

토끼의 신경질적인 반응에 더키는 할 말을 잊었습니다. 물론 이런 경우가 전에도 있었지만 그건 어디까지나 회사의 표준 프로세스가 정비되기 전의 일이었기 때문입니다. 지금은 회사의 표준 프로세스가 내재화 단계에 있고 모든 개발 부서가 따르겠다고 합의한 상태인지라 토끼의 태도가 이해되지 않았습니다. 더키는 더 이상 협의가 불가능하다고 생각했습니다.

"토끼님 너무 흥분하지 마시고, 조금 더 생각해 보세요. 저도 저희 팀장님과 협의해 보도록 하겠습니다. 오늘은 여기까지만 하고 다음에 다시 일정을 잡아서 만나도록 하시죠?"

"좋습니다. 그렇게 하죠. 다시 한번 말씀드리지만, 프로젝트에서 가장 중요한 건 개발을 빨리 끝내는 겁니다. 소프트웨어 개발이라는 것이 설계한 대로 되나요? 요구사항 나오면 그때그때 맞춰서 바꿔 줘야 하는데, 그때마다 작업산출물까지 바꿔야 하면 프로젝트 진행 못 합니다. 적당히 테일러링 해 주시면 나중에 일괄적으로 작업산출물을 등록하겠습니다."

토끼는 선심 쓰듯 말했지만 더키는 작업산출물을 나중에 몰아서 만든다는 토끼의 생각에 어이가 없었습니다. 물론 토끼의 입장을 전혀 이해 못 하는 건 아닙니다. 지금까지의 관행을 보면 나중에 작업산출물을 만드는 경우도 많았거든요. 하지만 그런 잘못된 관행을 바꾸고자 회사의 프로세스를 정비했는데 예전과 같이 하겠다고 하니, 역시 습관을 바꾸는 건 어려운 일인가 봅니다. 더키와 회의를 끝낸 토끼는 바로 품질팀장에게 전화했습니다.

"팀장님 안녕하세요? 저 토끼입니다."

"아, 토끼! 오랜만이네. 오늘 더키와 테일러링은 잘 끝냈나?"

"말도 마세요. 어찌나 깐깐하던지. 더키한테 적당히 좀 하라고 말씀해 주세요."

"더키가 없는 프로세스를 따르라고 하지는 않았을 텐데…."

품질팀장의 말에 토끼는 더 약이 올랐지만, 그래도 회사 상사이기에 꾹 참고는 약간 애교 섞인 목소리로 부탁을 했습니다.

"팀장님도 개발을 해 보셨잖아요. 다 아시면서. 적당히 좀 하게 해 주세요."

"내가 사정을 모르는 건 아니지만, 그래도 회사에 지켜야 할 프로세스가 있는데…. 어쨌든 내가 더키하고 이야기해 보고 결과를 알려 주겠네."

"잘 부탁드립니다."

토끼는 공손하게 이야기하고 전화를 끊었지만, 분은 풀리지 않았습니다.

'아는 사람이 더한다니까.'

품질팀장이 전화를 끊고 얼마 지나지 않아 더키가 사무실로 들어왔습니다. 더키 역시 얼굴이 침울해 보였습니다. 그런 더키를 보고 팀장이 먼저 말을 건넸습니다.

"내가 방금 토끼하고 통화했네. 예상은 했지만, 토끼 녀석 좀 심한 것 같더군."

더키는 팀장의 말이 무슨 뜻인지 이해가 되지 않았습니다.

"무엇을 예상하셨는데요?"

"자네도 알고 있겠지만 지금 프로세스 개선 활동에 대해서 개발자의 불만이 이만저만이 아니야. 뭔가 특별한 조치가 필요한데 방법이 없어 사장님께 사실대로 고민을 말씀드렸더니, 재미있는 제안을 하시더군."

더키는 가뜩이나 튀어나온 입을 더욱 쭉 내밀며 팀장에게 가까이 다가갔습니다.

"무슨 제안을요?"

"자네도 참 눈치가 없군. 거북이 프로젝트와 토끼 프로젝트, 검토 제대로 한 것 맞아?"

"검토는 했어요. 두 프로젝트가 기간, 범위, 난이도 면에서 좀 비슷하고 둘 다 내부 프로젝트잖아요."

"흠, 검토는 제대로 했군. 사장님이 내 고민을 들으시더니 프로젝트가 만약에 실패하더라도 회사에는 크게 영향을 주지 않으면서 프로세스 적용 효과를 검증할 수 있는 프로젝트를 수배해 보라고 하셨지. 그리고 PM도 취지에 맞게 선택해 보라고 지시하셨지."

더키는 이제야 퍼즐 맞추듯 모든 것이 이해되었습니다. 사실 토끼나 거북이 둘 다 PM을 하기에는 조금 이르다 싶었고, 비슷한 내용의 프로젝트에 성격이 다른 PM이 배정된 것 등. 더키는 고개를 끄덕였습니다.

"좀 더 두고 보자고."

"그럼 처음부터 제게 그렇게 말씀해 주시지 그러셨어요? 미리 말씀해 주셨으면 토끼하고 얼굴 붉히지 않아도 됐을 텐데."

"토끼가 어떻게 나오는지 보려고 했던 거지. 다음 테일러링 협의 때는 적당히 양보하도록 해."

더키는 새삼 사장님이 존경스러워졌습니다. 회사가 손해 볼 줄 뻔히 알면서도 이런 모험을 한다니, 프로세스 개선에 대한 사장님의 의지가 대단하다는 것을 느꼈습니다.

토끼하고 약속한 날짜가 되어 더키는 다시 토끼를 방문했습니다. 토끼는 더키가 말을 꺼내기도 전에 테일러링 명세서를 내밀면서 그대로 하자고 했습니다. 테일러링 명세서에는 모든 활동을 거의 안 하는 것으로 하고 그 이유가 빼곡히 적혀 있었습니다.

"아니! 이렇게 활동을 안 한다고 하면 어떻게 해요? 이래서 프로젝트를 제대로 관리할 수 있겠어요?"

"활동을 안 하겠다는 것이 아니에요. 작업산출물을 안 만들겠다는 거지. 프로젝트 하면서 위험관리, 일정 관리 이런 것은 말 안 해도 자연히 하게 돼요. 위험관리만 해도 그래요. 위험을 예측하는 활동이 뭐 필요해요. 이슈가 터지면 상황에 맞게 처리하면 되지. 더키님도 개발을 좀 더 해 봐야 하는데, 너무 일찍 품질팀으로 간 건 아닌가 하는 걱정이 되네요."

더키는 자기 경력을 은근히 비웃는 듯한 토끼에게 화가 났지만, 꾹 참았습니다. 팀장님의 지시도 있었고 해서 웃으며 대답했습니다.

"알겠습니다. 토끼님은 개발이나 프로젝트 경험이 많으니, 잘하시겠지요. 프로젝트 상황이 어렵다고 하니 어쩔 수 없네요. 그럼 요청하신 대로 테일러링을 하도록 하겠습니다. 하지만 하겠다고 약속하신 것은 꼭 해 주세요."

"그렇게만 해 준다면 저야 고맙죠. 여기 표시한 것은 제가 무슨 일이 있어도 하도록 하겠습니다. 오늘 저녁에 우리 프로젝트팀 회식이 있는데, 오셔서 소주나 한잔 같이하시죠?"

토끼는 더키의 말에 큰 짐을 벗어 버린 것 같아 저녁 회식에 참석해 줄 것을 제안했습니다. 하지만 더키는 왠지 찜찜한 느낌을 떨쳐 버릴 수가 없어서 토끼의 제안이 내키지 않았습니다.

"어떡하죠. 오늘 저녁에 아들하고 영화를 보러 가기로 해서. 죄송합니다. 하지만 토끼님이 한 번 사주신 걸로 하고 다음에 제가 토끼님께 대접하도록 하겠습니다."

더키는 정중히 토끼의 제안을 거절하고 회의실을 나왔습니다. 토끼는 더키가 나가고 나서 개발 책임자와 개발자를 소집했습니다.

"테일러링을 모두 완료했습니다. 제가 QA와 잘 협의해서 불필요한 작업산출물은 작성하지 않아도 되도록 했으니까, 여러분은 개발에만 집중하면 됩니다. 프로젝트는 관리보다 개발을 얼마나 빨리 끝내느냐가 성공을 좌우합니다. 괜히 설계다 뭐다, 한담시고 꾸물거리지 말고 요구사항 나오면 바로 개발하도록 하세요. 설계는 코딩하면서 진행해도 되니까."

토끼는 일장 연설을 하고는 개발을 독려했습니다. 이런 토끼의 프로젝트 운영 방식은 과연 어떤 결과를 초래하게 될까요? 사실 개발이나 코딩이 프로젝트에서 중요하다는 건 이견의 여지가 없습니다. 하지만 프로젝트 성공의 중요한 요소 중의 하나는 개발 계획을 얼마나 잘 수립하느냐에 달려 있습니다. 개발 계획을 잘 세우려면 WBSWork Breakdown Structure(작업분류구조)를 잘 만들어야 하는데, WBS에 포함하는 입력물 자료는 바로 프로젝트 범위와 테일러링 명세서입니다. 많은 회사가 경험을 바탕으로 프로젝트 관리 활동에 대한 테일러링과 개발 방법론의 테일러링 명세를 정의하는 것도 이러한 이유 때문입니다. 토끼는 이런 과정을 무시하고 개발에만 집중하겠다고 합니다. 결국 프로젝트에 대한 자원 할당이나 진척 관리가 제대로 될 수 없겠지요. 아마도 토끼는 프로젝트 계획서를 단순히 보고를 위한 문서로만 생각하는 것 같습니다. 하지만 이건 대단히 잘못된 생각입니다. 프로젝트 계획서는 프로젝트 수명 주기 동안에 PM이 지속해서 점검해야 하는 가장 기본적인 문서입니다. PM은 계획서를 보며 필요에 따라 계획을 조정하고, 계획을 조정하면 그에 따른 위험관리와 형상 관리 등 관련한 활동 또한 조정해야 합니다. 또한 조정한 계획에 대해서는 프로젝트팀원과 공유해야 하고요. 이런 중요한 활동임에도 불구하고 토끼는 테일러링을 형식적으로 진행했습니다. 앞으로 토끼가 진행하는 프로젝트가 어떻게 될지 무척 걱정됩니다.

컨설턴트와 더키 QA의 도움으로 거북이의 프로젝트 프로세스 테일러링과 품질 오리엔테이션은 무사히 끝났습니다. 그리고 거북이도 프로세스 테일러링 결과를 토대로 WBS와 수행 계획서를 작성하고 프로젝트를 진행하였습니다. 거북이는 수행 계획서에 정의한 주요 관리 지표인 진척도, 참여 공수, 요구사항 변경, 위험 처리 내용 등을 관리하면서 프로젝트를 진행했습니다. 그러자 개발자에게서 불만이 터져 나오기 시작했습니다.

"우리 PM은 쓸데없는 걸 너무 많이 관리하는 거 아냐?"

"그러게, 주간 업무 보고할 때면 정말 죽을 맛이라고. 진척율 계산해야지, 작업별 업무 시간 실적 내야지…."

"게다가 위험관리는 또 어떻고? 이슈가 터지면 그때 관리하면 되는데, 발생하지도 않은 문제를 관리하느라 시간을 허비하고 있으니 정말 어이가 없다니까!"

거북이 프로젝트의 개발자들이 휴게실에 모여서 거북이 뒷담화를 하고 있었습니다. 때마침 토끼 프로젝트의 개발자가 휴게실로 들어오며 인사를 했습니다.

"오랜만이네. 잘 지내냐? 요즘 듣기로 너희 PM 완전 장난 아니라며? 프로세스에 정의한 내용을 꼬박꼬박 지킨다고 하던데, 그 많은 활동과 작업산출물을 어떻게 수행하고 만들면서 프로젝트를 진행하나?"

토끼 프로젝트의 개발자는 거북이 프로젝트의 개발자가 불쌍하다는 듯 쳐다보며 말했습니다.

"야, 말도 마라. 안 그래도 내가 개발자인지, 문서 제조기인지 알 수가 없다."

한 개발자가 한숨을 푹 쉬며 이야기하자 옆에 있던 다른 개발자가 말을 이었습니다.

"이건 시작에 불과해. 저번 주간 회의에서 PM이 이번 설계 끝나면 동료검토를 하자더라고."

"엥! 그건 뭐래?"

토끼 프로젝트의 개발자는 처음 듣는다는 듯 눈을 동그랗게 뜨고 물었습니다.

"너, 프로세스 교육할 때 잠잤냐?"

거북이 프로젝트의 개발자가 핀잔을 주며 말했습니다. 사실은 거북이 프로젝트의 개발자도 프로세스 교육 내용은 다 잊어버렸지만, 이번 품질 오리엔테이션 할 때 한 번 더 듣고 나니 무슨 활동인지 이해가 되었거든요. 우리가 프로세스 개선 활동하면서 교육의 중요성을 강조하기는 하지만 프로세스 교육은 단기에 효과를 보기는 참 어렵습니다. 조직원에게는 생소한 용어나 활동이 많이 있을 수 있기 때문입니다. 따라서 프로세스 교육은 반복적으로 이뤄져야 하죠. 그렇다고 매달 교육을 할 수는 없으니 가장 효과적인 방법은 프로젝트 초반 품질 오리엔테이션을 할 때, QA나 프로세스 담당자가 교육하는 것입니다. 프로젝트 착수 때마다 프로세스 교육을 시행하면 프로젝트를 수행하면서 반복적으로 프로세스 교육을 받게 되고 점차 프로세스를 이해할 수 있게 되겠죠. 거북이 프로젝트 개발자도 아마 오리엔테이션의 효과가 있는 것 같습니다. 정작 자신은 느끼지 못하겠지만요.

"들은 기억은 나는데, 정확히 뭘 말하는 건진 모르겠어."

"중요한 작업산출물에 대해서 동료 상호 간 검토를 통해 설계에 결함이 있는지 사전에 점검하는 거 몰라? 방법은 인스펙션, 워크스루, 뭐 그런 것이 있잖아."

"와! 대단한걸. 너 엄청나게 똑똑해졌다."

토끼 프로젝트의 개발자는 자신이 모르는 용어에 대해 술술 말하는 거북이 프로젝트의 개발자가 신기했습니다. 이렇듯 반복적인 교육의 효과는 중요하답니다.

"암튼, 그게 어쨌다는 거야?"

"동료검토를 하면 결함이 발견되는 것은 뻔한 일이고, 그러면 문서 수정해야 하고 그럼 개발은 도대체 언제 진행하겠다는 건지 도대체 이해가 안 되네."

"너희 아직 개발, 안 들어갔어?"

토끼 프로젝트 개발자는 깜짝 놀랐습니다. 토끼 프로젝트는 요구사항이 나오는 대로 분석하고 설계 문서 없이 바로 개발에 들어갔거든요.

"야, 말도 마라. 우리는 설계 문서 다 만들고 요구사항 추적표로 요구사항부터 시험까지 연관관계를 모두 파악했다니까. 내가 그거 만드느라고 며칠 밤샌 걸 생각하면 정말!"

거북이는 요구사항을 받아서 설계 문서를 만들고 설계한 내용을 기반으로 시험 시나리오까지 모두 파악할 수 있도록 요구사항 추적표도 만들었습니다. 그래서 결함이 발생하거나 요구사항이 변경되면 연관관계를 한눈에 파악할 수 있게 되었습니다.

"어쨌든 고생이 많겠다. 토끼는 막무가내로 밀어붙여서 피곤하기는 하지만, 거북이에 비하면 엄청 좋은 PM이네. 토끼 말대로라면 이번 프로젝트는 일정을 앞당길 수 있을 것 같다고 하더라고. 이번 프로젝트 끝나면 지금까지 못 갔던 휴가나 가야겠다."

토끼 프로젝트의 개발자는 거북이 프로젝트 개발자를 놀리듯 이야기하며 휴게실을 빠져나갔습니다. 휴게실에 남은 거북이 프로젝트의 개발자는 담배에 다시 불을 붙였습니다. 긴 한숨과 함께 허공에 흩뿌려지는 연기가 휴게실을 답답하게 가득 메우고 있었습니다.

"아니, 왜 개발 책임자는 실적 차이가 나는 것에 대한 이슈 보고와 시정조치 계획을 구체화하지 않는 거죠?"

거북이는 프로젝트 상태 보고서에 실적에 대한 숫자만 기재되어 있고 계획과 비교해 차이가 나는 원인이 무엇인지, 그리고 어떻게 대처할 것인지에 대한 방안이 적혀 있지 않은 것을 지적했습니다.

"작업산출물에 대한 변경이 있었는데도 형상 상태 보고가 제때 이뤄지지 않은 이유가 무엇인가요?"

거북이는 형상 관리자에게 프로젝트 작업산출물과 관련 데이터가 제대로 일치하지 않는 이유를 물었습니다.

"프로젝트의 위험, 데이터 관리, 고객과 담당자 간의 회의 결과, 진척 보고, 모든 게 다 형식적으로 이뤄지고 있어요. 관리는 실질적이고 구체적으로 이뤄져야지 작업산출물에 빈칸만 채운다고 프로젝트가 관리되는 건 아닙니다. 프로젝트 초기부터 강조했던 사항인데, 왜 지켜지지 않는 거죠?"

거북이는 답답했습니다. 프로세스에 따라 일을 해 나가고 싶은데, 개발자는 개발만을 중요하게 생각하고 관리적인 활동은 모두 자기 일이 아니라고 생각하는 것 같았습니다. 개발자가 힘든 걸 알기에 지금까지는 참아왔지만, 더 이상 봐주다가 막상 개발에 들어가면 정말 큰일이겠다 싶었습니다. 아마도 더 이상 프로세스에 따른 활동을 하지 못할 것 같아, 지금까지 참아 왔던 것을 하나하나 지적했습니다. 거북이의 말 한마디 한마디는 딱따구리의 뾰족한 부리가 되어 개발자의 한쪽 머리끝을 반복적으로 빠르게 찍어 치고 있었습니다. 거북이의 말이 계속되는 동안 희끗희끗한 머리카락을 세월의 훈장처럼 과시하며 도수 높은 돋보기로 삐딱하게 세상을 바라볼 것만 같은 한 선임 침팬지의 입술이 조금씩 실룩거리기 시작했습니다. 물론 모든 눈이 거북이를 향하고 있어서 그의 미세한 움직임을 눈치챈 개발자는 없었습니다. 불행과 안 좋은 사건은 이렇듯 모두가 예상하지 못하는 상황에서 발생하나 봅니다.

"이봐, 거북이! 당신 프로젝트 처음이야? 아니면 PM 됐다고 유세하는 거야?"

순간 회의실에 있던 모두는 얼음이 되었습니다. 선임 개발자인 침팬지의 공격은 거북이의 모든 주도권을 산산이 부숴 버릴 것만 같았습니다.

"누가 프로세스대로 하면 좋은 줄 모르냐고. 하지만 현실을 고려해야지. 날짜는 자꾸만 지나가는데 개발은 언제 할 거야?"

개발자는 자신이 하고 싶은 말을 대신해 주는 선임 개발자의 말이 고마웠고, 한편으로는 거북이가 공격받는 것이 고소하기까지 했습니다.

"지금 제가 잘못하고 있다고 지적하시는 건가요? 지금까지 프로젝트에 대한 적절한 통제 없이 개발만 진행하다가 얼마나 많이 재작업을 했는지 모르지는 않겠지요. 저는 프로세스에 따라 프로젝트를 진행하는 것이 필요하다고 생각합니다. 익숙하지 않은 활동으로 힘들다는 것은 잘 알고 있습니다. 하지만 이 과정을 거치지 않으면 우리 회사는 발전할 수 없습니다."

거북이는 차분히 논리적으로 대응했습니다.

"그건 우리도 알고 있다고. 하지만 왜 우리가 앞장서서 그 힘든 일을 먼저 해야 하지? 그렇게 한다고 연봉이 오르는 것도 아니잖아! 우리를 그만 힘들게 하고 개발이나 하자고. 작업산출물은 프로젝트 끝날 무렵에 몰아서 만들면 되잖아?"

선임 개발자는 물러서지 않았습니다.

"변화에 적응하셔야 합니다. 언젠가 겪을 일이라면 지금 능동적으로 동참해 주세요!"

"능동적인 참여, 좋아하네. 이 모든 게 윗사람에게 잘 보이려는 거 아냐? 사장님이 프로세스 개선에 관심을 가지니까 개발자가 힘든지도 모르고 억지로 하려는 거잖아. 생고생은 우리가 하고, 성과는 자네가 챙기고. 우린 재주만 부리는 곰이 아니야!"

선임 개발자는 회의 탁자 위에 놓여 있는 업무수첩에 볼펜을 집어 던지며 자리에서 일어났습니다. 그리고 그가 일어나는 힘으로 인해 앉아 있었던 의자는 팽팽한 활시위가 활을 쏜살같이 과녁에 꽂듯 벽에 부딪혔습니다. 선임 개발자는 일어나서 거북이를 다시 한번 쏘아보고 회의실 문을 세차게 닫고 떠났습니다. 거북이가 비록 후배지만 그래도 프로젝트를 책임지고 있는 PM인데, 선임 개발자의 이런 무례한 행동에 다른 개발자는 거북이가 어떤 반응을 보일지 궁금해졌습니다. 선임 개발자가 나간 문을 잠시 바라보던 거북이는 차분하게 다시 회의를 진행했습니다.

"계속하겠습니다. 제가 나중에 침팬지님께는 따로 말씀드리죠."

회의를 마친 거북이는 옥상에 있는 하늘 정원으로 향했습니다. 침팬지는 담배 연기를 길게 내뿜으며 하늘로 고개를 향하고 있었습니다. 거북이는 침팬지가 있는 벤치 의자 한쪽에 앉았습니다.

"선배님! 힘드시죠?"

침팬지는 아무 말 없이 여전히 멍하게 하늘만 바라보았습니다.

"제가 많이 잘못하고 있는 건가요? 저는 이번 프로젝트에 꼭 성공하고 싶어요. 동화 나라의 모든 프로젝트가 납기를 준수하고 성공한다고는 하지만 검수받은 후 재작업 때문에 많은 개발자가 힘들어합니다. 이번 프로젝트만큼은 그렇게 되지 않았으면 합니다. 선배님이 좀 도와주세요."

침팬지는 피우던 담배를 털어서 불씨를 날려 버리고는 자리에서 일어나면서 거북이를 내려 보았습니다.

"그런 일이 어디 하루, 이틀이야? 이 바닥에서 어쩔 수 없는 거지. 갑은 비용을 줄이려고 하고, 회사는 적은 인력으로 많은 일을 하려고 하고, 프로세스대로 일하면 소프트웨어 품질이 좋아질 거로 생각해? 웃기는 소리 하지 마. 개발자에게 잠잘 시간을 더 주고 쉴 수 있도록 하면 소프트웨어 품질은 지금보다 훨씬 좋아질 수 있어. 프로세스대로 일한다고? CMMI 인증받고 나면 어차피 예전처럼 하게 되어 있어. 프로세스대로 작업산출물 다 만들어 가면서 일하고, 품질 조직까지 운영하면 지금보다 더 큰 비용이 들어갈 텐데, 회사에서 그런 걸 계속 유지할 거로 생각해? 거북이, 너 너무 순진한 것 아니야?"

침팬지의 싸늘한 비웃음이 거북이 귀에 큰 종소리처럼 울려 퍼졌습니다. 거북이는 뭐라 할 말이 없었습니다. 둘째 돼지 회사도 CMMI 한다고 떠들썩하게 해 놓고는 인증을 받자마자 품질 조직을 해체해 버렸거든요.

"혼자 애쓰지 말라고. 네가 아무리 노력한다고 해도 세상은 바뀌지 않아. 지금 너와 나, 우리에게 가장 좋은 방법은 하루빨리 이 지긋지긋한 IT 바닥을 떠나는 거야. 다 잊어버리고 내일부터는 개발이나 하자고. 작업산출물은 내가 책임지고 프로젝트 완료 전까지 만들어 놓을 테니까 걱정하지 말고."

침팬지는 거북이의 어깨를 토닥이고는 프로젝트실로 향했습니다. 거북이는 PM으로서 흔들리기 시작했습니다. 무엇이 옳은 일인지 확신이 서지 않았습니다. 프로세스 개선을 하면 소프트웨어 품질도 좋아지고 합리적으로 일을 할 수 있으리라 생각했습니다. 하지만 많은 개발자가 작업산출물을 만드는 것 때문에 힘들어하고 이해하지도 못하는 용어에 익숙해지느라 이전에 프로젝트를 수행했을 때보다 몇 배는 힘들어하는 것 같았습니다. 침팬지를 설득하러 왔다가 거북이의 머리는 오히려 더욱 복잡해지고 있었습니다. 거북이는 일어서서 출구를 향해 달렸습니다.

"안녕하세요, 컨설턴트님?"

거북이는 컨설턴트가 있는 회의실 문을 열며 조심스럽게 컨설턴트를 불렀습니다.

"아, 거북이님. 어서 오세요."

"시간 괜찮으세요? 여쭤볼 것이 있는데…."

"네, 괜찮습니다."

"CMMI를 적용하면 정말 효과가 있을까요? 막상 프로젝트에 프로세스를 적용해 보니까 개발자가 너무 힘들어해요."

거북이는 답답한 마음에 본론부터 말하기 시작했습니다.

"처음 프로세스를 적용할 때는 누구나 다 힘들어하죠. 익숙하지 않으니까요."

컨설턴트는 당연하다는 듯이 말을 했습니다.

"그렇게 간단한 문제가 아니에요."

거북이는 컨설턴트의 무심한 대답에 조금 짜증이 났습니다.

"지금 개발자가 프로젝트를 못 하겠다고 난리예요. 토끼 프로젝트는 개발을 거의 끝내고 조금 있으면 시험에 들어간다고 합니다. 프로세스를 지키면서 일하는 것보다 개발 먼저 하고 문제 생기면 고쳐 주고 그게 더 좋은 방법 아닌가요?"

거북이는 지금까지 힘들었던 모든 걸 컨설턴트에게 쏟아붓듯 말했습니다.

"정말 그렇게 생각하세요? 진정하시고 이제 제가 이야기를 해도 되겠죠? 저는 거북이님의 상황이 어떤지 잘 알고 있습니다. 사장님께서 거북이님과 토끼님에게 PM 역할을 부여하면서 제게 부탁한 일이 있어요. 두 개 프로젝트의 실제 비용과 일정이 얼마나 될 것인지 산정한 내용의 검토를 요청하셨죠. 저는 두 프로젝트의 개발 범위와 WBS를 검토하고는 두 프로젝트 모두 일정이 잘못 산정되었다고 판단했습니다. 근거는 두 프로젝트 모두 참여 공수 계획에 개발 공수만 포함하고 관리 공수는 반영하지 않았더군요. 요구사항 분석과 시험 일정도 개발에 비해 터무니없이 짧게 잡았고요. 아마도 납기 일자와 비용이 정해져 있다 보니, 거꾸로 WBS와 비용견적을 맞추셨겠죠. 아무튼 두 프로젝트 모두 납기를 맞추기는 어려울 것 같았고, 만약에 납기를 준수하려고 한다면 아마도 일정을 맞추기 위해 시험을 제대로 못 할 가능성이 크다고 생각합니다."

컨설턴트는 이미 프로젝트가 어떻게 진행될 것인지 알고 있었습니다. 어쩌면 이때쯤 거북이가 찾아올 것이라 예상했을지도 모릅니다.

"그럼 어떡하면 좋죠?"

거북이는 컨설턴트의 말에 금방이라도 울어 버릴 것만 같았습니다. 처음 PM을 맡은 프로젝트의 납기를 준수하지 못한다고 생각하니 아득하기만 했습니다.

"지금이라도 이슈를 보고해서 정식으로 일정을 조정하든가, 아니면 프로젝트의 범위를 조정하세요. 계획 단계의 산정 내용과 분석 단계의 산정 내용 그리고 설계 단계의 산정 내용을 비교해 보세요. 개발 요건을 상세화할수록 개발 범위가 늘어나지 않던가요? 이를 근거로 실제 프로젝트를 완료할 수 있는 날짜를 계산해 보시고 경영진에게 이슈로 보고하세요."

"하지만 사장님이나 임원이 가만히 있을까요? 프로젝트를 어떻게 관리한 거냐고 엄청나게 야단치실 것 같은데요."

"거북이님, 이럴 때 보면 참 순진하신 것 같아요. 이미 사장님은 모든 걸 알고 계시죠. 제가 이미 얘기했잖아요. 사장님은 두 PM이 어떻게 대처하는지 예의 주시하고 계세요. 그 결과에 따라 이번 프로세스 개선 프로젝트의 방향도 바뀔 수 있고요. 제가 거북이님이라면 미리 보고하고 이슈를 해결하기 위한 지원을 요청하겠어요."

거북이는 컨설턴트 말을 들으며, 지금은 어쩔 수 없다고 생각했습니다.

"알겠습니다. 지금까지의 프로젝트 수행 데이터를 점검해서 정식으로 이슈를 보고하겠습니다."

"잘 생각하셨어요. 행운을 빌어요."

거북이는 회의실을 나오며 개발 책임자에게 전화로 몇 가지 지시를 하고 팀원을 모두 회의실에 모이도록 했습니다. 갑작스러운 PM의 회의 소집에 개발자는 무슨 일인가 싶었지만, 아무도 이유를 알지는 못했습니다.

"갑자기 회의를 소집해서 미안합니다. 제가 지금까지의 프로젝트 일정과 몇 가지 이슈를 점검해 본 결과를 여러분에게 설명하려고 합니다."

거북이의 말이 끝나자 개발 책임자는 빔프로젝터를 켰습니다.

"지금 화면에서 보시는 것처럼 우리 프로젝트의 진척은 초기 계획보다 15% 정도 지연되고 있습니다. 원인은 여러 가지가 있겠지만, 가장 큰 원인은 여러분이 프로젝트 초반에 제출하신 개발 범위와 산정이 잘못된 것입니다. 처음부터 프로젝트 범위에 따른 공수 산정과 이로 인한 일정계획이 잘못된 것이죠.

따라서 정식으로 경영진에게 이슈를 보고하고 일정 조정과 함께 납기 일자를 변경하려고 합니다."

거북이의 말에 개발자는 놀라면서도 한편으로 터져 나오는 웃음을 참을 수 없었습니다. 그동안 공수와 비용, 일정이 터무니없이 부족하게 산정된 프로젝트가 한두 개가 아니었는데, 인제 와서 이슈를 보고하면 무엇이 달라진단 말인지 개발자는 거북이의 행동을 이해할 수 없었습니다.

"PM님 이슈를 보고한다고 위에서 납기 일자를 조정해 줄까요? 오히려 납기 맞추라고 야근하고 주말에도 출근하라고 할 텐데, 괜히 긁어 부스럼 만들지 말고 개발이나 빨리하죠?"

"무슨 말씀을 하시는지 저도 압니다. 하지만 이슈 보고는 하겠습니다. 만약에 개발 범위나 일정이 조정되지 않으면, 지금부터는 작업산출물이고 뭐고 다 집어치우고 개발에만 집중하겠습니다."

거북이의 단호함에 개발자의 얼굴은 밝아졌습니다. 어차피 어떤 조정도 되지 않을 테니, 이제부터는 작업산출물은 안 만들고 개발에만 집중할 수 있겠다고 생각했습니다. 어쩌면 이참에 깐깐한 거북이 PM도 교체될 수 있겠죠.

사장님과 임원의 무거운 분위기에 거북이는 답답했습니다. 아무 말도 하지 않고 앉아 있는 컨설턴트에게 구원의 눈빛을 보냈지만, 컨설턴트는 그저 이 상황을 관망하는 듯했습니다. 한 임원이 먼저 말을 꺼냈습니다.

"자료는 제법 잘 정리되었어. 그런데 인제 와서 어떻게 하자는 거지? 납기 일정을 조정해 달라고? 아무리 내부 프로젝트지만 PM 입에서 그렇게 쉽게 납기 일정을 조정해 달라는 말이 나오나? 혹시 거북이 자네…."

임원은 말끝을 흐리는 듯하더니, 말을 계속 이어 갔습니다.

"PM 임무를 수행하기에 아직 무리인 것 아닌가? 토끼는 비슷한 프로젝트를 진행하면서도 개발 일정보다 오히려 앞서 나가고 있는데."

거북이는 할 말이 없었습니다. 이미 다른 개발자로부터 토끼 프로젝트의 진행 상황은 듣고 있었기 때문입니다.

"저도 잘 압니다. 변명으로 들리실지 모르겠지만, 프로젝트는 개발만 하는 것이 아닙니다. 회사의 표준 프로세스에 따라 관리해야 하고, 측정 데이터도 수집해야 하고, 지금까지 우리 회사는 그런 활동 없이 개발만을 진행하다가 납품 후에 많은 재작업을 해야 했고, 개발자는 다른 프로젝트를 하면서 유지보수 업무까지 병행해야만 했습니다. 이 때문에 회사의 이미지 또한 안 좋아졌던 때도 있었습니다."

거북이의 말을 듣고 있던 임원은 새파랗게 젊은 PM의 반론에 어이가 없었습니다.

"자네 말은 토끼 프로젝트도 결국 품질이 안 좋을 것이라는 이야기를 하는 것 같은데, 자기 잘못을 정당화하려는 태도가 맘에 안 드는군."

거북이는 당황했습니다.

"저의 말뜻은 그게 아닙니다. 다만 우리 회사가 지속해서 성장해 나가기 위해서는 지금부터라도 프로세스에 따라 일을 해야 하고, 이번 기회를 계기로 프로젝트 수행에 필요한 적절한 산정을 하자는 의미입니다."

"정말 말이 안 통하는 친구군. 사장님! 지금이라도 PM을 교체하는 것이 좋을 것 같습니다. 지금까지 우리 회사에서 프로젝트를 진행하면서 이런 가당치 않은 이야기를 한 친구는 거북이밖에 없었습니다."

임원은 화가 몹시 난 듯 보였습니다. 이 상황을 계속 지켜보던 사장의 눈길이 컨설턴트 쪽으로 향했습니다.

"컨설턴트님! 어떻게 생각하세요?"

컨설턴트는 잠시 생각을 하는 듯 허공을 보다가 다시 거북이에게 눈길을 주었습니다.

"얼마 정도 기간이 더 필요한가요?"

컨설턴트의 짧은 물음은 회의실의 분위기를 반전시켰습니다. 거북이가 대답하기도 전에 사장님의 다른 질문이 이어졌습니다.

"그 말씀은 일정 조정이 필요하다는 의미인가요?"

"예전에도 말씀드린 것처럼 거북이님 프로젝트의 일정이 부족한 것 같습니다. 보고가 조금 늦은 감은 있지만, 지금이라도 납기 일정을 조정하는 것이 좋겠습니다."

"하지만 같은 규모의 토끼 프로젝트는 일정대로 진행하고 있는데, 거북이 PM 프로젝트만 일정을 조정하는 것은 형평성에 어긋나는 것 같은데요?"

사장님은 일정 조정에 대한 다른 문제를 지적했습니다.

"그건 좀 더 지켜보셔야 할 것 같습니다. 우선 한 가지 문제에 집중하시죠. 이슈가 접수된 건에 대해서 먼저 처리하고 후속 조치는 그다음에 고민해도 될 것 같습니다. 비슷한 규모의 프로젝트에서 차이가 발생했다면 그 원인에 대해 따로 분석해서 보고드리겠습니다."

"거북이 PM, 일단은 자네의 의견을 받아들이겠네. 자네가 요청한 대로 40일 정도 납기 일정을 늦추도록 하지. 이번이 마지막이야. 더 이상 일정 조정은 없네."

사장님의 말씀은 단호했습니다. 사장님의 결정에 다른 임원은 고개를 갸우뚱하면서도 더 이상의 이견은 없었습니다. 회의 결과는 빠르게 회사 내에 퍼졌습니다. 거북이 프로젝트의 팀원은 어떻게 그런 결정이 이뤄졌는지 모르겠지만, 어쨌거나 앞으로 거북이의 관리가 강화될 것 같아 마냥 기쁘지만은 않았습니다. 가장 놀란 건 토끼 프로젝트팀원이었습니다.

"이게 말이 돼. 비슷한 프로젝트를 하면서 누구는 일정을 늘려 주고, 이건 너무 불공평하잖아. 일정 맞추려고 밤새워서 개발한 우리는 뭐가 되는 거야?"

"그러게! 거북이 PM 프로젝트는 맨날 문서만 만들고 있다던데. 사장님은 이해할 수가 없어."

회의실에서 오가는 이야기를 가만히 듣고 있던 토끼가 팀원에게 이야기했습니다.

"남의 집 이야기에는 신경 쓰지 말고, 우리 일이나 잘하자고. 프로젝트 제때 끝나면 거북이 PM이 일정 조정한 만큼 내가 휴가를 얻어 줄 테니까 조금만 참고."

토끼도 내심 불만이 가득했지만 더 이상 팀원이 하는 이야기를 내버려 두면 사기가 떨어질 것 같아 이야기를 멈추게 했습니다. 하지만 토끼의 마음속에는 알 수 없는 불안감이 싹트기 시작했습니다. 거북이가 회의에서 이야기했던 재작업이라는 말이 자꾸 머릿속에서 맴돌았기 때문입니다. 개발에만 집중하느라 설계 문서나 다른 관리 문서는 프로젝트 종료 시점에 한꺼번에 만들려고 하고 있었거든요. 그동안 요구사항도 몇 번의 변경이 있었지만, 처음에만 관리했고 이후에는 구두로 들어오는 변경 사항은 개발자가 알아서 프로그램에 반영했습니다. 이런 사실을 뻔히 알고 있었지만, 일정을 맞추려고 신경을 쓰지 않았습니다. 다음 주까지 시험 시나리오 만들어서 시험팀에 전달해야 하는데, 프로그램 명세가 제대로 작성되어 있지 않아 개발한 기능 하나하나를 점검하면서 만들어야 했기에 시간이 매우 부족했습니다. 개발자에게는 개발한 기능을 정리해서 시험 시나리오 만들라고 말은 해 놓았지만, 결함을 귀신같이 찾아내는 시험팀이 뭐라고 트집을 잡을지 걱정되었습니다.

'걱정할 게 뭐야. 결함 나오면 그때 수정하면 되지. 개발 한두 번 해 본 것도 아니고, 소스 코드 몇 줄

바꾸는 건 일도 아니지. 걱정할 것 없어.'

토끼는 불안한 마음을 애써 진정시키며 컴퓨터 모니터를 보았습니다.

토끼는 시험 시나리오를 시험팀에 전달하기 전에 최종적으로 개발 현황을 점검하기 시작했습니다. 지금까지는 주간 보고서에 개발자가 보고한 진척율을 그대로 믿고 상위 관리자에게 보고했습니다. 하지만 시험팀에서 시험을 할 때는 모든 기능에 대해서 시험을 진행하기에 개발 물량에 누락이 있으면 허위 보고를 한 것이 됩니다. 그래서 시험팀에 시험 시나리오를 전달하기 전에는 개발하기로 한 기능을 모두 개발하였는지를 검증해야만 했습니다. 그런데 토끼 프로젝트는 요구사항 관리 대장이나 설계 문서를 제대로 작성하지 않아 개발한 범위가 모호했습니다. 토끼는 할 수 없이 개발한 소스 코드 기반으로 거꾸로 프로그램 목록을 만들었습니다. 만들어진 프로그램 목록에 화면 설계서와 요구사항을 끼워 맞춘 거지요. 대충 문서 간 틀과 내용을 맞춘 후에 시험 시나리오를 만들려고 하는데, 토끼가 구두로 받아서 메모해 두었던 변경된 요구사항을 프로그램에 반영하지 않은 걸 발견했습니다.

"이봐, 여우. 내가 저번에 요구사항 변경된 내용 전달했는데, 왜 반영이 되지 않았지?"

여우는 쭈뼛이 고개를 들면서 토끼를 쳐다보았습니다.

"언제 말씀하신 거요?"

토끼는 요구사항 변경이 들어올 때마다 메신저로 개발자에게 지시하곤 해서 여우는 언제 이야기한 걸 말하는 건지 궁금했습니다.

"지난번에 설계 회의 끝나고 나서 이야기했던 거 기억 안 나? 내가 메신저로 이야기했잖아."

"설계 회의 끝나고 말씀하신 거 다 반영했는데요."

"무슨 소리야. 반영되지 않았는데. 이리 와 봐."

토끼는 급한 마음에 여우를 자기 책상으로 불렀습니다. 그리고는 화면의 기능을 보면서 여우에게 물었습니다.

"이것 좀 보라고. 여기 조회 기능에서 월 단위 조회만 아니라 전체적인 조회도 가능하게 하라고 했잖아!"

화면을 바라보던 여우는 깜짝 놀랐습니다. 토끼가 지시하기는 했는데, 데이터베이스 응답시간이 너무 느려져서 고민하다가 다른 요구사항 변경이 있어서 나중에 한다고 밀어 놓았던 것입니다. 그리고는 그만 까맣게 잊고 있었던 거죠.

"아…. 제가 깜박했습니다."

토끼는 어이가 없었습니다. 주간 보고서에는 반영했다고 했었는데, 인제 와서 안 되었다고 하면 어쩌란 말인지.

"너, 다 했다고 했잖아?"

"깜박했어요. 어려운 거 아니니까 금방 반영하겠습니다."

"야! 정신 좀 차려라. 다음 주면 시험할 건데. 빨리 해."

토끼는 개발 중에 가끔 있는 일이라 여우에게 크게 뭐라고 하지는 않았습니다. 구현이 어려운 것도 아닌데 괜히 개발자 기분을 상하게 하고 싶지는 않았거든요. 토끼는 구현된 기능을 이틀 꼬박 점검하고는 빠진 기능을 빨리 보완하도록 지시했습니다. 개발자는 밤을 새워서 개발을 완료했습니다. 시험 시나리오를 전달하기 전날 토끼는 구현해야 할 기능이 다 완료된 것을 확인하고는 개발자를 불러 모았습니다.

"그동안 개발하느라 수고 많았어요. 시험팀에 전달할 시나리오도 다 만들어졌고 기능도 다 구현이 되었으니 이제 시험만 잘 끝나면 프로젝트는 종료될 겁니다. 시험할 때 결함이 일부 발견되기는 하겠지만 그건 그 즉시 보완하면 되고, 지금까지 미뤄 뒀던 작업산출물 만드는 일을 진행하세요. 작업산출물 제대로 안 만들어지면 품질팀에서 또 지적할 테니까요."

토끼는 프로젝트가 곧 끝난다고 생각하니 조금 흥분이 되었고, 무엇보다도 경쟁자인 거북이를 이긴 것을 생각하면 더욱 기분이 좋았습니다. 거북이한테 술도 얻어먹고 잘난 척도 하고.

'아이, 좋아라!'

시험 시나리오를 시험팀에 전달하고 하루가 지나지 않아, 토끼는 시험팀의 문어 팀장에게 연락받았습니다.

"토끼 PM, 시험 시나리오 최종본 제출한 것 맞아? 시험 시나리오에 들어가야 할 내용이 왜 이렇게 빈약해!"

토끼는 시험팀장이 무슨 말을 하는 건지 알 수가 없었습니다. 기능별로 입력값과 기댓값을 모두 적었고, 토끼도 시나리오에 따라 한번 시험을 진행했기에 문어 팀장이 괜한 트집을 잡는 거란 생각이 들었습니다.

"무슨 말씀이세요. 기능별로 자세하게 시나리오를 작성했는데…."

"이봐, 토끼 PM. 지금 나하고 장난하자는 거야?"

문어 팀장은 발끈했습니다.

"시험 시나리오에 정상적인 상황만 적으면 어떻게 해? 부적합한 값이 들어오거나 시스템 오류가 발생했을 때 어떻게 처리되어야 하는지도 자세하게 적어 놔야 시험담당자가 꼼꼼하게 시험을 할 수 있지! 자네는 우리 회사 시험 시나리오 샘플도 참조 안 했어?"

이건 무슨 뚱딴지같은 소리인지, 토끼는 전화를 받으면서 눈만 깜박거렸습니다.

"오류 사항을 왜 시험해요? 사용자가 바보예요? 시스템에 엉뚱한 값을 넣게…."

"자네 개발 하루 이틀 해 봤어? 사용자는 우리가 전혀 상상하지도 못한 일을 한다고. 그런 상황에 시스템이 대비하지 않으면 전혀 예상하지 못했던 장애가 발생해. 그것 때문에 시험 시나리오 샘플도 다시 만들었고 교육도 몇 번이나 했잖아!"

토끼는 그제야 지난번에 시험절차와 샘플 양식 사용법에 대해 교육받은 것이 생각났습니다. 순간 가슴이 철렁했지만 인제 와서 그런 걸 다 고려해서 시나리오를 다시 만들기도 어렵고, 시스템도 그런 상황에 대비가 되어 있지 않아 일단은 그냥 막 우기기로 했습니다.

"그런 건 시험팀이 할 일 아닌가요? 개발팀에서 그런 것까지 어떻게 일일이 점검해요? 그런 일 하라고 시험팀이 있는 거잖아요? 지금 작업산출물 막바지 작업 때문에 시간이 없으니 시험은 좀 알아서 해 주세요."

문어 팀장은 어이가 없었습니다. 어쩜 컨설턴트의 예측이 하나도 빗나가지 않는지 조금은 신기하기까지 했습니다. 얼마 전 컨설턴트와 회의를 하면서 토끼 프로젝트의 시험 시나리오를 꼼꼼히 챙기고 점검해 보라고 했던 말이 기억났습니다. 덧붙여서 토끼가 어떻게 나올지도 알려 주었는데 한 치의 오차도 없네요. 문어 팀장은 컨설턴트가 미리 알려 준 대로 그냥 토끼의 요구를 들어주기로 했습니다.

"자네가 바쁘다면 어쩔 수 없지. 그럼 우리가 가지고 있는 시험자산 데이터베이스에서 시나리오 추가해서 시험 진행할 테니 나중에 딴말이나 하지 마!"

"무슨 딴말을 해요? 우리 개발자 실력이 얼마나 좋은데. 결함이 나와 봤자 사소한 것뿐일 텐데."

토끼는 개발에는 자신이 있었기 때문에 큰소리를 빵빵 쳤습니다. 하지만 오후에 어떤 일이 일어날지 미리 알았더라면 좋았을 것을. 퇴근 시간이 되자 토끼는 작업산출물을 점검하고, 개발자와 회식하기로 했습니다. 그런데 토끼가 막 사무실을 나가려던 찰나에 전화기가 요동을 쳤습니다.

"여보세요!"

수화기 너머로 문어 팀장의 불벼락 같은 고함이 들렸습니다.

"자네 이걸 시스템이라고 만든 거야? 온통 결함투성이잖아. 당장 요구사항 명세서하고 설계 문서 들고 와!"

"그 문서는 왜 가져오라고 하시는 거예요? 결함이 있으면 알려 주고, 저희가 수정하면 되는데."

"자네 요구사항하고 시험 시나리오하고 연계해서 시험해 봤어? 요구사항에 있는 내용이 시험에 반영되지 않은 것도 있고, 요구사항에는 없는데 기능이 구현된 것도 있고 시스템이 완전 뒤죽박죽이잖아!"

토끼는 순간 움찔했습니다. 사실 요구사항 목록은 처음에 한 번 작성한 이후에 변경 사항은 반영하지 않았고, 요구사항 추적표도 대충 만들었기 때문입니다. 당연히 시험 시나리오와는 맞을 수가 없죠. 그런데 더욱 큰일인 건 요구사항 명세서는 아직 안 만들었고, 설계 문서도 대충 그린 화면 설계서만 있다는 것입니다. 하지만 토끼가 누군가요? 토끼는 이런 위급한 순간에 머리가 잘 돌아가죠.

"죄송합니다. 요구사항 변경한 내용을 문서에는 미처 반영하지 못했지만, 시스템에는 변경한 내용까지 모두 반영하였습니다. 시험 시나리오대로 시험을 했는데도 결함이 있나요?"

토끼는 별거 아니라는 듯 대꾸를 했습니다. 문어 팀장은 토끼의 반응에 코웃음을 쳤습니다.

"자네가 만든 시험 시나리오가 너무 엉성해서 우리가 조금 수정해서 시험을 했더니 시스템이 처음 로그인할 때부터 오류가 발생하더군. 어떤 바보가 패스워드 한 글자만 넣어도 로그인이 되도록 시스템을 만드나?"

토끼는 어리둥절했습니다. 아마도 요구사항 명세를 상세하게 표현하지 않아서 개발자가 문자수를 점검하는 루틴을 추가하지 않았나 봅니다.

"아휴, 고작 그런 사소한 것 때문에 그러시는 거예요? 그런 결함은 금방 고쳐요."

"사소한 거라고? 그래 좋아, 오늘 발견한 결함 목록을 보내 줄 테니 언제까지 보완할 수 있을지 내일 오후까지 회신해!"

문어 팀장은 소리치고는 전화를 매몰차게 끊었습니다. 회식 약속을 취소하고 토끼는 문어 팀장이 보내온 결함 목록을 살펴봤습니다. 토끼는 벌어진 입을 다물 수가 없었습니다. 겨우 10가지의 기능만을 시험했을 뿐인데도 결함은 50개가 넘었습니다. 토끼는 도저히 믿기지 않아서 시험팀의 시나리오대로 시험을 해 봤습니다. 시스템은 마치 기다렸다는 듯이 결함을 마구 토해내기 시작했습니다. 토끼는 하는 수 없이 퇴근하려는 개발자를 붙잡고는 긴급하게 회의했습니다.

"아니, 이게 어떻게 된 거야? 나한테 아무 오류 없이 시험이 되었다고 한 것도 결함이 있고, 구현이 안된 것도 있고. 도대체 어디부터 잘못된 거야?"

"저희는 화면 설계서에 있는 대로 다 개발했어요. 명세서에 없는 내용은 저희 경험으로 더 개발한 것도 있고요. 시험도 시나리오대로 다 했고요."

"그런데 왜 이렇게 결함이 많아?"

토끼는 시험팀에서 보내온 시험 결과서와 시나리오를 책상에 집어 던졌습니다. 개발자는 토끼의 심기를 건드리지 않으려고 조심스럽게 시험 결과서에 적혀 있는 결함 내용과 시나리오를 보고는 경악했습니다. 시험팀은 개발자가 미처 예상할 수도 없을 정도로 사용자 관점에서 꼼꼼히 시험을 진행했습니다.

"이건 말도 안 돼! 어떤 바보가 이런 식으로 입력을 해."

개발자는 어이가 없었습니다. 토끼도 개발자가 이해는 되었지만, 사용자의 부적절한 입력이 시스템에 심각한 장애를 만들고 있다는 사실은 인정할 수밖에 없었습니다. 그런 상황에 대비해서 대안 루틴이나 예외 흐름을 시스템에 반영해야 하는데, 개발에만 급급한 나머지 신경을 쓰지 못했습니다. 입장이야 어찌 되었건 내일까지 시정조치 계획을 제출해야 하니, 끓어오르는 화를 꾹꾹 눌러 가며 개발자와 일정을 다시 점검했습니다.

토끼는 시정조치 계획을 문어 팀장에게 제출하며 발견한 결함을 개발 일정 안에 다 보완할 수 있다고 큰소리쳤습니다. 하지만 토끼의 일상은 매일 똑같았습니다. 결함 발견, 수정, 수정한 것 때문에 다시 결함 발생, 시정조치, 점점 시스템은 누더기가 되어 갔습니다. 수많은 'If 문', 'Select Case 문', 결함이 발견

될 때마다 이런 문장이 수도 없이 추가되었습니다. 이제 소스 코드를 보고 시스템의 흐름을 찾아가는 것은 불가능하게 되었습니다. 물론 만들어야 하는 작업산출물도 작성하지 못했고, 개발자는 매일같이 야근을 밥 먹듯이 했습니다. 설상가상으로 시간마저도 사정을 봐주지 않고 납기는 꼬박꼬박 다가오고 있었습니다.

오늘도 토끼는 모니터를 뚫어져라 바라보며 결함을 처리하고 있었습니다. 그러다 문득 자신이 왜 이런 고생을 하고 있는지를 생각하다가, 얼마 전 거북이가 프로젝트 일정을 조정한 일이 생각났습니다.
'맞아! 나도 일정을 조금 조정하자. 내부 프로젝트니까 괜찮겠지.'
토끼는 자신이 너무 똑똑하다고 생각하였습니다.
'거북이한테 어떻게 일정을 조정했는지 물어보고, 거북이가 보고한 내용을 조금 수정해서 나도 일정 조정을 해야겠다.'

토끼는 다급하게 거북이에게 옥상에서 보자고 했습니다.
"거북아, 프로젝트는 잘되나?"
"응, 프로젝트 일정이 조정되어서 나나 우리 개발자가 살 만해. 너는 잘되니?"
"재주도 좋아. 어떻게 일정을 조정한 거야?"
"요구사항 변경 내용, 진척 사항, 팀원의 업무 생산성, 추가 공수와 일정 등 관련 데이터 수집해서 전사 품질 예측 자료와 비교해 보니까 필요한 기간이 나오더라고. 그래서 있는 그대로 보고했지. 사실 PM에서 잘릴 줄 알았는데, 품질팀이 도와줘서 보고 자료는 비교적 수월하게 만들었어. 더 이상 일정이 지연되면 안 되는데 걱정이다. 그런데 그건 왜 물어?"
"아, 별거 아니야. 프로젝트팀 애들이 불공평하다고 하도 말이 많아서."
"그렇겠지, 흔한 일은 아니니까!"

토끼는 거북이가 품질팀에 도움을 받았다는 이야기에 귀가 쫑긋해졌습니다. 그런데 거북이가 이야기한 품질 데이터는 도무지 무슨 소리인지 이해가 되지 않았지만, 일단 품질팀의 더키에게 연락했습니다.

"더키님, 안녕하세요?"

"어, 웬일이세요? 벌써 종료 단계 작업산출물 검토할 때가 되었나요?"

더키는 토끼 속이 빤히 보였지만 모른 척 너스레를 떨었습니다.

"그게 아니라, 거북이 PM이 프로젝트 일정을 연기하는 데 도움을 주셨다고 해서…."

"몇 가지 알려 주기는 했죠."

"저는 일정 안에 프로젝트를 끝낼 수 있을 것 같기는 한데, 저희 팀 애들이 불평이 많아서요. 일정 지키려고 자기네만 야근한다고 하도 저한테 불평을 많이 해서, 저희도 일정을 조금 조정했으면 싶은데 혹시 도움을 주실 수 있나요?"

"일정을 연기하려면 타당한 이유가 있어야 하는데, 팀원 불만은 이유가 되지 않아요. 범위 변경 내용이나 팀원 생산성 자료 있으면 보내 주세요. 제가 시뮬레이션해 보고 알려 드릴게요."

"아, 그런 유형의 측정 데이터 수집은 지난번 테일러링할 때 안 하기로 했는데…."

"그럼, 제가 도와드릴 수가 없겠는데요."

토끼는 그제야 거북이가 했던 말이 이해되었습니다.

"다른 방법은 없나요? 이건 너무 불공평하잖아요? 같은 일을 하는데 누구는 봐주고, 누구는 죽어라 고생만 하고."

"저도 방법이 없어요. 데이터가 있어야 분석을 하죠!"

"너무하네요! 품질팀은 프로젝트 현장에서 도움이 필요하면 알아서 해 줘야 하는 것 아닌가요?"

"저희도 돕고 싶지만, 데이터가 없잖아요. 데이터를 인제 와서 만들 수도 없고."

"거북이 PM 프로젝트하고 비슷한데, 분석이 뭐 필요해요? 그냥 장표 몇 장만 만들어 주면 될 일을 너무 깐깐하게 구시네요."

토끼의 말이 거칠어지자 더키는 화가 머리끝까지 났지만, 팀장님이 미리 이런 일을 예측하고 알려 주어서 참기로 했습니다.

"데이터 먼저 보내 주세요. 그럼 분석 보고서 보내 드릴게요."

"됐어요. 내가 사장님께 직접 따질 겁니다."

전화를 끊고 나서 토끼는 분이 풀리지 않아 눈이 더 빨개졌습니다. 토끼는 거북이 일정 조정 회의에 참석했었던 상무에게 전화했습니다. 토끼가 가진 여러 재주 중에서도 인맥 관리는 탁월했거든요.

"상무님, 안녕하세요?"

"오, 토끼! 프로젝트 잘하고 있다며?"

"다, 상무님 덕분이죠. 그런데 요즘 팀원 사기가 말이 아닙니다."

"왜?"

"거북이 PM이 하는 프로젝트 일정 연기해 준 것 때문에요. 누구는 일정 맞추려고 죽어라 야근하는데 누구는 문서만 만들었는데도 일정 연기해 주고, 팀원이 일할 맛이 나겠어요?"

"맞아. 나도 사장님을 이해할 수가 없어."

"그래서 부탁드리고 싶은 건데요. 사장님께 말씀드려서 저희도 일정을 조금 늦춰 주세요."

"맞는 말이긴 한데, 그럴듯한 이유가 좀 필요한데."

"형평성만큼 좋은 이유가 어디 있어요? 상무님 믿고 전화를 드렸는데…."

"그래, 그래, 알았어! 얼마나 연기해 줘? 거북이는 40일 연기했는데."

"거북이 PM보다는 먼저 끝내야 하니까, 30일 정도면 될 것 같습니다."

"맞아. 우리 토끼가 거북이보다 느리면 안 되지. 걱정하지 말라고."

상무 덕분에 토끼 프로젝트도 30일 정도 오픈 일정을 연기하였습니다. 그럼 결과는 어떻게 되었을까요? 거북이 프로젝트는 설계품질을 맞추고 단위 시험 결과를 꼼꼼히 확인하느라 일정이 지연되기는 했지만, 덕분에 통합시험하고 시스템 시험에서 결함이 예상보다 훨씬 적게 발견되어서 일정을 많이 만회하였습니다. 작업산출물도 단계를 진행할 때마다 완료해서 현행화를 위해 많은 시간이 필요하지 않았습니다. 오히려 거북이가 예상한 일정보다 5일 일찍 끝났습니다.

토끼는 일정을 연기한 덕분에 시험팀에서 지적한 시스템 오류를 간신히 고칠 수 있었습니다. 그런데 이를 어쩌죠? 오류가 난 기능을 고치고 나면 화면 내용이 달라지거나, 다른 곳에서 또 다른 오류가 나왔습니다. 시험팀에서 토끼에게 오류가 난 부분을 고칠 때는 기능과 관련 있는 작업산출물과 영향도 분석을 한 후에 오류 조치 활동을 수행하도록 했습니다. 하지만 요구사항 추적표하고 기능 간의 연관관계를 알 수 있는 설계서를 제대로 만들지 않아서 그런 것을 파악할 수가 없었습니다. 문제가 발생하면 토끼 프로젝트의 개발자는 소스 코드를 하나하나 뒤져 가며 문제를 해결해야 했습니다. 처음에는 토끼 프로젝트 개발자도 어떻게든 프로젝트를 끝내려고 했지만, 시간이 지날수록 하나둘씩 체념하기 시작했습니다. 어떤 개발자는 회사를 옮기려고 이직 사이트를 알아보는 것으로 일과를 시작하기도 했고요. 토끼는 매일 아침 회의에서 거짓말쟁이가 되었습니다. 처음에는 일주일, 보름, 한 달, 이런 식으로 대처 계획서는 제출했지만, 약속을 지킨 적은 한 번도 없었습니다.

토끼가 어려움에 빠지고 나서는 토끼를 귀여워했던 상무도, 프로젝트를 함께 했던 개발자도 혹시라도 자신이 책임져야 할 일이 생길까 두려워 토끼로부터 멀어져 갔습니다.

"계획도 없이 개발만 하고."

"프로세스 지키며 하라고 그렇게 이야기했는데, 말도 안 듣더니 내 그럴 줄 알았어."

토끼를 귀여워하던 상무가 제일 앞장서서 토끼를 비난했습니다.

토끼는 어디서부터 잘못되었는지 이해가 되지 않았습니다. 개발자가 모두 퇴근하고 토끼는 혼자 남았습니다. 사무실에는 낮 동안 토끼를 향했던 비난과 원망이 여전히 떠돌고 있었습니다. 모니터에는 내일 사장님께 보고할 일일 보고 문서만 덩그러니 토끼를 바라보고 있었습니다. 프로젝트가 계속 지연되다 보니, 토끼는 매일같이 상황 보고를 해야만 했습니다. 마침내 토끼는 결심했습니다. 전자결재 문서함에서 사직서 템플릿을 클릭했습니다. 이때였습니다. 휴대전화기의 진동음이 다 죽어 가던 토끼의 심장을 두드렸습니다.

"여보세요."

"아빠, 언제 와?"

사랑스러운 딸의 목소리가 들립니다.

"어! 조금만 있으면 퇴근해."

"오늘 일찍 온다고 했잖아? 또 늦어! 약속했잖아?"

약속이란 말이 토끼의 가슴에 돌처럼 날아와 부딪쳤습니다. 약속, 일정, 납기라는 말 때문에 매일 상처를 받는 토끼. 딸의 말이라서 더욱 아팠습니다. 딸의 전화를 받고 전자결재 창을 닫았습니다. 포기하기에는 지켜야 할 것이 너무 많은 가장입니다. 내일 아침에 출근하면 마음을 찌르는 말 때문에 또 아프겠지만, 자리를 박차고 포기를 하면 딸은 늘 친구를 부러워하며 살아야 합니다. 친구의 여행 이야기를, 학원 이야기를, 예쁜 옷 이야기를. 딸의 슬픈 얼굴이 토끼의 모니터 화면을 대신합니다. 서글픈 마음도 잠시, 현실이 남겨 놓은 숙제에 밀려 토끼는 키보드를 눌렀습니다. 사무실에 퍼지는 키보드의 반복적인 소리에 포개져 몇 개의 발소리가 들렸습니다. 하지만 토끼는 내일 해야 할 보고에만 관심이 있는지 전혀 알아채지 못했습니다.

"토끼!"

"어, 팀장님. 아, 사장님!"

양반다리로 의자에 앉아 있었던 탓에 신고 있었던 슬리퍼는 어디론가 도망가 있었고, 하는 수 없이 토끼는 맨발로 일어서서 사장님과 품질팀장님에게 인사를 했습니다.

"많이 힘들지? 내일은 업무보고 안 해도 되니 같이 맥주나 한잔하러 가자고."

토끼는 학창 시절 담배를 피우다 선도부장 선생님에게 걸린 학생처럼 고개도 제대로 들지 못하고 사장님과 품질팀장 뒤를 졸졸 따라갔습니다. 밤 10시가 지났지만, 호프집에는 아직도 많은 사람이 그들의 사연을 나누고 직장 상사 뒷담화를 하느라 와자지껄했습니다. 죄지은 것처럼 졸졸 따라간 호프집에는 컨설턴트와 장난기 가득한 더키가 이미 와 있었습니다. 더키는 뭐가 그리 재미있는지 툭 튀어나온 입으로 쉴 새 없이 이야기를 쏟아 내고 있었습니다.

"오셨어요? 토끼도 왔네."

"더키님도 계셨네요?"

"자, 앉아. 일단 입부터 축이고 이야기하자고."

사장님의 말에 토끼는 무심하게 잔을 부딪치고, 다시 몸을 움츠렸습니다.

"야, 토끼! 어깨 좀 펴. 죄지었어?"

품질팀장이 안쓰럽다는 듯 토끼를 바라봤습니다.

"그래, 품질팀장 말대로 어깨 펴고, 고개 좀 들어. 얼굴 잊어버리겠다."

사장님이 품질팀장을 거들었습니다.

"더키, 분석은 다 했어? 얼마나 시간이 더 필요할 것 같아?"

"토끼 PM 프로젝트에서 만든 소스 코드는 영향도 분석 도구로 의존관계는 다 파악했고, 작성해야 할 작업산출물과 개발한 소스 코드와 설계 문서의 불일치 부분도 다 정리했습니다. 아마 토끼 PM 프로젝트하고 거북이 PM 프로젝트 개발자가 협업하면 두 달 정도면 될 것 같습니다."

"거북이 PM 프로젝트에서는 도와주겠대?"

사장이라도 이제 막 프로젝트를 끝낸 거북이 PM에게 다시 일을 주려니 마음이 쓰였나 봅니다.

"저한테 신세 진 거 갚으라고 했더니 꼼짝도 못 하던데요."

"자넨 주고받는 것도 참 잘해."

"다 팀장님한테 배운 건데요, 뭐."

"이게 오냐오냐하니까 이젠 기어오르네."

"영원한 저의 팀장님을 제가 어떻게 기어올라요."

더키는 툭 튀어나온 입을 애교 있게 더 내밀었습니다. 토끼는 도대체 지금 무슨 얘기를 주고받는 건지 잘 몰라 어리둥절했습니다. 컨설턴트는 그런 토끼의 궁금증을 풀어줬습니다.

"이번에 프로젝트 하면서 많이 배우셨나요?"

"예. 하지만 아직은 잘 모르겠습니다."

"그래요. 아직은 해결해야 할 것이 많으니 어쩔 수 없을 거예요. 내일부터 거북이 PM하고 더키 QA가 함께 프로젝트에 투입되어 프로젝트를 끝낼 수 있도록 도와 드릴 거예요. 토끼 PM님은 같이 프로젝트를 끝내면서 지금까지 놓쳤던 부분을 복기해 보시고, 앞으로 더 좋은 PM이 될 방법이 무엇인지 고민해 보세요."

"토끼!"

"네, 사장님."

"살다 보면 많이 넘어지고, 실패도 해. 어쩌면 사는 내내 매일 그럴 수도 있지. 하지만 그러면서 하나 하나 배우고 고치면서 노력하다 보면 자네가 내 나이가 되었을 때는 지금과는 비교할 수도 없을 만큼 단단하게 될 거라고 믿어. 내가 지금 조금 손해를 보았지만, 자네가 그렇게 될 수만 있다면 오히려 나는 이익을 얻었다고 생각해. 사업은 돈을 버는 것이 아니라 누군가의 마음을 얻는 것이야. 현명하고 좋은 마음. 그래야 사업을 오래 할 수 있고, 보람도 있지."

토끼의 빨간 눈이 더 빨개졌습니다. 사장님께서 보듬어 주시고 이해해 주시는 마음이 그 어떤 질책보다도 아팠고, 그간의 일이 후회되었습니다.

"내가 손해 본 만큼 더 좋은 마음, 현명한 마음 갖겠다는 다짐으로 토끼 네가 건배 제의해라."

토끼는 울컥하는 마음을 누르고, 용기 있게 자리에서 일어나 건배사를 제의했습니다.

"제가 '고맙습니다!' 하면, '오냐!'하고 말씀해 주세요."

"고놈 참 머리는 잘 돌아가."

사장님의 기쁜 목소리가 모두의 마음을 풀어 주었습니다.

"고맙습니다."

"오냐!"

토끼와 더키를 보내고 사장, 품질팀장, 컨설턴트 세 명만이 남았습니다. 컨설턴트가 먼저 사장님에 물었습니다.

"사장님, 너무 무리하신 건 아닌가요?"

"무슨 무리요? 돈보다 마음이 먼저입니다. 저는 그렇게 사업을 했습니다. 고객이 무엇을 원하는지, 마음이 어디로 향하는지, 마음이 향하는 곳에 돈이 있습니다. 이번 일로 컨설턴트님 도움 많이 받았습니다. 덕분에 확신할 수 있었고요."

"사장님의 용기와 과감함에 놀랐습니다."

"저는 사장님과 컨설턴트님만 따라다니면 좋은 마음, 현명한 마음을 가질 수 있을 것 같네요."

"자네 같은 좋은 리더십을 가진 관리자가 있어서 좋아. 욕먹을 줄도 알고, 버틸 줄도 알고, 보듬어 안을 줄도 알고. 거북이, 토끼, 더키. 우리 회사의 좋은 인재야. 이제 자네만 믿네."

"믿어 주시니 열심히 해 보겠습니다."

내일은, 미래는 보채지 않아도 같은 시간에 찾아옵니다. 그 자리에 토끼, 거북이, 더키가 함께 있습니다. 지난 한 달이 어떻게 지났는지도 모르겠습니다. 더키가 역공학 도구로 분석해 준 소스 코드와 의존 관계 데이터를 활용해서 결함을 고칠 때도 다른 부분의 영향도를 고려하면서 수정해서인지 결함도 많이 줄여 나갈 수 있었습니다. 그리고 우직한 침팬지 선임의 작업산출물 가이드 덕분에 작업산출물도 모두 현행화할 수 있었습니다.

토끼는 오랜만에 마음 편하게 퇴근합니다. 늦여름이지만 아직 해가 깁니다. 밝은 저녁노을이 밤 별빛과 달을 대신해서 토끼의 퇴근길을 밝혀 주고 있습니다.

* * * * * * * * * * * * *

프롤로그에 나왔던 해커, 리스키는 셋째 돼지 회사에 입사한 후에 어떻게 되었을까요?

프로세스 개선팀에 발령받은 리스키는 열심히 프로세스 개선 활동을 하였고, 지금은 CMMI 선임심사원이 되었습니다. 엄청 깐깐하지만, 그래도 개발자는 리스키를 무척 좋아한답니다.

부록 1
용어 정의

CMMI 성과 솔루션 생태계에서 특정 단어는 특별한 의미가 있다. 만약 이 용어 정의에 없으면 일반적인 영어 단어 의미를 적용한다. 영어 우리말 표기는 CMMI를 구성하는 주요 용어(예: Domain, Practice, View)와 일반적으로 외래어를 사용하는 용어(예: Data, Framework, Mechanism, Model, Network, Process, System) 모두 외래어 표기법을 따랐다.

5단계의 '왜' **Five Whys(5 Whys)**	문제의 잠재적인 근본 원인을 파악하는 데 사용하는 기법. 이 기법은 근본 원인을 파악할 때까지 '왜?'라는 질문을 반복해서 묻는 것을 포함.
CMMI 성과 솔루션 생태계 **CMMI Performance Solutions Ecosystem**	생태계 구성 요소는 모델, 심사 방법, 교육과 인증, 적용 지침, 시스템과 도구를 포함.
가상환경 작업 **Virtual Work**	인력, 업무 노력, 의사소통과 협업을 관리하기 위한 가상환경, 원격 또는 복합적 운영과 방법 사용을 포함. 여기에는 고객과 영향을 받는 이해관계자에게 특정 서비스, 프로세스, 활동, 작업 또는 솔루션을 운영하고 제공하는 것도 포함.
개발 **Development**	하드웨어와 소프트웨어 및 관련 구성 요소를 포함한 제품 또는 솔루션 제작. 상황에 따라 개발에는 개발된 솔루션 유지관리 포함.
개발 방법론 **Development Methodology**	시스템이나 소프트웨어를 효율적으로 개발하기 위해 개발 각 과정에서 필요한 작업 방법과 문서 작성 형식 등을 정리한 것.
개발 보안 운영 **DevSecOps**	'개발', '보안', '운영'이라는 용어 조합. 데브섹옵스는 개발팀과 운영팀 간 긴밀한 협력을 촉진하여 솔루션을 계획, 개발, 시험, 배포, 릴리스, 유지관리하기 위한 사고방식, 문화와 일련의 프랙티스. 데브섹옵스 목표는 이 두 사업부 간 더 나은 소통과 협업을 장려하여 개발과 운영 간 관계를 변화시키고 개선하는 것.
개발, 사용, 최신 상태 유지 **Develop, Use, and Keep Updated**	이 문구는 프로젝트와 조직 프로세스 결과물인 작업산출물을 업무에 사용하여 유용한 성과를 낼 수 있어야 한다는 CMMI 기본 원칙. 작업산출물은 업무를 수행하거나 개선하는 방식을 반영할 수 있도록 최신 상태로 유지.

객관적 평가
Objectively Evaluate

검토자 주관과 편견을 최소화할 수 있는 기준에 따라 활동과 작업산출물 검토.

거래 연구
Trade Study

기준과 체계적인 분석을 바탕으로 대안을 평가하여 정해진 목표를 달성하는 데 가장 적합한 대안을 선택.

겜바 워크
Gemba Walk

업무에 관한 개인적 관찰을 설명하는 데 사용하는 용어로 업무를 진행하는 곳을 의미. 원래 일본어 용어는 '진짜'라는 뜻인 겜부츠에서 유래.

결함 밀도
Defect Density

솔루션 크기 단위당 결함 수. 예를 들어 코드 1,000줄당 버그 수.

계약 요구사항
Contractual Requirement

고객 요구사항을 분석하고 구체화하여 구매 요청 패키지나 공급자 협약에 포함하기에 적합한 일련의 요구사항으로 만든 결과물. 계약 요구사항에는 솔루션을 획득하는 데 필요한 기술적이고 비기술적인 요구사항을 포함. ('인수자', '고객 요구사항', '공급자 협약' 참조)

고객
Customer

솔루션을 구매 또는 수락하거나 솔루션에 대한 결제를 승인할 책임이 있는 당사자. 고객은 최종사용자가 될 수도 있음.

고객 요구사항
Customer Requirement

요구사항을 도출하고 통합하며 이러한 요구사항, 기대 사항, 제약조건, 인터페이스 또는 연결 간 충돌을 해결하여 영향을 받는 이해관계자가 수용할 수 있는 방식으로 해결책을 명확히 정의한 결과. ('고객' 참조)

고위 경영진
Senior Management

프로세스에 대한 정책과 전반적인 지침을 제공하지만, 일반적으로 프로세스를 일상에서 직접 모니터링하고 통제하지는 않는 사람. 고위 경영진은 조직 프로세스 개선 효과를 지원하기 위해 자원 할당이나 재할당을 지시할 권한을 보유. 고위 경영진은 조직 책임자를 포함하여 이 설명을 충족하는 모든 경영진이 될 수 있음.

공급자
Supplier

계약 조건에 따라 솔루션을 설계, 개발, 제조, 유지, 수정, 제공 또는 공급하기로 인수자와 계약을 맺은 개체. 개인, 파트너십, 회사, 법인, 협회 등이 여기에 포함. ('획득자' 참조)

공급자 인도물
Supplier Deliverable

계약에 명시한 대로 획득자나 기타 인수자에게 제공하는 품목. 품목은 문서, 하드웨어나 소프트웨어 품목, 서비스, 솔루션 또는 모든 유형의 작업산출물일 수 있음.

공유 비전
Shared Vision

조직, 프로젝트 또는 작업그룹에서 개발하고 사용하는 임무, 목표, 예상하는 행동, 가치와 최종 결과를 포함한 지도 원칙에 대한 공통된 이해.

관리된 프로세스
Managed Process

수행된 프로세스를 기록하고, 따르고, 최신화하고, 지속적이며 습관적으로 사용하는 프로세스. CMMI 프랙티스 영역에서 2단계 프랙티스 그룹을 달성하려면 관리된 프로세스가 필요. ('수행된 프로세스' 참조)

권한 부여 Empowerment	기술, 프로세스와 인력 결정을 자율적으로 수행할 수 있는 역량을 갖추고 특정 작업을 수행할 수 있도록 개인이나 그룹에 권한을 배정.
규모 Size	항목 수나 활동, 페이지, 요구사항, 구성 요소 수 또는 솔루션과 같이 생산하는 작업 노력이나 작업산출물의 크기. 규모를 예상 범위와 계획 기준으로 사용.
근본 원인 분석 Root Cause Analysis	통계와 기타 정량적 기법을 사용하여 부정적이거나 무효 또는 긍정적인 사건이나 결과를 파악하고 선택하여 사건이나 결과를 발생시킨 근본적인 원인, 출처 또는 계기 등을 파악, 이해, 해결하고 예방하거나 재현하기 위한 평가 접근방식.
기능 분석 Functional Analysis	솔루션이나 솔루션 구성 요소 기능을 검토하여 폭과 깊이를 이해.
기능 아키텍처 Functional Architecture	기능의 개념적 구조와 논리적 배열. 여기에는 내외부 인터페이스나 연결 기능을 포함할 수 있음. ('아키텍처'와 '기능 분석' 참조)
기능 안전 Functional Safety	잠재적으로 위험한 상태를 감지하여 보호나 시정 솔루션 또는 솔루션 구성 요소를 활성화하고 위험 사건 발생을 방지하거나 위험 사건의 결과를 줄이기 위한 완화를 제공. 입력이나 고장에 대해 예측 가능한 방식으로 올바르게 작동하는 자동 보호에 의존하는 솔루션, 솔루션 구성 요소 또는 장비의 전반적인 안전. 자동 보호 시스템은 인적 오류, 하드웨어, 솔루션 또는 솔루션 구성 요소 오류, 운영과 환경적 압박을 적절히 처리하도록 설계할 수 있음.
기본 측정 지표 Base Measure	기본 측정 지표는 다른 측정 지표와 기능적으로 독립적이며 다른 용어로 표현할 수 없음. 기본 측정 지표는 속성과 이를 정량화하는 방법 관점에서 정의. ('파생 측정 지표' 참조)
기술 데이터 패키지 Technical Data Package	설계를 구현하는 데 사용하는 일련의 작업산출물과 정보(예: 코딩 표준, 버전관리 정보, 엔지니어링 도면).
기술적 성능 Technical Performance	일반적으로 계약서나 작업 기술서에 기록하는 기능적이거나 기술적 요구사항에 의해 정의한 프로세스 또는 솔루션 특성.
기준선 Baseline	공식적인 검토와 동의를 완료한 일련의 사양이나 작업산출물로 추가 작업이나 변경 기초로 사용되며 변경 통제 절차로만 변경 가능. ('형상기준선' 참조)
기회 Opportunity	목표 달성에 긍정적인 영향을 미칠 수 있는 불확실한 사건.
내재한 보안 위험 Inherent Security Risk	위험을 완화하기 위해 취했거나 취할 수 있는 조치를 고려하지 않은 위험 수준이나 노출.

단위 시험 Unit Testing	개별 하드웨어나 소프트웨어 단위 시험.
데이터 Data	기록, 전달, 분석할 수 있는 정성적이거나 정량적인 정보.
데이터 사전 Data Dictionary	데이터 유형, 소유자, 테이블 설명, 출처, 크기, 필수와 기본 및 허용값, 제약조건, 다른 데이터 요소와 관계, 데이터 의미와 목적 등 정보를 포함하는 데이터 정의와 요소 명세서.
데이터 용어집 Data Glossary	정기적으로 사용하는 주요 비즈니스 용어 정의와 개념을 포함.
데이터 정리 (클렌징) Data Cleansing	일반적으로 부정확하거나, 손상되었거나, 중복되거나, 형식이 잘못되었거나, 불완전한 데이터를 제거하거나 시정하는 작업을 포함.
도메인 Domain	CMMI와 심사 방법 모두의 구성 원칙. 도메인은 시스템 엔지니어링이나 제품 개발을 위한 개발 도메인과 같이 조직 주요 역량에 적용할 수 있거나 조정한 기능적으로 유사한 프랙티스 영역 모음. 사용 가능한 도메인은 가상환경(VRT), 개발(DEV), 공급자(SPM), 데이터(Data), 보안(SEC), 서비스(SVC), 안전(SAF), 인력(PPL)이 있음.
동료검토 Peer Reviews	작업산출물을 개발하는 동안 비슷한 숙련도를 가진 인력이 작업산출물을 검사하여 제거할 결함을 식별하는 작업. 동료검토를 작업산출물 검사라고도 부름. ('작업산출물' 참조)
또는 Or	CMMI에서 '또는(Or)'의 사용은 '그리고(And)'나 '또는(Or)'을 의미.
멘토링 Mentoring	경험이 많은 개인이 경험이 적은 개인이나 작업그룹에 성장 개발과 활동을 지원하기 위해 지침을 제공하는 과정과 관계.
모델 구성 요소 Model Component	CMMI를 구성하는 5가지 주요 아키텍처 요소나 부분 중 하나. 여기에는 뷰, 프랙티스 영역, 프랙티스 그룹, 프랙티스와 정보 자료를 포함. ('정보 자료', '프랙티스', '프랙티스 영역', '프랙티스 그룹'과 '뷰' 참조)
목표 선언문 Statement of Objectives	획득이나 조달의 최상위 목표를 기록한 것으로 인수자와 공급자 간 논의와 협상을 안내하는 데 사용.
문서 Document	매체와 관계없이 일반적으로 영속성을 가지며 사람이나 기계가 읽을 수 있는 정보와 데이터 모음. 문서는 하나 이상 모델 프랙티스 의도와 가치를 충족하는 프로세스 구현을 반영한 작업산출물일 수 있음. 문서는 자동화, 로봇 또는 온라인 시스템 내에 포함할 수 있으며, 문서는 또한 하드카피, 소프트카피 또는 웹 기반 환경 하이퍼링크나 응용 프로그램을 통해 접근할 수 있음. 문서는 사용하며 계속 최신화함. ('결과물'과 '기록' 참조)

버전 통제 Version Control	작업산출물의 정확한 버전을 식별하고 올바른 버전을 사용하거나 이전 버전으로 복원할 수 있는지 확인. 또한 기준선 설정과 유지관리 및 이전 기준선으로 되돌리기 위한 기준선 변경 사항도 포함.
범주 Category	범주는 솔루션을 제작하거나 제공할 때 기업이 직면하는 일반적인 문제를 해결하는 관련 역량 영역의 논리적 그룹이나 뷰 유형.
벤치마크 모델 뷰 Benchmark Model View	심사 모델 뷰 범위를 정의하는 데 사용하는 사전 정의한 CMMI 구성 요소의 논리적 그룹. 성숙 단계의 경우, 벤치마크 모델 뷰는 벤치마크 심사나 유지 심사를 수행하기 위한 목적으로 미리 정의한 일련의 핵심 및 도메인별 특정 프랙티스 영역과 해당 프랙티스 그룹. 역량 단계의 경우, 벤치마크 모델 뷰는 사전 정의한 뷰이거나 조직 비즈니스 요구와 성과 목표를 충족하는 프랙티스 영역 또는 역량 영역과 해당하는 프랙티스 그룹을 선택.
변경 관리 Change Management	계획적이고 구조적인 방식으로 변경 사항을 통제하고 구현하기 위한 체계적인 접근방식.
보상 Compensation	기술, 기여도와 업무 수행에 대해 직원에게 제공하는 혜택을 포함할 수 있는 급여, 임금, 보상이나 포상.
보안 검토 및 평가 Security Reviews and Evaluations	보안 검토 및 평가는 시간이 지남에 따라, 솔루션 수명주기 동안 또는 보안 사건으로 인해 촉발할 때 지속적인 방식으로 보안 요구사항, 제약조건, 노력과 활동을 다루거나 포함해야 함. 이러한 검토 및 평가는 가장 중요하고 긴급한 보안 문제를 식별하고 해결하며, 가능하면 가장 먼저 예방하는 데 중점을 둠. 보안 사건, 경향, 잠재적 위협과 중단도 검토나 평가를 촉발할 수 있음.
보안 단계 또는 조치 Security Steps or Actions	CMMI 성과 솔루션 생태계에서 '보안 조치'와 '보안 단계'라는 용어는 같은 의미로 사용하며, '보안 측정'과 같은 의도나 의미를 나타냄. 대부분 보안 표준과 프레임워크는 '보안 측정'을 지칭하며, 여기서 측정은 보안에 대한 측정 활동이 아니라 단계나 조치를 의미함.
보안 복원력 Security Resilience	변화하는 상황에 대비하고 적응하며 사이버보안을 포함한 보안 중단을 신속하게 견디고 복구할 수 있는 역량. 복원력은 고의적인 공격, 사고나 자연적으로 발생하는 위협, 취약점 또는 기타 보안 사건을 견디고 복구할 수 있는 역량을 포함.
보안 위협 Security Threats	정보 무단 접근, 파괴, 공개, 수정이나 서비스 거부를 통해 임무, 기능, 자산, 인력, 프로세스, 시스템 또는 브랜드 평판을 포함한 조직 운영에 부정적인 영향을 미칠 가능성이 있는 모든 상황이나 사건. 출처: NIST 컴퓨터 보안 자원 센터(CSRC) 용어 해설
보안 취약점 Security Vulnerabilities	위협 출처에 의해 악용할 수 있는 솔루션, 정보시스템, 시스템 보안 절차, 내부 통제 또는 구현 취약점. 출처: CMMC/NIST SP 800—30 Rev 1

본원적 변동 범위 Natural Bounds	프로세스 성과 측정으로 결정하는 프로세스 본원적 변동 범위. 본원적 변동 범위는 '통제 한계(Control Limits)' 또는 '프로세스 소리(Voice of the Process)'로 불리기도 함.
뷰 View	조직이나 사용자와 관련한 모델 구성 요소 선택으로 현재는 두 가지 기본 유형의 뷰가 존재. — 사전 정의 뷰: 심사 모델 뷰 범위를 정의하는 데 사용하는 사전 정의한 CMMI 구성 요소의 논리적 그룹으로 CMMI—DEV 성숙도 2단계, CMMI—SVC 성숙도 5단계 등이 있음. — 사용자 정의 뷰: 최종사용자가 정의한 역량 영역, 프랙티스 영역, 프랙티스 그룹 또는 프랙티스의 모든 조합. 사용자 정의 뷰는 비즈니스 목표와 관련되도록 정의함. ('벤치마크 모델 뷰' 참조)
비즈니스 성과 Business Performance	고객에게 솔루션을 제공하기 위한 품질, 비용, 속도, 정확성과 완전성을 포함하되 이에 국한하지 않으며, 사전에 설정한 알려진 목표에 대해 측정한 특정 역량이나 작업 성취도. CMMI에서 '비즈니스 성과'라는 용어는 비즈니스 또는 조직 수준에서 성과를 의미하며, 조직별 또는 프로젝트 수준에서 집계. 예를 들어, 프로젝트 수준에서 측정 및 성과 데이터를 수집하고 데이터를 집계하여 비즈니스 수준에서 조직성과를 분석. ('프로세스 성과' 참조)
사이버보안 Cybersecurity	기술, 컴퓨터, 통신 시스템, 서비스, 정보를 포함한 제품, 서비스, 솔루션과 공급망을 보호하고 복원하여 가용성, 무결성, 인증, 전송, 기밀성, 복원력을 보장. 사이버보안은 정보 보안의 일부.
상용 규격품 Commercial Off—The—Shelf, COTS	상업용 공급자로부터 구매하여 가공 없이 사용할 수 있는 품목.
상위 성숙도 High Maturity	4단계나 5단계 CMMI 프랙티스 그룹은 상위 성숙도 프랙티스와 수준으로 간주. 상위 성숙도 조직과 프로젝트는 정량적이고 통계적인 분석을 사용하여 중심 경향과 산포를 결정, 식별, 관리하고 프로세스 안정성과 역량, 그리고 이들이 품질 및 프로세스 성과 목표 달성에 미치는 영향을 이해하고 해결.
서비스 Service	서비스 제공자와 고객, 제품이나 작업산출물 간 약속한 가치 교환을 제공하는 활동. 서비스가 항상 유형이거나 저장 가능한 제품을 생산하는 것은 아니며, 이 경우 서비스 자체가 고객 인도물임. ('솔루션' 참조)
서비스 수준 협약 Service Level Agreement, SLA	내외부 서비스 제공자와 고객이나 최종사용자 간 계약으로 서비스 제공자에게 기대하는 서비스 수준을 정의. 서비스 수준 협약은 고객이 받게 될 서비스를 구체적으로 정의하는 것이 목적이라는 점에서 결과물 기반임. 서비스 수준 협약은 서비스 자체 제공이나 전달 방식을 정의하지는 않음.
서비스 시스템 Service System	이해관계자 요구사항을 충족하는 통합적이고 상호 의존적인 구성 요소 조합.

서비스 시스템 구성 요소 Service System Component	서비스 시스템이 가치를 제공하는 데 필요한 프로세스, 작업산출물, 사람, 소모품, 고객 또는 기타 자원. 서비스 시스템 구성 요소에는 고객이나 제삼자가 소유한 구성 요소를 포함할 수 있음.
서비스 시스템 소모품 Service System Consumable	서비스 시스템에서 사용하는 항목으로, 서비스 제공 중 사용을 중단하거나 영구적으로 변경하는 소모품.
설계 검토 Design Review	솔루션이나 구성 요소 설계에 관한 공식적이고 기록적이며 포괄적이고 체계적인 조사를 통해 설계가 해당 요구사항을 충족하는지 확인하고, 문제를 식별하고, 해결책을 제시.
성과 매개변수 Performance Parameters	정량적 목표에 대한 진행 상황을 모니터링하는 데 사용하는 측정 가능한 기준. 성과 매개변수는 비즈니스나 프로젝트 성공을 종합적으로 판단하는 지표 제공.
성과 작업 명세서 Performance Work Statement	계약자에게 기대하는 성과 목표와 표준을 명확하게 설명하는 인수에 관한 성과 기반 작업 명세서. 계약을 체결하면 성과 작업 명세서는 계약자에게 법적 구속력이 있는 문서임. ('작업 기술서' 참조)
성숙(도) 단계 Maturity Level	조직 단위 프로세스에 대해 사전 정의한 일련의 프랙티스 영역 의도와 가치를 충족하는 정도를 설명하는 등급. 이 등급은 사전 정의한 일련의 프랙티스 영역 내에서 지정된 일련의 프랙티스 그룹 수준을 달성한 것을 기준으로 함. 사용 가능한 성숙도 단계 등급으로는 성숙도 1단계(ML1), 성숙도 2단계(ML2), 성숙도 3단계(ML3), 성숙도 4단계(ML4)와 성숙도 5단계(ML5)가 있음.
솔루션 Solution	정의한 요구를 충족하기 위해 개발, 제공, 획득 또는 운영하는 제품, 제품 구성 요소, 서비스, 서비스 시스템, 서비스 시스템 구성 요소, 프로세스 또는 도구. 솔루션에는 관련 데이터, 인력, 안전 또는 보안 구성 요소와 하위 구성 요소를 포함할 수 있음.
솔루션 구성 요소 Solution Component	솔루션 구성 요소인 작업산출물. 솔루션 구성 요소를 통합하여 솔루션을 생성. 솔루션 구성 요소에는 여러 수준이 있을 수 있음. ('제품 구성 요소' 참조)
수락(인수) 기준 Acceptance Criteria	솔루션을 고객에게 인도하기 위해 충족해야 하는 기준.
수락(인수) 시험 Acceptance Test	고객, 인수자, 사용자 또는 그 지정인이 솔루션을 수락할지 결정하기 위해 수행하는 시험.
수명주기 모델 Lifecycle Model	이해관계자와 소통하고 프로젝트나 조직이 따라야 하는 솔루션 개발과 최신화 단계와 활동에 관한 표현이나 설명. 이 설명에는 단계, 순서, 상호 관계, 입력물, 출력물, 의사결정 포인트, 역할과 책임을 포함할 수 있음.

수행된 프로세스	솔루션이나 작업산출물을 생성하는 간단한 접근방식이나 일련의 단계. CMMI 프랙티스 영역
Performed Process	에서 1단계 프랙티스 그룹을 달성하려면 수행된 프로세스가 필요.
스킬	개인이 업무를 수행하기 위해 보여 주는 능력.
Skills	
습관과 지속성	조직이 프로세스를 따르고 성과를 개선하여 비즈니스를 수행하는 방식. 이러한 일상적인 업
Habit and Persistence	무 수행 방식은 지속적인 성과 향상을 위한 조직문화의 일부.
시스템 엔지니어링	고객 요구, 기대, 제약조건을 솔루션으로 전환하고 수명주기 동안 솔루션을 지원하는 데 필요
Systems Engineering	한 기술과 관리 노력을 다루는 종합적인 접근방식.
심사	강점과 약점을 결정하기 위해 숙련된 팀이 참조모델을 사용하여 하나 이상 프로세스를 검사.
Appraisal	
심층 방어 접근방식	인력, 프로세스, 임무와 사이버보안, 물리적 요구사항을 포괄할 수 있는 악용된 보안 취약점에
Defense in Depth Approach	대한 복원력을 제공하기 위해 체계적으로 방어를 계층화하는 수단.
아키텍처	솔루션을 구축하기 위해 고려해야 하는 일련의 구조. 이러한 구조는 더 작은 구성 요소나 이
Architecture	러한 구조와 요소 간 관계 및 이 둘 속성으로 구성. ('기능적 아키텍처' 참조)
안전	위해로부터 보호하는 조건. 안전의 두 가지 핵심 영역은 작업장 환경과 기능 안전임.
Safety	
안정된 프로세스	특별한 프로세스 변동 원인이 프로세스에서 제거되고 재발을 방지한 상태. 안정된 프로세스
Stable Process	에서는 일반적인 프로세스 변동 원인만 존재. ('역량 있는 프로세스', '일반적인 변동 원인', '특 별한 변동 원인' 참조)
애자일(민첩성)	고객이 프로젝트에 밀접하게 관여하고, 작업이 짧은 업무 수행 단계로 나뉘며, 계획을 자주 재
Agile	평가하고 조정하는 프로젝트 관리 또는 개발 방법론에 대한 접근방식.
애자일 개발	반복적 접근방식을 사용하여 작업을 관리하기 위한 프레임워크. 이 프레임워크는 작업을 일
Agile Development	정 기간(예: 2주) 내에 반복해서 완료할 수 있는 작업으로 나누고, 15분 스탠드업 미팅에서 진 행 상황을 추적하고 다시 계획하는 소규모 팀을 위해 설계. ('애자일' 참조)
양방향 추적성	요구사항부터 설계, 코드, 시험, 최종 솔루션 또는 고객 요구사항부터 제품 구성 요소 요구사
Bidirectional Traceability	항과 같이 논리적 개체 간 어느 방향으로든 추적할 수 있는 연관성. ('요구사항 추적성'과 '추적 성' 참조)

역량 Capability	역량은 일반적으로 사람, 프로세스, 인프라와 기술에 내재한 조직 수준의 스킬, 능력과 지식. 역량은 조직이 비즈니스 모델을 구현하거나 사명을 완수하고 측정 가능한 비즈니스 성과를 달성하는 데 필요한 요소.
역량 단계 Capability Level	특정 프랙티스 영역의 프랙티스 그룹 중, 모든 프랙티스의 의도와 가치를 충족하는 가장 높은 프랙티스 그룹 수준. 역량 단계는 누적되며 각 프랙티스 그룹 수준을 충족하려면 하위 수준의 모든 프랙티스 그룹도 충족해야 함. 사용 가능한 역량 단계 등급은 역량 1단계(CL1), 역량 2단계(CL2)와 역량 3단계(CL3)가 있음. 목표하는 역량 단계를 달성하려면 프랙티스 영역의 모든 프랙티스 그룹이 목표 수준 등급을 받아야 하고, '이행 인프라'와 '거버넌스' 프랙티스 그룹도 같은 목표 수준에 도달해야 함.
역량 성숙(도) 모델 통합 Capability Maturity Model Integration, CMMI	조직이 프로세스를 개선하여 성과를 향상할 수 있도록 지원하는 통합 모범 사례 모델. CMMI 제품팀은 업계 전반 글로벌 구성원과 함께 이 모델을 개발. CMMI는 프로세스 역량과 성과를 구축, 개선 및 유지하기 위한 모범 사례 프레임워크를 제공. ('CMMI 성과 솔루션 생태계' 참조)
역량 영역 Capability Area	조직이나 프로젝트 스킬과 활동에서 성과 향상을 제공할 수 있는 관련 프랙티스 영역 그룹. 역량 영역은 뷰의 한 유형.
역량 있는 프로세스 Capable Process	설정한 품질 및 프로세스 성과 목표를 충족할 수 있는 안정적인 프로세스. 프로세스 변동이 설정한 규격 범위 내에 있음. ('안정된 프로세스' 참조)
영향받는 이해관계자 Affected Stakeholders	프로세스, 활동, 작업산출물 또는 결정에 따라 영향을 받는 사람.
오프보드 Offboard	개인을 조직, 작업그룹 또는 역할에서 분리하는 프로세스. 일반적으로 지식의 단계적 이전, 장비 반납, 접근 권한 제거, 기록 전환이나 보관, 퇴사 인터뷰 등을 포함. 퇴사 인터뷰는 직원 사기와 근속과 관련한 정보를 수집하는 데 사용.
온보드 Onboard	개인을 조직, 작업그룹 또는 역할에 통합하는 프로세스.
완료 기준 Exit Criteria	작업을 성공적으로 완료하기 위해 충족해야 하는 조건. ('착수 기준' 참조)
요구사항 Requirement	사용자나 고객이 요구하는 사항, 성능 또는 기능에 대해 기록된 설명.
요구사항 관리 Requirements Management	요구사항을 문서화, 분석, 추적, 우선순위 지정 및 합의한 다음 변경 사항을 통제하고 영향받는 이해관계자와 소통하는 프로세스. 프로젝트 전반에 걸쳐 지속해서 진행하는 프로세스임.

요구사항 도출 Requirements Elicitation	고객과 최종사용자 요구사항을 사전에 파악하고 기록하기 위해 지식이나 정보를 수집하는 데 사용하는 기법.
요구사항 분석 Requirements Analysis	이해관계자 요구사항과 제약조건의 균형, 구성 요소에 대한 요구사항 할당, 복잡한 요구사항 을 하위 수준 요구사항으로 세분화하는 등 다양한 관점을 고려하여 새롭거나 변경한 솔루션 을 충족하기 위한 요구사항이나 조건을 결정하는 작업.
요구사항 추적성 Requirements Traceability	요구사항과 관련 요구사항, 요구사항의 구현과 검증 단계 간 관계에 대한 기록. ('양방향 추적 성' 참조)
운영 개념 Operational Concept	구성 요소나 솔루션을 사용하거나 작동하는 방식에 대한 일반적인 설명.
운영 시나리오 Operational Scenario	구성 요소나 솔루션과 환경 및 사용자, 다른 솔루션 구성 요소와의 상호작용을 포함하는 잠재 적인 사건 순서에 대한 설명. 운영 시나리오는 시스템의 요구사항과 설계를 평가하고 시스템 을 검증 및 확인하는 데 사용.
원격 Remote	재택근무, 위성 사무실, 호텔, 고객 시설, 협업 공간 등 서로 다른 지리적 위치에서 가상환경으 로 근무하는 개인을 포함하는 업무 수행 방식.
원인 분석 Causal Analysis	원인과 결과 간 관계를 파악하는 데 사용하는 평가 기법. ('근본 원인 분석' 참조)
위험 Risk	해로울 수 있거나 목표 달성에 부정적인 영향을 미칠 수 있는 잠재적인 불확실한 사건.
위험 완화 Risk Mitigation	계획한 일련의 활동을 수행하면 위험 발생 가능성이나 영향을 최소화할 수 있음.
위협 인텔리전스 Threat Intelligence	조직이 표적으로 삼았거나, 표적이 될 가능성이 있거나, 현재 표적이 되는 조직 위협을 파악하 는 데 사용하는 정보. 이 정보는 귀중한 자원을 이용하려는 보안과 사이버보안 위협을 대비하 고, 파악하고, 예방하는 데 사용. 이를 사이버 위협 인텔리전스라고도 부름.
위협 인텔리전스 분석 Threat Intelligence Analysis	다양한 조직이나 솔루션 상황에서 데이터를 분석하고 가설을 테스트하기 위해 개별적이고 집합적인 방법을 적용. 위협 인텔리전스 데이터는 여러 데이터 출처에서 추출하며, 이 중 일부 는 고의로 조작한 데이터일 수 있음. 위협 인텔리전스 분석가는 데이터를 분석, 구분, 분리, 정 렬하여 진실과 거짓을 밝혀내야 함. 이 분야는 국가 정보기관에서 가장 기본적인 형태로 수행 하지만, 그 방법은 비즈니스나 경쟁 인텔리전스에도 적용하고 사용함. 출처: CMMC/NIST 800—171B

유해 Hazard	안전에 유해함을 초래하는 상태나 사건. 유해는 내외부에서 발생할 수 있음.
인도물(전달물) Deliverable	획득자나 다른 지정한 인수자에게 제공하기 위해 계약에 명시한 항목. 이 항목은 문서, 하드웨어 항목, 소프트웨어 항목, 서비스 또는 모든 유형의 작업산출물일 수 있음. ('획득자' 참조)
인력 관리 Workforce Management	인력 정책, 조직구조, 프로세스 및 관련 인프라를 활용하여 인력 역량 강화와 성과를 수립하고 촉진함.
인력 역량 Workforce Competency	조직의 특정 유형 업무를 수행하는 데 필요한 개인이나 작업그룹이 수행하는 지식, 스킬과 프로세스 능력의 모음. 인력 역량은 소프트웨어 엔지니어링, 재무 회계 또는 기술 문서 작성과 같이 하나의 분야로 명시할 수 있음. 인력 역량은 조직과 관련된 고유한 요구사항과 제약조건을 통합하기 위해 스크럼 마스터 경험이 있는 소프트웨어 엔지니어링처럼 자주 세분화함.
인터페이스 데이터 Interface Data	인터페이스 또는 연결을 설명하는 정보.
인터페이스 또는 연결 Interface or Connection	정보나 데이터를 요구하거나 교환하는 구성 요소, 사람, 서비스, 하드웨어 또는 소프트웨어 간 공유하는 경계. 이 경계를 설명하기 위해 '인터페이스'나 '연결'이라는 용어를 사용할 수 있음.
인터페이스 또는 연결 설명서 Interface or Connection Description	구성 요소의 기능적, 물리적 특성과 그 경계(예: 사용자, 시스템)에 관한 설명서로 다른 구성 요소와의 상호작용을 설명.
일련의 조직 표준 프로세스 Organization's Set of Standard Process	조직 전체에서 일관된 프로세스 실행을 안내하는 프로세스 설명 모음. 이러한 프로세스 설명은 조직 전체 작업그룹에서 구현하는 정의된 프로세스에 통합하는 순서와 인터페이스나 연결과 같은 기본 프로세스 요소와 상호 관계를 다룸. 표준 프로세스는 장기적인 안정성과 개선을 위해 필수. ('프로세스 설명'과 '프로세스 요소' 참조)
일반적인(우연적인) 변동 원인 Common Cause of Variation	프로세스 구성 요소 간 정상적이고 예상되는 상호작용으로 인해 존재하는 프로세스 변동. 변동의 '내재적 원인'이라고도 부름. ('특별한 변동 원인' 참조)
작업그룹 Workgroup	공동 목표를 달성하기 위해 상호 의존성이 높은 작업에서 긴밀하게 협력하는 사람 모임. 작업그룹은 일반적으로 일상적인 활동 관리에 관여할 수 있는 책임 있는 개인에게 보고. 작업그룹 운영 매개변수는 목표에 따라 달라질 수 있으므로 명확하게 정의. 작업그룹은 적절히 지정하면 하나의 프로젝트로 운영할 수 있음.

작업 기술서 Statement of Work, SOW	수행해야 할 업무와 작업이나 활동 그룹에 대한 설명. ('합의 각서' 참조)
작업분류구조 Work Breakdown Structure, WBS	작업과 활동, 관련 작업 요소와 상호 관계, 최종 제품 또는 서비스 간 관계 목록.
작업산출물 Work Products	프로세스, 활동 또는 작업 결과물로 독립형 결과물일 수도 있고 솔루션 일부일 수도 있음.
작업산출물 예시 Example Work Products	프랙티스 의도에 부합하는 프로세스를 실행할 때 가능한 결과물. '작업산출물 예시'는 필수 작업산출물이 아닌 지침이나 제안 역할을 하는 것으로 포괄적인 목록은 아님.
작업산출물과 작업 속성 Work Product and Task Attributes	작업을 산정하는 데 사용하는 솔루션과 작업 특성으로 크기, 복잡성, 무게, 형태, 적합성, 기능 등을 포함. 속성은 일반적으로 노력, 비용, 일정과 같이 다른 자원 산정값을 도출하기 위한 하나의 입력으로 사용. ('작업산출물' 참조)
잔여 보안 위험 Residual Security Risk	위험 대응을 실행한 후에도 여전히 존재하는 사건 발생과 그 결과 잔여 확률.
정량적 관리 Quantitative Management	정량적 기법을 사용하여 품질 및 프로세스 성과 목표와 변동과 관련하여 실제 또는 예측한 프로세스 성과를 이해하고 목표를 달성하는 데 필요한 시정조치를 식별하기 위해 프로젝트를 관리하는 접근방식.
정량적 목표 Quantitative Objective	객관적인 측정값을 사용하여 표현한 원하는 목푯값. ('측정', '프로세스 개선 목표', '품질 및 프로세스 성과 목표' 참조)
정량적으로 관리된 프로세스 Quantitatively Managed Process	통계 및 기타 정량적 기법을 사용하여 평가하고 관리하는 정의된 프로세스. 정량적으로 관리하는 프로세스는 CMMI 프랙티스 영역에서 4단계 프랙티스 그룹을 달성하는 데 필요함. ('최적화 프로세스' 참조)
정보 자료 Informative Material	필수 정보 이외 모든 정보를 포함. 프랙티스에 대한 설명 정보는 정보 자료의 일부. 정보 자료에는 개요와 부록(예: 용어 정의, 색인)도 포함. 정보 자료는 무시해서는 안 되며, 모델을 올바르게 이해하고 적용하는 데 필요. ('필수 정보' 참조) 정보 자료에는 추가 정보 자료, 적용 사례, 하나의 모델이나 표준에서 다른 모델이나 표준으로의 전환과 적용 지침, 서식, 교육자료와 같은 외부 링크를 추가할 수 있음.

정성적(질적) 목표 Qualitative Objective	주관적이고 일반적으로 정량화할 수 있는 용어로 표현하지 않지만 성과나 역량 향상에 이바지할 수 있는 대상이나 목표를 설명하는 데 사용.
정의된 프로세스 Defined Process	일련의 하위 조직 프로세스 자산으로 모든 조정하고 관리하는 프로세스에 필수적임. 완전히 정의된 프로세스는 훈련되고 숙련된 직원이 일관되게 수행할 수 있을 만큼 상세하며 지속적이고 습관적임. CMMI 프랙티스 영역에서 3단계 프랙티스 그룹을 달성하려면 정의된 프로세스가 필요. ('관리된 프로세스' 참조)
제품 구성 요소 Product Component	제품이나 솔루션 구성 요소인 작업 결과물. 제품 구성 요소를 통합하여 최종 제품이나 솔루션을 생성. 여러 수준의 구성 요소가 있을 수 있음.
제품 라인 Product Line	제품 라인은 공통으로 관리하는 일련의 시스템과 기능과 프로세스를 공유하고 선택한 시장이나 임무의 특정 요구사항을 충족하도록 규정한 방식으로 공통된 일련의 핵심 자산을 개발함.
제품 수명주기 Product Lifecycle	제품이나 서비스 구상 단계에서 시작하여 제품이나 서비스를 더 이상 사용할 수 없을 때 종료하는 단계까지 구성한 일련의 단계나 활동 표현. 예를 들어 제품 수명주기는 개념과 비전, 실현 가능성, 설계와 개발, 생산과 배송, 단계적 폐지나 폐기와 같은 단계로 구성할 수 있음. 조직은 여러 고객을 위해 다양한 제품이나 서비스를 생산할 수 있으므로 여러 제품 수명주기를 정의할 수 있으며, 이러한 수명주기는 조직에서 사용하기 위해 발표한 기준을 사용해 조정할 수 있음.
조정(맞춤화) Tailoring	결과를 달성하기 위해 조직에서 정의한 표준 지침에 따라 프로세스 설명서나 작업산출물을 개발하거나 적용하는 작업. 예를 들어, 프로젝트는 프로젝트 환경 내 목표나 제약조건을 충족하기 위해 일련의 조직 표준 프로세스에서 조정한 프로세스를 개발함. ('일련의 조직 표준 프로세스'와 '프로세스 설명서' 참조)
조정 지침 Tailoring Guidelines	개인, 프로젝트, 기능조직에서 사용을 위해 표준 프로세스를 적절하게 적용할 수 있도록 하는 조직 지침. 조정 지침은 덜 중요한 프로세스나 비즈니스 목표에 간접적으로만 영향을 미치는 프로세스를 처리할 때 추가적인 유연성을 확보할 수 있도록 해 줌. ('일련의 조직 표준 프로세스'와 '조정' 참조)
조직 비즈니스 목표 Organization's Business Objectives	성과 개선, 역량 구축과 향상 그리고 수익성, 시장점유율과 조직 성공에 영향을 미치는 기타 요소를 강화하기 위해 고위 경영진이 설정한 목표.
조직 지시 사항 Organizational Directives	조직에서 의사결정에 영향을 미치고 결정을 내리기 위해 채택한 고위 경영진이 설정한 기대치로 '조직 정책'이라고도 부름.

조직 측정 저장소 Organization's Measurement Repository	측정 기반 정보를 저장하는 특정 위치. 측정 결과를 수집하고 조직 전체에서 사용할 수 있도록 하는 것이 목적. 이 저장소는 일반적으로 조직 프로세스 자산의 일부로 설명하는 측정 결과를 이해하고 분석하는 데 필요한 실제 측정 결과와 관련 정보를 포함하고 있거나 참조함. ('조직 프로세스 자산'과 '일련의 조직 표준 프로세스' 참조)
조직 프로세스 자산 Organization's Process Assets	정책과 일련의 조직 표준 프로세스, 조정 지침, 점검표, 교훈 사례, 서식, 표준, 절차, 계획, 교육 자료 등 프로세스 관련 문서, 기록과 정보. ('프로세스 설명서'와 '조직 프로세스 자산 라이브러리' 참조)
조직 프로세스 자산 라이브러리 Organization's Process Asset Library	조직에서 프로세스를 정의, 구현, 관리하고 이를 따르는 사람에게 유용한 프로세스 자산을 사용할 수 있도록 정보를 저장하는 특정 위치. ('조직 프로세스 자산' 참조)
지능형 지속 공격 Advanced Persistent Threat, APT	다양한 공격 벡터(예: 사이버, 물리적, 속임수)를 사용해서 목표를 달성할 기회를 만들 수 있는 정교한 수준의 전문성과 상당한 자원을 보유한 공격자. 목표에는 일반적으로 정보를 빼내거나 임무, 프로그램 또는 조직의 중요한 측면을 약화하거나 방해할 목적으로 대상 조직 정보 기술 인프라 내에서 발판을 설정하고 확장하는 것을 포함. 또는 미래에 이러한 목표를 수행하기 위해 자신을 스스로 차별화. 지능형 지속 공격은 장기간에 걸쳐 반복해서 목표를 추구하고, 방어하려는 방어자 노력에 맞춰 적응하며, 목표를 실행하는 데 필요한 상호작용 수준을 유지.
지식 Knowledge	사실이나 정보에 대한 개인의 이해. 지식은 개인이 작업을 성공적으로 수행하기 위해 갖춰야 하는 스킬을 수행하기 위한 토대를 제공.
착수 기준 Entry Criteria	작업을 성공적으로 시작하기 전에 충족해야 하는 조건. ('완료 기준' 참조).
참조모델 Reference Model	성과 개선에 사용하거나 역량이나 성숙도를 측정하기 위한 벤치마크로 사용하는 프랙티스와 활동의 설명으로 정의된 모델.
최적화 프로세스 Optimizing Process	정량적으로 관리하는 프로세스를 지속해서 개선하여 역량을 강화. 이러한 지속적인 개선은 점진적 개선과 혁신적 개선을 통해 이루어질 수 있음. CMMI 프랙티스 영역의 5단계 프랙티스 그룹을 달성하려면 최적화 프로세스가 필요. ('정량적으로 관리되는 프로세스'와 '정의된 프로세스' 참조)
측정 기반 Measurement Based	객관적으로 측정 가능한 데이터를 식별, 수집, 분석하여 얻은 정보.

측정 및 성과 목표 Measurement and Performance Objectives	주관적이지 않고 통계분석의 엄격함이 필요하지 않은 정량적 대상이나 목표를 설명하는 데 사용.
코칭 Coaching	특정 역할, 스킬 또는 주제에 대한 개인이나 작업그룹의 지식, 스킬 및 프로세스 능력을 향상하기 위해 숙련되고 훈련된 유능한 개인을 활용하여 식별한 결과를 달성.
통계 및 기타 정량적 기법 Statistical and Other Quantitative Techniques	'통계 및 기타 정량적 기법'이라는 용어는 통계적 기법이 필요하지만 다른 정량적 기법도 효과적으로 사용할 수 있음을 인정하는 의미로 사용. 작업이나 작업산출물을 설명하는 매개변수를 정량화할 수 있는 분석 기법. 통계 및 기타 정량적 기법을 사용하여 프로세스 성과의 변화를 분석하고 품질 및 프로세스 성과 목표를 달성하기 위해 선택한 프로세스를 모니터링함. 이 용어는 프랙티스에서 통계 및 기타 정량적 기법을 사용하여 작업그룹과 조직 프로세스 및 성과에 대한 이해를 개선하는 방법을 설명하는 성숙도 4단계와 5단계에서 사용. ('통계적 기법'과 '정량적 관리' 참조)
통계적 기법 Statistical Techniques	프로세스 변동을 이해하고 프로세스 성과를 예측하기 위해 대량의 수치 데이터를 수집, 분석, 해석 및 표시하는 데 사용하는 수학적 기법. 분산분석, 카이제곱 테스트, 회귀 분석, 프로세스 관리도 등이 있음.
통계적 프로세스 관리 Statistical Process Control	프로세스의 일반적인 변동 원인과 특별한 변동 원인을 파악하고 프로세스 성과를 제한된 범위 내에서 유지하기 위해 통계분석을 활용한 관리 기법. ('일반적인 변동 원인', '특별한 변동 원인', '통계적 기법' 참조)
통합 환경 Integration Environment	솔루션을 개발하기 위해 구성 요소를 결합할 때 사용하는 프로세스, 시스템, 도구, 인력과 관련 인프라의 구성.
투자수익률 Return on Investment, ROI	프로세스나 솔루션 개선 이점과 투입 비용 비율로 가치를 결정.
특별한 변동 원인 Special Cause of Variation	프로세스 변동의 원인으로 알려진 요인에 의해 출력의 임의적이지 않은 분포를 초래하는 요인. '예외적' 또는 '할당 가능한' 변동 원인이라고도 하며, 프로세스의 고유한 부분이 아닌 일시적인 현상임. ('일반적인 변동 원인' 참조)
파생 요구사항 Derived Requirements	고객 요구사항에 명시적으로 기술되어 있지 않지만 추론하여 개발하는 요구사항으로 상황별 요구사항(예: 적용 가능한 표준, 법률, 정책, 일반적인 관행, 경영진 결정)이나 솔루션 구성 요소를 지정하는 데 필요한 요구사항. 파생 요구사항은 솔루션 구성 요소 분석과 설계 과정에서 발생할 수도 있음. ('제품 구성 요소 요구사항' 참조)

파생 측정 지표 Derived Measure	두 개 이상 기본 측정값의 함수관계로 정의한 측정값. 파생 측정 지표는 종종 비율, 종합 지표 또는 기타 집계 요약 측정값으로 표현. ('기본 측정 지표' 참조)
패치 관리 Patch Management	솔루션과 시스템을 위해 컴퓨터 프로그램이나 지원 데이터에 대한 일련의 변경 사항을 식별, 획득, 설치, 검증하는 프로세스. 패치는 일반적으로 지정한 범위의 고립된 변경 사항이며 버그 수정이라고도 부름.
평가 Evaluation	제품, 프로세스, 서비스 또는 환경을 조사하여 강점과 약점 파악.
품질 및 프로세스 성과 목표 Quality and Process Performance Objectives, QPPO	솔루션 품질과 프로세스 성과에 대한 정량적 목표와 성과 요구사항. 이러한 목표에는 관련 데이터에 대한 통계와 정량적 분석을 포함. ('측정 및 성과 목표' 참조)
품질 속성 Quality Attribute	영향받는 이해관계자가 품질을 결정하고 판단하는 솔루션 특성. 품질 속성은 '비기능적'이고 아키텍처에 중대한 영향을 미치며 하나 이상 측정값으로 특징지어짐. 품질 속성 예로는 가용성, 유지관리 가능성, 수정 가능성, 신뢰성, 응답성, 확장성, 보안, 적시성, 처리량, 사용성 등이 있음.
프랙티스 Practice	프랙티스는 필수 정보와 설명 정보로 구성. 필수 정보는 프랙티스 전체 의도와 가치를 이해하는 데 필요한 정보로 프랙티스 설명문(의도), 가치 설명문과 추가 필수 정보를 포함. 설명 정보는 추가 설명 프랙티스 영역과 프랙티스 정보, 활동과 작업산출물 예시 등 프랙티스 나머지 부분으로 프랙티스 설명문(의도), 가치 설명문과 추가 필수 정보를 더 잘 이해하는 데 중요하고 유용한 정보임.
프랙티스 그룹 Practice Group, PG	프랙티스 영역 내 프랙티스를 구성하는 구조로 이해와 적용을 돕고 성과 향상을 위한 경로를 제공. 프랙티스 그룹은 단계별로 구성.
프랙티스 영역 Practice Area, PA	해당 프랙티스 영역에 묘사한 정의된 의도, 가치 및 필수 정보를 함께 달성하는 유사한 프랙티스 모음.
프랙티스 영역 필수 정보 Practice Area Required Information	프랙티스 영역 의도, 가치 및 추가 필수 정보.
프로세스 Process	주어진 목적을 달성하기 위해 입력을 출력으로 변환하는 상호 관련된 일련의 활동. ('프로세스 요소' 참조)

프로세스 개선 Process Improvement, PI	비즈니스 목표를 더욱 효과적으로 달성하기 위해 조직 프로세스 역량과 성과 개선을 위한 계획을 세우고 수행하며 사용하는 작업과 활동. ('조직 비즈니스 목표' 참조)
프로세스 개선 계획 Process Improvement Plan	성과와 프로세스를 개선하기 위한 목표, 활동, 자원, 감독, 일정, 관련 위험을 기록하는 계획의 한 유형.
프로세스 개선 목표 Process Improvement Objectives	조직 비즈니스 목표를 달성하고 역량을 구축하거나 개선하기 위해 성과를 개선하는 구체적이고 측정 가능한 방식으로 성과와 프로세스 개선에 초점을 맞추기 위해 설정한 일련의 목표. 프로세스 개선 목표는 정성적일 수도 있고 정량적일 수 있음. ('측정 및 성과 목표', '조직 비즈니스 목표', '정량적 목표' 참조)
프로세스 그룹 Process Group	조직 프로세스 자산을 개발하고 전개하며 최신화할 책임과 해당 프로세스 역할을 맡은 사람이나 팀. ('프로세스 역할' 참조)
프로세스 설명서 (기술서, 명세서, 정의서) Process Description	특정 프로세스에 관한 기록. 프로세스 설명서는 구성 요소, 시스템, 도구, 로봇이나 그래픽 표현 등에 포함한 문서, 내장되거나 자동화된 단계나 지침 등이 될 수 있음.
프로세스 성과 Process Performance	프로세스를 따라 달성한 결과 측정값. 프로세스 성과는 노력, 처리 주기나 시간, 결함 제거 효율성 등 프로세스 측정값과 신뢰성, 결함 밀도, 응답시간 등 솔루션 측정값으로 특징지어질 수 있음. ('비즈니스 성과' 참조)
프로세스 성과 기준선 Process Performance Baseline, PPB	정의된 프로세스를 따른 결과의 과거 프로세스 성과에 대한 기록과 설명으로 평균, 중간값, 모드, 변동과 같은 중심 경향을 포함할 수 있으며, 프로세스를 어떻게 수행하고 있는지를 반영. 프로세스 성과 기준선은 실제 프로세스 성과와 예상 프로세스 성과를 비교하기 위한 벤치마크로 사용할 수 있으며, 프로세스 성과 모델에서 향후 프로세스 성과를 예측하는 데 사용할 수 있음. ('프로세스 성과'와 '프로세스 성과 모델' 참조)
프로세스 성과 모델 Process Performance Model, PPM	통제 가능한 요인을 식별하고 하나 이상 프로세스, 하위 프로세스, 프로세스 요소 또는 작업산출물의 측정 가능한 속성 간 관계를 설명하는 예측 분석 도구. ('프로세스 성과 기준선'과 '품질 및 프로세스 성과 목표' 참조)
프로세스 소유자 Process Owner	프로세스 개발, 최신화 또는 후속 조치를 담당하는 사람이나 팀. 조직이나 프로젝트에는 일련의 조직 표준 프로세스나 프로젝트별로 또는 프로젝트 정의 프로세스에 따라 책임 수준이 다른 소유자 여러 명이 있을 수 있음.
프로세스 실행팀 Process Action Team	조직 프로세스 개선 활동을 계획하고 구현할 책임이 있는 팀. ('프로세스 그룹' 참조)

프로세스 아키텍처 Process Architecture	프로세스의 구조설계와 순서, 인터페이스 또는 연결, 상호 의존성과 프로세스 요소 간 기타 관계.
프로세스 역량 Process Capability	프로세스에 따라 달성할 수 있는 예상 결과를 기록한 범위.
프로세스 역할 Process Role	조직에서 프로세스를 개발하고 사용하거나 따르는 사람의 역할에 대한 설명. 이 역할은 일반적으로 프로세스 설명이나 관련 산출물(예: 역할 및 책임 표나 매트릭스)에 기록. 이러한 역할을 맡은 사람은 자기 역할과 책임 및 프로세스에 참여하는 방법을 보여 주고 설명하는 객관적인 증거를 제공함.
프로세스 요소 Process Element	더 이상 세분화할 수 없는 프로세스 기본 단위.
프로세스 자산 Process Asset	조직이나 업무 노력에 가치가 있는 프로세스 요소. 자산에는 프로세스와 절차만이 아니라 하드웨어, 펌웨어, 소프트웨어, 시스템, 정보, 측정, 데이터베이스와 서식을 포함할 수 있음.
프로세스 측정 Process Measurement	프로세스를 따르는 활동, 단계와 결과물과 관련한 객관적인 정보를 수집하고 수치를 배정하기 위해 수행하는 활동. 이 정보는 프로세스 효과, 효율과 성과를 결정하기 위해 분석. ('측정'과 '프로세스 성과' 참조)
프로젝트 Project	고객이나 최종사용자에게 하나 이상 솔루션을 제공하는 사람을 포함한 상호 관련한 일련의 활동과 자원의 관리 집합. 프로젝트는 일반적으로 의도한 시작(프로젝트 시작)과 끝이 있으며 연속적일 수 있음. 프로젝트는 또한 계획과 일련의 요구사항에 따라 운영. '프로젝트'라는 용어에는 제품 개발, 서비스 제공, 조직기능 수행, 공급자 확보와 관리 등 업무를 수행하는 장소와 방식을 포함. 프로젝트를 지원하는 작업은 때때로 작업그룹에 의해 수행. 작업그룹 운영 매개변수는 목표에 따라 달라질 수 있으므로 명확하게 정의해야 함. 작업그룹은 적절히 지정하면 하나의 프로젝트로 운영할 수 있음. ('프로세스 역할'과 '조직 및 범위 내 프로젝트' 참조)
프로젝트 계획 Project Plan	프로젝트 활동 수행과 통제를 위한 기초를 제공하고 고객과의 약속을 다루는 계획. 프로젝트 계획은 작업산출물과 작업 속성을 추정하고 필요한 자원을 결정하며 합의 사항 협상, 일정 작성, 위험 식별과 분석을 기반으로 함. 프로젝트 계획을 수립하기 위해 이러한 활동을 반복해야 할 수 있음.
프로젝트 시작 Project Startup	프로젝트가 시작되는 초기 기간이나 사건. ('프로젝트' 참조)
필수 정보 Required Information	프랙티스나 프랙티스 영역을 충족하는 데 필요한 정보. 필수 정보에는 프랙티스 영역 의도 설명문, 프랙티스 설명문, 가치 설명문과 추가 필수 정보를 포함.

하드웨어 엔지니어링 Hardware Engineering	문서화된 기법과 기술을 사용하여 일련의 요구사항을 변환하는 체계적이고 원칙적이며 측정 가능한 접근방식을 적용하며, 가시적인 솔루션을 설계, 구현 및 유지관리하는 것. CMMI에서 하드웨어 엔지니어링은 요구사항과 아이디어를 실질적인 솔루션으로 전환하는 모든 기술 분야(예: 전기, 기계)를 표현. ('소프트웨어 엔지니어링'과 '시스템 엔지니어링' 참조)
하위 프로세스 Subprocess	프로세스 일부인 프로세스. 하위 프로세스는 하위 프로세스와 프로세스 요소로 더 세분화할 수 있음. ('프로세스', '프로세스 설명서', '프로세스 요소' 참조)
하이브리드(복합) 작업 Hybrid Work	가상환경과 대면 업무 활동 조합을 포괄하는 업무 수행 방식.
할당된 요구사항 Allocated Requirement	상위 수준 요구사항 전체나 일부를 하위 수준 설계 구성 요소에 부과한 요구사항. 요구사항은 인력, 소모품, 추가적인 인도물이나 아키텍처를 포함한 논리적 또는 물리적 구성 요소에 할당.
합의 각서 Memorandum of Agreement	둘 이상 당사자 간 기대와 합의에 대한 기록으로 '양해각서'라고도 함.
핵심 프랙티스 영역 Core Practice Areas	기본으로 간주하는 프랙티스 영역 모음. 핵심 프랙티스 영역은 조직 개선을 가능하게 하고 특정 도메인에 대한 성숙 수준 달성을 위한 구성 요소 제공.
형상 감사 Configuration Audit	기준선 형상 항목이나 형상 항목 모음이 기준선 설명서에 부합하는지 확인하기 위해 수행하는 감사. ('감사'와 '형상 항목' 참조)
형상 식별 Configuration Identification	제품 형상 항목을 선택하고, 고유 식별자를 할당하고, 기능적이고 물리적인 특성을 기술 문서에 기록하는 형상 관리 활동. ('형상 항목'과 '형상 관리' 참조)
형상 통제 Configuration Control	공식적인 형상기준선에 대한 변경 사항을 관리하는 프로세스. 이 프로세스는 변경 영향 평가, 영향 조정, 변경 사항 승인 또는 거절, 기준선 형상 항목에 대한 변경 사항 구현으로 구성. ('형상 식별', '형상 항목' 및 '형상 관리' 참조)
형상 항목 Configuration Item	형상 관리 대상으로 지정하여 형상 관리 프로세스에서 단일 개체로 취급하는 작업산출물. ('형상 관리' 참조)
형상 관리 Configuration Management	형상 식별, 버전 통제, 변경 통제와 감사를 통해 작업산출물 무결성을 관리하는 프로세스. ('형상 식별', '형상 항목', '형상 감사' 및 '버전 통제' 참조)
형상기준선 Configuration Baseline	솔루션 또는 솔루션 구성 요소 수명 중, 특정 시점에 공식적으로 지정한 형상 정보. 형상기준선과 승인한 변경 사항이 현재 형상 정보를 구성. ('제품 수명주기' 참조)

형상통제심의위원회 Configuration Control Board, CCB	형상 항목에 대해 제안한 변경 사항을 평가하고 승인하거나 거절하며 승인한 변경 사항 구현을 보장하는 역할을 담당하는 사람으로 구성한 그룹. 형상통제심의위원회는 '변경통제위원회' 또는 '변경검토위원회'라고도 함. ('형상 항목' 참조)
활동 예시 Example Activities	프랙티스 의도에 부합하는 프로세스를 실행할 때 취할 수 있는 가능한 조치. '활동 예시' 의도는 필수 활동이 아닌 지침이나 제안의 역할을 하는 것으로 포괄적인 목록은 아님.
획득(인수) Acquisition	공급자 협약을 체결하고 실행하여 솔루션을 확보. ('공급자 협약' 참조)
획득자(인수자) Acquirer	공급자로부터 솔루션을 획득하는 이해관계자. ('영향받는 이해관계자' 참조)

부록 2

참고 문헌

1. 이민재, CMMC의 이해: 사이버 역량 강화를 위한 접근방법, TQMS, 2022.

2. 이민재, CMMI V2.0 개발 해설서: 현장에서 길어 올린 사례 중심의 이야기, 한티미디어, 2019.

3. 이민재, 박남직, CMMI의 이해: 프로세스 개선을 위한 접근방법, 피어슨에듀케이션코리아, 2006.

4. Brooks, F., *The Mythical Man—Month: Essays on Software Engineering, Anniversary Edition*, Addison—Wesley, 1995.

5. CMMI Institute, *CMMI Model V2.2*, 2021.

6. CMMI Institute, *CMMI Method Definition Document V2.1*, 2019.

7. Crosby, P., *Quality Is Free: The Art of Making Quality Certain*, McGraw—Hill, 1979.

8. Deming, W. E., *Out of the Crisis*, MIT Center for Advanced Engineering, 1986.

9. Dobyns, L., and Crawford—Mason, C., *Thinking about quality: progress, wisdom, and the Deming philosophy*, Times Books/Random House, 1994.

10. Drucker, P., *Management: Tasks, Responsibilities, Practices*, Harper & Row, 1973.

11. Florac, W. and Carleton, A., *Measuring the Software Process*, Addison—Wesley, 2006.

12. Humphrey, W., *Introduction to the Personal Software Process*, Addison—Wesley, 2000.

13. Humphrey, W., *The Team Software Process*, CMU/SEI, 2000.

14. Humphrey, W., *A Discipline for Software Engineering*, Addison—Wesley, 2001.

15. Humphrey, W., *Managing Technical People*, Addison—Wesley, 2001.

16. Humphrey, W., *Managing the Software Process*, Addison—Wesley, 2002.

17. ISACA, *COBIT 2019*, 2018.

18. Juran, J., *Quality Control Handbook, Sixth Edition*, McGraw—Hill, 2010.

19. Richardson, J. and Gwaltney, W., *Ship It!: A Practical Guide to Successful Software Projects*, Pragmatic Bookshelf, 2005.

20. Shewhart, W., *Statistical Method from the Viewpoint of Quality Control*, Dover Books on Mathematics, 1986.

21. Wheeler, D., *Understanding Variation: The Key to Managing Chaos, Second Edition*, SPC Press, 2000.

22. Yourdon, E., *Death March, 2nd Edition*, Prentice Hall PTR, 2003.

23. Birkholzer, T., Dantas, L., and Dickmann, C., *Interactive Simulation of Software Producing Organization's Operations based on Concepts of CMMI and Balanced Scorecards*, International Conference on Software Engineering, Vol. 26, 2004.

24. Hollenbach, C. and Smith, D., *A Portrait of a CMMI Level 4 Effort*, Systems Engineering—New York, Vol. 5, No. 1, pp. 52—61, 2002.

25. Khurshid, N., Bannerman, P., and Staples, M., *Overcoming the First Hurdle: Why Organizations Do Not Adopt CMMI*, Lecture Notes in Computer Science, No. 5543, pp. 38—49, 2009.

26. Miller, M., Pulgar—Vidal, F., and Ferrin, D., *Achieving Higher Levels of CMMI Maturity Using Simulation*, Winter Simulation Conference, Vol. 2, pp. 1473—1480, 2002.

27. Office of the under Secretary of Defense, Acquisition and Sustainment, *Cyber Security Maturity Model Certification(CMMC) Model Overview Version 2.0*, 2021.

28. Pikkarainen, M., *Towards a Framework for Improving Software Development Process Mediated with CMMI Goals and Agile Practices*, VTT Publications, No. 695, 2008.

29. Radice, R., Roth, N., O'Hara, A., and Ciarfella, W., *A Programming Process Architecture*, IBM Systems Journal, Vol. 24, No. 2, pp. 79—90, 1985.

30. Wangenheim, C., Hauck, J., *Enhancing Open Source Software in Alignment with CMMI—DEV*, IEEE software, Vol. 26, No. 2, 2009.

CMMI 3.0

ⓒ 이민재, 김성태, 허동은, 2024

초판 1쇄 발행 2024년 2월 22일

지은이   이민재, 김성태, 허동은
펴낸이   이기봉
편집   좋은땅 편집팀
펴낸곳   도서출판 좋은땅
주소   서울특별시 마포구 양화로12길 26 지월드빌딩 (서교동 395-7)
전화   02)374-8616~7
팩스   02)374-8614
이메일   gworldbook@naver.com
홈페이지   www.g-world.co.kr

ISBN   979-11-388-2780-5 (93000)